U0940930

《河南经济普查年鉴》分卷

南阳经济普查年鉴

NanYang Economic Census Yearbook

2008

南阳市第二次经济普查领导小组办公室　编

中国统计出版社
China Statistics Press

（京）新登字041号

图书在版编目（CIP）数据

河南经济普查年鉴. 2008 /河南省第二次经济普查领导小组办公室编. — 北京：中国统计出版社，2010.11
ISBN 978-7-5037-6140-9

Ⅰ. ①河… Ⅱ. ①河… Ⅲ. ①经济－普查－河南省－2008－年鉴 Ⅳ. ①F127.61-54

中国版本图书馆CIP数据核字(2010)第210470号

《河南经济普查年鉴》分卷 · 南阳经济普查年鉴-2008

作　　者/ 南阳市第二次经济普查领导小组办公室
责任编辑/ 王振宇
装帧设计/ 黄俊杰　李雪燕
出版发行/ 中国统计出版社
通信地址/ 北京市西城区月坛南街57号
邮政编码/ 100826
办公地址/ 北京市丰台区西三环南路甲6号
网　　址/ www.stats.gov.cn/tjshujia
电　　话/ 邮购(010)63376907　书店（010）68783172
印　　刷/ 河北天普润印刷厂
经　　销/ 新华书店
开　　本/ 880×1230 毫米　1/16
字　　数/ 1548 千字
印　　张/ 44.75
版　　别/ 2010 年 12 月第 1 版
版　　次/ 2010 年 12 月第 1 次印刷
书　　号/ ISBN 978-7-5037-6140-9/F · 2969
定　　价/ 200.00 元

《南阳经济普查年鉴-2008》
编委会及编辑部工作人员名单

编辑指导委员会

主　　任：朱长青

副 主 任：姚国政　孙　振　王书延　王同杰　时乘风　宋黎明

委　　员：赵信章　刘金栓　白　淯　杜荣峙　皮炳申　李德奎
刘顺伟　张天庆　冀文鹏　李元章　张宝玉　许玉增
张青松　王兴华　彭义举　郭德生　赫以昆　廖玉安
谭志洪　李振海　王　晓　胡瑞甫　魏建峰　张黎克
卫　江　刘　伟

编辑委员会

主　　编：王书延

副 主 编：陈长龙　王中华　赵信章　谭涌涛　杨　光　李吉山
周友鸣

编　　委：张建中　吴新汉　马协龙　周明宏　陈喜祥　王秀英
李瑜敏　陈同勉　郑书俭　李桂林　李培宪　孔祥峰
李　靖

编　辑　部

总 编 辑：赵信章（兼）

副总编辑：李　靖　蔡　华　夏　伟

编　　辑：胡旭平　李广立　谷富豪　李　丹　王　珂　王　涛
华　放　李秀云　张书范　王洪波　问海杰　张　群
王俊凯　张　祎

编 辑 说 明

为充分发挥南阳市第二次全国经济普查社会效益，更好的服务各级党委、政府宏观决策，满足各部门、各行业信息咨询需求。市政府第二次全国经济普查领导小组办公室编辑出版了《南阳经济普查年鉴-2008》。为方便资料使用，现将有关事宜说明如下：

一、《资料汇编》内容：

由市卷和县（市）区卷组成。包括：1、综合；2、工业；3、规模以上工业科技；4、建筑业；5、交通运输业；6、批发零售业；7、住宿餐馆业；8、房地产业；9、其他服务业。

二、普查时间：普查时点为2008年12月31日24时，普查时期为2008年1月1日－12月31日。

三、普查范围：采矿业，制造业，电力、燃气及水的生产和供应业，建筑业，交通运输、仓储和邮政业，信息传输、计算机服务和软件业，批发和零售业，住宿和餐饮业，金融业，房地产业，租赁和商务服务业，科学研究、技术服务和地质勘查业，水利、环境和公共设施管理业，居民服务和其他服务业，教育，卫生、社会保障和社会福利业，文化、体育和娱乐业，以及公共管理与社会组织等国民经济行业。

四、普查对象：第二次全国经济普查的普查对象是在我市境内从事第二产业和第三产业的全部法人单位、产业活动单位和个体经营户。

五、此前公布的普查数据与本资料不一致的，均以本资料为准。

目　录

第一部分　市　卷

一、综合篇

二、第二产业篇

1、工业

2、规模以上工业科技

第二部分　县（市、区）卷

一、综合篇

3、住宿餐饮业

4、房地产业

第1部分 南阳市卷

综合篇

1-1-1 按行业（大类）分组的法人单位及产业活动单位

指标名称	法人单位数（个）	单产业法人单位	多产业法人单位	产业活动单位数（个）	多产业法人所属的产业活动单位
总　计	**36173**	**35134**	**1039**	**45937**	**10803**
农、林、牧、渔业				18	18
农业				1	1
林业				8	8
渔业				3	3
农、林、牧、渔服务业				6	6
采矿业	1126	1124	2	1130	6
石油和天然气开采业	4	2	2	7	5
黑色金属矿采选业	228	228		228	
有色金属矿采选业	118	118		118	
非金属矿采选业	769	769		770	1
其他采矿业	7	7		7	
制造业	11402	11384	18	11489	105
农副食品加工业	1681	1679	2	1721	42
食品制造业	276	276		277	1
饮料制造业	189	188	1	190	2
烟草制品业	1	1		1	
纺织业	656	656		656	
纺织服装、鞋、帽制造业	112	111	1	112	1
皮革、毛皮、羽毛(绒)及其制品业	54	54		55	1
木材加工及木、竹、藤、棕、草制品业	777	777		777	
家具制造业	489	488	1	489	1
造纸及纸制品业	86	86		86	
印刷业和记录媒介的复制	156	156		157	1
文教体育用品制造业	20	20		22	2
石油加工、炼焦及核燃料加工业	25	25		25	
化学原料及化学制品制造业	319	318	1	321	3
医药制造业	99	97	2	99	2
化学纤维制造业	5	5		5	
橡胶制品业	33	33		34	1
塑料制品业	316	314	2	316	2
非金属矿物制品业	4014	4014		4021	7
黑色金属冶炼及压延加工业	54	53	1	56	3
有色金属冶炼及压延加工业	45	44	1	48	4
金属制品业	350	349	1	354	5
通用设备制造业	203	202	1	203	1
专用设备制造业	206	205	1	212	7

1-1-1 续表 1

指标名称	法人单位数（个）	单产业法人单位	多产业法人单位	产业活动单位数（个）	多产业法人所属的产业活动单位
交通运输设备制造业	213	212	1	215	3
电气机械及器材制造业	114	113	1	117	4
通信设备、计算机及其他电子设备制造业	32	32		33	1
仪器仪表及文化、办公用机械制造业	73	73		74	1
工艺品及其他制造业	779	778	1	788	10
废弃资源和废旧材料回收加工业	25	25		25	
电力、燃气及水的生产和供应业	160	150	10	340	190
电力、热力的生产和供应业	71	61	10	249	188
燃气生产和供应业	8	8		8	
水的生产和供应业	81	81		83	2
建筑业	596	588	8	620	32
房屋和土木工程建筑业	395	388	7	413	25
建筑安装业	52	51	1	55	4
建筑装饰业	123	123		123	
其他建筑业	26	26		29	3
交通运输、仓储和邮政业	268	263	5	557	294
道路运输业	143	139	4	170	31
城市公共交通业	31	31		35	4
水上运输业	15	15		15	
航空运输业	2	2		2	
装卸搬运和其他运输服务业	35	35		35	
仓储业	39	39		41	2
邮政业	3	2	1	259	257
信息传输、计算机服务和软件业	297	291	6	476	185
电信和其他信息传输服务业	39	33	6	218	185
计算机服务业	254	254		254	
软件业	4	4		4	
批发和零售业	3376	3190	186	5954	2764
批发业	1390	1328	62	2115	787
零售业	1986	1862	124	3839	1977
住宿和餐饮业	1262	1250	12	1374	124
住宿业	350	341	9	385	44
餐饮业	912	909	3	989	80
金融业	56	12	44	1369	1357
银行业	22	2	20	783	781
保险业	23		23	550	550
其他金融活动	11	10	1	36	26

1-1-1 续表 2

指标名称	法人单位数（个）	单产业法人单位	多产业法人单位	产业活动单位数（个）	多产业法人所属的产业活动单位
房地产业	443	443		446	3
房地产业	443	443		446	3
租赁和商务服务业	490	488	2	638	150
租赁业	43	43		43	
商务服务业	447	445	2	595	150
科学研究、技术服务和地质勘查业	417	410	7	453	43
研究与试验发展	40	40		43	3
专业技术服务业	244	241	3	264	23
科技交流和推广服务业	125	122	3	136	14
地质勘查业	8	7	1	10	3
水利、环境和公共设施管理业	268	264	4	294	30
水利管理业	109	107	2	120	13
环境管理业	55	54	1	63	9
公共设施管理业	104	103	1	111	8
居民服务和其他服务业	318	315	3	347	32
居民服务业	233	230	3	259	29
其他服务业	85	85		88	3
教育	3137	2906	231	5384	2478
教育	3137	2906	231	5384	2478
卫生、社会保障和社会福利业	4047	4012	35	4735	723
卫生	3878	3844	34	4537	693
社会保障业	45	45		53	8
社会福利业	124	123	1	145	22
文化、体育和娱乐业	375	371	4	485	114
新闻出版业	9	8	1	10	2
广播、电视、电影和音像业	53	50	3	75	25
文化艺术业	267	267		353	86
体育	12	12		12	
娱乐业	34	34		35	1
公共管理和社会组织	8135	7673	462	9828	2155
中国共产党机关	121	117	4	124	7
国家机构	2396	2135	261	3963	1828
人民政协和民主党派	14	13	1	15	2
群众团体、社会团体和宗教组织	764	736	28	886	150
基层群众自治组织	4840	4672	168	4840	168

1-1-2 按登记注册类型分组的法人单位及产业活动单位

指标名称	法人单位数（个）	单产业法人单位	多产业法人单位	产业活动单位数（个）	多产业法人所属的产业活动单位
总　计	**36173**	**35134**	**1039**	**45937**	**10803**
内资企业	36106	35068	1038	45749	10681
国有企业	6842	6235	607	12243	6008
集体企业	1538	1450	88	3054	1604
股份合作企业	176	149	27	868	719
联营企业	65	63	2	70	7
国有联营企业	4	4		6	2
集体联营企业	28	26	2	31	5
国有与集体联营企业	4	4		4	
其他联营企业	29	29		29	
有限责任公司	2008	1964	44	2417	453
国有独资公司	27	19	8	52	33
其他有限责任公司	1981	1945	36	2365	420
股份有限公司	426	386	40	1115	729
私营企业	15654	15622	32	16025	403
私营独资企业	13657	13644	13	13937	293
私营合伙企业	889	885	4	901	16
私营有限责任公司	887	873	14	967	94
私营股份有限公司	221	220	1	220	
其他企业	9397	9199	198	9957	758
港、澳、台商投资企业	34	34		49	15
合资经营企业(港或澳、台资)	17	17		17	
合作经营企业(港或澳、台资)	4	4		5	1
港、澳、台商独资经营企业	10	10		24	14
港、澳、台商投资股份有限公司	3	3		3	
外商投资企业	33	32	1	139	107
中外合资经营企业	21	20	1	22	2
中外合作经营企业	2	2		2	
外资企业	7	7		112	105
外商投资股份有限公司	3	3		3	

1-1-3 按隶属关系分组的法人单位

指标名称	法人单位数（个）	单产业法人单位	多产业法人单位
总　计	**36173**	**35134**	**1039**
中央	49	32	17
省（自治区、直辖市）	116	69	47
地（区、市、州、盟）	1049	976	73
县（区、市、旗）	5954	5474	480
街道	353	341	12
镇	2160	1994	166
乡	1658	1537	121
居委会	322	320	2
村委会	5870	5810	60
其他	18642	18581	61

1-1-4 按会计制度和组织机构类型分组的法人单位

指标名称	法人单位数（个）	单产业法人单位	多产业法人单位
总　计	**36173**	**35134**	**1039**
按会计制度分组			
企业会计制度	19074	18788	286
事业单位会计制度	5665	5373	292
行政单位会计制度	1108	856	252
民间非营利组织会计制度	1405	1398	7
其他	8921	8719	202
按机构类型分组			
企业	19872	19582	290
事业单位	5801	5503	298
机关	1024	779	245
社会团体	592	576	16
民办非企业单位	1987	1986	1
基金会	2	2	
居委会	325	322	3
村委会	4577	4410	167
其他组织机构	1993	1974	19

1-1-5 按专业分组的法人单位及产业活动单位综合表

指标名称	法人单位数（个）	单产业法人单位	多产业法人单位	产业活动单位数（个）	多产业法人所属的产业活动单位
总　　计	**36173**	**35134**	**1039**	**45937**	**10803**
工业	12688	12658	30	12990	332
规模以上工业企业	1345	1319	26	1616	297
规模以下工业企业	11343	11339	4	11374	35
建筑业	596	588	8	623	35
资质内建筑业	370	362	8	397	35
资质外建筑业	226	226		226	
批发零售住宿餐饮业	4638	4440	198	7253	2813
限额以上批发和零售业企业	587	456	131	2728	2272
限额以下批发和零售业企业	2789	2734	55	3225	491
限额以上住宿和餐饮业企业	350	340	10	382	42
限额以下住宿和餐饮业企业	912	910	2	918	8
金融	47	3	44	1358	1355
银行、证券、保险及其他金融企业	47	3	44	1358	1355
其他服务业	17761	17002	759	23270	6268
服务业企业普查套表	1812	1800	12	2249	449
交通运输企业	185	181	4	210	29
行政事业单位、社会团体及其他单位	15764	15021	743	20811	5790
房地产	443	443		443	
房地产开发企业	325	325		325	
物业管理、中介服务及其他房地产企业	118	118		118	

1-1-6 按县市区分组的法人单位及产业活动单位综合表

指标名称	法人单位数（个）	单产业法人单位	多产业法人单位	产业活动单位数（个）	多产业法人所属的产业活动单位
总　　计	**36173**	**35134**	**1039**	**45937**	**10803**
宛城区	2997	2965	32	3368	403
卧龙区	3919	3784	135	5525	1741
南召县	1824	1710	114	2408	698
方城县	3395	3299	96	4108	809
西峡县	1975	1900	75	2707	807
镇平县	2479	2389	90	3569	1180
内乡县	2404	2349	55	2820	471
淅川县	2483	2443	40	3077	634
社旗县	2131	1991	140	2721	730
唐河县	3478	3404	74	3937	533
新野县	2784	2722	62	3969	1247
桐柏县	2258	2224	34	2750	526
邓州市	4046	3954	92	4975	1021

注：南阳的法人有三个产业在异地（西藏、西安、新疆各一个产业单位）

1-1-7 按行业（大类）、学历

行业分组	法人单位数（个）	就业人数（人）		按学历		
			女性	具有研究生及以上学历人员	具有大学本科学历人员	具有大专学历人员
总　　计	**36173**	**1274617**	**406469**	**8822**	**121362**	**253429**
采矿业	1126	51018	7953	111	2480	4812
石油和天然气开采业	4	11030	3889	48	2070	2745
黑色金属矿采选业	228	7499	767		64	458
有色金属矿采选业	118	7955	1039	35	141	591
非金属矿采选业	769	24119	2249	28	204	1015
其他采矿业	7	415	9		1	3
制造业	11402	520640	177512	884	15049	51270
农副食品加工业	1681	47654	14262	29	626	3118
食品制造业	276	11848	4970	17	247	1247
饮料制造业	189	12762	4496	36	494	1793
烟草制品业	1	133	39		9	33
纺织业	656	72761	48726	125	1190	5690
纺织服装、鞋、帽制造业	112	7559	5544		70	461
皮革、毛皮、羽毛(绒)及其制品业	54	2600	1259	1	24	192
木材加工及木、竹、藤、棕、草制品业	777	21760	5028	3	98	894
家具制造业	489	11481	2433	1	43	488
造纸及纸制品业	86	5142	1860	9	105	386
印刷业和记录媒介的复制	156	5476	2226	8	162	618
文教体育用品制造业	20	1214	483		11	38
石油加工、炼焦及核燃料加工业	25	931	187	1	14	93
化学原料及化学制品制造业	319	20608	6346	46	910	3220
医药制造业	99	17309	6451	65	2109	5079
化学纤维制造业	5	336	116		27	154
橡胶制品业	33	1483	660		40	141
塑料制品业	316	12068	4604	9	185	1337
非金属矿物制品业	4014	130861	20948	80	1622	8662
黑色金属冶炼及压延加工业	54	10215	1474	19	614	1112
有色金属冶炼及压延加工业	45	3996	760	25	203	586
金属制品业	350	10501	2128	8	297	1237
通用设备制造业	203	14896	3779	38	955	2331
专用设备制造业	206	14756	4578	174	1265	2945
交通运输设备制造业	213	13881	3693	50	800	1672
电气机械及器材制造业	114	8577	2103	37	980	1770
通信设备、计算机及其他电子设备制造业	32	2935	1252	8	212	577

分组的法人单位就业人数情况

分组		按技术职称分组			按技术等级分组			
具有高中学历人员	具有初中及以下学历人员	#具有高级技术职称人员	#具有中级技术职称人员	#具有初级技术	#高级技师	#技师	#高级工	#中级工
476454	**414550**	**18492**	**79944**	**108323**	**4241**	**14387**	**54157**	**74200**
17458	26157	981	2464	2667	190	382	3776	3916
3991	2176	725	1926	1582	57	205	3309	2966
2406	4571	1	22	36		1	70	177
3331	3857	18	97	191	17	25	105	332
7725	15147	236	419	855	115	151	292	441
5	406	1		3	1			
197267	256170	3041	13233	25517	2266	8384	16204	29966
16491	27390	104	668	1224	47	218	672	1412
4967	5370	20	141	265	19	74	193	390
5212	5227	115	501	850	29	212	227	440
67	24		1	7		7	24	12
30045	35711	185	1154	2227	102	361	1016	3040
2166	4862	15	44	173	7	17	188	115
1322	1061	9	30	74	12	20	31	88
7175	13590	16	187	398	2	43	199	371
4252	6697	16	142	337	17	74	131	413
2083	2559	42	153	542	9	71	112	270
2241	2447	52	145	208	21	47	117	259
328	837	7	23	79	1	1	12	21
417	406	1	6	13	8	8	22	49
7546	8886	177	743	1063	38	129	1206	1285
6176	3880	439	1123	3032	882	2492	978	2234
102	53							
499	803	9	26	45	2	5	30	65
4707	5830	21	164	716	12	73	251	686
43590	76907	418	2043	4524	164	857	2400	5061
5065	3405	140	380	939	85	274	566	1169
1823	1359	20	98	144	10	23	76	115
4513	4446	43	371	549	25	87	254	518
6549	5023	197	861	1491	145	1191	1703	2005
6766	3606	329	1151	1673	189	826	2199	3076
6412	4947	146	573	970	88	238	1108	1958
2881	2909	110	571	1000	51	156	521	1601
1417	721	75	316	472	23	115	226	484

1-1-7 续表 1

行业分组	法人单位数（个）	就业人数（人）		按学历		
			女性	具有研究生及以上学历人员	具有大学本科学历人员	具有大专学历人员
仪器仪表及文化、办公用机械制造业	73	14935	7469	87	1570	2885
工艺品及其他制造业	779	41381	19384	8	161	2455
废弃资源和废旧材料回收加工业	25	581	254		6	56
电力、燃气及水的生产和供应业	160	17545	5697	27	1441	4535
电力、热力的生产和供应业	71	11378	2987	22	1050	2714
燃气生产和供应业	8	1172	522		65	344
水的生产和供应业	81	4995	2188	5	326	1477
建筑业	596	159705	14223	102	4155	19720
房屋和土木工程建筑业	395	131675	10823	45	3034	15400
建筑安装业	52	18497	2284	23	609	2930
建筑装饰业	123	6535	829	28	409	994
其他建筑业	26	2998	287	6	103	396
交通运输、仓储和邮政业	268	25022	7402	54	1294	4477
道路运输业	143	14455	4186	20	690	2470
城市公共交通业	31	4327	1169		77	495
水上运输业	15	1811	411		33	239
航空运输业	2	440	64		67	285
装卸搬运和其他运输服务业	35	984	154		20	91
仓储业	39	1290	468	25	213	328
邮政业	3	1715	950	9	194	569
信息传输、计算机服务和软件业	297	7512	3295	130	2240	2745
电信和其他信息传输服务业	39	6248	2979	129	2191	2411
计算机服务业	254	1243	307	1	41	326
软件业	4	21	9		8	8
批发和零售业	3376	76499	31919	96	2593	12751
批发业	1390	38598	13560	69	1567	7074
零售业	1986	37901	18359	27	1026	5677
住宿和餐饮业	1262	26421	14446	15	499	3082
住宿业	350	11973	6656	10	350	1637
餐饮业	912	14448	7790	5	149	1445
金融业	56	29597	15735	214	3791	8286
银行业	22	11470	6130	204	2636	3974
保险业	23	16270	8828	7	769	3596
其他金融活动	11	1857	777	3	386	716

分组		按技术职称分组			按技术等级分组			
具有高中学历人员	具有初中及以下学历人员	#具有高级技术职称人员	#具有中级技术职称人员	#具有初级技术	#高级技师	#技师	#高级工	#中级工
7075	3318	299	1308	1495	256	679	1463	1955
15177	23580	36	309	998	22	86	278	872
203	316		1	9			1	2
7875	3667	182	860	1435	21	81	1941	1691
5554	2038	88	594	1163	4	71	1342	1261
447	316	6	58	16		1	3	23
1874	1313	88	208	256	17	9	596	407
75346	60382	950	6459	16357	567	1590	8249	16409
60335	52861	667	4750	13887	453	1023	6182	13382
9871	5064	143	777	1257	85	341	1507	1822
4119	985	106	619	756	28	218	330	575
1021	1472	34	313	457	1	8	230	630
12975	6222	414	1010	1005	29	594	1236	1454
8438	2837	171	443	414	19	213	868	919
1985	1770	7	123	127	5	11	184	144
799	740	184	226	170		347	70	92
69	19	1	21	39	1	1		
443	430	23	44	40	2	2	12	20
529	195	21	108	80	2	10	40	36
712	231	7	45	135		10	62	243
2190	207	168	898	604	8	97	399	474
1432	85	167	889	592	8	95	397	468
753	122	1	7	9		2		3
5			2	3			2	3
38891	22168	490	2324	3001	128	310	2323	2609
18673	11215	285	1444	1636	67	200	1446	1544
20218	10953	205	880	1365	61	110	877	1065
12912	9913	213	593	747	74	234	517	693
5894	4082	164	229	334	33	105	352	436
7018	5831	49	364	413	41	129	165	257
14218	3088	570	3473	4429	147	322	204	456
4026	630	544	2729	3419	116	185	188	428
9507	2391	15	276	411			1	1
685	67	11	468	599	31	137	15	27

1-1-7 续表 2

行业分组	法人单位数（个）	就业人数（人）		按学历		
			女性	具有研究生及以上学历人员	具有大学本科学历人员	具有大专学历人员
房地产业	443	9529	2941	109	1585	3510
房地产业	443	9529	2941	109	1585	3510
租赁和商务服务业	490	9322	2426	104	1563	3627
租赁业	43	424	108	5	82	78
商务服务业	447	8898	2318	99	1481	3549
科学研究、技术服务和地质勘查业	417	12029	3850	369	2784	4281
研究与试验发展	40	1404	451	53	293	480
专业技术服务业	244	6409	2070	200	1423	2685
科技交流和推广服务业	125	3263	978	58	483	947
地质勘查业	8	953	351	58	585	169
水利、环境和公共设施管理业	268	10667	2904	101	1435	3011
水利管理业	109	3312	995	39	510	1025
环境管理业	55	3100	708	28	355	842
公共设施管理业	104	4255	1201	34	570	1144
居民服务和其他服务业	318	5211	2173	22	374	1081
居民服务业	233	4337	1972	14	300	912
其他服务业	85	874	201	8	74	169
教育	3137	127381	53962	2700	41060	59738
教育	3137	127381	53962	2700	41060	59738
卫生、社会保障和社会福利业	4047	47120	22104	871	8133	16367
卫生	3878	45306	21384	819	7738	15755
社会保障业	45	763	350	40	230	363
社会福利业	124	1051	370	12	165	249
文化、体育和娱乐业	375	6378	2452	279	1707	2239
新闻出版业	9	546	191	109	293	135
广播、电视、电影和音像业	53	2048	657	38	626	678
文化艺术业	267	2955	1228	112	721	1123
体育	12	183	79		37	121
娱乐业	34	646	297	20	30	182
公共管理和社会组织	8135	133021	35475	2634	29179	47897
中国共产党机关	121	2792	584	98	1289	1115
国家机构	2396	93308	26931	2111	25371	41754
人民政协和民主党派	14	498	125	34	192	213
群众团体、社会团体和宗教组织	764	10529	2976	270	1562	2313
基层群众自治组织	4840	25894	4859	121	765	2502

分组		按技术职称分组			按技术等级分组			
具有高中学历人员	具有初中及以下学历人员	#具有高级技术职称人员	#具有中级技术职称人员	#具有初级技术	#高级技师	#技师	#高级工	#中级工
3452	873	472	2023	1248	163	283	519	708
3452	873	472	2023	1248	163	283	519	708
3560	468	164	533	395	8	29	215	366
180	79	2	13	8		2		7
3380	389	162	520	387	8	27	215	359
3194	1401	492	1290	1355	14	106	1143	1072
315	263	141	195	173	1	18	177	101
1924	177	260	816	915	6	62	705	746
877	898	76	235	203	7	20	225	187
78	63	15	44	64		6	36	38
4387	1733	97	375	533	8	65	1372	1146
1255	483	47	169	278	5	29	580	525
1304	571	12	87	122	3	27	511	363
1828	679	38	119	133		9	281	258
2436	1298	55	90	112	13	78	144	192
1979	1132	44	71	87	2	59	129	167
457	166	11	19	25	11	19	15	25
21340	2543	7413	32494	31581	204	258	2904	1991
21340	2543	7413	32494	31581	204	258	2904	1991
17877	3872	1358	6323	11545	92	582	4598	3567
17408	3586	1347	6226	11444	89	567	4519	3507
107	23	7	65	81	1	3	36	28
362	263	4	32	20	2	12	43	32
1684	469	68	335	418	3	33	521	399
9		1	8	13			2	6
538	168	6	75	120		23	193	187
815	184	58	225	265	3	8	311	201
25		3	27	14			14	3
297	117			6		2	1	2
39392	13919	1364	5167	5374	306	959	7892	7091
273	17	12	25	19	13	50	86	32
21156	2916	1199	4633	4643	236	738	7578	6851
59			3			2	7	1
3047	3337	125	343	393	47	148	187	150
14857	7649	28	163	319	10	21	34	57

1-1-8 按登记注册类型、学历

行业分组	法人单位数（个）	就业人数（人）		按学历		
			女性	具有研究生及以上学历人员	具有大学本科学历人员	具有大专学历人员
总　　计	**36173**	**1274617**	**406469**	**8822**	**121362**	**253429**
内资企业	36106	1258273	399334	8697	120281	250691
国有企业	6842	358047	129944	6763	85046	135463
集体企业	1538	64314	21008	168	3966	13349
股份合作企业	176	16640	5780	172	1425	4188
联营企业	65	2249	1009	2	76	409
国有联营企业	4	38	4			3
集体联营企业	28	1248	648	2	47	129
国有与集体联营企业	4	39	13		4	13
其他联营企业	29	924	344		25	264
有限责任公司	2008	244835	64212	417	10121	33781
国有独资公司	27	15868	6642	67	1473	3450
其他有限责任公司	1981	228967	57570	350	8648	30331
股份有限公司	426	78043	24539	188	5522	15298
私营企业	15654	420627	133371	462	8171	34981
私营独资企业	13657	331350	103281	287	5102	23132
私营合伙企业	889	29812	7960	47	768	3202
私营有限责任公司	887	51332	18545	113	2087	7548
私营股份有限公司	221	8133	3585	15	214	1099
其他企业	9397	73518	19471	525	5954	13222
港、澳、台商投资企业	34	8371	3922	61	389	1424
合资经营企业(港或澳、台资)	17	2144	1139	19	117	287
合作经营企业(港或澳、台资)	4	892	294	20	114	133
港、澳、台商独资经营企业	10	3702	1878	18	131	929
港、澳、台商投资股份有限公司	3	1633	611	4	27	75
外商投资企业	33	7973	3213	64	692	1314
中外合资经营企业	21	4374	1327	33	294	642
中外合作经营企业	2	511	100	1	96	170
外资企业	7	617	353	15	35	36
外商投资股份有限公司	3	2471	1433	15	267	466

分组的法人单位就业人数

分组		按技术职称分组			按技术等级分组			
具有高中学历人员	具有初中及以下学历人员	#具有高级技术职称人员	#具有中级技术职称人员	#具有初级技术	#高级技师	#技师	#高级工	#中级工
476454	**414550**	**18492**	**79944**	**108323**	**4241**	**14387**	**54157**	**74200**
469167	409437	18303	79264	107088	4165	14115	53156	72656
101283	29492	12176	49218	54031	1145	3234	28496	26035
25804	21027	1001	3862	5173	161	610	1575	2521
6521	4334	455	1539	2103	163	677	799	1403
1076	686	7	34	15	4	5	32	85
30	5		2	2				
587	483	7	32	13	4	2	4	26
17	5							
442	193					3	28	59
109638	90878	2080	10181	18918	1039	3916	12986	22519
7825	3053	245	1056	1436	24	324	1798	2525
101813	87825	1835	9125	17482	1015	3592	11188	19994
35041	21994	822	4162	8077	928	2761	2737	5703
159241	217772	1486	7970	15230	683	2726	6141	13755
121740	181089	889	5073	10308	360	1784	3955	8992
11346	14449	76	407	674	33	99	300	664
22707	18877	390	2120	3438	242	724	1652	3355
3448	3357	131	370	810	48	119	234	744
30563	23254	276	2298	3541	42	186	390	635
3287	3210	97	271	599	33	118	281	621
683	1038	27	112	231	17	48	167	100
568	57	11	65	76	12	26	53	89
1438	1186	28	52	158	1	18	31	98
598	929	31	42	134	3	26	30	334
4000	1903	92	409	636	43	154	720	923
2314	1091	53	245	428	34	67	348	662
100	144	6	47	66		3	41	30
145	386	8	13	19	6	4		6
1441	282	25	104	123	3	80	331	225

1-1-9 按隶属关系分组的

行业分组	法人单位数（个）	就业人数（人）		按学历		
			女性	具有研究生及以上学历人员	具有大学本科学历人员	具有大专学历人员
总　　计	**36173**	**1274617**	**406469**	**8822**	**121362**	**253429**
中央	49	39354	14420	274	6536	9941
省（自治区、直辖市）	116	29738	13448	696	6142	8902
地（区、市、州、盟）	1049	145283	38178	3076	25409	34839
县（区、市、旗）	5954	361789	119188	2628	51774	104380
街道	353	15211	4308	524	1239	3444
镇	2160	63360	21703	158	7205	19781
乡	1658	31794	11131	105	5259	12138
居委会	322	3496	1149	78	344	866
村委会	5870	54745	15098	65	1222	5438
其他	18642	529847	167846	1218	16232	53700

1-1-10 按会计制度、组织机构

行业分组	法人单位数（个）	就业人数（人）		按学历		
			女性	具有研究生及以上学历人员	具有大学本科学历人员	具有大专学历人员
总　　计	**36173**	**1274617**	**406469**	**8822**	**121362**	**253429**
按会计制度分组						
企业会计制度	19074	922983	281972	1966	37057	118465
事业单位会计制度	5665	211103	85686	5093	57260	91433
行政单位会计制度	1108	59982	15730	1332	19739	27640
民间非营利组织会计制度	1405	11732	4229	145	2156	3732
其他	8921	68817	18852	286	5150	12159
按机构类型分组						
企业	19872	937061	285763	1908	36833	119142
事业单位	5801	216106	86911	4965	58331	93737
机关	1024	59215	15532	1319	19917	27163
社会团体	592	8498	2458	258	1515	2183
民办非企业单位	1987	13594	5982	120	2062	4848
基金会	2	20	5		9	7
居委会	325	2138	834	92	158	530
村委会	4577	24540	4425	37	765	2427
其他组织机构	1993	13445	4559	123	1772	3392

法人单位就业人数

分组		按技术职称分组			按技术等级分组			
具有高中学历人员	具有初中及以下学历人员	#具有高级技术职称人员	#具有中级技术职称人员	#具有初级技术	#高级技师	#技师	#高级工	#中级工
476454	**414550**	**18492**	**79944**	**108323**	**4241**	**14387**	**54157**	**74200**
15859	6744	1364	4630	4197	176	789	7190	7797
11067	2931	897	3424	3661	54	307	1283	1463
57268	24691	2768	9438	12435	617	1818	8181	10851
126185	76822	8309	35490	50988	2008	6689	23287	28219
4991	5013	271	806	939	1	34	139	215
19130	17086	1321	7136	6935	108	205	1525	2354
9679	4613	574	3875	4008	54	71	850	1091
1247	961	19	194	214	5	14	46	65
24022	23998	128	1164	1494	33	50	134	277
207006	251691	2841	13787	23452	1185	4410	11522	21868

分组的法人单位就业人数

分组		按技术职称分组			按技术等级分组			
具有高中学历人员	具有初中及以下学历人员	#具有高级技术职称人员	#具有中级技术职称人员	#具有初级技术	#高级技师	#技师	#高级工	#中级工
476454	**414550**	**18492**	**79944**	**108323**	**4241**	**14387**	**54157**	**74200**
382404	383091	7863	33759	56805	3584	12234	35293	58160
48496	8821	9257	40249	44738	447	1263	15069	12620
10234	1037	740	2560	2076	90	453	2930	2472
3982	1717	256	739	997	59	167	177	207
31338	19884	376	2637	3707	61	270	688	741
388507	390671	7694	33605	57151	3572	12253	35404	58254
50552	8521	9460	40763	45220	462	1283	15405	12944
9863	953	721	2524	2031	90	447	2911	2411
2359	2183	120	339	383	48	148	186	150
5082	1482	272	1128	1678	17	55	95	200
4								
1007	351	7	46	46	1		23	28
13978	7333	109	380	356	9	21	29	33
5102	3056	109	1159	1458	42	180	104	180

1-1-11 按专业分组的

行业分组	法人单位数（个）	就业人数（人）		按学历		
			女性	具有研究生及以上学历人员	具有大学本科学历人员	具有大专学历人员
总　　计	**36173**	**1274617**	**406469**	**8822**	**121362**	**253429**
工业	12688	589203	191162	1022	18970	60617
规模以上工业企业	1345	272800	110701	912	16224	42445
规模以下工业企业	11343	316403	80461	110	2746	18172
建筑业	596	159705	14223	102	4155	19720
资质内建筑业	370	153617	13644	101	4055	19284
资质外建筑业	226	6088	579	1	100	436
批发零售住宿餐饮业	4638	102920	46365	111	3092	15833
限额以上批发和零售业企业	587	43860	19007	73	1592	7157
限额以下批发和零售业企业	2789	32639	12912	23	1001	5594
限额以上住宿和餐饮业企业	350	14092	8117	2	332	2102
限额以下住宿和餐饮业企业	912	12329	6329	13	167	980
金融	47	29529	15714	213	3777	8257
银行、证券、保险及其他金融企业	47	29529	15714	213	3777	8257
其他服务业	17761	383731	136064	7265	89783	145492
服务业企业普查套表	1812	36639	14315	417	6437	11845
交通运输企业	185	20557	5808	20	821	3138
行政事业单位、社会团体及其他单位	15764	326535	115941	6828	82525	130509
房地产	443	9529	2941	109	1585	3510
房地产开发企业	325	6410	1833	105	1321	2633
物业管理、中介服务及其他房地产企业	118	3119	1108	4	264	877

法人单位就业人数

分组		按技术职称分组			按技术等级分组			
具有高中学历人员	具有初中及以下学历人员	#具有高级技术职称人员	#具有中级技术职称人员	#具有初级技术	#高级技师	#技师	#高级工	#中级工
476454	**414550**	**18492**	**79944**	**108323**	**4241**	**14387**	**54157**	**74200**
222600	285994	4204	16557	29619	2477	8847	21921	35573
112131	101088	3745	13420	22508	2265	7877	19437	30420
110469	184906	459	3137	7111	212	970	2484	5153
75346	60382	950	6459	16357	567	1590	8249	16409
72775	57402	946	6394	16303	566	1529	8065	15962
2571	2980	4	65	54	1	61	184	447
51803	32081	703	2917	3748	202	544	2840	3302
21478	13560	268	1522	2099	87	225	1778	1957
17413	8608	222	802	902	41	85	545	652
6936	4720	208	526	614	64	207	459	638
5976	5193	5	67	133	10	27	58	55
14194	3088	569	3473	4428	147	322	204	456
14194	3088	569	3473	4428	147	322	204	456
109059	32132	11594	48515	52923	685	2801	20424	17752
13829	4111	817	2855	3049	50	273	847	1032
11234	5344	356	806	750	21	571	1054	1129
83996	22677	10421	44854	49124	614	1957	18523	15591
3452	873	472	2023	1248	163	283	519	708
1912	439	427	1824	1137	162	225	364	364
1540	434	45	199	111	1	58	155	344

1-1-12 南阳市个体经营户

行业名称	普查清查个体经营户户数	从业人员数	办证数	人员数
总　　计	**381809**	**1076371**	**227733**	**629685**
按国民经济行业分类分组				
农、林、牧、渔业				
农业				
林业				
畜牧业				
渔业				
农、林、牧、渔服务业				
采矿业	811	7860	811	7860
煤炭开采和洗选业				
石油和天然气开采业				
黑色金属矿采选业	114	1785	114	1785
有色金属矿采选业	15	185	15	185
非金属矿采选业	664	5807	664	5807
其他采矿业	18	83	18	83
制造业	48122	192986	48122	192986
农副食品加工业	20849	75919	20849	75919
食品制造业	3789	12639	3789	12639
饮料制造业	576	3194	576	3194
烟草制品业	10	32	10	32
纺织业	974	5129	974	5129
纺织服装、鞋、帽制造业	1425	5326	1425	5326
皮革、毛皮、羽毛(绒)及其制品业	308	1117	308	1117
木材加工及木、竹、藤、棕、草制品	2641	13446	2641	13446
家具制造业	2309	10276	2309	10276
造纸及纸制品业	28	116	28	116
印刷业和记录媒介的复制	255	1032	255	1032
文教体育用品制造业	18	53	18	53
石油加工、炼焦及核燃料加工业				
化学原料及化学制品制造业	109	722	109	722
医药制造业	14	91	14	91

1-1-12 续表

行业名称	普查清查个体经营户户数	从业人员数	办证数	人员数
化学纤维制造业				
橡胶制品业	41	198	41	198
塑料制品业	142	929	142	929
非金属矿物制品业	2344	19508	2344	19508
黑色金属冶炼及压延加工业	22	107	22	107
有色金属冶炼及压延加工业	5	14	5	14
金属制品业	3215	12164	3215	12164
通用设备制造业	1194	3964	1194	3964
专用设备制造业	1447	4998	1447	4998
交通运输设备制造业	1443	5032	1443	5032
电气机械及器材制造业	20	175	20	175
通信设备、计算机及其他电子设备制				
仪器仪表及文化、办公用机械制造业	28	71	28	71
工艺品及其他制造业	4735	16132	4735	16132
废弃资源和废旧材料回收加工业	181	602	181	602
电力、燃气及水的生产和供应业	6030	62376	6030	62376
电力、热力的生产和供应业				
燃气生产和供应业				
水的生产和供应业	24	46	24	46
建筑业	178776	428793	178776	428793
房屋和土木工程建筑业	4840	57174	4840	57174
建筑安装业	291	1430	291	1430
建筑装饰业	740	3246	740	3246
其他建筑业	135	480	135	480
交通运输、仓储和邮政业	27926	47170	27926	47170
铁路运输业				
道路运输业	22737	38250	22737	38250
城市公共交通业	4050	6444	4050	6444
水上运输业	84	165	84	165
航空运输业				
管道运输业				

1-1-13 按县市区分组个体户情况

指标名称	普查清查个体经营户户数	从业人员数	办证数	人员数
总　　计	**381809**	**1076371**	**227733**	**629685**
宛　城　区	26519	96777	14868	54968
卧　龙　区	28493	75567	14908	39351
南　召　县	25719	51303	12625	24722
方　城　县	29101	74595	27037	65340
西　峡　县	21855	66611	11402	27900
镇　平　县	42559	93960	17604	39004
内　乡　县	19974	42412	12575	26670
淅　川　县	25650	80216	11451	25018
社　旗　县	23168	69621	17441	51914
唐　河　县	51380	164810	32525	99925
新　野　县	20207	51691	10018	25612
桐　柏　县	13656	60004	13274	59220
邓　州　市	53528	148804	32005	90041

第 1 部分 南阳市卷·第二产业篇

工业

1-2-1-1 按行业分组工业规模以

	企业单位数（个）	亏损企业	工业总产值（当年价格）	工业销售产值（当年价格）	出口交货值
总　　计	**1347**	**53**	**15643684.9**	**15374398.4**	**602391.5**
采矿业	91		2025172	2012995.2	
煤炭开采和洗选业					
石油和天然气开采业	4		1444230	1440970.2	
天然原油和天然气开采	1		13189.3	13189.3	
与石油和天然气开采有关的服务活动	3		1431040.7	1427780.9	
黑色金属矿采选业	18		109390.6	107813.1	
铁矿采选	17		98940.6	97513.1	
其他黑色金属矿采选	1		10450	10300	
有色金属矿采选业	23		233872.7	232187.4	
常用有色金属矿采选	9		72826.7	72465.8	
铅锌矿采选	5		52557.8	52170.3	
其他常用有色金属矿采选	4		20268.9	20295.5	
贵金属矿采选	11		91640.1	92185.1	
金矿采选	8		74934.5	75496.4	
银矿采选	3		16705.6	16688.7	
其他贵金属矿采选					
稀有稀土金属矿采选	3		69405.9	67536.5	
钨钼矿采选	3		69405.9	67536.5	
非金属矿采选业	46		237678.7	232024.5	
土砂石开采	32		142999.8	140477.6	
石灰石、石膏开采	1		16136	15576	
建筑装饰用石开采	6		33525.9	32819	
耐火土石开采	18		70488.4	69428.1	
粘土及其他土砂石开采	7		22849.5	22654.5	
石棉及其他非金属矿采选	14		94678.9	91546.9	
石墨、滑石采选	5		30556.8	28915.2	
其他非金属矿采选	9		64122.1	62631.7	
其他采矿业					
制造业	1228	45	12398345.8	12141234.1	602391.5
农副食品加工业	160	2	946028.6	927963.1	5454
谷物磨制	88		429571	420892.1	
饲料加工	11		80601.8	79379.4	
植物油加工	27	1	107865.1	104252.7	
食用植物油加工	24	1	89863.6	86788.7	
非食用植物油加工	3		18001.5	17464	
屠宰及肉类加工	17		169675.9	166183	348.2
畜禽屠宰	12		110751.5	107799.6	
肉制品及副产品加工	5		58924.4	58383.4	348.2

上企业主要经济指标（一）

单位：万元

资产总计	流动资产合计	应收帐款	存货	产成品	流动资产年平均余额	固定资产合计	固定资产原价
10137976.1	**4156636.1**	**875645.6**	**1214405.1**	**515096.8**	**4012944.3**	**5084513.8**	**5741544.6**
1482410.3	299515.6	117928.4	54280.9	26822.4	281340.3	1165895.7	659769.9
1288701.8	212888.6	104546	41056.5	20191.4	201084.3	1074920.2	553651.1
10049.3	8382.9	5708.2	55.5		4622.1	1295.4	2971.3
1278652.5	204505.7	98837.8	41001	20191.4	196462.2	1073624.8	550679.8
23045.3	6224.9	1197.2	739.6	360.6	6631.5	14345.3	14003.4
22219.3	6079.1	1103.8	698.4	319.4	6431.7	13676.3	13613.4
826	145.8	93.4	41.2	41.2	199.8	669	390
102912.7	46914.2	2245.1	6803.3	3328.2	43113.8	44457.4	55111.9
11820.7	4782.9	1820.2	963.2	524.1	5244	5538	6009.7
6130	2235	460	352.5	189.5	2481	3364	3523
5690.7	2547.9	1360.2	610.7	334.6	2763	2174	2486.7
70738.3	31809.2	-134.9	5427.2	2546.4	29103.9	30618.4	39262.8
56102	28470.6	974.6	3223.3	1082.3	25829.4	24813	28868.5
14636.3	3338.6	-1109.5	2203.9	1464.1	3274.5	5805.4	10394.3
20353.7	10322.1	559.8	412.9	257.7	8765.9	8301	9839.4
20353.7	10322.1	559.8	412.9	257.7	8765.9	8301	9839.4
67750.5	33487.9	9940.1	5681.5	2942.2	30510.7	32172.8	37003.5
44252	21742.2	7719.4	2814.9	1252.9	20689	21572.4	23636.9
2008.3	1420				1406.5	588	734.5
7003.5	3030.2	805.7	746	413.2	2914.6	3722.7	3799.5
25082.9	11820.3	3422.4	1827.4	733.3	10998.6	12614.8	14483.2
10157.3	5471.7	3491.3	241.5	106.4	5369.3	4646.9	4619.7
23498.5	11745.7	2220.7	2866.6	1689.3	9821.7	10600.4	13366.6
7935.3	4021.5	1140.2	233	176.2	1989.5	3791.1	4308.2
15563.2	7724.2	1080.5	2633.6	1513.1	7832.2	6809.3	9058.4
7085407.3	3502439.5	665657.1	1139403	488013.7	3314878.1	2929450	3469132.1
278705.6	133587.5	20834.9	24722.1	8798.8	131662.5	122558.7	141032.9
117511	63156.9	8303.2	12722	3405.1	60633.2	52273.4	63281.4
36321.6	15886.2	1349.5	2502.8	405.3	15394.9	17040.6	16929.7
40043.4	17027.6	3831.8	4022.3	1238.5	17419.8	21304.3	23250.5
35265.7	15137.9	3618.4	3344.2	1133.7	15758.1	18432	20083.4
4777.7	1889.7	213.4	678.1	104.8	1661.7	2872.3	3167.1
46588.2	19595.9	3571.3	1968.4	1628.3	20015	16020.5	20282.2
30098.9	16820.7	3227.4	1450.3	1245.2	16885.2	11261.1	15081.2
16489.3	2775.2	343.9	518.1	383.1	3129.8	4759.4	5201

1-2-1-1（一） 续表 1

	企业单位数（个）	亏损企业	工业总产值（当年价格）	工业销售产值（当年价格）	出口交货值
蔬菜、水果和坚果加工	3		69351.1	69347.8	
其他农副食品加工	14	1	88963.7	87908.1	5105.8
淀粉及淀粉制品的制造	7		52415.4	51452.6	3093.9
豆制品制造	1		4560	4560	
蛋品加工	1		6081.9	5993.2	
其他未列明的农副食品加工	5	1	25906.4	25902.3	2011.9
食品制造业	45	3	349446.2	339274.7	20480.4
焙烤食品制造	10		100186.6	95889.2	
饼干及其他焙烤食品制造	10		100186.6	95889.2	
方便食品制造	9		94421.7	91923	
米、面制品制造	5		31637.9	30811.8	
速冻食品制造	1		7793.2	7340.4	
方便面及其他方便食品制造	3		54990.6	53770.8	
液体乳及乳制品制造	3		41781.7	41907	
罐头制造	6	3	35171.5	34118.7	20480.4
肉、禽类罐头制造	1		13202.9	13065.6	
蔬菜、水果罐头制造	5	3	21968.6	21053.1	20480.4
调味品、发酵制品制造	12		69718.8	68015.9	
酱油、食醋及类似制品的制造	5		31088.2	30137.3	
其他调味品、发酵制品制造	7		38630.6	37878.6	
其他食品制造	5		8165.9	7420.9	
营养、保健食品制造	2		4241.5	3596.7	
冷冻饮品及食用冰制造	2		2541.2	2484.3	
食品及饲料添加剂制造	1		1383.2	1339.9	
饮料制造业	29	2	618694.7	607542.1	18423.2
酒精制造	2	1	395687	393860.2	18423.2
酒的制造	19	1	183835.3	175046	
白酒制造	13	1	121084.6	112866.1	
啤酒制造	3		60772.3	60247.4	
黄酒制造	1		564	564	
其他酒制造	2		1414.4	1368.5	
软饮料制造	7		37265.3	36948.8	
瓶（罐）装饮用水制造	1		2000	1992	
果菜汁及果菜汁饮料制造	2		4969	4983	
含乳饮料和植物蛋白饮料制造	1		5933.4	5869.1	
固体饮料制造	1		8604	8345.8	
茶饮料及其他软饮料制造	2		15758.9	15758.9	
精制茶加工	1		1907.1	1687.1	

单位：万元

资产总计	流动资产合计	应收帐款	存货	产成品	流动资产年平均余额	固定资产合计	固定资产原价
13658.3	5681.2	1620.5	1334.7	807.2	6882.3	4777.1	4857.3
24583.1	12239.7	2158.6	2171.9	1314.4	11317.3	11142.8	12431.8
13502.6	5667.7	521.8	1445.7	904	5535.7	6865.4	7484.3
1300	298	19	30.5	29	298	1002	1012.1
1371	913.7	30.5	116.1	40.5	819.7	455	585.5
8409.5	5360.3	1587.3	579.6	340.9	4663.9	2820.4	3349.9
121540.8	49721.3	7537.4	11068.7	3704.3	53731.8	61984.2	72351.7
16423.9	8323.5	654	1122.3	483.6	8362.3	7572.4	8680.7
16423.9	8323.5	654	1122.3	483.6	8362.3	7572.4	8680.7
56620.9	17926.1	3650.2	3032.6	407.6	22628.3	34948.1	38961.8
8286.4	4474.1	247.9	662.6	207.1	5321.2	3552.3	4033.1
565	313		4.1	3.6	320	237.6	370
47769.5	13139	3402.3	2365.9	196.9	16987.1	31158.2	34558.7
20206.2	8475.2	468.2	766.7	369.3	8619.1	7994.7	10488.2
7257.8	5780.3	1576.8	3068.1	1102.7	4987.8	1267.2	1909
1989.6	1455.5	456.2	936.5	296.3	1288.5	512	1044.4
5268.2	4324.8	1120.6	2131.6	806.4	3699.3	755.2	864.6
17479.1	6883.4	472.5	2660.4	1170.3	7428.4	8991	10688.6
8179.4	2601	345.8	1138.1	630.7	3012.1	3973.8	4811.4
9299.7	4282.4	126.7	1522.3	539.6	4416.3	5017.2	5877.2
3552.9	2332.8	715.7	418.6	170.8	1705.9	1210.8	1623.4
1969.1	1337.3	651.1	91	19.6	1327.5	631.8	696.9
1050	498.1	11.4	254.6	101.7	328.5	542.6	824.8
533.8	497.4	53.2	73	49.5	49.9	36.4	101.7
498805.3	230239.8	-23767.5	82525	17502.5	193770.5	212610.3	239592.1
435179.6	200117.9	-31875.2	72965.3	12969	168202.3	183136.6	201383.6
47631.5	24366	7406.5	8914.9	4103.5	20571.6	20513.4	27920.6
34132.1	16190.6	4053.9	6343.9	3089	16516.6	15729.6	19008.8
12514.3	7988.6	3330	2557.7	1002.3	3876.1	4055.5	8161.8
249.5	94.7	4.7	6.5	5.4	85.8	85.8	85.8
735.6	92.1	17.9	6.8	6.8	93.1	642.5	664.2
15354.4	5455.9	701	424.8	210	4938.6	8620.5	9946.7
780	370	2	15	10	370	410	420.8
4388.8	506.2	363.8	92	90	432.9	2904.6	3416.8
5732.4	2415.7	214.1	147.1	40.2	2149.7	3316.7	4005.8
1050	295	8	50	30	290	755	807.8
3403.2	1869	113.1	120.7	39.8	1696	1234.2	1295.5
639.8	300	0.2	220	220	58	339.8	341.2

1-2-1-1（一） 续表 2

	企业单位数（个）	亏损企业	工业总产值（当年价格）	工业销售产值（当年价格）	出口交货值
烟草制品业	2		165017.3	164949.9	
烟叶复烤	1		2937.3	3649.6	
卷烟制造	1		162080	161300.3	
纺织业	218	2	2369435.2	2341115.2	35424.6
棉、化纤纺织及印染精加工	180	1	2034913	2012401.5	31509.4
棉、化纤纺织加工	178	1	2022481.6	2000220.3	31509.4
棉、化纤印染精加工	2		12431.4	12181.2	
毛纺织和染整精加工	1		12124.3	12015.8	
毛纺织	1		12124.3	12015.8	
丝绢纺织及精加工	5		30075	29178.4	3915.2
缫丝加工	3		19731	19323.5	
绢纺和丝织加工	1		3921.5	4151.1	3915.2
丝印染精加工	1		6422.5	5703.8	
纺织制成品制造	6	1	64206.8	63672.2	
棉及化纤制品制造	1	1	4144.5	4007.6	
无纺布制造	1		12307.9	12215.7	
其他纺织制成品制造	4		47754.4	47448.9	
针织品、编织品及其制品制造	26		228116.1	223847.3	
棉、化纤针织品及编织品制造	3		25045.6	24779.7	
毛针织品及编织品制造	22		201542.5	197539.6	
丝针织品及编织品制造	1		1528	1528	
纺织服装、鞋、帽制造业	20	1	89431.5	88863.2	31528
纺织服装制造	19	1	87981	87574.7	31528
纺织面料鞋的制造	1		1450.5	1288.5	
皮革、毛皮、羽毛(绒)及其制品业	7		33040.9	33142.8	11522.2
皮革鞣制加工	2		14610.6	14459.5	11522.2
皮革制品制造	4		10970.7	11266	
皮鞋制造	2		2135.9	2087.3	
皮手套及皮装饰制品制造	2		8834.8	9178.7	
羽毛(绒)加工及制品制造	1		7459.6	7417.3	
羽毛(绒)加工	1		7459.6	7417.3	
木材加工及木、竹、藤、棕、草制	39	1	245742.1	241102.7	7464.1
锯材、木片加工	11		42412.8	41793.7	
锯材加工	4		17031.4	17022.8	
木片加工	7		25381.4	24770.9	
人造板制造	24		170874.2	167365.7	
胶合板制造	22		169423.6	165988.9	
纤维板制造	1		705.6	668.8	

单位：万元

资产总计	流动资产合计				流动资产年平均余额	固定资产合计	固定资产原价
		应收帐款	存货				
				产成品			
131665.2	85776.8	2474.1	56402.7	589.5	80466.8	41071.1	72217.2
9285	5031	1186	1294		4754	4190	9431
122380.2	80745.8	1288.1	55108.7	589.5	75712.8	36881.1	62786.2
1211551.9	577937	89581.2	194365.5	53660.2	567600.7	559162.6	650021.6
1103569.7	534712.8	84400.7	185923	48880.2	526613	519014	603730
1096990.2	533319.2	84045	185516.8	48499.9	525131.8	517394	601836.6
6579.5	1393.6	355.7	406.2	380.3	1481.2	1620	1893.4
1703.5	1056.3	323.8	352.1	210.1	689.8	475.3	633.8
1703.5	1056.3	323.8	352.1	210.1	689.8	475.3	633.8
13913.3	4467.2	755.4	1251.3	499.6	4807.3	5869.4	6398.5
5509	1259	83	100	76.5	1252	3711	3898.5
7155.4	2569.2	451	1009.3	324.3	2556.7	1727.1	1924.9
1248.9	639	221.4	142	98.8	998.6	431.3	575.1
11621.8	5640.1	1099.9	1761	1338.9	5629.6	4341.2	5542.8
3741.7	1785.6	182.3	747.5	427.8	1861	1635.6	2039.5
650	350	180	120	110	380	300	407.2
7230.1	3504.5	737.6	893.5	801.1	3388.6	2405.6	3096.1
80743.6	32060.6	3001.4	5078.1	2731.4	29861	29462.7	33716.5
7100.6	2406	453.2	515.5	308.5	3265.6	1687.6	2211.5
73213	29474.6	2498.2	4562.6	2422.9	26435.4	27535.1	31255
430	180	50			160	240	250
28725.8	14074	4156.9	3537.7	2444.7	14706.9	12319.7	14058.8
26446.4	12782.1	4151	2791.6	1880.8	13533.3	11332.2	12823.5
2279.4	1291.9	5.9	746.1	563.9	1173.6	987.5	1235.3
19521	13231.7	461.8	1159.7	318.6	11408.7	5689.6	7034.8
11564.3	8667.7	44.9	444	181.8	7334.8	2896.5	3703.2
7158.1	4357.8	367.3	657.4	132	3872	2200.7	2721.3
1355.3	798.9	250.8	245.6		798.6	438.6	459.9
5802.8	3558.9	116.5	411.8	132	3073.4	1762.1	2261.4
798.6	206.2	49.6	58.3	4.8	201.9	592.4	610.3
798.6	206.2	49.6	58.3	4.8	201.9	592.4	610.3
63172	23547.4	2574.7	6793.2	2999.5	23248	30360.5	32966.3
11803	4783	514.9	802.5	345.4	4559.4	6214.7	7286.4
5839	2549.1	182.7	334.7	30.2	2385.9	2763.9	3191.3
5964	2233.9	332.2	467.8	315.2	2173.5	3450.8	4095.1
47473	16650	1987.4	5549.1	2622.6	16684.5	22689.2	23676.7
45515	15750.4	1687.8	5126.8	2493.7	15829.5	21630.8	22558.7
545	461	86.1	319.8	41.9	450.2	84	140.1

1-2-1-1（一） 续表 3

	企业单位数（个）	亏损企业	工业总产值（当年价格）	工业销售产值（当年价格）	出口交货值
其他人造板、材制造	1		745	708	
木制品制造	2		24700.2	24188.4	
建筑用木料及木材组件加工	2		24700.2	24188.4	
竹、藤、棕、草制品制造	2	1	7754.9	7754.9	7464.1
家具制造业	9		38206.1	37428	58.8
木质家具制造	6		20982.6	20681.2	
金属家具制造	2		4285.4	4078.5	58.8
塑料家具制造	1		12938.1	12668.3	
造纸及纸制品业	20	1	182854.6	181614.1	5.2
纸浆制造	2		9065.9	8819.6	
造纸	9	1	123095.9	123462.9	5.2
机制纸及纸板制造	8	1	115255.4	114526.6	5.2
加工纸制造	1		7840.5	8936.3	
纸制品制造	9		50692.8	49331.6	
纸和纸板容器的制造	5		24007	23616.9	
其他纸制品制造	4		26685.8	25714.7	
印刷业和记录媒介的复制	23		93544.4	92468.4	
印刷	21		77892.2	76847.2	
书、报、刊印刷	5		6788.7	6610	
本册印制	2		6829.2	6753.1	
包装装潢及其他印刷	14		64274.3	63484.1	
装订及其他印刷服务活动	2		15652.2	15621.2	
文教体育用品制造业	4		29540.5	28865.2	
文化用品制造	1		4909.9	4825.6	
其他文化用品制造	1		4909.9	4825.6	
体育用品制造	1		4538.1	4374.1	
训练健身器材制造	1		4538.1	4374.1	
玩具制造	2		20092.5	19665.5	
石油加工、炼焦及核燃料加工业	3		16095.8	16084.8	
精炼石油产品的制造	3		16095.8	16084.8	
原油加工及石油制品制造	3		16095.8	16084.8	
化学原料及化学制品制造业	74	2	904893.4	849744.8	51462.3
基础化学原料制造	16		255944.8	233756.4	800
无机碱制造	7		193192.1	175028.4	
无机盐制造	5		43075.3	39328.2	
有机化学原料制造	2		12250	12250	800
其他基础化学原料制造	2		7427.4	7149.8	

单位：万元

资产总计	流动资产合计	应收帐款	存货		流动资产年平均余额	固定资产合计	固定资产原价
				产成品			
1413	438.6	213.5	102.5	87	404.8	974.4	977.9
2384.5	1276.5	22.4	383.7		1166.2	926.2	1448.3
2384.5	1276.5	22.4	383.7		1166.2	926.2	1448.3
1511.5	837.9	50	57.9	31.5	837.9	530.4	554.9
12360.8	5307.6	764.9	1346.2	582.4	4848.2	5163	5953.1
6217.3	2274.6	342.3	640.3	306.3	1992.3	3341.3	3640.7
3494.2	1243.1	197.6	395.9	235.1	1066	962.3	1145
2649.3	1789.9	225	310	41	1789.9	859.4	1167.4
82455.8	22928.4	3637.2	8498.7	4561.2	21527	54508.4	58909.1
4649.7	1318.7	894.6	287.7	217.2	859.7	2385.6	2821.1
51504.7	12717.5	1323.5	6414.4	4099.1	11838.4	35223.1	36884.9
49204.1	11657.7	1323.5	6263.6	4066.2	10687.9	33987	35595.3
2300.6	1059.8		150.8	32.9	1150.5	1236.1	1289.6
26301.4	8892.2	1419.1	1796.6	244.9	8828.9	16899.7	19203.1
6635.7	2498.1	584.5	162.9	111.5	2538.8	4117.5	4462.6
19665.7	6394.1	834.6	1633.7	133.4	6290.1	12782.2	14740.5
48934.1	22155.6	9180.5	7720	4627.8	25078.5	20878.9	26277.1
45433.5	21459.3	8978	7657.4	4568.8	24438.8	19694.6	25112.3
2866.9	1531.4	548.6	424.2	311.1	1680.9	1025.7	1211
4878.1	1791.8	801.5	990.3	570.2	1909.6	3086.2	3297.6
37688.5	18136.1	7627.9	6242.9	3687.5	20848.3	15582.7	20603.7
3500.6	696.3	202.5	62.6	59	639.7	1184.3	1164.8
4409.6	2092.4	230.9	716.7	140.2	1949.7	2317.2	2708.1
1100	358.9	32.4	22.9		358	741.1	821.7
1100	358.9	32.4	22.9		358	741.1	821.7
1230.8	647.2	72.3	429.5	53.2	647.2	583.6	637.4
1230.8	647.2	72.3	429.5	53.2	647.2	583.6	637.4
2078.8	1086.3	126.2	264.3	87	944.5	992.5	1249
9290.8	4764.1	39.5	115.6	51.7	4774.4	4480.6	4512.6
9290.8	4764.1	39.5	115.6	51.7	4774.4	4480.6	4512.6
9290.8	4764.1	39.5	115.6	51.7	4774.4	4480.6	4512.6
636530.4	233000.7	32449.5	58424.7	24660.2	223809.1	281315.7	332933.5
336327.3	76614.4	2886.4	9381.7	4050.2	71225.8	174147.2	188095.3
312008.2	70821.1	2390.3	6637.2	2068.7	63097	158423.5	168748.2
20209.9	3862.6	59	2310.6	1645.6	6506.2	14092.9	17328.2
1673	697.6	231.9	74.7	23.9	582.2	919.7	1075.7
2436.2	1233.1	205.2	359.2	312	1040.4	711.1	943.2

1-2-1-1（一） 续表4

	企业单位数（个）	亏损企业	工业总产值(当年价格)	工业销售产值(当年价格)	出口交货值
肥料制造	15		149787.6	145350.9	
氮肥制造	4		76076.7	72611.8	
钾肥制造	1		6893	6686.5	
复混肥料制造	6		56341.6	55661.6	
有机肥料及微生物肥料制造	4		10476.3	10391	
涂料、油墨、颜料及类似产品制造	5		48789.2	42178.1	
涂料制造	5		48789.2	42178.1	
合成材料制造	1		42367.3	42257.7	
初级形态的塑料及合成树脂制造	1		42367.3	42257.7	
专用化学产品制造	35	2	375258.5	353631	50662.3
化学试剂和助剂制造	4		15013.2	14598.4	
专项化学用品制造	5		8647.1	8302	
炸药及火工产品制造	2		34898.3	31647.6	
信息化学品制造	17	2	273024.2	256318.8	38810.5
动物胶制造	7		43675.7	42764.2	11851.8
日用化学产品制造	2		32746	32570.7	
化妆品制造	2		32746	32570.7	
医药制造业	46	1	635702.8	610542.9	53754.3
化学药品原药制造	5		111213.6	97630.4	17554.7
化学药品制剂制造	6		113802	103949.6	16175.8
中药饮片加工	11	1	59661.1	60071	7412.4
中成药制造	7		257032.8	256196.7	6146.1
兽用药品制造	4		8941.3	8625.6	368.6
生物、生化制品的制造	8		56321.3	55947	6096.7
卫生材料及医药用品制造	5		28730.7	28122.6	
化学纤维制造业					
橡胶制品业	5		18375.5	17326	
轮胎制造	1		6401.1	6401.1	
轮胎翻新加工	1		6401.1	6401.1	
橡胶零件制造	2		4836.4	4059.4	
日用及医用橡胶制品制造	1		3488	3288	
其他橡胶制品制造	1		3650	3577.5	
塑料制品业	44	3	267862	259712.7	16922.1
塑料薄膜制造	5		21242.5	20979.6	
塑料板、管、型材的制造	7		67104.2	66479.4	14140
塑料丝、绳及编织品的制造	23	3	122707	116220	
塑料人造革、合成革制造	1		3591.8	3425.5	
塑料包装箱及容器制造	1		7480	7270	

单位：万元

资产总计	流动资产合计	应收帐款	存货	产成品	流动资产年平均余额	固定资产合计	固定资产原价
55680.3	20480.8	3647.4	5457.8	916.1	18460.8	31359.7	39495.2
23984.3	6002.7	336.2	2140.6	724.6	6119.7	17524.9	23682.8
2157.6	1277.8	876.1	21	21	355.6	867.5	959.5
25001.2	12063.6	2339.4	3257.5	148.6	11110.1	10453.3	12021.4
4537.2	1136.7	95.7	38.7	21.9	875.4	2514	2831.5
8805.6	7122.7	413	3969.5	1233	6597.2	1561.7	3551.3
8805.6	7122.7	413	3969.5	1233	6597.2	1561.7	3551.3
3127.2	891	120.2	132	124.5	1086.2	401	534.6
3127.2	891	120.2	132	124.5	1086.2	401	534.6
209208.6	119808.3	25307	39095.7	18090.9	119011.6	68380.9	93413.4
6311.4	3646	899.1	1846.7	316.4	3586.9	2421	2741.1
6496.9	3649.2	1917.4	860.5	409.4	3265	1810	2396.6
15065.3	3878.9	1730	598.2	305.1	3413.9	9211.9	10274.3
164808.4	98259.2	20600.9	35204.7	16912.4	98343.8	48862.7	70511.4
16526.6	10375	159.6	585.6	147.6	10402	6075.3	7490
23381.4	8083.5	75.5	388	245.5	7427.5	5465.2	7843.7
23381.4	8083.5	75.5	388	245.5	7427.5	5465.2	7843.7
411361	204599.8	30028.7	73656.7	28784.9	169446	149805.6	193223.5
71136.3	36958.8	2548.4	13418.6	8523.7	23828.4	31238.2	44530.1
86623.8	51969.7	6639.9	8605.7	1703.7	42404.6	11895.4	12874.7
18631.5	11875.8	4669.4	2883.4	1624.7	8755.5	5221.1	6012.3
194108.3	87813.9	14027.7	44104.2	15217.8	80094.7	81654.7	105934.7
4955.2	2085.5	470.7	533.9	189.2	2075.5	2869.7	2990.5
19315.5	6941.8	1038.2	1323.7	648.6	6301.4	11945.3	15178.2
16590.4	6954.3	634.4	2787.2	877.2	5985.9	4981.2	5703
12482.3	6933.5	2650.3	2092	683	6277	4764.6	6241
2318.2	1337.2	38.2	18	18	1281	563.1	581.3
2318.2	1337.2	38.2	18	18	1281	563.1	581.3
1718.7	1175.6	485.7	544.1		965.9	542.2	727.9
4169.9	1874.4	658.3	1069.8	339.2	1874.4	2295.5	2613.7
4275.5	2546.3	1468.1	460.1	325.8	2155.7	1363.8	2318.1
99981.8	39620.7	8513.5	12960.7	2590.7	37834.7	38617.9	45529
4324.8	1366.6	179.9	299.6	111	1316.9	2729.2	3354.5
40170.6	13895.1	1249.6	7459.1	703.1	13735.6	13231	13489.8
37239.2	17032.7	6190.4	3210.6	1371.8	15418.9	14438.1	19099
1528.1	762.6	128.9	254.2	198.5	865	514.8	686.3
2103	530	22	20	10	530	1457.5	1618

1-2-1-1（一） 续表 5

	企业单位数（个）	亏损企业	工业总产值（当年价格）	工业销售产值（当年价格）	出口交货值
日用塑料制造	6		29304.7	29002.4	2782.1
日用塑料杂品制造	6		29304.7	29002.4	2782.1
其他塑料制品制造	1		16431.8	16335.8	
非金属矿物制品业	207	10	1716900	1699249.8	33316.8
水泥、石灰和石膏的制造	35	3	461723.3	456629.3	
水泥制造	29	3	420990	416731.8	
石灰和石膏制造	6		40733.3	39897.5	
水泥及石膏制品制造	19		77540.9	75694.1	
水泥制品制造	12		56299	54156.6	
砼结构构件制造	4		7827.8	7709.2	
轻质建筑材料制造	2		12797.6	13253.5	
其他水泥制品制造	1		616.5	574.8	
砖瓦、石材及其他建筑材料制造	102	1	454408.4	449392.7	4188.1
粘土砖瓦及建筑砌块制造	52	1	128284	124043.2	
建筑陶瓷制品制造	3		31210.5	30789.6	
建筑用石加工	38		231445.4	231268	4188.1
防水建筑材料制造	3		24204.7	23272.8	
隔热和隔音材料制造	4		30627	31863.2	
其他建筑材料制造	2		8636.8	8155.9	
玻璃及玻璃制品制造	7		18101.7	17304.7	
平板玻璃制造	1		2944.7	2820.9	
日用玻璃制品及玻璃包装容器制造	2		6867.2	6731.3	
玻璃保温容器制造	1		1589.8	1568.1	
玻璃纤维及制品制造	2		2340	2325.6	
玻璃纤维增强塑料制品制造	1		4360	3858.8	
陶瓷制品制造	1		988.6	870	
园林、陈设艺术及其他陶瓷制品制造	1		988.6	870	
耐火材料制品制造	5		23532.4	22725.1	
石棉制品制造	2		4691	4128.1	
耐火陶瓷制品及其他耐火材料制造	3		18841.4	18597	
石墨及其他非金属矿物制品制造	38	6	680604.7	676633.9	29128.7
石墨及碳素制品制造	34	6	664602.1	660761.3	29128.7
其他非金属矿物制品制造	4		16002.6	15872.6	
黑色金属冶炼及压延加工业	16	2	1120061.1	1104387.1	173127.2
炼铁	5	1	48223.6	45033.6	
炼钢	1		43668	43668	
钢压延加工	5	1	904516.5	893350.9	173127.2
铁合金冶炼	5		123653	122334.6	

单位：万元

资产总计	流动资产合计	应收帐款	存货	产成品	流动资产年平均余额	固定资产合计	固定资产原价
11994.3	4280.7	742.7	1635.2	196.3	4348.3	5378.5	6402.6
11994.3	4280.7	742.7	1635.2	196.3	4348.3	5378.5	6402.6
2621.8	1753		82		1620	868.8	878.8
1060585.6	504021.1	123729.7	136821.6	76834.3	437386.5	484934.5	538173.3
408396.5	116667.9	12571.1	32305.3	10432.8	106277.9	251634.4	261712.9
404180.5	114758.6	12057.4	32199.3	10387.4	104042.2	249501.9	259314
4216	1909.3	513.7	106	45.4	2235.7	2132.5	2398.9
29325.2	15029.7	3008.4	4061.4	2214.8	15023.2	13617.2	14882.3
23908.7	12582.6	2372.2	3823.5	2093.4	12411.9	10732.9	11702.3
3257.7	1427.3	516.2	168.4	71.4	1527.8	1758.4	1840.3
1529	849	78	69.5	50	840	680	692
629.8	170.8	42			243.5	445.9	647.7
145350.8	56336.2	10333.9	15204.3	6720.9	55627	78734	85555.1
76832.1	32060.5	4887.8	8623.7	2751.5	29602.3	39735.9	43241.4
2583	255.1	112.1	143	143	1408.3	2321.5	2447.5
50215	18180.8	3585.8	4524.2	2937.7	17496	27607.2	29989.3
5633.4	1291.1	421.4	601.7	484.2	2661.9	3565.3	3885.8
7355.2	3909	1191.7	1207.5	303	3857.1	3445.7	3892.4
2732.1	639.7	135.1	104.2	101.5	601.4	2058.4	2098.7
9809.7	4091	495.1	1182.3	377	3794.4	5637.7	6207.7
891	345	120	225	190	260	546	606.6
2047.4	929.7	71.9	242.4	41.1	866.7	1117.7	1282.8
2030.2	1098.2	29.1	422.9	18.1	1049.6	929.6	989.7
2504.4	598.5	93.9	163	94.6	498.5	1905.9	1998.9
2336.7	1119.6	180.2	129	33.2	1119.6	1138.5	1329.7
1268.9	870.6	13.1	196.4	156.4	649	383.9	707.3
1268.9	870.6	13.1	196.4	156.4	649	383.9	707.3
11397.5	7576.9	3178.7	3602.6	1332.1	6299.3	3482.1	4461.5
1943.1	1359.5	718.9	528.9	252.3	1243	513.6	621
9454.4	6217.4	2459.8	3073.7	1079.8	5056.3	2968.5	3840.5
455037	303448.8	94129.4	80269.3	55600.3	249715.7	131445.2	164646.5
444588.5	299528.7	92779.4	79036	54528.5	246447.7	125037.8	157900.6
10448.5	3920.1	1350	1233.3	1071.8	3268	6407.4	6745.9
581386.1	286173.3	47491.7	139045.7	115625	276236.3	226038	277776
31690	19235.4	2368.5	4619.8	2591.6	16189	6455.1	6139.7
17429.7	7076.5		2472.4	1582.1	6992.3	9378.5	9527.5
469609.9	211943.6	32491.4	118895.5	101301.8	211508.5	197699.7	246540.2
62656.5	47917.8	12631.8	13058	10149.5	41546.5	12504.7	15568.6

1-2-1-1（一） 续表 6

	企业单位数（个）	亏损企业	工业总产值（当年价格）	工业销售产值（当年价格）	出口交货值
有色金属冶炼及压延加工业	12		475087.5	469410.1	3870
常用有色金属冶炼	7		454939.2	450634.9	
铅锌冶炼	3		8387	8240.7	
铝冶炼	1		432610.3	429183	
镁冶炼	2		12243.9	11513.2	
其他常用有色金属冶炼	1		1698	1698	
稀有稀土金属冶炼	3		3885.2	2848.9	
钨钼冶炼					
稀土金属冶炼	1		2841	1974	
其他稀有金属冶炼	2		1044.2	874.9	
有色金属压延加工	2		16263.1	15926.3	3870
常用有色金属压延加工	2		16263.1	15926.3	3870
金属制品业	28		108050.6	106810.2	
结构性金属制品制造	17		64241	64645.4	
金属结构制造	9		51767.5	52451.9	
金属门窗制造	8		12473.5	12193.5	
金属工具制造	4		12542.5	11932.2	
手工具制造	1		939.6	953.8	
农用及园林用金属工具制造	1		6678.4	6602.2	
其他金属工具制造	2		4924.5	4376.2	
集装箱及金属包装容器制造	1		1862.9	1640.4	
金属压力容器制造	1		1862.9	1640.4	
金属丝绳及其制品的制造	2		13270.6	12908	
建筑、安全用金属制品制造	2		11411.6	11191.2	
建筑装饰及水暖管道零件制造	1		8467.7	8380.8	
其他建筑、安全用金属制品制造	1		2943.9	2810.4	
其他金属制品制造	2		4722	4493	
其他未列明的金属制品制造	2		4722	4493	
通用设备制造业	31	5	272997.3	270519.4	5534.9
锅炉及原动机制造	2		44476.6	43943.9	482.5
内燃机及配件制造	2		44476.6	43943.9	482.5
金属加工机械制造	2		6351	6161	
机床附件制造	1		5740	5550	
其他金属加工机械制造	1		611	611	
起重运输设备制造	3		20115	19790	1733.4
泵、阀门、压缩机及类似机械的制造	6	2	26219.1	26595.6	
泵及真空设备制造	1	1	1540.3	1530.9	
气体压缩机械制造	1		5031.9	5120.5	

单位：万元

资产总计	流动资产合计				流动资产年平均余额	固定资产合计	固定资产原价
		应收帐款	存货	产成品			
201235.1	111630.7	39116.8	26323.8	9698.2	112628.3	76025.1	103793.1
158591.8	92087.6	33743.3	17250.9	5977.4	94040.3	64026.4	89995
2488.7	1552.4	529.4	58.3	3	1513.5	790.5	953.2
151413.2	87756.6	32404.6	15664.4	5450.8	90318.6	61391.9	87038.9
2590.2	1207.1	74.8	1021.7	28.6	1422.5	1382.1	1511
2099.7	1571.5	734.5	506.5	495	785.7	461.9	491.9
26506.6	9389.4	528.7	5349.6	1612	8856.5	6065.8	7370.2
17306.1	5132.6	522.7	2268.8	1447.5	5132.6	1669.1	1799.7
9200.5	4256.8	6	3080.8	164.5	3723.9	4396.7	5570.5
16136.7	10153.7	4844.8	3723.3	2108.8	9731.5	5932.9	6427.9
16136.7	10153.7	4844.8	3723.3	2108.8	9731.5	5932.9	6427.9
38258.8	20328.1	5648.9	5401.3	2096.9	15552.5	15495.3	18295
24221.7	13791.5	4258.4	3343.2	1237.6	9352	8442.2	10353.8
19128.7	11067.9	3438.2	2816.7	874.6	6735	6072.8	7591.4
5093	2723.6	820.2	526.5	363	2617	2369.4	2762.4
7251	3991.7	693.3	900.1	304.1	3921.4	3188.5	4066.1
316.2	192.7	38.1	130.1		192.7	54.7	262.4
4542	2335	166	95	62	2338.6	2207	2207
2392.8	1464	489.2	675	242.1	1390.1	926.8	1596.7
1024	970.8	239.8	453.9	335.9	753.8	53.2	72.2
1024	970.8	239.8	453.9	335.9	753.8	53.2	72.2
969	286.9	57.2	157.1	106.6	275.7	430.5	435.8
3885	1027.3	390.8	408.2	65.5	1005.3	2857.7	2870.9
985	384	53.2	132	17.8	362	601	524.3
2900	643.3	337.6	276.2	47.7	643.3	2256.7	2346.6
908.1	259.9	9.4	138.8	47.2	244.3	523.2	496.2
908.1	259.9	9.4	138.8	47.2	244.3	523.2	496.2
223165.6	115946.3	28597.4	30321.5	6388.7	114982.5	93775.2	99250.3
19374.2	11879.7	2849.5	598.2	391.5	9737.1	6139.2	10229.4
19374.2	11879.7	2849.5	598.2	391.5	9737.1	6139.2	10229.4
1112.7	610.4	234.1	138.2	77.4	615.4	500.3	565.3
470	180	150	30		180	290	294
642.7	430.4	84.1	108.2	77.4	435.4	210.3	271.3
13181.1	6317.2	1506.1	3201.1	608.5	7039.1	4855.9	4558.1
17623.4	12318.3	4436.3	3840.5	1203.9	12314.4	3880.4	4209.2
500	346.5	3.8	228.4		346	153.5	84.6
463.5	201.1	131.4	62.3	62.3	130.2	262.4	333.9

1-2-1-1（一） 续表 7

	企业单位数（个）	亏损企业	工业总产值（当年价格）	工业销售产值（当年价格）	出口交货值
阀门和旋塞的制造	2		3743.6	3426.9	
液压和气压动力机械及元件制造	2	1	15903.3	16517.3	
轴承、齿轮、传动和驱动部件的制造	6	3	102819.3	102016.3	3319
轴承制造	5	2	28946.3	28679.3	
齿轮、传动和驱动部件制造	1	1	73873	73337	3319
风机、衡器、包装设备等通用设备	1		1809	1809	
制冷、空调设备制造	1		1809	1809	
通用零部件制造及机械修理	3		21852.6	21907.7	
机械零部件加工及设备修理	2		16157	16212.1	
其他通用零部件制造	1		5695.6	5695.6	
金属铸、锻加工	8		49354.7	48295.9	
钢铁铸件制造	4		29476.2	28838	
锻件及粉末冶金制品制造	4		19878.5	19457.9	
专用设备制造业	33	3	417122.2	404675.3	68187.9
矿山、冶金、建筑专用设备制造	15		309115.3	297072.2	63215.9
采矿、采石设备制造	2		9538.5	9502.7	
石油钻采专用设备制造	7		259954.2	252656.5	62986.5
建筑工程用机械制造	4		27618.3	22210.8	229.4
建筑材料生产专用机械制造	2		12004.3	12702.2	
化工、木材、非金属加工专用设备	3	1	8242.5	8002.6	
塑料加工专用设备制造	1	1	566.7	565.7	
模具制造	2		7675.8	7436.9	
食品、饮料、烟草及饲料生产专用设备制造	2		1162	1136.8	
食品、饮料、烟草工业专用设备制造	1		527.5	515	
农副食品加工专用设备制造	1		634.5	621.8	
印刷、制药、日化生产专用设备制造	4	1	10719.7	10400.7	
印刷专用设备制造	1		2939.6	2850.1	
照明器具生产专用设备制造	2	1	5060.1	4830.6	
玻璃、陶瓷和搪瓷制品生产专用设备制造	1		2720	2720	
纺织、服装和皮革工业专用设备制造	1		2925.8	2882.6	
纺织专用设备制造	1		2925.8	2882.6	
电子和电工机械专用设备制造	3	1	73488.1	73825	4972
电工机械专用设备制造	2		38475.3	38037	4972
电子工业专用设备制造	1	1	35012.8	35788	
农、林、牧、渔专用机械制造	3		8035.2	7977.2	
机械化农业及园艺机具制造	1		3646.7	3635.4	
其他农林牧渔业机械制造及机械修理	2		4388.5	4341.8	

单位：万元

资产总计	流动资产合计	应收帐款	存货		流动资产年平均余额	固定资产合计	固定资产原价
				产成品			
7562.2	6092	2436.8	1039.5	700.3	5102.6	908.5	1222.7
9097.7	5678.7	1864.3	2510.3	441.3	6735.6	2556	2568
121234.9	64830.9	14990.8	16960.1	1857	66429.8	52601.5	53514
12421.9	5404.9	1917.8	1485.1	751	5479.8	3483.5	4754
108813	59426	13073	15475	1106	60950	49118	48760
710	420	120	95	60	400	290	300
710	420	120	95	60	400	290	300
37201.8	13355.5	2227.4	2900.2	859.6	12312.3	21542.3	20230.9
30841.8	12195.5	1787.4	2380.2	859.6	11152.3	16342.3	14830.9
6360	1160	440	520		1160	5200	5400
12727.5	6214.3	2233.2	2588.2	1330.8	6134.4	3965.6	5643.4
3562.6	1913.4	658.9	321.8	56	1642.3	1562	1660
9164.9	4300.9	1574.3	2266.4	1274.8	4492.1	2403.6	3983.4
352401.3	261761.1	81744.4	107005.4	42954.1	252573.3	68430.7	83876.7
258132	204741.5	65266.9	91686.3	36899.3	197157.7	33068.5	44433.7
2500	645	72	99	23	433	1854.5	1955.5
211507.7	168542.5	57370	76769.8	31731.2	163310.8	26904.1	35656.1
29993.9	26737.6	5390.2	8963.1	809.7	24455.9	902.1	2250.7
14130.4	8816.4	2434.7	5854.4	4335.4	8958	3407.8	4571.4
2153.9	1172.3	315.9	626.7	338.9	1166	559.6	808.2
295.1	190.3	53	3.3		190.3	104.8	119.2
1858.8	982	262.9	623.4	338.9	975.7	454.8	689
1023	325	11.8	253.2	80	276.7	688	687.2
275	180		120	80	150	85	95
748	145	11.8	133.2		126.7	603	592.2
4479	2104.3	438.8	394.8	303.3	1986.2	2334.1	2298.4
707.9	213.8	25	5	3	202.6	494.1	502.1
2891.1	1540.5	393.8	349.8	270.3	1433.6	1350.6	1251.1
880	350	20	40	30	350	489.4	545.2
2732.1	949.4	7.1	22.3	9.6	947.9	1584.7	1981.1
2732.1	949.4	7.1	22.3	9.6	947.9	1584.7	1981.1
80240.7	51113.8	15414.6	13298.9	4715.3	49552.7	28663.6	31793.1
53592.2	26809.1	9946.4	8886.2	4163.3	29191.6	26319.9	29191.9
26648.5	24304.7	5468.2	4412.7	552	20361.1	2343.7	2601.2
2118	591.1	195.2	168.3	95.3	696.4	1208.9	1311.8
772	132.1	30.2	80.1	75.5	132.1	639.9	654.8
1346	459	165	88.2	19.8	564.3	569	657

1-2-1-1（一） 续表 8

	企业单位数（个）	亏损企业	工业总产值（当年价格）	工业销售产值（当年价格）	出口交货值
医疗仪器设备及器械制造	1		2799.8	2744.4	
医疗、外科及兽医用器械制造	1		2799.8	2744.4	
环保、社会公共安全及其他专用设备制造	1		633.8	633.8	
其他专用设备制造	1		633.8	633.8	
交通运输设备制造业	31	3	233612.7	229835.9	6716.7
汽车制造	26	3	216465.7	212824.1	6716.7
改装汽车制造	3		17312.1	17175.2	
汽车车身、挂车的制造	3		12344.7	12102.9	
汽车零部件及配件制造	16	2	181889.6	178637.4	6716.7
汽车修理	4	1	4919.3	4908.6	
摩托车制造	3		7829.3	7723.6	
摩托车零部件及配件制造	3		7829.3	7723.6	
航空航天器制造	1		1829.6	1820.9	
其他飞行器制造	1		1829.6	1820.9	
交通器材及其他交通运输设备制造	1		7488.1	7467.3	
其他交通运输设备制造	1		7488.1	7467.3	
电气机械及器材制造业	27	1	301252.1	295091.3	20426.8
电机制造	9	1	214649.2	206324.6	20426.8
发电机及发电机组制造	2		11914.2	12015.3	
电动机制造	6	1	200075.5	191772.9	20426.8
微电机及其他电机制造	1		2659.5	2536.4	
输配电及控制设备制造	8		43167.9	46831.8	
变压器、整流器和电感器制造	3		17493.6	20530	
配电开关控制设备制造	2		3967.5	3967.5	
电力电子元器件制造	2		12806.8	12753	
其他输配电及控制设备制造	1		8900	9581.3	
电线、电缆、光缆及电工器材制造	3		16355.6	15581.8	
电线电缆制造	2		15180.9	14416	
绝缘制品制造	1		1174.7	1165.8	
电池制造	1		1019	998	
家用电力器具制造	1		842.1	839.5	
家用清洁卫生电器具制造	1		842.1	839.5	
非电力家用器具制造	4		24339.3	23652.9	
燃气、太阳能及类似能源的器具制造	3		23386.4	22708.2	
其他非电力家用器具制造	1		952.9	944.7	
照明器具制造	1		879	862.7	
照明灯具制造	1		879	862.7	
通信设备、计算机及其他电子设备	14		68421	63362.6	1874.4
电子器件制造	2		3041.2	3002.9	1874.4
电子真空器件制造	1		545	538	

单位：万元

资产总计	流动资产合计	应收帐款	存货	产成品	流动资产年平均余额	固定资产合计	固定资产原价
869.9	544.3		436.7	425	544.3	213	381.9
869.9	544.3		436.7	425	544.3	213	381.9
652.7	219.4	94.1	118.2	87.4	245.4	110.3	181.3
652.7	219.4	94.1	118.2	87.4	245.4	110.3	181.3
199547	118789.2	41239.9	48556	25871.4	130324	72756.4	96289
190228.7	113183.5	40150.4	46668.4	24413	125046.8	69052	92894.7
13176	12694.5	7161.4	2883.9	179.4	11908.4	369.6	719.5
2014	1300.5	722.1	99.1	39.5	1383.2	613.1	785.8
171272.2	96490.9	31217.5	42819.9	24034.1	109821.9	67040.5	89954.3
3766.5	2697.6	1049.4	865.5	160	1933.3	1028.8	1435.1
4641.8	3101.6	1010.7	1566.9	1362.2	2773.8	1532	1091.7
4641.8	3101.6	1010.7	1566.9	1362.2	2773.8	1532	1091.7
3726.5	1915.4	67.8	171.8	89.1	1915.4	1811.1	1819.7
3726.5	1915.4	67.8	171.8	89.1	1915.4	1811.1	1819.7
950	588.7	11	148.9	7.1	588	361.3	482.9
950	588.7	11	148.9	7.1	588	361.3	482.9
206157.5	137836	39636.9	36398.4	20306.9	123196.8	57142.1	60254.4
165760.7	109182.4	31009.4	26961.3	13519.1	95814.3	46176.1	47907.6
19048.5	10159.1	322	1260.8	564.9	10579.1	8360.1	8289.8
145341.9	98205.2	30562.9	25579.3	12855.3	84567.7	37263.8	38881.5
1370.3	818.1	124.5	121.2	98.9	667.5	552.2	736.3
25359.2	19432.3	6888	5878.9	3953.4	17239.6	5747.5	6654
9147.9	8025.3	3606.6	2788.1	2205.7	6778.9	1121.7	1199.1
2690.8	1462.8	163.5	210.6	80.8	1484	1225	1376.7
6221.1	4690.4	1633.6	449.8		4689	1522.3	1622.7
7299.4	5253.8	1484.3	2430.4	1666.9	4287.7	1878.5	2455.5
4558.4	3952.5	732.7	2124.3	1980.4	4184.9	498.8	531.6
3679.5	3298.5	706.1	2022.1	1924.4	3531.9	281	309.9
878.9	654	26.6	102.2	56	653	217.8	221.7
544	225.6	26	82.7	21	222.9	318.4	325.1
782.7	476.4	211.5	45.2		476.4	306.3	389.7
782.7	476.4	211.5	45.2		476.4	306.3	389.7
8015	3689.2	334.8	1207.9	833	4401.1	3895.5	4210.4
6846	2766.8	278.8	498.1	132.4	3545.1	3650.9	3833.2
1169	922.4	56	709.8	700.6	856	244.6	377.2
1137.5	877.6	434.5	98.1		857.6	199.5	236
1137.5	877.6	434.5	98.1		857.6	199.5	236
126979.2	47102.7	11094	10654.8	3531.2	49905.2	75357.3	78190.3
2216.6	549.7	120.5	258.1	34.4	514.7	1398.2	1445.7
824	185	42	65	17	150	415	380

1-2-1-1（一） 续表 9

	企业单位数（个）	亏损企业	工业总产值（当年价格）	工业销售产值（当年价格）	出口交货值
光电子器件及其他电子器件制造	1		2496.2	2464.9	1874.4
电子元件制造	9		48837.2	47926.2	
电子元件及组件制造	9		48837.2	47926.2	
其他电子设备制造	3		16542.6	12433.5	
仪器仪表及文化、办公用机械制造	43	2	308534	306613.7	29793
通用仪器仪表制造	8		46461.5	45560.5	876.8
工业自动控制系统装置制造	3		13737	13074.9	876.8
电工仪器仪表制造	4		31737.5	31533.6	
试验机制造	1		987	952	
专用仪器仪表制造	9		34661	33803.8	
汽车及其他用计数仪表制造	5		19849.5	19454.3	
教学专用仪器制造	1		4421.5	4383.3	
其他专用仪器制造	3		10390	9966.2	
光学仪器及眼镜制造	23	2	219734.5	219828.7	28916.2
光学仪器制造	23	2	219734.5	219828.7	28916.2
文化、办公用机械制造	2		5967	5710.7	
复印和胶印设备制造	2		5967	5710.7	
其他仪器仪表的制造及修理	1		1710	1710	
工艺品及其他制造业	38	1	372395.7	353538.1	7044.6
工艺美术品制造	34	1	337718.6	319446.4	7044.6
雕塑工艺品制造	14		152154.8	139571.2	1740
天然植物纤维编织工艺品制造	1		3785.5	3610.3	
抽纱刺绣工艺品制造	2		20834	20453.2	
地毯、挂毯制造	10	1	84069.6	80197.3	5304.6
珠宝首饰及有关物品的制造	4		61255.4	60714.6	
其他工艺美术品制造	3		15619.3	14899.8	
日用杂品制造	4		34677.1	34091.7	
鬃毛加工、制刷及清扫工具的制造	2		19688.6	19425.5	
其他日用杂品制造	2		14988.5	14666.2	
电力、燃气及水的生产和供应业	28	8	1220167.1	1220169.1	
电力、热力的生产和供应业	21	3	1207608.9	1207278.1	
电力生产	7	2	343093.1	343093.1	
火力发电	3	2	340555.1	340555.1	
水力发电	3		2026	2026	
其他能源发电	1		512	512	
电力供应	14	1	864515.8	864185	
燃气生产和供应业	1	1	1205.4	1539.1	
水的生产和供应业	6	4	11352.8	11351.9	
自来水的生产和供应	5	3	9976.2	9975.3	
污水处理及其再生利用	1	1	1376.6	1376.6	

单位：万元

资产总计	流动资产合计	应收帐款	存货	产成品	流动资产年平均余额	固定资产合计	固定资产原价
1392.6	364.7	78.5	193.1	17.4	364.7	983.2	1065.7
118701.8	45663.8	10868.3	10158.2	3411.5	48561.5	72809.3	75396.8
118701.8	45663.8	10868.3	10158.2	3411.5	48561.5	72809.3	75396.8
6060.8	889.2	105.2	238.5	85.3	829	1149.8	1347.8
315809.3	177285.2	48525.7	37114.4	19108.2	183075.7	116521.7	164282.9
25214.3	11571.8	2822.3	4328.3	2239.4	11542.3	12328.6	13614.7
16563.4	7220.4	1996.5	3644.4	1822.4	7143.3	9126.5	10137
7848.9	3913.4	700.8	373.9	267	3981	2994.1	3257.7
802	438	125	310	150	418	208	220
23170.1	13560.3	3711	3089	1221.3	12686.6	9422.6	10342.8
14975.4	7547.4	537	1657.2	237	7378.8	7376	9008.1
1259.1	155.3	23.5	127.7	83	155	1096.5	141.4
6935.6	5857.6	3150.5	1304.1	901.3	5152.8	950.1	1193.3
257928.7	148497.2	40573.5	28892.6	15287.2	155647.8	88940.2	134289
257928.7	148497.2	40573.5	28892.6	15287.2	155647.8	88940.2	134289
7696.2	3405.9	1288.9	694.5	360.3	2949	4280.3	4416.4
7696.2	3405.9	1288.9	694.5	360.3	2949	4280.3	4416.4
1800	250	130	110		250	1550	1620
108387.6	52047.5	7483.2	15654.2	8898.6	46876.5	35365.1	43388.7
99869.5	49130.2	7364.7	15055.4	8544	44513.8	31143.4	38242.9
52135.5	23222.9	2384.8	5200.6	2165.2	21881.1	14852.7	16071.9
1246.7	744.3	143.5	165.4	125.6	768.2	502.4	669.9
2835	584	177.5	284	191	584	1951	2062.5
27711.4	17121.9	3057.9	7363.7	4509.7	16137.2	9641.4	13713
11621	5509.6	824.6	1472	1207.8	2842.4	2934.5	4161.6
4319.9	1947.5	776.4	569.7	344.7	2300.9	1261.4	1564
8518.1	2917.3	118.5	598.8	354.6	2362.7	4221.7	5145.8
4929.1	1975.1	32.6	391	204.4	1327.8	2602.2	3349.1
3589	942.2	85.9	207.8	150.2	1034.9	1619.5	1796.7
1570158.5	354681	92060.1	20721.2	260.7	416725.9	989168.1	1612642.6
1515428.3	339712.4	91104.2	19346.3	260.7	403856.5	956740.5	1574359.3
968399.4	202284.3	51625.4	17325.8		283127.3	572915.6	1053108.6
933517.1	195136.2	50060.6	17281.7		276179.2	546021.1	1021896.3
15082.3	1048.1	364.8	44.1		1048.1	13294.5	17412.3
19800	6100	1200			5900	13600	13800
547028.9	137428.1	39478.8	2020.5	260.7	120729.2	383824.9	521250.7
21159.9	6867.9	635.6	996.8		5676.7	11240.2	12315.5
33570.3	8100.7	320.3	378.1		7192.7	21187.4	25967.8
21507.3	6474.5	320.3	350.8		6895.8	11488	13614.4
12063	1626.2		27.3		296.9	9699.4	12353.4

1-2-1-1 按行业分组工业规模以

	资产总计					
	累计折旧	固定资产净值	固定资产净值年平均余额	负债合计	流动负债合计	应付账款
总　　计	**1739787.4**	**4001757.2**	**3688590.8**	**5752863.8**	**4245246.4**	**1317942.2**
采矿业	230329.9	429440	401810.4	464434	369519.5	276045
煤炭开采和洗选业						
石油和天然气开采业	206006.2	347644.9	322592	369177.7	310392.2	261825.1
天然原油和天然气开采	1675.9	1295.4	1368.1	6320.3	6320.2	4282.7
与石油和天然气开采有关的服务活动	204330.3	346349.5	321223.9	362857.4	304072	257542.4
黑色金属矿采选业	2240.1	11763.3	13001.6	7869.4	4135.4	1943.9
铁矿采选	2155.1	11458.3	12531.6	7423.4	3933.9	1763.9
其他黑色金属矿采选	85	305	470	446	201.5	180
有色金属矿采选业	15697.4	39414.5	34710.2	59265.8	34438.9	5374.6
常用有色金属矿采选	475.8	5533.9	4645.8	6058.8	5059.9	783.1
铅锌矿采选	160	3363	2780	3592	3083	540
其他常用有色金属矿采选	315.8	2170.9	1865.8	2466.8	1976.9	243.1
贵金属矿采选	13677.4	25585.4	24604.6	40451.9	24735.7	3736.1
金矿采选	8245.7	20622.8	20813.7	37559.4	23301.9	3174.9
银矿采选	5431.7	4962.6	3790.9	2892.5	1433.8	561.2
其他贵金属矿采选						
稀有稀土金属矿采选	1544.2	8295.2	5459.8	12755.1	4643.3	855.4
钨钼矿采选	1544.2	8295.2	5459.8	12755.1	4643.3	855.4
非金属矿采选业	6386.2	30617.3	31506.6	28121.1	20553	6901.4
土砂石开采	3258.4	20378.5	21038.2	17813.9	12601.5	4097.9
石灰石、石膏开采	146.5	588	578.3	1194.6	1194.5	707.7
建筑装饰用石开采	341.2	3458.3	3747.5	3314.1	2432.3	752.9
耐火土石开采	2006.7	12476.5	12483.2	9280.1	6918.6	1627
粘土及其他土砂石开采	764	3855.7	4229.2	4025.1	2056.1	1010.3
石棉及其他非金属矿采选	3127.8	10238.8	10468.4	10307.2	7951.5	2803.5
石墨、滑石采选	517.1	3791.1	3644.2	3536.4	1656.8	1009.4
其他非金属矿采选	2610.7	6447.7	6824.2	6770.8	6294.7	1794.1
其他采矿业						
制造业	822801.1	2646331	2520350	4045622.5	3247397.1	897428.2
农副食品加工业	27773	113259.9	113151.1	139149.5	99847	14330.6
谷物磨制	12887.6	50393.8	51419.6	59135.8	43807.4	5916.7
饲料加工	5925	11004.7	10961.3	14810	9949.3	2427.9
植物油加工	3041	20209.5	20367.5	22013.2	18092	1815.8
食用植物油加工	2746.2	17337.2	17489.7	19585.5	17214.1	1743.5
非食用植物油加工	294.8	2872.3	2877.8	2427.7	877.9	72.3
屠宰及肉类加工	4308.3	15973.9	14580.3	25509.9	15235.8	1838.3
畜禽屠宰	3863.8	11217.4	10435.1	16748.8	13656.2	1631.7
肉制品及副产品加工	444.5	4756.5	4145.2	8761.1	1579.6	206.6

上企业主要经济指标（二）

单位：万元

长期负债合计	所有者权益合计	实收资本	国家资本	集体资本	法人资本	个人资本	港澳台资本	外商资本
829167.5	**4373002.7**	**2264583.2**	**484567.6**	**49225.8**	**627803.2**	**1000048.4**	**18508.3**	**84429.9**
87439.1	1017976.3	228309.7	1273.6	1148.9	179108.5	44565.3		2213.4
58785.3	919524.1	163768.9		748.9	162801.1	218.9		
	3729	748.9		748.9				
58785.3	915795.1	163020			162801.1	218.9		
3651.9	15175.9	12069.1			1390	10679.1		
3423.9	14795.9	11679.1			1000	10679.1		
228	380	390			390			
18332.3	43646.9	20550.8	64.6		8525.4	10409.4		1551.4
978.2	5761.9	5008.4			1696.4	3312		
489	2538	2519			800	1719		
489.2	3223.9	2489.4			896.4	1593		
14532.3	30286.4	13040.4	64.6		5170	6254.4		1551.4
14073.6	18542.6	7552	64.6		970	4966		1551.4
458.7	11743.8	5488.4			4200	1288.4		
2821.8	7598.6	2502			1659	843		
2821.8	7598.6	2502			1659	843		
6669.6	39629.4	31920.9	1209	400	6392	23257.9		662
4322.7	26438.1	21552.2		400	5104	16048.2		
	813.7	771.3		400		371.3		
847.8	3689.4	1803			650	1153		
2341.9	15802.8	13976.6			3534	10442.6		
1133	6132.2	5001.3			920	4081.3		
2346.9	13191.3	10368.7	1209		1288	7209.7		662
1879.4	4398.9	3330.3				3330.3		
467.5	8792.4	7038.4	1209		1288	3879.4		662
563113.6	3027675.2	1686732.5	212010	44054.9	411794.7	951514.8	18508.3	48849.8
30193.2	139556.1	85623.7	2555.7	208	11999	67083.6	555.4	3222
14641.3	58375.2	39561.7	2111		2373.8	31635.9	369	3072
4860.6	21511.6	6433.6	114.6		2470	3699		150
3921.1	18030.2	15190.9		208	80	14902.9		
2371.3	15680.2	13731.7		208	80	13443.7		
1549.8	2350	1459.2				1459.2		
3201.2	21078.3	9307.3	330.1		3853.2	5124		
2854.9	13350.1	5419.3	180.1		2276.7	2962.5		
346.3	7728.2	3888	150		1576.5	2161.5		

1-2-1-1（二） 续表 1

	资产总计			负债合计	流动负债合计	
	累计折旧	固定资产净值	固定资产净值年平均余额			应付账款
蔬菜、水果和坚果加工	96.2	4761.1	4638.8	6520.1	4848.9	881.2
其他农副食品加工	1514.9	10916.9	11183.6	11160.5	7913.6	1450.7
淀粉及淀粉制品的制造	835.6	6648.7	6954.7	5727.9	2810.2	1293.3
豆制品制造	10.1	1002	1001.5	72	64	
蛋品加工	132.6	452.9	452.9	492.3	423.7	35
其他未列明的农副食品加工	536.6	2813.3	2774.5	4868.3	4615.7	122.4
食品制造业	10710.7	61641	58804.5	58900.4	46260.1	9854.5
焙烤食品制造	1108.3	7572.4	7415.5	8490	6099.7	131.2
饼干及其他焙烤食品制造	1108.3	7572.4	7415.5	8490	6099.7	131.2
方便食品制造	4065	34896.8	33302.2	19470.2	18464.4	6929.5
米、面制品制造	522	3511.1	2987.2	5024.2	4228.5	385.2
速冻食品制造	132.4	237.6	152	215	65	37
方便面及其他方便食品制造	3410.6	31148.1	30163	14231	14170.9	6507.3
液体乳及乳制品制造	2501.4	7986.8	7376.9	15758.3	9378	613.1
罐头制造	641.8	1267.2	1317	4914.3	4895.9	1270.5
肉、禽类罐头制造	532.4	512	701.2	1231.2	1231.1	551.5
蔬菜、水果罐头制造	109.4	755.2	615.8	3683.1	3664.8	719
调味品、发酵制品制造	1963.5	8725.1	8309.6	8499.1	5924.5	532.5
酱油、食醋及类似制品的制造	1009.9	3801.5	3667.7	4770.3	3199.4	380.7
其他调味品、发酵制品制造	953.6	4923.6	4641.9	3728.8	2725.1	151.8
其他食品制造	430.7	1192.7	1083.3	1768.5	1497.6	377.7
营养、保健食品制造	83.2	613.7	621.2	991.1	951.7	24.5
冷冻饮品及食用冰制造	282.2	542.6	423	681.5	490	310.8
食品及饲料添加剂制造	65.3	36.4	39.1	95.9	55.9	42.4
饮料制造业	61239.1	178353	180458	391046.5	333268.2	78551.5
酒精制造	51278.8	150104.8	151506	354617.4	309422.6	73525.5
酒的制造	8622.7	19297.9	20191.8	28169.4	16516.3	3862.8
白酒制造	3882	15126.8	15454.1	20325.9	9832.7	1927.5
啤酒制造	4688	3473.8	4052.9	7497.1	6411.9	1799.4
黄酒制造	31	54.8	54.8	74.9	50.2	22.3
其他酒制造	21.7	642.5	630	271.5	221.5	113.6
软饮料制造	1326.2	8620.5	8420.4	8024.7	7094.3	1163.2
瓶（罐）装饮用水制造	10.8	410	410	340	340	
果菜汁及果菜汁饮料制造	512.2	2904.6	2915.7	1645.5	1645.4	1024.5
含乳饮料和植物蛋白饮料制造	689.1	3316.7	3142.2	3705.4	3348.1	24.8
固体饮料制造	52.8	755	755	8	7	5.1
茶饮料及其他软饮料制造	61.3	1234.2	1197.5	2325.8	1753.8	108.8
精制茶加工	11.4	329.8	339.8	235	235	

单位：万元

长期负债合计	所有者权益合计	实收资本	国家资本	集体资本	法人资本	个人资本	港澳台资本	外商资本
322.2	7138.2	5563.2				5563.2		
3246.8	13422.6	9567			3222	6158.6	186.4	
2917.7	7774.7	5707.3			1766	3941.3		
8	1228	810				810		
68.6	878.7	230				230		
252.5	3541.2	2819.7			1456	1177.3	186.4	
9389	62640.4	40270		456	14477.3	15443.3	820.2	9073.2
2290.3	7933.9	4859.7				4859.7		
2290.3	7933.9	4859.7				4859.7		
745.7	37150.7	22128.7			10703.5	2925.2		8500
535.7	3262.2	2194.3			229.1	1965.2		
150	350	350				350		
60	33538.5	19584.4			10474.4	610		8500
3589.6	4447.9	3293.8			2303.8	600		390
7	2343.5	1957.9			570	384.5	820.2	183.2
	758.4	500			370		130	
7	1585.1	1457.9			200	384.5	690.2	183.2
2485.6	8980	6715.9		456	850	5409.9		
1481.9	3409.1	2558.5		456	850	1252.5		
1003.7	5570.9	4157.4				4157.4		
270.8	1784.4	1314			50	1264		
39.3	978	414				414		
191.5	368.5	280			50	230		
40	437.9	620				620		
55178.7	107758.8	26771.4	7072.4	982.6	3019	14697.4	1000	
44056.6	80562.2	5741.6	5441.6			300		
10192	19462.1	15086.6	1630.8	982.6	2699	8774.2	1000	
9082.1	13806.2	10896.6	1630.8	982.6	2599	4684.2	1000	
1085.2	5017.2	3750				3750		
24.7	174.6	60				60		
	464.1	380			100	280		
930.1	7329.7	5343.2			320	5023.2		
	440	320			320			
	2743.3	1738				1738		
357.3	2027	1627				1627		
1	1042	780				780		
571.8	1077.4	878.2				878.2		
	404.8	600				600		

1-2-1-1（二） 续表2

	资产总计			负债合计	流动负债合计	
	累计折旧	固定资产净值	固定资产净值年平均余额			应付账款
烟草制品业	34815	37402.2	36693.4	64113.4	60262.5	8447.4
烟叶复烤	5242	4189	4187	986	586	260
卷烟制造	29573	33213.2	32506.4	63127.4	59676.5	8187.4
纺织业	134335.8	515685.8	498551.7	557319.3	404233.8	49128.8
棉、化纤纺织及印染精加工	127519.2	476210.8	459333.8	496660.4	374150.2	43805.7
棉、化纤纺织加工	127242.4	474594.2	457683.5	491745	373527.1	43373
棉、化纤印染精加工	276.8	1616.6	1650.3	4915.4	623.1	432.7
毛纺织和染整精加工	161.6	472.2	503	921.2	685.4	445.2
毛纺织	161.6	472.2	503	921.2	685.4	445.2
丝绢纺织及精加工	875.9	5522.6	5542.8	8090.3	6849.2	485.6
缫丝加工	531.4	3367.1	3357.5	1505	1089.9	40
绢纺和丝织加工	197.8	1727.1	1728.9	5597.4	4980.4	169.1
丝印染精加工	146.7	428.4	456.4	987.9	778.9	276.5
纺织制成品制造	1253.1	4289.7	4468.2	8383.5	6828	1092.6
棉及化纤制品制造	437.3	1602.2	1637.5	3747.3	3747.3	559.8
无纺布制造	117.2	290	300	240	90	60
其他纺织制成品制造	698.6	2397.5	2530.7	4396.2	2990.7	472.8
针织品、编织品及其制品制造	4526	29190.5	28703.9	43263.9	15721	3299.7
棉、化纤针织品及编织品制造	530.2	1681.3	1741.7	4299.2	1509.7	655.1
毛针织品及编织品制造	3976.6	27278.4	26741.4	38664.7	14091.3	2544.6
丝针织品及编织品制造	19.2	230.8	220.8	300	120	100
纺织服装、鞋、帽制造业	1818.8	12240	11878.3	17579.6	14394.7	3978.8
纺织服装制造	1570.4	11253.1	10891.5	15473.7	12419.8	3776.6
纺织面料鞋的制造	248.4	986.9	986.8	2105.9	1974.9	202.2
皮革、毛皮、羽毛(绒)及其制品业	1449	5585.8	5553.5	13593.2	8255.4	548.7
皮革鞣制加工	806.7	2896.5	2827.9	9873.3	4837.9	74.6
皮革制品制造	528.7	2192.6	2228.9	3530.5	3233.8	453.8
皮鞋制造	22.8	437.1	438.9	466.7	418.4	194.8
皮手套及皮装饰制品制造	505.9	1755.5	1790	3063.8	2815.4	259
羽毛(绒)加工及制品制造	113.6	496.7	496.7	189.4	183.7	20.3
羽毛(绒)加工	113.6	496.7	496.7	189.4	183.7	20.3
木材加工及木、竹、藤、棕、草制	2985.7	29980.6	30063.8	25532.3	14197.6	1716.5
锯材、木片加工	1121.7	6164.7	6061.7	5410.6	4106.1	507.4
锯材加工	427.4	2763.9	2700.5	2993.8	2691.8	425.1
木片加工	694.3	3400.8	3361.2	2416.8	1414.3	82.3
人造板制造	1277.4	22399.3	22591.4	19049.1	9218.2	1169.6
胶合板制造	1217.8	21340.9	21524	18265.9	8530	956.3
纤维板制造	56.1	84	93	344.4	344.4	0.3

单位：万元

长期负债合计	所有者权益合计	实收资本	国家资本	集体资本	法人资本	个人资本	港澳台资本	外商资本
3850.9	67551.7	31561.5			31561.5			
400	8299	6655			6655			
3450.9	59252.7	24906.5			24906.5			
113971.6	654232.6	405537	19305.1	15280.3	15875.4	344616.2	500	9960
102579.4	606909.3	364344.3	19305.1	12701.1	8682.4	313195.7	500	9960
101929.1	605245.2	362870.3	19305.1	12701.1	7318.4	313085.7	500	9960
650.3	1664.1	1474			1364	110		
198.3	782.3	782.3			782.3			
198.3	782.3	782.3			782.3			
1219.8	5823	3384.6			458	2926.6		
415	4004	1063			458	605		
617	1558	1600				1600		
187.8	261	721.6				721.6		
755.7	3238.3	4014.4		2579.2	362.9	1072.3		
	-5.6	1579.2		1579.2				
150	410	300				300		
605.7	2833.9	2135.2		1000	362.9	772.3		
9218.4	37479.7	33011.4			5589.8	27421.6		
835.9	2801.4	2601.4			2107.4	494		
8202.5	34548.3	30020			3482.4	26537.6		
180	130	390				390		
2574.8	11146.2	8878.8			2803	6075.8		
2443.8	10972.7	8218.8			2143	6075.8		
131	173.5	660			660			
5300.9	5927.8	3410			93	3260		57
5035.4	1691	1291.3				1291.3		
259.8	3627.6	1691			93	1541		57
48.3	888.6	802				802		
211.5	2739	889			93	739		57
5.7	609.2	427.7				427.7		
5.7	609.2	427.7				427.7		
9609.4	37639.7	22181.4		200	3081.8	18299.6	500	100
1304.4	6392.4	5096.2			699.5	4396.7		
302	2845.2	2756.3				2756.3		
1002.4	3547.2	2339.9			699.5	1640.4		
8105.7	28423.9	14348.7			1901.3	12447.4		
8010.7	27249.1	13207.7			903.3	12304.4		
	200.6	143				143		

1-2-1-1（二） 续表3

	资产总计			负债合计	流动负债合计	
	累计折旧	固定资产净值	固定资产净值年平均余额			应付账款
其他人造板、材制造	3.5	974.4	974.4	438.8	343.8	213
木制品制造	522.1	926.2	900.3	589.3	390	36.2
建筑用木料及木材组件加工	522.1	926.2	900.3	589.3	390	36.2
竹、藤、棕、草制品制造	64.5	490.4	510.4	483.3	483.3	3.3
家具制造业	795.1	5158	5155.2	5796	3437.7	439.8
木质家具制造	302	3338.7	3318.3	1872	1305.2	268.3
金属家具制造	185.1	959.9	977.5	2790.4	1784.7	131.9
塑料家具制造	308	859.4	859.4	1133.6	347.8	39.6
造纸及纸制品业	8083.8	50825.3	47956.8	34943.5	32871.4	7361.7
纸浆制造	437.4	2383.7	2433.1	3128.7	3098.7	882.1
造纸	5084.4	31800.5	28752.3	26741.1	25580.9	4869.9
机制纸及纸板制造	5014.6	30580.7	27532.5	25621	24660.8	4797
加工纸制造	69.8	1219.8	1219.8	1120.1	920.1	72.9
纸制品制造	2562	16641.1	16771.4	5073.7	4191.8	1609.7
纸和纸板容器的制造	575.5	3887.1	3962.3	1088.9	857.8	153.6
其他纸制品制造	1986.5	12754	12809.1	3984.8	3334	1456.1
印刷业和记录媒介的复制	5751.8	20525.3	19154.8	21472	18471.6	7662.5
印刷	5662.9	19449.4	17988.9	20905.4	18177	7502.7
书、报、刊印刷	191.3	1019.7	952.3	894.7	833.1	370
本册印制	211.4	3086.2	2143.2	572.7	552.6	536.8
包装装潢及其他印刷	5260.2	15343.5	14893.4	19438	16791.3	6595.9
装订及其他印刷服务活动	88.9	1075.9	1165.9	566.6	294.6	159.8
文教体育用品制造业	653.9	2054.2	2075.9	2218.6	1363.2	202.4
文化用品制造	94.6	727.1	736.4	30.2	26.1	25.7
其他文化用品制造	94.6	727.1	736.4	30.2	26.1	25.7
体育用品制造	290.4	347	347	758.1	335.7	81.3
训练健身器材制造	290.4	347	347	758.1	335.7	81.3
玩具制造	268.9	980.1	992.5	1430.3	1001.4	95.4
石油加工、炼焦及核燃料加工业	32	4480.6	4480.8	6125.4	2944.5	93.2
精炼石油产品的制造	32	4480.6	4480.8	6125.4	2944.5	93.2
原油加工及石油制品制造	32	4480.6	4480.8	6125.4	2944.5	93.2
化学原料及化学制品制造业	85186.7	247746.8	215642.7	341571.1	251915.4	87199.1
基础化学原料制造	45591.3	142504	136332	182908.6	117081.6	59239.8
无机碱制造	41562.9	127185.3	124063.8	163468.1	99146.5	57830.1
无机盐制造	3628.1	13700.1	10607.3	17371.6	16606.4	1056
有机化学原料制造	156	919.7	919.7	561.9	561.9	104.7
其他基础化学原料制造	244.3	698.9	741.2	1507	766.8	249

单位：万元

长期负债合计	所有者权益合计	实收资本	国家资本	集体资本	法人资本	个人资本	港澳台资本	外商资本
95	974.2	998			998			
199.3	1795.2	1795.2				1295.2	500	
199.3	1795.2	1795.2				1295.2	500	
	1028.2	941.3		200	481	160.3		100
1326.6	6564.8	4812.9			108.8	4704.1		
535.4	4345.3	3555.5			108.8	3446.7		
5.4	703.8	702.8				702.8		
785.8	1515.7	554.6				554.6		
1871.8	47512.3	24923.9	144.8	1114.2	6432.5	17232.4		
30	1521	650				650		
1160	24763.6	19626.3			5710	13916.3		
960	23583.1	19196.5			5710	13486.5		
200	1180.5	429.8				429.8		
681.8	21227.7	4647.6	144.8	1114.2	722.5	2666.1		
31.1	5546.8	2474.5		884	302.5	1288		
650.7	15680.9	2173.1	144.8	230.2	420	1378.1		
2240.1	27462.1	22726.1		3108.8	1750	17867.3		
1968.1	24528.1	20126.1		3108.8	1550	15467.3		
28.8	1972.2	1320			150	1170		
20.1	4305.4	3700				3700		
1919.2	18250.5	15106.1		3108.8	1400	10597.3		
272	2934	2600			200	2400		
855.4	2191	1703.6				1703.6		
4.1	1069.8	921				921		
4.1	1069.8	921				921		
422.4	472.7	350				350		
422.4	472.7	350				350		
428.9	648.5	432.6				432.6		
3180.9	3165.4	3150				3150		
3180.9	3165.4	3150				3150		
3180.9	3165.4	3150				3150		
19548.2	294959.3	151035.8	87.3	5140.6	107507.5	37560.4	740	
6384.4	153418.7	73301.8	30		68130.9	4400.9	740	
5226.3	148540.1	68140.5			66100.5	1300	740	
764.7	2838.3	3732.1			918.2	2813.9		
	1111.1	500	30		300	170		
393.4	929.2	929.2			812.2	117		

1-2-1-1（二） 续表4

	资产总计			负债合计	流动负债合计	
	累计折旧	固定资产净值	固定资产净值年平均余额			应付账款
肥料制造	8730	30765.2	30167.9	31377.2	26735.5	8367.9
氮肥制造	6458.6	17224.2	16592.6	21745.2	18595.7	4802
钾肥制造	92	867.5	820	539.6	198.7	198.7
复混肥料制造	1851.9	10169.5	10261.3	8064.4	7013.6	3321.1
有机肥料及微生物肥料制造	327.5	2504	2494	1028	927.5	46.1
涂料、油墨、颜料及类似产品制造	2016.3	1535	1333.3	4500.5	2673.1	669.4
涂料制造	2016.3	1535	1333.3	4500.5	2673.1	669.4
合成材料制造	136.3	398.3	424.3	2136.3	471.2	221.4
初级形态的塑料及合成树脂制造	136.3	398.3	424.3	2136.3	471.2	221.4
专用化学产品制造	26334.3	67079.1	46767.2	102375.2	95200.7	18632.4
化学试剂和助剂制造	381.5	2359.6	2366.4	2950.9	1912.5	1036.6
专项化学用品制造	586.6	1810	1705.2	3738	3493.7	1648.9
炸药及火工产品制造	1589.6	8684.7	8416.1	8442.7	8272.6	1282.1
信息化学品制造	21908.4	48603	28666.8	77794.5	74575.4	14533.9
动物胶制造	1868.2	5621.8	5612.7	9449.1	6946.5	130.9
日用化学产品制造	2378.5	5465.2	618	18273.3	9753.3	68.2
化妆品制造	2378.5	5465.2	618	18273.3	9753.3	68.2
医药制造业	53946.1	139277.4	135448.9	270529.5	236687	43880.3
化学药品原药制造	13294.6	31235.5	32094	47046.4	46696.1	6037.7
化学药品制剂制造	2012.4	10862.3	10763.3	55913.3	39430.6	4996.1
中药饮片加工	800.1	5212.2	4705.8	12641.6	8518.1	3040.5
中成药制造	33604.2	72330.5	67596.7	131071.6	122336.1	25677.4
兽用药品制造	230.8	2759.7	2879.7	2864.8	2014.6	228.2
生物、生化制品的制造	3240.9	11937.3	12513.3	10864.2	10099.2	3085.5
卫生材料及医药用品制造	763.1	4939.9	4896.1	10127.6	7592.3	814.9
化学纤维制造业						
橡胶制品业	1633.5	4607.5	4851.2	7352.7	5435.2	1759
轮胎制造	18.2	563.1	526.7	1707.9	1029	11.1
轮胎翻新加工	18.2	563.1	526.7	1707.9	1029	11.1
橡胶零件制造	185.7	542.2	533.2	1207.8	1207.7	725.9
日用及医用橡胶制品制造	318.2	2295.5	2295.5	2210.7	1627.4	989.1
其他橡胶制品制造	1111.4	1206.7	1495.8	2226.3	1571.1	32.9
塑料制品业	8456.9	37072.1	38267.9	55231.6	27208.9	7168.2
塑料薄膜制造	978.6	2375.9	2452.2	2106.3	1802.3	111.9
塑料板、管、型材的制造	654	12835.8	13258.6	26569.8	5312.6	1649.6
塑料丝、绳及编织品的制造	5389.7	13709.3	14145.7	17554.6	13868.5	4599.6
塑料人造革、合成革制造	175	511.3	544.7	914.5	668.9	
塑料包装箱及容器制造	160.5	1457.5	1457.5	113	95	

单位：万元

长期负债合计	所有者权益合计	实收资本	国家资本	集体资本	法人资本	个人资本	港澳台资本	外商资本
4640.8	24303.1	18533.7				18533.7		
3149.5	2239.1	8752.9				8752.9		
340	1618	1618				1618		
1050.8	16936.8	6322.8				6322.8		
100.5	3509.2	1840				1840		
1552.4	4305.1	3029.4		1874.8		1154.6		
1552.4	4305.1	3029.4		1874.8		1154.6		
235.6	990.9	990.9			990.9			
235.6	990.9	990.9			990.9			
6400.5	106833.4	54082.4	57.3	2468.2	38085.7	13471.2		
1038.4	3360.5	3083.3		2105.7		977.6		
244.1	2758.9	2443.3		362.5	50	2030.8		
170	6622.6	3832.2	19.8			3812.4		
2538.6	87013.9	40501.5	37.5		38035.7	2428.3		
2409.4	7077.5	4222.1				4222.1		
334.5	5108.1	1097.6		797.6	300			
334.5	5108.1	1097.6		797.6	300			
31626.8	128722	49451.4		160	8072.4	27482	237	13500
344.8	24089.9	16662.1			582.1	2580		13500
16482.6	30710.5	4522.8			101.4	4235.4	186	
2437.4	5989.9	5048.6			2020.6	2977	51	
8635.5	50927.2	9380		160	1251.6	7968.4		
850.1	2090.4	1828.5			460	1368.5		
764.5	8451.3	5833.6				5833.6		
2111.9	6462.8	6175.8			3656.7	2519.1		
1769.9	5129.6	3540.4	28.3		600	2912.1		
678.9	610.3	600			600			
678.9	610.3	600			600			
	510.9	452.6	28.3			424.3		
583.3	1959.2	1536.8				1536.8		
507.7	2049.2	951				951		
13897.8	44750.2	27939.1		2007.4	6406.2	18025.5	1500	
304	2218.5	2083.6			560	1523.6		
10087.7	13600.8	5443.6			510	4933.6		
1686	19684.6	12102		1505.7	1360.3	9236		
232.3	613.6	613.6			613.6			
18	1990	1400			1400			

1-2-1-1（二） 续表 5

	资产总计			负债合计	流动负债合计	
	累计折旧	固定资产净值	固定资产净值年平均余额			应付账款
日用塑料制造	1089.1	5313.5	5559.2	5972.4	4191.1	807.1
日用塑料杂品制造	1089.1	5313.5	5559.2	5972.4	4191.1	807.1
其他塑料制品制造	10	868.8	850	2001	1270.5	
非金属矿物制品业	92503.6	445669.7	399085.5	571427.4	407366.7	91452
水泥、石灰和石膏的制造	37535.9	224177	191856.4	224983.6	110874.6	35207.3
水泥制造	37267.5	222046.5	189648.6	223129.5	109913.2	34994.2
石灰和石膏制造	268.4	2130.5	2207.8	1854.1	961.4	213.1
水泥及石膏制品制造	1338.5	13543.8	13590.5	20891.8	18966.8	5715.4
水泥制品制造	1040.9	10661.4	10695.5	18239.3	17390.9	5289.8
砼结构构件制造	81.9	1758.4	1757	1422.9	702.7	346.7
轻质建筑材料制造	13	679	678.1	793.2	441.8	
其他水泥制品制造	202.7	445	459.9	436.4	431.4	78.9
砖瓦、石材及其他建筑材料制造	8032.8	77522.3	74532.1	66578.7	44474.7	15763.3
粘土砖瓦及建筑砌块制造	4090.1	39151.3	39205.3	32212.5	20949.7	7174.3
建筑陶瓷制品制造	126	2321.5	1599.5	1333	1320	1317.5
建筑用石加工	2910.8	27078.5	25710.2	24782.5	14722.2	4352.3
防水建筑材料制造	323.7	3562.1	2355.7	3530.1	3210	1333
隔热和隔音材料制造	541.9	3350.5	3592.8	4278.8	3960.3	1435.5
其他建筑材料制造	40.3	2058.4	2068.6	441.8	312.5	150.7
玻璃及玻璃制品制造	570.9	5636.8	5697.4	5479.9	3917	1146.2
平板玻璃制造	60.6	546	582	356	355	340
日用玻璃制品及玻璃包装容器制造	165.1	1117.7	1142.3	637.3	422.6	56
玻璃保温容器制造	61	928.7	928.7	1336.8	981.2	42.8
玻璃纤维及制品制造	93	1905.9	1905.9	1377.6	957.5	436.4
玻璃纤维增强塑料制品制造	191.2	1138.5	1138.5	1772.2	1200.7	271
陶瓷制品制造	610.5	96.8	115	1461	1159.7	15.8
园林、陈设艺术及其他陶瓷制品制造	610.5	96.8	115	1461	1159.7	15.8
耐火材料制品制造	1123.1	3338.4	3172.3	7997.3	7989.2	1328.3
石棉制品制造	107.4	513.6	527.1	822	821.8	342.9
耐火陶瓷制品及其他耐火材料制造	1015.7	2824.8	2645.2	7175.3	7167.4	985.4
石墨及其他非金属矿物制品制造	43291.9	121354.6	110121.8	244035.1	219984.7	32275.7
石墨及碳素制品制造	42953.4	114947.2	103228.6	240098.5	217521.1	31671.5
其他非金属矿物制品制造	338.5	6407.4	6893.2	3936.6	2463.6	604.2
黑色金属冶炼及压延加工业	57170.7	220605.3	222093.4	348034.6	335418.3	137281.8
炼铁	1159.9	4979.8	5098.4	23959.5	23789.8	12369.8
炼钢	2334.7	7192.8	7192.8	8585.8	8585.7	602.1
钢压延加工	49109.5	197430.7	197738.4	258171.4	256782.6	108929.2
铁合金冶炼	4566.6	11002	12063.8	57317.9	46260.2	15380.7

单位：万元

长期负债合计	所有者权益合计	实收资本	国家资本	集体资本	法人资本	个人资本	港澳台资本	外商资本
839.3	6021.9	5675.5		501.7	1341.5	2332.3	1500	
839.3	6021.9	5675.5		501.7	1341.5	2332.3	1500	
730.5	620.8	620.8			620.8			
130464.7	489158.2	283256.7	103171.1	2737.6	38564.9	138184.7	598.4	
86421.3	183412.9	160763.4	87071.1	140	25410.8	47841.5	300	
85528.6	181051	158763.4	87071.1		25170.8	46221.5	300	
892.7	2361.9	2000		140	240	1620		
1660.6	8433.4	7464.7		200	1402.1	5862.6		
584.2	5669.4	5169.7		200	1102.1	3867.6		
720	1834.8	1575				1575		
351.4	735.8	420				420		
5	193.4	300			300			
19570.8	78772.1	62281.4	13	2252.7	6161.5	53555.8	298.4	
9863.9	44619.6	40767.5	13	1334.9	4088.6	35032.6	298.4	
13	1250	1460				1460		
8967.3	25432.5	16436.5		917.8	2072.9	13445.8		
308.6	2103.3	394.6				394.6		
318	3076.4	1272.5				1272.5		
100	2290.3	1950.3				1950.3		
1561.8	4329.8	4038.2			1300	2738.2		
	535	500				500		
214.7	1410.1	972			500	472		
355.6	693.4	398.1				398.1		
420	1126.8	1609.3			800	809.3		
571.5	564.5	558.8				558.8		
301.3	-192.1	200.1		131.1		69		
301.3	-192.1	200.1		131.1		69		
3.8	3400.2	1640				1640		
	1121.1	150				150		
3.8	2279.1	1490				1490		
20945.1	211001.9	46868.9	16087	13.8	4290.5	26477.6		
19572.1	204490	41843.9	16087	13.8	590.5	25152.6		
1373	6511.9	5025			3700	1325		
12614.9	233351.5	57950			3940	54010		
168.6	7730.5	5500			550	4950		
	8843.9	6000				6000		
1388.7	211438.5	40210			310	39900		
11057.6	5338.6	6240			3080	3160		

1-2-1-1（二） 续表 6

	资产总计			负债合计		
	累计折旧	固定资产净值	固定资产净值年平均余额		流动负债合计	应付账款
有色金属冶炼及压延加工业	33962.8	69830.3	61916.1	149510	146644.8	66687.6
常用有色金属冶炼	31500.7	58494.3	50681.8	126871.4	125820	64698.5
铅锌冶炼	162.7	790.5	1050.5	1364.1	1212.1	172.5
铝冶炼	31179.1	55859.8	48153.8	122027.7	122027.7	64395.7
镁冶炼	128.9	1382.1	1246.6	1523.2	1381.4	130.3
其他常用有色金属冶炼	30	461.9	230.9	1956.4	1198.8	
稀有稀土金属冶炼	1442.5	5927.7	5855.3	10883	9559.2	1033.8
钨钼冶炼						
稀土金属冶炼	130.6	1669.1	1669.1	1287	1287	77.7
其他稀有金属冶炼	1311.9	4258.6	4186.2	9596	8272.2	956.1
有色金属压延加工	1019.6	5408.3	5379	11755.6	11265.6	955.3
常用有色金属压延加工	1019.6	5408.3	5379	11755.6	11265.6	955.3
金属制品业	3170.5	15124.5	14468	22546.9	18500.8	4023.2
结构性金属制品制造	1944.7	8409.1	7587.6	13397	12294.1	3003.8
金属结构制造	1529.3	6062.1	5179	10988.7	10610.8	2283.8
金属门窗制造	415.4	2347	2408.6	2408.3	1683.3	720
金属工具制造	877.6	3188.5	3201.1	5051.9	3551.8	564.2
手工具制造	207.7	54.7	54.6	97.2	97.2	55.7
农用及园林用金属工具制造		2207	2232	3615	2115	
其他金属工具制造	669.9	926.8	914.5	1339.7	1339.6	508.5
集装箱及金属包装容器制造	19	53.2	38.4	970.7	960.7	218.6
金属压力容器制造	19	53.2	38.4	970.7	960.7	218.6
金属丝绳及其制品的制造	65.8	370	425.7	255.3	92.3	47.5
建筑、安全用金属制品制造	252.5	2618.4	2688.3	2419.6	1414.1	84
建筑装饰及水暖管道零件制造	162.6	361.7	341.7	472	464.5	42.8
其他建筑、安全用金属制品制造	89.9	2256.7	2346.6	1947.6	949.6	41.2
其他金属制品制造	10.9	485.3	526.9	452.4	187.8	105.1
其他未列明的金属制品制造	10.9	485.3	526.9	452.4	187.8	105.1
通用设备制造业	39662.1	59588.2	59583	145753.1	107078.9	24710.7
锅炉及原动机制造	4535.4	5694	5840.6	10749.4	8032.4	2014.8
内燃机及配件制造	4535.4	5694	5840.6	10749.4	8032.4	2014.8
金属加工机械制造	65	500.3	516.4	422.7	402.7	197.2
机床附件制造	4	290	290	290	290	190
其他金属加工机械制造	61	210.3	226.4	132.7	112.7	7.2
起重运输设备制造	621.3	3936.8	3560.7	7028.7	5674	905.9
泵、阀门、压缩机及类似机械的制造	614.6	3594.6	2477.6	11449.5	11282.1	3421.6
泵及真空设备制造	73.3	11.3	11.3	307.9	307.9	171.4
气体压缩机械制造	131.5	202.4	342.5	64.6	60.4	5.4

单位：万元

长期负债合计	所有者权益合计	实收资本	国家资本	集体资本	法人资本	个人资本	港澳台资本	外商资本
2865	51725.1	25702.1			18037.4	7664.7		
1051.2	31720.4	6779.3			466.5	6312.8		
152	1124.6	841.5			341.5	500		
	29385.5	4876.1				4876.1		
141.6	1067	861.7			125	736.7		
757.6	143.3	200				200		
1323.8	15623.6	17032.8			16780.9	251.9		
	16019.1	16780.9			16780.9			
1323.8	-395.5	251.9				251.9		
490	4381.1	1890			790	1100		
490	4381.1	1890			790	1100		
3647.6	15711.9	12365.3		332	2189.6	9843.7		
1044.5	10824.7	8235.6			1760.8	6474.8		
356.3	8140	5551.7			1670.8	3880.9		
688.2	2684.7	2683.9			90	2593.9		
1500	2199.1	1748.4		150	162.8	1435.6		
	219	150		150				
1500	927	927				927		
	1053.1	671.4			162.8	508.6		
10	53.3	182		182				
10	53.3	182		182				
28	713.7	617.4				617.4		
998	1465.4	1136.9				1136.9		
	513	513				513		
998	952.4	623.9				623.9		
67.1	455.7	445			266	179		
67.1	455.7	445			266	179		
32355.2	77412.5	54800.8	22683	20	2565.3	29532.5		
1618.3	8624.8	4610				4610		
1618.3	8624.8	4610				4610		
10	690	670			180	490		
	180	180			180			
10	510	490				490		
1354.7	6152.4	3329.1			926.2	2402.9		
164.2	6173.9	5333.7	152.7	20		5161		
	192.1	92.7	92.7					
4.2	398.9	25				25		

1-2-1-1（二） 续表 7

	资产总计			负债合计	流动负债合计	
	累计折旧	固定资产净值	固定资产净值年平均余额			应付账款
阀门和旋塞的制造	319.7	903	771	5441.9	5441.8	2240
液压和气压动力机械及元件制造	90.1	2477.9	1352.8	5635.1	5472	1004.8
轴承、齿轮、传动和驱动部件的制造	27881	25633	28381.9	86667.5	64354.2	11948.8
轴承制造	1283	3471	3450.9	8711.5	7308.2	984.8
齿轮、传动和驱动部件制造	26598	22162	24931	77956	57046	10964
风机、衡器、包装设备等通用设备	10	290	290	200	199.9	150
制冷、空调设备制造	10	290	290	200	199.9	150
通用零部件制造及机械修理	3980.4	16250.5	14514.8	21126	11575.3	4430.3
机械零部件加工及设备修理	3780.4	11050.5	9314.8	20166	10855.3	3990.3
其他通用零部件制造	200	5200	5200	960	720	440
金属铸、锻加工	1954.4	3689	4001	8109.3	5558.3	1642.1
钢铁铸件制造	327.5	1332.5	1557.1	1763	1417.5	178.9
锻件及粉末冶金制品制造	1626.9	2356.5	2443.9	6346.3	4140.8	1463.2
专用设备制造业	25598.6	58278.1	53368.8	238508.8	226341.5	113844.2
矿山、冶金、建筑专用设备制造	13897.1	30536.6	29613.8	184998.1	182309.2	97409.1
采矿、采石设备制造	101	1854.5	1870	836	530	74
石油钻采专用设备制造	11281.9	24374.2	23479.1	150010	147855.2	88349
建筑工程用机械制造	1350.6	900.1	941.4	22560.2	22332.2	4633.1
建筑材料生产专用机械制造	1163.6	3407.8	3323.3	11591.9	11591.8	4353
化工、木材、非金属加工专用设备	248.6	559.6	564.4	1405.4	1163.5	527.1
塑料加工专用设备制造	14.4	104.8	104.8	148.4	148.4	95.1
模具制造	234.2	454.8	459.6	1257	1015.1	432
食品、饮料、烟草及饲料生产专用设备制造	21	666.2	673.2	128.4	128.2	46.5
食品、饮料、烟草工业专用设备制造	10	85	81	30	30	30
农副食品加工专用设备制造	11	581.2	592.2	98.4	98.2	16.5
印刷、制药、日化生产专用设备制造	137.6	2160.8	1780.8	1977	415.5	204.5
印刷专用设备制造	8	494.1	495.4	15	8	5
照明器具生产专用设备制造	73.8	1177.3	796	1822	267.5	199.5
玻璃、陶瓷和搪瓷制品生产专用设备制造	55.8	489.4	489.4	140	140	
纺织、服装和皮革工业专用设备制造	396.4	1584.7	1584.7	1416.8	1275.2	6.8
纺织专用设备制造	396.4	1584.7	1584.7	1416.8	1275.2	6.8
电子和电工机械专用设备制造	10549.9	21243.2	17667.8	47351.3	40048.4	15469.7
电工机械专用设备制造	9177	20014.9	16744.1	27340.9	20053	10084.5
电子工业专用设备制造	1372.9	1228.3	923.7	20010.4	19995.4	5385.2
农、林、牧、渔专用机械制造	108.1	1203.7	1134.7	449.1	338.8	38.3
机械化农业及园艺机具制造	20.1	634.7	639.9	171.1	120	30
其他农林牧渔业机械制造及机械修理	88	569	494.8	278	218.8	8.3

单位：万元

长期负债合计	所有者权益合计	实收资本	国家资本	集体资本	法人资本	个人资本	港澳台资本	外商资本
	2120.3	1430				1430		
160	3462.6	3786	60	20		3706		
18612.3	34567.4	28086	19628		1340	7118		
1403.3	3710.4	2658			1250	1408		
17209	30857	25428	19628		90	5710		
	510	500				500		
	510	500				500		
9550.7	16075.8	8702.3	2902.3			5800		
9310.7	10675.8	3302.3	2902.3			400		
240	5400	5400				5400		
1045	4618.2	3569.7			119.1	3450.6		
345.5	1799.6	1648.7			54.4	1594.3		
699.5	2818.6	1921			64.7	1856.3		
5512.4	113892.5	74002.7	12529.2	2200	26045.7	29326.2		3901.6
2688.5	73133.9	37254.6	200	2200	7350	23603		3901.6
306	1664	1480				1480		
2154.5	61497.7	26810.6		2200	2800	17909		3901.6
228	7433.7	7134			4500	2634		
	2538.5	1830	200		50	1580		
241.8	748.5	505.5			80	425.5		
	146.7	150				150		
241.8	601.8	355.5			80	275.5		
	894.6	726				726		
	245	245				245		
	649.6	481				481		
1561	2502	2355.8	353.7		1160	842.1		
6.5	692.9	580				580		
1554.5	1069.1	1275.8	353.7		660	262.1		
	740	500			500			
141.6	1315.3	1200				1200		
141.6	1315.3	1200				1200		
749.2	32889.4	29809	11975.5		17455.7	377.8		
734.2	26251.3	22151.7	11975		9987.8	188.9		
15	6638.1	7657.3	0.5		7467.9	188.9		
110.3	1668.9	1421.9				1421.9		
51.1	600.9	600.9				600.9		
59.2	1068	821				821		

1-2-1-1（二） 续表 8

	资产总计			负债合计	流动负债合计	
	累计折旧	固定资产净值	固定资产净值年平均余额			应付账款
医疗仪器设备及器械制造	168.9	213	213	640	540	125
医疗、外科及兽医用器械制造	168.9	213	213	640	540	125
环保、社会公共安全及其他专用设备制造	71	110.3	136.4	142.7	122.7	17.2
其他专用设备制造	71	110.3	136.4	142.7	122.7	17.2
交通运输设备制造业	40033.5	56255.5	58797	145956.9	129954.4	35516.7
汽车制造	39501.3	53393.4	55624.4	138949.6	123280.2	34140.9
改装汽车制造	349.9	369.6	385.2	9238.3	9201.3	3483
汽车车身、挂车的制造	172.7	613.1	664.7	943.2	862.2	416.7
汽车零部件及配件制造	38532.4	51421.9	53670.1	126211	111704.7	29386.5
汽车修理	446.3	988.8	904.4	2557.1	1512	854.7
摩托车制造	402	689.7	999.2	3759.1	3572.8	1290.1
摩托车零部件及配件制造	402	689.7	999.2	3759.1	3572.8	1290.1
航空航天器制造	8.6	1811.1	1811.1	2651.2	2511.4	71.2
其他飞行器制造	8.6	1811.1	1811.1	2651.2	2511.4	71.2
交通器材及其他交通运输设备制造	121.6	361.3	362.3	597	590	14.5
其他交通运输设备制造	121.6	361.3	362.3	597	590	14.5
电气机械及器材制造业	21642.3	38612.1	38332.7	131277.7	119971.6	41951
电机制造	19895.5	28012.1	28241.7	104967.5	95748.2	34880.6
发电机及发电机组制造	2175.2	6114.6	6029	10224.9	10166.8	1735.1
电动机制造	17532.5	21349	21628.3	94006	84922.5	33145.5
微电机及其他电机制造	187.8	548.5	584.4	736.6	658.9	
输配电及控制设备制造	1272.5	5381.5	5132.6	16894.7	16450.1	5474.9
变压器、整流器和电感器制造	443.4	755.7	790.3	6648.7	6636.7	2674.8
配电开关控制设备制造	151.7	1225	1218.8	1240.1	1226.1	189
电力电子元器件制造	100.4	1522.3	1522.3	1692.2	1683.2	617.9
其他输配电及控制设备制造	577	1878.5	1601.2	7313.7	6904.1	1993.2
电线、电缆、光缆及电工器材制造	32.8	498.8	388.1	2979.7	2951.2	749.3
电线电缆制造	28.9	281	169.8	2610.8	2587.2	749.3
绝缘制品制造	3.9	217.8	218.3	368.9	364	
电池制造	6.7	318.4	329.3	151	120.8	29.7
家用电力器具制造	83.4	306.3	306.3	529.4	529.4	207
家用清洁卫生电器具制造	83.4	306.3	306.3	529.4	529.4	207
非电力家用器具制造	314.9	3895.5	3724.7	5125.7	3768.2	609.5
燃气、太阳能及类似能源的器具制造	182.3	3650.9	3484.5	3981.3	2736.6	541.5
其他非电力家用器具制造	132.6	244.6	240.2	1144.4	1031.6	68
照明器具制造	36.5	199.5	210	629.7	403.7	
照明灯具制造	36.5	199.5	210	629.7	403.7	
通信设备、计算机及其他电子设备	2894	75296.3	70125.5	55572.6	37632.2	4275.4
电子器件制造	108.5	1337.2	1283.2	477.6	433.7	93.2
电子真空器件制造	26	354	300	50	49	40

单位：万元

长期负债合计	所有者权益合计	实收资本	国家资本	集体资本	法人资本	个人资本	港澳台资本	外商资本
	229.9	229.9				229.9		
	229.9	229.9				229.9		
20	510	500				500		
20	510	500				500		
9891.3	53590.1	34270.4	2438.6	3325	12643.6	13531.9	625.9	1705.4
9558.2	51279.1	32281.5	2438.6	3325	12558.6	11628	625.9	1705.4
24	3937.7	2504.6			1799.2			705.4
81	1070.8	1018			240	778		
9153.2	45061.2	27240.9	2438.6	3325	10519.4	9332	625.9	1000
300	1209.4	1518				1518		
186.3	882.7	770			85	685		
186.3	882.7	770			85	685		
139.8	1075.3	865.9				865.9		
139.8	1075.3	865.9				865.9		
7	353	353				353		
7	353	353				353		
6948.2	74879.8	50092.1		1933.4	36573.8	11584.9		
4875.4	60793.2	40694.2		518.4	35713.8	4462		
58	8823.6	4000			200	3800		
4740.1	51335.9	36060.4		518.4	34880	662		
77.3	633.7	633.8			633.8			
430.6	8464.5	5667.8		986	100	4581.8		
12	2499.2	1611		531		1080		
	1450.7	1070			100	970		
9	4528.9	2528.8				2528.8		
409.6	-14.3	458		455		3		
28.5	1578.7	874.4		374.4	500			
23.6	1068.7	374.4		374.4				
4.9	510	500			500			
30.2	393	260			260			
	253.3	200				200		
	253.3	200				200		
1357.5	2889.3	1895.7		54.6		1841.1		
1244.7	2864.7	1841.1				1841.1		
112.8	24.6	54.6		54.6				
226	507.8	500				500		
226	507.8	500				500		
13397.4	71406.6	75549.4	28807.4		28917.7	11584.3	6240	
42.9	1739	1719			429	1290		
	774	759			429	330		

1-2-1-1（二） 续表 9

	资产总计			负债合计	流动负债合计	
	累计折旧	固定资产净值	固定资产净值年平均余额			应付账款
光电子器件及其他电子器件制造	82.5	983.2	983.2	427.6	384.7	53.2
电子元件制造	2587.5	72809.3	67766	50678.5	36832.9	4133.5
电子元件及组件制造	2587.5	72809.3	67766	50678.5	36832.9	4133.5
其他电子设备制造	198	1149.8	1076.3	4416.5	365.6	48.7
仪器仪表及文化、办公用机械制造	54289.7	109993.2	106371.8	153927.5	121262.9	46820.5
通用仪器仪表制造	1369.9	12244.8	10917.9	15905.6	13064.9	3960.1
工业自动控制系统装置制造	1034.3	9102.7	7935.9	11232.5	8740.6	1690.7
电工仪器仪表制造	323.6	2934.1	2771.5	4273.1	4109.3	2099.4
试验机制造	12	208	210.5	400	215	170
专用仪器仪表制造	1949	8393.8	8017.7	13897.1	13028.3	4447.4
汽车及其他用计数仪表制造	1701.1	7307	7145.4	8527.1	7733.1	2412.9
教学专用仪器制造	4.7	136.7	101.6	185.5	184.5	75.2
其他专用仪器制造	243.2	950.1	770.7	5184.5	5110.7	1959.3
光学仪器及眼镜制造	50764.7	83524.3	81726.1	120650.5	91796.5	37155.2
光学仪器制造	50764.7	83524.3	81726.1	120650.5	91796.5	37155.2
文化、办公用机械制造	136.1	4280.3	4160.1	3174.3	3173.2	1107.8
复印和胶印设备制造	136.1	4280.3	4160.1	3174.3	3173.2	1107.8
其他仪器仪表的制造及修理	70	1550	1550	300	200	150
工艺品及其他制造业	12206.4	31182.3	28019.7	70632.4	36170.8	8542.1
工艺美术品制造	11179.6	27063.3	23771.7	66651	33434.6	8315.4
雕塑工艺品制造	3287.5	12784.4	9502.5	39066.2	15858.2	3666.7
天然植物纤维编织工艺品制造	170.8	499.1	531.6	636.7	612	275.4
抽纱刺绣工艺品制造	116.5	1946	1890.5	1405	332.3	76.5
地毯、挂毯制造	6023.4	7689.6	7617.8	14649.8	10700	2862.9
珠宝首饰及有关物品的制造	1276.2	2885.4	2943.2	8368.8	4642.6	835.6
其他工艺美术品制造	305.2	1258.8	1286.1	2524.5	1289.5	598.3
日用杂品制造	1026.8	4119	4248	3981.4	2736.2	226.7
鬃毛加工、制刷及清扫工具的制造	746.9	2602.2	2605.2	2139.4	2047.3	127.9
其他日用杂品制造	279.9	1516.8	1642.8	1842	688.9	98.8
电力、燃气及水的生产和供应业	686656.4	925986.2	766430.4	1242807.3	628329.8	144469
电力、热力的生产和供应业	675987.8	898371.5	737910.6	1199034.7	592385	142576.5
电力生产	480558.9	572549.7	428098.7	782846.1	346173.7	87382.2
火力发电	476048.9	545847.4	402203.2	765917.4	334697.1	84903.4
水力发电	4310	13102.3	13095.5	11328.7	5876.6	2478.8
其他能源发电	200	13600	12800	5600	5600	
电力供应	195428.9	325821.8	309811.9	416188.6	246211.3	55194.3
燃气生产和供应业	4405.2	7910.3	7968.3	22392.8	17511.8	918.5
水的生产和供应业	6263.4	19704.4	20551.5	21379.8	18433	974
自来水的生产和供应	3609.4	10005	10384.6	15667.2	14565.8	298.8
污水处理及其再生利用	2654	9699.4	10166.9	5712.6	3867.2	675.2

单位：万元

长期负债合计	所有者权益合计	实收资本	国家资本	集体资本	法人资本	个人资本	港澳台资本	外商资本
42.9	965	960				960		
13303.6	68023.3	72921.6	28807.4		28488.7	9385.5	6240	
13303.6	68023.3	72921.6	28807.4		28488.7	9385.5	6240	
50.9	1644.3	908.8				908.8		
29708.9	161881.8	75169.9	13187.1	3537.3	15241.6	33126.9	3746.4	6330.6
2840.4	9308.7	4636.6	1409.9	500	613.5	1953.2	160	
2491.8	5330.9	3105.5	1409.9	500	613.5	422.1	160	
163.6	3575.8	1451.1				1451.1		
185	402	80				80		
847.2	9273	4754.4	301.8	37.3		4415.3		
772.8	6448.3	2737.1	301.8			2435.3		
1	1073.6	57.3		37.3		20		
73.4	1751.1	1960				1960		
25921.3	137278.2	63578.9	11475.4	3000	14628.1	24558.4	3586.4	6330.6
25921.3	137278.2	63578.9	11475.4	3000	14628.1	24558.4	3586.4	6330.6
	4521.9	700				700		
	4521.9	700				700		
100	1500	1500				1500		
9322	37755.2	30056.1		1311.7	13287.7	13011.7	1445	1000
9082.8	33218.5	27929.6		1311.7	13287.7	10885.2	1445	1000
5064.6	13069.3	10549		610.2	6121.8	3817		
23.8	610	610			610			
1072.7	1430	1108.5			898.5	210		
2388.1	13061.6	7604.2		701.5		5902.7		1000
293	3252.2	6605.3			4574.8	585.5	1445	
240.6	1795.4	1452.6			1082.6	370		
239.2	4536.7	2126.5				2126.5		
92	2789.7	1380				1380		
147.2	1747	746.5				746.5		
178614.8	327351.2	349541	271284	4022	36900	3968.3		33366.7
170923.3	316393.6	324431.9	249372.9	4022	36900	770.3		33366.7
5452.1	185553.3	264401.1	192842.1	522	36900	770.3		33366.7
	167599.7	250981.3	180914.6		36700			33366.7
5452.1	3753.6	3419.8	1927.5	522	200	770.3		
	14200	10000	10000					
165471.2	130840.3	60030.8	56530.8	3500				
4881	-1232.9	12000	12000					
2810.5	12190.5	13109.1	9911.1			3198		
965.1	5840.1	4773.1	1575.1			3198		
1845.4	6350.4	8336	8336					

1-2-1-1 按行业分组工业规模以

	主营业务收入	主营业务成本	主营业务税金及附加	其他业务收入	其他业务利润
总　　计	**14411996.6**	**11831930.6**	**331362.1**	**111320.1**	**28414.1**
采矿业	1940015.5	1317198.7	194191.1	4498.8	2945.1
煤炭开采和洗选业					
石油和天然气开采业	1395961.5	871034.3	189417.3	1217.6	588.4
天然原油和天然气开采	13189.3	11311.1	293.7	207.7	105.4
与石油和天然气开采有关的服务活动	1382772.2	859723.2	189123.6	1009.9	483
黑色金属矿采选业	105440	87476.1	1013.8	325	165.5
铁矿采选	95140	78208.2	944.8	325	165.5
其他黑色金属矿采选	10300	9267.9	69		
有色金属矿采选业	216397.2	169824.6	895.3	991.3	938.8
常用有色金属矿采选	67603.4	53924.9	186.9		
铅锌矿采选	48700.2	36755.9	85.4		
其他常用有色金属矿采选	18903.2	17169	101.5		
贵金属矿采选	85125.2	66053.9	464.2	991.3	938.8
金矿采选	72046.8	56882.3	295.6		
银矿采选	13078.4	9171.6	168.6	991.3	938.8
其他贵金属矿采选					
稀有稀土金属矿采选	63668.6	49845.8	244.2		
钨钼矿采选	63668.6	49845.8	244.2		
非金属矿采选业	222216.8	188863.7	2864.7	1964.9	1252.4
土砂石开采	132166.9	107701.1	2421.6	1602.7	1012.6
石灰石、石膏开采	14571.1	12357.8	646.4		
建筑装饰用石开采	32271.6	28781.2	748.6		
耐火土石开采	63297.3	48306	903.9	1561.6	1002
粘土及其他土砂石开采	22026.9	18256.1	122.7	41.1	10.6
石棉及其他非金属矿采选	90049.9	81162.6	443.1	362.2	239.8
石墨、滑石采选	27684.5	23909.9	168.2		
其他非金属矿采选	62365.4	57252.7	274.9	362.2	239.8
其他采矿业					
制造业	11277270.5	9374621	132904.5	98129.3	21457.2
农副食品加工业	882901.8	770927.6	4304.8	734.1	378.1
谷物磨制	406968.4	363226.9	1680	337.3	286.1
饲料加工	75659.7	66219.4	273.2	11.1	11.1
植物油加工	93541.6	80505.6	440	142.7	77.4
食用植物油加工	76045.9	65714	363.4	142.7	77.4
非食用植物油加工	17495.7	14791.6	76.6		
屠宰及肉类加工	156172.8	136685.7	407.2	239.5	
畜禽屠宰	101114.2	92383	208.5	239.5	
肉制品及副产品加工	55058.6	44302.7	198.7		

上企业主要经济指标（三）

单位：万元

营业费用	管理费用	税金	财务费用	利息支出	营业利润	投资收益	补贴收入
473586.7	**539660**	**43522.6**	**212521.2**	**186809.9**	**1227279.3**	**10021.9**	**24013**
18758	130850.9	5841.2	10109.3	7898.9	227085.5	0.1	1022.5
5944.2	112126.5	5502.7	5510.3	5267.8	186377.5	0.1	57.5
162.4	271.9		-10.9		1266.6		57.5
5781.8	111854.6	5502.7	5521.2	5267.8	185110.9	0.1	
4691.4	2645.2	83.2	764	219.4	7404.6		
4400.8	2604.2	46.2	718	194.4	6863.2		
290.6	41	37	46	25	541.4		
2853.6	9944	109.5	1289.2	1072	17557.2		965
790	240.2	1	97.3	40.1	2181.8		
350.1	54.8	1	47	12.8	1457.1		
439.9	185.4		50.3	27.3	724.7		
1073.5	9454.9	108.5	937.2	777.2	7298.2		965
853.5	6895.1	103.4	883.3	713.3	5454.9		896.7
220	2559.8	5.1	53.9	63.9	1843.3		68.3
990.1	248.9		254.7	254.7	8077.2		
990.1	248.9		254.7	254.7	8077.2		
5268.8	6135.2	145.8	2545.8	1339.7	15746.2		
3981.3	4649.7	116.1	1184	436.4	11072.5		
38.2	907.7	55	45.6	40	704		
913	575.3	27.5	325.3	182.4	1904.1		
2609.6	2693.1	31.1	671	142.2	6352.5		
420.5	473.6	2.5	142.1	71.8	2111.9		
1287.5	1485.5	29.7	1361.8	903.3	4673.7		
236.1	331.5		1157.9	809.7	1880.9		
1051.4	1154	29.7	203.9	93.6	2792.8		
452336	344639	37094.4	159176.3	137190	1062053.1	9863	22690.5
24511.9	12616.8	1586.5	6129.2	5125.8	68310.4	58.9	42.2
10392.9	4135.3	323	2595.3	2233.3	27869.2		
2262.1	1573.4	125.8	261.1	211.3	5176.1		
3644.6	2512.4	163.5	654.4	431	5561.4	58.9	18.2
3122.9	2154.1	144.8	591.8	408.4	3901.2	58.9	18.2
521.7	358.3	18.7	62.6	22.6	1660.2		
2871.9	1255.6	31.8	796.2	646.6	14280.7		22
2141.6	756.2	10.9	524.6	376	5224.8		22
730.3	499.4	20.9	271.6	270.6	9055.9		

1-2-1-1（三） 续表 1

	主营业务收入	主营业务成本	主营业务税金及附加	其他业务收入	其他业务利润
蔬菜、水果和坚果加工	68811.2	53070.2	1005.3		
其他农副食品加工	81748.1	71219.8	499.1	3.5	3.5
淀粉及淀粉制品的制造	47736.5	42260.7	386.5	3.5	3.5
豆制品制造	4540	4153.7	8.7		
蛋品加工	5993.2	5247.9	36		
其他未列明的农副食品加工	23478.4	19557.5	67.9		
食品制造业	328189.7	281320.6	1251.2	408.2	381.1
焙烤食品制造	95835.6	90018.3	500.6		
饼干及其他焙烤食品制造	95835.6	90018.3	500.6		
方便食品制造	90898.5	72619.7	156.8	255.1	243.9
米、面制品制造	29586.5	26607.7	149.5		
速冻食品制造	7229.2	7027.7	4.5		
方便面及其他方便食品制造	54082.8	38984.3	2.8	255.1	243.9
液体乳及乳制品制造	38803.7	29353.3	160.5	36.8	34.9
罐头制造	32572.8	31724.5		3.9	2
肉、禽类罐头制造	12049.4	11786.8			
蔬菜、水果罐头制造	20523.4	19937.7		3.9	2
调味品、发酵制品制造	62658.2	51001.7	283.2	112.4	100.3
酱油、食醋及类似制品的制造	25587.3	18990.7	83.3	98.7	98.7
其他调味品、发酵制品制造	37070.9	32011	199.9	13.7	1.6
其他食品制造	7420.9	6603.1	150.1		
营养、保健食品制造	3596.7	3180	139.9		
冷冻饮品及食用冰制造	2484.3	2169.2	7.7		
食品及饲料添加剂制造	1339.9	1253.9	2.5		
饮料制造业	572288.8	488039.4	7005.9	161.9	-28.1
酒精制造	372566.6	323767	1168.5		
酒的制造	164078.4	132683.8	5710.2	161.9	-28.1
白酒制造	109802	90025.1	3373.4	99.7	
啤酒制造	52343.9	41006.1	2301.6	62.2	-28.1
黄酒制造	564	485.9	29.4		
其他酒制造	1368.5	1166.7	5.8		
软饮料制造	33736.7	30253.6	89		
瓶（罐）装饮用水制造	1990	1773.6	7.8		
果菜汁及果菜汁饮料制造	4620	4068.2	7.3		
含乳饮料和植物蛋白饮料制造	5869.7	4922.4	17.6		
固体饮料制造	8345.8	7206.1	47.5		
茶饮料及其他软饮料制造	12911.2	12283.3	8.8		
精制茶加工	1907.1	1335	38.2		

单位：万元

营业费用	管理费用	税金	财务费用	利息支出	营业利润	投资收益	补贴收入
2367	2016.6	776.8	1224	1195.2	9128.1		
2973.4	1123.5	165.6	598.2	408.4	6294.9		2
1623.8	590.4	150.3	439.4	313.9	3396.9		2
28.6	15		29	23	305		
72.9	123.9	10.3	26.5	24.2	486		
1248.1	394.2	5	103.3	47.3	2107		
8350	4251.7	243.7	1994.6	1469.1	37573.8		40.3
1530.2	542.1	5.9	431.1	421.8	6625.9		
1530.2	542.1	5.9	431.1	421.8	6625.9		
2572	1573.1	104.9	139.2	133.8	14268.7		
746	328.8	20	154.4	151.1	2045.1		
50.9	36.2		31.5	31.5	78.4		
1775.1	1208.1	84.9	-46.7	-48.8	12145.2		
953.8	584.9	62.6	359.7	336.7	7463.9		0.5
502.2	311.8	0.3	106.8	61.8	2126.7		
82	32.5		41.7	41.7	64.6		
420.2	279.3	0.3	65.1	20.1	2062.1		
2653.9	959.3	52.8	923.3	479.4	6873.7		
1259.3	723.6	19.1	728.7	302.2	3816.8		
1394.6	235.7	33.7	194.6	177.2	3056.9		
137.9	280.5	17.2	34.5	35.6	214.9		39.8
65.3	58.6	7.2	29.7	35.6	123.3		39.8
72.6	144.1	10	4.8		85.9		
	77.8				5.7		
24890.5	20269.4	1587.5	21559	21018.7	19048		300
12697.9	14956.7	827.5	20611	20551.2	1618.1		
11096.6	4633.4	723.1	520.3	376.9	14628.3		300
6498.3	3634.5	523.5	435.7	298.6	8961.2		300
4540.1	959.6	194.1	62.8	62.5	5610.5		
18.8	6.8		1.7	1.7	21.4		
39.4	32.5	5.5	20.1	14.1	35.2		
1019.7	564.9	36.9	198.8	90.6	2618.3		
50	44	7.8	0.6		114		
348.9	86	24.9	34.5	32.4	82.7		
181.9	63.4	3.2	14.7	10	669.7		
417.2	269		100.6		305.4		
21.7	102.5	1	48.4	48.2	1446.5		
76.3	114.4		228.9		183.3		

1-2-1-1（三） 续表 2

	主营业务收入	主营业务成本	主营业务税金及附加	其他业务收入	其他业务利润
烟草制品业	162966.4	62222	66218.4	1215.9	178.3
烟叶复烤	2365	1145.3	49.6	145.3	23.6
卷烟制造	160601.4	61076.7	66168.8	1070.6	154.7
纺织业	2352526.4	1947045.5	18513.7	1548.4	1333.5
棉、化纤纺织及印染精加工	2027596.3	1666931.8	17072.2	1436.5	1305.6
棉、化纤纺织加工	2020217	1661363.1	17022.3	1436.5	1305.6
棉、化纤印染精加工	7379.3	5568.7	49.9		
毛纺织和染整精加工	23541.2	22994.4	4.5		
毛纺织	23541.2	22994.4	4.5		
丝绢纺织及精加工	29413.1	26447.1	194.6	111.9	27.9
缫丝加工	18373	16957.9	54.6		
绢纺和丝织加工	4151.1	3624	132.2	111.9	27.9
丝印染精加工	6889	5865.2	7.8		
纺织制成品制造	62060.5	57479.1	48.2		
棉及化纤制品制造	4008	3201.1	23.4		
无纺布制造	11658.9	11291.3	5.8		
其他纺织制成品制造	46393.6	42986.7	19		
针织品、编织品及其制品制造	209915.3	173193.1	1194.2		
棉、化纤针织品及编织品制造	19822.7	16833.4	22.5		
毛针织品及编织品制造	188564.6	154931.6	1160.9		
丝针织品及编织品制造	1528	1428.1	10.8		
纺织服装、鞋、帽制造业	87082.9	74482.4	172.3	550	56
纺织服装制造	85967.2	73497.4	168.6	550	56
纺织面料鞋的制造	1115.7	985	3.7		
皮革、毛皮、羽毛(绒)及其制品业	32863.1	27351.5	167.9		
皮革鞣制加工	14459.5	12308.1	90.6		
皮革制品制造	10986.3	8754.9	42.3		
皮鞋制造	1807.5	1453.1	8.4		
皮手套及皮装饰制品制造	9178.8	7301.8	33.9		
羽毛(绒)加工及制品制造	7417.3	6288.5	35		
羽毛(绒)加工	7417.3	6288.5	35		
木材加工及木、竹、藤、棕、草制	229100	198149.7	954.8	16	16
锯材、木片加工	40399.4	33846.3	349.5		
锯材加工	16369.3	11741.4	274.3		
木片加工	24030.1	22104.9	75.2		
人造板制造	156668.1	139277.2	426.2	16	16
胶合板制造	155237.4	138285.9	364	15.9	15.9
纤维板制造	722.7	470	5	0.1	0.1

单位：万元

营业费用	管理费用	税金	财务费用	利息支出	营业利润	投资收益	补贴收入
4033.7	13233.2	327.7	1298.8	1370.3	16736.3	218.7	19.4
211.6	983.7		-1.5		597.7		
3822.1	12249.5	327.7	1300.3	1370.3	16138.6	218.7	19.4
97509.9	57296	17749.4	41068.9	39704.4	195783.5	7.7	76.2
89660.5	52581.4	17592.4	39197.1	37929.5	171403.9	7.7	76.2
89065.2	52252.9	17591.6	39179.5	37911.9	170616.4	7.7	76.2
595.3	328.5	0.8	17.6	17.6	787.5		
125.8	54.3		10.3	10.3	372.6		
125.8	54.3		10.3	10.3	372.6		
554.3	416.5	92.1	66.3	58.8	1255.9		
178.7	112.9	23	42	35.3	1024.9		
223.1	275.1	69.1	10.8	10	45.8		
152.5	28.5		13.5	13.5	185.2		
1211.4	1162.6	28.7	255.6	216.8	934.9		
153.4	565.4	6.8	68.9	68.9	-4.2		
118.2	88.4		29.7	5.8	125.5		
939.8	508.8	21.9	157	142.1	813.6		
5957.9	3081.2	36.2	1539.6	1489	21816.2		
931.9	229.4	3.6	76.5	76	619.6		
5023.5	2838.2	27.6	1454.2	1409	21132.5		
2.5	13.6	5	8.9	4	64.1		
3416.6	2015.1	112.6	986.9	874	4261.6	25.6	
3412.4	1992.3	99.5	940.2	827.3	4208.3	25.6	
4.2	22.8	13.1	46.7	46.7	53.3		
976.6	1099.3	42.1	325.2	248.3	2942.7		
374.6	285.7	19.4	169.3	96.2	1231.2		
452.4	667.8	20	105.8	107	963.2		
55.4	64.7		30.3	30.3	195.6		
397	603.1	20	75.5	76.7	767.6		
149.6	145.8	2.7	50.1	45.1	748.3		
149.6	145.8	2.7	50.1	45.1	748.3		
11046.3	3172	94.6	1045.5	949.6	15363.4		77.2
1678.4	711.7	47.1	126.4	112.2	4109.8		
1274	274.4	13.2	40.1	39.1	2573		
404.4	437.3	33.9	86.3	73.1	1536.8		
5069.6	2137	2.5	787.7	712.1	9399.4		70
4962.7	1913.2	2.2	753.4	683.3	9411.3		
85.9	208.8	0.3	21.3	21.3	-68.3		70

1-2-1-1（三） 续表 3

	主营业务收入	主营业务成本	主营业务税金及附加	其他业务收入	其他业务利润
其他人造板、材制造	708	521.3	57.2		
木制品制造	24561.1	19074.6	179.1		
建筑用木料及木材组件加工	24561.1	19074.6	179.1		
竹、藤、棕、草制品制造	7471.4	5951.6			
家具制造业	36632.9	32248.8	174.9		
木质家具制造	19715.8	17455.5	120.5		
金属家具制造	3979	3199.4	2.3		
塑料家具制造	12938.1	11593.9	52.1		
造纸及纸制品业	166244.9	150206.4	490.6	245	132.1
纸浆制造	9682.4	8415.9	78.2		
造纸	107427.2	100778.8	146.5	87	87
机制纸及纸板制造	98490.9	92791.9	92.9	87	87
加工纸制造	8936.3	7986.9	53.6		
纸制品制造	49135.3	41011.7	265.9	158	45.1
纸和纸板容器的制造	23538.4	19079.1	105.2		
其他纸制品制造	25596.9	21932.6	160.7	158	45.1
印刷业和记录媒介的复制	86438.1	71721.7	514.4	1168.1	301.8
印刷	70138.8	58776	341	1168.1	301.8
书、报、刊印刷	6254.8	5405.7	10.6		
本册印制	6903.2	4748.3	177.5	111	68.4
包装装潢及其他印刷	56980.8	48622	152.9	1057.1	233.4
装订及其他印刷服务活动	16299.3	12945.7	173.4		
文教体育用品制造业	28914.1	24257.8	809.2		
文化用品制造	4825.6	3360.8	96.3		
其他文化用品制造	4825.6	3360.8	96.3		
体育用品制造	4528.3	3551.6	7.2		
训练健身器材制造	4528.3	3551.6	7.2		
玩具制造	19560.2	17345.4	705.7		
石油加工、炼焦及核燃料加工业	15790.3	13783.3	23.7		
精炼石油产品的制造	15790.3	13783.3	23.7		
原油加工及石油制品制造	15790.3	13783.3	23.7		
化学原料及化学制品制造业	819176.1	655498.5	5696	17333.9	959.8
基础化学原料制造	229236.1	155961.8	4150.1	8936	74.4
无机碱制造	173414.3	109524.7	3688.3	8926.8	65.3
无机盐制造	37222.2	30241.6	420.9	9.2	9.1
有机化学原料制造	11984.3	10775.6	31.4		
其他基础化学原料制造	6615.3	5419.9	9.5		

单位：万元

营业费用	管理费用	税金	财务费用	利息支出	营业利润	投资收益	补贴收入
21	15		13	7.5	56.4		
2965.8	208.5	45	120.6	120.3	1792.5		
2965.8	208.5	45	120.6	120.3	1792.5		
1332.5	114.8		10.8	5	61.7		7.2
563.1	317.3	48.9	109.9	102.5	2976.2		2
210.7	180.7	43.9	34.7	32.7	1786.3		
273.9	100.3	0.4	45.9	45.7	72		2
78.5	36.3	4.6	29.3	24.1	1117.9		
5536.7	3187.2	361.2	908.8	809.2	8711.4	561.6	
628.3	162.5	1.4	112.9	106.5	284.6		
2092	1276.2	60	433.1	336.4	2881.7	561.6	
1985.3	1259.2	60	424.7	336.4	2118	561.6	
106.7	17		8.4		763.7		
2816.4	1748.5	299.8	362.8	366.3	5545.1		
1332.3	569.1	268.3	222.4	216.8	2765.4		
1484.1	1179.4	31.5	140.4	149.5	2779.7		
3066.5	3454	1004.4	927.6	698	5465.2	1570	
2542.4	2950	716.2	833.3	604	3385.5	1570	
212	152.3	24.6	25.3	18.7	162.8		
826.7	578.3	431	23	22.9	1160.4		
1503.7	2219.4	260.6	785	562.4	2062.3	1570	
524.1	504	288.2	94.3	94	2079.7		
679.5	1000	13.2	317.2	238.2	2738		
192.8	299.2		71.7		304.8		
192.8	299.2		71.7		304.8		
86.9	9.2	0.5	5.1	4.7	868.3		
86.9	9.2	0.5	5.1	4.7	868.3		
399.8	691.6	12.7	240.4	233.5	1564.9		
470	303.1	0.5	42.6	42.6	1167.6		
470	303.1	0.5	42.6	42.6	1167.6		
470	303.1	0.5	42.6	42.6	1167.6		
27993.1	30961.5	1857.6	8714.8	7113.4	83921.3	3091.5	1698
11036.9	11819.5	496.8	4979.2	4475.9	36466.6	3091.5	
6829.8	10102.2	406.3	4660.8	4197.7	34068.1	3091.5	
3289.2	1503.6	60.8	280.3	239.3	1449		
608.5	156.7	29.7	18.8	19.6	393.3		
309.4	57		19.3	19.3	556.2		

1-2-1-1（三） 续表 4

	主营业务收入	主营业务成本	主营业务税金及附加	其他业务收入	其他业务利润
肥料制造	137803.1	123648.2	142.9	247.5	247.5
氮肥制造	66565.7	63382.3	2.8	219.4	219.4
钾肥制造	6892.9	6245.1	29.6		
复混肥料制造	53917.6	44671	85.3	28.1	28.1
有机肥料及微生物肥料制造	10426.9	9349.8	25.2		
涂料、油墨、颜料及类似产品制造	44167.6	39495.6	78.9	9.1	2.4
涂料制造	44167.6	39495.6	78.9	9.1	2.4
合成材料制造	42191.9	41782.1			
初级形态的塑料及合成树脂制造	42191.9	41782.1			
专用化学产品制造	335909.4	272413.4	1288.8	8141.3	635.5
化学试剂和助剂制造	13390.1	11166	39		
专项化学用品制造	7365.2	6293.3	32.4		
炸药及火工产品制造	22422.3	19622.4	120.3		
信息化学品制造	250747.7	200741.6	909.3	8141.3	635.5
动物胶制造	41984.1	34590.1	187.8		
日用化学产品制造	29868	22197.4	35.3		
化妆品制造	29868	22197.4	35.3		
医药制造业	557311.7	450584.3	2509.6	511	410.9
化学药品原药制造	95869.1	86226.5	131.5		
化学药品制剂制造	94981.4	74001.7	182.1	95.6	85
中药饮片加工	60559.7	55006	69	29	
中成药制造	216002	157382.8	1637.7	386.4	325.9
兽用药品制造	8622	7022	48.7		
生物、生化制品的制造	52932.1	46841.6	194.9		
卫生材料及医药用品制造	28345.4	24103.7	245.7		
化学纤维制造业					
橡胶制品业	14607	11696.9	64.1		
轮胎制造	4082.9	3437.2	8.3		
轮胎翻新加工	4082.9	3437.2	8.3		
橡胶零件制造	4214.9	4013.3	9.3		
日用及医用橡胶制品制造	3288	2727.7	15.8		
其他橡胶制品制造	3021.2	1518.7	30.7		
塑料制品业	248786.6	206355.9	2101.8	465.7	3
塑料薄膜制造	21103.1	18148.7	65.7	3	3
塑料板、管、型材的制造	59767.2	48446.7	396.1		
塑料丝、绳及编织品的制造	115045.2	96184.9	1293	462.7	
塑料人造革、合成革制造	3325.7	2754.3	5.2		
塑料包装箱及容器制造	7260	6891	24		

单位：万元

营业费用	管理费用	税金	财务费用	利息支出	营业利润	投资收益	补贴收入
3852.6	3430.4	542.5	1015.4	775.8	5603.4		1123
138.4	2103.1	91.9	291.4	272.9	861.3		1123
38.6	68		213.5		298.1		
3452.9	1173.7	447.6	445.5	440.8	3765.4		
222.7	85.6	3	65	62.1	678.6		
1261.6	885.5	5.2	193.8	193.9	1948.9		
1261.6	885.5	5.2	193.8	193.9	1948.9		
114.8	29		7.9	7.9	122.6		
114.8	29		7.9	7.9	122.6		
11233.2	14676.1	813.1	2113.2	1261.2	33064.1		575
380.8	104.9	5.9	81.8	81.5	1681.9		
556.9	219.5	7.1	54.1	48.5	218.5		
1535	616.6	10.2	313.6	313.6	214.4		
6604.6	13345.7	766.5	1508.3	686.5	26387.5		575
2155.9	389.4	23.4	155.4	131.1	4561.8		
494	121		405.3	398.7	6715.7		
494	121		405.3	398.7	6715.7		
32919.4	27728.2	1246.1	16433.7	11468.1	56189.2	1859.6	1126
1331.7	4643	101.4	1153	974.8	2806.2		
5982.2	1971.4	167.3	2710.6	2707.5	9188.7		213.9
2632.4	928.9	4	150.5	127.9	956.5		167.1
21046.9	17935.6	841.7	11449.7	6735.4	35308.1	1859.6	745
408.8	217.6	14.8	181.8	175.5	803.6		
797.7	1291.5	18.2	393.5	390.6	3382.9		
719.7	740.2	98.7	394.6	356.4	3743.2		
423	447	3.1	154.7	124.8	1871		9.6
6.6	56.2		26.1		548.5		
6.6	56.2		26.1		548.5		
134.6	53.9	0.4	33.1	29.5	20.5		
65.6	17.9	2.7	48.6	48.6	412.4		
216.2	319		46.9	46.7	889.6		9.6
7077.4	5122.6	310.8	1600.8	509.2	23626.8		44.2
1193.7	211.6	3.4	156.1	127.9	1330.3		
810.1	263.2	4.9	66.8	63.2	9771.9		
3022	4112	202.8	1087.9	283.4	7625.4		44.2
173.3	32		6.6	6.6	149		
95	60	24	40		150		

1-2-1-1（三） 续表 5

	主营业务收入	主营业务成本	主营业务税金及附加	其他业务收入	其他业务利润
日用塑料制造	28475.4	21797.4	300.8		
日用塑料杂品制造	28475.4	21797.4	300.8		
其他塑料制品制造	13810	12132.9	17		
非金属矿物制品业	1465151.5	1223115.1	7488.1	6473.1	1361.5
水泥、石灰和石膏的制造	424746.9	357709	2651	131.3	13.7
水泥制造	385622.6	325100.8	2530.2	131.3	13.7
石灰和石膏制造	39124.3	32608.2	120.8		
水泥及石膏制品制造	66984.1	59170.4	367.5		
水泥制品制造	46123.7	40042.2	286.3		
砼结构构件制造	7361	6229.8	69		
轻质建筑材料制造	12924.6	12438.3	9.9		
其他水泥制品制造	574.8	460.1	2.3		
砖瓦、石材及其他建筑材料制造	430104.6	377501.3	1506.6	199.5	0.2
粘土砖瓦及建筑砌块制造	114950.2	93582.6	694.7	82.5	0.2
建筑陶瓷制品制造	30789.6	28719.2	23.6		
建筑用石加工	223003.7	199800.6	567.9		
防水建筑材料制造	23427	21518.6	98.2		
隔热和隔音材料制造	30188.5	27926.2	109.2	117	
其他建筑材料制造	7745.6	5954.1	13		
玻璃及玻璃制品制造	15323.1	13001.8	134.3		
平板玻璃制造	2820.9	2447.4	3.9		
日用玻璃制品及玻璃包装容器制造	6731.3	5809.9	22.2		
玻璃保温容器制造	1568.1	1407.6	9.4		
玻璃纤维及制品制造	2179.5	1770.1	90.4		
玻璃纤维增强塑料制品制造	2023.3	1566.8	8.4		
陶瓷制品制造	870	709.3	8.7		
园林、陈设艺术及其他陶瓷制品制造	870	709.3	8.7		
耐火材料制品制造	20002	18588.7	36.3		
石棉制品制造	2853	2608.5	13.4		
耐火陶瓷制品及其他耐火材料制造	17149	15980.2	22.9		
石墨及其他非金属矿物制品制造	507120.8	396434.6	2783.7	6142.3	1347.6
石墨及碳素制品制造	491936.8	385104	2576.8	6110.9	1339.5
其他非金属矿物制品制造	15184	11330.6	206.9	31.4	8.1
黑色金属冶炼及压延加工业	763117.8	626061.9	7243.7	15739.8	3700.9
炼铁	45023.6	45599.1	320.3	1176.7	1176.7
炼钢	43668	35628	653.8	9.2	9.2
钢压延加工	579446.5	471333.7	6020.7	13266.4	2491.9
铁合金冶炼	94979.7	73501.1	248.9	1287.5	23.1

单位：万元

营业费用	管理费用	税金	财务费用	利息支出	营业利润	投资收益	补贴收入
1767.3	388.8	75.7	199.4	28.1	3055.1		
1767.3	388.8	75.7	199.4	28.1	3055.1		
16	55		44		1545.1		
79709.6	37217.8	2244.2	22929.6	17961.9	195299.1	900.8	11723.6
18310.7	10763.5	538	7540.1	5775.1	26523.1		5951.2
16179.5	10384.9	523.8	7377.8	5727	24984.1		5951.2
2131.2	378.6	14.2	162.3	48.1	1539		
1510	947.2	33.1	523	303.9	4289.3		
716.6	467.4	21.3	228.8	77.6	3392.9		
511.8	252.2	10.1	237.5	207.6	40		
281.6	139.3	1	50.7	12.7	840		
	88.3	0.7	6	6	16.4		
14370.7	5387.7	471.6	2389.2	1631	28242.5		155
7010.3	2381	398	813.3	616.7	10104		155
23.1	25.4		54.3	25.4	1944		
6594.1	2418.9	55.4	1350.1	832.7	13880.3		
419	184.9	3	73.7	73.2	1064.7		
236.3	291.2	4.6	80.3	76.4	910		
87.9	86.3	10.6	17.5	6.6	339.5		
459.6	194.8	10.2	87.3	77.5	1448.1		
22.6	46.5		27.8	27.8	272.7		
61.2	53.7	1.4	30.4	30.1	753.9		
15.5	5.7		5.1	5	114.8		
101	86.5	8.8	21	12	123.3		
259.3	2.4		3	2.6	183.4		
58.2	82.1	42	8.5	8.3	3.2		
58.2	82.1	42	8.5	8.3	3.2		
424.2	199.4	0.1	158.1	40.3	514.9		
44.2	48.5	0.1	27	27	31		
380	150.9		131.1	13.3	483.9		
44576.2	19643.1	1149.2	12223.4	10125.8	134278	900.8	5617.4
43797.3	19318.5	1140.7	12087.5	10107.5	131870.9	900.8	5617.4
778.9	324.6	8.5	135.9	18.3	2407.1		
31293.6	12577.7	2401.8	7681.3	6942.1	176124.1		
671	1300.8	182.4	266	98.5	-1957		
462.1	927.3	25.1	232.7	232.7	2202.9		
27750.8	7824.8	2085.8	3077.9	2800	160716.3		
2409.7	2524.8	108.5	4104.7	3810.9	15161.9		

1-2-1-1（三） 续表 6

	主营业务收入	主营业务成本	主营业务税金及附加	其他业务收入	其他业务利润
有色金属冶炼及压延加工业	435520.5	407698.9	653.8	3661.8	2644
常用有色金属冶炼	416922.9	393088.9	602.4	3661.8	2644
铅锌冶炼	8401.1	6634.9	181.4		
铝冶炼	395566.2	374300.1	415	3622	2604.2
镁冶炼	11440.1	10479.7	6	39.8	39.8
其他常用有色金属冶炼	1515.5	1674.2			
稀有稀土金属冶炼	4271	2085.8	42.8		
钨钼冶炼					
稀土金属冶炼	3424.8	1426.1	3.5		
其他稀有金属冶炼	846.2	659.7	39.3		
有色金属压延加工	14326.6	12524.2	8.6		
常用有色金属压延加工	14326.6	12524.2	8.6		
金属制品业	102806.8	89076.4	821.8	1043.8	221.8
结构性金属制品制造	63139.3	56721.7	385.1	1043.8	221.8
金属结构制造	51045.6	47090.4	342.1	1043.8	221.8
金属门窗制造	12093.7	9631.3	43		
金属工具制造	9933.8	7819.1	27.7		
手工具制造	915.3	841.1	0.5		
农用及园林用金属工具制造	5365.4	3484.9	9.5		
其他金属工具制造	3653.1	3493.1	17.7		
集装箱及金属包装容器制造	1640.4	1422.8	17.8		
金属压力容器制造	1640.4	1422.8	17.8		
金属丝绳及其制品的制造	12555.1	11414.9	68.5		
建筑、安全用金属制品制造	11242.2	7877.4	318		
建筑装饰及水暖管道零件制造	8298.3	5345.4	45.7		
其他建筑、安全用金属制品制造	2943.9	2532	272.3		
其他金属制品制造	4296	3820.5	4.7		
其他未列明的金属制品制造	4296	3820.5	4.7		
通用设备制造业	248916.4	214069.2	834.9	3693.8	798.4
锅炉及原动机制造	40577.1	33268.1	166.7		
内燃机及配件制造	40577.1	33268.1	166.7		
金属加工机械制造	6111	5773.7	7.2		
机床附件制造	5500	5340	5		
其他金属加工机械制造	611	433.7	2.2		
起重运输设备制造	15320.4	11361.2	88	25.5	25.5
泵、阀门、压缩机及类似机械的制造	26137.5	23062.1	193.9	275.4	69.1
泵及真空设备制造	1530	1538.6			
气体压缩机械制造	5098.9	4976.5	1.2		

单位：万元

营业费用	管理费用	税金	财务费用	利息支出	营业利润	投资收益	补贴收入
3275.4	3110	945.2	3798	3465.1	19825.1		300
3107.2	2085.2	935.8	2776.7	2460.3	18102.5		
1111.3	30.3		29.3	6.2	413.9		
1779.7	1716.3	933	2718.9	2435.8	17240.4		
211.3	316.4		17.9	18.3	444.8		
4.9	22.2	2.8	10.6		3.4		
14.5	874.9	9.4	8.6	3.4	1245.2		
14.5	768.9	9.4	-12.2		1224		
	106		20.8	3.4	21.2		
153.7	149.9		1012.7	1001.4	477.4		300
153.7	149.9		1012.7	1001.4	477.4		300
3540.5	2693.1	122.5	491.9	459.9	7425.9		
1248.3	1440.9	44	144.9	120.2	3900.8		
591.5	1209.8	29.5	39.1	28.9	2727.9		
656.8	231.1	14.5	105.8	91.3	1172.9		
588.5	233.8		47.5	48.4	1376.5		
12.5	75.2		0.1		0.7		
543.1	15.5		9.5	9.5	1302.9		
32.9	143.1		37.9	38.9	72.9		
64.2	100.7	0.5			28.3		
64.2	100.7	0.5			28.3		
209.5	163.8	0.2	63.1	63.1	775.2		
1306.8	674.6	77.7	232	223.8	1081.2		
1289.7	658.2	76.5	223.5	215.9	736.8		
17.1	16.4	1.2	8.5	7.9	344.4		
123.2	79.3	0.1	4.4	4.4	263.9		
123.2	79.3	0.1	4.4	4.4	263.9		
9065.9	16870.9	1114	2784.4	2348.8	8475.8	189	175.5
3512.7	1515.1	224.7	404.7	403.7	4110.9		155.7
3512.7	1515.1	224.7	404.7	403.7	4110.9		155.7
99.7	85.4	0.3	59.1	26.4	69.1		
40	32		31		52		
59.7	53.4	0.3	28.1	26.4	17.1		
1213.3	823.2	324.1	430.9	408.1	1461		
519.8	2284.8	61.7	328.1	171.6	-204	73.6	
2.9	6.4				-2.6		
	46.2		9.1	9.1	65.9		

1-2-1-1（三） 续表 7

	主营业务收入	主营业务成本	主营业务税金及附加	其他业务收入	其他业务利润
阀门和旋塞的制造	3005	2375.6	11.8	147.6	32.5
液压和气压动力机械及元件制造	16503.6	14171.4	180.9	127.8	36.6
轴承、齿轮、传动和驱动部件的制造	97733.2	85461.1	151.7	3092.6	578.6
轴承制造	23500.2	21008.1	23.7	26.6	26.6
齿轮、传动和驱动部件制造	74233	64453	128	3066	552
风机、衡器、包装设备等通用设备	1809	1639.8	10.2		
制冷、空调设备制造	1809	1639.8	10.2		
通用零部件制造及机械修理	18294	15948.9	41.5	300.3	125.2
机械零部件加工及设备修理	15734	14008.9	13.5	300.3	125.2
其他通用零部件制造	2560	1940	28		
金属铸、锻加工	42934.2	37554.3	175.7		
钢铁铸件制造	26909.5	24276.6	128.1		
锻件及粉末冶金制品制造	16024.7	13277.7	47.6		
专用设备制造业	411079.4	346974.3	869.4	6528.1	1579.2
矿山、冶金、建筑专用设备制造	302804.7	253121.9	472	3997.7	1410.6
采矿、采石设备制造	9460	7577.2	112.5		
石油钻采专用设备制造	259059.9	217389.4	303.3	3415	1221.3
建筑工程用机械制造	24913	20971.9	33.5	528.5	184.5
建筑材料生产专用机械制造	9371.8	7183.4	22.7	54.2	4.8
化工、木材、非金属加工专用设备	8020	7555.8	53.6		
塑料加工专用设备制造	695	646.4	1.4		
模具制造	7325	6909.4	52.2		
食品、饮料、烟草及饲料生产专用设备制造	1136.8	853.9	21		
食品、饮料、烟草工业专用设备制造	515	400	6		
农副食品加工专用设备制造	621.8	453.9	15		
印刷、制药、日化生产专用设备制造	12174.7	10430.9	171	157.2	46.2
印刷专用设备制造	2870.9	2494.1	13.4		
照明器具生产专用设备制造	6603.8	5544.8	144.7	157.2	46.2
玻璃、陶瓷和搪瓷制品生产专用设备制造	2700	2392	12.9		
纺织、服装和皮革工业专用设备制造	2882.6	2511.5	13		
纺织专用设备制造	2882.6	2511.5	13		
电子和电工机械专用设备制造	72710.2	62875.2	127.1	2373.2	122.4
电工机械专用设备制造	37540.2	30449.3	59.2	2129.9	53
电子工业专用设备制造	35170	32425.9	67.9	243.3	69.4
农、林、牧、渔专用机械制造	7972.2	6660.9	9		
机械化农业及园艺机具制造	3635.4	3540	1.4		
其他农林牧渔业机械制造及机械修理	4336.8	3120.9	7.6		

单位：万元

营业费用	管理费用	税金	财务费用	利息支出	营业利润	投资收益	补贴收入
186.1	237.2	4.2	154.1	154.7	45.3	73.6	
330.8	1995	57.5	164.9	7.8	-312.6		
1750	9893.8	343.6	1061	880.3	-102.8	67	19.8
912	843.8	6.6	180	83.3	559.2		19.8
838	9050	337	881	797	-662	67	
62	35	5	24	8	38		
62	35	5	24	8	38		
450.8	1393.6	146	146.9	139.5	1152.6	48.4	
262.8	1181.6	22	66.9	59.5	240.6	48.4	
188	212	124	80	80	912		
1457.6	840	8.6	329.7	311.2	1951		
485.6	327	8.3	166.8	159.3	1587.3		
972	513	0.3	162.9	151.9	363.7		
13699.8	25114.5	741.6	2341.9	2058.3	23216	846.8	1673.1
9453.5	16577.1	562.3	1761.7	1548.4	21526.4	702	780
318	183.3	30	140.1	82.5	1048.9		
7566.1	14719.4	466.6	1331.3	1184.3	18856.2	699.7	735.4
1221.1	1102.8	9	257.2	249.1	809.8		44.6
348.3	571.6	56.7	33.1	32.5	811.5	2.3	
102.4	143.5	8.5	116.6	116.7	69.3		
7.5	47.5	1.6	-0.2		-7.6		
94.9	96	6.9	116.8	116.7	76.9		
57.8	53.2	5	79.2	5	102.3		
12	8		3		86		
45.8	45.2	5	76.2	5	16.3		
500.6	239.8	21.1	98.1	39.4	780.5		
86.1	69.7		58.6		149		
349.8	94.1	8.2	25.1	25	491.5		
64.7	76	12.9	14.4	14.4	140		
28.8	43.2		91.6	91.6	294.5		
28.8	43.2		91.6	91.6	294.5		
2955.1	7752.9	141.1	108.9	187.9	-297.5	144.8	893.1
1901.2	5541.5	141.1	56.2	187.9	275	144.8	500
1053.9	2211.4		52.7		-572.5		393.1
458.4	233.9	3.2	41.7	28.9	591.4		
9.5	15.5		11.8		70.3		
448.9	218.4	3.2	29.9	28.9	521.1		

1-2-1-1（三） 续表 8

	主营业务收入	主营业务成本	主营业务税金及附加	其他业务收入	其他业务利润
医疗仪器设备及器械制造	2744.4	2520.5	0.9		
医疗、外科及兽医用器械制造	2744.4	2520.5	0.9		
环保、社会公共安全及其他专用设备制造	633.8	443.7	1.8		
其他专用设备制造	633.8	443.7	1.8		
交通运输设备制造业	238929.5	201062.7	684.1	5197.4	3303.1
汽车制造	222332	186163.1	601.7	5197.4	3303.1
改装汽车制造	17524.3	15293.3	58.7	661.2	226.1
汽车车身、挂车的制造	12102.9	10999.8	19.9	21.8	1.8
汽车零部件及配件制造	187983.2	155650	474	4514.4	3075.2
汽车修理	4721.6	4220	49.1		
摩托车制造	7309.3	6762.8	19		
摩托车零部件及配件制造	7309.3	6762.8	19		
航空航天器制造	1820.9	1600.8	27.6		
其他飞行器制造	1820.9	1600.8	27.6		
交通器材及其他交通运输设备制造	7467.3	6536	35.8		
其他交通运输设备制造	7467.3	6536	35.8		
电气机械及器材制造业	300766.3	235783.7	1345.2	18159.1	663.2
电机制造	216231.1	165904.3	839	17946.1	570
发电机及发电机组制造	9767.3	8902.7	45.7	21.4	
电动机制造	204001.3	155137.1	793.3	17924.7	570
微电机及其他电机制造	2462.5	1864.5			
输配电及控制设备制造	46081.2	38228.2	126.7	213	93.2
变压器、整流器和电感器制造	19772.8	16152.9	48.9	198	78.2
配电开关控制设备制造	3967.5	3756.2	12.1	15	15
电力电子元器件制造	12753	9602	62.7		
其他输配电及控制设备制造	9587.9	8717.1	3		
电线、电缆、光缆及电工器材制造	15230.2	12514.6	243.3		
电线电缆制造	14064.4	11475.3	239.3		
绝缘制品制造	1165.8	1039.3	4		
电池制造	998	881.6	1.7		
家用电力器具制造	839.5	657.3	1.5		
家用清洁卫生电器具制造	839.5	657.3	1.5		
非电力家用器具制造	20685.6	16971.5	123.3		
燃气、太阳能及类似能源的器具制造	19944	16274.5	122.4		
其他非电力家用器具制造	741.6	697	0.9		
照明器具制造	700.7	626.2	9.7		
照明灯具制造	700.7	626.2	9.7		
通信设备、计算机及其他电子设备	62334.5	48235.9	232.2	107.7	107.7
电子器件制造	3020.3	2156.6	7.7		
电子真空器件制造	504	253	5		

单位：万元

营业费用	管理费用	税金	财务费用	利息支出	营业利润	投资收益	补贴收入
73.5	7.5		6	4	132		
73.5	7.5		6	4	132		
69.7	63.4	0.4	38.1	36.4	17.1		
69.7	63.4	0.4	38.1	36.4	17.1		
10541.7	12318.8	783.2	5591.9	3358.7	11986.2	348.6	169.5
10406.2	12099.7	756.4	5433.9	3205.5	10842.5	348.6	169.5
766.6	595.4	4.3	15	5	1087.1	18.5	162.3
212.6	64.2	2.2	43.3	43.3	782.6		
9422	11191.9	740.7	5297.4	3125.5	8902	330.1	7.2
5	248.2	9.2	78.2	31.7	70.8		
67	179.5	16.7	120.1	118.3	160.9		
67	179.5	16.7	120.1	118.3	160.9		
19.7	17.1	9.1	19.6	18.2	136.1		
19.7	17.1	9.1	19.6	18.2	136.1		
48.8	22.5	1	18.3	16.7	846.7		
48.8	22.5	1	18.3	16.7	846.7		
18246.1	15717.3	809.7	2943.2	2417.1	29867.5	132.2	
12129.8	10929.1	612.8	2191.8	1775.3	26448.1	132.2	
235.6	1087.1	5.6	364.5	364.5	654.2	106.3	
11720.9	9752	607.2	1801.9	1385.4	25594.6	25.9	
173.3	90		25.4	25.4	199.3		
3013.1	2581.4	133.5	641.3	602.9	1932.2		
1929.2	1130.7	5.5	131.8	95	435.2		
51.6	104.9	6	4.4	4	52.9		
796.8	752.8	122	426.9	426.9	1111.1		
235.5	593		78.2	77	333		
717.5	2000.4	61.1	3.4	3.4	315.7		
672.7	1989.4	56.2	3.4	3.4	253.5		
44.8	11	4.9			62.2		
48.7	8.2	0.1	7.7	7.7	50.1		
17.6	41.9		8.7		43.4		
17.6	41.9		8.7		43.4		
2319.4	114.5	2.2	90.3	27.8	1055		
2316	100.6	1.6	76.2	13.7	1054.3		
3.4	13.9	0.6	14.1	14.1	0.7		
	41.8				23		
	41.8				23		
4010.4	2974.1	195.4	1025.3	392.6	5839.1	33	25.8
68.3	70.5	1	45.4	44.4	673.1	6	
42	47	0.4	31	30	120	6	

1-2-1-1（三） 续表 9

	主营业务收入	主营业务成本	主营业务税金及附加	其他业务收入	其他业务利润
光电子器件及其他电子器件制造	2516.3	1903.6	2.7		
电子元件制造	46963.2	36725	198.6	107.7	107.7
电子元件及组件制造	46963.2	36725	198.6	107.7	107.7
其他电子设备制造	12351	9354.3	25.9		
仪器仪表及文化、办公用机械制造	295433	245147.2	789.8	13166.5	2980
通用仪器仪表制造	41408.1	35325.7	73		
工业自动控制系统装置制造	11851.9	10159.6	21.9		
电工仪器仪表制造	28604.2	24338.1	28.6		
试验机制造	952	828	22.5		
专用仪器仪表制造	33254.3	28438.5	287.3	2.7	0.7
汽车及其他用计数仪表制造	19451.1	15586.1	270.7		
教学专用仪器制造	3430.1	3391.1			
其他专用仪器制造	10373.1	9461.3	16.6	2.7	0.7
光学仪器及眼镜制造	214619.5	175865.8	393	13163.8	2979.3
光学仪器制造	214619.5	175865.8	393	13163.8	2979.3
文化、办公用机械制造	5551.1	5087.2	26.5		
复印和胶印设备制造	5551.1	5087.2	26.5		
其他仪器仪表的制造及修理	600	430	10		
工艺品及其他制造业	331394	271503.4	968.2		-25.1
工艺美术品制造	299433.5	244761.3	793		-25.1
雕塑工艺品制造	139014.2	107867.9	105.7		
天然植物纤维编织工艺品制造	3505.1	2948.3	6.1		
抽纱刺绣工艺品制造	20453.2	16737.5	265		
地毯、挂毯制造	69715.8	61962.6	281		-25.1
珠宝首饰及有关物品的制造	54821.9	45149.1	126.8		
其他工艺美术品制造	11923.3	10095.9	8.4		
日用杂品制造	31960.5	26742.1	175.2		
鬃毛加工、制刷及清扫工具的制造	18505.6	16309.4	69.4		
其他日用杂品制造	13454.9	10432.7	105.8		
电力、燃气及水的生产和供应业	1194710.6	1140110.9	4266.5	8692	4011.8
电力、热力的生产和供应业	1180232.6	1128037.4	4178.8	6584.8	2626.9
电力生产	339345.8	378086	1334.1	455.9	161.6
火力发电	336807.8	376453	1327.4	455.9	161.6
水力发电	2026	1169	6.7		
其他能源发电	512	464			
电力供应	840886.8	749951.4	2844.7	6128.9	2465.3
燃气生产和供应业	3103.1	3327	5	1877.1	1159.6
水的生产和供应业	11374.9	8746.5	82.7	230.1	225.3
自来水的生产和供应	9998.3	7528	82.7	230.1	225.3
污水处理及其再生利用	1376.6	1218.5			

单位：万元

营业费用	管理费用	税金	财务费用	利息支出	营业利润	投资收益	补贴收入
26.3	23.5	0.6	14.4	14.4	553.1		
2589.5	2594.5	193.9	916.4	338.2	4120.4	27	25.8
2589.5	2594.5	193.9	916.4	338.2	4120.4	27	25.8
1352.6	309.1	0.5	63.5	10	1045.6		
12858.9	25175.4	1100.2	3055.8	3242.5	11889.3	19	4588.7
3106.5	1953.7	240.6	420.5	366.3	939.2	5	
552.1	976.9	80.7	103.1	52.5	280.5	5	
2552.9	944.8	150.9	287.4	284.6	620.7		
1.5	32	9	30	29.2	38		
1249	1233	29.1	377.8	253.4	1669.3		
1038.3	776.6	9.5	272.6	150	1506.8		
11.5	13.4		6.9	6.9	7.2		
199.2	443	19.6	98.3	96.5	155.3		
8443.2	21852.3	822.3	2229.1	2594.4	8908.4	14	4588.7
8443.2	21852.3	822.3	2229.1	2594.4	8908.4	14	4588.7
20.2	106.4	0.2	18.4	18.4	292.4		
20.2	106.4	0.2	18.4	18.4	292.4		
40	30	8	10	10	80		
12629.9	4395	46.7	2914.8	2676.8	25418.6		599.2
11395.1	3728.3	44	2658.1	2623.8	23150		599.2
5088.9	1395.6	19.8	814.4	813.5	11292.9		
222	96.9		6.4	6.4	127.3		
740	183.6		121.7	103.2	2726		
3408.9	1431.9	22.1	217.3	202.4	3352.2		599.2
1447.2	495.3		1461	1461	5276.7		
488.1	125	2.1	37.3	37.3	374.9		
1234.8	666.7	2.7	256.7	53	2268.6		
215.1	225.3		163.1	26	1523.3		
1019.7	441.4	2.7	93.6	27	745.3		
2492.7	64170.1	587	43235.6	41721	-61859.3	158.8	300
31	61176.4	436.2	42281.7	41185	-59032.5	202.7	300
	12551.9	177.4	29244.1	28875	-80143.4		300
	12402.9	171.4	28494.8	28391.2	-80143.6		300
	113		737.3	471.8	0.2		
	36	6	12	12			
31	48624.5	258.8	13037.6	12310	21110.9	202.7	
1273.4	1109.9	51.7	517.1	136.8	-2088.9	-43.9	
1188.3	1883.8	99.1	436.8	399.2	-737.9		
985.5	1431.9	99.1	415.5	399.2	-220		
202.8	451.9		21.3		-517.9		

1-2-1-1 按行业分组工业规模以

	营业外收入	营业外支出	利润总额	应交所得税
总　　计	**40076.1**	**225080.6**	**1056422.6**	**182506.7**
采矿业	13472.8	15143	226437.9	50048.1
煤炭开采和洗选业				
石油和天然气开采业	12910.6	12784	186561.7	45324.4
天然原油和天然气开采	49.6	0.5	1373.2	280.3
与石油和天然气开采有关的服务活动	12861	12783.5	185188.5	45044.1
黑色金属矿采选业	60	357.9	7106.7	756.6
铁矿采选	60	357.9	6565.3	731.6
其他黑色金属矿采选			541.4	25
有色金属矿采选业	109	445.6	18185.6	2010.5
常用有色金属矿采选		1.6	2180.2	179.7
铅锌矿采选			1457.1	121.6
其他常用有色金属矿采选		1.6	723.1	58.1
贵金属矿采选	109	444	7928.2	1830.8
金矿采选	100.3	349.1	6102.8	1293.4
银矿采选	8.7	94.9	1825.4	537.4
其他贵金属矿采选				
稀有稀土金属矿采选			8077.2	
钨钼矿采选			8077.2	
非金属矿采选业	393.2	1555.5	14583.9	1956.6
土砂石开采	390.9	1554.1	9909.3	1812.6
石灰石、石膏开采	2.2	74	632.2	158.1
建筑装饰用石开采			1904.1	203.8
耐火土石开采	347.6	1439	5261.1	1125.7
粘土及其他土砂石开采	41.1	41.1	2111.9	325
石棉及其他非金属矿采选	2.3	1.4	4674.6	144
石墨、滑石采选			1880.9	
其他非金属矿采选	2.3	1.4	2793.7	144
其他采矿业				
制造业	25242.3	206262.6	894179.1	126595.5
农副食品加工业	642.7	317.2	68737	8493.7
谷物磨制	35.7	68.8	27836.1	3329.4
饲料加工	320.5	12.6	5484	409.9
植物油加工	101.6	223.2	5516.9	904.9
食用植物油加工	101.6	223.2	3856.7	801.7
非食用植物油加工			1660.2	103.2
屠宰及肉类加工	6.9	4.1	14305.5	617.7
畜禽屠宰	6.9	4.1	5249.6	511.1
肉制品及副产品加工			9055.9	106.6

上企业主要经济指标（四）

单位：万元

亏损企业亏损总额	利税总额	本年应付工资总额	本年应付福利费总额	本年应交增值税	本年进项税额	本年销项税额	全部从业人员年平均人数（万人）
94773.2	**2079299.1**	**538739.5**	**46016.2**	**691514.4**	**1342243.4**	**1932032.8**	**28.71**
	554446.6	114010.7	4727.7	133817.6	172341.2	298120	3.4
	488286.9	99524.3	3629.6	112307.9	158150.9	270554.6	2.18
	2233.2	1361.2	5.4	566.3	843.1	1409.4	0.07
	486053.7	98163.1	3624.2	111741.6	157307.8	269145.2	2.11
	13036.9	1855.6	65.1	4916.4	3040.2	3667.8	0.15
	11924.4	1770.6	53.1	4414.3	2822.3	3347.8	0.15
	1112.5	85	12	502.1	217.9	320	0.01
	25024.9	6326.8	610.8	5944	4791.9	12977.9	0.52
	3668.5	1308.4	116.9	1301.4	667.5	1927.7	0.1
	2155.5	326.1		613	253.8	416.8	0.03
	1513	982.3	116.9	688.4	413.7	1510.9	0.07
	10836.8	3891.6	317.8	2444.4	2286.4	5037	0.34
	7733.2	2712	302.4	1334.8	1639.2	3732.5	0.27
	3103.6	1179.6	15.4	1109.6	647.2	1304.5	0.07
	10519.6	1126.8	176.1	2198.2	1838	6013.2	0.08
	10519.6	1126.8	176.1	2198.2	1838	6013.2	0.08
	28097.9	6304	422.2	10649.3	6358.2	10919.7	0.55
	17934.4	4163.1	236.8	5603.5	3454	5598.3	0.33
	1616.2	201.3	28.2	337.6		337.6	0.01
	3622.3	736.9	6.7	969.6	1648.6	2581.4	0.05
	9507.6	1704.1	190.7	3342.6	1734.3	1696.4	0.14
	3188.3	1520.8	11.2	953.7	71.1	982.9	0.13
	10163.5	2140.9	185.4	5045.8	2904.2	5321.4	0.22
	3735.5	1233.9	125.7	1686.4	463.3	577.8	0.12
	6428	907	59.7	3359.4	2440.9	4743.6	0.09
7135.5	1525066.9	382593.8	37580.1	497983.3	1034641.5	1442010.4	23.91
34	107981.9	16990.9	1991.4	34940.1	39447.8	71223.1	1.33
	46316	6721.3	795.3	16799.9	16049.3	32195.2	0.57
	6943.4	1379	89.3	1186.2	897	1912.2	0.09
13.5	9996.5	2438.8	258.2	4039.6	3745.8	7634.1	0.22
13.5	7247	2262.4	246.2	3026.9	2825.9	6265	0.2
	2749.5	176.4	12	1012.7	919.9	1369.1	0.02
	22284.7	3855	380.3	7572	7211.9	13785	0.23
	8047.3	2513.2	275.7	2589.2	4096.3	5718	0.15
	14237.4	1341.8	104.6	4982.8	3115.6	8067	0.07

1-2-1-1（四） 续表 1

	营业外收入	营业外支出	利润总额	应交所得税
蔬菜、水果和坚果加工			9128.1	2522.8
其他农副食品加工	178	8.5	6466.4	709
淀粉及淀粉制品的制造	0.5	8.4	3391	480.1
豆制品制造			305	76.2
蛋品加工			486	31.2
其他未列明的农副食品加工	177.5	0.1	2284.4	121.5
食品制造业	8.5	2338.7	35244.1	3913.4
焙烤食品制造			6625.9	1565.5
饼干及其他焙烤食品制造			6625.9	1565.5
方便食品制造	3.1		14271.8	1901.3
米、面制品制造			2045.1	118.8
速冻食品制造			78.4	19.6
方便面及其他方便食品制造	3.1		12148.3	1762.9
液体乳及乳制品制造	0.4	8.8	7456	1.1
罐头制造	5	2220.6	-88.9	
肉、禽类罐头制造			64.6	
蔬菜、水果罐头制造	5	2220.6	-153.5	
调味品、发酵制品制造		108.6	6765.1	435
酱油、食醋及类似制品的制造		108.6	3708.2	315.7
其他调味品、发酵制品制造			3056.9	119.3
其他食品制造		0.7	214.2	10.5
营养、保健食品制造		0.5	122.8	0.5
冷冻饮品及食用冰制造			85.9	10
食品及饲料添加剂制造		0.2	5.5	
饮料制造业	388.8	439	19297.8	3420.3
酒精制造	255.5	151	1722.6	805.9
酒的制造	133.3	288	14773.6	2437.5
白酒制造	128.1	257.1	9132.2	1088.6
啤酒制造	5.2	30.9	5584.8	1336.2
黄酒制造			21.4	5.4
其他酒制造			35.2	7.3
软饮料制造			2618.3	176.9
瓶（罐）装饮用水制造			114	28.5
果菜汁及果菜汁饮料制造			82.7	
含乳饮料和植物蛋白饮料制造			669.7	72.1
固体饮料制造			305.4	76.3
茶饮料及其他软饮料制造			1446.5	
精制茶加工			183.3	

单位：万元

亏损企业亏损总额	利税总额	本年应付工资总额	本年应付福利费总额	本年应交增值税	本年进项税额	本年销项税额	全部从业人员年平均人数（万人）
	12008.2	777.7	331.6	1874.8	8497.5	10372.3	0.07
20.5	10433.1	1819.1	136.7	3467.6	3046.3	5324.3	0.16
	5843.2	1044.1	111.5	2065.7	2345.4	4083.6	0.09
	490.2	75	10.5	176.5		176.5	0.01
	881.5	30.7		359.5			
20.5	3218.2	669.3	14.7	865.9	700.9	1064.2	0.06
153.5	54479.4	6599.1	651.6	17984.1	14341	29166.9	0.54
	10291.9	2571.9	360	3165.4	870.4	4035.8	0.2
	10291.9	2571.9	360	3165.4	870.4	4035.8	0.2
	19790.6	893.3	96.4	5362	7384.4	12043.8	0.11
	4029.1	259.6	33.7	1834.5	304.5	1445.4	0.03
	442.6	155.2	22.3	359.7	714	1073.7	0.01
	15318.9	478.5	40.4	3167.8	6365.9	9524.7	0.07
	12365	1307.9	84.1	4748.5	2376.5	6171.7	0.07
153.5	-88.9	585.9	15.7		956.2	523.4	0.06
	64.6	212.3	15.7		523.1	523.1	0.03
153.5	-153.5	373.6			433.1	0.3	0.03
	11342.3	824.2	75.1	4294	2126.3	5360.8	0.08
	5659.9	504.1	46.9	1868.4	1211.3	2655.1	0.05
	5682.4	320.1	28.2	2425.6	915	2705.7	0.03
	778.5	415.9	20.3	414.2	627.2	1031.4	0.03
	576.2	124.8	3.8	313.5	131.9	445.4	0.01
	169.6	216.7	15	76	288.4	354.4	0.01
	32.7	74.4	1.5	24.7	206.9	231.6	0.01
218.8	37714	12832	829.1	11410.3	105583.2	112468.3	0.88
210.7	4136.5	7946.6	303.7	1245.4	97218.9	95745.2	0.39
8.1	29042.8	4002.5	453	8559	6586.8	14042.8	0.4
8.1	18691.5	2600.1	298.5	6185.9	5310.7	10373.5	0.29
	10066.7	1261.4	145.8	2180.3	1276.1	3476.5	0.1
	201.3	46.1		150.5		150.5	
	83.3	94.9	8.7	42.3		42.3	0.01
	4179.7	792.3	67.2	1472.4	1777.5	2680.3	0.08
	218.8	33	4.6	97	241.3	338.3	
	148.2	96.6	8.2	58.2	513	571.2	0.01
	983.7	228.9	32	296.4	55.7	352.1	0.02
	804.1	160.3	22.4	451.2	967.5	1418.7	0.02
	2024.9	273.5		569.6			0.03
	355	90.6	5.2	133.5			0.01

1-2-1-1（四） 续表 2

	营业外收入	营业外支出	利润总额	应交所得税
烟草制品业	75.3	499.6	16550.1	4509.9
烟叶复烤	7.4	22.5	582.6	333.1
卷烟制造	67.9	477.1	15967.5	4176.8
纺织业	1207.7	804	196261.9	38690.9
棉、化纤纺织及印染精加工	1203.6	793.7	171888.5	37269.3
棉、化纤纺织加工	1203.6	793.7	171101	37224.3
棉、化纤印染精加工			787.5	45
毛纺织和染整精加工			372.6	
毛纺织			372.6	
丝绢纺织及精加工	1.9	1.3	1256.5	84.5
缫丝加工			1024.9	84.5
绢纺和丝织加工	1.9	1.3	46.4	
丝印染精加工			185.2	
纺织制成品制造	2.2	0.5	936.6	41.9
棉及化纤制品制造	2.2	0.5	-2.5	
无纺布制造			125.5	31.4
其他纺织制成品制造			813.6	10.5
针织品、编织品及其制品制造		8.5	21807.7	1295.2
棉、化纤针织品及编织品制造			619.6	5.2
毛针织品及编织品制造		8.5	21124	1290
丝针织品及编织品制造			64.1	
纺织服装、鞋、帽制造业		12	4275.2	733.4
纺织服装制造		12	4221.9	720.1
纺织面料鞋的制造			53.3	13.3
皮革、毛皮、羽毛(绒)及其制品业		13.2	2929.5	179.4
皮革鞣制加工			1231.2	65.5
皮革制品制造		13.2	950	113.9
皮鞋制造		12.9	182.7	32.3
皮手套及皮装饰制品制造		0.3	767.3	81.6
羽毛(绒)加工及制品制造			748.3	
羽毛(绒)加工			748.3	
木材加工及木、竹、藤、棕、草制	31	23.9	15447.7	3399.1
锯材、木片加工	21.1	2	4130.9	545.9
锯材加工			2573	192.3
木片加工	21.1		1557.9	353.6
人造板制造	9.9	21.9	9457.4	2347.2
胶合板制造	2.2	15.1	9398.4	2332.5
纤维板制造	7.7	6.8	2.6	0.6

单位：万元

亏损企业亏损总额	利税总额	本年应付工资总额	本年应付福利费总额	本年应交增值税	本年进项税额	本年销项税额	全部从业人员年平均人数（万人）
	101192.7	9733.9	1191.5	18424.2	9780.6	28276.6	0.14
	1054.5	1105.3		422.3	115.4	654.3	0.06
	100138.2	8628.6	1191.5	18001.9	9665.2	27622.3	0.08
448.6	315272.8	73145.6	7980.7	100497.2	244218	326551.9	5.24
446.1	268396.9	62103.4	6570	79436.2	234686.1	297221.3	4.38
446.1	266883.4	61562.9	6472.4	78760.1	234125.9	296046	4.34
	1513.5	540.5	97.6	676.1	560.2	1175.3	0.04
	696.5	358.3	68.1	319.4	206.1	495.1	0.03
	696.5	358.3	68.1	319.4	206.1	495.1	0.03
	3642.9	938.5	84	2191.8	1746.3	3240.6	0.08
	2631.6	211.4	15.2	1552.1	882.1	2434.2	0.02
	333.3	365.1		154.7	551.3	54.6	0.04
	678	362	68.8	485	312.9	751.8	0.02
2.5	2750.2	2016.2	243.1	1765.4	1983.7	3529.1	0.15
2.5	252	661.9	30.1	231.1	450.2	681.3	0.06
	557.7	74.1	11.4	426.4	661.6	1088	0.01
	1940.5	1280.2	201.6	1107.9	871.9	1759.8	0.09
	39786.3	7729.2	1015.5	16784.4	5595.8	22065.8	0.6
	1919.3	1072.7	190.9	1277.2	745.2	1915.6	0.06
	37780.1	6336.5	818.8	15495.2	4832.6	20123.2	0.51
	86.9	320	5.8	12	18	27	0.03
2.4	9107.3	5108.6	408.4	4659.8	8878	11650.7	0.4
2.4	9002.2	4871.7	408.4	4611.7	8731.6	11461	0.34
	105.1	236.9		48.1	146.4	189.7	0.06
	4526.3	1687.9	177.8	1428.9	1284.7	2713.9	0.12
	1768.5	384.6	53.7	446.7	420.8	867.5	0.03
	1484.4	1206.5	124.1	492.1	683.9	1176.3	0.08
	225.9	457.6	64.2	34.8	41.4	76.2	0.05
	1258.5	748.9	59.9	457.3	642.5	1100.1	0.04
	1273.4	96.8		490.1	180	670.1	0.01
	1273.4	96.8		490.1	180	670.1	0.01
59.3	25656.7	6645.6	825.3	9254.2	13055.9	21362.4	0.46
	6203	932.5	98.6	1722.6	2678	4365.6	0.08
	3612.8	388.8	27.3	765.5	1542.1	2307.5	0.03
	2590.2	543.7	71.3	957.1	1135.9	2058.1	0.05
	16760	5056.3	679.8	6876.4	8496.9	14482	0.33
	16565.7	4833.2	661.6	6803.3	8436.7	14348.6	0.32
	70.5	165.5	10.2	62.9	60.2	123.2	0.01

1-2-1-1（四） 续表 3

	营业外收入	营业外支出	利润总额	应交所得税
其他人造板、材制造			56.4	14.1
木制品制造		1.8	1790.7	506
建筑用木料及木材组件加工		1.8	1790.7	506
竹、藤、棕、草制品制造		0.2	68.7	
家具制造业	0.3	3.5	2975	129.7
木质家具制造		1.2	1785.1	89.7
金属家具制造	0.3	2.3	72	0.2
塑料家具制造			1117.9	39.8
造纸及纸制品业	18.1	14.2	9276.9	1790.8
纸浆制造			284.6	71.1
造纸		11.2	3432.1	550.2
机制纸及纸板制造		11.2	2668.4	550.2
加工纸制造			763.7	
纸制品制造	18.1	3	5560.2	1169.5
纸和纸板容器的制造			2765.4	442
其他纸制品制造	18.1	3	2794.8	727.5
印刷业和记录媒介的复制		1.6	7033.6	854.5
印刷		1.6	4953.9	451.2
书、报、刊印刷			162.8	8.6
本册印制			1160.4	161.6
包装装潢及其他印刷		1.6	3630.7	281
装订及其他印刷服务活动			2079.7	403.3
文教体育用品制造业			2738	660.4
文化用品制造			304.8	101.6
其他文化用品制造			304.8	101.6
体育用品制造			868.3	286.5
训练健身器材制造			868.3	286.5
玩具制造			1564.9	272.3
石油加工、炼焦及核燃料加工业			1167.6	211.4
精炼石油产品的制造			1167.6	211.4
原油加工及石油制品制造			1167.6	211.4
化学原料及化学制品制造业	3666.1	799	86788.4	11921.6
基础化学原料制造	1043.6	396.1	37114.1	8199.1
无机碱制造	1009.8	223.1	34854.8	7942.4
无机盐制造	33.8	133.1	1349.7	62.6
有机化学原料制造		39.9	353.4	87.1
其他基础化学原料制造			556.2	107

单位：万元

亏损企业亏损总额	利税总额	本年应付工资总额	本年应付福利费总额	本年应交增值税	本年进项税额	本年销项税额	全部从业人员年平均人数（万人）
	123.8	57.6	8	10.2		10.2	0.01
	2611	341.5	43.7	641.2	1807.3	2448.5	0.02
	2611	341.5	43.7	641.2	1807.3	2448.5	0.02
59.3	82.7	315.3	3.2	14	73.7	66.3	0.02
	4671.1	1679.1	166.6	1521.2	1028.6	2511.8	0.12
	2329.2	971.5	76	423.6	555.5	969	0.07
	395.7	589.5	71.5	321.4	255.5	549	0.04
	1946.2	118.1	19.1	776.2	217.6	993.8	0.02
25.8	16695.6	4582.6	463.7	6928.1	9342.1	15185.9	0.33
	1398.8	145.3	14.9	1036	55.1	340.2	0.01
25.8	6409.5	2870.4	314	2830.9	4588.3	7313.2	0.2
25.8	5056	2649	294.2	2294.7	4326.4	6515.1	0.18
	1353.5	221.4	19.8	536.2	261.9	798.1	0.02
	8887.3	1566.9	134.8	3061.2	4698.7	7532.5	0.12
	4262.4	335.8	41.2	1391.8	2101.1	3549.8	0.04
	4624.9	1231.1	93.6	1669.4	2597.6	3982.7	0.08
	11870.4	6594	845.8	4322.4	7721.6	11709.3	0.26
	8696.6	5905.2	790.3	3401.7	6009.3	9376.3	0.22
	310.2	215.2	13	136.8	700.3	837.1	0.03
	1588.1	176	24.1	250.2	612.1	807.7	0.01
	6798.3	5514	753.2	3014.7	4696.9	7731.5	0.18
	3173.8	688.8	55.5	920.7	1712.3	2333	0.03
	4586.5	435.9	44.3	1039.3	1685.8	2145.9	0.03
	690.7	62.9	1.9	289.6	753.1	463.5	0.01
	690.7	62.9	1.9	289.6	753.1	463.5	0.01
	1166.1	70.3		290.6	71.6	362.2	0.01
	1166.1	70.3		290.6	71.6	362.2	0.01
	2729.7	302.7	42.4	459.1	861.1	1320.2	0.02
	1740.8	231.1	32.3	549.5	1099.1	1648.6	0.02
	1740.8	231.1	32.3	549.5	1099.1	1648.6	0.02
	1740.8	231.1	32.3	549.5	1099.1	1648.6	0.02
33.3	131066.2	25331.3	2863.1	38581.8	62357.4	100659.7	1.32
	61758.4	7452.6	1000.8	20494.2	26846.5	45439.5	0.42
	56042.7	5049.7	759.7	17499.6	20991.7	36854.1	0.25
	3867.1	1487.4	127	2096.5	4270.5	6129.4	0.11
	805.2	177.2	24.8	420.4	1268.1	1688.5	0.02
	1043.4	738.3	89.3	477.7	316.2	767.5	0.04

1-2-1-1（四） 续表 4

	营业外收入	营业外支出	利润总额	应交所得税
肥料制造	115.5	112	5606.9	698.2
氮肥制造	75.8	88.3	848.8	168.8
钾肥制造			298.1	
复混肥料制造	39.7	23.7	3781.4	367.4
有机肥料及微生物肥料制造			678.6	162
涂料、油墨、颜料及类似产品制造	1.2	10.1	1940	460.9
涂料制造	1.2	10.1	1940	460.9
合成材料制造			122.6	
初级形态的塑料及合成树脂制造			122.6	
专用化学产品制造	2505.8	280.8	35289.1	2420.3
化学试剂和助剂制造			1681.9	365.9
专项化学用品制造		0.1	218.4	6.4
炸药及火工产品制造		8.4	206	44.9
信息化学品制造	2505.8	272.3	28621	1827.5
动物胶制造			4561.8	175.6
日用化学产品制造			6715.7	143.1
化妆品制造			6715.7	143.1
医药制造业	3889.1	24541.5	35920	5927.8
化学药品原药制造	600.7	67.5	3339.4	553.4
化学药品制剂制造	35.9	64.5	9374	2024
中药饮片加工	32.4	1.9	1154.1	76.6
中成药制造	3220.1	24366.6	14163.8	2430.9
兽用药品制造			803.6	32.9
生物、生化制品的制造			3382.9	504.3
卫生材料及医药用品制造		41	3702.2	305.7
化学纤维制造业				
橡胶制品业	17.8	30.8	1867.6	31.9
轮胎制造		30	518.5	
轮胎翻新加工		30	518.5	
橡胶零件制造	1.3	0.8	21	4.9
日用及医用橡胶制品制造			412.4	4.1
其他橡胶制品制造	16.5		915.7	22.9
塑料制品业	5.4	134.1	23542.3	2156.5
塑料薄膜制造		3	1327.3	143.8
塑料板、管、型材的制造			9771.9	277.6
塑料丝、绳及编织品的制造	5.4	5.6	7669.4	1398.6
塑料人造革、合成革制造			149	
塑料包装箱及容器制造			150	37.5

单位：万元

亏损企业亏损总额	利税总额	本年应付工资总额	本年应付福利费总额	本年应交增值税	本年进项税额	本年销项税额	全部从业人员年平均人数（万人）
	7898.7	3891.7	669	2148.9	2904.4	5811.5	0.27
	887.8	2541	468.8	36.2	477.6	1634.7	0.15
	729.5	37.3	9.5	401.8			0.01
	5071	1049.2	162.2	1204.3	2232.7	3436.1	0.09
	1210.4	264.2	28.5	506.6	194.1	740.7	0.02
	3170.4	665.4	94.3	1151.5	1824.5	2959.7	0.05
	3170.4	665.4	94.3	1151.5	1824.5	2959.7	0.05
	404.7	478.5	52.9	282.1	182	437.3	0.03
	404.7	478.5	52.9	282.1	182	437.3	0.03
33.3	48567.8	12272.7	972.9	11989.9	29200.3	41144.2	0.53
	2513.6	186.6	10	792.7	769.5	1562.2	0.02
	611.5	269.5	20.5	360.7	569.2	929.9	0.03
	1258.6	677.3	94.8	932.3	1587.9	2520.2	0.05
33.3	36871.2	10294.1	772.4	7340.9	25031.7	32126.6	0.37
	7312.9	845.2	75.2	2563.3	1242	4005.3	0.05
	9266.2	570.4	73.2	2515.2	1399.7	4867.5	0.03
	9266.2	570.4	73.2	2515.2	1399.7	4867.5	0.03
2.8	60550.6	23417.6	1541.8	22121	53719.1	73582.1	1.53
	5840.8	4108.9	386.5	2369.9	10836.1	11827.4	0.22
	14104	2082.4	263.2	4547.9	10270.8	14772.4	0.19
2.8	2574.5	1595.8	215.6	1351.4	2601.3	3835.6	0.13
	25286.7	12749.5	376.3	9485.2	22297.3	31621.6	0.76
	1353.3	289.4	12.8	501	1091.3	1290.3	0.03
	6156.1	1537.3	160.6	2578.3	4161.6	6739.9	0.12
	5235.2	1054.3	126.8	1287.3	2460.7	3494.9	0.08
	2743.4	760.8	79.3	811.7	387.4	1099.4	0.08
	618.8	50		92			0.01
	618.8	50		92			0.01
	167.2	400.9	43.3	136.9	223.4	353.5	0.03
	625.5	52.9		197.3	35	232.3	0.01
	1331.9	257	36	385.5	129	513.6	0.03
90.3	39899.4	9129.9	847.4	14255.3	15388.1	27790.9	0.49
	2001.4	470.9	42.7	608.4	1068	1669.2	0.04
	15305.1	1563.7	181.4	5137.1	4675	9151.3	0.1
90.3	14951.4	5169.6	416	5989	6729.9	12389.3	0.2
	403.6	296.3	56.3	249.4	160.9	386.6	0.02
	456.5	110	15.4	282.5	951.7	1234.2	0.01

1-2-1-1（四） 续表 5

	营业外收入	营业外支出	利润总额	应交所得税
日用塑料制造		125.5	2929.6	299
日用塑料杂品制造		125.5	2929.6	299
其他塑料制品制造			1545.1	
非金属矿物制品业	3543.2	81930.1	124944.9	18434.5
水泥、石灰和石膏的制造	540.1	1453.5	29250.9	3552.5
水泥制造	540.1	1453.5	27711.9	3286.2
石灰和石膏制造			1539	266.3
水泥及石膏制品制造		5.2	4284.1	186.4
水泥制品制造		5.2	3387.7	1.2
砼结构构件制造			40	5.2
轻质建筑材料制造			840	180
其他水泥制品制造			16.4	
砖瓦、石材及其他建筑材料制造	130.8	121.8	28279.5	2290
粘土砖瓦及建筑砌块制造	103.4	62.5	10172.9	895.6
建筑陶瓷制品制造			1944	
建筑用石加工	27.4		13907.7	1271.3
防水建筑材料制造			1064.7	120.3
隔热和隔音材料制造		59.3	850.7	2.7
其他建筑材料制造			339.5	0.1
玻璃及玻璃制品制造			1448.1	161.4
平板玻璃制造			272.7	90
日用玻璃制品及玻璃包装容器制造			753.9	61.5
玻璃保温容器制造			114.8	
玻璃纤维及制品制造			123.3	9.9
玻璃纤维增强塑料制品制造			183.4	
陶瓷制品制造	2	1.8	3.4	
园林、陈设艺术及其他陶瓷制品制造	2	1.8	3.4	
耐火材料制品制造			514.9	
石棉制品制造			31	
耐火陶瓷制品及其他耐火材料制造			483.9	
石墨及其他非金属矿物制品制造	2870.3	80347.8	61164	12244.2
石墨及碳素制品制造	2870.3	80347.8	58756.9	11920.8
其他非金属矿物制品制造			2407.1	323.4
黑色金属冶炼及压延加工业	648.3	89817.9	86954.5	3956.8
炼铁		24.8	-1981.8	127.7
炼钢			2202.9	550.9
钢压延加工	567	89638	71645.3	2987.9
铁合金冶炼	81.3	155.1	15088.1	290.3

单位：万元

亏损企业亏损总额	利税总额	本年应付工资总额	本年应付福利费总额	本年应交增值税	本年进项税额	本年销项税额	全部从业人员年平均人数（万人）
	4722.5	1378.6	135.6	1492.1	1802.6	2960.3	0.1
	4722.5	1378.6	135.6	1492.1	1802.6	2960.3	0.1
	2058.9	140.8		496.8			0.01
1310.8	203291.7	44491.4	4961.3	70858.7	105536.4	162243	3.18
1192.9	59851.6	10726	950	27949.7	31329.5	54772.1	0.78
1192.9	57579.2	10314.9	925.7	27337.1	30448.7	53839.1	0.74
	2272.4	411.1	24.3	612.6	880.8	933	0.03
	6800.8	2197.8	216.6	2149.2	2286	4184.6	0.19
	5151.2	1592.3	152.2	1477.2	1824.4	3025.4	0.13
	500	402.4	48.2	391	191.3	607.9	0.04
	1107.6	130.1	15.5	257.7	195.9	453.6	0.01
	42	73	0.7	23.3	74.4	97.7	0.01
47.2	43561.4	16071.2	1730.4	13775.3	12990.4	24417.7	1.1
47.2	16035.2	8416.8	751.6	5167.6	4660.1	8886	0.58
	3089.8	232		1122.2	56.6	98.8	0.02
	20623.2	6030.1	813.1	6147.6	6397.6	12193.2	0.4
	1899.9	897.5	127.8	737	1214.4	1977.1	0.05
	1534.8	367.1	27.9	574.9	619.7	1194.6	0.04
	378.5	127.7	10	26	42	68	0.01
	2212.5	928.7	46.9	630.1	553.5	1134.4	0.05
	323.4	193	27	46.8			0.01
	1091.4	64.9	7.3	315.3	85.5	400.8	0.01
	258.3	61.2	1.9	134.1	27.5	161.6	0.01
	331.2	571	10.7	117.5	181	296.1	0.01
	208.2	38.6		16.4	259.5	275.9	0.01
	43.7	235.3	4.9	31.6	7.4	39	0.03
	43.7	235.3	4.9	31.6	7.4	39	0.03
	1052.9	446.6	54.3	501.7	1452.7	1945	0.04
	123	96.1	12	78.6	124.2	202.8	0.01
	929.9	350.5	42.3	423.1	1328.5	1742.2	0.03
70.7	89768.8	13885.8	1958.2	25821.1	56916.9	75750.2	1
70.7	86410.2	13580.3	1958.2	25076.5	56900.4	74941.3	0.97
	3358.6	305.5		744.6	16.5	808.9	0.03
3090.5	142568.4	18871.6	2386.4	48370.2	92547.4	117087.5	0.83
3043.2	-101.6	1075	6.2	1559.9	2797.1	3841.8	0.09
	4459.1	1027	143.8	1602.4	5821.2	7423.6	0.05
47.3	112819.9	13808.6	1897.3	35153.9	76849.6	90689.5	0.49
	25391	2961	339.1	10054	7079.5	15132.6	0.2

1-2-1-1（四） 续表 6

	营业外收入	营业外支出	利润总额	应交所得税
有色金属冶炼及压延加工业	51.4	28.3	20148.2	2383
常用有色金属冶炼	38.1	14.6	18126	2264.6
铅锌冶炼	0.2	0.8	413.3	4.3
铝冶炼	31.2	13.7	17257.9	2147.5
镁冶炼	6.7	0.1	451.4	112.8
其他常用有色金属冶炼			3.4	
稀有稀土金属冶炼	6.8	8.2	1243.8	
钨钼冶炼				
稀土金属冶炼			1224	
其他稀有金属冶炼	6.8	8.2	19.8	
有色金属压延加工	6.5	5.5	778.4	118.4
常用有色金属压延加工	6.5	5.5	778.4	118.4
金属制品业			7425.9	950.6
结构性金属制品制造			3900.8	238.1
金属结构制造			2727.9	123.5
金属门窗制造			1172.9	114.6
金属工具制造			1376.5	334.2
手工具制造			0.7	0.6
农用及园林用金属工具制造			1302.9	325.7
其他金属工具制造			72.9	7.9
集装箱及金属包装容器制造			28.3	
金属压力容器制造			28.3	
金属丝绳及其制品的制造			775.2	117.8
建筑、安全用金属制品制造			1081.2	248.9
建筑装饰及水暖管道零件制造			736.8	248.9
其他建筑、安全用金属制品制造			344.4	
其他金属制品制造			263.9	11.6
其他未列明的金属制品制造			263.9	11.6
通用设备制造业	652.9	2282.6	6965.4	1475.8
锅炉及原动机制造	29.4	2022.7	2117.6	334.9
内燃机及配件制造	29.4	2022.7	2117.6	334.9
金属加工机械制造			69.1	
机床附件制造			52	
其他金属加工机械制造			17.1	
起重运输设备制造	9.3	44.3	1426	404.9
泵、阀门、压缩机及类似机械的制造	72.9	55.7	-113.2	20.3
泵及真空设备制造			-2.6	
气体压缩机械制造		0.4	65.5	

单位：万元

亏损企业亏损总额	利税总额	本年应付工资总额	本年应付福利费总额	本年应交增值税	本年进项税额	本年销项税额	全部从业人员年平均人数（万人）
	39146.2	4543.1	366.3	18344.2	54123	72377.2	0.28
	36801.2	3492.4	250.2	18072.8	51659.4	69642.2	0.18
	833.2	112.9		238.5	206.5	445	0.01
	35260.3	3036.6	231.8	17587.4	51041.6	68539	0.15
	659.5	303.4	12.9	202.1	336.1	538.2	0.01
	48.2	39.5	5.5	44.8	75.2	120	0.01
	1453.4	621.6	56	166.8	116.6	283.4	0.06
	1329.2	369	47.3	101.7	38.1	139.8	0.02
	124.2	252.6	8.7	65.1	78.5	143.6	0.05
	891.6	429.1	60.1	104.6	2347	2451.6	0.04
	891.6	429.1	60.1	104.6	2347	2451.6	0.04
	13081.6	2801.5	277.2	4833.9	3760	6760.9	0.24
	7033.8	1968.8	208.7	2747.9	2671.6	4075.1	0.16
	4900.7	1355.6	137.7	1830.7	2395.7	3021.6	0.1
	2133.1	613.2	71	917.2	275.9	1053.5	0.06
	2138.5	345.5	41.2	734.3	529.3	1265.5	0.03
	7.5	68.8		6.3	167.8	174.1	0.01
	1968.4	69.1	9.7	656	278	934	
	162.6	207.6	31.5	72	83.5	157.4	0.02
	144.1	140		98	180.9	278.9	0.01
	144.1	140		98	180.9	278.9	0.01
	1305.1	111.4	17.3	461.4	10.9	472.3	0.01
	2125.9	176.2	1.1	726.7	362	598.2	0.02
	1273	33.5	1.1	490.5			
	852.9	142.7		236.2	362	598.2	0.01
	334.2	59.6	8.9	65.6	5.3	70.9	0.01
	334.2	59.6	8.9	65.6	5.3	70.9	0.01
855.2	15245.2	16564.5	889.9	7444.9	17830	24463.9	0.99
	4904	2221.6	212.2	2619.7	3608.7	6130	0.16
	4904	2221.6	212.2	2619.7	3608.7	6130	0.16
	150.3	91.8	1	74	224.9	298.9	0.01
	109	65	1	52	143	195	0.01
	41.3	26.8		22	81.9	103.9	
	2236.4	374.1	249.9	722.4	1870	2518	0.04
452.7	611.6	2410.3	44.1	530.9	1908.3	2148.5	0.19
2.6	7.1	80.6	8.3	9.7	94.5	115	0.01
	93.2	68.8	4	26.5	181.3	207.8	0.01

1-2-1-1（四）续表 7

	营业外收入	营业外支出	利润总额	应交所得税
阀门和旋塞的制造	41.1	6	154	14.3
液压和气压动力机械及元件制造	31.8	49.3	-330.1	6
轴承、齿轮、传动和驱动部件的制造	541.2	149.7	308.5	144
轴承制造	10.2	2.7	586.5	
齿轮、传动和驱动部件制造	531	147	-278	144
风机、衡器、包装设备等通用设备			38	
制冷、空调设备制造			38	
通用零部件制造及机械修理	0.1	10	1168.6	125.8
机械零部件加工及设备修理	0.1	10	256.6	69.8
其他通用零部件制造			912	56
金属铸、锻加工		0.2	1950.8	445.9
钢铁铸件制造		0.2	1587.1	439.2
锻件及粉末冶金制品制造			363.7	6.7
专用设备制造业	1490.1	332.3	25633.1	3687
矿山、冶金、建筑专用设备制造	968.6	210.2	22506.2	3330.3
采矿、采石设备制造			1048.9	48.2
石油钻采专用设备制造	964.7	75.7	19964.3	2992.1
建筑工程用机械制造	3.9	128.2	685.5	189
建筑材料生产专用机械制造		6.3	807.5	101
化工、木材、非金属加工专用设备			69.3	36.9
塑料加工专用设备制造			-7.6	17.9
模具制造			76.9	19
食品、饮料、烟草及饲料生产专用设备制造			102.3	28.4
食品、饮料、烟草工业专用设备制造			86	28.4
农副食品加工专用设备制造			16.3	
印刷、制药、日化生产专用设备制造			780.5	72.2
印刷专用设备制造			149	37.2
照明器具生产专用设备制造			491.5	
玻璃、陶瓷和搪瓷制品生产专用设备制造			140	35
纺织、服装和皮革工业专用设备制造			294.5	51.2
纺织专用设备制造			294.5	51.2
电子和电工机械专用设备制造	521.5	122.1	1139.8	125
电工机械专用设备制造	521.5	105.3	1336	103.7
电子工业专用设备制造		16.8	-196.2	21.3
农、林、牧、渔专用机械制造			591.4	
机械化农业及园艺机具制造			70.3	
其他农林牧渔业机械制造及机械修理			521.1	

单位：万元

亏损企业亏损总额	利税总额	本年应付工资总额	本年应付福利费总额	本年应交增值税	本年进项税额	本年销项税额	全部从业人员年平均人数（万人）
	405	246	15.3	239.2	452	503.2	0.01
450.1	106.3	2014.9	16.5	255.5	1180.5	1322.5	0.16
402.5	1597.2	8429.2	37.2	1137	6383.1	7370	0.37
124.5	940.2	836.2	37.2	330	588.1	767	0.08
278	657	7593		807	5795	6603	0.29
	60.2	70	5	12	57	69	0.01
	60.2	70	5	12	57	69	0.01
	1691.2	1360.7	155.8	481.1	1716.5	2063.4	0.1
	567.2	1236.7	149.8	297.1	1456.5	1719.4	0.09
	1124	124	6	184	260	344	0.01
	3994.3	1606.8	184.7	1867.8	2061.5	3866.1	0.12
	2651.5	648.8	30.6	936.3	1006.6	1942.9	0.06
	1342.8	958	154.1	931.5	1054.9	1923.2	0.07
206.8	36094.3	21747.6	2170.6	9591.8	47459.8	49685.1	1.04
	29878.8	13338.5	1530.3	6900.6	39990.9	40654.9	0.49
	1544.8	114	8.1	383.4	723.3	1106.7	0.01
	26121.1	11733.5	1346.7	5853.5	36968.1	35306.3	0.38
	1062.1	1222.5	151.9	343.1	894.2	2516	0.06
	1150.8	268.5	23.6	320.6	1405.3	1725.9	0.04
7.6	211.8	136.7	5	88.9	1036.6	1123.8	0.02
7.6	11.7	26		17.9	101.9	118.1	
	200.1	110.7	5	71	934.7	1005.7	0.01
	250.2	141.6	25.2	126.9	144.6	271.5	0.01
	122.9	57.6	8	30.9	21.5	52.4	0.01
	127.3	84	17.2	96	123.1	219.1	0.01
3	1556.1	378.8	27.6	604.6	695.9	1300.5	0.04
	334.6	75.6	10.3	172.2	315.8	488	0.01
3	936.6	249.2	9.7	300.4	53.1	353.5	0.02
	284.9	54	7.6	132	327	459	0.01
	537.6	96	13.4	230.1	359.9	590	0.01
	537.6	96	13.4	230.1	359.9	590	0.01
196.2	2709	7157.2	529	1442.1	4484.2	5077.7	0.44
	2280.3	4574.4	499.3	885.1	389.2	425.7	0.26
196.2	428.7	2582.8	29.7	557	4095	4652	0.18
	771.2	223.6	7	170.8	295.6	186.8	0.02
	98.7	78.2	3	27	28	55	0.01
	672.5	145.4	4	143.8	267.6	131.8	0.01

1-2-1-1（四） 续表 8

	营业外收入	营业外支出	利润总额	应交所得税
医疗仪器设备及器械制造			132	43
医疗、外科及兽医用器械制造			132	43
环保、社会公共安全及其他专用设备制造			17.1	
其他专用设备制造			17.1	
交通运输设备制造业	1998.6	462.9	13531.1	768.6
汽车制造	1978.5	421.6	12408.6	667.5
改装汽车制造	4.3	4.6	1086.8	269.1
汽车车身、挂车的制造	1.8		784.4	253
汽车零部件及配件制造	1965.1	414.5	10461.8	139.3
汽车修理	7.3	2.5	75.6	6.1
摩托车制造	20.1	0.5	180.5	43.3
摩托车零部件及配件制造	20.1	0.5	180.5	43.3
航空航天器制造			136.1	4.1
其他飞行器制造			136.1	4.1
交通器材及其他交通运输设备制造		40.8	805.9	53.7
其他交通运输设备制造		40.8	805.9	53.7
电气机械及器材制造业	1824.2	1055	30636.7	5056
电机制造	1811.7	1026.9	27232.9	4275.7
发电机及发电机组制造	11.5	3.5	662.2	129.2
电动机制造	1800.2	1023.4	26371.4	4146.5
微电机及其他电机制造			199.3	
输配电及控制设备制造	12.5	25.5	1919.2	527.8
变压器、整流器和电感器制造	0.2	8.4	427	114
配电开关控制设备制造		0.3	52.6	7.9
电力电子元器件制造			1111.1	362.2
其他输配电及控制设备制造	12.3	16.8	328.5	43.7
电线、电缆、光缆及电工器材制造			315.7	60.5
电线电缆制造			253.5	60.5
绝缘制品制造			62.2	
电池制造			50.1	12.5
家用电力器具制造		2.5	40.9	10.1
家用清洁卫生电器具制造		2.5	40.9	10.1
非电力家用器具制造			1055	169.4
燃气、太阳能及类似能源的器具制造			1054.3	169.4
其他非电力家用器具制造			0.7	
照明器具制造		0.1	22.9	
照明灯具制造		0.1	22.9	
通信设备、计算机及其他电子设备	32.8	126.9	5778	408.7
电子器件制造			679.1	30
电子真空器件制造			126	5

单位：万元

亏损企业亏损总额	利税总额	本年应付工资总额	本年应付福利费总额	本年应交增值税	本年进项税额	本年销项税额	全部从业人员年平均人数（万人）
	142.8	224.7	31.4	9.9	377.9	387.8	0.02
	142.8	224.7	31.4	9.9	377.9	387.8	0.02
	36.8	50.5	1.7	17.9	74.2	92.1	
	36.8	50.5	1.7	17.9	74.2	92.1	
22.4	26419.8	16112.7	1462.8	12204.6	22823.8	34610.2	0.88
22.4	24308.7	15560.5	1428.9	11298.4	21723.2	32603.4	0.83
	1732.6	654.5	14.5	587.1	2124.7	2711.8	0.02
	1003.5	260.2	27.4	199.2	433.8	633	0.02
13.5	21329.9	14324.7	1385.5	10394.1	18426.9	28402.8	0.77
8.9	242.7	321.1	1.5	118	737.8	855.8	0.02
	410.5	358.2	12.9	211	945.5	1156.5	0.04
	410.5	358.2	12.9	211	945.5	1156.5	0.04
	410.9	62		247.2	153	400.2	0.01
	410.9	62		247.2	153	400.2	0.01
	1289.7	132	21	448	2.1	450.1	0.01
	1289.7	132	21	448	2.1	450.1	0.01
66.3	40280.9	12309.3	810.4	8299	50176.3	58092.8	0.64
66.3	34640.2	10360.2	578.2	6568.3	42621.9	49052	0.49
	1259.8	915.3	83.7	551.9	999.5	1556.3	0.06
66.3	32930.5	8897.2	428.4	5765.8	41460.7	47107.3	0.4
	449.9	547.7	66.1	250.6	161.7	388.4	0.03
	3110.6	1273.7	150.6	1064.7	6543.3	7609.9	0.08
	974.4	687.9	112.4	498.5	2898.1	3398.5	0.04
	185.1	145.3	1	120.4	554	674.4	0.02
	1500.9	42.8	1.4	327.1	1516.8	1843.9	0.01
	450.2	397.7	35.8	118.7	1574.4	1693.1	0.01
	689.8	261.7	27.4	130.8	653.7	728.3	0.03
	584	202.7	24.7	91.2	495.1	530.1	0.02
	105.8	59	2.7	39.6	158.6	198.2	
	102.3	28	3.9	50.5		50.5	0.01
	56.8	63.6	15.8	14.4	128.3	142.7	0.01
	56.8	63.6	15.8	14.4	128.3	142.7	0.01
	1611.9	289.1	30.2	433.6	182.1	425.7	0.03
	1592.3	227.1	21.5	415.6	73.5	299.1	0.02
	19.6	62	8.7	18	108.6	126.6	0.01
	69.3	33	4.3	36.7	47	83.7	
	69.3	33	4.3	36.7	47	83.7	
	8524.5	3907.8	153.3	2514.3	6200.3	8640.1	0.22
	771.1	312.8	16.2	84.3	57.8	142.1	0.01
	181.4	33		50.4	35.3	85.7	

1-2-1-1（四） 续表 9

	营业外收入	营业外支出	利润总额	应交所得税
光电子器件及其他电子器件制造			553.1	25
电子元件制造	32.8	126.9	4053.3	260.7
电子元件及组件制造	32.8	126.9	4053.3	260.7
其他电子设备制造			1045.6	118
仪器仪表及文化、办公用机械制造	4819.2	199.5	16514	1298.5
通用仪器仪表制造			944.2	83.6
工业自动控制系统装置制造			285.5	73.6
电工仪器仪表制造			620.7	10
试验机制造			38	
专用仪器仪表制造	5.3	4.6	1670	44.2
汽车及其他用计数仪表制造			1506.8	5.7
教学专用仪器制造			7.2	
其他专用仪器制造	5.3	4.6	156	38.5
光学仪器及眼镜制造	4813.9	182.1	13540.2	1101.7
光学仪器制造	4813.9	182.1	13540.2	1101.7
文化、办公用机械制造		12.8	279.6	51
复印和胶印设备制造		12.8	279.6	51
其他仪器仪表的制造及修理			80	18
工艺品及其他制造业	230.8	54.8	25594.6	1151.3
工艺美术品制造	230.8	54.8	23326	734.1
雕塑工艺品制造	2.8	4.1	11291.6	
天然植物纤维编织工艺品制造			127.3	
抽纱刺绣工艺品制造		10.3	2715.7	
地毯、挂毯制造	228	40.4	3539.8	712.4
珠宝首饰及有关物品的制造			5276.7	
其他工艺美术品制造			374.9	21.7
日用杂品制造			2268.6	417.2
鬃毛加工、制刷及清扫工具的制造			1523.3	275.4
其他日用杂品制造			745.3	141.8
电力、燃气及水的生产和供应业	1361	3675	-64194.4	5863.1
电力、热力的生产和供应业	1082.9	3557.5	-61484.3	5863.1
电力生产	487.3	813.6	-80169.7	593.9
火力发电	487.3	813.6	-80169.9	593.9
水力发电			0.2	
其他能源发电				
电力供应	595.6	2743.9	18685.4	5269.2
燃气生产和供应业	206.6	63.2	-1989.4	
水的生产和供应业	71.5	54.3	-720.7	
自来水的生产和供应	71.4	30	-178.6	
污水处理及其再生利用	0.1	24.3	-542.1	

单位：万元

亏损企业亏损总额	利税总额	本年应付工资总额	本年应付福利费总额	本年应交增值税	本年进项税额	本年销项税额	全部从业人员年平均人数（万人）
	589.7	279.8	16.2	33.9	22.5	56.4	0.01
	6183.2	3160.2	107.1	1931.3	5329.3	7230.8	0.19
	6183.2	3160.2	107.1	1931.3	5329.3	7230.8	0.19
	1570.2	434.8	30	498.7	813.2	1267.2	0.02
230	24546.9	23695.5	1218.4	7243.1	29302.3	33680.2	1.46
	1507	1395.9	101.9	489.8	4465.2	5011	0.16
	465	1027.2	72	157.6	1415.4	1629	0.13
	969.6	343.7	26.4	320.3	2967.9	3288.2	0.03
	72.4	25	3.5	11.9	81.9	93.8	
	3360.8	1240.7	300.1	1403.5	2071	3012.1	0.1
	3002.8	613.4	233.5	1225.3	358	1120.8	0.05
	18.4	30.5	4.3	11.2	201.6	212.8	0.01
	339.6	596.8	62.3	167	1511.4	1678.5	0.04
230	19172.8	20831.2	804.1	5239.6	21775.1	24555.9	1.17
230	19172.8	20831.2	804.1	5239.6	21775.1	24555.9	1.17
	395.3	184.7	10.3	89.2	928	1017.2	0.02
	395.3	184.7	10.3	89.2	928	1017.2	0.02
	111	43	2	21	63	84	0.01
284.7	46112.3	12642.9	1943.4	19549.5	15563.8	34622.1	0.87
284.7	41932.7	11656	1752.1	17813.7	12540.5	29919	0.8
	21441.8	6124.3	1020.3	10044.5	5228.9	15709.7	0.33
	444.2	263.5	50.1	310.8	200.5	481.7	0.03
	3761.6	199.1	61	780.9	198.8	579.7	0.02
284.7	5526.1	2983.4	322	1705.3	3253.4	4680.7	0.31
	9779.5	1583.7	152.1	4376	3095.3	7360.1	0.08
	979.5	502	146.6	596.2	563.6	1107.1	0.04
	4179.6	986.9	191.3	1735.8	3023.3	4703.1	0.07
	2474.1	417.9	57.1	881.4	2217.7	3099.1	0.04
	1705.5	569	134.2	854.4	805.6	1604	0.03
87637.7	-214.4	42135	3708.4	59713.5	135260.7	191902.4	1.4
84894.8	1989.4	37728.3	3617.6	59294.9	134816.3	191122.2	1.15
83462.6	-58664.6	5450	76.9	20171	40487.1	59564.4	0.14
83462.6	-58788.1	5295.3	63.5	20054.4	40394	59354.7	0.13
	123.5	120.7	13.4	116.6	93.1	209.7	0.02
		34					
1432.2	60654	32278.3	3540.7	39123.9	94329.2	131557.8	1.01
1989.4	-1972.3	1057.3		12.1	364.6	409	0.12
753.5	-231.5	3349.4	90.8	406.5	79.8	371.2	0.13
211.4	310.6	2884.1	15.1	406.5	79.8	371.2	0.11
542.1	-542.1	465.3	75.7				0.02

1-2-1-2 按登记注册类型分组规模

	企业单位数（个）	亏损企业	工业总产值（当年价格）	工业销售产值（当年价格）	出口交货值
总　　计	**1347**	**53**	**15643684.9**	**15374398.4**	**602391.5**
按登记注册类型分组:					
内资企业	1304	48	15027792.7	14781551.3	551867.6
国有企业	44	6	2736249.5	2729617.5	42582.9
中央企业	5	1	1593278.6	1591474.5	38784.5
地方企业	38	5	1142970.9	1138143	3798.4
集体企业	26	1	233333.5	230293.7	13000
股份合作企业	21		354956.7	342975.6	50323.6
联营企业	3		33586	33272.4	4022.1
国有联营企业					
集体联营企业	2		22202.4	22113.5	4022.1
国有与集体联营企业					
其他联营企业	1		11383.6	11158.9	
有限责任公司	304	27	5017523.2	4899043.9	298669.3
国有独资公司	5	2	645610.7	631788.6	60870.2
其他有限责任公司	299	25	4371912.5	4267255.3	237799.1
股份有限公司	41	3	819709.1	799757.2	45484.9
私营企业	845	11	5712246.9	5627028.2	83644.8
私营独资企业	549	4	3643914.5	3587726.4	53931.5
私营合作企业	64	1	298139.5	292521.6	
私营有限责任公司	202	5	1607156.2	1585594.4	20324.7
私营股份有限公司	30	1	163036.7	161185.8	9388.6
其他企业	21		120187.8	119562.8	14140
港、澳、台商投资企业	23		325467.7	307173.3	28655.7
合资经营企业(港或澳、台资)	6		87781.5	86670.5	
合作经营企业(港或澳、台资)	4		24406	23138	
港澳台商独资经营企业	10		154660.2	143424.7	28655.7
港澳台商投资股份有限公司	3		58620	53940.1	
外商投资企业	20	5	290424.5	285673.8	21868.2
中外合资经营企业	16	5	164594.7	161528.9	20345.4
中外合作经营企业	2		75498.1	75077.6	
外资企业	1		10962.6	10620.3	
外商投资股份有限公司	1		39369.1	38447	1522.8

以上工业企业主要经济指标（一）

单位：万元

资产总计	流动资产合计	应收帐款	存货	产成品	流动资产年平均余额	固定资产合计	固定资产原价
10137976.1	**4156636.1**	**875645.6**	**1214405.1**	**515096.8**	**4012944.3**	**5084513.8**	**5741544.6**
9581435.3	3884768	815187.1	1138767.7	476829.4	3750649.4	4843576.4	5330468.5
2426572.1	573069.1	162817.8	144510.1	42912.4	573898.1	1627197.6	1299734.5
1614272.7	301517.5	116069.3	74171.9	35352.3	333580.6	1131555	627202.1
812299.4	271551.6	46748.5	70338.2	7560.1	240317.5	495642.6	672532.4
57322.8	32114.9	9884	10020.2	6058.2	28606.9	17172.6	24670.9
270561.9	158093.2	48794.3	63319.8	26454.9	158339.7	86949.6	102264.7
10271.4	4458.3	1750.9	1728.9	1406.3	3650.1	1976.2	2538.1
5029.9	3302.7	1409.7	1343.7	1041.1	2404.9	1456.2	1844.7
5241.5	1155.6	341.2	385.2	365.2	1245.2	520	693.4
3988604.8	1767126.9	327350.8	536410.4	267144.4	1677671.8	1806802	2404959.2
811052.5	381577.7	2464.7	117768.7	27053.1	333742.5	354728.9	425283.9
3177552.3	1385549.2	324886.1	418641.7	240091.3	1343929.3	1452073.1	1979675.3
776585.9	388553.7	85082.9	146338.2	61938.8	359442.5	338778.1	372578.5
2023317.3	949980.3	177586	234321.4	70036.6	939200	949427.8	1108048.8
1239436.1	578662.4	84667.8	142981.5	33442.8	573458.1	577701.1	669369.7
99258.4	45435.6	9406.3	8210.4	3381.3	42656.4	50396.3	54429.7
599103.7	286268.2	78095.7	68867.3	29948.2	281662.4	279423.9	338910.9
85519.1	39614.1	5416.2	14262.2	3264.3	41423.1	41906.5	45338.5
28199.1	11371.6	1920.4	2118.7	877.8	9840.3	15272.5	15673.8
252680.4	131677.9	22222.1	50502.8	29420.4	116682.2	93830.8	134160
62235.8	21168.1	1575.9	8122.3	4336.3	20802.7	33583.6	38303
55406.5	33127.5	8239.7	7804.5	3351.5	36407.4	10994.7	11635.5
97531.3	53351.9	5197.2	20926.5	11488.3	35538.9	37639.4	57920.6
37506.8	24030.4	7209.3	13649.5	10244.3	23933.2	11613.1	26300.9
303860.4	140190.2	38236.4	25134.6	8847	145612.7	147106.6	276916.1
139050.2	69739	18383.2	19052.4	6907.9	69935.1	58017.9	76185.6
95992.8	30489.4	10222	2424.8	179	33129	63440.2	159668.7
3254.5	1569.5	821.1	674.2	553.8	1569.5	1685	1685
65562.9	38392.3	8810.1	2983.2	1206.3	40979.1	23963.5	39376.8

1-2-1-2 按登记注册类型分组规模

	资产总计					
	累计折旧	固定资产净值	固定资产净值年平均余额	负债合计	流动负债合计	应付账款
总　　计	**1739787.4**	**4001757.2**	**3688590.8**	**5752863.8**	**4245246.4**	**1317942.2**
按登记注册类型分组:						
内资企业	1565789.1	3764679.4	3455924.8	5440493.9	3974364.1	1249803.1
国有企业	467483.9	832250.6	769741.9	1118977.5	829360.9	366582.4
中央企业	228214.2	398987.9	352333.3	570060.5	471685.5	293252.6
地方企业	239269.7	433262.7	417408.6	548917	357675.4	73329.8
集体企业	7721.7	16949.2	16594.9	35257.6	27592.8	9482.5
股份合作企业	15828.5	86436.2	83472	161115.4	122132.6	56605.1
联营企业	571.4	1966.7	2035.3	7238.5	2580.6	1490.4
国有联营企业						
集体联营企业	394.6	1450.1	1485	2959	2082	1069.4
国有与集体联营企业						
其他联营企业	176.8	516.6	550.3	4279.5	498.6	421
有限责任公司	771189.3	1633769.9	1424840.2	2646731.4	1843184.4	543143.1
国有独资公司	137226.6	288057.3	278819.4	581425.5	479857.6	109398.6
其他有限责任公司	633962.7	1345712.6	1146020.8	2065305.9	1363326.8	433744.5
股份有限公司	116856.3	255722.2	230714.6	495761.1	419589.4	91685.6
私营企业	185095	922953.8	913350.9	961278.4	718106.7	177377.2
私营独资企业	103784.4	565585.3	569043.1	526857.7	353809.5	58493.6
私营合作企业	7061.6	47368.1	48753.8	45466.5	25466.7	9636.1
私营有限责任公司	69218.4	269692.5	255348.1	350625.7	312818.6	104518.8
私营股份有限公司	5030.6	40307.9	40205.9	38328.5	26011.9	4728.7
其他企业	1043	14630.8	15175	14134	11816.7	3436.8
港、澳、台商投资企业	43975	90185	86305.2	168004.1	150812.7	39953.7
合资经营企业(港或澳、台资)	5679.3	32623.7	31791.6	43616.2	39472.9	21969.8
合作经营企业(港或澳、台资)	651.3	10984.2	6046.6	29805.3	23491.8	2019.4
港澳台商独资经营企业	20598	37322.6	38752.4	59653.2	55465	7061.3
港澳台商投资股份有限公司	17046.4	9254.5	9714.6	34929.4	32383	8903.2
外商投资企业	130023.3	146892.8	146360.8	144365.8	120069.6	28185.4
中外合资经营企业	18207.8	57977.8	57552	81019.3	62123.3	19207.4
中外合作经营企业	96402.2	63266.5	64126.2	44347.2	44347	2111
外资企业		1685	1685	578.3	378.3	188.3
外商投资股份有限公司	15413.3	23963.5	22997.6	18421	13221	6678.7

以上工业企业主要经济指标（二）

单位：万元

长期负债合计	所有者权益合计	实收资本	国家资本	集体资本	法人资本	个人资本	港澳台资本	外商资本
829167.5	**4373002.7**	**2264583.2**	**484567.6**	**49225.8**	**627803.2**	**1000048.4**	**18508.3**	**84429.9**
792436.6	4128831.8	2089371.8	474031.9	48988.5	568822.7	991666.5	298.4	5563.8
248836.3	1307594.5	368857.8	101464.8	2500	264360.9	532.1		
68741	1044212.2	225472.2	2902.3		222569.9			
180095.3	263382.3	143385.6	98562.5	2500	41791	532.1		
4091	22065.2	19157.4		8532.6	4683	5941.8		
22696.9	109446.5	82736.9	27707.4	1387	34628.8	15112.1		3901.6
1043.7	3032.9	2755.4		787.4	962	1006		
794.4	2070.9	1793.4		787.4		1006		
249.3	962	962			962			
247958.2	1341873.4	760729.6	322606.1	14114.2	155443.8	266903.3		1662.2
96728.7	229627	72101.5	56486.5		6335.8	7754		1525.2
151229.5	1112246.4	688628.1	266119.6	14114.2	149108	259149.3		137
65939.3	268715.3	111942.3	12903.6	15705	50106.8	33226.9		
199653.9	1062038.9	730528.4	6950	5962.3	54214.9	663102.8	298.4	
137997.9	712578.4	491275.2	6950	4072.3	26940.2	453014.3	298.4	
15789.3	53791.9	41254.9		340	6613.1	34301.8		
35328.2	248478	166555.6		150	20165	146240.6		
10538.5	47190.6	31442.7		1400	496.6	29546.1		
2217.3	14065.1	12664	2400		4422.5	5841.5		
15656.8	84676.3	63412.9	1397.6	37.3	21425.6	1255.3	15837.1	23460
4001	18619.6	7705.3	1000	37.3	3533	20	3115	
6313.4	25601.2	23472.9			16780.9	266	6426	
3006	37878.1	29980.8			932.3	969.3	4619.2	23460
2336.4	2577.4	2253.9	397.6		179.4		1676.9	
21074.1	159494.6	111798.5	9138.1	200	37554.9	7126.6	2372.8	55406.1
15874.1	58030.9	43007.8	992.6	200	20207.4	2076.6	186.4	19344.8
	51645.6	47866.7			14300	50		33516.7
200	2676.2	1000						1000
5000	47141.9	19924	8145.5		3047.5	5000	2186.4	1544.6

1-2-1-2 按登记注册类型分组规模

	主营业务收入	主营业务成本	主营业务税金及附加	其他业务收入	其他业务利润
总　　计	**14411996.6**	**11831930.6**	**331362.1**	**111320.1**	**28414.1**
按登记注册类型分组:					
内资企业	13838907.5	11369766.2	330758.2	104228.4	25001.1
国有企业	2652613.4	1895270.3	261651.9	16062.4	3667.1
中央企业	1538543.6	989680.3	189934.8	8215	615.5
地方企业	1114069.8	905590	71717.1	7847.4	3051.6
集体企业	224131.9	193441	1457.6	1155.8	332.1
股份合作企业	333615.2	274691	642.9	2951.6	877.7
联营企业	24680.3	21126.7	94.3		
国有联营企业					
集体联营企业	18368.3	16416.5	45.8		
国有与集体联营企业					
其他联营企业	6312	4710.2	48.5		
有限责任公司	4251950	3655954.3	22590.5	56266.4	13664.3
国有独资公司	624429.5	527045	1783.3	15129.5	3437.4
其他有限责任公司	3627520.5	3128909.3	20807.2	41136.9	10226.9
股份有限公司	834340.6	672567.4	3514.2	20038.6	1657.3
私营企业	5402830	4557473	39920.7	7753.4	4802.6
私营独资企业	3469829.6	2899985.4	28415.9	3020.1	1345.9
私营合作企业	278667.6	235826.9	1721.8		
私营有限责任公司	1503869.8	1296200.6	9013.6	4733.1	3456.5
私营股份有限公司	150463	125460.1	769.4	0.2	0.2
其他企业	114746.1	99242.5	886.1	0.2	
港、澳、台商投资企业	292303.8	235115.3	335.1	573	32
合资经营企业(港或澳、台资)	80867.1	65016.4	20.2		
合作经营企业(港或澳、台资)	23676.6	14266.2	92.4		
港澳台商独资经营企业	139353	118927.8	171.6	105.8	32
港澳台商投资股份有限公司	48407.1	36904.9	50.9	467.2	
外商投资企业	280785.3	227049.1	268.8	6518.7	3381
中外合资经营企业	161252.8	124694.7	256.8	3101.7	2905.9
中外合作经营企业	75164.5	66554.2	12	455.9	161.6
外资企业	7709.1	7215.5			
外商投资股份有限公司	36658.9	28584.7		2961.1	313.5

以上工业企业主要经济指标（三）

单位：万元

营业费用	管理费用	税金	财务费用	利息支出	营业利润	投资收益	补贴收入
473586.7	**539660**	**43522.6**	**212521.2**	**186809.9**	**1227279.3**	**10021.9**	**24013**
452085	509275	42825.2	203796	181146.3	1187314.3	10021.9	21364.3
21334.4	189593.2	7117.3	24898.1	22490.1	235190.3	444	1421.4
11386.8	124762.4	6216.1	9590.1	8543.7	190604.9	22.6	775
9947.6	64830.8	901.2	15308	13946.4	44585.4	421.4	646.4
8320.7	7847	163.6	2137.5	2016.5	10705.9		68.4
9687	11676.4	283.9	1774.4	1399.6	35081	413.4	454.4
1147.3	551.6	0.7	52.9	52.9	1045.6		
586	230.4	0.7	35.4	35.4	424.1		
561.3	321.2		17.5	17.5	621.5		
161271.9	147486.6	8459.8	89592.8	85821.5	381121.8	5356.1	17934.4
19963.7	41907.2	1564.6	25666.9	25464.7	19574	937.1	6359.6
141308.2	105579.4	6895.2	63925.9	60356.8	361547.8	4419	11574.8
45620.5	41002.7	2571.2	24424	18216	75440.5	2117.5	1222.2
196581.2	110344.9	24207.7	59802.6	50487.1	443253.2	1690.9	263.5
126845.7	74373.3	17295.2	41790	35583.7	301972.2	85.9	23.2
8818.1	4384.6	240	2619.8	1733	20832		
53434.9	29023.3	6198.6	14108.8	12038.4	109642.8	29.6	240.3
7482.5	2563.7	473.9	1284	1132	10806.2	1575.4	
8122	772.6	21	1113.7	662.6	5476		
12929.1	14347.4	175.1	5379.8	2075.1	19768.1		1112.2
2274.3	2814.8	19.2	867.4	874.8	2978.4		1086.4
1478.7	2493	29.8	616.2	183.9	4792.8		25.8
5341.3	6947	126.1	1676.9	911.3	7415.6		
3834.8	2092.6		2219.3	105.1	4581.3		
8572.6	16037.6	522.3	3345.4	3588.5	20196.9		1536.5
6342.3	10166.5	279.1	1154.5	1126.8	13154		1026.5
819.4	2173.2	199.4	1967.4	1862.6	3812		100
16.6	13		7.1	7.1	456.9		
1394.3	3684.9	43.8	216.4	592	2774		410

1-2-1-2 按登记注册类型分组规模

	营业外收入	营业外支出	利润总额	应交所得税	亏损企业亏损总额
总　　计	**40076.1**	**225080.6**	**1056422.6**	**182506.7**	**94773.2**
按登记注册类型分组:					
内资企业	37547	222347.4	1014611.1	177068.2	94398.9
国有企业	16370.6	16693.5	235655.4	56996	3102.5
中央企业	15350.4	13059.2	193096.2	46644.3	948.5
地方企业	1020.2	3634.3	42559.2	10351.7	2154
集体企业	14.9	720.9	10068.3	1309.5	66.3
股份合作企业	502.1	61.2	35521.9	3170.3	
联营企业			1045.6	0.8	
国有联营企业					
集体联营企业			424.1	0.8	
国有与集体联营企业					
其他联营企业			621.5		
有限责任公司	13910.9	175761.2	228349.6	37550.4	90041.8
国有独资公司	4146.9	1485.8	26416.1	4092.9	2267.4
其他有限责任公司	9764	174275.4	201933.5	33457.5	87774.4
股份有限公司	5672.7	25243.9	56304.9	8243.6	146.4
私营企业	1032.7	3866.1	442146.9	69530.8	1041.9
私营独资企业	755.8	2794.7	300042.4	50007.6	432
私营合作企业	23.2	180.9	20674.3	2011.8	31.2
私营有限责任公司	181.6	867.9	109002.3	16299.9	531.5
私营股份有限公司	72.1	22.6	12427.9	1211.5	47.2
其他企业	43.1	0.6	5518.5	266.8	
港、澳、台商投资企业	1934.8	2560.5	20228.8	1926.7	
合资经营企业(港或澳、台资)	21.1	125.8	3960.1	643.8	
合作经营企业(港或澳、台资)	1.2	144.8	4649.2	411	
港澳台商独资经营企业	635.7	2289.9	5761.4	869.4	
港澳台商投资股份有限公司	1276.8		5858.1	2.5	
外商投资企业	594.3	172.7	21582.7	3511.8	374.3
中外合资经营企业	124.3	147.7	13994.8	2468.6	374.3
中外合作经营企业	15	15	3912	593.9	
外资企业			456.9	114.2	
外商投资股份有限公司	455	10	3219	335.1	

以上工业企业主要经济指标（四）

单位：万元

利税总额	本年应付工资总额	本年应付福利费总额	本年应交增值税	本年进项税额	本年销项税额	全部从业人员年平均人数（万人）
2079299.1	**538739.5**	**46016.2**	**691514.4**	**1342243.4**	**1932032.8**	**28.71**
2009453.1	513051.9	44064.7	664083.8	1295816.4	1860034.2	27.17
681272.7	155357.5	9664.4	183965.4	289835.6	470393.9	4.14
502633.3	107712.2	4490.8	119602.3	176071.8	295392.7	2.44
178639.4	47645.3	5173.6	64363.1	113763.8	175001.2	1.71
22371.4	8942.2	779.6	10845.5	9756.1	19924.8	0.49
50927.8	12013.4	1372.2	14763	33678.4	39694.2	0.46
2485.8	1495.7	180.4	1345.9	1881.8	3114.2	0.11
1174.6	994.5	85.2	704.7	1468.1	2120.3	0.07
1311.2	501.2	95.2	641.2	413.7	993.9	0.04
436635.1	155816.7	13919.9	185695	446989	594922.7	9.09
38073.6	28193.1	1277.7	9874.2	124726.2	125177.5	1.48
398561.5	127623.6	12642.2	175820.8	322262.8	469745.2	7.61
84597.5	40973.9	2302	24778.4	113587.8	138949.2	2.62
719782	136380.9	15786.3	237714.4	393586.1	584417.9	10.06
483492.9	84642.1	10256.9	155034.6	230955.4	350741.1	6.16
34056.3	8740.6	787.2	11660.2	12357.9	21823.7	0.75
180303.9	36548.2	3743.6	62288	143149.7	200878.4	2.79
21928.9	6450	998.6	8731.6	7123.1	10974.7	0.36
11380.8	2071.6	59.9	4976.2	6501.6	8617.3	0.2
35809.1	11891.4	1025.7	15245.2	21592.7	34145.4	0.82
7785	2139	77.4	3804.7	7423.7	10902.5	0.2
5955.3	1861.6	105.2	1213.7	1681.6	2903.3	0.07
9977.2	5873.2	591.5	4044.2	11329.1	13151.3	0.37
12091.6	2017.6	251.6	6182.6	1158.3	7188.3	0.18
34036.9	13796.2	925.8	12185.4	24834.3	37853.2	0.72
21490.8	6937.6	735.2	7239.2	15175.2	23995.6	0.38
8133.4	671.7	12	4209.4	5629.7	9132.5	0.05
719.1	387.2	54.2	262.2	113.7	575.9	0.04
3693.6	5799.7	124.4	474.6	3915.7	4149.2	0.25

1-2-1-3 按经济组织类型分组规模

	企业单位数（个）	亏损企业	工业总产值（当年价格）	工业销售产值（当年价格）	出口交货值
总 计	**1347**	**53**	**15643684.9**	**15374398.4**	**602391.5**
一、按经济组织类型分组					
独资企业	630	11	6779120.3	6701682.6	138170.1
国有企业	44	6	2736249.5	2729617.5	42582.9
集体企业	26	1	233333.5	230293.7	13000
私营独资企业	549	4	3643914.5	3587726.4	53931.5
港澳台商独资经营企业	10		154660.2	143424.7	28655.7
外资企业	1		10962.6	10620.3	
合作、合伙企业	115	1	906774.1	886548	68185.7
股份合作企业	21		354956.7	342975.6	50323.6
国有联营企业					
集体联营企业	2		22202.4	22113.5	4022.1
国有与集体联营企业					
其他联营企业	1		11383.6	11158.9	
私营合伙企业	64	1	298139.5	292521.6	
合作经营企业(港或澳、台资)	4		24406	23138	
中外合作经营企业	2		75498.1	75077.6	
其他企业（内资）	21		120187.8	119562.8	14140
股份有限公司	75	4	1080734.9	1053330.1	56396.3
股份有限公司(内资)	41	3	819709.1	799757.2	45484.9
私营股份有限公司	30	1	163036.7	161185.8	9388.6
港澳台商投资股份有限公司	3		58620	53940.1	
外商投资股份有限公司	1		39369.1	38447	1522.8
有限责任公司	528	37	6877055.6	6732837.7	339339.4
国有独资公司	5	2	645610.7	631788.6	60870.2
私营有限责任公司	202	5	1607156.2	1585594.4	20324.7
合资经营企业(港或澳、台资)	6		87781.5	86670.5	
中外合资经营企业	16	5	164594.7	161528.9	20345.4
其他有限责任公司	299	25	4371912.5	4267255.3	237799.1
二、在总计中:亏损企业	53	53	585154.6	574656.8	17486.2
在总计中:国有控股企业	66	11	4161533.4	4111311.5	107660.4
在总计中:农村工业	28		157091.5	153571.6	7168.5
在总计中:轻工业	661	17	6128942.4	6004096.1	193941.5
重工业	687	36	9514742.5	9370302.3	408450
在总计中:大型企业	16	1	4626769.3	4604765.2	362167
中型企业	98	10	3652379.2	3563763	89813.1
小型企业	1234	42	7364536.4	7205870.2	150411.4

以上工业企业主要经济指标（一）

单位：万元

资产总计	流动资产合计	应收帐款	存货	产成品	流动资产年平均余额	固定资产合计	固定资产原价
10137976.1	**4156636.1**	**875645.6**	**1214405.1**	**515096.8**	**4012944.3**	**5084513.8**	**5741544.6**
3824116.8	1238767.8	263387.9	319112.5	94455.5	1213071.5	2261395.7	2053380.7
2426572.1	573069.1	162817.8	144510.1	42912.4	573898.1	1627197.6	1299734.5
57322.8	32114.9	9884	10020.2	6058.2	28606.9	17172.6	24670.9
1239436.1	578662.4	84667.8	142981.5	33442.8	573458.1	577701.1	669369.7
97531.3	53351.9	5197.2	20926.5	11488.3	35538.9	37639.4	57920.6
3254.5	1569.5	821.1	674.2	553.8	1569.5	1685	1685
559690.1	282975.6	80333.6	85607.1	35650.8	284022.9	229029.5	346210.5
270561.9	158093.2	48794.3	63319.8	26454.9	158339.7	86949.6	102264.7
5029.9	3302.7	1409.7	1343.7	1041.1	2404.9	1456.2	1844.7
5241.5	1155.6	341.2	385.2	365.2	1245.2	520	693.4
99258.4	45435.6	9406.3	8210.4	3381.3	42656.4	50396.3	54429.7
55406.5	33127.5	8239.7	7804.5	3351.5	36407.4	10994.7	11635.5
95992.8	30489.4	10222	2424.8	179	33129	63440.2	159668.7
28199.1	11371.6	1920.4	2118.7	877.8	9840.3	15272.5	15673.8
965174.7	490590.5	106518.5	177233.1	76653.7	465777.9	416261.2	483594.7
776585.9	388553.7	85082.9	146338.2	61938.8	359442.5	338778.1	372578.5
85519.1	39614.1	5416.2	14262.2	3264.3	41423.1	41906.5	45338.5
37506.8	24030.4	7209.3	13649.5	10244.3	23933.2	11613.1	26300.9
65562.9	38392.3	8810.1	2983.2	1206.3	40979.1	23963.5	39376.8
4788994.5	2144302.2	425405.6	632452.4	308336.8	2050072	2177827.4	2858358.7
811052.5	381577.7	2464.7	117768.7	27053.1	333742.5	354728.9	425283.9
599103.7	286268.2	78095.7	68867.3	29948.2	281662.4	279423.9	338910.9
62235.8	21168.1	1575.9	8122.3	4336.3	20802.7	33583.6	38303
139050.2	69739	18383.2	19052.4	6907.9	69935.1	58017.9	76185.6
3177552.3	1385549.2	324886.1	418641.7	240091.3	1343929.3	1452073.1	1979675.3
1205297.8	351007	81670	71958.6	19158.6	418172.8	642834.3	1036382.8
4392087.3	1326331.8	246123.4	352230.9	102309.7	1322460.8	2724277.6	2895064.1
39661.5	18125.6	6943.3	3652.1	2342.6	19064.3	16284.9	19188.1
3059383	1458000.8	157648.2	492871	139547.1	1366120.9	1323360.7	1575263.4
7078593.1	2698635.3	717997.4	721534.1	375549.7	2646823.4	3761153.1	4166281.2
3827610.5	1629286.7	359090.6	539939.6	272685.1	1542667.3	2004464.7	1688948
3531058.2	1249955.4	238960.8	344495	117189.5	1241180.9	1859451.3	2667089.4
2779307.4	1277394	277594.2	329970.5	125222.2	1229096.1	1220597.8	1385507.2

1-2-1-3 按经济组织类型分组规模

	资产总计			负债合计	流动负债合计	
	累计折旧	固定资产净值	固定资产净值年平均余额			应付账款
总　　计	**1739787.4**	**4001757.2**	**3688590.8**	**5752863.8**	**4245246.4**	**1317942.2**
一、按经济组织类型分组						
独资企业	599588	1453792.7	1395817.3	1741324.3	1266606.5	441808.1
国有企业	467483.9	832250.6	769741.9	1118977.5	829360.9	366582.4
集体企业	7721.7	16949.2	16594.9	35257.6	27592.8	9482.5
私营独资企业	103784.4	565585.3	569043.1	526857.7	353809.5	58493.6
港澳台商独资经营企业	20598	37322.6	38752.4	59653.2	55465	7061.3
外资企业		1685	1685	578.3	378.3	188.3
合作、合伙企业	121558	224652.5	219608.9	302106.9	229835.4	75298.8
股份合作企业	15828.5	86436.2	83472	161115.4	122132.6	56605.1
国有联营企业						
集体联营企业	394.6	1450.1	1485	2959	2082	1069.4
国有与集体联营企业						
其他联营企业	176.8	516.6	550.3	4279.5	498.6	421
私营合伙企业	7061.6	47368.1	48753.8	45466.5	25466.7	9636.1
合作经营企业(港或澳、台资)	651.3	10984.2	6046.6	29805.3	23491.8	2019.4
中外合作经营企业	96402.2	63266.5	64126.2	44347.2	44347	2111
其他企业（内资）	1043	14630.8	15175	14134	11816.7	3436.8
股份有限公司	154346.6	329248.1	303632.7	587440	491205.3	111996.2
股份有限公司(内资)	116856.3	255722.2	230714.6	495761.1	419589.4	91685.6
私营股份有限公司	5030.6	40307.9	40205.9	38328.5	26011.9	4728.7
港澳台商投资股份有限公司	17046.4	9254.5	9714.6	34929.4	32383	8903.2
外商投资股份有限公司	15413.3	23963.5	22997.6	18421	13221	6678.7
有限责任公司	864294.8	1994063.9	1769531.9	3121992.6	2257599.2	688839.1
国有独资公司	137226.6	288057.3	278819.4	581425.5	479857.6	109398.6
私营有限责任公司	69218.4	269692.5	255348.1	350625.7	312818.6	104518.8
合资经营企业(港或澳、台资)	5679.3	32623.7	31791.6	43616.2	39472.9	21969.8
中外合资经营企业	18207.8	57977.8	57552	81019.3	62123.3	19207.4
其他有限责任公司	633962.7	1345712.6	1146020.8	2065305.9	1363326.8	433744.5
二、在总计中:亏损企业	441343.2	595039.6	444631.6	998612.3	512483.2	125878.1
在总计中:国有控股企业	1082877.4	1812186.7	1579366.4	2537079.5	1695048.8	576026.2
在总计中:农村工业	3099.1	16089	15689.5	21807.1	13462	3930
在总计中:轻工业	364891.9	1210371.5	1175743.4	1711748.9	1343227.1	238259.6
重工业	1374895.5	2791385.7	2512847.4	4041114.9	2902019.3	1079682.6
在总计中:大型企业	555771.8	1133176.2	1072208.2	1905402.2	1682714.6	626911.3
中型企业	968839.3	1698250.1	1477392.5	2444127.1	1564959.4	431994.4
小型企业	215176.3	1170330.9	1138990.1	1403334.5	997572.4	259036.5

以上工业企业主要经济指标（二）

单位：万元

长期负债合计	所有者权益合计	实收资本	国家资本	集体资本	法人资本	个人资本	港澳台资本	外商资本
829167.5	**4373002.7**	**2264583.2**	**484567.6**	**49225.8**	**627803.2**	**1000048.4**	**18508.3**	**84429.9**
394131.2	2082792.4	910271.2	108414.8	15104.9	296916.4	460457.5	4917.6	24460
248836.3	1307594.5	368857.8	101464.8	2500	264360.9	532.1		
4091	22065.2	19157.4		8532.6	4683	5941.8		
137997.9	712578.4	491275.2	6950	4072.3	26940.2	453014.3	298.4	
3006	37878.1	29980.8			932.3	969.3	4619.2	23460
200	2676.2	1000						1000
48060.6	257583.2	210750.8	30107.4	2514.4	77707.3	56577.4	6426	37418.3
22696.9	109446.5	82736.9	27707.4	1387	34628.8	15112.1		3901.6
794.4	2070.9	1793.4		787.4		1006		
249.3	962	962			962			
15789.3	53791.9	41254.9		340	6613.1	34301.8		
6313.4	25601.2	23472.9			16780.9	266	6426	
	51645.6	47866.7			14300	50		33516.7
2217.3	14065.1	12664	2400		4422.5	5841.5		
83814.2	365625.2	165562.9	21446.7	17105	53830.3	67773	3863.3	1544.6
65939.3	268715.3	111942.3	12903.6	15705	50106.8	33226.9		
10538.5	47190.6	31442.7		1400	496.6	29546.1		
2336.4	2577.4	2253.9	397.6		179.4		1676.9	
5000	47141.9	19924	8145.5		3047.5	5000	2186.4	1544.6
303161.5	1667001.9	977998.3	324598.7	14501.5	199349.2	415240.5	3301.4	21007
96728.7	229627	72101.5	56486.5		6335.8	7754		1525.2
35328.2	248478	166555.6		150	20165	146240.6		
4001	18619.6	7705.3	1000	37.3	3533	20	3115	
15874.1	58030.9	43007.8	992.6	200	20207.4	2076.6	186.4	19344.8
151229.5	1112246.4	688628.1	266119.6	14114.2	149108	259149.3		137
47910.4	206685.5	303980.9	224700	2217.6	41959.2	31860.1		3244
381655.8	1855007.7	734338.3	379035.9	15488.5	314405.1	16091.8	2186.4	7130.6
4174.8	17854.4	12943.2		200	3863.9	8579.3		300
274813.2	1335524.5	759389.9	30653.1	26181.4	114467.9	545117.7	6057.6	36912.2
554354.3	3037478.2	1505193.3	453914.5	23044.4	513335.3	454930.7	12450.7	47517.7
195343.6	1910098.8	447317.3	64655.8	12429.2	254227.3	106847.2	2186.4	6971.4
355768	1086931	784161	334430.4	4374.6	183894.7	183127.3	10065.9	68268.1
278055.9	1375972.9	1033104.9	85481.4	32422	189681.2	710073.9	6256	9190.4

1-2-1-3 按经济组织类型分组规模

	主营业务收入	主营业务成本	主营业务税金及附加	其他业务收入	其他业务利润
总　　计	**14411996.6**	**11831930.6**	**331362.1**	**111320.1**	**28414.1**
一、按经济组织类型分组					
独资企业	6493637	5114840	291697	20344.1	5377.1
国有企业	2652613.4	1895270.3	261651.9	16062.4	3667.1
集体企业	224131.9	193441	1457.6	1155.8	332.1
私营独资企业	3469829.6	2899985.4	28415.9	3020.1	1345.9
港澳台商独资经营企业	139353	118927.8	171.6	105.8	32
外资企业	7709.1	7215.5			
合作、合伙企业	850550.3	711707.5	3449.5	3407.7	1039.3
股份合作企业	333615.2	274691	642.9	2951.6	877.7
国有联营企业					
集体联营企业	18368.3	16416.5	45.8		
国有与集体联营企业					
其他联营企业	6312	4710.2	48.5		
私营合伙企业	278667.6	235826.9	1721.8		
合作经营企业(港或澳、台资)	23676.6	14266.2	92.4		
中外合作经营企业	75164.5	66554.2	12	455.9	161.6
其他企业（内资）	114746.1	99242.5	886.1	0.2	
股份有限公司	1069869.6	863517.1	4334.5	23467.1	1971
股份有限公司(内资)	834340.6	672567.4	3514.2	20038.6	1657.3
私营股份有限公司	150463	125460.1	769.4	0.2	0.2
港澳台商投资股份有限公司	48407.1	36904.9	50.9	467.2	
外商投资股份有限公司	36658.9	28584.7		2961.1	313.5
有限责任公司	5997939.7	5141866	31881.1	64101.2	20026.7
国有独资公司	624429.5	527045	1783.3	15129.5	3437.4
私营有限责任公司	1503869.8	1296200.6	9013.6	4733.1	3456.5
合资经营企业(港或澳、台资)	80867.1	65016.4	20.2		
中外合资经营企业	161252.8	124694.7	256.8	3101.7	2905.9
其他有限责任公司	3627520.5	3128909.3	20807.2	41136.9	10226.9
二、在总计中:亏损企业	554801.8	575007.2	2468.1	7169.7	3417.8
在总计中:国有控股企业	4061371.2	3174368.6	266074.9	39035.2	10098
在总计中:农村工业	146937.8	123083.8	933.3	3	3
在总计中:轻工业	5814803.5	4809339.2	103862.7	6781.8	3346.3
重工业	8597193.1	7022591.4	227499.4	104538.3	25067.8
在总计中:大型企业	4066354.7	3070415.4	201818.6	59327.2	7208.2
中型企业	3412396.3	2937219	84418.5	43029.9	17051
小型企业	6933245.6	5824296.2	45125	8963	4154.9

以上工业企业主要经济指标（三）

单位：万元

营业费用	管理费用	税金	财务费用	利息支出	营业利润	投资收益	补贴收入
473586.7	**539660**	**43522.6**	**212521.2**	**186809.9**	**1227279.3**	**10021.9**	**24013**
161858.7	278773.5	24702.2	70509.6	61008.7	555740.9	529.9	1513
21334.4	189593.2	7117.3	24898.1	22490.1	235190.3	444	1421.4
8320.7	7847	163.6	2137.5	2016.5	10705.9		68.4
126845.7	74373.3	17295.2	41790	35583.7	301972.2	85.9	23.2
5341.3	6947	126.1	1676.9	911.3	7415.6		
16.6	13		7.1	7.1	456.9		
30072.5	22051.4	774.8	8144.4	5894.6	71039.4	413.4	580.2
9687	11676.4	283.9	1774.4	1399.6	35081	413.4	454.4
586	230.4	0.7	35.4	35.4	424.1		
561.3	321.2		17.5	17.5	621.5		
8818.1	4384.6	240	2619.8	1733	20832		
1478.7	2493	29.8	616.2	183.9	4792.8		25.8
819.4	2173.2	199.4	1967.4	1862.6	3812		100
8122	772.6	21	1113.7	662.6	5476		
58332.1	49343.9	3088.9	28143.7	20045.1	93602	3692.9	1632.2
45620.5	41002.7	2571.2	24424	18216	75440.5	2117.5	1222.2
7482.5	2563.7	473.9	1284	1132	10806.2	1575.4	
3834.8	2092.6		2219.3	105.1	4581.3		
1394.3	3684.9	43.8	216.4	592	2774		410
223323.4	189491.2	14956.7	105723.5	99861.5	506897	5385.7	20287.6
19963.7	41907.2	1564.6	25666.9	25464.7	19574	937.1	6359.6
53434.9	29023.3	6198.6	14108.8	12038.4	109642.8	29.6	240.3
2274.3	2814.8	19.2	867.4	874.8	2978.4		1086.4
6342.3	10166.5	279.1	1154.5	1126.8	13154		1026.5
141308.2	105579.4	6895.2	63925.9	60356.8	361547.8	4419	11574.8
9136.4	36721.7	897.3	30838.3	29619.3	-94809.1	585.3	1620
52522.8	265179.1	9379.3	83170.2	80847.9	208600.1	1528.2	9907.8
8117.5	2344.2	110.9	769.4	631.2	8619.9	3	2
227717.5	154561.5	24636.6	96578.6	87047.9	462040.1	4302.1	2212.5
245869.2	385098.5	18886	115942.6	99762	765239.2	5719.8	21800.5
133094.7	233532.4	13170	68025.7	61135.2	558872.4	2557.5	7873.2
78128.6	153457	5953.7	77430.7	71482.2	115129.1	5547.9	12634.7
262363.4	152670.6	24398.9	67064.8	54192.5	553277.8	1916.5	3505.1

1-2-1-3 按经济组织类型分组规模

	营业外收入	营业外支出	利润总额	应交所得税	亏损企业亏损总额
总　　计	**40076.1**	**225080.6**	**1056422.6**	**182506.7**	**94773.2**
一、按经济组织类型分组					
独资企业	17777	22499	551984.4	109296.7	3600.8
国有企业	16370.6	16693.5	235655.4	56996	3102.5
集体企业	14.9	720.9	10068.3	1309.5	66.3
私营独资企业	755.8	2794.7	300042.4	50007.6	432
港澳台商独资经营企业	635.7	2289.9	5761.4	869.4	
外资企业			456.9	114.2	
合作、合伙企业	584.6	402.5	71321.5	6454.6	31.2
股份合作企业	502.1	61.2	35521.9	3170.3	
国有联营企业					
集体联营企业			424.1	0.8	
国有与集体联营企业					
其他联营企业			621.5		
私营合伙企业	23.2	180.9	20674.3	2011.8	31.2
合作经营企业(港或澳、台资)	1.2	144.8	4649.2	411	
中外合作经营企业	15	15	3912	593.9	
其他企业（内资）	43.1	0.6	5518.5	266.8	
股份有限公司	7476.6	25276.5	77809.9	9792.7	193.6
股份有限公司(内资)	5672.7	25243.9	56304.9	8243.6	146.4
私营股份有限公司	72.1	22.6	12427.9	1211.5	47.2
港澳台商投资股份有限公司	1276.8		5858.1	2.5	
外商投资股份有限公司	455	10	3219	335.1	
有限责任公司	14237.9	176902.6	355306.8	56962.7	90947.6
国有独资公司	4146.9	1485.8	26416.1	4092.9	2267.4
私营有限责任公司	181.6	867.9	109002.3	16299.9	531.5
合资经营企业(港或澳、台资)	21.1	125.8	3960.1	643.8	
中外合资经营企业	124.3	147.7	13994.8	2468.6	374.3
其他有限责任公司	9764	174275.4	201933.5	33457.5	87774.4
二、在总计中:亏损企业	1965.9	3365.5	-94773.2	546.2	94773.2
在总计中:国有控股企业	23553.5	19180.6	219805.9	66249.9	88186.5
在总计中:农村工业	0.3	53.8	8571.4	583.1	
在总计中:轻工业	6556	29222.8	442637.3	71786.8	1441.3
重工业	33520.1	195857.8	613785.3	110719.9	93331.9
在总计中:大型企业	29383.8	204832.1	384129.2	73522.2	278
中型企业	7995.3	12352	119806.3	33562.4	91330.3
小型企业	2697	7896.5	552487.1	75422.1	3164.9

以上工业企业主要经济指标（四）

单位：万元

利税总额	本年应付工资总额	本年应付福利费总额	本年应交增值税	本年进项税额	本年销项税额	全部从业人员年平均人数（万人）
2079299.1	**538739.5**	**46016.2**	**691514.4**	**1342243.4**	**1932032.8**	**28.71**
1197833.3	255202.2	21346.6	354151.9	541989.9	854787	11.2
681272.7	155357.5	9664.4	183965.4	289835.6	470393.9	4.14
22371.4	8942.2	779.6	10845.5	9756.1	19924.8	0.49
483492.9	84642.1	10256.9	155034.6	230955.4	350741.1	6.16
9977.2	5873.2	591.5	4044.2	11329.1	13151.3	0.37
719.1	387.2	54.2	262.2	113.7	575.9	0.04
112939.4	26854.6	2516.9	38168.4	61731	85285.2	1.64
50927.8	12013.4	1372.2	14763	33678.4	39694.2	0.46
1174.6	994.5	85.2	704.7	1468.1	2120.3	0.07
1311.2	501.2	95.2	641.2	413.7	993.9	0.04
34056.3	8740.6	787.2	11660.2	12357.9	21823.7	0.75
5955.3	1861.6	105.2	1213.7	1681.6	2903.3	0.07
8133.4	671.7	12	4209.4	5629.7	9132.5	0.05
11380.8	2071.6	59.9	4976.2	6501.6	8617.3	0.2
122311.6	55241.2	3676.6	40167.2	125784.9	161261.4	3.42
84597.5	40973.9	2302	24778.4	113587.8	138949.2	2.62
21928.9	6450	998.6	8731.6	7123.1	10974.7	0.36
12091.6	2017.6	251.6	6182.6	1158.3	7188.3	0.18
3693.6	5799.7	124.4	474.6	3915.7	4149.2	0.25
646214.8	201441.5	18476.1	259026.9	612737.6	830699.2	12.46
38073.6	28193.1	1277.7	9874.2	124726.2	125177.5	1.48
180303.9	36548.2	3743.6	62288	143149.7	200878.4	2.79
7785	2139	77.4	3804.7	7423.7	10902.5	0.2
21490.8	6937.6	735.2	7239.2	15175.2	23995.6	0.38
398561.5	127623.6	12642.2	175820.8	322262.8	469745.2	7.61
-69879.8	29967.6	744.2	22425.3	60293.3	80775.5	1.59
708119.2	216187.4	13014.1	222238.4	508416.4	714391.9	7.45
14527	4237.7	605.1	5022.3	6756.8	10913.7	0.28
799011	183057.4	18695.8	252511	521455.5	738133.2	12.27
1280288.1	355682.1	27320.4	439003.4	820787.9	1193899.6	16.44
793052.9	213701.9	11957.8	207105.1	545261	718302.3	7.78
386055.9	124551	12852.6	181831.1	358964.6	527670	6.73
900190.3	200486.6	21205.8	302578.2	438017.8	686060.5	14.2

1-2-1-4 规模以下工业企业

指标名称	企业单位数（个）	年初存货	年末存货	固定资产原价	本年折旧
总 计	**11343**	**1437435**	**2249986**	**13928005**	**798585**
按国民经济行业小类分组					
采矿业	1035	141747	160654	1180405	76953
黑色金属矿采选业	210	23670	23910	235608	11473
铁矿采选	206	23500	23670	230908	11307
铁矿采选	206	23500	23670	230908	11307
其他黑色金属矿采选	4	170	240	4700	166
其他黑色金属矿采选	4	170	240	4700	166
有色金属矿采选业	95	18939	25923	147464	6522
常用有色金属矿采选	45	9079	13354	94472	4091
铜矿采选	5	1170	1349	18340	251
铅锌矿采选	28	1546	1282	46442	1962
镍钴矿采选	1	1230	1140	8600	284
镁矿采选	1	88	88	2880	56
其他常用有色金属矿采选	10	5045	9495	18210	1538
贵金属矿采选	28	6859	10409	29079	1509
金矿采选	21	6232	9622	21697	1170
银矿采选	7	627	787	7382	339
稀有稀土金属矿采选	22	3001	2160	23913	922
钨钼矿采选	21	2891	2050	21963	824
其他稀有金属矿采选	1	110	110	1950	98
非金属矿采选业	723	98488	110041	791483	58520
土砂石开采	546	62565	70652	552942	37326
石灰石、石膏开采	62	8200	8969	64563	4881
建筑装饰用石开采	147	26396	31770	178914	14507
耐火土石开采	100	13622	13861	89434	5964
粘土及其他土砂石开采	237	14347	16052	220031	11974
化学矿采选	12	2217	2248	11006	578
化学矿采选	12	2217	2248	11006	578
石棉及其他非金属矿采选	165	33706	37141	227535	20616
石棉、云母矿采选	1	970	810	1200	130
石墨、滑石采选	97	22850	26632	130812	13818
宝石、玉石开采	4	3616	3355	5301	356
其他非金属矿采选	63	6270	6344	90222	6312
其他采矿业	7	650	780	5850	438
其他采矿业	7	650	780	5850	438
其他采矿业	7	650	780	5850	438
制造业	10175	1288431	2076567	12537263	712506
农副食品加工业	1521	141737	142888	1797571	97970

价值量综合表（一）

单位：千元

营业收入	主营业务收入	营业成本	主营业务成本	营业税金及附加	主营业务税金及附加	主营业务利润	其他业务利润	营业费用、管理费用、财务费用合计
33858662	**33842086**	**26733389**	**26640215**	**198690**	**191023**	**7017495**	**11155**	**2329908**
3244575	3243740	2539489	2526544	16838	16147	701906	820	216498
711979	711979	524322	523302	3069	3067	185610		60127
700679	700679	515447	514427	3027	3025	183227		59807
700679	700679	515447	514427	3027	3025	183227		59807
11300	11300	8875	8875	42	42	2383		320
11300	11300	8875	8875	42	42	2383		320
307302	307302	241226	241026	1056	1055	65421		22238
146037	146037	117729	117529	586	585	28123		9496
19550	19550	15510	15510	56	56	3984		1084
81278	81278	67368	67168	362	361	13949		2851
2660	2660	2261	2261	13	13	386		170
4105	4105	2750	2750	19	19	1336		913
38444	38444	29840	29840	136	136	8468		4478
94925	94925	69546	69546	358	358	25021		9485
69916	69916	51341	51341	276	276	18299		6927
25009	25009	18205	18205	82	82	6722		2558
66340	66340	53951	53951	112	112	12277		3257
62164	62164	51153	51153	93	93	10918		1955
4176	4176	2798	2798	19	19	1359		1302
2202872	2202037	1755450	1743725	12655	11967	446902	820	132411
1614402	1613963	1261766	1257237	9426	8968	348287	208	106697
217052	217052	163063	163063	865	865	53124		17509
463807	463368	362802	359173	2517	2504	102200	160	35776
331622	331622	257116	256216	2059	1963	73443		21972
601921	601921	478785	478785	3985	3636	119520	48	31440
41193	41193	31524	31524	166	166	9503		2890
41193	41193	31524	31524	166	166	9503		2890
547277	546881	462160	454964	3063	2833	89112	612	22824
4300	4300	3118	3118	21	21	1161		645
305439	305103	266338	261702	1750	1731	41698	210	9521
15779	15779	11787	11787	56	56	3936	372	2690
221759	221699	180917	178357	1236	1025	42317	30	9968
22422	22422	18491	18491	58	58	3973		1722
22422	22422	18491	18491	58	58	3973		1722
22422	22422	18491	18491	58	58	3973		1722
30267730	30252620	23931437	23851741	180227	173285	6233372	10115	2083960
4349132	4348924	3432915	3432731	25381	24506	892007	268	275638

1-2-1-4（一） 续表 1

指标名称	企业单位数（个）	年初存货	年末存货	固定资产原价	本年折旧
谷物磨制	701	55647	65988	785091	41131
谷物磨制	701	55647	65988	785091	41131
饲料加工	83	3920	4414	89095	4602
饲料加工	83	3920	4414	89095	4602
植物油加工	253	14536	13674	400871	20216
食用植物油加工	247	14026	13414	393021	19978
非食用植物油加工	6	510	260	7850	238
制糖	4	1203	1392	5165	418
制糖	4	1203	1392	5165	418
屠宰及肉类加工	119	38817	30285	137387	7442
畜禽屠宰	76	9227	9907	87880	4890
肉制品及副产品加工	43	29590	20378	49507	2552
水产品加工	4	510	650	5900	514
水产品冷冻加工	2	360	480	2400	259
鱼糜制品及水产品干腌制加工	1	150	170	2400	240
其他水产品加工	1			1100	15
蔬菜、水果和坚果加工	80	2946	2411	80925	3869
蔬菜、水果和坚果加工	80	2946	2411	80925	3869
其他农副食品加工	277	24158	24074	293137	19778
淀粉及淀粉制品的制造	128	9016	10301	135574	12273
豆制品制造	31	2491	2474	29323	1907
蛋品加工	3	154	177	5235	586
其他未列明的农副食品加工	115	12497	11122	123005	5012
食品制造业	231	26679	30157	269426	15868
焙烤食品制造	51	3656	3922	43696	2481
糕点、面包制造	33	2654	2911	26933	1644
饼干及其他焙烤食品制造	18	1002	1011	16763	837
糖果、巧克力及蜜饯制造	6	278	315	7148	392
糖果、巧克力制造	5	180	225	6848	383
蜜饯制作	1	98	90	300	9
方便食品制造	75	8002	11437	76779	3358
米、面制品制造	66	7071	10695	61197	2980
速冻食品制造	5	850	660	9759	263
方便面及其他方便食品制造	4	81	82	5823	115
液体乳及乳制品制造	6	249	215	10276	558
液体乳及乳制品制造	6	249	215	10276	558
罐头制造	11	938	995	14636	1009
肉、禽类罐头制造	6	527	526	5258	238
蔬菜、水果罐头制造	4	411	469	6018	435

单位：千元

营业收入	主营业务收入	营业成本	主营业务成本	营业税金及附加	主营业务税金及附加	主营业务利润	其他业务利润	营业费用、管理费用、财务费用合计
1915855	1915717	1523009	1522895	11740	11110	381715	36	116593
1915855	1915717	1523009	1522895	11740	11110	381715	36	116593
215329	215329	166789	166789	1981	1981	46559		17398
215329	215329	166789	166789	1981	1981	46559		17398
760004	759934	597288	597218	4032	3952	158765	30	54708
738507	738437	580925	580855	3966	3886	153697	30	54014
21497	21497	16363	16363	66	66	5068		694
15522	15522	12111	12111	65	65	3346		1224
15522	15522	12111	12111	65	65	3346		1224
345746	345746	268999	268999	2329	2227	74807	188	28270
211890	211890	164373	164373	1460	1360	46217	188	17258
133856	133856	104626	104626	869	867	28590		11012
16194	16194	11999	11999	76	76	4137		2158
8634	8634	6503	6503	38	38	2093		914
4400	4400	3600	3600	20	20	780		240
3160	3160	1896	1896	18	18	1264		1004
230841	230841	184636	184636	1189	1189	45016	14	13122
230841	230841	184636	184636	1189	1189	45016	14	13122
849641	849641	668084	668084	3969	3906	177662		42165
386307	386307	310441	310441	1967	1961	73916		23218
84155	84155	66225	66225	592	535	17395		5567
8250	8250	7409	7409	38	38	803		203
370929	370929	284009	284009	1372	1372	85548		13177
651583	651583	509194	509194	3707	3706	138696	1115	47924
137271	137271	108032	108032	720	720	28519		8430
87665	87665	68510	68510	412	412	18743		5516
49606	49606	39522	39522	308	308	9776		2914
17761	17761	14204	14204	80	80	3477		924
16200	16200	12885	12885	76	76	3239		815
1561	1561	1319	1319	4	4	238		109
188158	188158	147942	147942	1061	1061	39168		14855
164607	164607	129570	129570	901	901	34149		12128
18923	18923	14563	14563	137	137	4223		2352
4628	4628	3809	3809	23	23	796		375
19432	19432	15300	15300	199	199	3933		1483
19432	19432	15300	15300	199	199	3933		1483
31787	31787	26632	26632	282	282	4873		1103
16394	16394	13646	13646	149	149	2599		599
10793	10793	8908	8908	112	112	1773		475

1-2-1-4（一） 续表 2

指标名称	企业单位数(个)	年初存货	年末存货	固定资产原价	本年折旧
其他罐头食品制造	1			3360	336
调味品、发酵制品制造	56	6370	6609	75863	3585
味精制造	1	70	40	752	112
酱油、食醋及类似制品的制造	27	4233	4607	36066	1535
其他调味品、发酵制品制造	28	2067	1962	39045	1938
其他食品制造	26	7186	6664	41028	4485
营养、保健食品制造	8	1203	1357	6520	408
冷冻饮品及食用冰制造	2	280	250	1314	97
盐加工	2	3889	2391	15826	2666
食品及饲料添加剂制造	6	882	1280	5530	300
其他未列明的食品制造	8	932	1386	11838	1014
饮料制造业	160	18092	17456	172165	10284
酒精制造	3	90	120	4850	209
酒精制造	3	90	120	4850	209
酒的制造	107	12847	12294	116500	7289
白酒制造	72	6776	7450	77270	5080
黄酒制造	29	1121	1217	35416	1951
葡萄酒制造	3	4400	3410	1633	109
其他酒制造	3	550	217	2181	149
软饮料制造	36	3184	3224	41495	2177
碳酸饮料制造	4	169	156	2170	104
瓶（罐）装饮用水制造	18	2365	2237	15670	909
果菜汁及果菜汁饮料制造	7	490	610	9900	190
固体饮料制造	2			4800	250
茶饮料及其他软饮料制造	5	160	221	8955	724
精制茶加工	14	1971	1818	9320	609
精制茶加工	14	1971	1818	9320	609
纺织业	438	53013	59960	757199	31127
棉、化纤纺织及印染精加工	221	8467	10733	520111	22252
棉、化纤纺织加工	213	7976	10214	512568	21928
棉、化纤印染精加工	8	491	519	7543	324
毛纺织和染整精加工	10	1946	1929	14420	679
毛纺织	10	1946	1929	14420	679
麻纺织	3	200	320	1940	135
麻纺织	3	200	320	1940	135
丝绢纺织及精加工	11	2247	1624	13289	798
缫丝加工	7	260	452	6515	284
绢纺和丝织加工	4	1987	1172	6774	514
纺织制成品制造	46	7757	9315	48468	2373

单位：千元

营业收入	主营业务收入	营业成本	主营业务成本	营业税金及附加	主营业务税金及附加	主营业务利润	其他业务利润	营业费用、管理费用、财务费用合计
4600	4600	4078	4078	21	21	501		29
173134	173134	130706	130706	865	864	41564		15855
3920	3920	3253	3253	23	23	644		126
72954	72954	57086	57086	397	396	15472		5795
96260	96260	70367	70367	445	445	25448		9934
84040	84040	66378	66378	500	500	17162	1115	5274
23271	23271	17979	17979	149	149	5143		2098
6370	6370	5079	5079	23	23	1268		394
9499	9499	8049	8049	72	72	1378	1115	622
19711	19711	14881	14881	114	114	4716		1216
25189	25189	20390	20390	142	142	4657		944
470824	470726	369808	369710	2319	2311	98705	20	30076
9684	9684	7166	7166	47	47	2471		1321
9684	9684	7166	7166	47	47	2471		1321
308951	308853	244355	244257	1611	1611	62985	20	19182
200353	200255	159080	158982	1096	1096	40177	20	13083
88719	88719	69656	69656	399	399	18664		4964
9543	9543	7681	7681	82	82	1780		452
10336	10336	7938	7938	34	34	2364		683
109359	109359	86045	86045	479	471	22843		6210
6636	6636	5198	5198	31	31	1407		456
57065	57065	44734	44734	275	267	12064		3257
20250	20250	15365	15365	60	60	4825		780
8266	8266	6428	6428	40	40	1798		442
17142	17142	14320	14320	73	73	2749		1275
42830	42830	32242	32242	182	182	10406		3363
42830	42830	32242	32242	182	182	10406		3363
1394009	1393990	1108305	1108186	8137	8137	277779	20	104063
816999	816999	646388	646388	5554	5554	165157		64970
795964	795964	630541	630541	5478	5478	160045		63037
21035	21035	15847	15847	76	76	5112		1933
24505	24505	19423	19423	109	109	4973		1810
24505	24505	19423	19423	109	109	4973		1810
8256	8256	6676	6676	38	38	1542		54
8256	8256	6676	6676	38	38	1542		54
31167	31167	24033	24033	140	140	6994		3878
17801	17801	13253	13253	70	70	4478		2656
13366	13366	10780	10780	70	70	2516		1222
129436	129417	103181	103162	951	951	25316	20	8601

1-2-1-4（一） 续表 3

指标名称	企业单位数(个)	年初存货	年末存货	固定资产原价	本年折旧
棉及化纤制品制造	27	1631	1695	32408	1567
麻制品制造	3	414	603	3065	218
丝制品制造	3	176	276	2182	33
绳、索、缆的制造	3	132	220	2949	131
纺织带和帘子布制造	2	70	70	1975	117
无纺布制造	1	131	152	750	75
其他纺织制成品制造	7	5203	6299	5139	232
针织品、编织品及其制品制造	147	32396	36039	158971	4890
棉、化纤针织品及编织品制造	23	1965	2112	28851	969
毛针织品及编织品制造	106	25118	29495	116024	3401
丝针织品及编织品制造	14	4926	3988	12714	390
其他针织品及编织品制造	4	387	444	1382	130
纺织服装、鞋、帽制造业	92	23395	26202	138121	6929
纺织服装制造	86	23066	25810	131664	6181
纺织服装制造	86	23066	25810	131664	6181
纺织面料鞋的制造	6	329	392	6457	748
纺织面料鞋的制造	6	329	392	6457	748
皮革、毛皮、羽毛(绒)及其制品业	47	7165	7637	59071	2986
皮革鞣制加工	6	246	380	5392	280
皮革鞣制加工	6	246	380	5392	280
皮革制品制造	38	6752	7090	48644	2392
皮鞋制造	26	3169	3706	38530	1701
皮革服装制造	3	220	260	1350	56
皮箱、包(袋)制造	3	318	435	2313	185
皮手套及皮装饰制品制造	2	388	335	1682	142
其他皮革制品制造	4	2657	2354	4769	308
毛皮鞣制及制品加工	1	167	167	1235	132
其他毛皮制品加工	1	167	167	1235	132
羽毛(绒)加工及制品制造	2			3800	182
羽毛(绒)制品加工	2			3800	182
木材加工及木、竹、藤、棕、草制品业	738	86490	91465	864415	48969
锯材、木片加工	447	41380	41487	495707	27145
锯材加工	221	15134	15523	293571	16069
木片加工	226	26246	25964	202136	11076
人造板制造	230	31219	37633	310640	18295
胶合板制造	191	28244	34791	259216	14987
纤维板制造	10	980	981	19377	1248
刨花板制造	4	400	350	1719	145
其他人造板、材制造	25	1595	1511	30328	1915

单位：千元

营业收入	主营业务收入	营业成本	主营业务成本	营业税金及附加	主营业务税金及附加	主营业务利润	其他业务利润	营业费用、管理费用、财务费用合计
76813	76813	60229	60229	579	579	16017		5724
9560	9560	7274	7274	65	65	2221		733
4000	4000	3304	3304	18	18	678		62
8026	8026	6423	6423	68	68	1535		460
6005	6005	4782	4782	76	76	1147		384
2188	2188	1660	1660	3	3	525		197
22844	22825	19509	19490	142	142	3193	20	1041
383646	383646	308604	308504	1345	1345	73797		24750
63982	63982	52338	52338	257	257	11387		3914
282530	282530	226376	226276	916	916	55338		18864
27616	27616	22177	22177	131	131	5308		1417
9518	9518	7713	7713	41	41	1764		555
257745	257745	211379	211379	1104	1062	45304		10464
241946	241946	197840	197840	1041	999	43107		9933
241946	241946	197840	197840	1041	999	43107		9933
15799	15799	13539	13539	63	63	2197		531
15799	15799	13539	13539	63	63	2197		531
145183	145183	112913	112913	772	772	31498		9792
17244	17244	12847	12847	147	147	4250		1852
17244	17244	12847	12847	147	147	4250		1852
119059	119059	92772	92772	561	561	25726		7426
83297	83297	63966	63966	390	390	18941		5835
6790	6790	5320	5320	21	21	1449		212
7981	7981	6374	6374	44	44	1563		415
6103	6103	5095	5095	36	36	972		211
14888	14888	12017	12017	70	70	2801		753
3280	3280	2856	2856	15	15	409		138
3280	3280	2856	2856	15	15	409		138
5600	5600	4438	4438	49	49	1113		376
5600	5600	4438	4438	49	49	1113		376
2109135	2108688	1661697	1660950	12191	12101	435987	413	141727
1223738	1223738	961115	960815	7361	7275	255678	188	82277
636807	636807	499345	499345	4210	4136	133339	20	47366
586931	586931	461770	461470	3151	3139	122339	168	34911
718504	718157	567825	567478	3629	3625	147054	215	49167
579065	578718	457348	457001	2951	2947	118770	215	41452
35981	35981	28568	28568	162	162	7251		2134
12369	12369	9369	9369	86	86	2914		905
91089	91089	72540	72540	430	430	18119		4676

1-2-1-4（一） 续表 4

指标名称	企业单位数(个)	年初存货	年末存货	固定资产原价	本年折旧
木制品制造	39	6134	5572	42971	2460
建筑用木料及木材组件加工	25	4332	3509	28607	1736
木容器制造	5	669	721	4024	273
软木制品及其他木制品制造	9	1133	1342	10340	451
竹、藤、棕、草制品制造	22	7757	6773	15097	1069
竹、藤、棕、草制品制造	22	7757	6773	15097	1069
家具制造业	480	52411	55800	614481	37037
木质家具制造	432	48525	50157	567944	34341
木质家具制造	432	48525	50157	567944	34341
竹、藤家具制造	3	422	401	1804	60
竹、藤家具制造	3	422	401	1804	60
金属家具制造	12	518	2263	11930	784
金属家具制造	12	518	2263	11930	784
塑料家具制造	10	1529	1367	6067	387
塑料家具制造	10	1529	1367	6067	387
其他家具制造	23	1417	1612	26736	1465
其他家具制造	23	1417	1612	26736	1465
造纸及纸制品业	66	26126	24571	117411	6400
造纸	32	16498	14828	78450	3989
机制纸及纸板制造	21	9957	10020	63763	2730
手工纸制造	4	631	727	2198	207
加工纸制造	7	5910	4081	12489	1052
纸制品制造	34	9628	9743	38961	2411
纸和纸板容器的制造	19	1472	1740	26209	1746
其他纸制品制造	15	8156	8003	12752	665
印刷业和记录媒介的复制	133	13969	14301	162974	8810
印刷	116	12151	13387	142958	7601
书、报、刊印刷	34	5176	6755	44614	3282
本册印制	44	2720	3170	53941	2229
包装装潢及其他印刷	38	4255	3462	44403	2090
装订及其他印刷服务活动	17	1818	914	20016	1209
装订及其他印刷服务活动	17	1818	914	20016	1209
文教体育用品制造业	16	3448	3863	20026	1122
文化用品制造	8	1893	2060	8305	482
文具制造	1	65	72	1365	32
笔的制造	3	212	306	820	28
教学用模型及教具制造	2	130	110	2900	110
墨水、墨汁制造	1	6	12	200	10
其他文化用品制造	1	1480	1560	3020	302

单位：千元

营业收入	主营业务收入	营业成本	主营业务成本	营业税金及附加	主营业务税金及附加	主营业务利润	其他业务利润	营业费用、管理费用、财务费用合计
110145	110045	85531	85431	912	912	23982	10	7380
75119	75019	58954	58854	628	628	15817	10	4382
13632	13632	10571	10571	189	189	2872		1244
21394	21394	16006	16006	95	95	5293		1754
56748	56748	47226	47226	289	289	9273		2903
56748	56748	47226	47226	289	289	9273		2903
1443356	1443206	1138546	1138446	12032	11849	292945	167	97061
1318725	1318575	1040337	1040237	11028	10845	267513	167	89381
1318725	1318575	1040337	1040237	11028	10845	267513	167	89381
5900	5900	4734	4734	52	52	1114		364
5900	5900	4734	4734	52	52	1114		364
29469	29469	23003	23003	182	182	6298		2281
29469	29469	23003	23003	182	182	6298		2281
28591	28591	22873	22873	126	126	5592		1907
28591	28591	22873	22873	126	126	5592		1907
60671	60671	47599	47599	644	644	12428		3128
60671	60671	47599	47599	644	644	12428		3128
208953	208683	179794	165224	1114	1114	42345	105	15656
107824	107654	86296	86126	598	598	20930	85	8216
69486	69316	55038	54868	390	390	14058	65	5948
11852	11852	8921	8921	69	69	2862		926
26486	26486	22337	22337	139	139	4010	20	1342
101129	101029	93498	79098	516	516	21415	20	7440
57821	57821	45968	45968	293	293	11560		3911
43308	43208	47530	33130	223	223	9855	20	3529
355526	355526	278099	278099	2182	2182	75245	100	25789
303274	303274	237086	237086	1925	1925	64263	100	21533
85088	85088	65980	65980	542	542	18566	100	6948
113385	113385	90589	90589	754	754	22042		7495
104801	104801	80517	80517	629	629	23655		7090
52252	52252	41013	41013	257	257	10982		4256
52252	52252	41013	41013	257	257	10982		4256
45700	45625	36862	36787	170	170	8668	30	2450
21846	21771	17432	17357	83	83	4331	30	1174
2876	2876	1950	1950	12	12	914		634
4953	4953	3609	3609	20	20	1324		270
7600	7600	5975	5975	20	20	1605		150
1537	1537	1346	1346	3	3	188		40
4880	4805	4552	4477	28	28	300	30	80

1-2-1-4（一） 续表 5

指标名称	企业单位数(个)	年初存货	年末存货	固定资产原价	本年折旧
玩具制造	8	1555	1803	11721	640
玩具制造	8	1555	1803	11721	640
石油加工、炼焦及核燃料加工业	22	2809	4730	23443	1095
精炼石油产品的制造	21	2809	4730	20443	945
原油加工及石油制品制造	19	1966	3870	18814	861
人造原油生产	2	843	860	1629	84
炼焦	1			3000	150
炼焦	1			3000	150
化学原料及化学制品制造业	245	33115	41408	358386	19798
基础化学原料制造	37	5121	5991	39290	2547
无机酸制造	3	82	77	1312	81
无机碱制造	4	327	194	3037	243
无机盐制造	5	270	732	5506	272
有机化学原料制造	2	336	531	2970	274
其他基础化学原料制造	23	4106	4457	26465	1677
肥料制造	40	3773	4034	70644	4839
氮肥制造	3	514	651	1669	74
磷肥制造	6	468	514	12220	780
钾肥制造	1			4088	20
复混肥料制造	14	1624	1791	23520	1411
有机肥料及微生物肥料制造	9	551	590	15322	1173
其他肥料制造	7	616	488	13825	1381
农药制造	12	4322	9973	23116	756
化学农药制造	9	3482	3263	19576	595
生物化学农药及微生物农药制造	3	840	6710	3540	161
涂料、油墨、颜料及类似产品制造	56	5998	6235	68496	4239
涂料制造	47	4770	4823	46595	2715
油墨及类似产品制造	1	100	120	4400	440
颜料制造	3	70	89	5981	291
染料制造	2	182	182	6000	192
密封用填料及类似品制造	3	876	1021	5520	601
合成材料制造	11	599	740	17968	1197
初级形态的塑料及合成树脂制造	6	339	470	5083	377
合成橡胶制造	4	100	90	8385	370
其他合成材料制造	1	160	180	4500	450
专用化学产品制造	53	7686	8188	75732	4193
化学试剂和助剂制造	15	2102	2594	18471	1148
专项化学用品制造	1	50	50	900	4
林产化学产品制造	8	813	900	6344	342

单位：千元

营业收入	主营业务收入	营业成本	主营业务成本	营业税金及附加	主营业务税金及附加	主营业务利润	其他业务利润	营业费用、管理费用、财务费用合计
23854	23854	19430	19430	87	87	4337		1276
23854	23854	19430	19430	87	87	4337		1276
68984	68984	53072	53072	628	628	15284		5553
64956	64956	49850	49850	608	608	14498		5288
56897	56897	43521	43521	568	568	12808		4659
8059	8059	6329	6329	40	40	1690		629
4028	4028	3222	3222	20	20	786		265
4028	4028	3222	3222	20	20	786		265
770642	770527	603736	603621	5140	4860	162057	10	54481
120289	120289	92433	92433	674	674	27183		9846
4812	4812	3880	3880	67	67	865		335
11376	11376	9360	9360	107	107	1909		388
18739	18739	13600	13600	88	88	5051		2679
7978	7978	5827	5827	19	19	2132		834
77384	77384	59766	59766	393	393	17226		5610
139601	139601	112664	112664	946	946	25991		8995
10282	10282	7800	7800	88	88	2394		791
23377	23377	18167	18167	94	94	5116		1979
2060	2060	1775	1775	12	12	273		62
47698	47698	38648	38648	359	359	8691		3642
33062	33062	26745	26745	221	221	6096		2059
23122	23122	19529	19529	172	172	3421		462
44235	44235	33220	33220	339	339	10676		4096
34541	34541	26512	26512	288	288	7741		2442
9694	9694	6708	6708	51	51	2935		1654
163129	163129	130574	130574	1187	1090	31465		8833
128493	128493	102626	102626	999	902	24965		6560
4940	4940	4270	4270	20	20	650		250
9867	9867	7892	7892	49	49	1926		519
8643	8643	6373	6373	41	41	2229		995
11186	11186	9413	9413	78	78	1695		509
37340	37340	28793	28793	169	169	8378		3307
17269	17269	13054	13054	82	82	4133		1775
15171	15171	11459	11459	67	67	3645		1312
4900	4900	4280	4280	20	20	600		220
160643	160528	124304	124189	961	961	35378	10	12359
38713	38713	28823	28823	173	173	9717		3508
2430	2430	1872	1872	49	49	509		195
22502	22502	16837	16837	95	95	5570		1665

1-2-1-4（一） 续表 6

指标名称	企业单位数（个）	年初存货	年末存货	固定资产原价	本年折旧
炸药及火工产品制造	13	1360	1495	34405	2046
信息化学品制造	3	555	530	2315	118
环境污染处理专用药剂材料制造	1	170	150	700	70
动物胶制造	8	2107	1861	8617	301
其他专用化学产品制造	4	529	608	3980	164
日用化学产品制造	36	5616	6247	63140	2027
肥皂及合成洗涤剂制造	14	2402	2434	16179	931
化妆品制造	5	190	201	5050	227
香料、香精制造	4	29	701	25461	241
其他日用化学产品制造	13	2995	2911	16450	628
医药制造业	53	6309	7362	60152	3160
化学药品原药制造	9	1258	1226	7990	311
化学药品原药制造	9	1258	1226	7990	311
化学药品制剂制造	6	601	836	3360	273
化学药品制剂制造	6	601	836	3360	273
中药饮片加工	6	460	520	12165	778
中药饮片加工	6	460	520	12165	778
中成药制造	17	1979	2511	22565	1011
中成药制造	17	1979	2511	22565	1011
兽用药品制造	4	783	753	3804	138
兽用药品制造	4	783	753	3804	138
生物、生化制品的制造	4	817	1053	4832	386
生物、生化制品的制造	4	817	1053	4832	386
卫生材料及医药用品制造	7	411	463	5436	263
卫生材料及医药用品制造	7	411	463	5436	263
化学纤维制造业	5	2361	2203	1990	117
合成纤维制造	5	2361	2203	1990	117
锦纶纤维制造	1	1833	1537	193	23
涤纶纤维制造	2	338	358	940	45
其他合成纤维制造	2	190	308	857	49
橡胶制品业	28	3068	2530	50226	3996
轮胎制造	8	496	476	12428	663
车辆、飞机及工程机械轮胎制造	2	390	370	1503	64
力车胎制造	2			2060	53
轮胎翻新加工	4	106	106	8865	546
橡胶板、管、带的制造	3	1156	697	3461	195
橡胶板、管、带的制造	3	1156	697	3461	195
橡胶零件制造	5	150	120	14010	1332
橡胶零件制造	5	150	120	14010	1332

单位：千元

营业收入	主营业务收入	营业成本	主营业务成本	营业税金及附加	主营业务税金及附加	主营业务利润	其他业务利润	营业费用、管理费用、财务费用合计
52066	51951	42240	42125	303	303	9523	10	3028
7990	7990	6291	6291	37	37	1662		198
4995	4995	3746	3746	50	50	1199		350
20397	20397	15502	15502	120	120	4775		2696
11550	11550	8993	8993	134	134	2423		719
105405	105405	81748	81748	864	681	22986		7045
40910	40910	32945	32945	254	254	7711		2245
13712	13712	9915	9915	157	157	3640		676
12345	12345	9443	9443	245	62	2840		902
38438	38438	29445	29445	208	208	8795		3222
159045	159045	123225	123225	817	817	35003		12294
22765	22765	16222	16222	87	87	6456		2729
22765	22765	16222	16222	87	87	6456		2729
14188	14188	11001	11001	56	56	3131		1730
14188	14188	11001	11001	56	56	3131		1730
20804	20804	16212	16212	86	86	4506		1335
20804	20804	16212	16212	86	86	4506		1335
55577	55577	43138	43138	358	358	12081		4416
55577	55577	43138	43138	358	358	12081		4416
12896	12896	10699	10699	68	68	2129		307
12896	12896	10699	10699	68	68	2129		307
12447	12447	10096	10096	56	56	2295		869
12447	12447	10096	10096	56	56	2295		869
20368	20368	15857	15857	106	106	4405		908
20368	20368	15857	15857	106	106	4405		908
15876	15876	13356	13356	61	61	2459		460
15876	15876	13356	13356	61	61	2459		460
3820	3820	3056	3056	22	22	742		209
4600	4600	3900	3900	16	16	684		189
7456	7456	6400	6400	23	23	1033		62
104589	104589	86697	86697	543	543	17349	20	4613
24106	24106	19353	19353	176	176	4577		1091
5571	5571	4255	4255	24	24	1292		350
4301	4301	3500	3500	5	5	796		20
14234	14234	11598	11598	147	147	2489		721
11865	11865	9425	9425	56	56	2384	20	1471
11865	11865	9425	9425	56	56	2384	20	1471
23196	23196	19673	19673	107	107	3416		512
23196	23196	19673	19673	107	107	3416		512

1-2-1-4（一） 续表 7

指标名称	企业单位数（个）	年初存货	年末存货	固定资产原价	本年折旧
再生橡胶制造	3	425	230	1559	102
再生橡胶制造	3	425	230	1559	102
日用及医用橡胶制品制造	1			1000	8
日用及医用橡胶制品制造	1			1000	8
其他橡胶制品制造	8	841	1007	17768	1696
其他橡胶制品制造	8	841	1007	17768	1696
塑料制品业	272	37382	40439	341428	22490
塑料薄膜制造	20	2861	3525	22231	1296
塑料薄膜制造	20	2861	3525	22231	1296
塑料板、管、型材的制造	49	8156	10831	59966	3722
塑料板、管、型材的制造	49	8156	10831	59966	3722
塑料丝、绳及编织品的制造	59	8369	8776	65673	3801
塑料丝、绳及编织品的制造	59	8369	8776	65673	3801
泡沫塑料制造	7	969	760	9206	432
泡沫塑料制造	7	969	760	9206	432
塑料包装箱及容器制造	17	2005	1886	21559	1190
塑料包装箱及容器制造	17	2005	1886	21559	1190
塑料零件制造	8	2683	2464	10120	353
塑料零件制造	8	2683	2464	10120	353
日用塑料制造	47	4752	4281	74097	3732
塑料鞋制造	4	25	28	9980	468
日用塑料杂品制造	43	4727	4253	64117	3264
其他塑料制品制造	65	7587	7916	78576	7964
其他塑料制品制造	65	7587	7916	78576	7964
非金属矿物制品业	3807	447556	496099	4600290	278390
水泥、石灰和石膏的制造	137	12234	13290	123468	6332
水泥制造	13	1051	1321	19334	1002
石灰和石膏制造	124	11183	11969	104134	5330
水泥及石膏制品制造	1129	136719	148757	1295798	84733
水泥制品制造	312	59164	63765	401935	29164
砼结构构件制造	754	72401	80175	800466	51228
石棉水泥制品制造	22	780	623	50379	2585
轻质建筑材料制造	21	815	769	24105	1098
其他水泥制品制造	20	3559	3425	18913	658
砖瓦、石材及其他建筑材料制造	2304	261509	293964	2826621	169156
粘土砖瓦及建筑砌块制造	1576	158945	179945	1840489	98073
建筑陶瓷制品制造	14	547	526	24579	1573
建筑用石加工	556	89957	99425	725693	53243
防水建筑材料制造	21	3715	5538	33533	1979

单位：千元

营业收入	主营业务收入	营业成本	主营业务成本	营业税金及附加	主营业务税金及附加	主营业务利润	其他业务利润	营业费用、管理费用、财务费用合计
10785	10785	8518	8518	38	38	2229		421
10785	10785	8518	8518	38	38	2229		421
3000	3000	2621	2621	12	12	367		46
3000	3000	2621	2621	12	12	367		46
31637	31637	27107	27107	154	154	4376		1072
31637	31637	27107	27107	154	154	4376		1072
824506	824329	655983	655806	4530	4530	163993	50	50794
61336	61259	49828	49751	436	436	11072	30	3874
61336	61259	49828	49751	436	436	11072	30	3874
148899	148799	117747	117647	724	724	30428	20	8427
148899	148799	117747	117647	724	724	30428	20	8427
170256	170256	134006	134006	931	931	35319		11206
170256	170256	134006	134006	931	931	35319		11206
21648	21648	17068	17068	104	104	4476		1408
21648	21648	17068	17068	104	104	4476		1408
56952	56952	44886	44886	489	489	11577		3170
56952	56952	44886	44886	489	489	11577		3170
25505	25505	20459	20459	74	74	4972		961
25505	25505	20459	20459	74	74	4972		961
149024	149024	115612	115612	754	754	32658		11488
14940	14940	11762	11762	71	71	3107		955
134084	134084	103850	103850	683	683	29551		10533
190886	190886	156377	156377	1018	1018	33491		10260
190886	190886	156377	156377	1018	1018	33491		10260
11367228	11364013	8998717	8967844	65952	64083	2334755	1463	749826
325007	325007	256418	256418	2064	2064	66525		21030
36285	36285	27094	27094	154	154	9037		4124
288722	288722	229324	229324	1910	1910	57488		16906
3259759	3258001	2586369	2584511	19701	19601	654340	699	206519
964125	962693	778005	776473	5283	5183	181053	361	54592
2113918	2113592	1665876	1665550	13030	13030	435013	338	139074
77511	77511	62002	62002	474	474	15035		5275
58655	58655	46051	46051	549	549	12489		4296
45550	45550	34435	34435	365	365	10750		3282
6957096	6956199	5510166	5482311	40351	38829	1437077	656	477582
4525952	4525452	3623086	3598745	28755	27372	899572	326	274608
46216	46216	37098	37098	358	238	8880		3060
1837261	1836864	1438215	1434701	8434	8415	395529	330	147829
73349	73349	58546	58546	334	334	14469		2635

1-2-1-4（一） 续表 8

指标名称	企业单位数（个）	年初存货	年末存货	固定资产原价	本年折旧
隔热和隔音材料制造	25	2937	3379	50594	4775
其他建筑材料制造	112	5408	5151	151733	9513
玻璃及玻璃制品制造	32	5046	5332	39211	2907
平板玻璃制造	5	590	573	3569	195
技术玻璃制品制造	1	45	39	600	16
光学玻璃制造	6	559	548	3495	267
玻璃仪器制造	2	541	770	2481	93
日用玻璃制品及玻璃包装容器制造	8	746	596	16195	1262
玻璃保温容器制造	2	794	1006	2849	479
玻璃纤维及制品制造	2	1346	1358	4025	319
玻璃纤维增强塑料制品制造	2	52	46	2560	35
其他玻璃制品制造	4	373	396	3437	241
陶瓷制品制造	11	645	761	11214	598
特种陶瓷制品制造	1				
日用陶瓷制品制造	3	155	150	3800	241
园林、陈设艺术及其他陶瓷制品制造	7	490	611	7414	357
耐火材料制品制造	38	6591	6475	60706	6129
石棉制品制造	11	2450	2414	18400	1991
云母制品制造	1	360	320	450	50
耐火陶瓷制品及其他耐火材料制造	26	3781	3741	41856	4088
石墨及其他非金属矿物制品制造	156	24812	27520	243272	8535
石墨及碳素制品制造	95	14285	14968	150330	4108
其他非金属矿物制品制造	61	10527	12552	92942	4427
黑色金属冶炼及压延加工业	38	9210	8394	62832	3157
炼铁	10	705	1268	16027	931
炼铁	10	705	1268	16027	931
炼钢	4	609	582	7000	724
炼钢	4	609	582	7000	724
钢压延加工	12	2691	3372	15219	926
钢压延加工	12	2691	3372	15219	926
铁合金冶炼	12	5205	3172	24586	576
铁合金冶炼	12	5205	3172	24586	576
有色金属冶炼及压延加工业	33	2078	1809	36961	1806
常用有色金属冶炼	11	417	365	10598	564
铜冶炼	2	200	140	1630	130
铅锌冶炼	3			4840	189
铝冶炼	1				
镁冶炼	2	20	20	995	73
其他常用有色金属冶炼	3	197	205	3133	172

单位：千元

营业收入	主营业务收入	营业成本	主营业务成本	营业税金及附加	主营业务税金及附加	主营业务利润	其他业务利润	营业费用、管理费用、财务费用合计
91516	91516	76096	76096	556	556	14864		4245
382802	382802	277125	277125	1914	1914	103763		45205
113924	113924	91861	91861	793	793	21270		7251
18016	18016	14493	14493	92	92	3431		1009
3917	3917	3322	3322	14	14	581		98
21154	21154	16899	16899	209	209	4046		1794
8814	8814	6679	6679	41	41	2094		756
28464	28464	23025	23025	195	195	5244		1328
9049	9049	7613	7613	100	100	1336		605
6720	6720	5843	5843	90	90	787		346
5626	5626	4741	4741	4	4	881		546
12164	12164	9246	9246	48	48	2870		769
32103	32103	23799	23799	143	139	8265		2907
11470	11470	9078	9078	51	51	2341		737
20633	20633	14721	14721	92	88	5924		2170
154095	153535	127146	125986	746	745	26804	108	9343
46424	46004	37561	37141	216	216	8647	98	2809
4100	4100	2974	2974	19	19	1107		615
103571	103431	86611	85871	511	510	17050	10	5919
525244	525244	402958	402958	2154	1912	120474		25194
323472	323472	243938	243938	974	974	78560		15324
201772	201772	159020	159020	1180	938	41914		9870
130025	130025	97348	97348	727	727	32050		14145
36142	36142	27068	27068	183	183	8891		3819
36142	36142	27068	27068	183	183	8891		3819
13717	13717	10919	10919	65	65	2733		829
13717	13717	10919	10919	65	65	2733		829
40481	40481	31839	31839	286	286	8456		2704
40481	40481	31839	31839	286	286	8456		2704
39685	39685	27522	27522	193	193	11970		6793
39685	39685	27522	27522	193	193	11970		6793
98952	98952	73682	73582	539	539	24831		9592
34608	34608	25849	25849	174	174	8585		3324
8740	8740	6926	6926	52	52	1762		290
11418	11418	7864	7864	56	56	3498		1774
6301	6301	4701	4701	34	34	1566		445
8149	8149	6358	6358	32	32	1759		815

1-2-1-4（一） 续表 9

指标名称	企业单位数（个）	年初存货	年末存货	固定资产原价	本年折旧
贵金属冶炼	2	320	270	5600	236
金冶炼	1			4000	200
银冶炼	1	320	270	1600	36
稀有稀土金属冶炼	7	56	108	8880	413
钨钼冶炼	1	56	78	1050	27
稀土金属冶炼	1			1080	50
其他稀有金属冶炼	5		30	6750	336
有色金属合金制造	4	723	703	4950	212
有色金属合金制造	4	723	703	4950	212
有色金属压延加工	9	562	363	6933	381
常用有色金属压延加工	9	562	363	6933	381
金属制品业	322	48820	739378	370999	21413
结构性金属制品制造	200	34251	723382	210827	12403
金属结构制造	62	15364	703521	91542	4986
金属门窗制造	138	18887	19861	119285	7417
金属工具制造	46	4045	4517	45648	2867
切削工具制造	6	405	443	3555	178
手工具制造	1	20	20	1000	30
农用及园林用金属工具制造	30	2775	3177	32092	2197
刀剪及类似日用金属工具制造	3	303	319	3192	163
其他金属工具制造	6	542	558	5809	299
集装箱及金属包装容器制造	9	1245	1149	11364	553
集装箱制造	2	810	786	471	47
金属压力容器制造	2	12	12	2878	280
金属包装容器制造	5	423	351	8015	226
金属丝绳及其制品的制造	7	1013	1388	15566	597
金属丝绳及其制品的制造	7	1013	1388	15566	597
建筑、安全用金属制品制造	25	4532	4506	35598	1836
建筑、家具用金属配件制造	12	2980	3045	14609	601
建筑装饰及水暖管道零件制造	7	377	364	10455	467
安全、消防用金属制品制造	2			4800	240
其他建筑、安全用金属制品制造	4	1175	1097	5734	528
金属表面处理及热处理加工	5	579	799	3061	257
金属表面处理及热处理加工	5	579	799	3061	257
搪瓷制品制造	2	58	48	300	26
工业生产配套用搪瓷制品制造	1	8	8	180	6
搪瓷日用品及其他搪瓷制品制造	1	50	40	120	20
不锈钢及类似日用金属制品制造	8	836	808	16878	410
金属制厨房调理及卫生器具制造	4	486	698	9978	110

单位：千元

营业收入	主营业务收入	营业成本	主营业务成本	营业税金及附加	主营业务税金及附加	主营业务利润	其他业务利润	营业费用、管理费用、财务费用合计
7690	7690	6152	6152	28	28	1510		521
4800	4800	4007	4007	25	25	768		96
2890	2890	2145	2145	3	3	742		425
22176	22176	15324	15224	103	103	6849		3301
1850	1850	1002	1002	3	3	845		341
2024	2024	1397	1397	11	11	616		359
18302	18302	12925	12825	89	89	5388		2601
15735	15735	11442	11442	117	117	4176		1348
15735	15735	11442	11442	117	117	4176		1348
18743	18743	14915	14915	117	117	3711		1098
18743	18743	14915	14915	117	117	3711		1098
965198	959903	789512	759509	5978	5792	194976	114	60941
586144	580849	462717	460014	4277	4091	117117	114	35842
231275	225980	181574	178871	1511	1325	45787	114	12270
354869	354869	281143	281143	2766	2766	71330		23572
127767	127767	128518	101218	552	552	25998		8444
13079	13079	10401	10401	48	48	2630		933
1200	1200	720	720	2	2	478		390
87294	87294	97324	70024	389	389	16881		5189
9396	9396	7176	7176	46	46	2174		827
16798	16798	12897	12897	67	67	3835		1105
28195	28195	21940	21940	156	156	6099		2562
5823	5823	4599	4599	26	26	1198		127
6566	6566	5617	5617	33	33	916		230
15806	15806	11724	11724	97	97	3985		2205
19010	19010	14337	14337	77	77	4596		1923
19010	19010	14337	14337	77	77	4596		1923
82252	82252	63659	63659	347	347	18246		5154
37754	37754	29070	29070	152	152	8532		1915
23023	23023	17502	17502	108	108	5413		2255
6984	6984	5587	5587	32	32	1365		491
14491	14491	11500	11500	55	55	2936		493
16709	16709	12691	12691	84	84	3934		1449
16709	16709	12691	12691	84	84	3934		1449
4540	4540	3583	3583	18	18	939		231
1650	1650	1393	1393	8	8	249		131
2890	2890	2190	2190	10	10	690		100
26282	26282	21709	21709	110	110	4463		1904
15117	15117	12952	12952	63	63	2102		1287

1-2-1-4（一） 续表 10

指标名称	企业单位数（个）	年初存货	年末存货	固定资产原价	本年折旧
金属制厨用器皿及餐具制造	1			2600	130
其他日用金属制品制造	3	350	110	4300	170
其他金属制品制造	20	2261	2781	31757	2464
其他未列明的金属制品制造	20	2261	2781	31757	2464
通用设备制造业	172	40428	43532	223817	12280
锅炉及原动机制造	8	1597	1964	10230	444
锅炉及辅助设备制造	2	1450	1620	1630	49
内燃机及配件制造	6	147	344	8600	395
金属加工机械制造	28	6824	10150	31739	1784
金属切削机床制造	3	90	100	3130	160
铸造机械制造	9	2627	3735	12604	522
金属切割及焊接设备制造	3	390	524	2040	100
机床附件制造	2	199	289	969	73
其他金属加工机械制造	11	3518	5502	12996	929
泵、阀门、压缩机及类似机械的制造	11	2157	2272	18275	610
泵及真空设备制造	4	1003	983	9378	346
阀门和旋塞的制造	6	399	389	8429	222
液压和气压动力机械及元件制造	1	755	900	468	42
轴承、齿轮、传动和驱动部件的制造	10	11515	10468	12454	885
轴承制造	4	361	548	6330	315
齿轮、传动和驱动部件制造	6	11154	9920	6124	570
风机、衡器、包装设备等通用设备制造	13	3127	4131	17874	1152
风机、风扇制造	1	42	42	900	18
制冷、空调设备制造	1	230	340	1800	180
风动和电动工具制造	1		595	1886	13
包装专用设备制造	2	579	876	2230	89
衡器制造	2	112	170	1442	72
其他通用设备制造	6	2164	2108	9616	780
通用零部件制造及机械修理	46	6931	7061	57207	3713
金属密封件制造	1	103	116	1864	2
紧固件、弹簧制造	6	364	370	5824	237
机械零部件加工及设备修理	35	6215	6319	43018	3092
其他通用零部件制造	4	249	256	6501	382
金属铸、锻加工	56	8277	7486	76038	3692
钢铁铸件制造	49	7023	6082	67908	3276
锻件及粉末冶金制品制造	7	1254	1404	8130	416
专用设备制造业	173	26423	27913	234378	14379
矿山、冶金、建筑专用设备制造	27	7801	8218	32219	2518
采矿、采石设备制造	5	1750	1899	6080	340

单位：千元

营业收入	主营业务收入	营业成本	主营业务成本	营业税金及附加	主营业务税金及附加	主营业务利润	其他业务利润	营业费用、管理费用、财务费用合计
3938	3938	3150	3150	19	19	769		262
7227	7227	5607	5607	28	28	1592		355
74299	74299	60358	60358	357	357	13584		3432
74299	74299	60358	60358	357	357	13584		3432
616207	612239	479041	478052	3751	3341	130847	4013	46355
30136	30136	22237	22237	112	112	7788		1994
6000	6000	4200	4200	17	17	1783		300
24136	24136	18037	18037	95	95	6005		1694
99644	95960	79578	78873	922	516	16571	3851	7908
11174	11174	8835	8835	52	52	2287		446
30897	30897	24617	24617	201	201	6079	20	1685
8456	8456	6527	6527	26	26	1903		298
5741	5741	4488	4488	28	28	1225		218
43376	39692	35111	34406	615	209	5077	3831	5261
41918	41918	33823	33823	169	169	7926		1229
16711	16711	14059	14059	81	81	2571		686
20868	20868	16293	16293	67	67	4508		419
4339	4339	3471	3471	21	21	847		124
31648	31648	24395	24395	118	118	7135		3143
14351	14351	10651	10651	60	60	3640		1232
17297	17297	13744	13744	58	58	3495		1911
49036	48902	40516	40382	317	317	8203	50	2433
2058	2058	1584	1584	41	41	433		164
4800	4800	4111	4111	24	24	665		255
2000	2000	1400	1400	3	3	597		351
6399	6399	5267	5267	20	20	1112		229
6977	6977	5391	5391	73	73	1513		266
26802	26668	22763	22629	156	156	3883	50	1168
149408	149358	120579	120529	963	959	27870	62	8665
1800	1800	1296	1296	10	10	494		324
17855	17855	14440	14440	118	118	3297	40	586
113694	113644	90868	90818	760	756	22070	22	7276
16059	16059	13975	13975	75	75	2009		479
214417	214317	157913	157813	1150	1150	55354	50	20983
186671	186571	136390	136290	983	983	49298	50	18450
27746	27746	21523	21523	167	167	6056		2533
529198	528667	427329	426725	3166	3082	98860	1663	31756
86452	86223	70662	70433	461	461	15329	1537	4339
12520	12520	9514	9514	43	43	2963		834

1-2-1-4（一） 续表 11

指标名称	企业单位数（个）	年初存货	年末存货	固定资产原价	本年折旧
石油钻采专用设备制造	15	3059	3655	13793	1291
建筑工程用机械制造	3	169	210	2856	103
建筑材料生产专用机械制造	3	2823	2454	5955	384
冶金专用设备制造	1			3535	400
化工、木材、非金属加工专用设备制造	14	2740	3251	12314	1154
炼油、化工生产专用设备制造	4	2086	2403	4693	519
木材加工机械制造	1			3535	400
模具制造	8	339	540	3789	205
其他非金属加工专用设备制造	1	315	308	297	30
食品、饮料、烟草及饲料生产专用设备制造	10	3687	3528	21097	931
农副食品加工专用设备制造	9	3687	3528	17667	521
饲料生产专用设备制造	1			3430	410
印刷、制药、日化生产专用设备制造	5	685	683	4101	236
制浆和造纸专用设备制造					
印刷专用设备制造	2	349	304	1255	45
日用化工专用设备制造	1	76	97	210	20
其他日用品生产专用设备制造	2	260	282	2636	171
纺织、服装和皮革工业专用设备制造	23	1493	1617	44046	2441
纺织专用设备制造	22	1476	1582	43776	2414
其他服装加工专用设备制造	1	17	35	270	27
电子和电工机械专用设备制造	10	1495	1699	11765	530
电工机械专用设备制造	8	1185	1436	9797	412
电子工业专用设备制造	2	310	263	1968	118
农、林、牧、渔专用机械制造	73	6460	7579	93400	5612
拖拉机制造	2	38	38	1575	108
机械化农业及园艺机具制造	24	1666	1890	29734	1623
畜牧机械制造	1			3360	400
渔业机械制造	1	100	120	600	20
农林牧渔机械配件制造	10	975	1098	11761	584
其他农林牧渔业机械制造及机械修理	35	3681	4433	46370	2877
医疗仪器设备及器械制造	3	1228	556	1641	80
机械治疗及病房护理设备制造	1	998	270	952	47
假肢、人工器官及植（介）入器械制造					
其他医疗设备及器械制造	2	230	286	689	33
环保、社会公共安全及其他专用设备制造	8	834	782	13795	877
交通安全及管制专用设备制造	1	12	23	415	42
水资源专用机械制造	5	277	285	9000	280
其他专用设备制造	2	545	474	4380	555
交通运输设备制造业	182	31126	30079	232026	14679

单位：千元

营业收入	主营业务收入	营业成本	主营业务成本	营业税金及附加	主营业务税金及附加	主营业务利润	其他业务利润	营业费用、管理费用、财务费用合计
51095	50935	41785	41625	267	267	9043	10	1746
8775	8775	7095	7095	80	80	1600		427
9262	9193	7978	7909	49	49	1235	1527	1302
4800	4800	4290	4290	22	22	488		30
48329	48229	41073	40973	237	237	7019	30	1495
15276	15176	12646	12546	72	72	2558	30	473
4800	4800	4290	4290	22	22	488		30
23533	23533	20186	20186	121	121	3226		727
4720	4720	3951	3951	22	22	747		265
36126	36126	29291	29291	155	155	6680		2268
31426	31426	25128	25128	133	133	6165		2239
4700	4700	4163	4163	22	22	515		29
13363	13363	10016	10016	59	59	3288		1150
3423	3423	2756	2756	13	13	654		222
1136	1136	970	970	4	4	162		107
8804	8804	6290	6290	42	42	2472		821
74667	74565	60324	60149	473	473	13943	51	5468
73681	73579	59498	59323	469	469	13787	51	5413
986	986	826	826	4	4	156		55
30798	30798	24270	24270	195	195	6333		1275
25856	25856	20284	20284	170	170	5402		916
4942	4942	3986	3986	25	25	931		359
205491	205391	164066	163966	1398	1314	40111	45	14335
5733	5733	4490	4490	22	22	1221		248
63862	63862	49841	49841	447	363	13658		6111
4600	4600	4078	4078	21	21	501		29
2680	2680	2100	2100	10	10	570		50
30260	30260	24298	24298	230	230	5732		1450
98356	98256	79259	79159	668	668	18429	45	6447
7261	7261	5942	5942	37	37	1282		579
4955	4955	3964	3964	23	23	968		437
2306	2306	1978	1978	14	14	314		142
26711	26711	21685	21685	151	151	4875		847
1671	1671	1312	1312	7	7	352		92
15740	15740	12250	12250	100	100	3390		470
9300	9300	8123	8123	44	44	1133		285
577802	577677	458190	458029	3678	3678	115975	55	38969

1-2-1-4（一） 续表 12

指标名称	企业单位数(个)	年初存货	年末存货	固定资产原价	本年折旧
铁路运输设备制造	1	50	70	400	20
铁路专用设备及器材、配件制造	1	50	70	400	20
汽车制造	169	28520	27169	218556	13567
汽车整车制造	1	600	600	5000	300
改装汽车制造	2	335	560	1171	51
汽车车身、挂车的制造	3	294	362	4380	206
汽车零部件及配件制造	65	18439	16400	110085	6642
汽车修理	98	8852	9247	97920	6368
自行车制造	5	1122	1201	4927	431
脚踏自行车及残疾人座车制造	5	1122	1201	4927	431
船舶及浮动装置制造	2			3900	170
娱乐船和运动船的建造和修理	1			2100	100
船用配套设备制造	1			1800	70
交通器材及其他交通运输设备制造	5	1434	1639	4243	491
潜水及水下救捞装备制造					
交通管理用金属标志及设施制造	1	123	132	500	32
其他交通运输设备制造	4	1311	1507	3743	459
电气机械及器材制造业	87	14992	16500	124595	6553
电机制造	14	2517	2598	15898	542
发电机及发电机组制造	2	235	120	1952	115
电动机制造	8	956	1004	9905	304
微电机及其他电机制造	4	1326	1474	4041	123
输配电及控制设备制造	21	4102	4798	31743	1746
变压器、整流器和电感器制造	11	2899	3095	21992	1269
配电开关控制设备制造	6	840	909	5437	246
电力电子元器件制造	1	70	70	1200	50
其他输配电及控制设备制造	3	293	724	3114	181
电线、电缆、光缆及电工器材制造	19	2818	2648	29924	2168
电线电缆制造	15	2369	2176	21528	1848
绝缘制品制造	1			3000	60
其他电工器材制造	3	449	472	5396	260
电池制造	2	59	47	1075	37
电池制造	2	59	47	1075	37
家用电力器具制造	3	760	315	3117	141
家用厨房电器具制造	2	307	220	973	25
其他家用电力器具制造	1	453	95	2144	116
非电力家用器具制造	9	2162	3169	15815	859
燃气、太阳能及类似能源的器具制造	5	322	409	8922	407
其他非电力家用器具制造	4	1840	2760	6893	452

单位：千元

营业收入	主营业务收入	营业成本	主营业务成本	营业税金及附加	主营业务税金及附加	主营业务利润	其他业务利润	营业费用、管理费用、财务费用合计
3200	3200	2400	2400	9	9	791		200
3200	3200	2400	2400	9	9	791		200
536556	536431	425979	425818	3488	3488	107130	55	35415
4860	4860	4081	4081	29	29	750		130
5620	5620	4200	4200	30	30	1390		409
8943	8943	7077	7077	42	42	1824		585
227538	227413	179983	179822	1176	1176	46415	55	14614
289595	289595	230638	230638	2211	2211	56751		19677
15252	15252	12209	12209	75	75	2968		842
15252	15252	12209	12209	75	75	2968		842
7631	7631	5565	5565	36	36	2030		928
3484	3484	2787	2787	17	17	680		245
4147	4147	2778	2778	19	19	1350		683
15163	15163	12037	12037	70	70	3056		1584
2660	2660	2100	2100	10	10	550		10
12503	12503	9937	9937	60	60	2506		1574
296256	296186	233842	233372	1941	1939	60875	30	19414
44637	44637	35307	35307	495	495	8835		2783
6640	6640	5277	5277	70	70	1293		328
23953	23953	18778	18778	299	299	4876		1767
14044	14044	11252	11252	126	126	2666		688
69834	69834	55101	55101	491	491	14242		4031
37125	37125	29766	29766	291	291	7068		2500
17934	17934	14017	14017	92	92	3825		774
2750	2750	2080	2080	60	60	610		220
12025	12025	9238	9238	48	48	2739		537
71534	71534	57230	56830	384	382	14322		4952
53588	53588	43879	43479	312	310	9799		3090
4808	4808	3125	3125	27	27	1656		1032
13138	13138	10226	10226	45	45	2867		830
4499	4499	3269	3269	26	26	1204		430
4499	4499	3269	3269	26	26	1204		430
10010	10010	8334	8334	46	46	1630		346
5703	5703	4889	4889	21	21	793		200
4307	4307	3445	3445	25	25	837		146
33144	33074	27085	27015	144	144	5915	30	992
19271	19271	15444	15444	80	80	3747		664
13873	13803	11641	11571	64	64	2168	30	328

1-2-1-4（一） 续表 13

指标名称	企业单位数（个）	年初存货	年末存货	固定资产原价	本年折旧
照明器具制造	14	1392	1806	21012	876
电光源制造	4	1047	1427	5104	190
照明灯具制造	8	225	269	11108	526
灯用电器附件及其他照明器具制造	2	120	110	4800	160
其他电气机械及器材制造	5	1182	1119	6011	184
车辆专用照明及电气信号设备装置制造	1	900	800	4500	35
其他未列明的电气机械制造	4	282	319	1511	149
通信设备、计算机及其他电子设备制造业	18	3617	4606	17238	868
电子计算机制造	1	56	65	560	23
电子计算机外部设备制造	1	56	65	560	23
电子器件制造	3	430	520	5480	235
半导体分立器件制造	1	430	520	1800	54
光电子器件及其他电子器件制造	2			3680	181
电子元件制造	10	1471	1671	7235	355
电子元件及组件制造	10	1471	1671	7235	355
家用视听设备制造	2			683	15
家用影视设备制造	2			683	15
其他电子设备制造	2	1660	2350	3280	240
其他电子设备制造	2	1660	2350	3280	240
仪器仪表及文化、办公用机械制造业	30	6508	7648	38913	1592
通用仪器仪表制造	6	1325	2295	2886	113
工业自动控制系统装置制造	2	539	615	427	42
电工仪器仪表制造	3	736	1630	1559	67
供应用仪表及其他通用仪器制造	1	50	50	900	4
专用仪器仪表制造	3	15	9	2770	162
地质勘探和地震专用仪器制造	1			1900	75
教学专用仪器制造	1			600	60
其他专用仪器制造	1	15	9	270	27
钟表与计时仪器制造	2	20	90	4935	510
钟表与计时仪器制造	2	20	90	4935	510
光学仪器及眼镜制造	19	5148	5254	28322	807
光学仪器制造	17	5028	5134	26522	695
眼镜制造	2	120	120	1800	112
工艺品及其他制造业	741	117860	125266	763417	37971
工艺美术品制造	488	71772	77135	574483	26976
雕塑工艺品制造	131	10276	11641	120279	2929
金属工艺品制造	8	525	542	4949	214
漆器工艺品制造	3	157	153	6227	103
花画工艺品制造	6	692	2705	5978	112

单位：千元

营业收入	主营业务收入	营业成本	主营业务成本	营业税金及附加	主营业务税金及附加	主营业务利润	其他业务利润	营业费用、管理费用、财务费用合计
43335	43335	33003	33003	267	267	10065		3208
12247	12247	9390	9390	57	57	2800		915
24191	24191	18295	18295	176	176	5720		1891
6897	6897	5318	5318	34	34	1545		402
19263	19263	14513	14513	88	88	4662		2672
4124	4124	2763	2763	19	19	1342		1235
15139	15139	11750	11750	69	69	3320		1437
53991	53991	44236	44236	274	274	9481		2163
2860	2860	2460	2460	15	15	385		30
2860	2860	2460	2460	15	15	385		30
12648	12648	10584	10584	46	46	2018		576
4980	4980	4150	4150	24	24	806		298
7668	7668	6434	6434	22	22	1212		278
28157	28157	23275	23275	180	180	4702		1102
28157	28157	23275	23275	180	180	4702		1102
4096	4096	3072	3072	3	3	1021		32
4096	4096	3072	3072	3	3	1021		32
6230	6230	4845	4845	30	30	1355		423
6230	6230	4845	4845	30	30	1355		423
89155	89155	69043	69043	568	568	19544		6845
16256	16256	12553	12553	102	102	3601		1070
4961	4961	3836	3836	24	24	1101		58
8865	8865	6845	6845	29	29	1991		817
2430	2430	1872	1872	49	49	509		195
5810	5810	4291	4291	71	71	1448		790
2700	2700	2080	2080	54	54	566		206
1900	1900	1200	1200	11	11	689		537
1210	1210	1011	1011	6	6	193		47
8300	8300	7090	7090	31	31	1179		130
8300	8300	7090	7090	31	31	1179		130
58789	58789	45109	45109	364	364	13316		4855
53981	53981	41151	41151	320	320	12510		4637
4808	4808	3958	3958	44	44	806		218
2088144	2087797	1624485	1624174	12284	9379	456033	459	209145
1456124	1455833	1131920	1131629	8729	5960	320002	410	164901
376283	376283	286903	286903	1276	1276	89052		56861
24417	24417	17957	17957	113	113	6347		1608
10404	10404	7951	7951	90	90	2363	15	572
13938	13938	11018	11018	70	70	2850		836

1-2-1-4（一） 续表 14

指标名称	企业单位数（个）	年初存货	年末存货	固定资产原价	本年折旧
天然植物纤维编织工艺品制造	2	689	626	4000	290
抽纱刺绣工艺品制造	14	3823	4277	14585	484
地毯、挂毯制造	303	54228	55583	382417	21150
珠宝首饰及有关物品的制造	9	456	470	12823	441
其他工艺美术品制造	12	926	1138	23225	1253
日用杂品制造	33	23209	23190	29764	1961
制镜及类似品加工	3	585	562	1828	104
鬃毛加工、制刷及清扫工具的制造	7	1388	1290	9968	539
其他日用杂品制造	23	21236	21338	17968	1318
煤制品制造	214	22245	21921	155873	8868
煤制品制造	214	22245	21921	155873	8868
其他未列明的制造业	6	634	3020	3297	166
其他未列明的制造业	6	634	3020	3297	166
废弃资源和废旧材料回收加工业	25	2244	2371	23312	1260
金属废料和碎屑的加工处理	7	245	256	5891	279
金属废料和碎屑的加工处理	7	245	256	5891	279
非金属废料和碎屑的加工处理	18	1999	2115	17421	981
非金属废料和碎屑的加工处理	18	1999	2115	17421	981
电力、燃气及水的生产和供应业	133	7257	12765	210337	9126
电力、热力的生产和供应业	51	2929	3404	101172	3980
电力生产	50	2888	3369	97672	3840
水力发电	49	1028	1809	94142	3810
其他能源发电	1	1860	1560	3530	30
电力供应	1	41	35	3500	140
电力供应	1	41	35	3500	140
燃气生产和供应业	7	2872	7768	7702	512
燃气生产和供应业	7	2872	7768	7702	512
燃气生产和供应业	7	2872	7768	7702	512
水的生产和供应业	75	1456	1593	101463	4634
自来水的生产和供应	71	1365	1448	82643	3481
自来水的生产和供应	71	1365	1448	82643	3481
污水处理及其再生利用	3	91	145	18520	1153
污水处理及其再生利用	3	91	145	18520	1153
其他水的处理、利用与分配	1			300	
其他水的处理、利用与分配	1			300	

单位：千元

营业收入	主营业务收入	营业成本	主营业务成本	营业税金及附加	主营业务税金及附加	主营业务利润	其他业务利润	营业费用、管理费用、财务费用合计
8150	8150	6810	6810	34	34	1306		150
34385	34385	27496	27496	203	130	6759		1551
915679	915388	717350	717059	6556	3860	195279	395	96330
31826	31826	23137	23137	196	196	8493		4623
41042	41042	33298	33298	191	191	7553		2370
101867	101867	78330	78330	539	539	23029		8367
9779	9779	7620	7620	73	73	2086		682
26194	26194	20563	20563	130	130	5501		1357
65894	65894	50147	50147	336	336	15442		6328
516673	516617	404101	404081	2900	2833	109703	49	35195
516673	516617	404101	404081	2900	2833	109703	49	35195
13480	13480	10134	10134	116	47	3299		682
13480	13480	10134	10134	116	47	3299		682
80786	80786	60431	60431	541	534	19821		5974
18453	18453	13626	13626	129	129	4698		1606
18453	18453	13626	13626	129	129	4698		1606
62333	62333	46805	46805	412	405	15123		4368
62333	62333	46805	46805	412	405	15123		4368
346357	345726	262463	261930	1625	1591	82217	220	29450
174305	174214	127166	127075	759	759	46380	20	15390
170255	170164	123967	123876	678	678	45610	20	15066
165264	165264	119245	119245	649	649	45370		14956
4991	4900	4722	4631	29	29	240	20	110
4050	4050	3199	3199	81	81	770		324
4050	4050	3199	3199	81	81	770		324
12022	12022	9658	9658	101	101	2263		1006
12022	12022	9658	9658	101	101	2263		1006
12022	12022	9658	9658	101	101	2263		1006
160030	159490	125639	125197	765	731	33574	200	13054
151621	151081	118734	118292	727	693	32108	200	12250
151621	151081	118734	118292	727	693	32108	200	12250
6109	6109	5180	5180	36	36	893		715
6109	6109	5180	5180	36	36	893		715
2300	2300	1725	1725	2	2	573		89
2300	2300	1725	1725	2	2	573		89

1-2-1-4 规模以下工业企业

指标名称	营业费用、管理费用、财务费用		营业利润	职工工资和福利费	本年应交增值税
	税金	利息支出			
总　　计	**69919**	**235175**	**4698742**	**3158890**	**1620524**
按国民经济行业小类分组					
采矿业	6685	22585	486228	291739	155250
黑色金属矿采选业	760	3143	125483	58871	31363
铁矿采选	740	3103	123420	58051	30943
铁矿采选	740	3103	123420	58051	30943
其他黑色金属矿采选	20	40	2063	820	420
其他黑色金属矿采选	20	40	2063	820	420
有色金属矿采选业	430	5187	43183	29204	13982
常用有色金属矿采选	261	2347	18627	13371	6508
铜矿采选	23	378	2900	1332	623
铅锌矿采选	151	802	11098	7060	3941
镍钴矿采选	12	79	216	236	135
镁矿采选	18		423	850	147
其他常用有色金属矿采选	57	1088	3990	3893	1662
贵金属矿采选	108	2768	15536	6759	4048
金矿采选	92	2698	11372	4643	3168
银矿采选	16	70	4164	2116	880
稀有稀土金属矿采选	61	72	9020	9074	3426
钨钼矿采选	43	72	8963	7969	3279
其他稀有金属矿采选	18		57	1105	147
非金属矿采选业	5476	13945	315311	200767	108915
土砂石开采	4223	11159	241798	142180	78320
石灰石、石膏开采	398	1545	35615	18645	9400
建筑装饰用石开采	1253	3534	66584	43856	22641
耐火土石开采	830	1627	51471	29173	16721
粘土及其他土砂石开采	1742	4453	88128	50506	29558
化学矿采选	35	65	6613	3255	1790
化学矿采选	35	65	6613	3255	1790
石棉及其他非金属矿采选	1218	2721	66900	55332	28805
石棉、云母矿采选	5	320	516	435	258
石墨、滑石采选	667	1247	32387	30048	17797
宝石、玉石开采	129	2	1618	3366	489
其他非金属矿采选	417	1152	32379	21483	10261
其他采矿业	19	310	2251	2897	990
其他采矿业	19	310	2251	2897	990
其他采矿业	19	310	2251	2897	990
制造业	62576	210021	4159527	2832628	1450881
农副食品加工业	8475	31824	616637	355223	211961

价值量综合表（二）

所有者权益合计	实收资本							工业总产值（当年价格）	全部从业人员年平均人数（人）
		国家资本	集体资本	法人资本	个人资本	港澳台资本	外商资本		
14356827	**12048532**	**62014**	**208437**	**205329**	**11552877**	**6308**	**13567**	**34627859**	**310461**
1357751	1171025	4100	1990	34245	1128890	1800		3326872	28141
323745	257327			4610	252717			733469	5942
319945	254057			4610	249447			721869	5829
319945	254057			4610	249447			721869	5829
3800	3270				3270			11600	113
3800	3270				3270			11600	113
167547	153665	700	1500	1150	148515	1800		309573	3181
101943	96690			650	96040			145181	1436
17726	16376				16376			18970	140
45525	43154			650	42504			81230	590
7000	7000				7000			2826	45
3520	3200				3200			4910	97
28172	26960				26960			37245	564
44906	38235	700			35735	1800		97296	736
30942	25948	700			23448	1800		71803	515
13964	12287				12287			25493	221
20698	18740		1500	500	16740			67096	1009
17978	16220		1500	500	14220			62101	909
2720	2520				2520			4995	100
858019	754857	3400	490	27485	723482			2261485	18594
683648	608792			27485	581307			1660099	13266
94757	81604				81604			222415	1779
194905	166828			22908	143920			485721	3941
125147	107233				107233			338817	2555
268839	253127			4577	248550			613146	4991
12132	8242				8242			41637	276
12132	8242				8242			41637	276
162239	137823	3400	490		133933			559749	5052
500	500				500			4300	29
68352	56390				56390			313818	2354
13857	8954	3400	350		5204			17089	204
79530	71979		140		71839			224542	2465
8440	5176			1000	4176			22345	424
8440	5176			1000	4176			22345	424
8440	5176			1000	4176			22345	424
12785897	10689742	19711	190752	169084	10292120	4508	13567	30934930	278912
1797917	1586520	3820	15710	7646	1558915		429	4427296	34410

1-2-1-4（二） 续表 1

指标名称	营业费用、管理费用、财务费用		营业利润	职工工资和福利费	本年应交增值税
	税金	利息支出			
谷物磨制	3675	14141	265158	153763	93961
谷物磨制	3675	14141	265158	153763	93961
饲料加工	475	1274	29161	17181	10891
饲料加工	475	1274	29161	17181	10891
植物油加工	1235	6159	104087	61068	36742
食用植物油加工	1218	6082	99713	59567	36077
非食用植物油加工	17	77	4374	1501	665
制糖	10	13	2122	1375	803
制糖	10	13	2122	1375	803
屠宰及肉类加工	733	2931	46725	31108	17324
畜禽屠宰	492	2160	29147	16490	11020
肉制品及副产品加工	241	771	17578	14618	6304
水产品加工	20	100	1979	1938	867
水产品冷冻加工	18	100	1179	1115	423
鱼糜制品及水产品干腌制加工	1		540	330	264
其他水产品加工	1		260	493	180
蔬菜、水果和坚果加工	522	1436	31908	20338	11998
蔬菜、水果和坚果加工	522	1436	31908	20338	11998
其他农副食品加工	1805	5770	135497	68452	39375
淀粉及淀粉制品的制造	1261	4224	50698	33182	21033
豆制品制造	132	758	11828	6634	4442
蛋品加工	34	56	600	611	489
其他未列明的农副食品加工	378	732	72371	28025	13411
食品制造业	1333	5879	91887	62058	30663
焙烤食品制造	257	1546	20089	11454	6466
糕点、面包制造	150	1296	13227	6970	4379
饼干及其他焙烤食品制造	107	250	6862	4484	2087
糖果、巧克力及蜜饯制造	24	206	2553	1316	845
糖果、巧克力制造	22	206	2424	1004	799
蜜饯制作	2		129	312	46
方便食品制造	331	1274	24313	17597	9027
米、面制品制造	311	1167	22021	14694	8033
速冻食品制造	12	88	1871	2450	757
方便面及其他方便食品制造	8	19	421	453	237
液体乳及乳制品制造	77	111	2450	2152	917
液体乳及乳制品制造	77	111	2450	2152	917
罐头制造	75	76	3770	3764	1533
肉、禽类罐头制造	14	31	2000	2335	686
蔬菜、水果罐头制造	56	35	1298	1130	578

所有者权益合计	实收资本	国家资本	集体资本	法人资本	个人资本	港澳台资本	外商资本	工业总产值(当年价格)	全部从业人员年平均人数（人）
780537	692183	500	4989	4562	681772		360	1947533	14627
780537	692183	500	4989	4562	681772		360	1947533	14627
88818	81736				81736			220251	1745
88818	81736				81736			220251	1745
381444	356753				356684		69	770350	5990
374244	350153				350084		69	748103	5796
7200	6600				6600			22247	194
4131	2952				2952			15672	94
4131	2952				2952			15672	94
171459	142174	3320	9799	2263	126792			352238	3194
102473	89853	3320	9799	530	76204			214806	1504
68986	52321			1733	50588			137432	1690
4600	3900				3900			16805	164
2400	1700				1700			9425	72
1000	1000				1000			4400	22
1200	1200				1200			2980	70
78349	69241			290	68951			233616	1863
78349	69241			290	68951			233616	1863
288579	237581		922	531	236128			870831	6733
127870	101487		922	531	100034			393102	3014
32239	24025				24025			85462	541
4072	3684				3684			8322	53
124398	108385				108385			383945	3125
283195	227890	3660	236	458	223526		10	670226	5938
47196	40909	3000			37909			140660	1026
30132	26857	3000			23857			90031	598
17064	14052				14052			50629	428
7561	5761				5761			18175	122
7161	5361				5361			16583	102
400	400				400			1592	20
72284	65627			128	65489		10	190397	1989
60514	55113			128	54975		10	166595	1531
8408	7297				7297			19137	333
3362	3217				3217			4665	125
14653	9407		57		9350			20492	206
14653	9407		57		9350			20492	206
18993	15449				15449			31994	278
6283	6207				6207			16779	151
8390	8090				8090			10615	104

1-2-1-4（二） 续表 2

指标名称	营业费用、管理费用、财务费用		营业利润	职工工资和福利费	本年应交增值税
	税金	利息支出			
其他罐头食品制造	5	10	472	299	269
调味品、发酵制品制造	403	1661	25709	18910	7656
味精制造	8	6	518	216	235
酱油、食醋及类似制品的制造	110	937	9677	7704	3158
其他调味品、发酵制品制造	285	718	15514	10990	4263
其他食品制造	166	1005	13003	6865	4219
营养、保健食品制造	40	650	3045	1794	1223
冷冻饮品及食用冰制造	8	11	874	1032	232
盐加工	24	10	1871	904	728
食品及饲料添加剂制造	46	100	3500	1434	759
其他未列明的食品制造	48	234	3713	1701	1277
饮料制造业	856	2602	68649	42661	22115
酒精制造	21	18	1150	1421	447
酒精制造	21	18	1150	1421	447
酒的制造	641	1850	43823	26702	15027
白酒制造	485	1209	27114	18693	10383
黄酒制造	140	420	13700	6888	3872
葡萄酒制造	10	121	1328	496	410
其他酒制造	6	100	1681	625	362
软饮料制造	147	494	16633	11031	4750
碳酸饮料制造	7	59	951	675	312
瓶（罐）装饮用水制造	80	339	8807	5381	2586
果菜汁及果菜汁饮料制造	8	2	4045	2125	600
固体饮料制造	10	72	1356	437	413
茶饮料及其他软饮料制造	42	22	1474	2413	839
精制茶加工	47	240	7043	3507	1891
精制茶加工	47	240	7043	3507	1891
纺织业	1891	6555	173736	171867	61553
棉、化纤纺织及印染精加工	1100	2955	100187	97685	37997
棉、化纤纺织加工	1062	2884	97008	94776	37249
棉、化纤印染精加工	38	71	3179	2909	748
毛纺织和染整精加工	25	10	3163	2828	1179
毛纺织	25	10	3163	2828	1179
麻纺织	24	30	1488	436	429
麻纺织	24	30	1488	436	429
丝绢纺织及精加工	76	193	3116	4941	1381
缫丝加工	40	147	1822	3272	653
绢纺和丝织加工	36	46	1294	1669	728
纺织制成品制造	183	1048	16735	13520	6580

所有者权益合计	实收资本							工业总产值(当年价格)	全部从业人员年平均人数(人)
		国家资本	集体资本	法人资本	个人资本	港澳台资本	外商资本		
4320	1152				1152			4600	23
78363	68529		80		68449			183012	1710
520	336				336			3938	30
24758	21996		80		21916			74876	759
53085	46197				46197			104198	921
44145	22208	660	99	330	21119			85496	607
5741	5517		99	20	5398			23743	172
1615	1000				1000			6370	75
15298	1300				1300			9499	63
6769	5390	660		310	4420			20165	119
14722	9001				9001			25719	178
195581	163721		1400	2394	159927			479821	4116
7211	6190			620	5570			10548	123
7211	6190			620	5570			10548	123
129510	110122				110122			313497	2635
85436	72026				72026			204703	1769
32381	27316				27316			89679	741
5578	5500				5500			8611	65
6115	5280				5280			10504	60
45002	36899			1524	35375			111592	1045
3858	3392			34	3358			6696	97
17773	15821			1490	14331			57950	451
8150	7250				7250			20980	274
4800	3700				3700			8266	38
10421	6736				6736			17700	185
13858	10510		1400	250	8860			44184	313
13858	10510		1400	250	8860			44184	313
728980	640461		1686	3084	635691			1415330	18159
480179	451710			1163	450547			822576	9795
473091	444947			1163	443784			800670	9421
7088	6763				6763			21906	374
13730	5645			421	5224			25606	265
13730	5645			421	5224			25606	265
2467	2467				2467			8364	44
2467	2467				2467			8364	44
18685	15385			1500	13885			33063	564
10640	7885			1500	6385			19254	430
8045	7500				7500			13809	134
51077	46411				46411			132846	1398

1-2-1-4（二） 续表 3

指标名称	营业费用、管理费用、财务费用		营业利润	职工工资和福利费	本年应交增值税
	税金	利息支出			
棉及化纤制品制造	119	652	10293	7187	4065
麻制品制造	19	40	1488	1214	387
丝制品制造	5	28	616	330	180
绳、索、缆的制造	6	21	1075	1105	374
纺织带和帘子布制造	9	70	763	372	360
无纺布制造	1	12	328	202	109
其他纺织制成品制造	24	225	2172	3110	1105
针织品、编织品及其制品制造	483	2319	49047	52457	13987
棉、化纤针织品及编织品制造	41	178	7473	9319	2213
毛针织品及编织品制造	387	2099	36474	38678	9963
丝针织品及编织品制造	44		3891	3214	1363
其他针织品及编织品制造	11	42	1209	1246	448
纺织服装、鞋、帽制造业	433	1983	34840	28795	9249
纺织服装制造	383	1878	33174	27266	8512
纺织服装制造	383	1878	33174	27266	8512
纺织面料鞋的制造	50	105	1666	1529	737
纺织面料鞋的制造	50	105	1666	1529	737
皮革、毛皮、羽毛(绒)及其制品业	273	931	21706	14216	6410
皮革鞣制加工	36	88	2398	1903	851
皮革鞣制加工	36	88	2398	1903	851
皮革制品制造	219	802	18300	11618	5063
皮鞋制造	163	377	13106	8206	3145
皮革服装制造	5	46	1237	540	320
皮箱、包(袋)制造	26	301	1148	652	463
皮手套及皮装饰制品制造	13	63	761	547	365
其他皮革制品制造	12	15	2048	1673	770
毛皮鞣制及制品加工	13	23	271	235	196
其他毛皮制品加工	13	23	271	235	196
羽毛(绒)加工及制品制造	5	18	737	460	300
羽毛(绒)制品加工	5	18	737	460	300
木材加工及木、竹、藤、棕、草制品业	3981	16885	294673	184587	102005
锯材、木片加工	2314	11015	173589	98483	60725
锯材加工	1301	7468	85993	49775	32656
木片加工	1013	3547	87596	48708	28069
人造板制造	1382	5023	98102	70041	33208
胶合板制造	1119	4028	77533	58974	26333
纤维板制造	83	500	5117	2369	1786
刨花板制造	18	34	2009	615	547
其他人造板、材制造	162	461	13443	8083	4542

所有者权益合计	实收资本	国家资本	集体资本	法人资本	个人资本	港澳台资本	外商资本	工业总产值(当年价格)	全部从业人员年平均人数(人)
31397	29059				29059			78391	665
4020	3536				3536			9970	88
2482	2482				2482			4050	100
2520	2220				2220			8627	106
1540	1540				1540			6075	45
1126	850				850			2188	20
7992	6724				6724			23545	374
162842	118843		1686		117157			392875	6093
21688	21564		1686		19878			64117	1160
125262	90312				90312			288987	4506
13885	5390				5390			30091	313
2007	1577				1577			9680	114
148216	72357		3660	1850	66348		499	261260	3372
143870	68151		2660	1850	63142		499	245253	3245
143870	68151		2660	1850	63142		499	245253	3245
4346	4206		1000		3206			16007	127
4346	4206		1000		3206			16007	127
61717	53984			3000	50984			149564	1391
8955	8435				8435			18043	209
8955	8435				8435			18043	209
48336	41323			3000	38323			122611	1125
38189	32014			3000	29014			85607	794
1500	1500				1500			7001	67
2929	2902				2902			8514	39
1501	1387				1387			6131	66
4217	3520				3520			15358	159
1326	1326				1326			3280	15
1326	1326				1326			3280	15
3100	2900				2900			5630	42
3100	2900				2900			5630	42
871561	738572		1348	6644	730389		191	2154374	17424
495740	432853		800	6042	426011			1245584	9211
285713	266395		500	5078	260817			645815	4451
210027	166458		300	964	165194			599769	4760
308427	253190		548	602	252040			737753	6514
258543	213161		548	402	212211			596368	5352
13342	11706				11706			36715	204
1652	1652				1652			12409	42
34890	26671			200	26471			92261	916

1-2-1-4（二） 续表 4

指标名称	营业费用、管理费用、财务费用		营业利润	职工工资和福利费	本年应交增值税
	税金	利息支出			
木制品制造	207	447	16612	8808	5521
建筑用木料及木材组件加工	116	209	11445	5798	3724
木容器制造	46	104	1628	952	849
软木制品及其他木制品制造	45	134	3539	2058	948
竹、藤、棕、草制品制造	78	400	6370	7255	2551
竹、藤、棕、草制品制造	78	400	6370	7255	2551
家具制造业	2469	8749	196051	116140	75360
木质家具制造	2240	8175	178299	105002	69096
木质家具制造	2240	8175	178299	105002	69096
竹、藤家具制造	5		750	786	208
竹、藤家具制造	5		750	786	208
金属家具制造	64	162	4017	2242	1522
金属家具制造	64	162	4017	2242	1522
塑料家具制造	74	158	3685	3906	1328
塑料家具制造	74	158	3685	3906	1328
其他家具制造	86	254	9300	4204	3206
其他家具制造	86	254	9300	4204	3206
造纸及纸制品业	450	1786	26794	19182	9741
造纸	253	1301	12799	9833	5178
机制纸及纸板制造	163	1011	8175	6232	3263
手工纸制造	42	70	1936	909	442
加工纸制造	48	220	2688	2692	1473
纸制品制造	197	485	13995	9349	4563
纸和纸板容器的制造	90	279	7649	5693	2608
其他纸制品制造	107	206	6346	3656	1955
印刷业和记录媒介的复制	754	1917	49556	31577	16083
印刷	605	1780	42830	26220	13827
书、报、刊印刷	167	729	11718	7141	3809
本册印制	126	691	14547	10910	5653
包装装潢及其他印刷	312	360	16565	8169	4365
装订及其他印刷服务活动	149	137	6726	5357	2256
装订及其他印刷服务活动	149	137	6726	5357	2256
文教体育用品制造业	62	319	6248	6671	1826
文化用品制造	21	130	3187	2067	871
文具制造	2	120	280	350	150
笔的制造	12		1054	325	194
教学用模型及教具制造	4	2	1455	405	200
墨水、墨汁制造	2		148	287	42
其他文化用品制造	1	8	250	700	285

所有者权益合计	实收资本	国家资本	集体资本	法人资本	个人资本	港澳台资本	外商资本	工业总产值(当年价格)	全部从业人员年平均人数（人）
51934	40645				40604		41	113005	742
36445	26844				26844			76217	480
3049	2750				2750			13827	78
12440	11051				11010		41	22961	184
15460	11884				11734		150	58032	957
15460	11884				11734		150	58032	957
623160	518540		2617	9100	506823			1468395	10321
572028	473233		2617	9100	461516			1340652	9128
572028	473233		2617	9100	461516			1340652	9128
1500	1500				1500			6307	57
1500	1500				1500			6307	57
12420	11560				11560			29897	256
12420	11560				11560			29897	256
10202	9632				9632			29655	450
10202	9632				9632			29655	450
27010	22615				22615			61884	430
27010	22615				22615			61884	430
128733	98364		560	8000	89804			212389	1818
89481	70454			8000	62454			109188	928
74754	58290			8000	50290			70171	581
3797	2620				2620			12226	70
10930	9544				9544			26791	277
39252	27910		560		27350			103201	890
25308	19925		560		19365			59213	520
13944	7985				7985			43988	370
145141	123776	700	10160	1434	111471		11	364906	2837
124150	108829	700	7400	1434	99295			311371	2404
36525	31716		3550	1216	26950			87417	614
46426	40220		3400	218	36602			115577	1072
41199	36893	700	450		35743			108377	718
20991	14947		2760		12176		11	53535	433
20991	14947		2760		12176		11	53535	433
20445	14799			540	14259			46915	936
7407	5766				5766			22642	258
654	486				486			3018	58
780	780				780			5257	31
2500	2300				2300			8050	53
260	200				200			1512	20
3213	2000				2000			4805	96

1-2-1-4（二） 续表 5

指标名称	营业费用、管理费用、财务费用		营业利润	职工工资和福利费	本年应交增值税
	税金	利息支出			
玩具制造	41	189	3061	4604	955
玩具制造	41	189	3061	4604	955
石油加工、炼焦及核燃料加工业	123	566	9731	6214	3390
精炼石油产品的制造	118	533	9210	6038	3189
原油加工及石油制品制造	94	393	8149	5651	2708
人造原油生产	24	140	1061	387	481
炼焦	5	33	521	176	201
炼焦	5	33	521	176	201
化学原料及化学制品制造业	1523	4348	107586	74245	36817
基础化学原料制造	243	556	17337	12780	5466
无机酸制造	23	8	530	482	257
无机碱制造	14	20	1521	1253	448
无机盐制造	39	107	2372	2516	865
有机化学原料制造	16	2	1298	742	154
其他基础化学原料制造	151	419	11616	7787	3742
肥料制造	317	1249	16996	15226	6914
氮肥制造	40	510	1603	840	514
磷肥制造	46	316	3137	2145	1035
钾肥制造	11	24	211	286	123
复混肥料制造	81	223	5049	6391	2167
有机肥料及微生物肥料制造	111	131	4037	3505	1766
其他肥料制造	28	45	2959	2059	1309
农药制造	105	85	6580	5090	1887
化学农药制造	77	74	5299	3842	1441
生物化学农药及微生物农药制造	28	11	1281	1248	446
涂料、油墨、颜料及类似产品制造	291	883	22632	13554	8080
涂料制造	241	591	18405	10478	6253
油墨及类似产品制造	1		400	290	296
颜料制造	12	42	1407	583	520
染料制造	21	40	1234	1121	371
密封用填料及类似品制造	16	210	1186	1082	640
合成材料制造	103	217	5071	2630	1796
初级形态的塑料及合成树脂制造	66	87	2358	1279	882
合成橡胶制造	36	130	2333	1151	634
其他合成材料制造	1		380	200	280
专用化学产品制造	285	1021	23029	15463	7568
化学试剂和助剂制造	107	272	6209	3635	1751
专项化学用品制造	2		314	163	145
林产化学产品制造	16	122	3905	1844	971

所有者权益合计	实收资本	国家资本	集体资本	法人资本	个人资本	港澳台资本	外商资本	工业总产值(当年价格)	全部从业人员年平均人数(人)
13038	9033			540	8493			24273	678
13038	9033			540	8493			24273	678
19597	18081				18081			71098	630
16797	15281				15281			67070	616
15880	14514				14514			58896	578
917	767				767			8174	38
2800	2800				2800			4028	14
2800	2800				2800			4028	14
367930	279537	680	6886	16110	254623	1238		796331	6975
50365	34080	680	900	2850	29650			125915	1215
1148	1000				1000			4861	185
2020	1870		100		1770			12764	86
8748	7510			1500	6010			20259	211
960	200			100	100			8578	53
37489	23500	680	800	1250	20770			79453	680
79864	54893				54893			144280	1339
2598	2598				2598			10550	147
8930	8190				8190			24131	152
3500	3500				3500			2060	28
26285	21012				21012			49431	566
21306	12877				12877			34893	269
17245	6716				6716			23215	177
27729	21900		3000	1560	17340			47123	475
16719	15500		3000		12500			36376	356
11010	6400			1560	4840			10747	119
68077	50747		2000	800	47947			167700	1079
49944	38065			300	37765			132211	851
500	500			500				4940	15
5474	5074				5074			9867	59
5800	4600		2000		2600			9460	79
6359	2508				2508			11222	75
14379	13227				13227			38573	244
4179	4027				4027			17680	128
9700	8700				8700			15993	103
500	500				500			4900	13
65264	51720		166	900	49824	830		164488	1587
14660	12227			900	11327			41228	329
1000	1000				1000			2480	18
10669	8120				8120			22824	187

1-2-1-4（二） 续表 6

指标名称	营业费用、管理费用、财务费用		营业利润	职工工资和福利费	本年应交增值税
	税金	利息支出			
炸药及火工产品制造	56	400	6505	4503	2566
信息化学品制造	14	120	1464	610	412
环境污染处理专用药剂材料制造	30	40	849	655	120
动物胶制造	29	17	2079	3003	1023
其他专用化学产品制造	31	50	1704	1050	580
日用化学产品制造	179	337	15941	9502	5106
肥皂及合成洗涤剂制造	72	113	5466	3966	2076
化妆品制造	37	8	2964	999	607
香料、香精制造	32	112	1938	916	676
其他日用化学产品制造	38	104	5573	3621	1747
医药制造业	325	1577	22709	16820	7057
化学药品原药制造	67	66	3727	3190	842
化学药品原药制造	67	66	3727	3190	842
化学药品制剂制造	37	789	1401	1540	540
化学药品制剂制造	37	789	1401	1540	540
中药饮片加工	34	56	3171	2245	1026
中药饮片加工	34	56	3171	2245	1026
中成药制造	117	312	7665	5611	2579
中成药制造	117	312	7665	5611	2579
兽用药品制造	41	43	1822	1414	703
兽用药品制造	41	43	1822	1414	703
生物、生化制品的制造	14	263	1426	1409	711
生物、生化制品的制造	14	263	1426	1409	711
卫生材料及医药用品制造	15	48	3497	1411	656
卫生材料及医药用品制造	15	48	3497	1411	656
化学纤维制造业	30	233	1999	1978	866
合成纤维制造	30	233	1999	1978	866
锦纶纤维制造	12		533	268	229
涤纶纤维制造	9	180	495	760	237
其他合成纤维制造	9	53	971	950	400
橡胶制品业	139	895	12756	8797	5264
轮胎制造	23	77	3486	1559	1104
车辆、飞机及工程机械轮胎制造	3		942	366	235
力车胎制造	3	17	776	350	70
轮胎翻新加工	17	60	1768	843	799
橡胶板、管、带的制造	31	627	933	1631	670
橡胶板、管、带的制造	31	627	933	1631	670
橡胶零件制造	22	56	2904	1666	1257
橡胶零件制造	22	56	2904	1666	1257

所有者权益合计	实收资本	国家资本	集体资本	法人资本	个人资本	港澳台资本	外商资本	工业总产值(当年价格)	全部从业人员年平均人数（人）
22820	19100				19100			52305	450
1900	1600				1600			8298	47
1100	700				700			4995	43
9512	5935		166		4939	830		20405	371
3603	3038				3038			11953	142
62252	52970		820	10000	41742	408		108252	1036
20432	15574				15574			41993	416
4090	3050				3050			13973	135
20080	19980			10000	9980			12760	96
17650	14366		820		13138	408		39526	389
69190	56211		1400		54811			165084	1628
11830	9450		500		8950			25586	331
11830	9450		500		8950			25586	331
4092	3900				3900			14513	153
4092	3900				3900			14513	153
11571	8371				8371			20788	232
11571	8371				8371			20788	232
26210	20268				20268			57795	462
26210	20268				20268			57795	462
3410	3410				3410			12985	199
3410	3410				3410			12985	199
3787	3682				3682			12495	121
3787	3682				3682			12495	121
8290	7130		900		6230			20922	130
8290	7130		900		6230			20922	130
3190	2928			500	2428			16263	304
3190	2928			500	2428			16263	304
762	500			500				3524	28
1200	1200				1200			4950	138
1228	1228				1228			7789	138
59050	34004				34004			105955	663
14026	10748				10748			24596	135
1411	1400				1400			5756	41
1560	1560				1560			4500	28
11055	7788				7788			14340	66
3064	2964				2964			12185	118
3064	2964				2964			12185	118
17260	6426				6426			23371	132
17260	6426				6426			23371	132

1-2-1-4（二） 续表 7

指标名称	营业费用、管理费用、财务费用		营业利润	职工工资和福利费	本年应交增值税
	税金	利息支出			
再生橡胶制造	7	60	1808	862	399
再生橡胶制造	7	60	1808	862	399
日用及医用橡胶制品制造	1		321	456	85
日用及医用橡胶制品制造	1		321	456	85
其他橡胶制品制造	55	75	3304	2623	1749
其他橡胶制品制造	55	75	3304	2623	1749
塑料制品业	1572	4565	113249	68651	40691
塑料薄膜制造	121	794	7228	6426	3031
塑料薄膜制造	121	794	7228	6426	3031
塑料板、管、型材的制造	187	765	22021	10984	7015
塑料板、管、型材的制造	187	765	22021	10984	7015
塑料丝、绳及编织品的制造	325	765	24113	16262	8395
塑料丝、绳及编织品的制造	325	765	24113	16262	8395
泡沫塑料制造	36	138	3068	1890	1091
泡沫塑料制造	36	138	3068	1890	1091
塑料包装箱及容器制造	176	168	8407	4005	2676
塑料包装箱及容器制造	176	168	8407	4005	2676
塑料零件制造	20	37	4011	2011	887
塑料零件制造	20	37	4011	2011	887
日用塑料制造	276	1206	21170	12454	7077
塑料鞋制造	20	178	2152	1060	747
日用塑料杂品制造	256	1028	19018	11394	6330
其他塑料制品制造	431	692	23231	14619	10519
其他塑料制品制造	431	692	23231	14619	10519
非金属矿物制品业	26483	76109	1586392	1041249	555408
水泥、石灰和石膏的制造	1161	1784	45495	30941	12497
水泥制造	124	384	4913	3949	1506
石灰和石膏制造	1037	1400	40582	26992	10991
水泥及石膏制品制造	7902	26994	448520	261528	170042
水泥制品制造	1892	9498	126822	81731	50594
砼结构构件制造	5588	16537	296277	165651	110107
石棉水泥制品制造	128	565	9760	6370	3951
轻质建筑材料制造	168	153	8193	4362	3100
其他水泥制品制造	126	241	7468	3414	2290
砖瓦、石材及其他建筑材料制造	16139	43735	960151	672881	337939
粘土砖瓦及建筑砌块制造	10599	31163	625290	417486	223715
建筑陶瓷制品制造	90	574	5820	3380	2447
建筑用石加工	3940	9765	248030	194558	87258
防水建筑材料制造	100	120	11834	6265	3487

所有者权益合计	实收资本							工业总产值(当年价格)	全部从业人员年平均人数(人)
		国家资本	集体资本	法人资本	个人资本	港澳台资本	外商资本		
3701	3366				3366			11047	78
3701	3366				3366			11047	78
700	700				700			3000	23
700	700				700			3000	23
20299	9800				9800			31756	177
20299	9800				9800			31756	177
321462	264076		2009	3200	258807		60	836949	6765
26557	22317			398	21919			62446	794
26557	22317			398	21919			62446	794
57215	47438				47438			150992	948
57215	47438				47438			150992	948
60005	53829		824		52945		60	174920	1692
60005	53829		824		52945		60	174920	1692
9146	9006				9006			21703	178
9146	9006				9006			21703	178
17490	12453		315		12138			57373	380
17490	12453		315		12138			57373	380
9355	7965				7965			25249	320
9355	7965				7965			25249	320
72524	54656		870	2750	51036			152680	1122
9250	9000				9000			15190	92
63274	45656		870	2750	42036			137490	1030
69170	56412			52	56360			191586	1331
69170	56412			52	56360			191586	1331
4695429	3926859	620	24512	70888	3830578	170	91	11641937	98964
131360	108662		2340		106322			331818	2746
17991	15852				15852			37740	452
113369	92810		2340		90470			294078	2294
1251794	1045850	500	6950	10841	1027468		91	3312803	23067
361631	279437	500	6950	1121	270775		91	980809	7179
808749	688888			9720	679168			2148353	14612
46552	45419				45419			77544	522
20263	18353				18353			59679	409
14599	13753				13753			46418	345
2951286	2492370	120	10022	50039	2432019	170		7147666	65020
1808037	1562087	120	8901	36299	1516767			4603221	41299
25757	24211				24211			46995	261
812313	661354		559	11740	648885	170		1907183	18778
41040	36785				36785			75044	546

1-2-1-4（二） 续表 8

指标名称	营业费用、管理费用、财务费用		营业利润	职工工资和福利费	本年应交增值税
	税金	利息支出			
隔热和隔音材料制造	146	386	10619	7142	4629
其他建筑材料制造	1264	1727	58558	44050	16403
玻璃及玻璃制品制造	230	789	14019	11885	5241
平板玻璃制造	17	186	2422	1895	754
技术玻璃制品制造	1		483	246	228
光学玻璃制造	38	78	2252	2226	1115
玻璃仪器制造	21	36	1338	849	384
日用玻璃制品及玻璃包装容器制造	64	58	3916	3001	1412
玻璃保温容器制造	14	373	731	550	518
玻璃纤维及制品制造	51	20	441	781	313
玻璃纤维增强塑料制品制造	2		335	1397	41
其他玻璃制品制造	22	38	2101	940	476
陶瓷制品制造	91	42	5358	3280	1242
特种陶瓷制品制造					
日用陶瓷制品制造	31	12	1604	1033	459
园林、陈设艺术及其他陶瓷制品制造	60	30	3754	2247	783
耐火材料制品制造	281	647	17569	14541	8467
石棉制品制造	44	40	5936	3652	2641
云母制品制造	5		492	260	246
耐火陶瓷制品及其他耐火材料制造	232	607	11141	10629	5580
石墨及其他非金属矿物制品制造	679	2118	95280	46193	19980
石墨及碳素制品制造	317	932	63236	29892	10026
其他非金属矿物制品制造	362	1186	32044	16301	9954
黑色金属冶炼及压延加工业	419	1034	17905	15007	5836
炼铁	128	760	5072	3288	1848
炼铁	128	760	5072	3288	1848
炼钢	35	85	1904	1154	680
炼钢	35	85	1904	1154	680
钢压延加工	100	115	5752	4162	1876
钢压延加工	100	115	5752	4162	1876
铁合金冶炼	156	74	5177	6403	1432
铁合金冶炼	156	74	5177	6403	1432
有色金属冶炼及压延加工业	307	382	15239	10446	4478
常用有色金属冶炼	138	158	5261	3481	1596
铜冶炼	40	61	1472	496	524
铅锌冶炼	46	55	1724	1562	421
铝冶炼					
镁冶炼	27	30	1121	600	309
其他常用有色金属冶炼	25	12	944	823	342

所有者权益合计	实收资本							工业总产值(当年价格)	全部从业人员年平均数(人)
		国家资本	集体资本	法人资本	个人资本	港澳台资本	外商资本		
40845	24849		130		24719			91894	577
223294	183084		432	2000	180652			423329	3559
51764	36557		4150		32407			115089	1171
6793	4250				4250			18207	169
880	500				500			3917	22
4023	3780				3780			21245	225
3600	3150				3150			9518	55
21177	13454		550		12904			27387	312
3529	1099		599		500			9179	29
3590	3501		2701		800			7056	80
1525	1500		300		1200			5631	216
6647	5323				5323			12949	63
14440	11280				11280			35043	300
									8
2300	1800				1800			11950	95
12140	9480				9480			23093	197
68184	32992				32992			155612	1000
20363	6682				6682			45990	247
280	280				280			4100	13
47541	26030				26030			105522	740
226601	199148		1050	10008	188090			543906	5660
144257	127581				127581			332464	4119
82344	71567		1050	10008	60509			211442	1541
71889	64188		4503	1000	58685			138964	1269
21337	20312				20312			38218	261
21337	20312				20312			38218	261
5887	4800				4800			14503	135
5887	4800				4800			14503	135
13441	12738		503		12235			41002	311
13441	12738		503		12235			41002	311
31224	26338		4000	1000	21338			45241	562
31224	26338		4000	1000	21338			45241	562
48621	41587		300	250	41037			106695	961
17488	14860				14860			37718	272
2070	2070				2070			9030	42
8506	7300				7300			13220	95
									8
2410	2210				2210			6768	55
4502	3280				3280			8700	72

1-2-1-4（二） 续表 9

指标名称	营业费用、管理费用、财务费用		营业利润	职工工资和福利费	本年应交增值税
	税金	利息支出			
贵金属冶炼	14	51	989	732	353
金冶炼	12	51	672	192	288
银冶炼	2		317	540	65
稀有稀土金属冶炼	86	62	3548	2797	946
钨钼冶炼	1		504	52	36
稀土金属冶炼	6		257	350	74
其他稀有金属冶炼	79	62	2787	2395	836
有色金属合金制造	39	30	2828	1870	738
有色金属合金制造	39	30	2828	1870	738
有色金属压延加工	30	81	2613	1566	845
常用有色金属压延加工	30	81	2613	1566	845
金属制品业	1746	8079	134149	81743	46699
结构性金属制品制造	1081	5465	81389	47905	28844
金属结构制造	317	2502	33631	16979	11080
金属门窗制造	764	2963	47758	30926	17764
金属工具制造	194	995	17554	10550	6234
切削工具制造	17	106	1697	1001	608
手工具制造	1		88	260	20
农用及园林用金属工具制造	151	748	11692	7221	4290
刀剪及类似日用金属工具制造	6	55	1347	862	530
其他金属工具制造	19	86	2730	1206	786
集装箱及金属包装容器制造	65	47	3537	3357	1374
集装箱制造	13	47	1071	281	286
金属压力容器制造	16		686	512	346
金属包装容器制造	36		1780	2564	742
金属丝绳及其制品的制造	18	73	2673	2024	953
金属丝绳及其制品的制造	18	73	2673	2024	953
建筑、安全用金属制品制造	123	752	13092	6399	3577
建筑、家具用金属配件制造	69	544	6617	2502	1547
建筑装饰及水暖管道零件制造	29	99	3158	2408	1067
安全、消防用金属制品制造	6	56	874	748	349
其他建筑、安全用金属制品制造	19	53	2443	741	614
金属表面处理及热处理加工	46	70	2485	1501	815
金属表面处理及热处理加工	46	70	2485	1501	815
搪瓷制品制造	6	4	708	595	180
工业生产配套用搪瓷制品制造	1		118	350	80
搪瓷日用品及其他搪瓷制品制造	5	4	590	245	100
不锈钢及类似日用金属制品制造	17	75	2559	3929	1121
金属制厨房调理及卫生器具制造	4	4	815	3138	638

所有者权益合计	实收资本	国家资本	集体资本	法人资本	个人资本	港澳台资本	外商资本	工业总产值(当年价格)	全部从业人员年平均人数(人)
1895	1463				1463			7489	72
1000	1000				1000			4800	16
895	463				463			2689	56
15173	13029				13029			25205	207
785	385				385			1850	10
1564	1320				1320			2300	30
12824	11324				11324			21055	167
7000	5700				5700			17398	144
7000	5700				5700			17398	144
7065	6535		300	250	5985			18885	266
7065	6535		300	250	5985			18885	266
374516	316484		7058	7160	302239		27	980930	7985
209603	179818		5051	4996	169771			593448	4397
88784	75440		4551	2650	68239			230878	1577
120819	104378		500	2346	101532			362570	2820
52616	42939		400	1338	41201			129899	914
5105	4502			300	4202			13396	84
800	800				800			1200	26
36403	29532		400	1038	28094			88597	627
2777	2400				2400			9502	70
7531	5705				5705			17204	107
14438	12792		1270		11522			29981	355
936	800				800			5812	21
3572	2772				2772			6586	85
9930	9220		1270		7950			17583	249
10071	8850			826	7997		27	19146	226
10071	8850			826	7997		27	19146	226
34547	27772		63		27709			84221	819
11519	10791		63		10728			38597	478
11965	9845				9845			24040	206
4400	4200				4200			6984	62
6663	2936				2936			14600	73
4875	4140				4140			17725	112
4875	4140				4140			17725	112
250	200				200			4545	52
150	100				100			1650	22
100	100				100			2895	30
14398	13830		274		13556			26692	601
7998	7630		274		7356			15467	515

1-2-1-4（二） 续表 10

指标名称	营业费用、管理费用、财务费用		营业利润	职工工资和福利费	本年应交增值税
	税金	利息支出			
金属制厨用器皿及餐具制造	5	38	507	188	197
其他日用金属制品制造	8	33	1237	603	286
其他金属制品制造	196	598	10152	5483	3601
其他未列明的金属制品制造	196	598	10152	5483	3601
通用设备制造业	2816	5398	88505	57438	29095
锅炉及原动机制造	49	75	5794	2624	1094
锅炉及辅助设备制造	9		1483	193	180
内燃机及配件制造	40	75	4311	2431	914
金属加工机械制造	1691	859	12514	13535	4592
金属切削机床制造	12	92	1841	589	526
铸造机械制造	48	105	4414	3151	1353
金属切割及焊接设备制造	5	23	1605	1018	317
机床附件制造	19	53	1007	439	311
其他金属加工机械制造	1607	586	3647	8338	2085
泵、阀门、压缩机及类似机械的制造	50	169	6697	3220	1884
泵及真空设备制造	21	89	1885	1575	995
阀门和旋塞的制造	14	52	4089	1269	673
液压和气压动力机械及元件制造	15	28	723	376	216
轴承、齿轮、传动和驱动部件的制造	37	244	3992	3093	1362
轴承制造	29	50	2408	1276	593
齿轮、传动和驱动部件制造	8	194	1584	1817	769
风机、衡器、包装设备等通用设备制造	54	441	5820	5146	2427
风机、风扇制造	1		269	198	123
制冷、空调设备制造	3	40	410	378	240
风动和电动工具制造	1		246	280	120
包装专用设备制造	16	182	883	572	301
衡器制造	7	49	1247	239	374
其他通用设备制造	26	170	2765	3479	1269
通用零部件制造及机械修理	300	1042	19267	12933	7096
金属密封件制造	1	90	170	282	104
紧固件、弹簧制造	20	95	2751	1593	669
机械零部件加工及设备修理	236	707	14816	9052	5565
其他通用零部件制造	43	150	1530	2006	758
金属铸、锻加工	635	2568	34421	16887	10640
钢铁铸件制造	581	2314	30898	14118	9231
锻件及粉末冶金制品制造	54	254	3523	2769	1409
专用设备制造业	940	3525	68767	47153	25365
矿山、冶金、建筑专用设备制造	123	353	12527	6261	3953
采矿、采石设备制造	10		2129	1003	439

所有者权益合计	实收资本							工业总产值(当年价格)	全部从业人员年平均人数(人)
		国家资本	集体资本	法人资本	个人资本	港澳台资本	外商资本		
2400	2400				2400			3938	15
4000	3800				3800			7287	71
33718	26143				26143			75273	509
33718	26143				26143			75273	509
232278	199682	2757	11939	4463	180523			624553	5320
11130	8988			317	8671			31742	255
1000	1000				1000			6200	17
10130	7988			317	7671			25542	238
40826	41237	500	8250		32487			100128	1166
3270	3150				3150			11195	46
18705	17895		8250		9645			32056	285
2110	1730				1730			8586	146
1156	962				962			6115	43
15585	17500	500			17000			42176	646
18837	12229	1857			10372			42957	322
9879	3829	1857			1972			16713	134
8408	7900				7900			21760	155
550	500				500			4484	33
12529	10749		339		10410			31639	280
6580	6375				6375			15460	106
5949	4374		339		4035			16179	174
20459	17296			2026	15270			48622	552
700	700				700			2100	30
2140	2000			2000				4250	35
2360	2360				2360			2000	28
1887	1887				1887			6452	57
2500	2500				2500			7030	25
10872	7849			26	7823			26790	377
50376	42044	400	150	1420	40074			151173	1214
1118	447			217	230			1856	26
6304	5590	400			5190			18246	121
39216	32940		150	986	31804			114805	803
3738	3067			217	2850			16266	264
78121	67139		3200	700	63239			218292	1531
64226	54389		3200		51189			189743	1292
13895	12750			700	12050			28549	239
258544	203649	4000	4878	6976	187795			534402	4644
43996	26264	1000		4680	20584			85833	712
7880	6500			2000	4500			12530	81

1-2-1-4（二） 续表 11

指标名称	营业费用、管理费用、财务费用		营业利润	职工工资和福利费	本年应交增值税
	税金	利息支出			
石油钻采专用设备制造	90	271	7307	3336	2348
建筑工程用机械制造	10	22	1173	648	420
建筑材料生产专用机械制造	8	50	1460	1014	463
冶金专用设备制造	5	10	458	260	283
化工、木材、非金属加工专用设备制造	59	348	5554	4001	2607
炼油、化工生产专用设备制造	14	61	2115	866	733
木材加工机械制造	5	10	458	396	283
模具制造	39	277	2499	2204	1308
其他非金属加工专用设备制造	1		482	535	283
食品、饮料、烟草及饲料生产专用设备制造	53	184	4412	3308	1615
农副食品加工专用设备制造	48	174	3926	3100	1341
饲料生产专用设备制造	5	10	486	208	274
印刷、制药、日化生产专用设备制造	32	79	2138	1420	571
制浆和造纸专用设备制造					
印刷专用设备制造	2	22	432	483	143
日用化工专用设备制造	1	4	55	204	47
其他日用品生产专用设备制造	29	53	1651	733	381
纺织、服装和皮革工业专用设备制造	135	327	8526	8933	3299
纺织专用设备制造	133	315	8425	8835	3255
其他服装加工专用设备制造	2	12	101	98	44
电子和电工机械专用设备制造	38	129	5058	2266	1423
电工机械专用设备制造	27	103	4486	1699	1170
电子工业专用设备制造	11	26	572	567	253
农、林、牧、渔专用机械制造	412	1950	25821	18039	10390
拖拉机制造	15	77	973	210	343
机械化农业及园艺机具制造	142	739	7547	6621	2968
畜牧机械制造	5	10	472	148	268
渔业机械制造	2	48	520	220	130
农林牧渔机械配件制造	111	272	4282	2894	1666
其他农林牧渔业机械制造及机械修理	137	804	12027	7946	5015
医疗仪器设备及器械制造	13	53	703	710	338
机械治疗及病房护理设备制造	9	18	531	348	247
假肢、人工器官及植（介）入器械制造					
其他医疗设备及器械制造	4	35	172	362	91
环保、社会公共安全及其他专用设备制造	75	102	4028	2215	1169
交通安全及管制专用设备制造	2	24	260	72	74
水资源专用机械制造	64	27	2920	1605	590
其他专用设备制造	9	51	848	538	505
交通运输设备制造业	834	3236	77061	53318	27548

所有者权益合计	实收资本							工业总产值(当年价格)	全部从业人员年平均人数（人）
		国家资本	集体资本	法人资本	个人资本	港澳台资本	外商资本		
22078	12732			2680	10052			50266	464
2675	2520				2520			9025	55
6818	3300	1000			2300			9212	92
4545	1212				1212			4800	20
13767	7340			350	6990			48262	341
5639	3530				3530			15135	109
4545	1212				1212			4800	36
2618	2400			350	2050			23607	161
965	198				198			4720	35
21948	18133		2040		16093			37215	321
17538	16957		2040		14917			32515	308
4410	1176				1176			4700	13
9200	7709			250	7459			14187	115
5786	5250			250	5000			3458	38
591	500				500			1157	20
2823	1959				1959			9572	57
41222	37868		1338	170	36360			74814	835
40752	37518		1338	170	36010			73820	827
470	350				350			994	8
12168	11604		1000	1000	9604			30917	291
10363	9850		1000	1000	7850			25880	229
1805	1754				1754			5037	62
92174	75781			26	75755			209020	1684
1617	1004				1004			5823	16
26486	25562			26	25536			65738	609
4320	1152				1152			4600	12
650	650				650			2690	14
11693	10977				10977			30602	278
47408	36436				36436			99567	755
2961	2800				2800			6536	62
1600	1500				1500			4227	29
1361	1300				1300			2309	33
21108	16150	3000	500	500	12150			27618	283
962	700			500	200			1689	5
11200	10700				10700			16700	233
8946	4750	3000	500		1250			9229	45
253890	191691		5290	4600	181801			588173	5199

1-2-1-4（二） 续表 12

指标名称	营业费用、管理费用、财务费用		营业利润	职工工资和福利费	本年应交增值税
	税金	利息支出			
铁路运输设备制造	1	15	591	195	120
铁路专用设备及器材、配件制造	1	15	591	195	120
汽车制造	760	2556	71770	49427	25350
汽车整车制造	20	80	620	307	291
改装汽车制造	16	212	981	348	302
汽车车身、挂车的制造	23	35	1239	612	432
汽车零部件及配件制造	404	824	31856	23157	9952
汽车修理	297	1405	37074	25003	14373
自行车制造	20	106	2126	1661	879
脚踏自行车及残疾人座车制造	20	106	2126	1661	879
船舶及浮动装置制造	23	38	1102	873	321
娱乐船和运动船的建造和修理	5	8	435	240	174
船用配套设备制造	18	30	667	633	147
交通器材及其他交通运输设备制造	30	521	1472	1162	878
潜水及水下救捞装备制造					
交通管理用金属标志及设施制造	2	8	540	165	130
其他交通运输设备制造	28	513	932	997	748
电气机械及器材制造业	619	1487	41491	26706	13652
电机制造	76	166	6052	4026	2237
发电机及发电机组制造	24	33	965	382	354
电动机制造	24	73	3109	2353	1075
微电机及其他电机制造	28	60	1978	1291	808
输配电及控制设备制造	223	371	10211	5527	2975
变压器、整流器和电感器制造	149	274	4568	3551	1604
配电开关控制设备制造	33	63	3051	1085	680
电力电子元器件制造	20		390	160	160
其他输配电及控制设备制造	21	34	2202	731	531
电线、电缆、光缆及电工器材制造	156	464	9370	6745	3235
电线电缆制造	122	388	6709	4526	2503
绝缘制品制造	26	31	624	768	275
其他电工器材制造	8	45	2037	1451	457
电池制造	3		774	428	223
电池制造	3		774	428	223
家用电力器具制造	18	9	1284	1113	476
家用厨房电器具制造	6	9	593	854	218
其他家用电力器具制造	12		691	259	258
非电力家用器具制造	38	110	4953	2669	1473
燃气、太阳能及类似能源的器具制造	20	40	3083	1314	813
其他非电力家用器具制造	18	70	1870	1355	660

所有者权益合计	实收资本	国家资本	集体资本	法人资本	个人资本	港澳台资本	外商资本	工业总产值(当年价格)	全部从业人员年平均数（人）
800	500				500			3400	28
800	500				500			3400	28
239074	181597		5290	4600	171707			545815	4900
3500	3500				3500			4980	32
1574	1388				1388			5950	36
4220	4220				4220			9100	61
121459	87787		3920	4300	79567			234377	2664
108321	84702		1370	300	83032			291408	2107
5645	3192				3192			15281	124
5645	3192				3192			15281	124
4300	3200				3200			8444	68
1900	1900				1900			3484	20
2400	1300				1300			4960	48
4071	3202				3202			15233	79
620	620				620			2680	10
3451	2582				2582			12553	69
113243	97681	1300	2405	3700	90031		245	299999	2620
11880	11060	1300	2100	1900	5760			45003	415
1558	1300				1300			6575	31
7170	6840	1300	1100	1200	3240			24138	266
3152	2920		1000	700	1220			14290	118
29302	21136		5		21131			71024	609
19789	12694				12694			37495	432
4813	4542		5		4537			17989	106
300	300				300			2800	14
4400	3600				3600			12740	57
23674	22738		300		22193		245	71068	654
15516	15138				14893		245	53092	445
2900	2900				2900			4808	60
5258	4700		300		4400			13168	149
1700	1000				1000			4610	42
1700	1000				1000			4610	42
3860	3630				3630			9927	76
1300	1110				1110			5978	58
2560	2520				2520			3949	18
14490	12686				12686			33385	221
8216	7700				7700			19428	127
6274	4986				4986			13957	94

1-2-1-4（二） 续表 13

指标名称	营业费用、管理费用、财务费用		营业利润	职工工资和福利费	本年应交增值税
	税金	利息支出			
照明器具制造	53	235	6857	3730	2200
电光源制造	28	77	1885	1331	559
照明灯具制造	17	142	3829	1966	1296
灯用电器附件及其他照明器具制造	8	16	1143	433	345
其他电气机械及器材制造	52	132	1990	2468	833
车辆专用照明及电气信号设备装置制造	18		107	1217	125
其他未列明的电气机械制造	34	132	1883	1251	708
通信设备、计算机及其他电子设备制造业	81	289	7318	6926	2139
电子计算机制造	10	20	355	400	158
电子计算机外部设备制造	10	20	355	400	158
电子器件制造	22	6	1442	1874	472
半导体分立器件制造	9		508	720	249
光电子器件及其他电子器件制造	13	6	934	1154	223
电子元件制造	44	221	3600	3968	1168
电子元件及组件制造	44	221	3600	3968	1168
家用视听设备制造	1		989	80	30
家用影视设备制造	1		989	80	30
其他电子设备制造	4	42	932	604	311
其他电子设备制造	4	42	932	604	311
仪器仪表及文化、办公用机械制造业	88	275	12699	7842	4483
通用仪器仪表制造	10	134	2531	751	1307
工业自动控制系统装置制造	5	40	1043	86	248
电工仪器仪表制造	3	94	1174	512	914
供应用仪表及其他通用仪器制造	2		314	153	145
专用仪器仪表制造	5	21	658	632	337
地质勘探和地震专用仪器制造	2		360	200	166
教学专用仪器制造	1		152	343	110
其他专用仪器制造	2	21	146	89	61
钟表与计时仪器制造	6	10	1049	1140	373
钟表与计时仪器制造	6	10	1049	1140	373
光学仪器及眼镜制造	67	110	8461	5319	2466
光学仪器制造	63	110	7873	4909	2242
眼镜制造	4		588	410	224
工艺品及其他制造业	3297	18032	247347	269725	91371
工艺美术品制造	2378	13535	155511	215783	62071
雕塑工艺品制造	320	1398	32191	70025	13177
金属工艺品制造	61	73	4739	1368	566
漆器工艺品制造	29	175	1806	960	489
花画工艺品制造	10	29	2014	2338	551

所有者权益合计	实收资本							工业总产值(当年价格)	全部从业人员年平均人数(人)
		国家资本	集体资本	法人资本	个人资本	港澳台资本	外商资本		
22235	20131			1800	18331			44915	370
6329	5721			1800	3921			13349	114
11406	10110				10110			24469	208
4500	4300				4300			7097	48
6102	5300				5300			20067	233
3800	3200				3200			4933	130
2302	2100				2100			15134	103
18243	14409		3000		11409			55946	837
650	650				650			2890	32
650	650				650			2890	32
6944	3110				3110			13206	125
3900	320				320			5478	50
3044	2790				2790			7728	75
6149	6149				6149			28834	608
6149	6149				6149			28834	608
1200	1200				1200			4096	9
1200	1200				1200			4096	9
3300	3300		3000		300			6920	63
3300	3300		3000		300			6920	63
36499	23916	108	2500		20308	1000		90676	809
2676	2628	108			2520			16348	91
500	500				500			4961	28
1176	1128	108			1020			8907	46
1000	1000				1000			2480	17
2504	2400		1100		1300			5860	69
1100	1100		1100					2780	12
900	900				900			1880	49
504	400				400			1200	8
5745	2312				2312			8400	144
5745	2312				2312			8400	144
25574	16576		1400		14176	1000		60068	505
18172	15476		1400		13076	1000		55042	470
7402	1100				1100			5026	35
804271	688214	2066	76180	6087	589777	2100	12004	2146520	32115
625555	531582	2021	76180	3807	435470	2100	12004	1498514	26630
130210	124953		110	2100	120643	2100		378412	9825
6213	4574				4574			24634	109
4376	4376				4376			10280	90
2222	2073		503		1570			14701	247

1-2-1-4（二） 续表 14

指标名称	营业费用、管理费用、财务费用		营业利润	职工工资和福利费	本年应交增值税
	税金	利息支出			
天然植物纤维编织工艺品制造	21	30	1156	379	340
抽纱刺绣工艺品制造	82	362	5208	3801	1457
地毯、挂毯制造	1770	11084	99344	128494	42214
珠宝首饰及有关物品的制造	50	285	3870	3995	1360
其他工艺美术品制造	35	99	5183	4423	1917
日用杂品制造	147	266	14662	11233	5161
制镜及类似品加工	78	79	1404	666	422
鬃毛加工、制刷及清扫工具的制造	38	21	4144	2210	1222
其他日用杂品制造	31	166	9114	8357	3517
煤制品制造	751	4182	74557	41837	23515
煤制品制造	751	4182	74557	41837	23515
其他未列明的制造业	21	49	2617	872	624
其他未列明的制造业	21	49	2617	872	624
废弃资源和废旧材料回收加工业	257	561	13847	5393	3756
金属废料和碎屑的加工处理	76	1	3092	1731	632
金属废料和碎屑的加工处理	76	1	3092	1731	632
非金属废料和碎屑的加工处理	181	560	10755	3662	3124
非金属废料和碎屑的加工处理	181	560	10755	3662	3124
电力、燃气及水的生产和供应业	658	2569	52987	34523	14393
电力、热力的生产和供应业	341	1773	31010	13565	7390
电力生产	338	1773	30564	13263	7147
水力发电	333	1733	30414	13103	6857
其他能源发电	5	40	150	160	290
电力供应	3		446	302	243
电力供应	3		446	302	243
燃气生产和供应业	68	90	1257	1900	567
燃气生产和供应业	68	90	1257	1900	567
燃气生产和供应业	68	90	1257	1900	567
水的生产和供应业	249	706	20720	19058	6436
自来水的生产和供应	239	661	20058	18420	6132
自来水的生产和供应	239	661	20058	18420	6132
污水处理及其再生利用	9	45	178	563	284
污水处理及其再生利用	9	45	178	563	284
其他水的处理、利用与分配	1		484	75	20
其他水的处理、利用与分配	1		484	75	20

所有者权益合计	实收资本							工业总产值(当年价格)	全部从业人员年平均人数（人）
		国家资本	集体资本	法人资本	个人资本	港澳台资本	外商资本		
3400	3400				3400			7500	30
17227	7490			230	7260			36088	342
420198	351096	2021	74767	1477	260827		12004	953257	14945
18004	16712		800		15912			32688	517
23705	16908				16908			40954	525
25760	20662	45		608	20009			104542	1369
1967	1740	45			1695			9943	51
7510	7012				7012			26492	206
16283	11910			608	11302			68107	1112
148808	132512			1672	130840			529676	4039
148808	132512			1672	130840			529676	4039
4148	3458				3458			13788	77
4148	3458				3458			13788	77
33409	27561		515		27046			83979	502
8179	6985		315		6670			20271	154
8179	6985		315		6670			20271	154
25230	20576		200		20376			63708	348
25230	20576		200		20376			63708	348
213179	187765	38203	15695	2000	131867			366057	3408
97984	84699	2900	5900	2000	73899			188022	1225
95519	82699	900	5900	2000	73899			183972	1206
91519	80699	900	5900	2000	71899			179072	1180
4000	2000				2000			4900	26
2465	2000	2000						4050	19
2465	2000	2000						4050	19
6543	6543	2500			4043			12636	206
6543	6543	2500			4043			12636	206
6543	6543	2500			4043			12636	206
108652	96523	32803	9795		53925			165399	1977
89812	77733	15503	9795		52435			156929	1908
89812	77733	15503	9795		52435			156929	1908
18640	18640	17300			1340			6170	61
18640	18640	17300			1340			6170	61
200	150				150			2300	8
200	150				150			2300	8

1-2-1-5 规模以下工业企业产品生产、销售综合表

产品名称	计量单位	企业单位数（个）	本年生产量	本年销售		
				数量	销售平均单价（元）	销售金额（千元）
原煤	吨	7	9710	9798	2120.84	20780
无烟煤	吨	6	9710	9598	1972.29	18930
烟煤	吨	1		200	9250.00	1850
一般烟煤	吨	1		200	9250.00	1850
铁矿石原矿	吨	84	393637	389469	691.13	269172
锰矿石成品矿	吨	3	3840	3635	2448.42	8900
铜金属含量	吨	1	850	687	6623.00	4550
铅金属含量	吨	26	13627	13526	5242.05	70904
锌金属含量	吨	8	3775	3549	7448.86	26436
镍金属含量	吨	1	61000	61000	43.61	2660
锡金属含量	吨	1	648	648	6601.85	4278
金金属含量	千克	14	354	352	135571.02	47721
钼精矿折合量（折纯钼４５％）	吨	3	2135	2134	3936.27	8400
石膏	吨	10	135715	135490	243.01	32926
天然大理石荒料	立方米	92	4279721	3913064	71.74	280710
天然花岗石荒料	立方米	43	401256	304196	455.50	138561
萤石	吨	92	652658	639596	467.37	298928
高岭土（也称瓷土）	吨	44	344904	318054	304.40	96817
硫铁矿石（折含硫35%）	吨	3	24965	24337	332.54	8093
磷矿石（折含五氧化二磷30%）	吨	2	6770	6775	1428.78	9680
石棉	吨	8	78543	74194	442.21	32809
天然石墨	吨	94	1033913	989690	329.99	326590
石英砂	吨	32	257858	252542	392.33	99079
小麦粉	吨	659	893787	862850	2042.40	1762288
其中:小麦专用粉	吨	83	89930	86852	2129.99	184994
大米	吨	34	20544	20205	3270.87	66088
饲料	吨	73	77716	76531	2462.92	188490
其中:配合饲料	吨	8	6068	5852	2414.39	14129
混合饲料	吨	12	10748	10361	2232.12	23127
宠物饲料	吨	1	341	317	8501.58	2695
毛油（初榨植物油）	吨	27	13850	13471	3922.28	52837
精制食用植物油	吨	203	71289	70546	8857.13	624835
其中：大豆精制油	吨	7	1074	1056	9072.92	9581
花生精制油	吨	31	5702	5483	10953.31	60057
菜籽精制油	吨	4	950	921	11997.83	11050
人造黄油及其他食用油脂	吨	2	1096	1096	3062.04	3356
非食用植物油	吨	1	5871	5871	800.03	4697
加工糖	吨	3	1501	1476	7449.86	10996

1-2-1-5 续表 1

产品名称	计量单位	企业单位数(个)	本年生产量	本年销售		
				数量	销售平均单价（元）	销售金额（千元）
鲜、冷藏肉	吨	103	18218	17946	17115.01	307146
其中: 鲜、冷藏猪肉	吨	15	1977	1961	18454.36	36189
冻肉	吨	4	10537	10532	1121.06	11807
熟肉制品	吨	12	910	902	44737.25	40353
冷冻水产品	吨	1	81	81	49802.47	4034
冷冻蔬菜	吨	4	2338	2317	6113.94	14166
暂时保藏的蔬菜	吨	1	3133	3133	1500.16	4700
腌渍菜	吨	17	7381	7373	5604.23	41320
焙、炒加工的坚果及果仁	吨	67	30310	30168	6414.15	193502
淀粉及淀粉制品	吨	121	91053	88759	3866.30	343169
豆腐及豆制品	吨	28	18595	19713	3650.23	71957
糕点	吨	31	6551	6429	11487.79	73855
面包	吨	4	990	984	5558.94	5470
饼干	吨	15	5208	5168	8235.29	42560
膨化食品	吨	4	12240	12225	930.31	11373
焙烤松脆食品	吨	2	3206	3206	2123.52	6808
糖果	吨	6	3901	3873	4566.23	17685
果冻	吨	1	680	680	6764.71	4600
面制半成品	吨	51	53622	53205	2037.65	108413
米制半成品	吨	3	3228	3213	2639.28	8480
速冻米面食品	吨	3	991	985	11180.71	11013
方便面	吨	1	69	69	2898.55	200
乳制品	吨	5	4465	4461	3571.40	15932
液体乳	吨	5	4465	4461	3571.40	15932
其中：灭菌乳	吨	1	1499	1498	2000.00	2996
巴氏杀菌乳	吨	1	168	168	4148.81	697
酸牛乳	吨	1	45	45	3844.44	173
罐头	吨	4	1262	1205	7048.13	8493
其中:畜肉类罐头	吨	2	780	758	5936.68	4500
水果类罐头	吨	1	398	363	6515.15	2365
酱油	吨	11	4962	4939	5816.16	28726
食醋	吨	7	3993	3949	2794.38	11035
复合调味品	吨	28	12484	12492	8023.78	100233
冷冻饮品	吨	2	1159	1159	5031.06	5831
食品添加剂	吨	2	845	845	10946.75	9250
饲料添加剂	吨	3	4373	4340	2208.53	9585
发酵酒精（折96度,商品量）	千升	2	2223	2223	3636.53	8084
饮料酒	千升	94	41266	41873	6224.42	260635

1-2-1-5 续表 2

产品名称	计量单位	企业单位数(个)	本年生产量	本年销售		
				数量	销售平均单价（元）	销售金额（千元）
其中:白酒（折65度,商品量）	千升	59	18139	17959	9069.16	162873
黄酒	千升	26	16676	17645	4007.20	70707
葡萄酒	千升	2	982	926	5606.91	5192
软饮料	吨	22	308239	301503	227.08	68465
其中:碳酸饮料类（汽水）	吨	2	1156	1147	2940.71	3373
包装饮用水类	吨	15	297927	291223	154.99	45138
固体饮料类	吨	2	5438	5438	1520.04	8266
茶饮料类	吨	1	260	260	10192.31	2650
精制茶	吨	10	346	347	61628.24	21385
纱	吨	166	52105	51660	12524.49	647015
棉纱	吨	164	51587	51142	12465.66	637519
化学纤维纱	吨	2	518	518	18332.05	9496
布	万米	28	2401	2357	37783.20	89055
其中：色织布（含牛仔布）	万米	1	74	74	60810.81	4500
其中：棉布	万米	25	2117	2077	38162.73	79264
棉混纺布	万米	3	284	280	34967.86	9791
印染布	万米	3	92	90	102155.56	9194
漂白布	万米	2	56	54	102037.04	5510
染色布	万米	1	36	36	102333.33	3684
毛纱	吨	2	1891	1793	4945.34	8867
绒线（俗称毛线）	吨	1	250	237	5274.26	1250
亚麻纱（含亚麻≥55%）	吨	3	857	849	9724.38	8256
生丝	吨	7	62	62	303870.97	18840
绢纺丝	吨	2	71	69	79710.14	5500
蚕丝及交织机织物（含蚕丝≥50%）	万米	1	1	1	4999000.00	4999
合成纤维长丝机织物	万米	1	23600	23600	160.51	3788
人造纤维长丝机织物	万米	3	205	205	69756.10	14300
床褥单类	万条	3	12268	12267	889.30	10909
棉被	万条	7	11	11	2033363.64	22367
毛巾被	万条	1	130	120	21666.67	2600
毛巾	万条	7	1181	1158	15227.98	17634
毛毯	条	8	2867896	2684685	12.42	33343
麻袋（混合数）	万条	3	460	436	20841.74	9087
蚕丝被	万条	2	8	7	571428.57	4000
纤维纺制的线、绳、索、缆	吨	4	9398	9360	1385.47	12968
帘子布	吨	2	843	833	6704.68	5585
无纺布（无纺织物）	吨	2	600	594	6845.12	4066
棉、化纤针织坯布	吨	4	2289	2256	4732.27	10676

1-2-1-5 续表 3

产品名称	计量单位	企业单位数(个)	本年生产量	本年销售		
				数量	销售平均单价（元）	销售金额（千元）
针织袜	万双	3	957	936	10002.14	9362
服装	万件	169	1050	1079	406707.14	438837
针织服装	万件	119	876	907	331469.68	300643
其中：针织内衣	万件	13	333	332	118798.19	39441
针织T恤衫	万件	8	28	22	722454.55	15894
针织休闲衫类服装	万件	26	163	162	436549.38	70721
针织运动类服装	万件	1	5	5	200000.00	1000
梭织服装	万件	50	174	172	803453.49	138194
羽绒服	万件	1	3	3	466666.67	1400
西服套装	万件	26	62	62	1147322.58	71134
其中:男式西服套装	万件	3	13	13	631384.62	8208
女式西服套装（套裙）	万件	1	4	4	1125500.00	4502
裤	万件	15	73	72	562513.89	40501
其中:男裤	万件	2	4	4	425000.00	1700
女裤	万件	1	2	2	246000.00	492
女式保健内衣	万件	1	1	1	500000.00	500
运动服类服装	万件	1	2	2	1215000.00	2430
轻革	平方米	3	71904	70751	87.48	6189
其中:牛轻革	平方米	2	57083	55930	72.00	4027
皮革鞋靴	万双	25	94	91	864934.07	78709
其中:皮革面旅游（运动）鞋靴	万双	1	5	5	998400.00	4992
皮革服装	件	1	5000	5000	68.00	340
衣箱、提箱及类似容器	万个	3	93	88	103261.36	9087
手提包（袋）、背包	万个	1	4	4	143500.00	574
天然皮革制座套	位(单座位)	1	350000	352500	12.00	4230
锯材	立方米	261	742234	733027	967.71	709361
人造板	立方米	311	1068132	1033068	857.34	885689
其中:胶合板	立方米	187	560855	556415	948.95	528010
纤维板	立方米	9	29204	28775	670.34	19289
刨花板	立方米	17	44935	44372	761.02	33768
人造板表面装饰板	平方米	14	1204701	1215343	41.88	50901
实木制门	扇	12	42050	42056	773.09	32513
非实木制门	扇	6	40759	40142	329.75	13237
木制地板	平方米	5	93633	65341	221.59	14479
包装用木箱	立方米	3	24938	24926	289.02	7204
竹地板	平方米	1	26987	26987	80.00	2159
柳（荆）条制品	件	1	156600	154700	25.00	3868
草制品	件	5	633937	633809	25.54	16190

1-2-1-5 续表 4

产品名称	计量单位	企业单位数（个）	本年生产量	本年销售		
				数量	销售平均单价（元）	销售金额（千元）
家具	件	451	1035983	938789	1410.12	1323804
其中:木质家具	件	365	842098	759171	1362.56	1034417
竹、藤家具	件	5	17521	17281	656.15	11339
金属家具	件	9	30516	30416	868.36	26412
塑料家具	件	5	21848	18980	550.84	10455
软体家具	件	14	30964	21040	1597.58	33613
机制纸及纸板（外购原纸加工除外）	吨	22	31627	30917	2544.91	78681
其中:未涂布印刷书写用纸	吨	4	5060	4895	2762.41	13522
其中:新闻纸	吨	2	2425	2260	3096.90	6999
卫生用纸原纸	吨	1	419	419	7637.23	3200
包装用纸及纸板	吨	11	13796	13722	2444.83	33548
其中：箱纸板	吨	3	2590	2571	3068.46	7889
加工纸	吨	7	9919	9721	2250.69	21879
纸制品	吨	30	31338	31658	2774.88	87847
其中：瓦楞纸箱	吨	7	10260	10156	2049.04	20810
卫生用纸制品	吨	5	4641	4602	3087.35	14208
单色印刷品	令	20	5675951	5675789	9.63	54651
多色印刷品	对开色令	16	30784	30258	1372.07	41516
本册	万本	41	78963	77722	1312.36	101999
塑料印刷品	万印	11	24530	24456	1534.06	37517
文件夹类文具	万个	1	488	480	10010.42	4805
圆珠笔	万支	1	20000	20000	101.00	2020
木杆铅笔	万支	2	978	972	3017.49	2933
墨水	吨	1	504	500	3074.00	1537
玩具	千元	5	12762	12574	1000.00	12574
其中:供儿童乘骑的带轮玩具	千元	3	6584	6516	1000.00	6516
填充类玩具	千元	1	1965	1953	1000.00	1953
塑胶玩具	千元	1	4213	4105	1000.00	4105
原油加工量	吨	1	729	725	4503.45	3265
柴油	吨	4	3455	3443	4699.39	16180
润滑油	吨	6	2332	2295	5816.12	13348
燃料油	吨	1	595	583	4202.40	2450
润滑脂	吨	1	575	565	6584.07	3720
液化石油气	吨	2	955	955	7867.02	7513
石油沥青	吨	1	750	735	4000.00	2940
焦炭	吨	2	8616	8616	1013.00	8728
盐酸（氯化氢,含量31%）	吨	1	500	490	6000.00	2940
烧碱（折100%）	吨	2	2570	2407	2185.29	5260

1-2-1-5 续表 5

产品名称	计量单位	企业单位数（个）	本年生产量	本年销售		
				数量	销售平均单价（元）	销售金额（千元）
亚硝酸钠	吨	2	1047	1029	7312.93	7525
碳化钙（电石,折300升／千克）	吨	2	2136	2134	3010.31	6424
轻质碳酸钙	吨	3	31090	30490	316.14	9639
甲醛	吨	1	451	433	9903.00	4288
重铬酸钠（红钒钠）	吨	3	2568	2457	4061.46	9979
黄磷	吨	2	1771	1770	2564.97	4540
浓硝酸	吨	4	8958	8924	2132.45	19030
农用氮、磷、钾化学肥料总计（折纯）	吨	10	17534	17249	1942.43	33505
氮肥（折含N100%）	吨	3	4895	4751	2122.92	10086
磷肥（折五氧化二磷100%）	吨	4	6759	6619	2143.98	14191
钾肥（折氧化钾100%）	吨	3	5880	5879	1569.65	9228
合成复合肥料（实物量）	吨	17	36882	36469	1712.33	62447
其中:磷酸铵肥（实物量）	吨	1	2117	2117	2359.47	4995
硝酸磷肥（实物量）	吨	1	2010	1714	700.12	1200
化学农药原药（折有效成分100%）	吨	2	152	152	50342.11	7652
涂料	吨	38	29800	29157	3246.29	94652
其中：建筑涂料	吨	17	10234	9929	3770.57	37438
颜料	吨	4	14290	14277	1004.90	14347
有机颜料	吨	1	448	448	10000.00	4480
染料	吨	1	863	863	4823.87	4163
合成粘合剂（胶粘剂）	吨	3	406	382	24267.02	9270
初级形态的塑料	吨	13	4881	4871	10233.63	49848
聚丙烯树脂	吨	4	884	874	10262.01	8969
合成橡胶	吨	3	318	318	37330.19	11871
合成纤维单体	吨	1	333	317	5047.32	1600
丙烯腈	吨	1	333	317	5047.32	1600
化学试剂	吨	11	6298	6245	4526.02	28265
催化剂	吨	1	30	28	55464.29	1553
建工建材用化学助剂	吨	1	204	200	14965.00	2993
硬脂酸	吨	2	1597	1595	4655.17	7425
松节油	吨	1	32	30	13333.33	400
松香	吨	1	289	285	7010.53	1998
活性炭	吨	1	40	39	20512.82	800
炸药	吨	4	5245	5742	3104.32	17825
焰火制品	千元	10	37655	37581	1112.29	41801
彩色照像胶卷	万平方米	1	55	54	70370.37	3800
明胶	吨	3	492	489	18707.57	9148
肥（香）皂	吨	4	1919	1914	5659.87	10833

1-2-1-5 续表 6

产品名称	计量单位	企业单位数(个)	本年生产量	本年销售		
				数量	销售平均单价（元）	销售金额（千元）
合成洗涤剂	吨	4	477	470	28793.62	13533
其中:合成洗衣粉	吨	1	74	72	10000.00	720
表面活性剂	吨	2	1434	1429	4153.95	5936
清洁类化妆品	千元	1	7615	6615	650.04	4300
护肤用化妆品	千元	1	3300	3240	1000.00	3240
护发用化妆品	千元	1	4672	4622	1000.00	4622
美容、修饰类化妆品	千元	1	1950	1950	1000.00	1950
天然香料	吨	1	7	7	100428.57	703
合成香料	吨	3	1067	1046	11130.02	11642
火柴（折50支标准盒）	件	1	20870	21500	200.00	4300
化学药品原药	吨	11	173	172	239313.95	41162
粉针剂	万瓶(支)	1	42	45	6000.00	270
片剂	万片	1	2510	2410	1908.71	4600
颗粒剂	万袋(包)	3	16100	15625	800.00	12500
口服液体制剂	万瓶	3	2065	2065	3118.64	6440
植物类饮片	千克	1	124233	124233	30.00	3727
中成药	吨	5	1813	1782	8294.05	14780
其中:中成药丸剂	吨	1	50	49	48163.27	2360
兽用化学药品	吨	4	596	578	22311.42	12896
生物化学药品	千克	3	35630	35580	270.66	9630
医用缝合材料及外科用无菌材料	团(盒、瓶)	4	36156	35432	233.72	8281
化学纤维	吨	6	3055	3004	6974.03	20950
其中：人造纤维（纤维素纤维）	吨	4	1750	1689	6545.89	11056
橡胶轮胎外胎	条	3	20360	20084	378.11	7594
橡胶管	万标米	1	2005	2004	1000.50	2005
橡胶板（片、带）	吨	1	18	15	20000.00	300
橡胶零件、附件	吨	10	750	750	57134.67	42851
初级形状的再生橡胶	吨	1	3494	3500	1200.00	4200
胶鞋类	万双	1	26	25	61000.00	1525
塑料制品	吨	211	126414	123720	4755.88	588397
塑料薄膜	吨	13	4314	4242	7831.45	33221
其中：农用薄膜	吨	4	1294	1251	6925.66	8664
塑料板、片	吨	8	11943	11919	1600.39	19075
塑料管及其附件	吨	16	6476	6322	6769.53	42797
塑料条、棒、型材	吨	29	11814	11543	6213.20	71719
塑料丝、绳及编织品	吨	45	33365	31680	4261.08	134991
其中:塑料编织布	吨	1	32	32	8562.50	274
塑料编织袋	吨	33	22922	21247	4301.78	91400

1-2-1-5 续表 7

产品名称	计量单位	企业单位数(个)	本年生产量	本年销售		
				数量	销售平均单价（元）	销售金额（千元）
泡沫塑料	吨	5	7613	7521	1649.51	12406
塑料包装箱及容器	吨	7	2408	2356	8121.82	19135
塑料零件	吨	3	842	840	9963.10	8369
日用塑料制品	吨	31	21986	21845	4407.83	96289
建筑用塑料制品	吨	8	3205	3156	6546.26	20660
其他塑料制品	吨	49	22448	22296	5818.76	129735
水泥熟料	吨	1	13649	13649	200.89	2742
水泥	吨	5	55698	55646	292.80	16293
其中:通用水泥	吨	4	54816	54766	250.83	13737
硅酸盐水泥（P·Ⅰ或P·Ⅱ）	吨	2	22290	22240	287.77	6400
普通硅酸盐水泥（P·O）	吨	2	32526	32526	225.57	7337
特性水泥	吨	1	882	880	2904.55	2556
石灰	吨	150	1889058	1715396	227.69	390580
商品混凝土	立方米	39	226796	224864	478.72	107648
水泥混凝土排水管	千米	33	155733	153393	547.59	83996
水泥混凝土压力管	千米	12	48016	46978	487.55	22904
水泥混凝土电杆	根	5	48703	48231	307.64	14838
预应力混凝土桩	米	3	110617	110488	95.92	10598
水泥混凝土预制构件	立方米	852	9453945	9227424	254.97	2352732
石棉水泥瓦	平方米	20	2398975	2395480	30.93	74081
石膏板	万平方米	10	6903	6821	4152.91	28327
蒸压加气混凝土板	立方米	3	18103	16974	728.00	12357
砖	万块	1677	2444984	2386934	2023.75	4830553
其中：烧结粘土砖	万块	47	33734	31214	2740.79	85551
其中:烧结普通砖	万块	11	11522	9498	2827.33	26854
蒸压砖	万块	152	185818	185041	2853.84	528078
其中:蒸压灰砂砖	万块	132	174032	173301	2855.07	494787
免烧砖	万块	1101	1493413	1464306	1968.48	2882457
瓦	万片	1	34	33	80727.27	2664
建筑砌块	立方米	18	244508	238497	313.41	74747
其中:蒸压加气混凝土砌块	立方米	3	61668	56578	199.55	11290
瓷质砖	平方米	4	461624	459924	36.60	16833
陶质砖	平方米	4	336106	335096	39.92	13376
陶瓷马赛克	平方米	1	99560	99560	50.00	4978
天然大理石建筑板材	平方米	277	12412417	12360681	69.82	862965
天然花岗石建筑板材	平方米	36	1538783	1533637	78.01	119637
人造石材	平方米	11	454439	449363	76.51	34383
碑石及其他类似制品	平方米	2	4010	3983	1621.89	6460

1-2-1-5 续表 8

产品名称	计量单位	企业单位数（个）	本年生产量	本年销售		
				数量	销售平均单价（元）	销售金额（千元）
沥青和改性沥青防水卷材	平方米	6	5637642	767423	21.51	16504
隔热、隔音人造矿物材料及其制品	吨	9	11693	11667	2233.91	26063
平板玻璃	重量箱	2	37474	36732	175.95	6463
日用玻璃制品	吨	3	2146	2119	4091.55	8670
玻璃包装容器	吨	4	2756	2742	5552.88	15226
玻璃纤维纱	吨	2	995	959	7007.30	6720
玻璃纤维增强塑料制品	吨	2	625	625	4803.20	3002
日用陶瓷制品	万件	3	307	307	37820.85	11611
石棉制品	吨	1	470	470	2702.13	1270
耐火材料制品	吨	17	22786	22416	2929.16	65660
石墨及炭素制品	吨	78	97367	94022	2656.31	249752
磨具	吨	17	10049	9810	4684.91	45959
生铁	吨	19	19726	19660	3230.32	63508
炼钢生铁	吨	10	4777	4727	2179.82	10304
铸造生铁	吨	6	3596	3581	4719.35	16900
含钒生铁	吨	6				
铸铁管	吨	2	1407	1401	4803.71	6730
粗钢	吨	1	603	603	8004.98	4827
不锈钢	吨	1	603	603	8004.98	4827
其他炉种冶炼钢	吨	1	603	603	8004.98	4827
钢材	吨	7	3739	3712	4324.35	16052
钢筋	吨	4	2483	2473	3934.90	9731
无缝钢管	吨	1	331	324	8015.43	2597
其它钢材	吨	2	925	915	4069.95	3724
用外购国产钢材再加工生产的钢材	吨	1	267	265	5407.55	1433
铁合金	吨	13	4629	4629	9568.81	44294
普通铁合金	吨	11	3788	3788	9661.30	36597
其中：硅铁（折合含硅75%）	吨	1	371	371	9606.47	3564
特种铁合金	吨	2	841	841	9152.20	7697
十种有色金属	吨	3	584	584	19176.37	11199
矿产粗铜	吨	1	149	151	26490.07	4000
矿产粗铅	吨	3	311	311	36713.83	11418
镁	吨	2	389	389	19362.47	7532
海绵钛	吨	1	195	195	18805.13	3667
白银（银锭）	千克	7	9772	9645	2519.03	24296
钼	千克	1	6655	6323	340.03	2150
硅	吨	4	798	795	17021.38	13532
多晶硅	千克	4	1437	1376	10000.00	13760

1-2-1-5 续表 9

产品名称	计量单位	企业单位数(个)	本年生产量	本年销售		
				数量	销售平均单价(元)	销售金额(千元)
铝合金	吨	7	4061	3998	4589.29	18348
铜材	吨	2	190	191	24785.34	4734
铝材	吨	2	863	846	7849.88	6641
铅材	吨	3	4773	3848	3789.76	14583
钢结构及其产品	吨	31	21096	21696	4800.84	104159
金属制门及其框架、门槛	吨	92	60728	59946	3619.34	216965
金属制窗及窗框	吨	45	22286	21840	4459.25	97390
金属切削工具	万件	5	1016	1004	9381.47	9419
机床可互换工具	万件	3	696	696	12145.11	8453
通用手工具	万把	3	409	399	23020.05	9185
专用手工具	万把	2	1788	1736	4746.54	8240
日常用剪刀	万把	4	655	655	12728.24	8337
日常用刀	万把	2	250	249	10184.74	2536
金属压力容器	吨	3	11535	11527	916.63	10566
金属包装容器	吨	4	10612	10591	1232.74	13056
金属丝	吨	5	4291	4291	5259.38	22568
钢丝绳	吨	1	274	190	15457.89	2937
厨房用手动机械器具	吨	1	787	787	5003.81	3938
金属铸造制品	吨	33	15336	14881	6488.61	96557
发动机	台	2	8207	8207	1091.26	8956
铸造机械	台	14	38381	38366	1349.48	51774
工具夹具	件	3	61863	57563	124.06	7141
轻小型起重设备	台	1	1200	1200	3916.67	4700
电动车辆（电动叉车）	台	1	1308	1308	1800.46	2355
泵	台	3	14862	14672	815.16	11960
液力机械及装置	台(套)	1	5	5	396400.00	1982
滚动轴承	万套	1	2	2	300000.00	600
轴承零配件	吨	6	4031	4020	4612.19	18541
齿轮	吨	2	93	92	42608.70	3920
包装专用设备	台	2	31926	30822	207.61	6399
衡器（秤）	台	2	5437	5331	1308.76	6977
金属紧固件	吨	3	1464	1453	7394.36	10744
铸铁件	吨	29	23631	23639	4604.21	108839
铸钢件	吨	4	4849	4845	2975.23	14415
锻件	吨	14	5099	5093	12111.33	61683
粉末冶金零件	吨	4	742	742	19761.46	14663
采矿专用设备	台	2	255	250	11800.00	2950
石油钻井设备	台(套)	5	358	328	31817.07	10436

1-2-1-5 续表 10

产品名称	计量单位	企业单位数(个)	本年生产量	本年销售		
				数量	销售平均单价（元）	销售金额（千元）
其中: 陆地石油钻机	台(套)	2	15	15	191200.00	2868
筑路机械	台	1	180	180	15000.00	2700
水泥专用设备	吨	1	541	528	1501.89	793
金属轧制设备	台	1	4800000	4800000	0.98	4700
木工机床	台	1	63	60	14833.33	890
模具	套	5	13176	13176	1522.92	20066
金属铸造模具	套	1	12000	12000	308.33	3700
粮食加工机械	台	5	1919	1902	9434.28	17944
磨粉机	台	1	410	395	9410.13	3717
印刷专用设备	台	2	8020	8017	406.64	3260
化学纺织纤维加工专用机械	台	3	2250	2250	3798.22	8546
纺织纤维梳理机	台	10	50903	50911	713.05	36302
绝缘处理设备	台	1	30000	29800	75.70	2256
电子整机装联设备	台	1	587	585	3499.15	2047
土壤耕整机械	台	9	121405	118809	213.86	25408
播种、种植机械	台	8	14468	14180	1381.03	19583
农作物清洁、分选机械	台	1	720	705	4704.96	3317
改装汽车	辆	1	4256	4256	648.50	2760
汽车车身（包括驾驶室）	辆	1	800	800	3325.00	2660
挂车、半挂车	辆	1	4281	4281	1000.00	4281
机动车（汽车）零配件	千元	52	225347	190963	1011.52	193162
摩托车整车	辆	1	1600	1600	1750.00	2800
摩托车零部件及配件	千元	2	4817	4817	1000.00	4817
两轮脚踏自行车	辆	1	11126	11043	349.90	3864
特种脚踏自行车	辆	1	1000	1000	3284.00	3284
交流电动机	千瓦	2	24200	24200	290.74	7036
微电机	万台	4	7417	7417	1799.24	13345
变压器	台	4	2088	2018	6453.42	13023
变压器	千伏安	2	56888	55927	135.00	7550
其中:电力变压器	台	1	1486	1423	3100.49	4412
电感器	台	1	1800	1790	1117.32	2000
配电或电器控制设备（11万伏以下）	台(套、面)	2	1824	1818	2735.42	4973
低压开关板	面	1	912	909	1996.70	1815
电力微电子组件	万个	1	19	18	152777.78	2750
电线	千米	7	49398	47907	492.81	23609
铅酸蓄电池	千伏安时	1	1920	1882	500.00	941
电暖气	台	1	2715	3026	1145.74	3467
家用燃气用具	台	1	54780	54330	60.00	3260

1-2-1-5 续表 11

产品名称	计量单位	企业单位数(个)	本年生产量	本年销售		
				数量	销售平均单价(元)	销售金额(千元)
其中:家用燃气灶具	台	1	54780	54330	60.00	3260
太阳能热水器	台	1	1658	1658	2899.88	4808
电光源	万只	8	4435	3812	7986.36	30444
荧光灯	万只	2	54	52	113557.69	5905
灯具及照明装置	套(台、个)	4	13995	13995	769.20	10765
雷达设备	台	1	4000	3990	666.67	2660
光电子器件	万只(片、套)	2	1290	1180	7328.81	8648
电子元件	万只	9	5556	5496	4291.67	23587
其中:片式元件	万只	1	20	18	19444.44	350
射频元器件	万只	1	743	739	4826.79	3567
电工仪器仪表	台	1	206	158	2025.32	320
汽车仪器仪表	台	1	11091	11091	250.74	2781
光学仪器	台(个)	10	18730	18531	1711.62	31718
其中:显微镜	台	1				
已装配光学元件	个	4	9439	9359	1518.75	14214
眼镜成镜	副	1	4800	4800	333.33	1600
雕塑工艺品	千元	68	253442	230209	653.73	150495
金属工艺品	千元	5	56473	19525	663.61	12957
漆器工艺品	千元	1	364	362	11013.81	3987
花画工艺品	千元	3	7509	7461	1000.00	7461
天然植物纤维编织工艺品	千元	3	6720	6718	1536.17	10320
抽纱刺绣工艺品	千元	14	30096	29345	1023.82	30044
手工地毯、挂毯	平方米	210	454197	446241	1399.91	624697
机制地毯、挂毯	平方米	2	4235	4206	1477.18	6213
贵金属首饰	千元	3	8849	8749	1000.00	8749
漆刷及类似刷	万把	8	2322	2314	11197.06	25910
伞类制品	把	1	11600	10000	150.00	1500
熔炼用废钢	吨	2	670	344	25834.30	8887
熔炼用废铁	吨	3	1662	1574	5470.78	8611
发电量	万千瓦小时	42	46090	45173	3018.04	136334
水力发电量	万千瓦小时	38	41403	40476	3089.83	125064
供电量	万千瓦小时	1	6230	6230	650.08	4050
煤气生产量	万立方米	2	1146	1096	3873.18	4245
天然气供应量	万立方米	1	3000	3000	188.33	565
液化石油气供应总量	万吨	3	5001	4981	908.45	4525
自来水生产量	万立方米	70	27517	27360	5515.61	150907

1-2-1-6 按国民经济行业、登记注册类型、控股

指标名称	企业数(个)	年初存货	年末存货	固定资产原价	本年折旧
总　　计	**11343**	**1437435**	**2249986**	**13928005**	**798585**
一、按国民经济行业中类分组					
采矿业	1035	141747	160654	1180405	76953
煤炭开采和洗选业					
烟煤和无烟煤的开采洗选					
褐煤的开采洗选					
其他煤炭采选					
石油和天然气开采业					
天然原油和天然气开采					
与石油和天然气开采有关的服务活动					
黑色金属矿采选业	210	23670	23910	235608	11473
铁矿采选	206	23500	23670	230908	11307
其他黑色金属矿采选	4	170	240	4700	166
有色金属矿采选业	95	18939	25923	147464	6522
常用有色金属矿采选	45	9079	13354	94472	4091
贵金属矿采选	28	6859	10409	29079	1509
稀有稀土金属矿采选	22	3001	2160	23913	922
非金属矿采选业	723	98488	110041	791483	58520
土砂石开采	546	62565	70652	552942	37326
化学矿采选	12	2217	2248	11006	578
采盐					
石棉及其他非金属矿采选	165	33706	37141	227535	20616
其他采矿业	7	650	780	5850	438
其他采矿业	7	650	780	5850	438
制造业	10175	1288431	2076567	12537263	712506
农副食品加工业	1521	141737	142888	1797571	97970
谷物磨制	701	55647	65988	785091	41131
饲料加工	83	3920	4414	89095	4602
植物油加工	253	14536	13674	400871	20216
制糖	4	1203	1392	5165	418
屠宰及肉类加工	119	38817	30285	137387	7442
水产品加工	4	510	650	5900	514
蔬菜、水果和坚果加工	80	2946	2411	80925	3869
其他农副食品加工	277	24158	24074	293137	19778

情况分的规模以下工业财务状况综合表（一）

单位：千元

营业收入	主营业务收入	营业成本	主营业务成本	营业税金及附加	主营业务税金及附加	主营业务利润	其他业务利润
33858662	**33842086**	**26733389**	**26640215**	**198690**	**191023**	**7017495**	**11155**
3244575	3243740	2539489	2526544	16838	16147	701906	820
711979	711979	524322	523302	3069	3067	185610	
700679	700679	515447	514427	3027	3025	183227	
11300	11300	8875	8875	42	42	2383	
307302	307302	241226	241026	1056	1055	65421	
146037	146037	117729	117529	586	585	28123	
94925	94925	69546	69546	358	358	25021	
66340	66340	53951	53951	112	112	12277	
2202872	2202037	1755450	1743725	12655	11967	446902	820
1614402	1613963	1261766	1257237	9426	8968	348287	208
41193	41193	31524	31524	166	166	9503	
547277	546881	462160	454964	3063	2833	89112	612
22422	22422	18491	18491	58	58	3973	
22422	22422	18491	18491	58	58	3973	
30267730	30252620	23931437	23851741	180227	173285	6233372	10115
4349132	4348924	3432915	3432731	25381	24506	892007	268
1915855	1915717	1523009	1522895	11740	11110	381715	36
215329	215329	166789	166789	1981	1981	46559	
760004	759934	597288	597218	4032	3952	158765	30
15522	15522	12111	12111	65	65	3346	
345746	345746	268999	268999	2329	2227	74807	188
16194	16194	11999	11999	76	76	4137	
230841	230841	184636	184636	1189	1189	45016	14
849641	849641	668084	668084	3969	3906	177662	

1-2-1-6（一） 续表 1

指标名称	企业数(个)	年初存货	年末存货	固定资产原价	本年折旧
食品制造业	231	26679	30157	269426	15868
焙烤食品制造	51	3656	3922	43696	2481
糖果、巧克力及蜜饯制造	6	278	315	7148	392
方便食品制造	75	8002	11437	76779	3358
液体乳及乳制品制造	6	249	215	10276	558
罐头制造	11	938	995	14636	1009
调味品、发酵制品制造	56	6370	6609	75863	3585
其他食品制造	26	7186	6664	41028	4485
饮料制造业	160	18092	17456	172165	10284
酒精制造	3	90	120	4850	209
酒的制造	107	12847	12294	116500	7289
软饮料制造	36	3184	3224	41495	2177
精制茶加工	14	1971	1818	9320	609
烟草制品业					
烟叶复烤					
卷烟制造					
其他烟草制品加工					
纺织业	438	53013	59960	757199	31127
棉、化纤纺织及印染精加工	221	8467	10733	520111	22252
毛纺织和染整精加工	10	1946	1929	14420	679
麻纺织	3	200	320	1940	135
丝绢纺织及精加工	11	2247	1624	13289	798
纺织制成品制造	46	7757	9315	48468	2373
针织品、编织品及其制品制造	147	32396	36039	158971	4890
纺织服装、鞋、帽制造业	92	23395	26202	138121	6929
纺织服装制造	86	23066	25810	131664	6181
纺织面料鞋的制造	6	329	392	6457	748
制帽					
皮革、毛皮、羽毛(绒)及其制品业	47	7165	7637	59071	2986
皮革鞣制加工	6	246	380	5392	280
皮革制品制造	38	6752	7090	48644	2392
毛皮鞣制及制品加工	1	167	167	1235	132
羽毛(绒)加工及制品制造	2			3800	182
木材加工及木、竹、藤、棕、草制品业	738	86490	91465	864415	48969

单位：千元

营业收入	主营业务收入	营业成本	主营业务成本	营业税金及附加	主营业务税金及附加	主营业务利润	其他业务利润
651583	651583	509194	509194	3707	3706	138696	1115
137271	137271	108032	108032	720	720	28519	
17761	17761	14204	14204	80	80	3477	
188158	188158	147942	147942	1061	1061	39168	
19432	19432	15300	15300	199	199	3933	
31787	31787	26632	26632	282	282	4873	
173134	173134	130706	130706	865	864	41564	
84040	84040	66378	66378	500	500	17162	1115
470824	470726	369808	369710	2319	2311	98705	20
9684	9684	7166	7166	47	47	2471	
308951	308853	244355	244257	1611	1611	62985	20
109359	109359	86045	86045	479	471	22843	
42830	42830	32242	32242	182	182	10406	
1394009	1393990	1108305	1108186	8137	8137	277779	20
816999	816999	646388	646388	5554	5554	165157	
24505	24505	19423	19423	109	109	4973	
8256	8256	6676	6676	38	38	1542	
31167	31167	24033	24033	140	140	6994	
129436	129417	103181	103162	951	951	25316	20
383646	383646	308604	308504	1345	1345	73797	
257745	257745	211379	211379	1104	1062	45304	
241946	241946	197840	197840	1041	999	43107	
15799	15799	13539	13539	63	63	2197	
145183	145183	112913	112913	772	772	31498	
17244	17244	12847	12847	147	147	4250	
119059	119059	92772	92772	561	561	25726	
3280	3280	2856	2856	15	15	409	
5600	5600	4438	4438	49	49	1113	
2109135	2108688	1661697	1660950	12191	12101	435987	413

1-2-1-6（一） 续表 2

指标名称	企业数(个)	年初存货	年末存货	固定资产原价	本年折旧
锯材、木片加工	447	41380	41487	495707	27145
人造板制造	230	31219	37633	310640	18295
木制品制造	39	6134	5572	42971	2460
竹、藤、棕、草制品制造	22	7757	6773	15097	1069
家具制造业	480	52411	55800	614481	37037
木质家具制造	432	48525	50157	567944	34341
竹、藤家具制造	3	422	401	1804	60
金属家具制造	12	518	2263	11930	784
塑料家具制造	10	1529	1367	6067	387
其他家具制造	23	1417	1612	26736	1465
造纸及纸制品业	66	26126	24571	117411	6400
纸浆制造					
造纸	32	16498	14828	78450	3989
纸制品制造	34	9628	9743	38961	2411
印刷业和记录媒介的复制	133	13969	14301	162974	8810
印刷	116	12151	13387	142958	7601
装订及其他印刷服务活动	17	1818	914	20016	1209
记录媒介的复制					
文教体育用品制造业	16	3448	3863	20026	1122
文化用品制造	8	1893	2060	8305	482
体育用品制造					
乐器制造					
玩具制造	8	1555	1803	11721	640
游艺器材及娱乐用品制造					
石油加工、炼焦及核燃料加工业	22	2809	4730	23443	1095
精炼石油产品的制造	21	2809	4730	20443	945
炼焦	1			3000	150
核燃料加工					
化学原料及化学制品制造业	245	33115	41408	358386	19798
基础化学原料制造	37	5121	5991	39290	2547
肥料制造	40	3773	4034	70644	4839
农药制造	12	4322	9973	23116	756
涂料、油墨、颜料及类似产品制造	56	5998	6235	68496	4239
合成材料制造	11	599	740	17968	1197

单位：千元

营业收入	主营业务收入	营业成本	主营业务成本	营业税金及附加	主营业务税金及附加	主营业务利润	其他业务利润
1223738	1223738	961115	960815	7361	7275	255678	188
718504	718157	567825	567478	3629	3625	147054	215
110145	110045	85531	85431	912	912	23982	10
56748	56748	47226	47226	289	289	9273	
1443356	1443206	1138546	1138446	12032	11849	292945	167
1318725	1318575	1040337	1040237	11028	10845	267513	167
5900	5900	4734	4734	52	52	1114	
29469	29469	23003	23003	182	182	6298	
28591	28591	22873	22873	126	126	5592	
60671	60671	47599	47599	644	644	12428	
208953	208683	179794	165224	1114	1114	42345	105
107824	107654	86296	86126	598	598	20930	85
101129	101029	93498	79098	516	516	21415	20
355526	355526	278099	278099	2182	2182	75245	100
303274	303274	237086	237086	1925	1925	64263	100
52252	52252	41013	41013	257	257	10982	
45700	45625	36862	36787	170	170	8668	30
21846	21771	17432	17357	83	83	4331	30
23854	23854	19430	19430	87	87	4337	
68984	68984	53072	53072	628	628	15284	
64956	64956	49850	49850	608	608	14498	
4028	4028	3222	3222	20	20	786	
770642	770527	603736	603621	5140	4860	162057	10
120289	120289	92433	92433	674	674	27183	
139601	139601	112664	112664	946	946	25991	
44235	44235	33220	33220	339	339	10676	
163129	163129	130574	130574	1187	1090	31465	
37340	37340	28793	28793	169	169	8378	

1-2-1-6（一） 续表 3

指标名称	企业数(个)	年初存货	年末存货	固定资产原价	本年折旧
专用化学产品制造	53	7686	8188	75732	4193
日用化学产品制造	36	5616	6247	63140	2027
医药制造业	53	6309	7362	60152	3160
化学药品原药制造	9	1258	1226	7990	311
化学药品制剂制造	6	601	836	3360	273
中药饮片加工	6	460	520	12165	778
中成药制造	17	1979	2511	22565	1011
兽用药品制造	4	783	753	3804	138
生物、生化制品的制造	4	817	1053	4832	386
卫生材料及医药用品制造	7	411	463	5436	263
化学纤维制造业	5	2361	2203	1990	117
纤维素纤维原料及纤维制造					
合成纤维制造	5	2361	2203	1990	117
橡胶制品业	28	3068	2530	50226	3996
轮胎制造	8	496	476	12428	663
橡胶板、管、带的制造	3	1156	697	3461	195
橡胶零件制造	5	150	120	14010	1332
再生橡胶制造	3	425	230	1559	102
日用及医用橡胶制品制造	1			1000	8
橡胶靴鞋制造					
其他橡胶制品制造	8	841	1007	17768	1696
塑料制品业	272	37382	40439	341428	22490
塑料薄膜制造	20	2861	3525	22231	1296
塑料板、管、型材的制造	49	8156	10831	59966	3722
塑料丝、绳及编织品的制造	59	8369	8776	65673	3801
泡沫塑料制造	7	969	760	9206	432
塑料人造革、合成革制造					
塑料包装箱及容器制造	17	2005	1886	21559	1190
塑料零件制造	8	2683	2464	10120	353
日用塑料制造	47	4752	4281	74097	3732
其他塑料制品制造	65	7587	7916	78576	7964
非金属矿物制品业	3807	447556	496099	4600290	278390
水泥、石灰和石膏的制造	137	12234	13290	123468	6332
水泥及石膏制品制造	1129	136719	148757	1295798	84733

单位：千元

营业收入	主营业务收入	营业成本	主营业务成本	营业税金及附加	主营业务税金及附加	主营业务利润	其他业务利润
160643	160528	124304	124189	961	961	35378	10
105405	105405	81748	81748	864	681	22986	
159045	159045	123225	123225	817	817	35003	
22765	22765	16222	16222	87	87	6456	
14188	14188	11001	11001	56	56	3131	
20804	20804	16212	16212	86	86	4506	
55577	55577	43138	43138	358	358	12081	
12896	12896	10699	10699	68	68	2129	
12447	12447	10096	10096	56	56	2295	
20368	20368	15857	15857	106	106	4405	
15876	15876	13356	13356	61	61	2459	
15876	15876	13356	13356	61	61	2459	
104589	104589	86697	86697	543	543	17349	20
24106	24106	19353	19353	176	176	4577	
11865	11865	9425	9425	56	56	2384	20
23196	23196	19673	19673	107	107	3416	
10785	10785	8518	8518	38	38	2229	
3000	3000	2621	2621	12	12	367	
31637	31637	27107	27107	154	154	4376	
824506	824329	655983	655806	4530	4530	163993	50
61336	61259	49828	49751	436	436	11072	30
148899	148799	117747	117647	724	724	30428	20
170256	170256	134006	134006	931	931	35319	
21648	21648	17068	17068	104	104	4476	
56952	56952	44886	44886	489	489	11577	
25505	25505	20459	20459	74	74	4972	
149024	149024	115612	115612	754	754	32658	
190886	190886	156377	156377	1018	1018	33491	
11367228	11364013	8998717	8967844	65952	64083	2334755	1463
325007	325007	256418	256418	2064	2064	66525	
3259759	3258001	2586369	2584511	19701	19601	654340	699

1-2-1-6（一） 续表 4

指标名称	企业数(个)	年初存货	年末存货	固定资产原价	本年折旧
砖瓦、石材及其他建筑材料制造	2304	261509	293964	2826621	169156
玻璃及玻璃制品制造	32	5046	5332	39211	2907
陶瓷制品制造	11	645	761	11214	598
耐火材料制品制造	38	6591	6475	60706	6129
石墨及其他非金属矿物制品制造	156	24812	27520	243272	8535
黑色金属冶炼及压延加工业	38	9210	8394	62832	3157
炼铁	10	705	1268	16027	931
炼钢	4	609	582	7000	724
钢压延加工	12	2691	3372	15219	926
铁合金冶炼	12	5205	3172	24586	576
有色金属冶炼及压延加工业	33	2078	1809	36961	1806
常用有色金属冶炼	11	417	365	10598	564
贵金属冶炼	2	320	270	5600	236
稀有稀土金属冶炼	7	56	108	8880	413
有色金属合金制造	4	723	703	4950	212
有色金属压延加工	9	562	363	6933	381
金属制品业	322	48820	739378	370999	21413
结构性金属制品制造	200	34251	723382	210827	12403
金属工具制造	46	4045	4517	45648	2867
集装箱及金属包装容器制造	9	1245	1149	11364	553
金属丝绳及其制品的制造	7	1013	1388	15566	597
建筑、安全用金属制品制造	25	4532	4506	35598	1836
金属表面处理及热处理加工	5	579	799	3061	257
搪瓷制品制造	2	58	48	300	26
不锈钢及类似日用金属制品制造	8	836	808	16878	410
其他金属制品制造	20	2261	2781	31757	2464
通用设备制造业	172	40428	43532	223817	12280
锅炉及原动机制造	8	1597	1964	10230	444
金属加工机械制造	28	6824	10150	31739	1784
起重运输设备制造					
泵、阀门、压缩机及类似机械的制造	11	2157	2272	18275	610
轴承、齿轮、传动和驱动部件的制造	10	11515	10468	12454	885
烘炉、熔炉及电炉制造					
风机、衡器、包装设备等通用设备制造	13	3127	4131	17874	1152

单位：千元

营业收入	主营业务收入	营业成本	主营业务成本	营业税金及附加	主营业务税金及附加	主营业务利润	其他业务利润
6957096	6956199	5510166	5482311	40351	38829	1437077	656
113924	113924	91861	91861	793	793	21270	
32103	32103	23799	23799	143	139	8265	
154095	153535	127146	125986	746	745	26804	108
525244	525244	402958	402958	2154	1912	120474	
130025	130025	97348	97348	727	727	32050	
36142	36142	27068	27068	183	183	8891	
13717	13717	10919	10919	65	65	2733	
40481	40481	31839	31839	286	286	8456	
39685	39685	27522	27522	193	193	11970	
98952	98952	73682	73582	539	539	24831	
34608	34608	25849	25849	174	174	8585	
7690	7690	6152	6152	28	28	1510	
22176	22176	15324	15224	103	103	6849	
15735	15735	11442	11442	117	117	4176	
18743	18743	14915	14915	117	117	3711	
965198	959903	789512	759509	5978	5792	194976	114
586144	580849	462717	460014	4277	4091	117117	114
127767	127767	128518	101218	552	552	25998	
28195	28195	21940	21940	156	156	6099	
19010	19010	14337	14337	77	77	4596	
82252	82252	63659	63659	347	347	18246	
16709	16709	12691	12691	84	84	3934	
4540	4540	3583	3583	18	18	939	
26282	26282	21709	21709	110	110	4463	
74299	74299	60358	60358	357	357	13584	
616207	612239	479041	478052	3751	3341	130847	4013
30136	30136	22237	22237	112	112	7788	
99644	95960	79578	78873	922	516	16571	3851
41918	41918	33823	33823	169	169	7926	
31648	31648	24395	24395	118	118	7135	
49036	48902	40516	40382	317	317	8203	50

1-2-1-6（一） 续表 5

指标名称	企业数(个)	年初存货	年末存货	固定资产原价	本年折旧
通用零部件制造及机械修理	46	6931	7061	57207	3713
金属铸、锻加工	56	8277	7486	76038	3692
专用设备制造业	173	26423	27913	234378	14379
矿山、冶金、建筑专用设备制造	27	7801	8218	32219	2518
化工、木材、非金属加工专用设备制造	14	2740	3251	12314	1154
食品、饮料、烟草及饲料生产专用设备制造	10	3687	3528	21097	931
印刷、制药、日化生产专用设备制造	5	685	683	4101	236
纺织、服装和皮革工业专用设备制造	23	1493	1617	44046	2441
电子和电工机械专用设备制造	10	1495	1699	11765	530
农、林、牧、渔专用机械制造	73	6460	7579	93400	5612
医疗仪器设备及器械制造	3	1228	556	1641	80
环保、社会公共安全及其他专用设备制造	8	834	782	13795	877
交通运输设备制造业	182	31126	30079	232026	14679
铁路运输设备制造	1	50	70	400	20
汽车制造	169	28520	27169	218556	13567
摩托车制造					
自行车制造	5	1122	1201	4927	431
船舶及浮动装置制造	2			3900	170
航空航天器制造					
交通器材及其他交通运输设备制造	5	1434	1639	4243	491
电气机械及器材制造业	87	14992	16500	124595	6553
电机制造	14	2517	2598	15898	542
输配电及控制设备制造	21	4102	4798	31743	1746
电线、电缆、光缆及电工器材制造	19	2818	2648	29924	2168
电池制造	2	59	47	1075	37
家用电力器具制造	3	760	315	3117	141
非电力家用器具制造	9	2162	3169	15815	859
照明器具制造	14	1392	1806	21012	876
其他电气机械及器材制造	5	1182	1119	6011	184
通信设备、计算机及其他电子设备制造业	18	3617	4606	17238	868
通信设备制造					
雷达及配套设备制造					
广播电视设备制造					
电子计算机制造	1	56	65	560	23

单位：千元

营业收入	主营业务收入	营业成本	主营业务成本	营业税金及附加	主营业务税金及附加	主营业务利润	其他业务利润
149408	149358	120579	120529	963	959	27870	62
214417	214317	157913	157813	1150	1150	55354	50
529198	528667	427329	426725	3166	3082	98860	1663
86452	86223	70662	70433	461	461	15329	1537
48329	48229	41073	40973	237	237	7019	30
36126	36126	29291	29291	155	155	6680	
13363	13363	10016	10016	59	59	3288	
74667	74565	60324	60149	473	473	13943	51
30798	30798	24270	24270	195	195	6333	
205491	205391	164066	163966	1398	1314	40111	45
7261	7261	5942	5942	37	37	1282	
26711	26711	21685	21685	151	151	4875	
577802	577677	458190	458029	3678	3678	115975	55
3200	3200	2400	2400	9	9	791	
536556	536431	425979	425818	3488	3488	107130	55
15252	15252	12209	12209	75	75	2968	
7631	7631	5565	5565	36	36	2030	
15163	15163	12037	12037	70	70	3056	
296256	296186	233842	233372	1941	1939	60875	30
44637	44637	35307	35307	495	495	8835	
69834	69834	55101	55101	491	491	14242	
71534	71534	57230	56830	384	382	14322	
4499	4499	3269	3269	26	26	1204	
10010	10010	8334	8334	46	46	1630	
33144	33074	27085	27015	144	144	5915	30
43335	43335	33003	33003	267	267	10065	
19263	19263	14513	14513	88	88	4662	
53991	53991	44236	44236	274	274	9481	
2860	2860	2460	2460	15	15	385	

1-2-1-6（一） 续表 6

指标名称	企业数(个)	年初存货	年末存货	固定资产原价	本年折旧
电子器件制造	3	430	520	5480	235
电子元件制造	10	1471	1671	7235	355
家用视听设备制造	2			683	15
其他电子设备制造	2	1660	2350	3280	240
仪器仪表及文化、办公用机械制造业	30	6508	7648	38913	1592
通用仪器仪表制造	6	1325	2295	2886	113
专用仪器仪表制造	3	15	9	2770	162
钟表与计时仪器制造	2	20	90	4935	510
光学仪器及眼镜制造	19	5148	5254	28322	807
文化、办公用机械制造					
其他仪器仪表的制造及修理					
工艺品及其他制造业	741	117860	125266	763417	37971
工艺美术品制造	488	71772	77135	574483	26976
日用杂品制造	33	23209	23190	29764	1961
煤制品制造	214	22245	21921	155873	8868
核辐射加工					
其他未列明的制造业	6	634	3020	3297	166
废弃资源和废旧材料回收加工业	25	2244	2371	23312	1260
金属废料和碎屑的加工处理	7	245	256	5891	279
非金属废料和碎屑的加工处理	18	1999	2115	17421	981
电力、燃气及水的生产和供应业	133	7257	12765	210337	9126
电力、热力的生产和供应业	51	2929	3404	101172	3980
电力生产	50	2888	3369	97672	3840
电力供应	1	41	35	3500	140
热力生产和供应					
燃气生产和供应业	7	2872	7768	7702	512
燃气生产和供应业	7	2872	7768	7702	512
水的生产和供应业	75	1456	1593	101463	4634
自来水的生产和供应	71	1365	1448	82643	3481
污水处理及其再生利用	3	91	145	18520	1153
其他水的处理、利用与分配	1			300	
二、按登记注册类型分组					
内资企业	11334	1433522	2245086	13900609	797168
国有企业	24	6812	12527	55522	2185

单位：千元

营业收入	主营业务收入	营业成本	主营业务成本	营业税金及附加	主营业务税金及附加	主营业务利润	其他业务利润
12648	12648	10584	10584	46	46	2018	
28157	28157	23275	23275	180	180	4702	
4096	4096	3072	3072	3	3	1021	
6230	6230	4845	4845	30	30	1355	
89155	89155	69043	69043	568	568	19544	
16256	16256	12553	12553	102	102	3601	
5810	5810	4291	4291	71	71	1448	
8300	8300	7090	7090	31	31	1179	
58789	58789	45109	45109	364	364	13316	
2088144	2087797	1624485	1624174	12284	9379	456033	459
1456124	1455833	1131920	1131629	8729	5960	320002	410
101867	101867	78330	78330	539	539	23029	
516673	516617	404101	404081	2900	2833	109703	49
13480	13480	10134	10134	116	47	3299	
80786	80786	60431	60431	541	534	19821	
18453	18453	13626	13626	129	129	4698	
62333	62333	46805	46805	412	405	15123	
346357	345726	262463	261930	1625	1591	82217	220
174305	174214	127166	127075	759	759	46380	20
170255	170164	123967	123876	678	678	45610	20
4050	4050	3199	3199	81	81	770	
12022	12022	9658	9658	101	101	2263	
12022	12022	9658	9658	101	101	2263	
160030	159490	125639	125197	765	731	33574	200
151621	151081	118734	118292	727	693	32108	200
6109	6109	5180	5180	36	36	893	
2300	2300	1725	1725	2	2	573	
33825523	33809047	26707846	26614722	198474	190817	7010155	11105
66487	62523	53006	52119	915	507	9897	5344

1-2-1-6（一） 续表 7

指标名称	企业数(个)	年初存货	年末存货	固定资产原价	本年折旧
集体企业	116	40243	39362	199370	5837
股份合作企业	29	8118	8022	27239	1515
联营企业	8	343	267	21790	821
国有联营企业					
集体联营企业	6	333	247	12790	370
国有与集体联营企业					
其他联营企业	2	10	20	9000	451
有限责任公司	852	126373	131085	864407	25400
国有独资公司	1			1000	10
其他有限责任公司	851	126373	131085	863407	25390
股份有限公司	41	8485	8346	89659	2242
私营企业	9861	1190883	1983347	12260449	737090
私营独资企业	9156	1087171	1191913	11323929	682174
私营合伙企业	469	48346	50511	578286	39537
私营有限责任公司	187	46023	44769	283304	10995
私营股份有限公司	49	9343	696154	74930	4384
其他企业	403	52265	62130	382173	22078
港、澳、台商投资企业	4	1528	1938	14668	383
合资经营企业(港或澳、台资)	4	1528	1938	14668	383
合作经营企业(港或澳、台资)					
港、澳、台商独资经营企业					
港、澳、台商投资股份有限公司					
外商投资企业	5	2385	2962	12728	1034
中外合资经营企业	2	220	272	2100	200
中外合作经营企业					
外资企业	3	2165	2690	10628	834
外商投资股份有限公司					
三、按控股情况分组					
国有控股	29	7357	13328	60903	2508
集体控股	142	49447	50491	259764	8650
私人控股	10857	1338426	2144973	13208369	765995
港澳台商控股	2	512	532	1324	28
外商控股	3	2165	2690	10628	834
其他	310	39528	37972	387017	20570

单位：千元

营业收入	主营业务收入	营业成本	主营业务成本	营业税金及附加	主营业务税金及附加	主营业务利润	其他业务利润
327984	322687	253073	250370	2035	1838	70579	156
103735	103735	80900	80900	514	514	22321	
33340	33340	26423	26423	184	184	6733	100
23963	23963	18861	18861	99	99	5003	100
9377	9377	7562	7562	85	85	1730	
2354267	2354267	1833246	1833246	8045	7990	516197	1438
4800	4800	4780	4780	2	1	20	
2349467	2349467	1828466	1828466	8043	7989	516177	1438
122017	122017	94534	94534	442	442	27041	
29619308	29612343	23450086	23361802	180497	173533	6078689	3867
27369814	27362849	21645804	21592261	167438	160914	5610355	3447
1496301	1496301	1215997	1181256	7931	7491	308554	48
607562	607562	472197	472197	3456	3456	131909	
145631	145631	116088	116088	1672	1672	27871	372
1198385	1198135	916578	915328	5842	5809	278698	200
15957	15957	12051	12051	103	103	3803	
15957	15957	12051	12051	103	103	3803	
17182	17082	13492	13442	113	103	3537	50
4000	3900	3250	3200	68	58	642	50
13182	13182	10242	10242	45	45	2895	
83025	79061	66679	65792	985	576	12694	5442
412376	407079	319493	316490	2510	2309	88260	376
32417435	32410120	25611049	25522012	189341	182284	6711070	4222
6149	6149	4305	4305	63	63	1781	
13182	13182	10242	10242	45	45	2895	
926495	926495	721621	721374	5746	5746	200795	1115

1-2-1-6 按国民经济行业、登记注册类型、控股

指标名称	营业费用、管理费用、财务费用合计	税金	利息支出	营业利润	职工工资和福利费
总　　计	**2329908**	**69919**	**235175**	**4698742**	**3158890**
一、按国民经济行业中类分组					
采矿业	216498	6685	22585	486228	291739
煤炭开采和洗选业					
烟煤和无烟煤的开采洗选					
褐煤的开采洗选					
其他煤炭采选					
石油和天然气开采业					
天然原油和天然气开采					
与石油和天然气开采有关的服务活动					
黑色金属矿采选业	60127	760	3143	125483	58871
铁矿采选	59807	740	3103	123420	58051
其他黑色金属矿采选	320	20	40	2063	820
有色金属矿采选业	22238	430	5187	43183	29204
常用有色金属矿采选	9496	261	2347	18627	13371
贵金属矿采选	9485	108	2768	15536	6759
稀有稀土金属矿采选	3257	61	72	9020	9074
非金属矿采选业	132411	5476	13945	315311	200767
土砂石开采	106697	4223	11159	241798	142180
化学矿采选	2890	35	65	6613	3255
采盐					
石棉及其他非金属矿采选	22824	1218	2721	66900	55332
其他采矿业	1722	19	310	2251	2897
其他采矿业	1722	19	310	2251	2897
制造业	2083960	62576	210021	4159527	2832628
农副食品加工业	275638	8475	31824	616637	355223
谷物磨制	116593	3675	14141	265158	153763
饲料加工	17398	475	1274	29161	17181
植物油加工	54708	1235	6159	104087	61068
制糖	1224	10	13	2122	1375
屠宰及肉类加工	28270	733	2931	46725	31108
水产品加工	2158	20	100	1979	1938
蔬菜、水果和坚果加工	13122	522	1436	31908	20338
其他农副食品加工	42165	1805	5770	135497	68452

情况分规模以下工业财务状况综合表（二）

单位：千元

本年应交增值税	所有者权益合计	实收资本	国家资本	集体资本	法人资本	个人资本	港澳台资本	外商资本	全部从业人员年平均人数（人）
1620524	**14356827**	**12048532**	**62014**	**208437**	**205329**	**11552877**	**6308**	**13567**	**310461**
155250	1357751	1171025	4100	1990	34245	1128890	1800		28141
31363	323745	257327			4610	252717			5942
30943	319945	254057			4610	249447			5829
420	3800	3270				3270			113
13982	167547	153665	700	1500	1150	148515	1800		3181
6508	101943	96690			650	96040			1436
4048	44906	38235	700			35735	1800		736
3426	20698	18740		1500	500	16740			1009
108915	858019	754857	3400	490	27485	723482			18594
78320	683648	608792			27485	581307			13266
1790	12132	8242				8242			276
28805	162239	137823	3400	490		133933			5052
990	8440	5176			1000	4176			424
990	8440	5176			1000	4176			424
1450881	12785897	10689742	19711	190752	169084	10292120	4508	13567	278912
211961	1797917	1586520	3820	15710	7646	1558915		429	34410
93961	780537	692183	500	4989	4562	681772		360	14627
10891	88818	81736				81736			1745
36742	381444	356753				356684		69	5990
803	4131	2952				2952			94
17324	171459	142174	3320	9799	2263	126792			3194
867	4600	3900				3900			164
11998	78349	69241			290	68951			1863
39375	288579	237581		922	531	236128			6733

1-2-1-6（二） 续表 1

指标名称	营业费用、管理费用、财务费用合计	税金	利息支出	营业利润	职工工资和福利费
食品制造业	47924	1333	5879	91887	62058
焙烤食品制造	8430	257	1546	20089	11454
糖果、巧克力及蜜饯制造	924	24	206	2553	1316
方便食品制造	14855	331	1274	24313	17597
液体乳及乳制品制造	1483	77	111	2450	2152
罐头制造	1103	75	76	3770	3764
调味品、发酵制品制造	15855	403	1661	25709	18910
其他食品制造	5274	166	1005	13003	6865
饮料制造业	30076	856	2602	68649	42661
酒精制造	1321	21	18	1150	1421
酒的制造	19182	641	1850	43823	26702
软饮料制造	6210	147	494	16633	11031
精制茶加工	3363	47	240	7043	3507
烟草制品业					
烟叶复烤					
卷烟制造					
其他烟草制品加工					
纺织业	104063	1891	6555	173736	171867
棉、化纤纺织及印染精加工	64970	1100	2955	100187	97685
毛纺织和染整精加工	1810	25	10	3163	2828
麻纺织	54	24	30	1488	436
丝绢纺织及精加工	3878	76	193	3116	4941
纺织制成品制造	8601	183	1048	16735	13520
针织品、编织品及其制品制造	24750	483	2319	49047	52457
纺织服装、鞋、帽制造业	10464	433	1983	34840	28795
纺织服装制造	9933	383	1878	33174	27266
纺织面料鞋的制造	531	50	105	1666	1529
制帽					
皮革、毛皮、羽毛(绒)及其制品业	9792	273	931	21706	14216
皮革鞣制加工	1852	36	88	2398	1903
皮革制品制造	7426	219	802	18300	11618
毛皮鞣制及制品加工	138	13	23	271	235
羽毛(绒)加工及制品制造	376	5	18	737	460
木材加工及木、竹、藤、棕、草制品业	141727	3981	16885	294673	184587

单位：千元

本年应交增值税	所有者权益合计	实收资本	国家资本	集体资本	法人资本	个人资本	港澳台资本	外商资本	全部从业人员年平均人数（人）
30663	283195	227890	3660	236	458	223526		10	5938
6466	47196	40909	3000			37909			1026
845	7561	5761				5761			122
9027	72284	65627			128	65489		10	1989
917	14653	9407		57		9350			206
1533	18993	15449				15449			278
7656	78363	68529		80		68449			1710
4219	44145	22208	660	99	330	21119			607
22115	195581	163721		1400	2394	159927			4116
447	7211	6190			620	5570			123
15027	129510	110122				110122			2635
4750	45002	36899			1524	35375			1045
1891	13858	10510		1400	250	8860			313
61553	728980	640461		1686	3084	635691			18159
37997	480179	451710			1163	450547			9795
1179	13730	5645			421	5224			265
429	2467	2467				2467			44
1381	18685	15385			1500	13885			564
6580	51077	46411				46411			1398
13987	162842	118843		1686		117157			6093
9249	148216	72357		3660	1850	66348		499	3372
8512	143870	68151		2660	1850	63142		499	3245
737	4346	4206		1000		3206			127
6410	61717	53984			3000	50984			1391
851	8955	8435				8435			209
5063	48336	41323			3000	38323			1125
196	1326	1326				1326			15
300	3100	2900				2900			42
102005	871561	738572		1348	6644	730389		191	17424

1-2-1-6（二） 续表 2

指标名称	营业费用、管理费用、财务费用合计	税金	利息支出	营业利润	职工工资和福利费
锯材、木片加工	82277	2314	11015	173589	98483
人造板制造	49167	1382	5023	98102	70041
木制品制造	7380	207	447	16612	8808
竹、藤、棕、草制品制造	2903	78	400	6370	7255
家具制造业	97061	2469	8749	196051	116140
木质家具制造	89381	2240	8175	178299	105002
竹、藤家具制造	364	5		750	786
金属家具制造	2281	64	162	4017	2242
塑料家具制造	1907	74	158	3685	3906
其他家具制造	3128	86	254	9300	4204
造纸及纸制品业	15656	450	1786	26794	19182
纸浆制造					
造纸	8216	253	1301	12799	9833
纸制品制造	7440	197	485	13995	9349
印刷业和记录媒介的复制	25789	754	1917	49556	31577
印刷	21533	605	1780	42830	26220
装订及其他印刷服务活动	4256	149	137	6726	5357
记录媒介的复制					
文教体育用品制造业	2450	62	319	6248	6671
文化用品制造	1174	21	130	3187	2067
体育用品制造					
乐器制造					
玩具制造	1276	41	189	3061	4604
游艺器材及娱乐用品制造					
石油加工、炼焦及核燃料加工业	5553	123	566	9731	6214
精炼石油产品的制造	5288	118	533	9210	6038
炼焦	265	5	33	521	176
核燃料加工					
化学原料及化学制品制造业	54481	1523	4348	107586	74245
基础化学原料制造	9846	243	556	17337	12780
肥料制造	8995	317	1249	16996	15226
农药制造	4096	105	85	6580	5090
涂料、油墨、颜料及类似产品制造	8833	291	883	22632	13554
合成材料制造	3307	103	217	5071	2630

单位：千元

本年应交增值税	所有者权益合计	实收资本							全部从业人员年平均人数（人）
		实收资本	国家资本	集体资本	法人资本	个人资本	港澳台资本	外商资本	
60725	495740	432853		800	6042	426011			9211
33208	308427	253190		548	602	252040			6514
5521	51934	40645				40604		41	742
2551	15460	11884				11734		150	957
75360	623160	518540		2617	9100	506823			10321
69096	572028	473233		2617	9100	461516			9128
208	1500	1500				1500			57
1522	12420	11560				11560			256
1328	10202	9632				9632			450
3206	27010	22615				22615			430
9741	128733	98364		560	8000	89804			1818
5178	89481	70454			8000	62454			928
4563	39252	27910		560		27350			890
16083	145141	123776	700	10160	1434	111471		11	2837
13827	124150	108829	700	7400	1434	99295			2404
2256	20991	14947		2760		12176		11	433
1826	20445	14799			540	14259			936
871	7407	5766				5766			258
955	13038	9033			540	8493			678
3390	19597	18081				18081			630
3189	16797	15281				15281			616
201	2800	2800				2800			14
36817	367930	279537	680	6886	16110	254623	1238		6975
5466	50365	34080	680	900	2850	29650			1215
6914	79864	54893				54893			1339
1887	27729	21900		3000	1560	17340			475
8080	68077	50747		2000	800	47947			1079
1796	14379	13227				13227			244

1-2-1-6（二） 续表 3

指标名称	营业费用、管理费用、财务费用合计	税金	利息支出	营业利润	职工工资和福利费
专用化学产品制造	12359	285	1021	23029	15463
日用化学产品制造	7045	179	337	15941	9502
医药制造业	12294	325	1577	22709	16820
化学药品原药制造	2729	67	66	3727	3190
化学药品制剂制造	1730	37	789	1401	1540
中药饮片加工	1335	34	56	3171	2245
中成药制造	4416	117	312	7665	5611
兽用药品制造	307	41	43	1822	1414
生物、生化制品的制造	869	14	263	1426	1409
卫生材料及医药用品制造	908	15	48	3497	1411
化学纤维制造业	460	30	233	1999	1978
纤维素纤维原料及纤维制造					
合成纤维制造	460	30	233	1999	1978
橡胶制品业	4613	139	895	12756	8797
轮胎制造	1091	23	77	3486	1559
橡胶板、管、带的制造	1471	31	627	933	1631
橡胶零件制造	512	22	56	2904	1666
再生橡胶制造	421	7	60	1808	862
日用及医用橡胶制品制造	46	1		321	456
橡胶靴鞋制造					
其他橡胶制品制造	1072	55	75	3304	2623
塑料制品业	50794	1572	4565	113249	68651
塑料薄膜制造	3874	121	794	7228	6426
塑料板、管、型材的制造	8427	187	765	22021	10984
塑料丝、绳及编织品的制造	11206	325	765	24113	16262
泡沫塑料制造	1408	36	138	3068	1890
塑料人造革、合成革制造					
塑料包装箱及容器制造	3170	176	168	8407	4005
塑料零件制造	961	20	37	4011	2011
日用塑料制造	11488	276	1206	21170	12454
其他塑料制品制造	10260	431	692	23231	14619
非金属矿物制品业	749826	26483	76109	1586392	1041249
水泥、石灰和石膏的制造	21030	1161	1784	45495	30941
水泥及石膏制品制造	206519	7902	26994	448520	261528

单位：千元

本年应交增值税	所有者权益合计	实收资本	国家资本	集体资本	法人资本	个人资本	港澳台资本	外商资本	全部从业人员年平均人数（人）
7568	65264	51720		166	900	49824	830		1587
5106	62252	52970		820	10000	41742	408		1036
7057	69190	56211		1400		54811			1628
842	11830	9450		500		8950			331
540	4092	3900				3900			153
1026	11571	8371				8371			232
2579	26210	20268				20268			462
703	3410	3410				3410			199
711	3787	3682				3682			121
656	8290	7130		900		6230			130
866	3190	2928			500	2428			304
866	3190	2928			500	2428			304
5264	59050	34004				34004			663
1104	14026	10748				10748			135
670	3064	2964				2964			118
1257	17260	6426				6426			132
399	3701	3366				3366			78
85	700	700				700			23
1749	20299	9800				9800			177
40691	321462	264076		2009	3200	258807		60	6765
3031	26557	22317			398	21919			794
7015	57215	47438				47438			948
8395	60005	53829		824		52945		60	1692
1091	9146	9006				9006			178
2676	17490	12453		315		12138			380
887	9355	7965				7965			320
7077	72524	54656		870	2750	51036			1122
10519	69170	56412			52	56360			1331
555408	4695429	3926859	620	24512	70888	3830578	170	91	98964
12497	131360	108662		2340		106322			2746
170042	1251794	1045850	500	6950	10841	1027468		91	23067

1-2-1-6（二） 续表 4

指标名称	营业费用、管理费用、财务费用合计	税金	利息支出	营业利润	职工工资和福利费
砖瓦、石材及其他建筑材料制造	477582	16139	43735	960151	672881
玻璃及玻璃制品制造	7251	230	789	14019	11885
陶瓷制品制造	2907	91	42	5358	3280
耐火材料制品制造	9343	281	647	17569	14541
石墨及其他非金属矿物制品制造	25194	679	2118	95280	46193
黑色金属冶炼及压延加工业	14145	419	1034	17905	15007
炼铁	3819	128	760	5072	3288
炼钢	829	35	85	1904	1154
钢压延加工	2704	100	115	5752	4162
铁合金冶炼	6793	156	74	5177	6403
有色金属冶炼及压延加工业	9592	307	382	15239	10446
常用有色金属冶炼	3324	138	158	5261	3481
贵金属冶炼	521	14	51	989	732
稀有稀土金属冶炼	3301	86	62	3548	2797
有色金属合金制造	1348	39	30	2828	1870
有色金属压延加工	1098	30	81	2613	1566
金属制品业	60941	1746	8079	134149	81743
结构性金属制品制造	35842	1081	5465	81389	47905
金属工具制造	8444	194	995	17554	10550
集装箱及金属包装容器制造	2562	65	47	3537	3357
金属丝绳及其制品的制造	1923	18	73	2673	2024
建筑、安全用金属制品制造	5154	123	752	13092	6399
金属表面处理及热处理加工	1449	46	70	2485	1501
搪瓷制品制造	231	6	4	708	595
不锈钢及类似日用金属制品制造	1904	17	75	2559	3929
其他金属制品制造	3432	196	598	10152	5483
通用设备制造业	46355	2816	5398	88505	57438
锅炉及原动机制造	1994	49	75	5794	2624
金属加工机械制造	7908	1691	859	12514	13535
起重运输设备制造					
泵、阀门、压缩机及类似机械的制造	1229	50	169	6697	3220
轴承、齿轮、传动和驱动部件的制造	3143	37	244	3992	3093
烘炉、熔炉及电炉制造					
风机、衡器、包装设备等通用设备制造	2433	54	441	5820	5146

单位：千元

本年应交增值税	所有者权益合计	实收资本	国家资本	集体资本	法人资本	个人资本	港澳台资本	外商资本	全部从业人员年平均人数（人）
337939	2951286	2492370	120	10022	50039	2432019	170		65020
5241	51764	36557		4150		32407			1171
1242	14440	11280				11280			300
8467	68184	32992				32992			1000
19980	226601	199148		1050	10008	188090			5660
5836	71889	64188		4503	1000	58685			1269
1848	21337	20312				20312			261
680	5887	4800				4800			135
1876	13441	12738		503		12235			311
1432	31224	26338		4000	1000	21338			562
4478	48621	41587		300	250	41037			961
1596	17488	14860				14860			272
353	1895	1463				1463			72
946	15173	13029				13029			207
738	7000	5700				5700			144
845	7065	6535		300	250	5985			266
46699	374516	316484		7058	7160	302239		27	7985
28844	209603	179818		5051	4996	169771			4397
6234	52616	42939		400	1338	41201			914
1374	14438	12792		1270		11522			355
953	10071	8850			826	7997		27	226
3577	34547	27772		63		27709			819
815	4875	4140				4140			112
180	250	200				200			52
1121	14398	13830		274		13556			601
3601	33718	26143				26143			509
29095	232278	199682	2757	11939	4463	180523			5320
1094	11130	8988			317	8671			255
4592	40826	41237	500	8250		32487			1166
1884	18837	12229	1857			10372			322
1362	12529	10749		339		10410			280
2427	20459	17296			2026	15270			552

1-2-1-6（二） 续表 5

指标名称	营业费用、管理费用、财务费用合计	税金	利息支出	营业利润	职工工资和福利费
通用零部件制造及机械修理	8665	300	1042	19267	12933
金属铸、锻加工	20983	635	2568	34421	16887
专用设备制造业	31756	940	3525	68767	47153
矿山、冶金、建筑专用设备制造	4339	123	353	12527	6261
化工、木材、非金属加工专用设备制造	1495	59	348	5554	4001
食品、饮料、烟草及饲料生产专用设备制造	2268	53	184	4412	3308
印刷、制药、日化生产专用设备制造	1150	32	79	2138	1420
纺织、服装和皮革工业专用设备制造	5468	135	327	8526	8933
电子和电工机械专用设备制造	1275	38	129	5058	2266
农、林、牧、渔专用机械制造	14335	412	1950	25821	18039
医疗仪器设备及器械制造	579	13	53	703	710
环保、社会公共安全及其他专用设备制造	847	75	102	4028	2215
交通运输设备制造业	38969	834	3236	77061	53318
铁路运输设备制造	200	1	15	591	195
汽车制造	35415	760	2556	71770	49427
摩托车制造					
自行车制造	842	20	106	2126	1661
船舶及浮动装置制造	928	23	38	1102	873
航空航天器制造					
交通器材及其他交通运输设备制造	1584	30	521	1472	1162
电气机械及器材制造业	19414	619	1487	41491	26706
电机制造	2783	76	166	6052	4026
输配电及控制设备制造	4031	223	371	10211	5527
电线、电缆、光缆及电工器材制造	4952	156	464	9370	6745
电池制造	430	3		774	428
家用电力器具制造	346	18	9	1284	1113
非电力家用器具制造	992	38	110	4953	2669
照明器具制造	3208	53	235	6857	3730
其他电气机械及器材制造	2672	52	132	1990	2468
通信设备、计算机及其他电子设备制造业	2163	81	289	7318	6926
通信设备制造					
雷达及配套设备制造					
广播电视设备制造					
电子计算机制造	30	10	20	355	400

单位：千元

本年应交增值税	所有者权益合计	实收资本							全部从业人员年平均人数（人）
			国家资本	集体资本	法人资本	个人资本	港澳台资本	外商资本	
7096	50376	42044	400	150	1420	40074			1214
10640	78121	67139		3200	700	63239			1531
25365	258544	203649	4000	4878	6976	187795			4644
3953	43996	26264	1000		4680	20584			712
2607	13767	7340			350	6990			341
1615	21948	18133		2040		16093			321
571	9200	7709			250	7459			115
3299	41222	37868		1338	170	36360			835
1423	12168	11604		1000	1000	9604			291
10390	92174	75781			26	75755			1684
338	2961	2800				2800			62
1169	21108	16150	3000	500	500	12150			283
27548	253890	191691		5290	4600	181801			5199
120	800	500				500			28
25350	239074	181597		5290	4600	171707			4900
879	5645	3192				3192			124
321	4300	3200				3200			68
878	4071	3202				3202			79
13652	113243	97681	1300	2405	3700	90031		245	2620
2237	11880	11060	1300	2100	1900	5760			415
2975	29302	21136		5		21131			609
3235	23674	22738		300		22193		245	654
223	1700	1000				1000			42
476	3860	3630				3630			76
1473	14490	12686				12686			221
2200	22235	20131			1800	18331			370
833	6102	5300				5300			233
2139	18243	14409		3000		11409			837
158	650	650				650			32

1-2-1-6（二） 续表 6

指标名称	营业费用、管理费用、财务费用合计	税金	利息支出	营业利润	职工工资和福利费
电子器件制造	576	22	6	1442	1874
电子元件制造	1102	44	221	3600	3968
家用视听设备制造	32	1		989	80
其他电子设备制造	423	4	42	932	604
仪器仪表及文化、办公用机械制造业	6845	88	275	12699	7842
通用仪器仪表制造	1070	10	134	2531	751
专用仪器仪表制造	790	5	21	658	632
钟表与计时仪器制造	130	6	10	1049	1140
光学仪器及眼镜制造	4855	67	110	8461	5319
文化、办公用机械制造					
其他仪器仪表的制造及修理					
工艺品及其他制造业	209145	3297	18032	247347	269725
工艺美术品制造	164901	2378	13535	155511	215783
日用杂品制造	8367	147	266	14662	11233
煤制品制造	35195	751	4182	74557	41837
核辐射加工					
其他未列明的制造业	682	21	49	2617	872
废弃资源和废旧材料回收加工业	5974	257	561	13847	5393
金属废料和碎屑的加工处理	1606	76	1	3092	1731
非金属废料和碎屑的加工处理	4368	181	560	10755	3662
电力、燃气及水的生产和供应业	29450	658	2569	52987	34523
电力、热力的生产和供应业	15390	341	1773	31010	13565
电力生产	15066	338	1773	30564	13263
电力供应	324	3		446	302
热力生产和供应					
燃气生产和供应业	1006	68	90	1257	1900
燃气生产和供应业	1006	68	90	1257	1900
水的生产和供应业	13054	249	706	20720	19058
自来水的生产和供应	12250	239	661	20058	18420
污水处理及其再生利用	715	9	45	178	563
其他水的处理、利用与分配	89	1		484	75
二、按登记注册类型分组					
内资企业	2326913	69871	235080	4694347	3155540
国有企业	11631	1654	317	3610	14562

单位：千元

本年应交增值税	所有者权益合计	实收资本	国家资本	集体资本	法人资本	个人资本	港澳台资本	外商资本	全部从业人员年平均数（人）
472	6944	3110				3110			125
1168	6149	6149				6149			608
30	1200	1200				1200			9
311	3300	3300		3000		300			63
4483	36499	23916	108	2500		20308	1000		809
1307	2676	2628	108			2520			91
337	2504	2400		1100		1300			69
373	5745	2312				2312			144
2466	25574	16576		1400		14176	1000		505
91371	804271	688214	2066	76180	6087	589777	2100	12004	32115
62071	625555	531582	2021	76180	3807	435470	2100	12004	26630
5161	25760	20662	45		608	20009			1369
23515	148808	132512			1672	130840			4039
624	4148	3458				3458			77
3756	33409	27561		515		27046			502
632	8179	6985		315		6670			154
3124	25230	20576		200		20376			348
14393	213179	187765	38203	15695	2000	131867			3408
7390	97984	84699	2900	5900	2000	73899			1225
7147	95519	82699	900	5900	2000	73899			1206
243	2465	2000	2000						19
567	6543	6543	2500			4043			206
567	6543	6543	2500			4043			206
6436	108652	96523	32803	9795		53925			1977
6132	89812	77733	15503	9795		52435			1908
284	18640	18640	17300			1340			61
20	200	150				150			8
1619020	14332981	12026824	62014	208271	204403	11547222	4478	436	310164
2798	50287	46448	44948			1500			1404

1-2-1-6（二） 续表 7

指标名称	营业费用、管理费用、财务费用合计	税金	利息支出	营业利润	职工工资和福利费
集体企业	27943	591	1059	42792	40531
股份合作企业	5245	244	601	17076	7980
联营企业	2192	28	130	4641	3885
国有联营企业					
集体联营企业	1712	21	130	3391	3051
国有与集体联营企业					
其他联营企业	480	7		1250	834
有限责任公司	274678	1963	18214	242957	363393
国有独资公司	10	1		10	1499
其他有限责任公司	274668	1962	18214	242947	361894
股份有限公司	6790	171	336	20251	10133
私营企业	1902020	63404	207426	4180536	2610449
私营独资企业	1772352	59406	199551	3841450	2404766
私营合伙企业	78116	2467	5905	230486	136004
私营有限责任公司	41262	837	1649	90647	55294
私营股份有限公司	10290	694	321	17953	14385
其他企业	96414	1816	6997	182484	104607
港、澳、台商投资企业	2151	19	49	1652	1386
合资经营企业(港或澳、台资)	2151	19	49	1652	1386
合作经营企业(港或澳、台资)					
港、澳、台商独资经营企业					
港、澳、台商投资股份有限公司					
外商投资企业	844	29	46	2743	1964
中外合资经营企业	395	11		297	340
中外合作经营企业					
外资企业	449	18	46	2446	1624
外商投资股份有限公司					
三、按控股情况分组					
国有控股	13734	1662	398	4402	17934
集体控股	34986	710	1708	53650	50815
私人控股	2203593	65658	227251	4511699	3000189
港澳台商控股	941	5	17	840	656
外商控股	449	18	46	2446	1624
其他	76205	1866	5755	125705	87672

单位：千元

本年应交增值税	所有者权益合计	实收资本							全部从业人员年平均人数（人）
			国家资本	集体资本	法人资本	个人资本	港澳台资本	外商资本	
14654	186179	162400		154129	1000	7271			4783
3814	34009	29252	45	5952	4500	18755			616
974	12560	12110		8380		3730			288
562	9060	8610		8380		230			215
412	3500	3500				3500			73
98286	829871	735880	8341	18140	37572	671415	408	4	48598
20	6000	5000	5000						250
98266	823871	730880	3341	18140	37572	671415	408	4	48348
4600	83326	77757	1000	10100	970	63887	1800		1112
1435128	12751297	10627736	4680	8150	87399	10527225		282	242219
1339942	11955941	9926403	1280	3090	39919	9881903		211	221552
61730	450525	394745			23820	370854		71	13596
25891	273701	244913		5060	2660	237193			5758
7565	71130	61675	3400		21000	37275			1313
58766	385452	335241	3000	3420	72962	253439	2270	150	11144
956	9936	7849		166	826	4755	1830	272	107
956	9936	7849		166	826	4755	1830	272	107
548	13910	13859			100	900		12859	190
170	1050	1000			100	900			40
378	12860	12859						12859	150
3338	62757	57010	54289	500		2221			1883
18065	240743	213679		196328	3800	13551			5595
1552264	13661991	11444998	4725	4613	114111	11319855	1408	286	293062
408	4778	2796		166			2630		45
378	12860	12859						12859	150
46071	373698	317190	3000	6830	87418	217250	2270	422	9726

第 1 部分　南阳市卷 · 第二产业篇

规模以上工业科技

1-2-2-1 规模以上工业企

指标名称	企业数(个)	有科技活动	有R&D活动
总 计	**1341**	**137**	**29**
总计中:国有控股企业	65	18	11
一、按企业规模分组			
大型企业	16	15	13
中型企业	94	36	9
小型企业	1231	86	7
二、按登记注册类型分组			
内资企业	1297	125	24
国有企业	39	6	3
集体企业	26		
股份合作企业	20	2	1
联营企业	3		
集体联营企业	2		
其他联营企业	1		
有限责任公司	303	43	11
国有独资公司	5	4	4
其他有限责任公司	298	39	7
股份有限公司	41	7	4
私营企业	844	67	5
私营独资企业	549	42	3
私营合伙企业	64	5	1
私营有限责任公司	202	18	1
私营股份有限公司	29	2	
其他企业	21		
港、澳、台商投资企业	24	6	2
合资经营企业(港或澳、台资)	7		
合作经营企业(港或澳、台资)	4	2	1
港、澳、台商独资经营企业	10	2	1
港、澳、台商投资股份有限公司	3	2	
外商投资企业	20	6	3
中外合资经营企业	16	4	2
中外合作经营企业	2	1	
外资企业	1		
外商投资股份有限公司	1	1	1
三、按工业行业大类分组			
采矿业	91	2	2
石油和天然气开采业	4	1	1
黑色金属矿采选业	18		
有色金属矿采选业	23	1	1
非金属矿采选业	46		

业基本情况表（一）

金额单位：千元

有新产品开发	有科技机构	从业人员年平均人数（人）	工业总产值
100	**54**	**290255**	**147388529**
14	14	72230	36173505
15	15	77812	46267693
27	25	64721	30877485
58	14	147722	70243351
90	48	274448	141416804
6	5	38907	21836970
		4899	2133335
2	2	4854	3142391
		1171	335860
		911	222024
		260	113836
32	27	93929	48975408
4	4	14800	6456107
28	23	79129	42519301
6	5	26226	8137091
44	9	102596	55773971
27	2	63136	35499995
2		7839	2981395
15	7	28051	15724917
		3570	1567664
		1866	1081778
5	3	8480	3267480
		2316	910618
2	1	685	244060
2	1	3681	1526602
1	1	1798	586200
5	3	7327	2704245
4	2	3917	1445947
		511	754981
		380	109626
1	1	2519	393691
2	1	34020	19991620
1	1	21794	14442300
		1503	1093906
1		5227	2138727
		5496	2316687

1-2-2-1（一） 续表

指标名称	企业数(个)	有科技活动	有R&D活动
制造业	1224	133	27
农副食品加工业	160	16	
食品制造业	46	4	
饮料制造业	29	6	2
烟草制品业	1		
纺织业	217	8	1
纺织服装、鞋、帽制造业	19		
皮革、毛皮、羽毛(绒)及其制品业	7	1	
木材加工及木、竹、藤、棕、草制品业	39	2	1
家具制造业	9	1	
造纸及纸制品业	20	4	
印刷业和记录媒介的复制	23		
文教体育用品制造业	4	1	
石油加工、炼焦及核燃料加工业	3		
化学原料及化学制品制造业	74	10	1
医药制造业	46	12	3
橡胶制品业	5	2	1
塑料制品业	44	2	
非金属矿物制品业	207	16	3
黑色金属冶炼及压延加工业	16	3	2
有色金属冶炼及压延加工业	11	4	1
金属制品业	28	1	
通用设备制造业	31	6	3
专用设备制造业	33	11	5
交通运输设备制造业	30	6	1
电气机械及器材制造业	27	5	1
通信设备、计算机及其他电子设备制造业	14	2	
仪器仪表及文化、办公用机械制造业	43	9	2
工艺品及其他制造业	38	1	
电力、燃气及水的生产和供应业	26	2	
电力、热力的生产和供应业	19	2	
燃气生产和供应业	1		
水的生产和供应业	6		
四、按隶属关系分组			
中央	10	7	7
省（自治区、直辖市）	3	1	
地（区、市、州、盟）	25	4	2
县（区、市、旗）	184	23	4
其他	1119	102	16

金额单位：千元

有新产品开发	有科技机构	从业人员年平均人数(人)	工业总产值
98	52	243661	119074351
6		13443	9000286
2	1	5713	3327265
4	2	8919	6166947
		592	29373
3	3	53162	22790784
		4308	867139
1		1481	330409
2		4665	2457421
		1210	382061
	1	3251	1818546
		2518	863229
1		333	295405
		196	160958
6	1	13237	8796634
11	6	15710	6357028
2	1	767	183755
1		5370	2478620
12	5	32836	16984868
3	2	8241	11129711
4	3	2726	4745033
		2673	1080506
6	5	9931	2578956
11	8	10378	4141222
6	4	8533	2330515
5	3	6267	3012521
2	1	2229	684210
9	5	15073	2956992
1	1	9899	3123957
	1	12574	8322558
	1	10092	8196976
		1196	12054
		1286	113528
7	7	37235	18876702
	1	2018	3093694
4	4	16988	8174095
17	15	65142	27844761
72	27	168872	89399277

1-2-2-1 规模以上工业企

指标名称	主营业务收入	主营业务成本	利润总额
总　　计	**135334131**	**111522166**	**9433700**
总计中:国有控股企业	35187865	27452014	1992989
一、按企业规模分组			
大型	40663547	30704154	3840997
中型	28552307	24948106	911611
小型	66118277	55869906	4681092
二、按企业登记注册类型分组			
内资企业	129790437	107013041	9058296
国有企业	21017964	14598519	2143580
集体企业	1946319	1681410	61189
股份合作企业	2931221	2482830	212781
联营企业	246803	211267	10456
集体联营企业	183683	164165	4241
其他联营企业	63120	47102	6215
有限责任公司	41291538	35599566	1993215
国有独资公司	6244295	5270450	264161
其他有限责任公司	35047243	30329116	1729054
股份有限公司	8333406	6715697	563049
私营企业	52984325	44833127	4022841
私营独资企业	33919511	28439377	2688780
私营合伙企业	2786676	2358269	206743
私营有限责任公司	14801458	12789940	1023649
私营股份有限公司	1476680	1245541	103669
其他企业	1038861	890625	51185
港、澳、台商投资企业	2935841	2358634	199872
合资经营企业(港或澳、台资)	841474	674645	42185
合作经营企业(港或澳、台资)	236766	142662	46492
港、澳、台商独资经营企业	1373530	1172278	52614
港、澳、台商投资股份有限公司	484071	369049	58581
外商投资企业	2607853	2150491	175532
中外合资经营企业	1412528	1126947	99948
中外合作经营企业	751645	665542	39120
外资企业	77091	72155	4569
外商投资股份有限公司	366589	285847	31895
三、按工业行业大类分组			
采矿业	19140155	12982175	2194651
石油和天然气开采业	13959615	8710343	1865617
黑色金属矿采选业	1054400	874761	71067
有色金属矿采选业	1963972	1568246	112316

业基本情况表（二）

年末固定资产原价	生产经营用机器设备原价	微电子控制设备原价	资产合计	出口交货值
52299960	**28624276**	**2486118**	**95397110**	**6145796**
24605741	14660426	903044	39491487	1227049
16889480	10260667	1295356	38225691	3758727
22260935	11446563	999291	30906002	898131
13149545	6917046	191471	26265417	1488938
48205918	26239381	1703883	89959052	5503500
8631421	5361825	450728	19855488	425829
246709	168683	2100	553228	130000
970738	184914	54730	2520750	496060
25381	13020	1800	102714	40221
18447	9920		50299	40221
6934	3100	1800	52415	
23820175	12148148	428563	39256050	2978693
4252839	3126966	173973	8110525	608702
19567336	9021182	254590	31145525	2369991
3725785	2166236	373453	7765859	454849
10628971	6091224	387509	19628972	836448
6435565	3543149	39816	12034489	539315
544297	356442	260	992584	
3248724	1915848	345966	5817407	203247
400385	275785	1467	784492	93886
156738	105331	5000	275991	141400
1354881	733663	146691	2549868	286557
396311	238241	425	645422	
116355	34546	10266	554065	
579206	364226	131000	975313	286557
263009	96650	5000	375068	
2739161	1651232	635544	2888190	355739
731856	420884	27840	1290502	203454
1596687	977498	425474	959928	
16850	7210		32545	
393768	245640	182230	605215	152285
6517699	3730884	287183	14707901	
5536511	3245794	286578	12887018	
140034	79949	396	230453	
471119	156319		912925	

1-2-2-1（二） 续表

指标名称	主营业务收入	主营业务成本	利润总额
非金属矿采选业	2162168	1828825	145651
制造业	108210033	90962115	7891891
农副食品加工业	8369018	7325975	578539
食品制造业	3105700	2692887	248107
饮料制造业	5702888	4883061	146778
烟草制品业	23650	11453	5826
纺织业	22758904	18870390	1737620
纺织服装、鞋、帽制造业	845898	731956	31349
皮革、毛皮、羽毛(绒)及其制品业	328631	275915	26895
木材加工及木、竹、藤、棕、草制品业	2291000	1984520	151477
家具制造业	366329	322488	29750
造纸及纸制品业	1652449	1501852	77981
印刷业和记录媒介的复制	821666	693864	53807
文教体育用品制造业	289141	242578	27380
石油加工、炼焦及核燃料加工业	157903	137833	11676
化学原料及化学制品制造业	7943061	6376265	794065
医药制造业	5573117	4509230	355764
橡胶制品业	146070	117969	17676
塑料制品业	2287866	1944559	154894
非金属矿物制品业	14539515	12134009	1236059
黑色金属冶炼及压延加工业	7562578	6198819	845545
有色金属冶炼及压延加工业	4352343	4074473	201462
金属制品业	1026068	891771	71259
通用设备制造业	2362864	2029759	55464
专用设备制造业	4080794	3443743	252331
交通运输设备制造业	2384302	2009776	131010
电气机械及器材制造业	3007663	2357837	306367
通信设备、计算机及其他电子设备制造业	623345	485559	54520
仪器仪表及文化、办公用机械制造业	2893330	2404540	142087
工艺品及其他制造业	2713940	2309034	146203
电力、燃气及水的生产和供应业	7983943	7577876	-652842
电力、热力的生产和供应业	7839163	7457141	-625741
燃气生产和供应业	31031	33270	-19894
水的生产和供应业	113749	87465	-7207
四、按隶属关系分组			
中央	18311015	12244910	2218423
省（自治区、直辖市）	3112671	3465147	-842795
地（区、市、州、盟）	7807849	6447560	400892
县（区、市、旗）	24312581	19929309	1714076
其他	81790015	69435240	5943104

年末固定资产原价	生产经营用机器设备原价		资产合计	出口交货值
		微电子控制设备原价		
370035	248822	209	677505	
33383866	18420995	1685084	68160781	6145796
1405324	660221	9523	2775512	54540
686798	450223	6212	1157725	204804
2395921	1694792	6810	4986053	184232
94310	52892	417	92850	
6272456	3508259	89468	11640779	354246
138679	79648	17285	283136	308104
70348	19644		195210	115222
329663	217222	1783	631720	74641
59531	35511		123608	588
579872	408167	110	814558	52
195538	122839	180	406925	
27081	14901		44096	
45126	32556		92908	
3258717	1707433	70429	6165304	506623
1932235	1014788	418509	4113610	537543
62410	15375	1600	124823	
455290	283410	13826	899818	169221
5333733	3031244	136203	10544257	333168
2777760	1046489	35112	5807861	1731272
1019132	734554	284933	1984418	38700
182950	100445	25	382588	
952003	467542	77052	2181891	55349
838767	588002	67704	3522013	681879
952859	361863	29140	1982196	67167
602544	462311	52833	2061575	204268
781903	96894	32360	1269792	18744
1569029	1087420	333570	3011679	434987
363887	126350		863876	70446
12398395	6472397	513851	12528428	
12015562	6305870	511048	11981126	
123155	22754	373	211599	
259678	143773	2430	335703	
8781505	5877620	548716	20409278	832324
8805938	4234754	373	6807584	
3454075	2425059	81071	7525393	509572
10943549	5326663	553278	22143330	705164
20314893	10760180	1302680	38511525	4098736

1-2-2-2 规模以上工业企业科

指标名称	企业数（个）	有科技活动	有研发活动	科技活动人员（人）
总　　计	**1341**	**137**	**29**	**12650**
一、按工业行业中类分组				
采矿业	91	2	2	2007
天然原油和天然气开采	1			
与石油和天然气开采有关的服务活动	3	1	1	1989
铁矿采选	17			
其他黑色金属矿采选	1			
常用有色金属矿采选	9			
贵金属矿采选	11	1	1	18
稀有稀土金属矿采选	3			
土砂石开采	32			
石棉及其他非金属矿采选	14			
制造业	1224	133	27	10593
谷物磨制	88	11		49
饲料加工	11	1		38
植物油加工	27	3		20
屠宰及肉类加工	17			
蔬菜、水果和坚果加工	3			
其他农副食品加工	14	1		
焙烤食品制造	11	1		7
方便食品制造	9	1		2
液体乳及乳制品制造	3	1		39
罐头制造	6			
调味品、发酵制品制造	12			
其他食品制造	5	1		10
酒精制造	2	1	1	545
酒的制造	19	4	1	102
软饮料制造	7	1		4
精制茶加工	1			
烟叶复烤	1			
棉、化纤纺织及印染精加工	179	6	1	1598
毛纺织和染整精加工	1			
丝绢纺织及精加工	5	1		36
纺织制成品制造	6			
针织品、编织品及其制品制造	26	1		3
纺织服装制造	18			

技活动情况综合表（一）

科学家和工程师	R&D人员	机构人员	R&D人员折合全时当量（人年）	科技活动经费筹集总额	企业资金	政府资金
7797	**6176**	**6076**	**5628.8**	**1366030**	**1298738**	**56866**
1509	1443	1199	1406.58	105215	105215	
1499	1425	1199	1396.5	104305	104305	
10	18		10.08	910	910	
6242	4733	4827	4222.22	1255222	1187930	56866
35				5273	5137	
18				1100	1000	
5				800	100	700
7				93	93	
2				85	85	
10		33		250	250	
7				680	600	
349	545	228	545	185060	171399	13661
47	6	60	6	9150	8900	
4				68	68	
403	181	501	43.44	48051	48051	
29		25		1300	200	100
3				96	96	

1-2-2-2（一） 续表 1

指标名称	企业数（个）	有科技活动	有研发活动	科技活动人员（人）
纺织面料鞋的制造	1			
皮革鞣制加工	2	1		2
皮革制品制造	4			
羽毛(绒)加工及制品制造	1			
锯材、木片加工	11	1	1	4
人造板制造	24	1		5
木制品制造	2			
竹、藤、棕、草制品制造	2			
木质家具制造	6	1		
金属家具制造	2			
塑料家具制造	1			
纸浆制造	2	1		
造纸	9	3		34
纸制品制造	9			
印刷	21			
装订及其他印刷服务活动	2			
文化用品制造	1			
体育用品制造	1			
玩具制造	2	1		7
精炼石油产品的制造	3			
基础化学原料制造	16	1		
肥料制造	15	2		10
涂料、油墨、颜料及类似产品制造	5			
合成材料制造	1			
专用化学产品制造	35	7	1	598
日用化学产品制造	2			
化学药品原药制造	5	1	1	163
化学药品制剂制造	6	3	1	105
中药饮片加工	11			
中成药制造	7	3	1	208
兽用药品制造	4	2		18
生物、生化制品的制造	8	3		40
卫生材料及医药用品制造	5			
轮胎制造	1			
橡胶零件制造	2			
日用及医用橡胶制品制造	1	1	1	2

科学家和工程师	R&D人员	机构人员	R&D人员折合全时当量（人年）	科技活动经费筹集总额	企业资金	政府资金
2				38	38	
	3			93	93	
5				85	85	
23		10		4588	4588	
1				542	542	
10				1492	1370	
238	468	386	468	52772	46472	6300
55	143	62	143	25300	20000	5300
72	18	54	17.82	1991	1431	
180	178	180	126.38	41106	39686	1315
13		5		868	768	
29		8		4945	4685	
1	2		2	500	500	

1-2-2-2（一） 续表 2

指标名称	企业数（个）	有科技活动	有研发活动	科技活动人员（人）
其他橡胶制品制造	1	1		23
塑料薄膜制造	5			
塑料板、管、型材的制造	7			
塑料丝、绳及编织品的制造	23	1		6
塑料人造革、合成革制造	1			
塑料包装箱及容器制造	1			
日用塑料制造	6	1		12
其他塑料制品制造	1			
水泥、石灰和石膏的制造	35	3		75
水泥及石膏制品制造	19	1		15
砖瓦、石材及其他建筑材料制造	102	6		57
玻璃及玻璃制品制造	7	2	1	9
陶瓷制品制造	1			
耐火材料制品制造	5			
石墨及其他非金属矿物制品制造	38	4	2	1512
炼铁	5	1		5
炼钢	1			
钢压延加工	5	1	1	711
铁合金冶炼	5	1	1	29
常用有色金属冶炼	7	2		61
稀有稀土金属冶炼	2	1	1	58
有色金属压延加工	2	1		23
结构性金属制品制造	17			
金属工具制造	4			
集装箱及金属包装容器制造	1	1		37
金属丝绳及其制品的制造	2			
建筑、安全用金属制品制造	2			
其他金属制品制造	2			
锅炉及原动机制造	2	1		45
金属加工机械制造	2			
起重运输设备制造	3	2		120
泵、阀门、压缩机及类似机械的制造	6	1	1	43
轴承、齿轮、传动和驱动部件的制造	6	1	1	220
风机、衡器、包装设备等通用设备制造	1			
通用零部件制造及机械修理	3	1	1	53
金属铸、锻加工	8			

科学家和工程师	R&D人员	机构人员	R&D人员折合全时当量（人年）	科技活动经费筹集总额	企业资金	政府资金
18		20		1500	1330	170
1				160	160	
6				32	32	
61		10		5535	5235	
6				790	300	490
31				2487	2187	
3	2		1.68	1867	1867	
1089	453	319	380.43	57523	57523	
				130	130	
390	491	513	407.53	273400	273400	
18	26	16	26	1600	1600	
24		19		20016	20016	
58	58	58	58	36800	35000	1800
15		3		865	865	
30				550	550	
45		45		15631	15631	
57		41		23060	23060	
15	43	24	43	8210	8210	
171	187	220	187	43110	37960	5150
43	10	53	7.4	4315	4315	

1-2-2-2（一） 续表 3

指标名称	企业数（个）	有科技活动	有研发活动	科技活动人员（人）
矿山、冶金、建筑专用设备制造	15	7	4	642
化工、木材、非金属加工专用设备制造	3			
食品、饮料、烟草及饲料生产专用设备制造	2			
印刷、制药、日化生产专用设备制造	4			
纺织、服装和皮革工业专用设备制造	1	1		4
电子和电工机械专用设备制造	3	2		340
农、林、牧、渔专用机械制造	3			
医疗仪器设备及器械制造	1			
环保、社会公共安全及其他专用设备制造	1	1		30
汽车制造	25	5	1	637
摩托车制造	3			
航空航天器制造	1	1		31
交通器材及其他交通运输设备制造	1			
电机制造	9	3	1	951
输配电及控制设备制造	8	1		15
电线、电缆、光缆及电工器材制造	3			
电池制造	1			
家用电力器具制造	1			
非电力家用器具制造	4	1		4
照明器具制造	1			
电子器件制造	2	1		8
电子元件制造	9	1		143
其他电子设备制造	3			
通用仪器仪表制造	8	2		32
专用仪器仪表制造	9	2		9
光学仪器及眼镜制造	23	5	2	979
文化、办公用机械制造	2			
其他仪器仪表的制造及修理	1			
工艺美术品制造	34			
日用杂品制造	4	1		5
电力、燃气及水的生产和供应业	26	2		50
电力生产	6	2		50
电力供应	13			
燃气生产和供应业	1			
自来水的生产和供应	5			
污水处理及其再生利用	1			

科学家和工程师	R&D人员	机构人员	R&D人员折合全时当量（人年）	科技活动经费筹集总额	企业资金	政府资金
452	443	308	283.54	120266	114829	550
4				1268	908	
283	136	195	136	28790	28790	
25		24		2057	1347	710
180	10	286	10	46590	46060	
18				1200	1000	
820	669	519	669	70625	61505	9120
11				1440	1440	
2				1620	1620	
3				110	110	
41		140		12000	11000	1000
32		12		960	960	
8		5		1312	1312	
729	661	440	661	81541	70041	10500
5		5		1536	1400	
46		50		5593	5593	
46		50		5593	5593	

1-2-2-2 规模以上工业企业科

指标名称	科技活动经费内部支出（千元）	经常费支出	科研基建支出
总　　计	**1561820**	**1402645**	**159175**
一、按工业行业中类分组			
采矿业	95779	81183	14596
天然原油和天然气开采			
与石油和天然气开采有关的服务活动	94869	80273	14596
铁矿采选			
其他黑色金属矿采选			
常用有色金属矿采选			
贵金属矿采选	910	910	
稀有稀土金属矿采选			
土砂石开采			
石棉及其他非金属矿采选			
制造业	1457548	1315869	141679
谷物磨制	4920	4652	268
饲料加工	280	280	
植物油加工	794	707	87
屠宰及肉类加工			
蔬菜、水果和坚果加工			
其他农副食品加工	10		10
焙烤食品制造	93	93	
方便食品制造	72	72	
液体乳及乳制品制造	250	250	
罐头制造			
调味品、发酵制品制造			
其他食品制造	680	680	
酒精制造	182550	182550	
酒的制造	10957	9080	1877
软饮料制造	49	49	
精制茶加工			
烟叶复烤			
棉、化纤纺织及印染精加工	86459	30459	56000
毛纺织和染整精加工			
丝绢纺织及精加工	1200	1200	
纺织制成品制造			
针织品、编织品及其制品制造	82	82	
纺织服装制造			

技活动情况综合表（二）

R&D经费	新产品开发经费	企业办科技机构数（个）	科技项目数（项）	R&D项目数	新产品项目数
912813	**1073563**	**83**	**554**	**292**	**358**
82643	5466	3	119	119	4
81733	4556	3	118	118	3
910	910		1	1	1
830170	1068097	79	428	173	354
	4108		7		4
	260		1		1
			1		
			1		
			1		
	250	1	2		2
	680		1		1
182550	89638	6	25	25	18
234	9080	1	12	1	12
			1		
3692	23929	9	26	1	15
	1200	1	1		1
			1		

1-2-2-2（二） 续表 1

指标名称	科技活动经费内部支出（千元）	经常费支出	科研基建支出
纺织面料鞋的制造			
皮革鞣制加工	38	38	
皮革制品制造			
羽毛(绒)加工及制品制造			
锯材、木片加工	93	93	
人造板制造	90	80	10
木制品制造			
竹、藤、棕、草制品制造			
木质家具制造	26		26
金属家具制造			
塑料家具制造			
纸浆制造	90		90
造纸	3608	3488	120
纸制品制造			
印刷			
装订及其他印刷服务活动			
文化用品制造			
体育用品制造			
玩具制造	520	520	
精炼石油产品的制造			
基础化学原料制造	1081		1081
肥料制造	1578	1492	86
涂料、油墨、颜料及类似产品制造			
合成材料制造			
专用化学产品制造	55952	49051	6901
日用化学产品制造			
化学药品原药制造	29540	24940	4600
化学药品制剂制造	13677	13108	569
中药饮片加工			
中成药制造	39039	37491	1548
兽用药品制造	1413	738	675
生物、生化制品的制造	4982	4934	48
卫生材料及医药用品制造			
轮胎制造			
橡胶零件制造			
日用及医用橡胶制品制造	285	285	

R&D经费	新产品开发经费	企业办科技机构数（个）	科技项目数（项）	R&D项目数	新产品项目数
	38		1		1
93	28		1	1	
	80		3		3
		1	5		
	520		1		1
	1492		2		2
46858	46968	3	17	12	15
18456	18122	1	4	3	3
958	12578	1	8		8
29759	35202	3	17	14	14
	738	1	2		2
	4934	1	5		5
285	285		1	1	1

1-2-2-2（二） 续表 2

指标名称	科技活动经费内部支出（千元）	经常费支出	科研基建支出
其他橡胶制品制造	1160	1160	
塑料薄膜制造			
塑料板、管、型材的制造			
塑料丝、绳及编织品的制造	140	140	
塑料人造革、合成革制造			
塑料包装箱及容器制造			
日用塑料制造	32	32	
其他塑料制品制造			
水泥、石灰和石膏的制造	5566	5316	250
水泥及石膏制品制造	1150	760	390
砖瓦、石材及其他建筑材料制造	1904	1765	139
玻璃及玻璃制品制造	1937	1937	
陶瓷制品制造			
耐火材料制品制造			
石墨及其他非金属矿物制品制造	175196	158396	16800
炼铁	130	130	
炼钢			
钢压延加工	274345	273560	785
铁合金冶炼	1000	1000	
常用有色金属冶炼	19156	19156	
稀有稀土金属冶炼	36800	36800	
有色金属压延加工	920	865	55
结构性金属制品制造			
金属工具制造			
集装箱及金属包装容器制造	228	228	
金属丝绳及其制品的制造			
建筑、安全用金属制品制造			
其他金属制品制造			
锅炉及原动机制造	24201	15631	8570
金属加工机械制造			
起重运输设备制造	23060	23060	
泵、阀门、压缩机及类似机械的制造	8210	8210	
轴承、齿轮、传动和驱动部件的制造	44910	41620	3290
风机、衡器、包装设备等通用设备制造			
通用零部件制造及机械修理	4315	4315	
金属铸、锻加工			

R&D经费	新产品开发经费	企业办科技机构数（个）	科技项目数（项）	R&D项目数	新产品项目数
	1160	1	1		1
			2		
	32		1		1
	2789	1	3		2
	760		1		1
	1351		5		4
21	67		3		1
90298	116516	5	23	10	19
	18		1		1
180152	226210	1	7	3	6
1000	1000	1	2	2	2
	19156	1	2		2
36800	36800	2	2	2	2
	865	1	1		1
			2		
	15631	1	1		1
	23060	1	2		2
8210	8210	2	2	2	2
32223	39860	1	19	14	19
583	4315	1	6	2	6

1-2-2-2（二） 续表 3

指标名称	科技活动经费内部支出（千元）	经常费支出	科研基建支出
矿山、冶金、建筑专用设备制造	118351	115346	3005
化工、木材、非金属加工专用设备制造			
食品、饮料、烟草及饲料生产专用设备制造			
印刷、制药、日化生产专用设备制造			
纺织、服装和皮革工业专用设备制造	1336	1268	68
电子和电工机械专用设备制造	28900	28370	530
农、林、牧、渔专用机械制造			
医疗仪器设备及器械制造			
环保、社会公共安全及其他专用设备制造	1648	1648	
汽车制造	61939	41239	20700
摩托车制造			
航空航天器制造	1180	1075	105
交通器材及其他交通运输设备制造			
电机制造	75406	67406	8000
输配电及控制设备制造	1440	1440	
电线、电缆、光缆及电工器材制造			
电池制造			
家用电力器具制造			
非电力家用器具制造	1458	1458	
照明器具制造			
电子器件制造	110	110	
电子元件制造	12000	12000	
其他电子设备制造			
通用仪器仪表制造	960	960	
专用仪器仪表制造	749	749	
光学仪器及眼镜制造	85521	80771	4750
文化、办公用机械制造			
其他仪器仪表的制造及修理			
工艺美术品制造			
日用杂品制造	1782	1536	246
电力、燃气及水的生产和供应业	8493	5593	2900
电力生产	8493	5593	2900
电力供应			
燃气生产和供应业			
自来水的生产和供应			
污水处理及其再生利用			

R＆D经费	新产品开发经费	企业办科技机构数（个）	科技项目数（项）	R&D项目数	新产品项目数
85243	113025	5	37	26	35
	1268		1		1
7645	28030	3	19	5	16
	597	1	3		2
420	32131	9	32	1	24
	1075		1		1
56335	54764	3	39	15	35
	1440		1		1
	1458		1		1
	110		1		1
	12000	1	1		1
	960	1	2		2
	749	1	2		2
48355	71024	6	54	33	49
	1536	1	1		1
		1	7		
		1	7		

1-2-2-2 规模以上工业企业科

指标名称	项目经费	R&D项目经费	新产品销售收入
总　　计	**1380732**	**896405**	**13891266**
一、按工业行业中类分组			
采矿业	81183	81183	43452
天然原油和天然气开采			
与石油和天然气开采有关的服务活动	80273	80273	43452
铁矿采选			
其他黑色金属矿采选			
常用有色金属矿采选			
贵金属矿采选	910	910	
稀有稀土金属矿采选			
土砂石开采			
石棉及其他非金属矿采选			
制造业	1293956	815222	13847814
谷物磨制	4652		22857
饲料加工	260		5389
植物油加工	707		
屠宰及肉类加工			
蔬菜、水果和坚果加工			
其他农副食品加工			
焙烤食品制造	93		173
方便食品制造	72		
液体乳及乳制品制造	250		436
罐头制造			
调味品、发酵制品制造			
其他食品制造	680		598
酒精制造	182550	182550	3474536
酒的制造	9080	230	165262
软饮料制造	49		121
精制茶加工			
烟叶复烤			
棉、化纤纺织及印染精加工	30459	2900	420941
毛纺织和染整精加工			
丝绢纺织及精加工	1200		22000
纺织制成品制造			
针织品、编织品及其制品制造	82		
纺织服装制造			

技活动情况综合表（三）

专利申请数（件）	发明专利	技术改造经费支出	技术引进经费支出	消化吸收经费支出	购买国内技术经费支出
382	**116**	**927780**	**56811**	**17978**	**12228**
20	10				
20	10				
362	106	867047	56811	17978	12228
		2604		44	
		745			
		62		13	
		72			
12	10				
1	1	945		400	
		17	18		
19	4	4552	9000	4016	3000
		96			

1-2-2-2（三） 续表 1

指标名称	项目经费	R&D项目经费	新产品销售收入
纺织面料鞋的制造			
皮革鞣制加工	38		196
皮革制品制造			
羽毛(绒)加工及制品制造			
锯材、木片加工	93	93	256
人造板制造	80		7080
木制品制造			
竹、藤、棕、草制品制造			
木质家具制造			
金属家具制造			
塑料家具制造			
纸浆制造			
造纸	3488		1420
纸制品制造			
印刷			
装订及其他印刷服务活动			
文化用品制造			
体育用品制造			
玩具制造	520		70102
精炼石油产品的制造			
基础化学原料制造			
肥料制造	1492		7138
涂料、油墨、颜料及类似产品制造			
合成材料制造			
专用化学产品制造	43280	40500	954444
日用化学产品制造			
化学药品原药制造	22000	18122	459710
化学药品制剂制造	11998		13237
中药饮片加工			
中成药制造	37491	29637	38320
兽用药品制造	738		4578
生物、生化制品的制造	4934		25058
卫生材料及医药用品制造			
轮胎制造			
橡胶零件制造			
日用及医用橡胶制品制造	285	285	

专利申请数（件）	发明专利	技术改造经费支出	技术引进经费支出	消化吸收经费支出	购买国内技术经费支出
		26		12	
			1000		
6		100	90	50	60
		485			
		21790			480
9	7	13128	6283	5081	
3	3	26000			
16	4	2476			658
24	7	81640	5100	4000	4000
		186			

1-2-2-2（三） 续表 2

指标名称	项目经费	R&D项目经费	新产品销售收入
其他橡胶制品制造	1160		2100
塑料薄膜制造			
塑料板、管、型材的制造			
塑料丝、绳及编织品的制造	140		
塑料人造革、合成革制造			
塑料包装箱及容器制造			
日用塑料制造	32		5749
其他塑料制品制造			
水泥、石灰和石膏的制造	5069		
水泥及石膏制品制造	760		
砖瓦、石材及其他建筑材料制造	1765		24900
玻璃及玻璃制品制造	1937		4070
陶瓷制品制造			
耐火材料制品制造			
石墨及其他非金属矿物制品制造	158396	89247	835300
炼铁	130		680
炼钢			
钢压延加工	273560	180100	1217446
铁合金冶炼	1000	1000	900
常用有色金属冶炼	19156		2911157
稀有稀土金属冶炼	36800	36800	14480
有色金属压延加工	865		
结构性金属制品制造			
金属工具制造			
集装箱及金属包装容器制造	228		4075
金属丝绳及其制品的制造			
建筑、安全用金属制品制造			
其他金属制品制造			
锅炉及原动机制造	15631		153247
金属加工机械制造			
起重运输设备制造	23060		34615
泵、阀门、压缩机及类似机械的制造	8210	8210	
轴承、齿轮、传动和驱动部件的制造	39860	30400	191610
风机、衡器、包装设备等通用设备制造			
通用零部件制造及机械修理	4076	538	17067
金属铸、锻加工			

专利申请数（件）	发明专利	技术改造经费支出	技术引进经费支出	消化吸收经费支出	购买国内技术经费支出
		126			
24	6	38203			
9	9	126500			
1	1	230			
1	1	3200			
6	6				
		267			
		103			
7	1				
2	2				
		1300	980		
		800			

1-2-2-2（三） 续表 3

指标名称	项目经费		新产品销售收入
		R&D项目经费	
矿山、冶金、建筑专用设备制造	112740	85019	773620
化工、木材、非金属加工专用设备制造			
食品、饮料、烟草及饲料生产专用设备制造			
印刷、制药、日化生产专用设备制造			
纺织、服装和皮革工业专用设备制造	1268		
电子和电工机械专用设备制造	28370	7645	72660
农、林、牧、渔专用机械制造			
医疗仪器设备及器械制造			
环保、社会公共安全及其他专用设备制造	1381		
汽车制造	40221	420	79614
摩托车制造			
航空航天器制造	1075		
交通器材及其他交通运输设备制造			
电机制造	64929	55675	1029329
输配电及控制设备制造	1440		45000
电线、电缆、光缆及电工器材制造			
电池制造			
家用电力器具制造			
非电力家用器具制造	1458		2589
照明器具制造			
电子器件制造	110		5649
电子元件制造	12000		
其他电子设备制造			
通用仪器仪表制造	960		950
专用仪器仪表制造	749		6937
光学仪器及眼镜制造	77313	45851	713740
文化、办公用机械制造			
其他仪器仪表的制造及修理			
工艺美术品制造			42
日用杂品制造	1536		6436
电力、燃气及水的生产和供应业	5593		
电力生产	5593		
电力供应			
燃气生产和供应业			
自来水的生产和供应			
污水处理及其再生利用			

专利申请数（件）	发明专利	技术改造经费支出	技术引进经费支出	消化吸收经费支出	购买国内技术经费支出
31	6	31582		302	
4	1	350			
3	1				
39	7	27540	5000	4000	4000
15	4	255160			
		43585			
		100			
		637			
130	25	182440	29340	60	30
		60733			
		60733			

1-2-2-3 规模以上工业企业

指标名称	科技活动人员合计	参加科技项目人员	科技管理和服务人员
总　　计	**12650**	**9716**	**2251**
总计中:国有控股企业	6673	4866	1151
一、按企业规模分组			
大型企业	9086	7141	1293
中型企业	2462	1794	638
小型企业	1102	781	320
二、按登记注册类型分组			
内资企业	11610	9047	1880
国有企业	2739	1596	536
股份合作企业	505	298	207
有限责任公司	4775	3903	798
国有独资公司	1612	1254	310
其他有限责任公司	3163	2649	488
股份有限公司	2698	2469	229
私营企业	893	781	110
私营独资企业	454	413	40
私营合伙企业	25	11	14
私营有限责任公司	392	337	54
私营股份有限公司	22	20	2
港、澳、台商投资企业	290	265	25
合作经营企业(港或澳、台资)	75	73	2
港、澳、台商独资经营企业	175	167	8
港、澳、台商投资股份有限公司	40	25	15
外商投资企业	750	404	346
中外合资经营企业	395	173	222
外商投资股份有限公司	355	231	124
三、按工业行业大类分组			
采矿业	2007	1268	413
石油和天然气开采业	1989	1253	410
有色金属矿采选业	18	15	3
制造业	10593	8402	1835

科技活动人员情况

计量单位：人

女性	全时人员	非全时人员	科学家和工程师	高中级技术职称人员	R&D人员
3249	**6961**	**5689**	**7797**	**4562**	**6176**
1510	3690	2983	3808	2632	3773
2447	4815	4271	5776	3313	5530
601	1424	1038	1324	861	535
201	722	380	697	388	111
2905	6257	5353	7393	4327	5642
760	1554	1185	1829	1489	1903
91	223	282	290	116	286
1301	2783	1992	3500	1768	2319
380	1309	303	1160	700	1238
921	1474	1689	2340	1068	1081
486	1250	1448	1322	667	1095
267	447	446	452	287	39
193	222	232	205	133	10
2	16	9	6	6	3
70	199	193	226	143	26
2	10	12	15	5	
102	254	36	150	67	201
16	73	2	71	11	58
81	156	19	61	42	143
5	25	15	18	14	
242	450	300	254	168	333
103	197	198	117	93	28
139	253	102	137	75	305
595	1119	888	1509	1233	1443
592	1112	877	1499	1223	1425
3	7	11	10	10	18
2650	5826	4767	6242	3299	4733

1-2-2-3 续表

指标名称	科技活动人员合计	参加科技项目人员	科技管理和服务人员
农副食品加工业	107	78	29
食品制造业	58	50	8
饮料制造业	651	569	82
纺织业	1637	1627	9
皮革、毛皮、羽毛(绒)及其制品业	2	2	
木材加工及木、竹、藤、棕、草制品业	9	6	3
造纸及纸制品业	34	24	10
文教体育用品制造业	7	7	
化学原料及化学制品制造业	608	250	81
医药制造业	534	434	85
橡胶制品业	25	19	6
塑料制品业	18	13	5
非金属矿物制品业	1668	1339	318
黑色金属冶炼及压延加工业	745	716	29
有色金属冶炼及压延加工业	142	121	21
金属制品业	37	30	7
通用设备制造业	481	336	93
专用设备制造业	1016	704	312
交通运输设备制造业	668	411	257
电气机械及器材制造业	970	824	146
通信设备、计算机及其他电子设备制造业	151	51	100
仪器仪表及文化、办公用机械制造业	1020	786	234
工艺品及其他制造业	5	5	
电力、燃气及水的生产和供应业	50	46	3
电力、热力的生产和供应业	50	46	3
四、按隶属关系分组			
中央	3910	2489	766
省（自治区、直辖市）	50	46	3
地（区、市、州、盟）	1485	1229	256
县（区、市、旗）	3438	3054	359
其他	3767	2898	867

计量单位：人

女性	全时人员	非全时人员	科学家和工程师	高中级技术职称人员	R&D人员
36	41	66	58	38	
24	26	32	26	17	
196	543	108	400	212	551
272	397	1240	435	181	181
1	2		2		
1	7	2	5	5	3
6	22	12	23	8	
2	7		1	1	
106	405	203	248	200	468
194	356	178	349	151	339
12	14	11	19	2	2
4	6	12	7	5	
292	848	820	1190	429	455
401	248	497	408	183	517
19	104	38	97	35	58
4	17	20	30	17	
93	325	156	331	218	240
224	499	517	764	444	579
156	338	330	198	139	10
282	732	238	833	500	669
10	132	19	44	40	
314	755	265	769	472	661
1	2	3	5	2	
4	16	34	46	30	
4	16	34	46	30	
983	2428	1482	2798	2142	2732
4	16	34	46	30	
422	1280	205	1114	670	1214
607	1245	2193	1814	586	680
1233	1992	1775	2025	1134	1550

1-2-2-4 规模以上工业企业科技活动经费筹集情况表

计量单位：千元

指标名称	科技活动经费筹集总额	企业资金	金融机构贷款	政府资金	国外资金	其他资金
总计	**1366030**	**1298738**	**8590**	**56866**		**1836**
总计中:国有控股企业	563506	527695	200	35611		
一、按企业规模分组						
大型企业	994844	948298		46546		
中型企业	248705	238408	4090	5620		587
小型企业	122481	112032	4500	4700		1249
二、按登记注册类型分组						
内资企业	1251278	1193586	8590	47266		1836
国有企业	166380	159980	100	6300		
股份合作企业	105600	104100		1500		
有限责任公司	725974	694643	3860	27471		
国有独资公司	306493	279682		26811		
其他有限责任公司	419481	414961	3860	660		
股份有限公司	161681	147909	2000	11185		587
私营企业	91643	86954	2630	810		1249
私营独资企业	25452	23426	1100			926
私营合伙企业	4261	4261				
私营有限责任公司	57148	54485	1530	810		323
私营股份有限公司	4782	4782				
港、澳、台商投资企业	68832	61732		7100		
合作经营企业(港或澳、台资)	37100	35300		1800		
港、澳、台商独资经营企业	25332	20032		5300		
港、澳、台商投资股份有限公司	6400	6400				
外商投资企业	45920	43420		2500		
中外合资经营企业	27120	27120				
外商投资股份有限公司	18800	16300		2500		
三、按工业行业大类分组						
采矿业	105215	105215				
石油和天然气开采业	104305	104305				
有色金属矿采选业	910	910				
制造业	1255222	1187930	8590	56866		1836

1-2-2-4 续表 计量单位：千元

指标名称	科技活动经费筹集总额	企业资金	金融机构贷款	政府资金	国外资金	其他资金
农副食品加工业	7173	6237	200	700		36
食品制造业	1108	1028				80
饮料制造业	194278	180367	100	13661		150
纺织业	49447	48347	1000	100		
皮革、毛皮、羽毛(绒)及其制品业	38	38				
木材加工及木、竹、藤、棕、草制品业	178	178				
造纸及纸制品业	4588	4588				
文教体育用品制造业	542	542				
化学原料及化学制品制造业	54264	47842		6300		122
医药制造业	74210	66570	660	6615		365
橡胶制品业	2000	1830		170		
塑料制品业	192	192				
非金属矿物制品业	68202	67112	600	490		
黑色金属冶炼及压延加工业	275130	275130				
有色金属冶炼及压延加工业	57681	55881		1800		
金属制品业	550	550				
通用设备制造业	94326	89176		5150		
专用设备制造业	152381	145874	4300	1260		947
交通运输设备制造业	47790	47060	730			
电气机械及器材制造业	73685	64565		9120		
通信设备、计算机及其他电子设备制造业	12110	11110		1000		
仪器仪表及文化、办公用机械制造业	83813	72313	1000	10500		
工艺品及其他制造业	1536	1400				136
电力、燃气及水的生产和供应业	5593	5593				
电力、热力的生产和供应业	5593	5593				
四、按隶属关系分组						
中央	298913	279463		19450		
省（自治区、直辖市）	5593	5593				
地（区、市、州、盟）	264571	241790		22781		
县（区、市、旗）	152579	149734	660	2185		
其他	644374	622158	7930	12450		1836

1-2-2-5 规模以上工业企业科

指标名称	科技活动经费支出总额	内部经费支出	经常费支出
总　　计	**1610316**	**1561820**	**1402645**
总计中:国有控股企业	633787	602118	515399
一、按企业规模分组			
大型企业	1194780	1153831	1040425
中型企业	302264	296237	253693
小型企业	113272	111752	108527
二、按登记注册类型分组			
内资企业	1467804	1421573	1294158
国有企业	187601	160340	138299
股份合作企业	108600	105950	102950
有限责任公司	869644	860854	826191
国有独资公司	308293	305585	302295
其他有限责任公司	561351	555269	523896
股份有限公司	212437	205607	140787
私营企业	89522	88822	85931
私营独资企业	23985	23985	22496
私营合伙企业	3911	3911	3853
私营有限责任公司	57382	56982	55638
私营股份有限公司	4244	3944	3944
港、澳、台商投资企业	93855	93055	68445
合作经营企业(港或澳、台资)	37088	37088	37088
港、澳、台商独资经营企业	30372	29572	24972
港、澳、台商投资股份有限公司	26395	26395	6385
外商投资企业	48657	47192	40042
中外合资经营企业	21299	21284	21284
中外合作经营企业	2900	2900	
外商投资股份有限公司	24458	23008	18758
三、按工业行业大类分组			
采矿业	119811	95779	81183
石油和天然气开采业	118901	94869	80273
有色金属矿采选业	910	910	910
制造业	1482012	1457548	1315869

技活动经费支出情况

计量单位：千元

劳务费	原材料费	购买和自制设备支出	其他	科研基建支出
283526	**599209**	**376399**	**143511**	**159175**
125029	224243	109816	56311	86719
212179	464109	244250	119887	113406
53663	101929	79796	18305	42544
17684	33171	52353	5319	3225
269499	549818	339735	135106	127415
71539	47806	12263	6691	22041
11327	67236	22512	1875	3000
130260	382564	218424	94943	34663
36953	147009	88501	29832	3290
93307	235555	129923	65111	31373
44958	30784	34847	30198	64820
11415	21428	51689	1399	2891
4632	9583	7543	738	1489
481	926	2446		58
5997	10267	38755	619	1344
305	652	2945	42	
7999	26106	31431	2909	24610
3580	6418	25058	2032	
3424	18248	3000	300	4600
995	1440	3373	577	20010
6028	23285	5233	5496	7150
2860	15104	3118	202	
				2900
3168	8181	2115	5294	4250
52591	16406	6844	5342	14596
52351	16319	6261	5342	14596
240	87	583		
229250	578895	369555	138169	141679

1-2-2-5（一） 续表

指标名称	科技活动经费支出总额	内部经费支出	经常费支出
农副食品加工业	6004	6004	5639
食品制造业	1110	1095	1095
饮料制造业	196066	193556	191679
纺织业	88391	87741	31741
皮革、毛皮、羽毛(绒)及其制品业	38	38	38
木材加工及木、竹、藤、棕、草制品业	183	183	173
家具制造业	26	26	
造纸及纸制品业	3798	3698	3488
文教体育用品制造业	520	520	520
化学原料及化学制品制造业	61840	58611	50543
医药制造业	93741	88651	81211
橡胶制品业	1645	1445	1445
塑料制品业	172	172	172
非金属矿物制品业	187603	185753	168174
黑色金属冶炼及压延加工业	275575	275475	274690
有色金属冶炼及压延加工业	57836	56876	56821
金属制品业	228	228	228
通用设备制造业	104696	104696	92836
专用设备制造业	153990	150235	146632
交通运输设备制造业	63119	63119	42314
电气机械及器材制造业	82131	78304	70304
通信设备、计算机及其他电子设备制造业	12110	12110	12110
仪器仪表及文化、办公用机械制造业	89408	87230	82480
工艺品及其他制造业	1782	1782	1536
电力、燃气及水的生产和供应业	8493	8493	5593
电力、热力的生产和供应业	8493	8493	5593
四、按隶属关系分组			
中央	321224	293715	269964
省（自治区、直辖市）	5593	5593	5593
地（区、市、州、盟）	293275	287540	259690
县（区、市、旗）	337420	330033	242049
其他	652804	644939	625349

计量单位：千元

劳务费	原材料费	购买和自制设备支出	其他	科研基建支出
1138	1231	3221	49	365
378	524	93	100	
20116	74638	88614	8311	1877
8631	10593	5951	6566	56000
12	6	20		
85	41	47		10
				26
836	2521	131		210
100	420			
16494	27570	5638	841	8068
12530	24506	20463	23712	7440
681	349	396	19	
164	8			
28005	76575	58616	4978	17579
32860	159168	43512	39150	785
5366	10871	38510	2074	55
200	28			
10233	22134	35371	25098	11860
27766	79934	28130	10802	3603
5934	22966	10615	2799	20805
30202	17402	18438	4262	8000
2905	3352	4553	1300	
24546	43434	6428	8072	4750
68	624	808	36	246
1685	3908			2900
1685	3908			2900
92360	125719	15392	36493	23751
1685	3908			
55349	86579	105179	12583	27850
44569	69022	88451	40007	87984
89563	313981	167377	54428	19590

1-2-2-5 规模以上工业企业科技活动经费支出情况（二）

计量单位：千元

指标名称	科研基建支出			外部经费支出		
	固定资产购建	设备购置	新产品开发经费支出		对研究院所及高等学校支出	对其他企业支出
总　　计	**535574**	**422843**	**1073563**	**48496**	**27173**	**21323**
总计中:国有控股企业	196535	135754	312435	31669	15234	16435
一、按企业规模分组						
大型企业	357656	282852	766465	40949	22654	18295
中型企业	122340	86072	208824	6027	3059	2968
小型企业	55578	53919	98274	1520	1460	60
二、按登记注册类型分组						
内资企业	467150	383449	990249	46231	26414	19817
国有企业	34304	27638	62562	27261	13266	13995
股份合作企业	25512	24812	102950	2650	2650	
有限责任公司	253087	235749	626716	8790	4968	3822
国有独资公司	91791	91791	198662	2708	1458	1250
其他有限责任公司	161296	143958	428054	6082	3510	2572
股份有限公司	99667	42407	125020	6830	4930	1900
私营企业	54580	52843	73001	700	600	100
私营独资企业	9032	8462	18497			
私营合伙企业	2504	2504	117			
私营有限责任公司	40099	38932	54387	400	300	100
私营股份有限公司	2945	2945		300	300	
港、澳、台商投资企业	56041	33911	61627	800	450	350
合作经营企业(港或澳、台资)	25058	25058	37088			
港、澳、台商独资经营企业	7600	5470	18154	800	450	350
港、澳、台商投资股份有限公司	23383	3383	6385			
外商投资企业	12383	5483	21687	1465	309	1156
中外合资经营企业	3118	3118	12676	15	9	6
中外合作经营企业	2900					
外商投资股份有限公司	6365	2365	9011	1450	300	1150
三、按工业行业大类分组						
采矿业	21440	17644	5466	24032	11766	12266
石油和天然气开采业	20857	17061	4556	24032	11766	12266
有色金属矿采选业	583	583	910			

1-2-2-5（二） 续表　　　　　　　　　　　　　　　　　　　　　　　　　计量单位：千元

指标名称	科研基建支出			外部经费支出	对研究院所及高等学校支出	对其他企业支出
	固定资产购建	设备购置	新产品开发经费支出			
制造业	511234	405199	1068097	24464	15407	9057
农副食品加工业	3586	3509	4368			
食品制造业	93	93	930	15	9	6
饮料制造业	90491	89196	98718	2510	1260	1250
纺织业	61951	12951	25129	650	560	90
皮革、毛皮、羽毛(绒)及其制品业	20	20	38			
木材加工及木、竹、藤、棕、草制品业	57	49	108			
家具制造业	26	26				
造纸及纸制品业	341	281		100	70	30
文教体育用品制造业			520			
化学原料及化学制品制造业	13706	10899	48460	3229	1500	1729
医药制造业	27903	23344	71574	5090	3540	1550
橡胶制品业	396	396	1445	200		200
塑料制品业			32			
非金属矿物制品业	76195	68962	121483	1850	150	1700
黑色金属冶炼及压延加工业	44297	43897	227228	100	50	50
有色金属冶炼及压延加工业	38565	38533	56821	960	960	
通用设备制造业	47231	39889	91076			
专用设备制造业	31733	30800	142920	3755	3445	310
交通运输设备制造业	31420	10745	33206			
电气机械及器材制造业	26438	19418	57662	3827	2835	992
通信设备、计算机及其他电子设备制造业	4553	4553	12110			
仪器仪表及文化、办公用机械制造业	11178	6678	72733	2178	1028	1150
工艺品及其他制造业	1054	960	1536			
电力、燃气及水的生产和供应业	2900					
电力、热力的生产和供应业	2900					
四、按隶属关系分组						
中央	39143	33659	183476	27509	13514	13995
地（区、市、州、盟）	133029	106063	156323	5735	3725	2010
县（区、市、旗）	176435	108603	197095	7387	4015	3372
其他	186967	174518	536669	7865	5919	1946

1-2-2-6 规模以上工业企业研究

指标名称	R&D人员折合全时当量（人年）	科学家和工程师	全时人员
总　　计	**5628**	**4273**	**5308**
总计中:国有控股企业	3589	2800	3513
一、按企业规模分组			
大型企业	5025	3888	4740
中型企业	495	291	463
小型企业	107	95	105
二、按登记注册类型分组			
内资企业	5102	4023	4787
国有企业	1872	1587	1842
股份合作企业	140	138	69
有限责任公司	2159	1524	2026
国有独资公司	1223	980	1210
其他有限责任公司	936	544	817
股份有限公司	894	751	814
私营企业	37	24	36
私营独资企业	10	5	9
私营合伙企业	1	1	1
私营有限责任公司	26	18	26
港、澳、台商投资企业	201	86	201
合作经营企业(港或澳、台资)	58	58	58
港、澳、台商独资经营企业	143	28	143
外商投资企业	325	164	321
中外合资经营企业	20	12	16
外商投资股份有限公司	305	152	305
三、按工业行业大类分组			
采矿业	1407	1281	1374
石油和天然气开采业	1397	1275	1369
有色金属矿采选业	10	7	6
制造业	4221	2992	3934
饮料制造业	551	357	551
纺织业	43	10	10
木材加工及木、竹、藤、棕、草制品业	1	1	1
化学原料及化学制品制造业	468	310	468
医药制造业	285	142	246
橡胶制品业	2	1	2
非金属矿物制品业	382	272	321
黑色金属冶炼及压延加工业	434	198	364
有色金属冶炼及压延加工业	58	58	58
通用设备制造业	237	206	235
专用设备制造业	420	340	337
交通运输设备制造业	10	5	10
电气机械及器材制造业	669	583	669
仪器仪表及文化、办公用机械制造业	661	508	661
四、按隶属关系分组			
中央	2686	2279	2643
地（区、市、州、盟）	1214	936	1214
县（区、市、旗）	431	306	313
其他	1297	751	1139

与试验发展(R&D)情况（一）

计量单位：千元

基础研究	应用研究	试验发展	R&D经费内部支出	经常费支出	人员劳务费
		5628	**912813**	**907014**	**188160**
		3589	423137	419789	105683
		5025	808649	803192	173914
		495	61031	60693	9385
		107	43133	43129	4861
		5102	844694	839485	180099
		1872	129174	127127	68462
		140	68127	67903	6321
		2159	549758	548398	71578
		1223	270673	270420	32799
		936	279085	277978	38779
		894	96002	94428	33087
		37	1633	1629	651
		10	540	536	126
		1	93	93	25
		26	1000	1000	500
		201	55256	54922	5871
		58	36800	36800	3400
		143	18456	18122	2471
		325	12863	12607	2190
		20	1330	1330	285
		305	11533	11277	1905
		1407	82643	81183	52591
		1397	81733	80273	52351
		10	910	910	240
		4221	830170	825831	135569
		551	182784	182780	18471
		43	3692	2900	891
		1	93	93	25
		468	46858	46271	15904
		285	49173	48713	7863
		2	285	285	31
		382	90319	89268	14379
		434	181152	181100	21765
		58	36800	36800	3400
		237	41016	40763	4986
		420	92888	92664	12395
		10	420	420	45
		669	56335	55675	25169
		661	48355	48099	10245
		2686	224942	222642	84461
		1214	238885	238225	43550
		431	105629	103660	18696
		1297	343357	342487	41453

1-2-2-6 规模以上工业企业

指标名称	经常费支出			R&D科研基建支出
	基础研究	应用研究	试验发展	
总　　计			**907014**	**5799**
总计中:国有控股企业			419789	3348
一、按企业规模分组				
大型企业			803192	5457
中型企业			60693	338
小型企业			43129	4
二、按登记注册类型分组				
内资企业			839485	5209
国有企业			127127	2047
股份合作企业			67903	224
有限责任公司			548398	1360
国有独资公司			270420	253
其他有限责任公司			277978	1107
股份有限公司			94428	1574
私营企业			1629	4
私营独资企业			536	4
私营合伙企业			93	
私营有限责任公司			1000	
港、澳、台商投资企业			54922	334
合作经营企业(港或澳、台资)			36800	
港、澳、台商独资经营企业			18122	334
外商投资企业			12607	256
中外合资经营企业			1330	
外商投资股份有限公司			11277	256
三、按工业行业大类分组				
采矿业			81183	1460
石油和天然气开采业			80273	1460
有色金属矿采选业			910	
制造业			825831	4339
饮料制造业			182780	4
纺织业			2900	792
木材加工及木、竹、藤、棕、草制品业			93	
化学原料及化学制品制造业			46271	587
医药制造业			48713	460
橡胶制品业			285	
非金属矿物制品业			89268	1051
黑色金属冶炼及压延加工业			181100	52
有色金属冶炼及压延加工业			36800	
通用设备制造业			40763	253
专用设备制造业			92664	224
交通运输设备制造业			420	
电气机械及器材制造业			55675	660
仪器仪表及文化、办公用机械制造业			48099	256
四、按隶属关系分组				
中央			222642	2300
地（区、市、州、盟）			238225	660
县（区、市、旗）			103660	1969
其他			342487	870

研究与发展(R&D)情况（二）

计量单位：千元

固定资产购建支出	设备购置	内部经费支出中：政府资金	企业资金	国外资金	其他资金	R&D经费外部支出
239110	**236223**	**46942**	**865359**		**511**	**39557**
102977	101495	31822	391314			30865
199270	196541	41232	767416			38489
11054	10896	3910	56610		511	968
28786	28786	1800	41333			100
209380	206888	39742	804440		511	38104
11652	11103	5964	123210			27261
13672	13619	364	67763			1978
157791	157326	24324	525433			3091
87759	87759	24324	246348			2684
70032	69567		279085			407
25879	24454	9090	86401		511	5674
386	386		1633			100
199	199		540			
37	37		93			
150	150		1000			100
27514	27359	5666	49590			581
25000	25000	1800	35000			
2514	2359	3866	14590			581
2216	1976	1534	11329			872
689	689		1330			
1527	1287	1534	9999			872
8304	7924		82643			24032
7721	7341		81733			24032
583	583		910			
230806	228299	46942	782716		511	15525
86108	86108	13476	169308			2510
1075	382		3692			28
37	37		93			
3747	3578	5964	40894			3229
12030	11750	4844	44329			3713
146	146		285			
32694	32259		90319			
28709	28682		181152			100
25000	25000	1800	35000			
5011	5011	3849	37166			
19780	19727	408	91969		511	2347
106	106		420			
14440	13830	8068	48267			2552
1923	1683	8533	39822			1046
14205	13656	16812	208129			27455
100504	99894	21544	217341			5062
42230	40977	978	104651			3160
82171	81696	7608	335238		511	3880

1-2-2-7 规模以上工业企业办科技机构情况

计量单位：个、人、千元

指标名称	企业办科技机构数合计（个）	科技活动人员（人）	博士毕业	硕士毕业	机构科技经费内部支出（万元）	仪器设备（万元）
总　　计	**83**	**6076**	**95**	**368**	**938030**	**641920**
总计中:国有控股企业	34	3440	21	156	342946	371999
一、按企业规模分组						
大型企业	35	4588	76	210	761463	515109
中型企业	33	1148	9	136	131013	93018
小型企业	15	340	10	22	45554	33793
二、按登记注册类型分组						
内资企业	75	5621	83	284	865285	602757
国有企业	9	1710	6	62	133819	215646
股份合作企业	2	292	2	20	31750	32680
有限责任公司	37	2257	61	159	584541	256385
国有独资公司	12	781	10	63	157632	125405
其他有限责任公司	25	1476	51	96	426909	130980
股份有限公司	18	1199	13	36	103282	88663
私营企业	9	163	1	7	11893	9383
私营独资企业	2	37			6231	1872
私营有限责任公司	7	126	1	7	5662	7511
港、澳、台商投资企业	4	160	7	63	48385	13200
合作经营企业(港或澳、台资)	2	58	7	8	36800	2400
港、澳、台商独资经营企业	1	62		55	5200	10600
港、澳、台商投资股份有限公司	1	40			6385	200
外商投资企业	4	295	5	21	24360	25963
中外合资经营企业	2	148		3	10230	4315
外商投资股份有限公司	2	147	5	18	14130	21648
三、按工业行业大类分组						
采矿业	3	1199	5	42	80273	159241
石油和天然气开采业	3	1199	5	42	80273	159241

1-2-2-7 续表　　计量单位：个、人、千元

指标名称	企业办科技机构数合计（个）	科技活动人员（人）	博士毕业	硕士毕业	机构科技经费内部支出（万元）	仪器设备（万元）
制造业	79	4827	90	324	856072	481679
食品制造业	1	33			250	15
饮料制造业	7	288	5	36	53275	57901
纺织业	10	526		8	14795	7064
造纸及纸制品业	1	10			500	200
化学原料及化学制品制造业	3	386	1	19	46271	43410
医药制造业	7	309	11	73	45534	35177
橡胶制品业	1	20			1160	1200
非金属矿物制品业	6	329	7	18	116939	103506
黑色金属冶炼及压延加工业	2	529	41	8	274460	31510
有色金属冶炼及压延加工业	4	80	8	11	36872	7291
通用设备制造业	6	383	1		72536	34379
专用设备制造业	9	527	3	27	67576	13061
交通运输设备制造业	9	286	3	9	19615	9040
电气机械及器材制造业	3	519	3	67	58645	60523
通信设备、计算机及其他电子设备制造业	1	140			1150	24770
仪器仪表及文化、办公用机械制造业	8	457	7	48	44958	51824
工艺品及其他制造业	1	5			1536	808
电力、燃气及水的生产和供应业	1	50		2	1685	1000
电力、热力的生产和供应业	1	50		2	1685	1000
四、按隶属关系分组						
中央	14	2359	11	89	254716	283850
省（自治区、直辖市）	1	50		2	1685	1000
地（区、市、州、盟）	10	667	7	45	122002	107572
县（区、市、旗）	28	1376	19	102	152622	130759
其他	30	1624	58	130	407005	118739

1-2-2-8 规模以上工业企业新产品产出和专利情况

计量单位：千元

指标名称	新产品产值	新产品销售收入	出口	专利申请数（件）	发明专利	拥有发明专利数（件）
总计	**13926418**	**13891266**	**2155290**	**382**	**116**	**133**
总计中:国有控股企业	5505396	5662842	885346	154	51	46
一、按企业规模分组						
大型企业	9323550	9345495	2021784	233	76	63
中型企业	4234915	4208720	133416	124	27	52
小型企业	367953	337051	90	25	13	18
二、按登记注册类型分组						
内资企业	13164946	13164335	2108136	306	95	110
国有企业	1172445	1170346	387850	28	18	15
股份合作企业	661190	644200	495980	25	4	5
有限责任公司	6616607	6680132	1011262	181	55	73
国有独资公司	3911011	4099886	423412	71	21	22
其他有限责任公司	2705596	2580246	587850	110	34	51
股份有限公司	1208079	1171853	185454	55	16	13
私营企业	3506625	3497804	27590	17	2	4
私营独资企业	459348	451174		13		
私营合伙企业	8542	7406				
私营有限责任公司	3032056	3032583	27500	4	2	4
私营股份有限公司	6679	6641	90			
港、澳、台商投资企业	492883	480368	23070	33	14	19
合资经营企业(港或澳、台资)	42	42				
合作经营企业(港或澳、台资)	26910	14480		6	6	2
港、澳、台商独资经营企业	465541	465459	23050	3	3	4
港、澳、台商投资股份有限公司	390	387	20	24	5	13
外商投资企业	268589	246563	24084	43	7	4
中外合资经营企业	32389	22263	6140	3	1	2
外商投资股份有限公司	236200	224300	17944	40	6	2

1-2-2-8 续表 1

计量单位：千元

指标名称	新产品产值	新产品销售收入	出口	专利申请数（件）	发明专利	拥有发明专利数（件）
三、按工业行业大类分组						
采矿业	43452	43452		20	10	3
石油和天然气开采业	43452	43452		20	10	3
与石油和天然气开采有关的服务活动	43452	43452		20	10	3
制造业	13882966	13847814	2155290	362	106	130
农副食品加工业	32033	28246				
谷物磨制	26419	22857				
饲料加工	5614	5389				
食品制造业	1189	1207				
焙烤食品制造	180	173				
液体乳及乳制品制造	389	436				
其他食品制造	620	598				
饮料制造业	3433525	3639919	175000	13	11	6
酒精制造	3268351	3474536	175000	12	10	4
酒的制造	165047	165262		1	1	2
软饮料制造	127	121				
纺织业	436136	442941	72000	19	4	4
棉、化纤纺织及印染精加工	416136	420941	50000	19	4	4
丝绢纺织及精加工	20000	22000	22000			
皮革、毛皮、羽毛(绒)及其制品业	216	196				
皮革鞣制加工	216	196				
木材加工及木、竹、藤、棕、草制品业	7706	7336				
锯材、木片加工	256	256				
人造板制造	7450	7080				
造纸及纸制品业	1320	1420	900	6		
造纸	1320	1420	900	6		
文教体育用品制造业	73270	70102				
玩具制造	73270	70102				

1-2-2-8 续表 2 计量单位：千元

指标名称	新产品产值	新产品销售收入	出口	专利申请数（件）	发明专利	拥有发明专利数（件）
化学原料及化学制品制造业	964481	961582	387940	9	7	10
肥料制造	7246	7138				
专用化学产品制造	957235	954444	387940	9	7	10
医药制造业	585081	540903	25148	43	14	13
化学药品原药制造	459710	459710	23050	3	3	4
化学药品制剂制造	13767	13237		16	4	2
中成药制造	80674	38320	2098	24	7	7
兽用药品制造	4632	4578				
生物、生化制品的制造	26298	25058				
橡胶制品业	2600	2100				
其他橡胶制品制造	2600	2100				
塑料制品业	5831	5749				
日用塑料制造	5831	5749				
非金属矿物制品业	950153	864270	136610	24	6	2
水泥及石膏制品制造	600					
砖瓦、石材及其他建筑材料制造	24900	24900				
玻璃及玻璃制品制造	4478	4070				
石墨及其他非金属矿物制品制造	920175	835300	136610	24	6	2
黑色金属冶炼及压延加工业	1224880	1219026	389600	10	10	9
炼铁	680	680				
钢压延加工	1223000	1217446	389600	9	9	7
铁合金冶炼	1200	900		1	1	2
有色金属冶炼及压延加工业	2936658	2925637		7	7	4
常用有色金属冶炼	2909748	2911157		1	1	2
稀有稀土金属冶炼	26910	14480		6	6	2
金属制品业	5073	4075				
集装箱及金属包装容器制造	5073	4075				
通用设备制造业	381246	396539	38620	9	3	10

1-2-2-8 续表 3

计量单位：千元

指标名称	新产品产值	新产品销售收入	出口	专利申请数（件）	发明专利	拥有发明专利数（件）
锅炉及原动机制造	153800	153247		7	1	
起重运输设备制造	34669	34615	5500	2	2	3
轴承、齿轮、传动和驱动部件的制造	175710	191610	33120			7
通用零部件制造及机械修理	17067	17067				
专用设备制造业	882610	846280	553846	38	8	14
矿山、冶金、建筑专用设备制造	792610	773620	553846	31	6	7
电子和电工机械专用设备制造	90000	72660		4	1	6
环保、社会公共安全及其他专用设备制造				3	1	1
交通运输设备制造业	89890	79614	8360	39	7	17
汽车制造	89890	79614	8360	39	7	17
电气机械及器材制造业	1076658	1076918	118290	15	4	3
电机制造	1026650	1029329	118290	15	4	3
输配电及控制设备制造	47000	45000				
非电力家用器具制造	3008	2589				
通信设备、计算机及其他电子设备制造业	5750	5649				
电子器件制造	5750	5649				
仪器仪表及文化、办公用机械制造业	780084	721627	248976	130	25	38
通用仪器仪表制造	1200	950				
专用仪器仪表制造	6937	6937				1
光学仪器及眼镜制造	771947	713740	248976	130	25	37
工艺品及其他制造业	6576	6478				
工艺美术品制造	42	42				
日用杂品制造	6534	6436				
四、按隶属关系分组						
中央	1744444	1708279	636262	90	29	32
地（区、市、州、盟）	4236951	4442623	293310	46	18	22
县（区、市、旗）	1443512	1318322	190908	86	26	25
其他	6501511	6422042	1034810	160	43	54

1-2-2-9 规模以上工业企

指标名称	科技项目数（项）	新产品开发项目数	R&D项目数	参加项目人员合计（人）
总　　计	**532**	**349**	**291**	**8929**
总计中:国有控股企业	275	130	216	4218
一、按企业规模分组				
大型企业	324	180	260	6473
中型企业	130	105	24	1738
小型企业	78	64	7	718
二、按登记注册类型分组				
内资企业	487	318	278	8270
国有企业	148	33	132	1229
股份合作企业	21	21	15	298
有限责任公司	197	169	93	3562
国有独资公司	82	74	71	1024
其他有限责任公司	115	95	22	2538
股份有限公司	57	48	34	2467
私营企业	64	47	4	714
私营独资企业	40	28	2	366
私营合伙企业	3			8
私营有限责任公司	20	19	2	322
私营股份有限公司	1			18
港、澳、台商投资企业	21	20	5	255
合作经营企业(港或澳、台资)	3	3	2	73
港、澳、台商独资经营企业	4	3	3	160
港、澳、台商投资股份有限公司	14	14		22
外商投资企业	24	11	8	404
中外合资经营企业	16	8	2	173
外商投资股份有限公司	8	3	6	231
三、按工业行业大类分组				
采矿业	119	4	119	909
石油和天然气开采业	118	3	118	894
有色金属矿采选业	1	1	1	15
制造业	406	345	172	7974
农副食品加工业	8	5		74
食品制造业	3	3		41
饮料制造业	37	30	26	559
纺织业	25	16	1	1598
造纸及纸制品业	4			20
文教体育用品制造业	1	1		7
化学原料及化学制品制造业	17	15	12	244
医药制造业	36	32	17	434
橡胶制品业	2	2	1	19
非金属矿物制品业	34	26	10	1323
黑色金属冶炼及压延加工业	10	8	5	716
有色金属冶炼及压延加工业	5	5	2	121
金属制品业	2			30

业科技项目情况

计量单位：千元

科学家和工程师	高中级技术职称人员	参加项目人员实际工作时间（人年）	项目经费内部支出（万元）	R&D项目支出	新产品项目支出
5940	**3234**	**7185**	**1368933**	**896312**	**1043424**
2451	1558	3186	503920	410155	303433
4266	2225	5068	1024114	793603	743654
1083	693	1467	239858	59694	204593
591	316	649	104961	43015	95177
5597	3050	6540	1267346	828783	960143
1037	802	1191	132269	121311	55989
290	116	171	102950	67903	102950
2749	1256	3177	814120	543626	620912
770	445	1110	298287	266602	196414
1979	811	2067	515833	277024	424498
1139	636	1473	135331	94428	113280
382	240	529	82676	1515	67012
172	114	240	21532	515	14264
6	6	8	3750		
191	115	273	53532	1000	52748
13	5	9	3862		
124	42	298	63774	54922	61595
71	11	88	37088	36800	37088
36	18	192	20301	18122	18122
17	13	18	6385		6385
219	142	348	37813	12607	21686
95	78	111	20265	1330	12675
124	64	237	17548	11277	9011
826	654	882	81183	81183	4903
816	644	874	80273	80273	3993
10	10	8	910	910	910
5068	2550	6260	1282157	815129	1038521
54	36	43	5561		2748
17	11	22	930		930
367	186	619	191630	182780	98718
410	162	460	31381	2900	22901
18	8	19	3400		
1	1	8	520		520
167	122	273	44608	40500	42518
271	117	425	71327	47759	66269
10	1	14	1105	285	1105
1111	375	1074	167767	89247	121333
408	183	609	273760	181100	227130
95	33	132	56721	36800	56721
30	17	26	228		

1-2-2-9 续表

指标名称	科技项目数（项）	新产品开发项目数	R&D项目数	参加项目人员合计（人）
通用设备制造业	30	30	18	325
专用设备制造业	57	54	31	651
交通运输设备制造业	33	25	1	408
电气机械及器材制造业	41	37	15	783
通信设备、计算机及其他电子设备制造业	2	2		51
仪器仪表及文化、办公用机械制造业	58	53	33	565
工艺品及其他制造业	1	1		5
电力、燃气及水的生产和供应业	7			46
电力、热力的生产和供应业	7			46
四、按隶属关系分组				
中央	204	88	183	1847
省（自治区、直辖市）	7			46
地（区、市、州、盟）	69	58	40	1226
县（区、市、旗）	76	65	20	2993
其他	176	138	48	2817
五、按项目来源分组				
国家科技项目	29	23	26	497
地方科技项目	23	18	10	640
其他企业委托科技项目	24	24	5	425
本企业自选科技项目	441	277	247	7214
来自国外的科技项目	2	1	2	56
其他科技项目	13	6	1	97
六、按项目合作形式分组				
与境外机构合作	1		1	26
与国内高校合作	59	25	53	837
与国内独立研究院所合作	32	29	24	481
与境内注册的外商独资企业合作	1	1		7
与境内注册的其他企业合作	37	20	26	452
以本企业所办科技机构为主完成	243	169	147	4490
由本企业有关部门组成联合攻关小组协作完成	155	105	39	2583
其他	4		1	53
七、按项目活动类型分组				
试验发展	291	153	291	4575
研究与试验发展成果应用	241	196		4354
八、按项目技术经济目标分组				
开发全新产品	241	241	119	4742
增加已有产品的功能	40	40	12	799
提高产品性能	68	68	22	1159
提高劳动生产率	32		14	723
减少能源消耗	32		18	475
节约原材料	3		1	15
减少环境污染	13		5	187
其他	103		100	829

计量单位：千元

科学家和工程师	高中级技术职称人员	参加项目人员实际工作时间（人年）	项目经费内部支出（万元）	R&D项目支出	新产品项目支出
219	117	312	89298	39148	89298
536	274	463	143238	92664	141054
157	119	317	40795	420	33205
700	470	812	67220	55675	49940
44	40	58	12110		12110
448	276	570	79022	45851	70485
5	2	4	1536		1536
46	30	43	5593		
46	30	43	5593		
1493	1110	1811	259715	213008	174474
46	30	43	5593		
964	617	1390	259400	238225	149208
1602	473	1628	233237	102706	191467
1835	1004	2313	610988	342373	528275
386	228	559	134240	129887	45349
441	291	715	117827	104635	95719
356	250	362	36833	20524	36833
4661	2395	5426	1065535	637383	855735
44	31	67	1463	1463	603
52	39	56	13035	2420	9185
24	14	31	860	860	
534	345	868	144108	137470	103413
378	250	517	85950	74603	83086
5	3	4	130		130
360	268	414	57643	43510	45666
3001	1506	3158	491777	274149	421968
1603	832	2165	582073	365147	389161
35	16	27	6392	573	
3285	1976	4399	896312	896312	623671
2655	1258	2786	472621		419753
2866	1461	3437	746278	497195	746278
538	256	703	91246	28482	91246
763	374	979	205900	97994	205900
463	236	556	102261	84493	
400	256	475	73785	63377	
10	6	14	8907	7071	
144	78	195	61569	45184	
756	567	827	78987	72516	

1-2-2-10 规模以上工业企业技术改造、技术获取及减免税情况

计量单位：千元

指标名称	技术改造经费支出	引进国外技术经费支出	引进技术的消化吸收经费支出	购买国内技术经费支出	享受各级政府对技术开发的减免税
总　　计	**927780**	**56811**	**17978**	**12228**	**27106**
总计中:国有控股企业	256921	45603	9522	3510	20758
一、按企业规模分组					
大型企业	695207	50703	13122	7030	26273
中型企业	183194	5090	4750	5198	833
小型企业	49379	1018	106		
二、按登记注册类型分组					
内资企业	761230	56811	17918	12198	27106
国有企业	14886	6283	5462		18750
股份合作企业	71585				
有限责任公司	321202	30410	52	1198	4636
国有独资公司	129392	30320			126
其他有限责任公司	191810	90	52	1198	4510
股份有限公司	346907	19100	12300	11000	3720
私营企业	6650	1018	104		
私营独资企业	2255	1000	28		
私营合伙企业	38				
私营有限责任公司	4315	18	57		
私营股份有限公司	42		19		
港、澳、台商投资企业	31000				
港、澳、台商独资经营企业	26000				
港、澳、台商投资股份有限公司	5000				
外商投资企业	135550		60	30	
中外合资经营企业	6500				
中外合作经营企业	55140				
外商投资股份有限公司	73910		60	30	
三、按工业行业大类分组					
制造业	867047	56811	17978	12228	27106

1-2-2-10 续表

计量单位：千元

指标名称	技术改造经费支出	引进国外技术经费支出	引进技术的消化吸收经费支出	购买国内技术经费支出	享受各级政府对技术开发的减免税
农副食品加工业	3349		44		
食品制造业	134		13		
饮料制造业	962	18	400		126
纺织业	4648	9000	4016	3000	
皮革、毛皮、羽毛(绒)及其制品业	26		12		
木材加工及木、竹、藤、棕、草制品业		1000			
造纸及纸制品业	100	90	50	60	
文教体育用品制造业	485				
化学原料及化学制品制造业	34918	6283	5081	480	18750
医药制造业	110302	5100	4000	4658	1475
非金属矿物制品业	38329				2000
黑色金属冶炼及压延加工业	126730				
有色金属冶炼及压延加工业	3467				
金属制品业	103				
通用设备制造业	2100	980			
专用设备制造业	31932		302		1882
交通运输设备制造业	27540	5000	4000	4000	205
电气机械及器材制造业	255160				2668
通信设备、计算机及其他电子设备制造业	43585				
仪器仪表及文化、办公用机械制造业	183177	29340	60	30	
电力、燃气及水的生产和供应业	60733				
电力、热力的生产和供应业	60733				
四、按隶属关系分组					
中央	143628	36603	5062		20632
省（自治区、直辖市）	5593				
地（区、市、州、盟）	248570				2166
县（区、市、旗）	155747	19100	12400	12138	4308
其他	374242	1108	516	90	

第 1 部分 南阳市卷·第二产业篇

建筑业

1-2-3-1 按行业、登记注册类型分组总承包和专业

指标名称	企业单位数（个）	有工作量企业数	年末从业人员（人）	计算劳动生产率的平均人数（人）
总　　计	**285**	**276**	**143301**	**143755**
一、按建筑业行业中类分组				
房屋和土木工程建筑业	150	144	119010	120141
房屋工程建筑	76	73	75758	76930
土木工程建筑	74	71	43252	43211
建筑安装业	25	24	16799	16699
建筑安装业	25	24	16799	16699
建筑装饰业	101	99	5403	5155
建筑装饰业	101	99	5403	5155
其他建筑业	9	9	2089	1760
工程准备	5	5	730	564
其他未列明的建筑活动	4	4	1359	1196
二、按登记注册类型分组				
内资企业	285	276	143301	143755
国有企业	24	24	18768	19747
集体企业	17	17	14753	15069
股份合作企业	4	4	4089	4107
有限责任公司	126	121	71342	71148
其他有限责任公司	126	121	71342	71148
股份有限公司	51	50	27748	27125
私营企业	62	59	6083	5979
私营独资企业	5	5	220	211
私营合伙企业	3	2	51	48
私营有限责任公司	47	46	5432	5351
私营股份有限公司	7	6	380	369
其他企业	1	1	518	580

承包建筑业企业生产情况主要指标综合表

单位：千元

签订合同额	年末自有施工机械设备			建筑业总产值	
	总台数(台)	净值	总功率(万千瓦)	合计	建筑工程产值
17580445	**35941**	**879272**	**518849**	**14546361**	**13009774**
13968159	31227	732477	399250	11692505	11279262
8633098	23053	335310	189313	6828289 qw	
5335061	8174	397167	209937	4864216	4687198
2733184	3408	113179	95503	2180862	1329803
2733184	3408	113179	95503	2180862	1329803
638362	528	15809	5571	466382	203255
638362	528	15809	5571	466382	203255
240740	778	17807	18525	206612	197454
74407	193	11265	14382	62648	60378
166333	585	6542	4143	143964	137076
17580445	35941	879272	518849	14546361	13009774
2527378	5134	135828	109799	2265877	2140819
1326321	2441	62989	23925	1195843	1039218
444410	445	3814	6422	324188	324188
9633985	18616	499356	279883	7733410	6731811
9633985	18616	499356	279883	7733410	6731811
3041975	7780	125348	84884	2453108	2352259
552176	1461	49437	13684	519735	383579
6940	108	130	480	6560	1450
1740	36	98	98	1720	0
503356	1261	48666	12533	481121	382129
40140	56	543	573	30334	0
54200	64	2500	252	54200	37900

1-2-3-1 续表

指标名称	建筑业总产值		竣工产值	房屋建筑施工面积(平方米)
	安装工程产值	其他产值		
总　　计	**996240**	**540347**	**11164013**	**11413585**
一、按建筑业行业中类分组				
房屋和土木工程建筑业	269742	143501	8730967	10755233
房屋工程建筑	131330	104895	5443933	10333002
土木工程建筑	138412	38606	3287034	422231
建筑安装业	573140	277919	2041566	496507
建筑安装业	573140	277919	2041566	496507
建筑装饰业	144988	118139	292528	
建筑装饰业	144988	118139	292528	
其他建筑业	8370	788	98952	161845
工程准备	2270		24570	
其他未列明的建筑活动	6100	788	74382	161845
二、按登记注册类型分组				
内资企业	996240	540347	11164013	11413585
国有企业	125058		1588906	442480
集体企业	113563	43062	880887	1347892
股份合作企业			244260	533246
有限责任公司	553383	448216	6260863	6271612
其他有限责任公司	553383	448216	6260863	6271612
股份有限公司	84891	15958	1693933	2383177
私营企业	109145	27011	441064	396578
私营独资企业	5110		3290	3022
私营合伙企业	1720		540	
私营有限责任公司	72871	26121	406880	393556
私营股份有限公司	29444	890	30354	
其他企业	10200	6100	54100	38600

单位：千元

钢材消耗(吨)	木材消耗(立方米)	水泥消耗(吨)	房屋建筑竣工面积(平方米)		竣工房屋价值	
				住宅		住宅
657383	**210395**	**2819123**	**4915923**	**3082812**	**3869840**	**2418302**
562792	170922	2426786	4766795	2991237	3752964	2336522
402423	136465	1586499	4660803	2933239	3701331	2311583
160369	34457	840287	105992	57998 qw		24939
89798	3925	61608	95230	55700	85076	60340
89798	3925	61608	95230	55700	85076	60340
3277	27440	189150				
3277	27440	189150				
1516	8108	141579	53898	35875	31800	21440
776		7059				
740	8108	134520	53898	35875	31800	21440
657383	210395	2819123	4915923	3082812	3869840	2418302
15508	17598	335208	50935	16426	29697	8747
24949	14944	131795	287131	198301	242169	155734
13396	4919	97263	251909	176774	214297	159109
391404	109889	1389229	3057560	1936509	2383346	1513407
391404	109889	1389229	3057560	1936509	2383346	1513407
91337	43173	668512	893015	460840	648326	308285
120539	19742	196474	336773	288162	317905	267920
35	91	135				
10	21	160				
120321	19304	195622	336773	288162	317905	267920
173	326	557				
250	130	642	38600	5800	34100	5100

1-2-3-2 按控股、资质等级及隶属关系总承包和专业

指标名称	企业单位数（个）	有工作量企业数	年末从业人员（人）	计算劳动生产率的平均人数（人）
总　　计	**285**	**276**	**143301**	**143755**
一、按控股情况分组				
国有控股	41	41	31044	31900
集体控股	46	46	40495	40871
私人控股	140	131	53929	52054
其他	58	58	17833	18930
二、按企业资质等级分组				
施工总承包	139	134	128624	129914
一级	4	4	16181	16047
二级	38	38	62778	65615
三级及以下	97	92	49665	48252
专业承包	146	142	14677	13841
二级	31	30	4720	4279
三级及以下	115	112	9957	9562
三、按隶属关系分组				
中央	2	2	3588	3586
地(区、市、州、盟)	83	80	50453	48763
县(区、市、旗)	102	101	68102	70744
街道	2	2	2717	2683
镇	6	6	3770	3652
乡	1	1	45	42
其他	89	84	14626	14285

承包建筑业企业生产情况主要指标综合表

单位：千元

签订合同额	年末自有施工机械设备			建筑业总产值	
	总台数(台)	净值	总功率(万千瓦)	合计	建筑工程产值
17580445	**35941**	**879272**	**518849**	**14546361**	**13009774**
4983701	7998	326325	221036	4307662	3997547
4272616	6668	140927	80269	3754151	3040257
6122678	16096	280674	156148	4487575 qw	
2201450	5179	131346	61396	1996973	1833078
15938751	33192	800977	461056	13214840	12248517
3159165	3040	129436	85154	2047955	1926011
7419821	17235	372286	215342	6121149	5514114
5359765	12917	299255	160560	5045736	4808392
1641694	2749	78295	57793	1331521	761257
532928	1014	47395	30882	463866	329657
1108766	1735	30900	26911	867655	431600
1261325	813	72900	53768	887465	764877
5689614	7608	194668	115903	3988913	3235787
8704716	22569	494612	299760	7930692	7532907
259250	458	3461	4052	204310	204310
343701	1849	22965	20739	280374	239708
8400				7950	
1313439	2644	90666	24627	1246657	1032185

1-2-3-2 续表

指标名称	建筑业总产值		竣工产值	房屋建筑施工面积(平方米)
	安装工程产值	其他产值		
总　　计	**996240**	**540347**	**11164013**	**11413585**
一、按控股情况分组				
国有控股	275524	34591	3349958	657915
集体控股	422035	291859	3116644	3409154
私人控股	196234	152449	3076276	5064850
其他	102447	61448	1621135	2281666
二、按企业资质等级分组				
施工总承包	605670	360653	10365396	10889637
一级	91442	30502	1584047	1477743
二级	346908	260127	5140936	5515877
三级及以下	167320	70024	3640413	3896017
专业承包	390570	179694	798617	523948
二级	110952	23257	258639	318207
三级及以下	279618	156437	539978	205741
三、按隶属关系分组				
中央	92086	30502	898865	11740
地(区、市、州、盟)	408550	344576	3050724	4148422
县(区、市、旗)	268397	129388	5838964	5659652
街道			47830	148954
镇	37449	3217	245152	379398
乡	7950		7950	
其他	181808	32664	1074528	1065419

单位：千元

钢材消耗(吨)	木材消耗(立方米)	水泥消耗(吨)	房屋建筑竣工面积(平方米)	住宅	竣工房屋价值	住宅
657383	**210395**	**2819123**	**4915923**	**3082812**	**3869840**	**2418302**
102799	31691	706816	110373	52301	71117	30187
80282	25332	385193	1020102	736037	801274	574383
419526	95573	1303358	2646788	1434370 qw		1204093
54776	57799	423756	1138660	860104	792184	609639
630404	168858	2619477	4824157	3049895	3806261	2388987
118100	3985	196650	500287	317054	483999	305856
224249	85275	1255326	2639938	1623835	2197760	1353436
288055	79598	1167501	1683932	1109006	1124502	729695
26979	41537	199646	91766	32917	63579	29315
11514	11302	99637	23789	20887	26295	22695
15465	30235	100009	67977	12030	37284	6620
73677	249	13156	5540		9620	
132924	51376	899741	1529664	869092	1319837	771314
275029	125644	1465882	2574431	1585463	1913742	1160117
9372	3882	68582	14900		11290	
34918	4183	79689	273711	212066	167836	124829
12		102				
131451	25061	291971	517677	416191	447515	362042

1-2-3-3 按行业、登记注册类型分组总承包和专业

指标名称	企业单位数(个)	资产总计	流动资产合计	存货	长期投资	固定资产合计
总　　计	**285**	**7774903**	**5051488**	**1082202**	**146484**	**2241545**
一、按建筑业行业中类分组						
房屋和土木工程建筑业	150	5429754	3245315	871584	119746	1765983
房屋工程建筑	76	2692532	1595244	480817	106521	792145
土木工程建筑	74	2737222	1650071	390767	13225	973838
建筑安装业	25	1827070	1425350	140682	22652	347404
建筑安装业	25	1827070	1425350	140682	22652	347404
建筑装饰业	101	422669	316686	67076	3086	100753
建筑装饰业	101	422669	316686	67076	3086	100753
其他建筑业	9	95410	64137	2860	1000	27405
工程准备	5	53774	40254	1875		13508
其他未列明的建筑活动	4	41636	23883	985	1000	13897
二、按登记注册类型分组						
内资企业	285	7774903	5051488	1082202	146484	2241545
国有企业	24	1407588	1003340	220918	1504	388770
集体企业	17	445157	273205	91636	10720	135559
股份合作企业	4	189490	105303	14913		37363
有限责任公司	126	4488215	3046265	594892	106828	1147101
其他有限责任公司	126	4488215	3046265	594892	106828	1147101
股份有限公司	51	909756	453349	111649	22081	375027
私营企业	62	321756	159586	39994	5351	155225
私营独资企业	5	7773	6933	555		628
私营合伙企业	3	3010	2477	355		533
私营有限责任公司	47	269210	113929	26200	5351	149131
私营股份有限公司	7	41763	36247	12884		4933
其他企业	1	12941	10440	8200		2500

承包建筑业企业财务状况主要指标综合表

单位：千元

固定资产原价	累计折旧	本年折旧	在建工程	无形及递延资产小计	无形资产	负债合计	流动负债合计	长期负债合计	所有者权益合计
2690715	**776685**	**372013**	**202384**	**322315**	**301031**	**4018999**	**3884430**	**134569**	**3755904**
2098063	579503	278590	143458	289711	272680	2499194	2395485	103709	2930560
835061	224799	101289	qw	196144	187973	1154566	1124987	29579	1537966
1263002	354704	177301	26431	93567	84707	1344628	1270498	74130	1392594
458507	165764	82019	43641	28546	24934	1373875	1346230	27645	453195
458507	165764	82019	43641	28546	24934	1373875	1346230	27645	453195
98077	22736	7622	15285	1190	967	105463	104598	865	317206
98077	22736	7622	15285	1190	967	105463	104598	865	317206
36068	8682	3782		2868	2450	40467	38117	2350	54943
20359	6870	2543		12		21756	19406	2350	32018
15709	1812	1239		2856	2450	18711	18711		22925
2690715	776685	372013	202384	322315	301031	4018999	3884430	134569	3755904
542159	182300	108287	13391	12906	10006	918734	865039	53695	488854
141693	40563	19877	3900	25613	25572	194010	191230	2780	251147
41434	4435	2735	364	46824	46820	108580	108580		80910
1443185	424689	184595	99141	182137	172543	2416858	2348110	68748	2071357
1443185	424689	184595	99141	182137	172543	2416858	2348110	68748	2071357
407106	95993	39256	18364	53914	45777	256601	248920	7681	653155
110288	25805	15798	67224	920	313	120556	118901	1655	201200
700	222	62		116	116	435	435		7338
584	174	38				532	520	12	2478
103544	24131	15152	67224	233	197	99103	97460	1643	170107
5460	1278	546		571		20486	20486		21277
4850	2900	1465		1		3660	3650	10	9281

1-2-3-3 续表

指标名称	实收资本	工程结算收入	工程结算税金及附加	工程结算利润	其他业务收入	管理费用
总　　计	**2744070**	**14448266**	**472770**	**1670131**	**152444**	**519046**
一、按建筑业行业中类分组						
房屋和土木工程建筑业	2056323	11355744	386926	1417516	98384	334679
房屋工程建筑	1120293	6591807	222187	599569	68175	154948
土木工程建筑	936030	4763937	164739	817947	30209	179731
建筑安装业	369255	2443039	59496	189586	43244	150763
建筑安装业	369255	2443039	59496	189586	43244	150763
建筑装饰业	276464	443307	21380	42218	9678	25052
建筑装饰业	276464	443307	21380	42218	9678	25052
其他建筑业	42028	206176	4968	20811	1138	8552
工程准备	28526	63632	662	7036	6	1445
其他未列明的建筑活动	13502	142544	4306	13775	1132	7107
二、按登记注册类型分组						
内资企业	2744070	14448266	472770	1670131	152444	519046
国有企业	324470	2251557	85295	155035	20490	95274
集体企业	169554	1161062	36342	112764	3192	19825
股份合作企业	78560	321984	10361	8372	7	6379
有限责任公司	1490246	7784152	248888	768102	93738	292912
其他有限责任公司	1490246	7784152	248888	768102	93738	292912
股份有限公司	510925	2354414	75698	569556	33939	78887
私营企业	164115	520897	15094	50494	1078	22924
私营独资企业	6430	6926	88	656	23	379
私营合伙企业	2000	2040	50	162	40	72
私营有限责任公司	142805	479369	14134	45384	636	20290
私营股份有限公司	12880	32562	822	4292	379	2183
其他企业	6200	54200	1092	5808		2845

单位：千元

税金	营业利润	利润总额	劳动、失业保险费	住房公积金和住房补贴	应付工资总额	应付福利费总额	应收工程款	竣工工程
63573	**1164803**	**569675**	**89413**	**76549**	**2325722**	**290951**	**373411**	**270513**
54056	1075265	486496	62368	59433	1934052	242462	312781	223647
21293	442765	337575	33278	26712	1262222	163224	178741	124053
32763	632500	148921 qw		32721	671830	79238	134040	99594
4731	58653	56690	23577	13947	292069	35513	35625	29685
4731	58653	56690	23577	13947	292069	35513	35625	29685
4630	17864	14911	2874	1544	66056	8572	17050	14713
4630	17864	14911	2874	1544	66056	8572	17050	14713
156	13021	11578	594	1625	33545	4404	7955	2468
41	5440	5441	474	1573	9458	1279	5985	2468
115	7581	6137	120	52	24087	3125	1970	
63573	1164803	569675	89413	76549	2325722	290951	373411	270513
8872	56361	52439	10537	7482	321008	38117	77937	53803
1558	88220	85609	1541	997	242233	32874	25561	14853
50	1990	2784	1666	2800	65718	8995	7770	7770
35361	496358	315171	47722	35545	1144757	144074	178224	114270
35361	496358	315171	47722	35545	1144757	144074	178224	114270
16160	493228	85743	27000	28895	443359	52800	58079	55402
1521	25803	25820	947	830	98847	12817	23253	22846
120	227	227	60		1880	245	206	80
12	93	93			474	60		
967	23578	23595	875	830	92012	11951	21315	21052
422	1905	1905	12		4481	561	1732	1714
51	2843	2109			9800	1274	2587	1569

1-2-3-4 按控股、资质等级及隶属关系分组总承包和专业

指标名称	企业单位数(个)	资产总计	流动资产合计	存货	长期投资	固定资产合计
总计	**285**	**7774903**	**5051488**	**1082202**	**146484**	**2241545**
一、按控股情况分组						
国有控股	41	2597528	1814957	281569	7067	737546
集体控股	46	2000515	1306530	357888	31531	536826
私人控股	140	2172099	1315385	253603	70303	675492
其他	58	1004761	614616	189142	37583	291681
二、按企业资质等级分组						
施工总承包	139	6758517	4342982	979264	133738	1980161
一级	4	1441212	1220677	143377	29650	167260
二级	38	3151367	1798409	464743	66679	1083579
三级及以下	97	2165938	1323896	371144	37409	729322
专业承包	146	1016386	708506	102938	12746	261384
二级	31	338654	227084	38726	3974	103227
三级及以下	115	677732	481422	64212	8772	158157
三、按隶属关系分组						
中央	2	682020	605142	11078		76563
地(区、市、州、盟)	83	2931108	2108914	393734	65099	630845
县(区、市、旗)	102	3304577	1861116	585273	65230	1213836
街道	2	61821	37570	5030		5706
镇	6	109554	63249	12058	5274	35299
乡	1	13270	8275	6020		4995
其他	89	672553	367222	69009	10881	274301

承包建筑业企业财务状况主要指标综合表

单位：千元

固定资产原价	累计折旧	本年折旧	在建工程	无形及递延资产小计	无形资产	负债合计	流动负债合计	长期负债合计	所有者权益合计
2690715	**776685**	**372013**	**202384**	**322315**	**301031**	**4018999**	**3884430**	**134569**	**3755904**
985635	298714	160607	33235	33094	26697	1679700	1598875	80825	917828
658477	190475	84339 qw		124479	115782	1167917	1151940	15977	832598
731129	208985	91157	124708	107017	102406	802349	779442	22907	1369750
315474	78511	35910	17578	57725	56146	369033	354173	14860	635728
2359551	668457	339630	189781	290345	271634	3679101	3555771	123330	3079416
305756	146309	94662	178	23310	23077	1108431	1084952	23479	332781
1305898	341547	169711	112559	200362	192434	1582578	1542995	39583	1568789
747897	180601	75257	77044	66673	56123	988092	927824	60268	1177846
331164	108228	32383	12603	31970	29397	339898	328659	11239	676488
125574	33965	12597	8978	3305	923	123105	113434	9671	215549
205590	74263	19786	3625	28665	28474	216793	215225	1568	460939
124826	48263	27778				591409	587975	3434	90611
855787	289223	135575	41584	124661	113521	1602721	1571881	30840	1328387
1399709	352372	164676	88765	156157	149381	1511679	1426838	84841	1792898
14988	10668	2361		18545	18540	8068	8068		53753
56658	21769	9945	409	5732	3484	48703	39113	9590	60851
6240	1245	327				3270	3270		10000
232507	53145	31351	71626	17220	16105	253149	247285	5864	419404

1-2-3-4 续表

指标名称	实收资本	工程结算收入	工程结算税金及附加	工程结算利润	其他业务收入	管理费用
总　　计	**2744070**	**14448266**	**472770**	**1670131**	**152444**	**519046**
一、按控股情况分组						
国有控股	616362	4552005	155492	338575	27197	177728
集体控股	652598	3684289	104896	361588	52254	146451
私人控股	1037390	4283327	131875	731092	53846	130088
其他	437720	1928645	80507	238876	19147	64779
二、按企业资质等级分组						
施工总承包	2198236	13151301	422039	1513153	127824	446028
一级	223077	2232646	59922	82747	49339	67011
二级	1151497	5927074	175029	768192	40582	233000
三级及以下	823662	4991581	187088	662214	37903	146017
专业承包	545834	1296965	50731	156978	24620	73018
二级	186248	435063	16813	49511	4021	16361
三级及以下	359586	861902	33918	107467	20599	56657
三、按隶属关系分组						
中央	76000	1152501	24991	16186	4489	10351
地(区、市、州、盟)	1031168	3831950	114242	306671	89983	222565
县(区、市、旗)	1226965	7803823	289238	1120833	50253	236518
街道	36600	204540	1400	19768		2993
镇	42180	272327	7286	62612	1561	13328
乡	10000	7560	47	337	25	84
其他	321157	1175565	35566	143724	6133	33207

单位：千元

税金	营业利润	利润总额	劳动、失业保险费	住房公积金和住房补贴	应付工资总额	应付福利费总额	应收工程款	竣工工程
63573	**1164803**	**569675**	**89413**	**76549**	**2325722**	**290951**	**373411**	**270513**
24439	156931	120856	32986	22436	530079	61073	94884	69001
8417	230884	159051	6571	7593	646119	84402	92103	77530
15314	600325	178782 qw		31808	838324	103942	117395	70704
15403	176663	110986	17031	14712	311200	41534	69029	53278
53476	1079997	504115	81660	70324	2118446	264484	293732	211112
2012	22338	24032	25135	14887	268040	32701	76580	41547
29204	548580	184794	21619	25595	1074703	138223	72897	60176
22260	509079	295289	34906	29842	775703	93560	144255	109389
10097	84806	65560	7753	6225	207276	26467	79679	59401
3293	33602	15786	3744	4247	72343	9554	24952	12931
6804	51204	49774	4009	1978	134933	16913	54727	46470
249	8397	8093	19452	12954	65842	8563	6478	4856
9108	106889	106516	10133	8022	778410	94598	166599	116007
49826	877330	315602	53321	48418	1145156	143695	157394	111119
469	15594	15594	44	37	45151	6099	5452	2000
1681	49103	19251	4248	5361	71162	9803	1060	800
12	253	253			594	83		
2228	107237	104366	2215	1757	219407	28110	36428	35731

1-2-3-5 按行业、登记注册类型分组劳务

指标名称	企业数(个)	有工作量企业	年末从业人员(人)	计算劳动生产率的平均人数(人)
总　　计	**85**	**84**	**10313**	**9216**
一、按建筑业行业中类分组				
房屋和土木工程建筑业	63	63	8427	7566
房屋工程建筑	63	63	8427	7566
建筑安装业	12	12	1193	1018
建筑安装业	12	12	1193	1018
建筑装饰业	1	1	18	18
建筑装饰业	1	1	18	18
其他建筑业	9	8	675	614
提供施工设备服务	1	1	16	16
其他未列明的建筑活动	8	7	659	598
二、按登记注册类型分组				
内资企业	85	84	10313	9216
国有企业	1	1	180	50
集体企业	1	1	46	46
股份合作企业	1	1	168	170
有限责任公司	40	40	6376	5579
其他有限责任公司	40	40	6376	5579
股份有限公司	21	21	2134	2035
私营企业	20	19	1329	1261
私营独资企业	1	1	80	79
私营有限责任公司	15	14	1023	955
私营股份有限公司	4	4	226	227
其他企业	1	1	80	75

分包建筑业企业主要经济指标综合表

单位：千元

建筑业总产值	固定资产原价	本年折旧	资产总计	负债合计	实收资本
187363	**40298**	**4378**	**88285**	**31914**	**44305**
163255	28006	2592	65962	24481	33172
163255	28006	2592	65962	24481 qw	
16498	9073	743	14682	4953	6094
16498	9073	743	14682	4953	6094
389	20	15	360		359
389	20	15	360		359
7221	3199	1028	7281	2480	4680
468	266	56	466	345	100
6753	2933	972	6815	2135	4580
187363	40298	4378	88285	31914	44305
380	992	210	2203	1297	525
1630	59	5	870	370	300
1800	240	20	520	130	250
114407	17844	1393	36385	10893	17287
114407	17844	1393	36385	10893	17287
57319	13374	1807	29986	15501	11817
11327	7269	918	17501	3723	13406
35	200	22	178		177
9242	5700	762	14969	3500	11310
2050	1369	134	2354	223	1919
500	520	25	820		720

1-2-3-5 续表

指标名称	营业收入合计	主营业务收入	主营业务成本	主营业务税金及附加
总　　计	**157095**	**156579**	**138554**	**3695**
一、按建筑业行业中类分组				
房屋和土木工程建筑业	133295	132782	119183	3112
房屋工程建筑	133295	132782	119183	3112
建筑安装业	16286	16284	13440	464
建筑安装业	16286	16284	13440	464
建筑装饰业	316	315	221	17
建筑装饰业	316	315	221	17
其他建筑业	7198	7198	5710	102
提供施工设备服务	468	468	266	17
其他未列明的建筑活动	6730	6730	5444	85
二、按登记注册类型分组				
内资企业	157095	156579	138554	3695
国有企业	168	168	118	6
集体企业	1630	1630	1100	85
股份合作企业	1800	1800	1500	32
有限责任公司	93006	92734	84143	1688
其他有限责任公司	93006	92734	84143	1688
股份有限公司	48787	48556	42635	1501
私营企业	11204	11191	8708	348
私营独资企业	36	35	27	1
私营有限责任公司	9190	9180	7126	285
私营股份有限公司	1978	1976	1555	62
其他企业	500	500	350	35

单位：千元

费用合计	营业利润	利润总额	从业人员劳动报酬	劳动、失业保险费	住房公积金和住房补贴	全部从业人员年平均人数（人）
7891	**6955**	**6270**	**107981**	**1912**	**957**	**9722**
6128	4872	4629	91097	1447	483	7788
6128	4872	4629	91097	1447	483	7788
799	1583	1141	11483	428 qw		1249
799	1583	1141	11483	428	430	1249
64	14	14	57			18
64	14	14	57			18
900	486	486	5344	37	44	667
164	21	21	288			16
736	465	465	5056	37	44	651
7891	6955	6270	107981	1912	957	9722
28	16	16	425	4	1	236
28	417	56	552	20	30	46
95	173	173	1710	570	20	190
4569	2606	2489	76487	739	386	5688
4569	2606	2489	76487	739	386	5688
1833	2818	2611	17624	413	355	2156
1278	870	870	10999	157	163	1326
6	2	2	336	1	1	80
1044	735	735	9070	138	132	1015
228	133	133	1593	18	30	231
60	55	55	184	9	2	80

1-2-3-6 按控股、资质等级及隶属关系分组劳务

指标名称	企业数(个)	有工作量企业	年末从业人员(人)	计算劳动生产率的平均人数(人)
总　　计	**85**	**84**	**10313**	**9216**
一、按控股情况分组				
国有控股	1	1	180	50
集体控股	3	3	320	311
私人控股	61	60	7763	6915
其他	20	20	2050	1940
二、按企业资质等级分组				
劳务分包	85	84	10313	9216
一级	57	56	8472	7581
二级	21	21	1569	1495
三级及以下	7	7	272	140
三、按隶属关系分组				
地(区、市、州、盟)	14	14	3748	3101
县(区、市、旗)	36	36	3497	3179
镇	1	1	8	7
村委会	1	1	80	75
其他	33	32	2980	2854

指标名称	营业收入合计	主营业务收入	主营业务成本	主营业务税金及附加
总　　计	**157095**	**156579**	**138554**	**3695**
一、按控股情况分组				
国有控股	168	168	118	6
集体控股	6980	6980	5872	232
私人控股	115371	115060	103557	2440
其他	34576	34371	29007	1017
二、按企业资质等级分组				
劳务分包	157095	156579	138554	3695
一级	128282	127880	114550	2738
二级	26490	26382	22400	843
三级及以下	2323	2317	1604	114
三、按隶属关系分组				
地(区、市、州、盟)	51803	51685	49553	340
县(区、市、旗)	61141	60787	51593	1977
镇	150	120	80	20
村委会	500	500	350	35
其他	43501	43487	36978	1323

分包建筑业企业主要经济指标综合表

单位：千元

建筑业总产值	固定资产原价	本年折旧	资产总计	负债合计	实收资本
187363	**40298**	**4378**	**88285**	**31914**	**44305**
380	992	210	2203	1297	525
6980	1129	85	3570	2180 qw	850
138516	26001	2491	61515	21201	31288
41487	12176	1592	20997	7236	11642
187363	40298	4378	88285	31914	44305
139713	28207	2457	53067	13563	33579
45053	10156	1680	29167	16649	7897
2597	1935	241	6051	1702	2829
51803	4453	677	13782	3734	8771
69336	15824	1409	41571	21880	14784
150	1190	91	843		800
500	520	25	820		720
65574	18311	2176	31269	6300	19230

费用合计	营业利润	利润总额	从业人员劳动报酬	劳动、失业保险费	住房公积金和住房补贴	全部从业人员年平均人数(人)
7891	**6955**	**6270**	**107981**	**1912**	**957**	**9722**
28	16	16	425	4	1	236
194	682	321	3588	603	55	331
5907	3467	3242	84985	911	538	6938
1762	2790	2691	18983	394	363	2217
7891	6955	6270	107981	1912	957	9722
5766	5228	4926	93818	1636	832	7845
1941	1306	1284	12924	251	93	1550
184	421	60	1239	25	32	327
1390	520	456	51054	71	44	3108
3802	3769	3210	28161	1216	279	3558
10	40	40	77			8
60	55	55	184	9	2	80
2629	2571	2509	28505	616	632	2968

1-2-3-7 资质外建筑业企业主

指标名称	企业个数(个)	年末从业人员(人)	计算建筑业劳动生产率的平均人数(人)	建筑业总产值
总　　计	**226**	**6088**	**5639**	**631349**
一、按建筑业行业中类分组				
房屋和土木工程建筑业	182	4235	3849	546800
房屋工程建筑	163	3331	3032	484878
土木工程建筑	19	904	817	61922
建筑安装业	15	505	520	45152
建筑安装业	15	505	520	45152
建筑装饰业	21	1114	1061	28897
建筑装饰业	21	1114	1061	28897
其他建筑业	8	234	209	10500
工程准备	3	56	41	4400
提供施工设备服务	3	31	24	4420
其他未列明的建筑活动	2	147	144	1680
二、按登记注册类型分组				
内资企业	226	6088	5639	631349
国有企业	2	74	63	8030
集体企业	3	125	113	4750
联营企业	1	10	9	280
集体联营企业	1	10	9	280
有限责任公司	15	666	566	47975
其他有限责任公司	15	666	566	47975
股份有限公司	3	43	30	3500
私营企业	202	5170	4858	566814
私营独资企业	178	3687	3445	531832
私营合伙企业	14	668	629	23584
私营有限责任公司	10	815	784	11398
三、按控股情况分组				
国有控股	4	194	155	25960
集体控股	3	125	113	4750
私人控股	219	5769	5371	600639
四、按隶属关系分组				
地(区、市、州、盟)	4	225	185	12500
县(区、市、旗)	17	644	566	46595
镇	2	36	20	5200
其他	203	5183	4868	567054

要经济指标综合表（一）

单位：千元

竣工产值	房屋建筑施工面积(平方米)	房屋建筑竣工面积(平方米)	固定资产原价	本年折旧	实收资本
236336	**273686**	**248460**	**161124**	**7138**	**175565**
211544	269234	245008	130806	5792	139487
199136	268285	244059	123329	5461 qw	
12408	949	949	7477	331	12866
6392	3000	2000	15458	258	18242
6392	3000	2000	15458	258	18242
15420			8375	576	12841
15420			8375	576	12841
2980	1452	1452	6485	512	4995
			900	45	1445
1300			5100	302	2700
1680	1452	1452	485	165	850
236336	273686	248460	161124	7138	175565
4230			1450		1730
750			1470	20	1780
9680	8912	1452	4976	400	11046
9680	8912	1452	4976	400	11046
3500			1800	6	300
218176	264774	247008	151428	6712	160709
185606	239841	223075	140345	5661	144814
23571	24933	23933	6409	587	8855
8999			4674	464	7040
4230			1450		5730
750			1470	20	1780
231356	273686	248460	158204	7118	168055
			305	57	2130
12960	8912	1452	8141	359	12226
5200			1200	4	200
218176	264774	247008	151478	6718	161009

1-2-3-7 资质外建筑业企业主

指标名称	营业收入	主营业务收入	营业成本
总　计	**631686**	**619622**	**447860**
一、按建筑业行业中类分组			
房屋和土木工程建筑业	541080	535992	392036
房屋工程建筑	476337	474152	350981
土木工程建筑	64743	61840	41055
建筑安装业	45709	44923	32560
建筑安装业	45709	44923	32560
建筑装饰业	33467	28387	18264
建筑装饰业	33467	28387	18264
其他建筑业	11430	10320	5000
工程准备	6130	5320	1855
提供施工设备服务	3620	3320	2200
其他未列明的建筑活动	1680	1680	945
二、按登记注册类型分组			
内资企业	631686	619622	447860
国有企业	8010	7880	2630
集体企业	4660	4660	2555
联营企业	600	280	
集体联营企业	600	280	
有限责任公司	44488	44103	29080
其他有限责任公司	44488	44103	29080
股份有限公司	1500	600	300
私营企业	572428	562099	413295
私营独资企业	530299	526746	390943
私营合伙企业	25663	22996	14938
私营有限责任公司	16466	12357	7414
三、按控股情况分组			
国有控股	26260	25805	17700
集体控股	4660	4660	2555
私人控股	600766	589157	427605
四、按隶属关系分组			
地(区、市、州、盟)	12500	12420	5467
县(区、市、旗)	45518	44463	28710
镇	1000	400	200
其他	572668	562339	413483

要经济指标综合表（二）

单位：千元

主营业务成本	主营业务税金及附加	营业费用、管理费用、财务费用合计	主营业务利润	职工工资和福利费	全部从业人员年平均人数(人)
447439	**15643**	**49984**	**148445**	**69264**	**6311**
392003	13626	40958	125522	48812	4376
350950	12248	33542	111122	39517	3494
41053	1378	7416	14400	9295	882
32559	1197	3884	11161	6902	565
32559	1197	3884	11161	6902	565
17877	615	3498	9217	11958	1131
17877	615	3498	9217	11958	1131
5000	205	1644	2545	1592	239
1855	105	1090	790	1000	56
2200	63	270	1057	454	36
945	37	284	698	138	147
447439	15643	49984	148445	69264	6311
2630	134	671	3116	182	74
2555	18	373	2013	2314	125
		12	170	25	10
		12	170	25	10
29078	1098	8342	10674	5965	640
29078	1098	8342	10674	5965	640
300	15	150	285	720	60
412876	14378	40436	132187	60058	5402
390872	13760	37038	122071	44836	3919
14937	330	1690	5568	6846	668
7067	288	1708	4548	8376	815
17698	640	2480	3286	1054	169
2555	18	373	2013	2314	125
427186	14985	47131	143146	65896	6017
5467	209	4042	6815	2832	224
28708	1039	5367	9208	5748	633
200	10	100	190	480	40
413064	14385	40475	132232	60204	5414

1-2-3-8 企业财务

指标名称	企业数(个)	年初存货	年末存货	固定资产原价	本年折旧
总　计	**226**	**4705**	**8760**	**161124**	**7138**
一、按国民经济行业中类分组					
建筑业	226	4705	8760	161124	7138
房屋和土木工程建筑业	182	2162	5126	130806	5792
房屋工程建筑	163	1896	4882	123329	5461
土木工程建筑	19	266	244	7477	331
建筑安装业	15	165	245	15458	258
建筑安装业	15	165	245	15458	258
建筑装饰业	21	812	1789	8375	576
建筑装饰业	21	812	1789	8375	576
其他建筑业	8	1566	1600	6485	512
工程准备	3			900	45
提供施工设备服务	3	1500	1600	5100	302
其他未列明的建筑活动	2	66		485	165
二、按登记注册类型分组					
内资企业	226	4705	8760	161124	7138
国有企业	2			1450	
集体企业	3			1470	20
联营企业	1				
集体联营企业	1				
有限责任公司	15	528	323	4976	400
其他有限责任公司	15	528	323	4976	400
股份有限公司	3	600	600	1800	6
私营企业	202	3577	7837	151428	6712
私营独资企业	178	3360	6763	140345	5661
私营合伙企业	14	25	110	6409	587
私营有限责任公司	10	192	964	4674	464
三、按控股情况分组					
国有控股	4			1450	
集体控股	3			1470	20
私人控股	219	4705	8760	158204	7118

状况综合表（一）

单位：千元

营业收入	主营业务收入	营业成本	主营业务成本	营业税金及附加	主营业务税金及附加	主营业务利润	其他业务利润
631686	**619622**	**447860**	**447439**	**15694**	**15643**	**148445**	**6721**
631686	619622	447860	447439 qw		15643	148445	6721
541080	535992	392036	392003	13648	13626	125522	4071
476337	474152	350981	350950	12267	12248	111122	1389
64743	61840	41055	41053	1381	1378	14400	2682
45709	44923	32560	32559	1220	1197	11161	301
45709	44923	32560	32559	1220	1197	11161	301
33467	28387	18264	17877	621	615	9217	840
33467	28387	18264	17877	621	615	9217	840
11430	10320	5000	5000	205	205	2545	1509
6130	5320	1855	1855	105	105	790	1330
3620	3320	2200	2200	63	63	1057	10
1680	1680	945	945	37	37	698	169
631686	619622	447860	447439	15694	15643	148445	6721
8010	7880	2630	2630	152	134	3116	2420
4660	4660	2555	2555	41	18	2013	300
600	280					170	130
600	280					170	130
44488	44103	29080	29078	1102	1098	10674	748
44488	44103	29080	29078	1102	1098	10674	748
1500	600	300	300	15	15	285	30
572428	562099	413295	412876	14384	14378	132187	3093
530299	526746	390943	390872	13760	13760	122071	1235
25663	22996	14938	14937	330	330	5568	1340
16466	12357	7414	7067	294	288	4548	518
26260	25805	17700	17698	658	640	3286	2550
4660	4660	2555	2555	41	18	2013	300
600766	589157	427605	427186	14995	14985	143146	3871

1-2-3-8 企业财务

指标名称	营业费用、管理费用、财务费用合计	税金	利息支出	营业利润	职工工资和福利费
总　计	**49984**	**3536**	**600**	**111710**	**69264**
一、按国民经济行业中类分组					
建筑业	49984	3536	600	111710	69264
房屋和土木工程建筑业	40958	2902	487	92985	48812
房屋工程建筑	33542	2722	470	79931	39517
土木工程建筑	7416	180	17	13054	9295
建筑安装业	3884	266	14	7734	6902
建筑安装业	3884	266	14	7734	6902
建筑装饰业	3498	198	96	6665	11958
建筑装饰业	3498	198	96	6665	11958
其他建筑业	1644	170	3	4326	1592
工程准备	1090	81		2730	1000
提供施工设备服务	270	35		867	454
其他未列明的建筑活动	284	54	3	729	138
二、按登记注册类型分组					
内资企业	49984	3536	600	111710	69264
国有企业	671	54		5216	182
集体企业	373	20		2014	2314
联营企业	12	2		300	25
集体联营企业	12	2		300	25
有限责任公司	8342	166		7018	5965
其他有限责任公司	8342	166		7018	5965
股份有限公司	150	15		315	720
私营企业	40436	3279	600	96847	60058
私营独资企业	37038	2999	448	87152	44836
私营合伙企业	1690	147	67	6272	6846
私营有限责任公司	1708	133	85	3423	8376
三、按控股情况分组					
国有控股	2480	66		5790	1054
集体控股	373	20		2014	2314
私人控股	47131	3450	600	103906	65896

状况综合表（二）

单位：千元

本年应交增值税	所有者权益合计	实收资本	国家资本	集体资本	法人资本	个人资本
8589	**200469**	**175565**	**5730**	**1730**	**9450**	**158655**
8589	200469	175565	5730 qw		9450	158655
7438	159192	139487	5730	100	5250	128407
7170	142218	126621	1730		4300	120591
268	16974	12866	4000	100	950	7816
753	19692	18242		1630	2400	14212
753	19692	18242		1630	2400	14212
346	15211	12841			1800	11041
346	15211	12841			1800	11041
52	6374	4995				4995
	2074	1445				1445
30	3300	2700				2700
22	1000	850				850
8589	200469	175565	5730	1730	9450	158655
	2060	1730	1730			
16	1890	1780		1730	50	
70	15073	11046	4000			7046
70	15073	11046	4000			7046
90	300	300				300
8413	181146	160709			9400	151309
8378	162175	144814			4300	140514
35	10494	8855			1850	7005
	8477	7040			3250	3790
	6684	5730	5730			
16	1890	1780		1730	50	
8573	191895	168055			9400	158655

第 1 部分 南阳市卷·第三产业篇

交通运输业

1-3-1 交通运输、仓储和邮政

指标名称	企业数(个)	年初存货	年末存货	固定资产原价	本年折旧
总　　计	**252**	**2558410**	**2407716**	**10832946**	**636991**
交通运输、仓储和邮政业	252	2558410	2407716	10832946	636991
铁路运输业					
铁路旅客运输					
铁路货物运输					
铁路运输辅助活动					
道路运输业	139	9981	15291	8124558	486760
公路旅客运输	32	3132	3182	726422	88127
道路货物运输	71	5241	10229	626128	45216
道路运输辅助活动	36	1608	1880	6772008	353417
城市公共交通业	30	1480	1441	194736	9636
公共电汽车客运	9	854	918	139339	5908
轨道交通					
出租车客运	21	626	523	55397	3728
城市轮渡					
其他城市公共交通					
水上运输业	15	261	560	357442	29851
水上旅客运输	3	120	125	5620	258
水上货物运输	10	141	435	351617	29584
水上运输辅助活动	2			205	9
航空运输业	2	3186	8697	103732	2621
航空客货运输	2	3186	8697	103732	2621
通用航空服务					
航空运输辅助活动					
管道运输业					
管道运输业					
装卸搬运和其他运输服务业	34	968	1085	41610	2979
装卸搬运	9	674	764	11579	871
运输代理服务	25	294	321	30031	2108
仓储业	29	2524681	2332652	1779891	88421
谷物、棉花等农产品仓储	16	2524514	2332423	1757405	87106
其他仓储	13	167	229	22486	1315
邮政业	3	17853	47990	230977	16723
国家邮政	1	17853	47990	229197	16692
其他寄递服务	2			1780	31

业财务状况综合表（一）

单位：千元

营业收入	主营业务收入	营业成本	主营业务成本	营业税金及附加	主营业务税金及附加	主营业务利润	其他业务利润
6653869	**6366992**	**3932792**	**3728152**	**140593**	**140495**	**2291498**	**152083**
6653869	6366992	3932792	3728152	140593	140495	2291498	152083
3036778	2878067	1487810	1300951	79851	79773	1463708	17679
726342	723339	404142	401777	34594	34538	262243	1046
1434055	1279144	951141	767454	19116	19094	485125	8268
876381	875584	132527	131720	26141	26141	716340	8365
198020	196320	121384	120724	6246	6246	67411	301
107608	107608	59832	59832	3888	3888	43329	251
90412	88712	61552	60892	2358	2358	24082	50
1073648	1065875	563651	552452	39716	39716	439590	14563
8211	8211	4016	4016	572	572	2596	
1064857	1057084	559295	548096	39142	39142	436756	14563
580	580	340	340	2	2	238	
18308	18308	30640	25999	324	324	-22639	-1507
18308	18308	30640	25999	324	324	-22639	-1507
99003	99003	62000	62000	6902	6902	30101	20
32771	32771	15441	15441	2064	2064	15266	
66232	66232	46559	46559	4838	4838	14835	20
1864983	1747445	1471586	1470305	3833	3813	234790	120309
1819348	1701810	1447434	1446153	1396	1376	215794	120309
45635	45635	24152	24152	2437	2437	18996	
363129	361974	195721	195721	3721	3721	78537	718
361632	360484	194901	194901	3621	3621	77967	718
1497	1490	820	820	100	100	570	

1-3-1 交通运输、仓储和邮政

指标名称	营业费用、管理费用、财务费用合计	税金	利息支出	营业利润	职工工资和福利费
总　计	**1379829**	**13449**	**931420**	**1244024**	**527996**
交通运输、仓储和邮政业	1379829	13449	931420	1244024	527996
铁路运输业					
铁路旅客运输					
铁路货物运输					
铁路运输辅助活动					
道路运输业	947331	5576	715555	565148	298642
公路旅客运输	82186	1618	12534	205236	123974
道路货物运输	61669	2409	19403	437329	127472
道路运输辅助活动	803476	1549	683618	-77417	47196
城市公共交通业	24847	511	683	44704	61920
公共电汽车客运	21199	225	108	22940	39482
轨道交通					
出租车客运	3648	286	575	21764	22438
城市轮渡					
其他城市公共交通					
水上运输业	55445	289	21571	415074	42543
水上旅客运输	2170	22	180	1453	1607
水上货物运输	53261	267	21391	413397	40756
水上运输辅助活动	14			224	180
航空运输业	9983	1113	11	-22639	16019
航空客货运输	9983	1113	11	-22639	16019
通用航空服务					
航空运输辅助活动					
管道运输业					
管道运输业					
装卸搬运和其他运输服务业	10686	648	2097	19435	16685
装卸搬运	5405	184	1457	9861	7718
运输代理服务	5281	464	640	9574	8967
仓储业	246264	1611	190212	143895	15429
谷物、棉花等农产品仓储	240293	1397	189432	130820	10319
其他仓储	5971	214	780	13075	5110
邮政业	85273	3701	1291	78407	76758
国家邮政	85143	3621	1291	77967	76398
其他寄递服务	130	80		440	360

业财务状况综合表（二）

单位：千元

本年应交增值税	所有者权益合计	实收资本							全部从业人员年平均人数（人）
			国家资本	集体资本	法人资本	个人资本	港澳台资本	外商资本	
76654	**1307855**	**1305093**	**564229**	**97668**	**259499**	**383697**			**26554**
76654	1307855	1305093	564229	97668	259499	383697			26554
64830	575668	619195	158711	61548	183016	215920			15558
2717	174862	146230	63789	2282	13390	66769			8039
61176	280401	250923	35650	58766	11686	144821			5518
937	120405	222042	59272	500	157940	4330			2001
1434	65950	165728	67175	17015	10688	70850			4462
262	15211	115378	64675	865	1238	48600			3000
1172	50739	50350	2500	16150	9450	22250			1462
7360	149399	129967	694	10775	49262	69236			2147
	3472	2620	694	1026		900			120
7360	145771	127191		9619	49262	68310			2017
	156	156		130		26			10
	141109	141109	140109	1000					441
	141109	141109	140109	1000					441
908	30432	30103	700	4080	8118	17205			997
705	4109	3840		80	1210	2550			525
203	26323	26263	700	4000	6908	14655			472
2050	238145	198827	178436	3250	6655	10486			917
1300	219199	181877	178436		300	3141			560
750	18946	16950		3250	6355	7345			357
72	107152	20164	18404		1760				2032
72	105392	18404	18404						2004
	1760	1760			1760				28

第 1 部分 南阳市卷·第三产业篇

批发零售业

1-3-2-1 按行业分组批发和零售业

指标代码	法人单位数（个）	年末从业人员数（人）	商品购进总额	进口额
总　　计	**3372**	**76499**	**38648881**	**1010**
一、批发业	**1388**	**38598**	**26425848**	**1010**
按批发行业小类分组				
农畜产品批发	309	11413	7371759	
谷物、豆及薯类批发	145	3490	4759187	
种子、饲料批发	58	1491	281652	
棉、麻批发	42	5376	1656720	
牲畜批发	37	326	37146	
其他农畜产品批发	27	730	637054	
食品、饮料及烟草制品批发	258	12369	8540893	
米、面制品及食用油批发	75	1499	1854343	
糕点、糖果及糖批发	12	129	59626	
果品、蔬菜批发	71	1468	1163986	
肉、禽、蛋及水产品批发	32	486	97048	
盐及调味品批发	19	1330	300904	
饮料及茶叶批发	8	234	122666	
烟草制品批发	15	6852	4699825	
其他食品批发	26	371	242495	
纺织、服装及日用品批发	48	1201	524380	
纺织品、针织品及原料批发	18	399	203213	
服装批发	5	115	45062	
鞋帽批发	2	213	38240	
厨房、卫生间用具及日用杂货批发	6	244	72695	
化妆品及卫生用品批发	2	71	71653	
其他日用品批发	15	159	93517	
文化、体育用品及器材批发	17	284	124059	
文具用品批发	6	24	27445	
体育用品批发	2	32	6400	
图书批发	4	157	65898	
首饰、工艺品及收藏品批发	4	68	20791	
其他文化用品批发	1	3	3525	
医药及医疗器材批发	56	1756	1823437	
西药批发	23	1449	1554487	
中药材及中成药批发	21	177	222648	
医疗用品及器材批发	12	130	46302	
矿产品、建材及化工产品批发	401	7711	5343657	
煤炭及制品批发	18	299	141529	

法人企业商品购销存综合表

单位：千元

商品销售总额	批发额		零售额	年末商品库存总额	年末零售营业面积(平方米)
		出口额			
45523978	**28517563**	**94582**	**17006415**	**5428581**	**1840893**
31746433	**27616101**	**94508**	**4130332**	**4127396**	**231662**
7269422	7233803	32	35619	1671931	15326
4547292	4541731		5561	1320817	2330
341942	338267	32	3675	32847	7240
1785998	1780708		5290	152076	4420
64596	60490		4106	868	500
529594	512607		16987	165323	836
10597023	10132466	50	464557	1765207	30566
1428942	1376668	50	52274	1125347	6316
67036	60144		6892	4208	1190
1547344	1356055		191289	20318	14548
118567	88823		29744	1949	4667
437969	419681		18288	33993	300
143721	135881		7840	12926	845
6606177	6474317		131860	536502	
247267	220897		26370	29964	2700
562671	497359	82069	65312	65040	38000
207759	199604	82069	8155	21288	520
41629	32992		8637	8059	200
52531	30430		22101	16630	1900
82240	73958		8282	8308	32300
77671	64326		13345	5681	
100841	96049		4792	5074	3080
142296	114395		27901	10136	2350
28663	26262		2401	610	150
4746	4746			1100	1100
65573	59249		6324	6929	1100
39694	22138		17556	1445	
3620	2000		1620	52	
1875116	1626531		248585	67704	2040
1586774	1369053		217721	54142	2040
237601	217648		19953	11970	
50741	39830		10911	1592	
8396769	5397377	12357	2999392	380052	130110
143895	139347		4548	10241	1000

1-3-2-1 续表 1

指标代码	法人单位数(个)	年末从业人员数(人)	商品购进总额	进口额
石油及制品批发	18	2354	1750958	
非金属矿及制品批发	10	120	56059	
金属及金属矿批发	98	1102	1337377	
建材批发	93	1083	548502	
化肥批发	93	2023	981139	
农药批发	21	239	83147	
其他化工产品批发	50	491	444946	
机械设备、五金交电及电子产品批发	210	2700	2158562	
农业机械批发	40	576	288537	
汽车、摩托车及零配件批发	21	205	271851	
五金、交电批发	44	542	355305	
家用电器批发	21	607	768584	
计算机、软件及辅助设备批发	4	31	12248	
通讯及广播电视设备批发	5	40	21028	
其他机械设备及电子产品批发	75	699	441009	
贸易经纪与代理	13	153	28449	
贸易经纪与代理	13	153	28449	
其他批发	76	1011	510652	1010
再生物资回收与批发	61	907	435066	1010
其他未列明的批发	15	104	75586	
二、零售业	**1984**	**37901**	**12223033**	
按零售行业小类分组				
综合零售	468	16179	4182449	
百货零售	179	5399	1776974	
超级市场零售	123	5294	1013557	
其他综合零售	166	5486	1391918	
食品、饮料及烟草制品专门零售	166	2243	673408	
粮油零售	28	516	106312	
糕点、面包零售	9	55	19762	
果品、蔬菜零售	4	44	12767	
肉、禽、蛋及水产品零售	25	546	143441	
饮料及茶叶零售	24	186	93256	
烟草制品零售	8	114	28688	
其他食品零售	68	782	269182	
纺织、服装及日用品专门零售	214	3998	973313	
纺织品及针织品零售	33	799	235817	
服装零售	85	1713	370586	

单位：千元

商品销售总额	批发额	出口额	零售额	年末商品库存总额	年末零售营业面积(平方米)
4464279	1559806		2904473	106093	114170
67897	67392		505	2602	600
1415113	1406078		9035	92268	1340
628963	611225		17738	73654	5645
1052533	995618	78	56915	76740	7126
108909	108629		280	3412	69
515180	509282	12279	5898	15042	160
2240004	1985567		254437	145554	10307
319921	296297		23624	27244	3808
303049	242015		61034	11707	2305
363989	301989		62000	14186	134
760577	671016		89561	66452	230
12500	11000		1500	470	200
21375	19966		1409	865	200
458593	443284		15309	24630	3430
33757	33526		231	610	200
33757	33526		231	610	200
629375	595077		34298	21162	2763
539488	507104		32384	19017	2413
89887	87973		1914	2145	350
13777545	**901462**	**74**	**12876083**	**1301185**	**1609231**
4573574	540961	74	4032613	548202	615504
1955141	263972	74	1691169	247791	224485
1055013	7947		1047066	158972	200552
1563420	269042		1294378	141439	190467
772072	36146		735926	64980	50159
116581	4151		112430	12379	11826
27719			27719	1584	707
23566			23566	574	572
163831	11350		152481	7974	16114
104672	13953		90719	6838	3544
31334	680		30654	4324	1785
304369	6012		298357	31307	15611
1218660	54202		1164458	94600	117014
279556	12215		267341	18053	39371
485637	5814		479823	44680	43390

1-3-2-1 续表 2

指标代码	法人单位数(个)	年末从业人员数(人)	商品购进总额	进口额
鞋帽零售	15	232	53248	
钟表、眼镜零售	11	100	22720	
化妆品及卫生用品零售	12	118	35323	
其他日用品零售	58	1036	255619	
文化、体育用品及器材专门零售	79	2033	436025	
文具用品零售	19	163	48618	
体育用品零售	3	50	15856	
图书零售	20	1438	225196	
音像制品及电子出版物零售	1	4	3186	
珠宝首饰零售	24	295	85393	
工艺美术品及收藏品零售	6	49	29003	
照相器材零售	2	10	5000	
其他文化用品零售	4	24	23773	
医药及医疗器材专门零售	86	3221	410080	
药品零售	75	3160	356424	
医疗用品及器材零售	11	61	53656	
汽车、摩托车、燃料及零配件专门零售	454	4400	3018904	
汽车零售	56	1148	1363575	
汽车零配件零售	26	286	107984	
摩托车及零配件零售	127	1084	507771	
机动车燃料零售	245	1882	1039574	
家用电器及电子产品专门零售	280	2929	1581891	
家用电器零售	138	1839	945672	
计算机、软件及辅助设备零售	86	549	423487	
通信设备零售	37	425	148349	
其他电子产品零售	19	116	64383	
五金、家具及室内装修材料专门零售	142	1704	599792	
五金零售	42	429	130024	
家具零售	70	1074	370316	
涂料零售	2	7	5205	
其他室内装修材料零售	28	194	94247	
无店铺及其他零售	95	1194	347171	
邮购及电子销售	1	4	1319	
生活用燃料零售	46	678	201201	
花卉零售	5	99	18324	
旧货零售	1	6	5284	
其他未列明的零售	42	407	121043	

单位：千元

商品销售总额	批发额	出口额	零售额	年末商品库存总额	年末零售营业面积(平方米)
55113	309		54804	6366	4800
31673	2820		28853	1574	2309
36859	1500		35359	3443	1961
329822	31544		298278	20484	25183
455974	42417		413557	89244	39299
55537	5440		50097	6736	1835
17247	932		16315	2688	310
220084	25239		194845	64099	22364
3066			3066	180	40
104133	4340		99793	10756	12391
36259	4006		32253	1555	1299
4960	1460		3500	175	115
14688	1000		13688	3055	945
495123	30163		464960	43777	308940
441638	24963		416675	41456	307085
53485	5200		48285	2321	1855
3504199	46989		3457210	266712	217156
1646647	5689		1640958	132367	77323
110884	8165		102719	11238	10607
610468	14655		595813	47800	37832
1136200	18480		1117720	75307	91394
1697069	106051		1591018	126925	101713
1015489	21601		993888	89355	73663
451787	70055		381732	22190	11757
163406	6520		156886	10648	13210
66387	7875		58512	4732	3083
673574	40547		633027	42773	114495
142605	16470		126135	10451	7936
417789	15806		401983	27755	101659
6035	1500		4535	465	170
107145	6771		100374	4102	4730
387300	3986		383314	23972	44951
1480			1480	102	16
226196	610		225586	12383	31981
19206			19206	2512	1885
5158			5158	126	500
135260	3376		131884	8849	10569

1-3-2-2 按登记注册类型分组批发和零售

指标代码	法人单位数(个)	年末从业人员数(人)	商品购进总额	进口额
总　　计	**3372**	**76499**	**38648881**	**1010**
一、批发业	**1388**	**38598**	**26425848**	**1010**
按登记注册类型分组				
内资企业	1386	38543	26398832	1010
国有企业	244	14238	11539764	
集体企业	84	6441	1614924	1010
股份合作企业	23	556	164523	
联营企业	8	99	31772	
集体联营企业	7	79	31372	
国有与集体联营企业	1	20	400	
有限责任公司	191	4550	4340400	
国有独资公司	13	825	242364	
其他有限责任公司	178	3725	4098036	
股份有限公司	58	3443	2329170	
私营企业	720	8529	6014745	
私营独资企业	545	5810	3426911	
私营合伙企业	47	412	392040	
私营有限责任公司	84	1927	1865496	
私营股份有限公司	44	380	330298	
其他企业	58	687	363534	
港、澳、台商投资企业				
外商投资企业	2	55	27016	
中外合资经营企业	1	25	8456	
外商投资股份有限公司	1	30	18560	
二、零售业	**1984**	**37901**	**12223033**	
按登记注册类型分组				
内资企业	1982	37886	12214275	
国有企业	73	4876	870213	
集体企业	204	6905	2417204	
股份合作企业	32	1027	130921	
联营企业	8	273	54569	
国有联营企业	1	15	6400	
集体联营企业	6	252	44546	
国有与集体联营企业	1	6	3623	
有限责任公司	144	4420	1597089	
国有独资公司	1	241	48571	
其他有限责任公司	143	4179	1548518	
股份有限公司	60	2891	1056696	
私营企业	1379	16632	5781297	
私营独资企业	1103	10022	3684445	
私营合伙企业	86	1463	370621	
私营有限责任公司	134	4350	1281191	
私营股份有限公司	56	797	445040	
其他企业	82	862	306286	
港、澳、台商投资企业	2	15	8758	
合资经营企业(港或澳、台资)	2	15	8758	
外商投资企业				

业法人企业商品购销存综合表

单位：千元

商品销售总额	批发额	出口额	零售额	年末商品库存总额	年末零售营业面积 (平方米)
45523978	**28517563**	**94582**	**17006415**	**5428581**	**1840893**
31746433	**27616101**	**94508**	**4130332**	**4127396**	**231662**
31718283	27587951	94508	4130332	4125919	231662
12831835	12598824	82	233011	3066313	12136
1927430	1757661		169769	258593	39569
182285	165252		17033	40768	
33175	32673		502	1045	269
32550	32048		502	925	269
625	625			120	
4517554	4086412	22000	431142	300147	3744
272969	259663		13306	17989	
4244585	3826749	22000	417836	282158	3744
5239490	2349485	60069	2890005	112332	113850
6600366	6227604	12357	372762	332366	44951
3880761	3608361	78	272400	160527	32154
428273	418413		9860	14653	4772
1946975	1873194	12279	73781	128112	7320
344357	327636		16721	29074	705
386148	370040		16108	14355	17143
28150	28150			1477	
8483	8483			115	
19667	19667			1362	
13777545	**901462**	**74**	**12876083**	**1301185**	**1609231**
13766491	901462	74	12865029	1301014	1609075
1026144	54147		971997	131259	338020
2563133	503203		2059930	226198	265840
196626	39315		157311	18200	16773
60359	9603		50756	3741	5591
6900			6900	43	45
49786	9603		40183	3398	5336
3673			3673	300	210
1816301	73002		1743299	217982	215551
57101			57101	2271	3108
1759200	73002		1686198	215711	212443
1126589	3345		1123244	65844	91044
6605980	217115	74	6388865	604619	654772
4125184	102568	74	4022616	318843	390391
430945	8702		422243	32107	45203
1539358	65606		1473752	228242	176659
510493	40239		470254	25427	42519
371359	1732		369627	33171	21484
11054			11054	171	156
11054			11054	171	156

1-3-2-3 按控股情况、经营形式分批发和

指标代码	法人单位数(个)	年末从业人员数(人)	商品购进总额	进口额
总　计	**3372**	**76499**	**38648881**	**1010**
一、批发业	1388	38598	26425848	1010
按控股情况分组				
国有控股	287	18146	13419543	
集体控股	123	7770	2622722	1010
私人控股	879	10689	8943790	
港澳台商控股	1	240	204838	
外商控股	1	30	18560	
其他	97	1723	1216395	
按经营形式分组				
独立门店	1086	23753	18652734	
连锁总店(总部)	9	2557	1151259	
连锁门店	9	352	58119	
其他	283	11706	6561159	1010
二、零售业	1984	37901	12223033	
按控股情况分组				
国有控股	85	5603	1073557	
集体控股	240	8397	2743490	
私人控股	1545	20333	7576366	
港澳台商控股	1	10	8158	
外商控股				
其他	113	3558	821462	
按经营形式分组				
独立门店	1746	26740	10036624	
连锁总店(总部)	24	4596	665513	
连锁门店	12	386	45825	
其他	202	6179	1475071	

零售业法人企业商品购销存综合表

单位：千元

商品销售总额	批发额	出口额	零售额	年末商品库存总额	年末零售营业面积(平方米)
45523978	**28517563**	**94582**	**17006415**	**5428581**	**1840893**
31746433	27616101	94508	4130332	4127396	231662
17568212	14446928	22082	3121284	3178040	125836
2985262	2803810	60069	181452	352141	39938
9633679	8914368	12357	719311	483000	47400
204838	204838			10	
19667	19667			1362	
1334775	1226490		108285	112843	18488
21027589	20164765	60197	862824	2782250	71635
3859992	1082762		2777230	68591	113740
69078	50878		18200	2600	
6786756	6314678	34311	472078	1273725	46287
13777545	901462	74	12876083	1301185	1609231
1238730	55108		1183622	151435	372431
2960798	546459		2414339	258941	289341
8616593	267396	74	8349197	753857	798354
10200			10200		126
951224	32499		918725	136952	148979
11401543	641545	74	10759998	907994	946977
654049	4697		649352	166158	401878
66771	4620		62151	8411	12526
1655182	250600		1404582	218622	247850

1-3-2-4 批发和零售业法人企业商品分类销售综合表

单位：千元

指标名称	销售额	批发额	零售额
总　　计	**45523978**	**28517563**	**17006415**
一、批发业	31746433	27616101	4130332
1.粮油、食品、饮料烟酒类	14975153	14471878	504275
(1)粮油、食品类	8793387	8459484	334903
其中：粮油类	2566976	2529365	37611
肉禽蛋类	169145	120612	48533
水产品类	98472	71608	26664
蔬菜类	1528881	1363991	164890
干鲜果品类	406966	397225	9741
(2)饮料类	65898	49628	16270
(3)烟酒类	6115868	5962766	153102
2.服装、鞋帽、针纺织品类	281465	247725	33740
(1)服装类	71181	62813	8368
(2)鞋帽类	56472	34732	21740
(3)针、纺织品类	153812	150180	3632
3.化妆品类	18419	17028	1391
4.金银珠宝类	2140	2140	
5.日用品类	278900	214065	64835
其中：洗涤用品类	114621	97576	17045
儿童玩具类	2870	2703	167
6.五金、电料类	257017	204242	52851
7.体育、娱乐用品类	2032	1300	732
8.书报杂志类	61708	55826	5882
9.电子出版物及音像制品类	24849	22634	2215
10.家用电器和音像器材类	750746	668445	82301
11.中西药品类	1860275	1612185	248140
其中：西药类	1300110	1101746	198494
中草药及中成药类	516327	474811	40486
12.文化办公用品类	44276	35389	8887
13.家具类	4569	4500	69
14.通讯器材类	27071	25662	1409
15.煤炭及制品类	158772	152233	6539
16.木材及制品类	55805	55805	
17.石油及制品类	4470404	1561931	2908473
18.化工材料及制品类	1563204	1554012	
其中：化肥类	952037	942745	
19.金属材料类	1638747	1634014	
20.建筑及装潢材料类	428711	400754	27957
21.机电产品及设备类	1002386	920644	80902
其中：农机类	281190	281190	
22.汽车类	143391	121448	21943
23.种子饲料类	349753	347313	
24.棉麻土畜类	1771387	1765257	6030
25.其他类	1575253	1519671	63364

1-3-2-4 续表

单位：千元

指标名称	销售额	批发额	零售额
二、零售业	13777545	901462	12876083
1.粮油、食品、饮料烟酒类	2526269	48468	2459207
(1)粮油、食品类	1233809	20235	1194980
其中：粮油类	486823	3773	464330
肉禽蛋类	296122	11651	284571
水产品类	15598		15598
蔬菜类	26894		26894
干鲜果品类	47053	433	46620
(2)饮料类	358064	6991	351073
(3)烟酒类	934396	21242	913154
2.服装、鞋帽、针纺织品类	1497099	17546	1479427
(1)服装类	949401	10622	938653
(2)鞋帽类	243171	1869	241302
(3)针、纺织品类	304527	5055	299472
3.化妆品类	196859	846	196013
4.金银珠宝类	124490	5340	119150
5.日用品类	742674	31239	730155
其中：洗涤用品类	183929	1513	201136
儿童玩具类	62282	182	62100
6.五金、电料类	273517	18406	255111
7.体育、娱乐用品类	40208	932	39276
8.书报杂志类	198793	20049	178744
9.电子出版物及音像制品类	29037	1200	27837
10.家用电器和音像器材类	1293104	25823	1267281
11.中西药品类	545322	30311	515211
其中：西药类	366234	19004	343211
中草药及中成药类	110677	7657	103020
12.文化办公用品类	568111	87056	479255
13.家具类	473177	11306	461871
14.通讯器材类	180559	7520	172839
15.煤炭及制品类	42691		42691
16.木材及制品类	154	154	
17.石油及制品类	1328544	38336	1290209
18.化工材料及制品类	491852	490842	
其中：化肥类	423334	423224	
19.金属材料类	8	8	
20.建筑及装潢材料类	147069	12875	134194
21.机电产品及设备类	530866	19371	512829
其中：农机类	2301	2301	
22.汽车类	1850471	12089	1838382
23.种子饲料类	6678	6578	
24.棉麻土畜类	148		148
25.其他类	689845	15167	674708

1-3-2-5 批发和零售业产业活动单位

指标名称	产业活动单位数(个)	年末从业人员数(人)	商品购进额	进口
总计	2763	21924	6509338	
一、批发业	786	7545	3501924	
1.按批发行业小类分组				
农畜产品批发	155	1692	309400	
谷物、豆及薯类批发	59	724	128377	
种子、饲料批发	92	782	134869	
棉、麻批发	2	168	43225	
其他农畜产品批发	2	18	2929	
食品、饮料及烟草制品批发	124	2676	1511454	
米、面制品及食用油批发	4	26	22567	
烟草制品批发	91	2593	1469703	
其他食品批发	29	57	19184	
纺织、服装及日用品批发	43	221	78111	
纺织品、针织品及原料批发	9	52	3773	
服装批发	3	20	16016	
厨房、卫生间用具及日用杂货批发	6	93	41980	
其他日用品批发	25	56	16342	
文化、体育用品及器材批发	3	20	18508	
文具用品批发	3	20	18508	
医药及医疗器材批发	15	206	25094	
西药批发	10	166	22512	
中药材及中成药批发	1	5	430	
医疗用品及器材批发	4	35	2152	
矿产品、建材及化工产品批发	426	2635	1543175	
煤炭及制品批发				
石油及制品批发	29	544	837549	
建材批发	1	2	380	
化肥批发	362	1738	438866	
农药批发	26	316	264452	
农用薄膜批发	4	8	720	
其他化工产品批发	4	27	1208	
机械设备、五金交电及电子产品批发	11	76	13080	
农业机械批发	8	53	12130	
五金、交电批发	1	1	750	
家用电器批发	1	20	200	

附表商品购销存综合表

单位：千元

商品销售额	批发额	出口	零售额	年末商品库存总额	年末零售营业面积(平方米)
10237849	**5088802**		**5149047**	**740751**	**767782**
5209423	**4965677**		**243746**	**346476**	**161512**
356760	356760			34884	6200
165212	165212			10080	6200
141048	141048			15280	
44529	44529			9491	
5971	5971			33	
2263783	2225953		37830	157430	148467
18195	18195			8124	
2223476	2193476		30000	146760	142437
22112	14282		7830	2546	6030
84114	84114			16505	449
3483	3483			1423	
16043	16043			4749	160
46570	46570			4400	64
18018	18018			5933	225
18006	18006			560	
18006	18006			560	
28406	27920		486	1029	175
23787	23787			689	100
370	370			190	
4249	3763		486	150	75
2439094	2234734		204360	132734	5101
1659844	1468849		190995	73520	957
300	300			80	
503528	490213		13315	51092	4064
273454	273404		50	7761	80
840	840			80	
1128	1128			201	
14846	14446		400	2486	520
12906	12906			2121	330
840	840			165	60
200	200			200	

1-3-2-5 续表 1

指标名称	产业活动单位数(个)	年末从业人员数(人)	商品购进额	进口
其他机械设备及电子产品批发	1	2		
贸易经纪与代理				
其他批发	9	19	3102	
再生物资回收与批发	9	19	3102	
内资企业	785	7542	3501564	
国有企业	215	3694	1671572	
集体企业	116	821	401530	
股份合作企业	251	610	112653	
联营企业				
有限责任公司	34	854	930429	
国有独资公司	16	501	81521	
其他有限责任公司	18	353	848908	
股份有限公司	25	512	297570	
私营企业	137	1014	84444	
私营独资企业	133	952	78504	
私营合伙企业	3	41	3788	
私营有限责任公司	1	21	2152	
其他企业	7	37	3366	
港、澳、台商投资企业				
外商投资企业	1	3	360	
中外合资经营企业	1	3	360	
3.按经营形式分组				
独立门店	593	4015	1889148	
连锁总店(总部)	2	294	270	
连锁门店	137	1086	346532	
其他	54	2150	1265974	
二、零售业	**1977**	**14379**	**3007414**	
1.按零售行业小类分组				
综合零售	565	5084	944535	
百货零售	80	1450	316146	
超级市场零售	36	1483	248542	
其他综合零售	449	2151	379847	
食品、饮料及烟草制品专门零售	187	1397	342352	
粮油零售	16	296	39926	
糕点、面包零售	6	50	3648	

单位：千元

商品销售额	批发额	出口	零售额	年末商品库存总额	年末零售营业面积 (平方米)
900	500		400		130
4414	3744		670	848	600
4414	3744		670	848	600
5209003	4965257		243746	346423	161512
2444490	2406660		37830	172196	13230
476975	470119		6856	32989	4544
115881	107816		8065	33944	120
978246	918246		60000	57849	980
100892	100892			1547	
877354	817354		60000	56302	980
1103054	972059		130995	34048	142417
86546	86546			14676	221
80659	80659			13633	221
3844	3844			893	
2043	2043			150	
3811	3811			721	
420	420			53	
420	420			53	
2364813	2342548		22265	180306	152559
305	305			20	
1153981	1022500		131481	40945	6432
1690324	1600324		90000	125205	2521
5028426	**123125**		**4905301**	**394275**	**606270**
1015458	66135		949323	183705	176393
338575	39106		299469	71099	44108
227204			227204	62090	54910
449679	27029		422650	50516	77375
355136	1347		353789	37108	24872
43300			43300	3073	11839
4109			4109	247	375

1-3-2-5 续表 2

指标名称	产业活动单位数（个）	年末从业人员数（人）	商品购进额	进口
果品、蔬菜零售	5	10	4673	
肉、禽、蛋及水产品零售	36	273	52343	
饮料及茶叶零售	6	66	8241	
烟草制品零售	18	264	116901	
其他食品零售	100	438	116620	
纺织、服装及日用品专门零售	199	1014	165035	
纺织品及针织品零售	60	282	71555	
服装零售	31	378	41041	
鞋帽零售	5	20	4416	
钟表、眼镜零售	7	27	2445	
化妆品及卫生用品零售	8	47	3828	
其他日用品零售	88	260	41750	
文化、体育用品及器材专门零售	111	1347	216581	
文具用品零售	31	77	14418	
体育用品零售	3	9	1900	
图书零售	61	1236	192921	
珠宝首饰零售	1	10	5000	
工艺美术品及收藏品零售	15	15	2342	
医药及医疗器材专门零售	584	2791	160953	
药品零售	584	2791	160953	
汽车、摩托车、燃料及零配件专门零售	198	1769	981586	
汽车零售	2	10	170	
汽车零配件零售	1	113		
摩托车及零配件零售	2	9	4590	
机动车燃料零售	193	1637	976826	
家用电器及电子产品专门零售	41	519	133439	
家用电器零售	30	397	94594	
通信设备零售	11	122	38845	
五金、家具及室内装修材料专门零售	56	361	46981	
五金零售	46	225	25773	
家具零售	7	120	16913	
涂料零售	1	2	3600	
其他室内装修材料零售	2	14	695	
无店铺及其他零售	36	97	15952	
生活用燃料零售	3	7	1801	

单位：千元

商品销售额	批发额	出口	零售额	年末商品库存总额	年末零售营业面积(平方米)
5388	419		4969	669	170
56728			56728	2849	2644
6818			6818	5494	625
120502	573		119929	4079	3849
118291	355		117936	20697	5370
173023	6422		166601	27659	17257
73102	4584		68518	5844	3625
44563			44563	13903	7998
4446	1370		3076	1121	480
3094			3094	461	405
4419			4419	806	328
43399	468		42931	5524	4421
200273	21911		178362	57454	20422
14547	300		14247	2474	1332
1770			1770	250	305
177911	21611		156300	50580	16335
3800			3800	4000	2000
2245			2245	150	450
190577	7224		183353	26198	282171
190577	7224		183353	26198	282171
2875819	15335		2860484	31368	61312
170			170		160
122	82		40		12
4100			4100	760	600
2871427	15253		2856174	30608	60540
150952	1798		149154	23540	16280
110962	1798		109164	19348	13990
39990			39990	4192	2290
48463	2353		46110	5481	6198
27097	563		26534	3642	4031
17260	1790		15470	1274	1978
3200			3200	400	50
906			906	165	139
18725	600		18125	1762	1365
4184	100		4084	41	548

1-3-2-5 续表 3

指标名称	产业活动单位数(个)	年末从业人员数(人)	商品购进额	进口
旧货零售	1	2	10	
其他未列明的零售	32	88	14141	
2.按登记注册类型分组				
内资企业	1977	14379	3007414	
国有企业	536	3710	556444	
集体企业	435	2470	591022	
股份合作企业	333	647	54268	
联营企业	3	82	1590	
集体联营企业	3	82	1590	
有限责任公司	288	2043	330581	
其他有限责任公司	288	2043	330581	
股份有限公司	211	2577	1033530	
私营企业	155	2817	435793	
私营独资企业	65	470	59743	
私营合伙企业	8	341	38323	
私营有限责任公司	82	2006	337727	
其他企业	16	33	4186	
港、澳、台商投资企业				
3.按经营形式分组				
独立门店	1452	7481	1996232	
连锁总店(总部)	11	1026	134126	
连锁门店	431	4015	483308	
其他	83	1857	393748	
4.按零售业态分组				
有店铺零售	1977	14379	3007414	
食杂店	52	354	56286	
便利店	26	291	73615	
折扣店	2	17	2937	
超市	85	2536	419594	
大型超市	7	827	117798	
仓储会员店	69	323	25057	
百货店	671	2634	500557	
专业店	847	6070	1230137	
专卖店	215	1183	565251	
购物中心	3	144	16182	
无店铺零售				

单位：千元

商品销售额	批发额	出口	零售额	年末商品库存总额	年末零售营业面积(平方米)
10			10	10	20
14531	500		14031	1711	797
5028426	123125		4905301	394275	606270
561533	25318		536215	85849	298089
625517	63379		562138	41344	37668
104247	12647		91600	9553	16322
1590			1590		280
1590			1590		280
354102	2259		351843	68483	81366
354102	2259		351843	68483	81366
2956543	15213		2941330	54182	73693
418591	4309		414282	129771	97240
65944	2724		63220	6572	10090
44598			44598	8290	21585
308049	1585		306464	114909	65565
6303			6303	5093	1612
2228758	78122		2150636	179411	143830
111807	1485		110322	36290	287953
2193387	2995		2190392	138400	144007
494474	40523		453951	40174	30480
5028426	123125		4905301	394275	606270
59769	390		59379	12145	3208
81150	755		80395	11027	3123
2960			2960	110	670
447074	1129		445945	127419	109997
89095			89095	38581	40167
27990			27990	712	4200
570268	64838		505430	46018	44058
3151344	54103		3097241	131923	126452
580606	1910		578696	25014	266595
18170			18170	1326	7800

1-3-2-6 批发和零售业产业活动单位附表商品分类销售综合表

单位：千元

指标名称	销售额	批发额	零售额
总　　计	**10237849**	**5088802**	**5149047**
一、批发业	**5209423**	**4965677**	**243746**
1.粮油、食品、饮料烟酒类	2380601	2340295	40306
(1)粮油、食品类	183650	182741	909
其中：粮油类	163075	163031	44
肉禽蛋类	17		17
干鲜果品类	2		2
(2)饮料类	1534	608	926
(3)烟酒类	2195417	2156946	38471
2.服装、鞋帽、针纺织品类	11513	10983	530
(1)服装类	7266	7143	123
(2)鞋帽类	3059	2837	222
(3)针、纺织品类	1188	1003	185
3.化妆品类	867	861	6
5.日用品类	68320	65475	2845
其中：洗涤用品类	6748	6730	18
儿童玩具类	1230	1230	
6.五金、电料类	3346	2264	1082
10.家用电器和音像器材类	1340	40	1300
11.中西药品类	24157	24157	
其中：西药类	13391	13391	
中草药及中成药类	10766	10766	
12.文化办公用品类	18680	18680	
13.家具类	4050	50	4000
17.石油及制品类	1648969	1458441	190528
18.化工材料及制品类	765186	765186	
其中：化肥类	722544	722544	
19.金属材料类	4772	4772	
20.建筑及装潢材料类	766	766	
21.机电产品及设备类	12836	12836	
其中：农机类	12006	12006	
23.种子饲料类	144701	144701	
24.棉麻土畜类	44544	44544	
25.其他类	74775	71626	3149

1-3-2-6 续表

单位：千元

指标名称	销售额	批发额	零售额
二、零售业	5028426	123125	4905301
1.粮油、食品、饮料烟酒类	802804	2567	800237
(1)粮油、食品类	369563	1033	368530
其中：粮油类	104433	441	103992
肉禽蛋类	95390		95390
水产品类	2942	30	2912
蔬菜类	9036		9036
干鲜果品类	7939	330	7609
(2)饮料类	140648	465	140183
(3)烟酒类	292593	1069	291524
2.服装、鞋帽、针纺织品类	262430	1370	261060
(1)服装类	141305		141305
(2)鞋帽类	63314	1370	61944
(3)针、纺织品类	57811		57811
3.化妆品类	72657		72657
4.金银珠宝类	6135		6135
5.日用品类	175659	1092	174567
其中：洗涤用品类	47494		47494
儿童玩具类	18078		18078
6.五金、电料类	33045	300	32745
7.体育、娱乐用品类	4881		4881
8.书报杂志类	158863	16421	142442
9.电子出版物及音像制品类	9037		9037
10.家用电器和音像器材类	137732	1798	135934
11.中西药品类	191035	7259	183776
其中：西药类	153310	5776	147534
中草药及中成药类	37578	1483	36095
12.文化办公用品类	36772	5490	31282
13.家具类	19493		19493
14.通讯器材类	42158		42158
17.石油及制品类	2875855	15552	2860303
18.化工材料及制品类	67905	67905	
其中：化肥类	38672	38672	
19.金属材料类	8	8	
20.建筑及装潢材料类	3634	316	3318
21.机电产品及设备类	7430		7430
22.汽车类	122	82	40
23.种子饲料类	1320	1320	
25.其他类	119451	1645	117806

1-3-2-7 限额以上按行业分批发和零

指标代码	法人单位数（个）	年末从业人员数（人）	商品购进总额	进口额
总　　计	**587**	**43860**	**26455081**	
一、批发业	**150**	**20409**	**18957141**	
1.按批发行业小类分组				
农畜产品批发	30	5870	5945778	
谷物、豆及薯类批发	15	1078	3961097	
种子、饲料批发	3	420	82579	
棉、麻批发	10	4027	1419557	
其他农畜产品批发	2	345	482545	
食品、饮料及烟草制品批发	43	8488	6871358	
米、面制品及食用油批发	3	204	1359984	
糕点、糖果及糖批发	1	25	20176	
果品、蔬菜批发	16	603	441173	
肉、禽、蛋及水产品批发	2	159	48410	
盐及调味品批发	5	575	202483	
饮料及茶叶批发	1	65	49526	
烟草制品批发	12	6759	4689375	
其他食品批发	3	98	60231	
纺织、服装及日用品批发	10	604	358706	
纺织品、针织品及原料批发	4	167	158335	
服装批发	1	20	27568	
鞋帽批发	1	201	27640	
厨房、卫生间用具及日用杂货批发	1	118	49530	
化妆品及卫生用品批发	2	71	71653	
其他日用品批发	1	27	23980	
文化、体育用品及器材批发	2	142	76253	
图书批发	1	117	61353	
首饰、工艺品及收藏品批发	1	25	14900	
医药及医疗器材批发	14	1297	1523164	
西药批发	14	1297	1523164	
矿产品、建材及化工产品批发	36	3133	3188850	
煤炭及制品批发	1	45	25500	
石油及制品批发	4	2058	1712918	
金属及金属矿批发	12	216	621399	
建材批发	3	17	61496	
化肥批发	7	633	533131	
农药批发	1	39	13191	
其他化工产品批发	8	125	221215	
机械设备、五金交电及电子产品批发	13	746	918595	
农业机械批发	3	47	72868	
汽车、摩托车及零配件批发	2	55	134039	
五金、交电批发	2	185	85918	
家用电器批发	6	459	625770	
贸易经纪与代理				
其他批发	2	129	74437	
再生物资回收与批发	2	129	74437	

售业法人企业商品购销存综合表

单位：千元

商品销售总额	批发额	出口额	零售额	年末商品库存总额	年末零售营业面积(平方米)
32124254	**20581624**	**94348**	**11542630**	**4010381**	**1288198**
23653195	**19948677**	**94348**	**3704518**	**3095326**	**149845**
5807501	5797804		9697	1139712	120
3840378	3840378			868820	
96867	96867			13867	
1524667	1524607		60	115574	120
345589	335952		9637	141451	
8721501	8387380		334121	1572587	865
925613	925613			1007361	
20050	13411		6639	1356	
699720	561602		138118	4883	
59047	29711		29336	460	
312018	293730		18288	6863	
45982	45982			11916	385
6594519	6462659		131860	536257	
64552	54672		9880	3491	480
378400	332612	82069	45788	45750	32860
155313	148978	82069	6335	7405	400
23737	23737			7411	
39131	21030		18101	16530	
56250	48860		7390	7313	32000
77671	64326		13345	5681	
26298	25681		617	1410	460
94194	72632		21562	7648	
60599	55285		5314	6318	
33595	17347		16248	1330	
1553095	1338506		214589	52006	2000
1553095	1338506		214589	52006	2000
6062309	3121179	12279	2941130	198794	114000
25155	25155			4000	
4424885	1520412		2904473	104271	113700
657892	657892			58203	
65674	65674			5620	
586055	549678		36377	20798	300
28807	28527		280	515	
273841	273841	12279		5387	
932481	803850		128631	74999	
80828	72328		8500	12024	
141231	101403		39828	4596	
91614	62914		28700	2348	
618808	567205		51603	56031	
103714	94714		9000	3830	
103714	94714		9000	3830	

1-3-2-7 续表

指标代码	法人单位数(个)	年末从业人员数(人)	商品购进总额	进口额
二、零售业	437	23451	7497940	
1.按零售行业小类分组				
综合零售	204	12571	3508229	
百货零售	83	3988	1499357	
超级市场零售	38	3997	801594	
其他综合零售	83	4586	1207278	
食品、饮料及烟草制品专门零售	19	918	265408	
粮油零售	2	157	38195	
肉、禽、蛋及水产品零售	5	388	82944	
饮料及茶叶零售	1	20	5400	
其他食品零售	11	353	138869	
纺织、服装及日用品专门零售	40	1855	447815	
纺织品及针织品零售	11	503	162136	
服装零售	16	737	152760	
鞋帽零售	1	20	5300	
其他日用品零售	12	595	127619	
文化、体育用品及器材专门零售	17	1551	246880	
文具用品零售	1	49	11058	
图书零售	11	1375	211539	
珠宝首饰零售	3	107	14610	
工艺美术品及收藏品零售	1	12	3580	
其他文化用品零售	1	8	6093	
医药及医疗器材专门零售	17	2626	225033	
药品零售	16	2619	209779	
医疗用品及器材零售	1	7	15254	
汽车、摩托车、燃料及零配件专门零售	66	1628	1794685	
汽车零售	25	853	1196495	
汽车零配件零售	4	59	26936	
摩托车及零配件零售	14	268	132831	
机动车燃料零售	23	448	438423	
家用电器及电子产品专门零售	47	1309	710612	
家用电器零售	37	1076	586984	
计算机、软件及辅助设备零售	4	83	55511	
通信设备零售	5	144	61513	
其他电子产品零售	1	6	6604	
五金、家具及室内装修材料专门零售	15	538	172148	
五金零售	4	186	24759	
家具零售	11	352	147389	
无店铺及其他零售	12	455	127130	
生活用燃料零售	7	352	99701	
花卉零售	1	17	3209	
旧货零售	1	6	5284	
其他未列明的零售	3	80	18936	

单位：千元

商品销售总额	批发额	出口额	零售额	年末商品库存总额	年末零售营业面积(平方米)
8471059	632947		7838112	915055	1138353
3762919	518035		3244884	469752	513622
1608977	254152		1354825	220667	190832
819756			819756	124219	147909
1334186	263883		1070303	124866	174881
290050	21044		269006	31770	14993
34457	2991		31466	4158	4745
98566	10850		87716	5127	3616
5900	2000		3900	320	410
151127	5203		145924	22165	6222
615595	20615		594980	51178	77338
194767	5135		189632	11681	35413
226904			226904	26241	26624
5100			5100	800	600
188824	15480		173344	12456	14701
253360	25145		228215	68477	30655
9148			9148	2466	506
199973	23139		176834	62619	20364
27079			27079	2810	9130
10206	2006		8200	245	95
6954			6954	337	560
255917	21403		234514	28622	282737
241422	21403		220019	27863	282237
14495			14495	759	500
2194046	14128		2179918	165413	99517
1466157	3369		1462788	116171	56445
26866			26866	2705	2720
197436	5790		191646	15975	5609
503587	4969		498618	30562	34743
767356	8592		758764	72795	54098
637445	6470		630975	62494	47188
60431	2122		58309	5142	2500
62923			62923	4871	3490
6557			6557	288	920
189595	2875		186720	19185	48825
25746	2875		22871	3246	1635
163849			163849	15939	47190
142221	1110		141111	7863	16568
110543			110543	5551	10618
5990			5990	362	500
5158			5158	126	500
20530	1110		19420	1824	4950

1-3-2-8 限额以上按登记注册类型分批发

指标代码	法人单位数(个)	年末从业人员数(人)	商品购进总额	进口额
总　　计	**587**	**43860**	**26455081**	
一、批发业	**150**	**20409**	**18957141**	
2.按登记注册类型分组				
内资企业	150	20409	18957141	
国有企业	30	8572	10034865	
集体企业	19	4627	1248841	
股份合作企业	1	148	30840	
有限责任公司	38	2335	3323276	
国有独资公司	7	707	158631	
其他有限责任公司	31	1628	3164645	
股份有限公司	15	2908	2083255	
私营企业	46	1800	2120564	
私营独资企业	27	653	673607	
私营合伙企业	3	28	54787	
私营有限责任公司	14	1046	1319882	
私营股份有限公司	2	73	72288	
其他企业	1	19	115500	
港、澳、台商投资企业				
外商投资企业				
二、零售业	437	23451	7497940	
2.按登记注册类型分组				
内资企业	437	23451	7497940	
国有企业	48	4467	796896	
集体企业	137	5802	2252887	
股份合作企业	16	877	92879	
联营企业	3	97	26488	
国有联营企业				
集体联营企业	3	97	26488	
有限责任公司	52	3243	1165424	
国有独资公司	1	241	48571	
其他有限责任公司	51	3002	1116853	
股份有限公司	32	2367	963183	
私营企业	143	6364	2103073	
私营独资企业	77	1646	706865	
私营合伙企业	17	665	179153	
私营有限责任公司	42	3653	953713	
私营股份有限公司	7	400	263342	
其他企业	6	234	97110	
港、澳、台商投资企业				
外商投资企业				

和零售业法人企业商品购销存综合表

单位：千元

商品销售总额	批发额	出口额	零售额	年末商品库存总额	年末零售营业面积(平方米)
32124254	**20581624**	**94348**	**11542630**	**4010381**	**1288198**
23653195	**19948677**	**94348**	**3704518**	**3095326**	**149845**
23653195	19948677	94348	3704518	3095326	149845
11371627	11153835		217792	2466790	480
1524404	1370991		153413	215810	32880
29121	24530		4591	6480	
3401733	3057471	22000	344262	176148	2000
177681	172367		5314	8418	
3224052	2885104	22000	338948	167730	2000
4965350	2075395	60069	2889955	91979	113700
2250418	2155913	12279	94505	132599	785
759890	689929		69961	38632	400
65011	56511		8500	2543	
1356876	1340832	12279	16044	79405	
68641	68641			12019	385
110542	110542			5520	
8471059	632947		7838112	915055	1138353
8471059	632947		7838112	915055	1138353
942659	54147		888512	125291	328053
2371884	499579		1872305	201495	250024
147765	36251		111514	13995	11423
29186	7071		22115	3143	4700
29186	7071		22115	3143	4700
1338302	8413		1329889	171441	181125
57101			57101	2271	3108
1281201	8413		1272788	169170	178017
1014461	200		1014261	54495	64367
2523009	27286		2495723	337458	293646
839846	4190		835656	94324	77284
189444	500		188944	15952	26418
1181327	15472		1165855	210313	154489
312392	7124		305268	16869	35455
103793			103793	7737	5015

1-3-2-9 限额以上批发和零售业法人企业商品分类销售综合表

单位：千元

指标名称	销售额	批发额	零售额
总 计	**32124254**	**20581624**	**11542630**
一、批发业	**23653195**	**19948677**	**3704518**
1.粮油、食品、饮料烟酒类	12202843	11849873	352970
(1)粮油、食品类	6216454	6019598	196856
其中：粮油类	1454683	1443698	10985
肉禽蛋类	117793	70813	46980
水产品类	70206	46867	23339
蔬菜类	593790	495262	98528
干鲜果品类	345284	336755	8529
(2)饮料类	20369	13015	7354
(3)烟酒类	5966020	5817260	148760
2.服装、鞋帽、针纺织品类	187157	166520	20637
(1)服装类	30689	29722	967
(2)鞋帽类	40545	21687	18858
(3)针、纺织品类	115923	115111	812
3.化妆品类	13709	12458	1251
4.金银珠宝类			
5.日用品类	145147	98858	46289
其中：洗涤用品类	68592	54268	14324
儿童玩具类	61	28	33
6.五金、电料类	58529	29300	29229
7.体育、娱乐用品类	719		719
8.书报杂志类	57133	52062	5071
9.电子出版物及音像制品类	5738	4723	1015
10.家用电器和音像器材类	619286	567205	52081
11.中西药品类	1554600	1338506	216094
其中：西药类	1259329	1067258	192071
中草药及中成药类	295072	271248	23824
12.文化办公用品类	1251	288	963
13.家具类	69		69
14.通讯器材类			
15.煤炭及制品类	25840	25840	
16.木材及制品类	68	68	
17.石油及制品类	4439612	1535139	2904473
18.化工材料及制品类	819333	819333	
其中：化肥类	530145	530145	
19.金属材料类	678976	678976	
20.建筑及装潢材料类	43991	43991	
21.机电产品及设备类	230192	190364	39828
其中：农机类	72893	72893	
22.汽车类			
23.种子饲料类	96893	96893	
24.棉麻类	1527757	1527757	
25.其他类	944352	910523	33829

1-3-2-9 续表 单位：千元

指标名称	销售额	批发额	零售额
二、零售业	8471059	632947	7838112
1.粮油、食品、饮料烟酒类	1687663	27791	1659872
(1)粮油、食品类	824086	16149	807937
其中：粮油类	302046	2613	299433
肉禽蛋类	213649	11041	202608
水产品类	6986		6986
蔬菜类	13913		13913
干鲜果品类	20973	433	20540
(2)饮料类	188403	2891	185512
(3)烟酒类	675174	8751	666423
2.服装、鞋帽、针纺织品类	962840	1577	961263
(1)服装类	581573	522	581051
(2)鞋帽类	168443	480	167963
(3)针、纺织品类	212824	575	212249
3.化妆品类	142804	346	142458
4.金银珠宝类	28821		28821
5.日用品类	417882	1667	416215
其中：洗涤用品类	105182	389	104793
儿童玩具类	39222	182	39040
6.五金、电料类	128820	4149	124671
7.体育、娱乐用品类	26702		26702
8.书报杂志类	185018	17949	167069
9.电子出版物及音像制品类	15707		15707
10.家用电器和音像器材类	793423	7250	786173
11.中西药品类	302273	21551	280722
其中：西药类	222276	13929	208347
中草药及中成药类	63396	7612	55784
12.文化办公用品类	140445	7596	132849
13.家具类	223137		223137
14.通讯器材类	79905		79905
15.煤炭及制品类	23490		23490
16.木材及制品类	154	154	
17.石油及制品类	629954	24685	605269
18.化工材料及制品类	487667	487667	
其中：化肥类	420625	420625	
19.金属材料类	8	8	
20.建筑及装潢材料类	3760	316	3444
21.机电产品及设备类	134173	8241	125932
其中：农机类	2301	2301	
22.汽车类	1546421	3869	1542552
23.种子饲料类	6428	6428	
24.棉麻类	148		148
25.其他类	503416	11703	491713

1-3-2-10 限额以上按行业分批发和零

指标名称	法人企业数（个）	执行2006年《企业会计准则》企业数（个）	年初存货	流动资产合计
总　　计	**587**	**393**	**4305274**	**9340079**
一、批发业	**150**	**119**	**3721198**	**7648881**
1.按批发行业小类分组				
农畜产品批发	30	25	2253202	3898363
谷物、豆及薯类批发	15	14	1775421	2447505
种子、饲料批发	3	1	2888	25596
棉、麻批发	10	8	204872	1224772
其他农畜产品批发	2	2	270021	200490
食品、饮料及烟草制品批发	43	36	1258590	2610742
米、面制品及食用油批发	3	3	701631	1112886
糕点、糖果及糖批发	1	1	1230	9640
果品、蔬菜批发	16	15	4776	18180
肉、禽、蛋及水产品批发	2	1	739	1919
盐及调味品批发	5	4	10449	73908
饮料及茶叶批发	1	1		37686
烟草制品批发	12	8	538356	1346811
其他食品批发	3	3	1409	9712
纺织、服装及日用品批发	10	8	15829	74620
纺织品、针织品及原料批发	4	3	4868	44546
服装批发	1	1	2627	9391
鞋帽批发	1		1912	985
厨房、卫生间用具及日用杂货批发	1	1	120	6622
化妆品及卫生用品批发	2	2	5413	9732
其他日用品批发	1	1	889	3344
文化、体育用品及器材批发	2	1	3055	12963
图书批发	1	1	2510	11633
首饰、工艺品及收藏品批发	1		545	1330
医药及医疗器材批发	14	12	51560	400703
西药批发	14	12	51560	400703
矿产品、建材及化工产品批发	36	24	99440	384611
煤炭及制品批发	1		2000	4000
石油及制品批发	4	3	48487	162137
金属及金属矿批发	12	12	35227	118643
建材批发	3	2	3612	6354
化肥批发	7	6	5858	77317
农药批发	1	1	75	935
其他化工产品批发	8		4181	15225
机械设备、五金交电及电子产品批发	13	12	32277	255378
农业机械批发	3	2	5058	16944
汽车、摩托车及零配件批发	2	2	5510	10188
五金、交电批发	2	2	5117	69943
家用电器批发	6	6	16592	158303
贸易经纪与代理				
其他批发	2	1	7245	11501
再生物资回收与批发	2	1	7245	11501

售业法人企业财务状况表（一）

单位：千元

应收账款	存货	流动资产年平均余额	长期投资合计	固定资产合计	固定资产原价	累计折旧	本年折旧
918106	**5102556**	**7252272**	**197550**	**3297079**	**4499205**	**1202126**	**128961**
674328	**4464301**	**6199308**	**122355**	**2471322**	**3454545**	**983223**	**85972**
246692	2543023	3345660	49818	1587494	2184764	597270	18157
45926	2130245	2287068		119550	168616	49066	3307
20856	1162	21016		9442	20409	10967	452
179832	211613	836926	49818	237960	295108	57148	4392
78	200003	200650		1220542	1700631	480089	10006
107687	1637095	2124697	41321	447513	692981	245468	40925
936	1010555	921018	1045	53780	84283	30503	4700
2030	2500	9500		4060	5860	1800	560
3949	4811	9985	40	16225	18060	1835	1103
1271	439	2633	10	12431	14217	1786	214
38378	6183	67868	1416	33007	37448	4441	1275
3756	11264	6500		663	4703	4040	2020
55749	600895	1106720	38810	322512	523116	200604	31023
1618	448	473		4835	5294	459	30
15821	16718	52895	10540	26344	33753	7409	835
12260	2328	40548	10540	17306	20245	2939	553
1053	7411	123		373	445	72	45
	755	106		4610	5530	920	150
888	483	230		1790	1793	3	1
1340	5681	8544		250	3260	3010	57
280	60	3344		2015	2480	465	29
1984	2497	104	50	14517	21081	6564	793
1984	1997	103		13370	19932	6562	792
	500	1	50	1147	1149	2	1
252645	60675	170340	150	10904	18375	7471	2844
252645	60675	170340	150	10904	18375	7471	2844
24218	128515	297997	19960	339953	450751	110798	19378
	4000	330		3500	4000	500	100
440	77748	137782	1830	257910	345001	87091	15906
15389	23061	77026	18100	18809	22146	3337	1795
1193	4885	825		4601	5801	1200	200
2334	10460	71985		46556	64735	18179	1071
661	274	34		2000	2038	38	7
4201	8087	10015	30	6577	7030	453	299
20463	72685	200504	500	42670	50594	7924	2766
1518	12024	1222		973	1837	864	720
122	6566	1084		3391	4481	1090	528
9170	2562	70399		11087	14560	3473	691
9653	51533	127799	500	27219	29716	2497	827
4818	3093	7111	16	1927	2246	319	274
4818	3093	7111	16	1927	2246	319	274

1-3-2-10（一） 续表

指标名称	法人企业数（个）	执行2006年《企业会计准则》企业数（个）	年初存货	流动资产合计
二、零售业	**437**	**274**	**584076**	**1691198**
1.按零售行业小类分组				
综合零售	204	126	239561	605354
百货零售	83	38	107026	269563
超级市场零售	38	26	69559	193110
其他综合零售	83	62	62976	142681
食品、饮料及烟草制品专门零售	19	12	19946	87041
粮油零售	2	1	359	15972
肉、禽、蛋及水产品零售	5	5	7773	29674
饮料及茶叶零售	1	1	900	1200
其他食品零售	11	5	10914	40195
纺织、服装及日用品专门零售	40	25	36611	103486
纺织品及针织品零售	11	8	7054	21548
服装零售	16	6	16006	40486
鞋帽零售	1		600	830
其他日用品零售	12	11	12954	40622
文化、体育用品及器材专门零售	17	10	48627	95286
文具用品零售	1	1	320	468
图书零售	11	7	46283	88925
珠宝首饰零售	3	1	2000	4091
工艺美术品及收藏品零售	1			800
其他文化用品零售	1	1	24	1002
医药及医疗器材专门零售	17	8	17377	57886
药品零售	16	7	17262	55698
医疗用品及器材零售	1	1	115	2188
汽车、摩托车、燃料及零配件专门零售	66	41	139947	494484
汽车零售	25	20	90242	424739
汽车零配件零售	4	2	3762	6245
摩托车及零配件零售	14	6	11115	21224
机动车燃料零售	23	13	34828	42276
家用电器及电子产品专门零售	47	35	63445	124906
家用电器零售	37	25	54216	89339
计算机、软件及辅助设备零售	4	4	4937	24142
通信设备零售	5	5	4051	10940
其他电子产品零售	1	1	241	485
五金、家具及室内装修材料专门零售	15	10	12908	22389
五金零售	4	4	1683	8669
家具零售	11	6	11225	13720
无店铺及其他零售	12	7	5651	100366
生活用燃料零售	7	4	3506	83335
花卉零售	1		683	1415
旧货零售	1	1	185	188
其他未列明的零售	3	2	1277	15428

单位：千元

应收账款	存货	流动资产年平均余额	长期投资合计	固定资产合计	固定资产原价	累计折旧	本年折旧
243778	**638255**	**1052964**	**75195**	**825757**	**1044660**	**218903**	**42989**
64277	294441	305337	27003	332921	399263	66342	13417
28554	137171	120695	16239	122359	156217	33858	8323
22936	100454	63296	8800	140019	155113	15094	2366
12787	56816	121346	1964	70543	87933	17390	2728
7162	27570	67914	2194	23307	33097	9790	3598
319	11597	11660	1354	3597	5706	2109	2006
5263	1572	18597		7710	12103	4393	981
	900	150		2900	3800	900	300
1580	13501	37507	840	9100	11488	2388	311
12510	31938	75094	4535	66510	81327	14817	3722
1413	3931	20671	48	21392	27558	6166	1550
3556	20969	19493	2960	25798	30604	4806	1318
	500	1		1470	1500	30	10
7541	6538	34929	1527	17850	21665	3815	844
18172	34411	54288	11969	46757	62655	15898	2644
67	320	400		167	180	13	3
17155	30917	50721		29254	42356	13102	1517
450	2950	1580	11969	15569	17818	2249	923
500	200	560		400	650	250	200
	24	1027		1367	1651	284	1
8611	9977	43925	3	25930	38812	12882	3164
8608	9765	43820	3	25885	38685	12800	3124
3	212	105		45	127	82	40
101937	141820	351136	24500	113255	181727	68472	7806
87965	113686	301758	23900	57108	112602	55494	3588
1111	4425	3768		3838	6621	2783	135
6551	7966	17513	600	14957	18916	3959	2637
6310	15743	28097		37352	43588	6236	1446
20329	64824	63308		37592	47242	9650	1599
6298	56594	47467		34171	42601	8430	1353
13338	5201	6164		287	772	485	100
666	2741	9192		2485	3065	580	120
27	288	485		649	804	155	26
1408	8603	18554	2100	47493	54701	7208	1858
512	1561	8353		2557	3175	618	24
896	7042	10201	2100	44936	51526	6590	1834
9372	24671	73408	2891	131992	145836	13844	5181
7720	12981	59593	2891	122877	134435	11558	5003
165	362	1382		3966	4141	175	35
	126	1		423	542	119	5
1487	11202	12432		4726	6718	1992	138

1-3-2-10 限额以上按行业分批发和零

指标名称	资产总计	流动负债合计	应付账款	长期负债合计	负债合计
总　　计	**14502487**	**8822436**	**1336639**	**469770**	**9292206**
一、批发业	**11680226**	**7061859**	**967241**	**187173**	**7249032**
1.按批发行业小类分组					
农畜产品批发	6354246	4026600	420731	115283	4141883
谷物、豆及薯类批发	2571481	2452943	385658	10151	2463094
种子、饲料批发	38803	14734	8489	3857	18591
棉、麻批发	1942920	1557673	26584	101275	1658948
其他农畜产品批发	1801042	1250			1250
食品、饮料及烟草制品批发	3217461	1846633	103385	32196	1878829
米、面制品及食用油批发	1168449	1103991	6169	16251	1120242
糕点、糖果及糖批发	13700	8120	2910		8120
果品、蔬菜批发	34809	11109	5782	5697	16806
肉、禽、蛋及水产品批发	16713	11472	13	66	11538
盐及调味品批发	109513	58527	27005	972	59499
饮料及茶叶批发	38349	30578	29480		30578
烟草制品批发	1821323	620976	31444	7900	628876
其他食品批发	14605	1860	582	1310	3170
纺织、服装及日用品批发	269816	73971	23102	13565	87536
纺织品、针织品及原料批发	209141	31679	16448	1100	32779
服装批发	9764	8814	3495		8814
鞋帽批发	27150	5844		11545	17389
厨房、卫生间用具及日用杂货批发	8415	8778	25	920	9698
化妆品及卫生用品批发	9987	14036	2844		14036
其他日用品批发	5359	4820	290		4820
文化、体育用品及器材批发	30093	10263	9535	5354	15617
图书批发	25376	10263	9535		10263
首饰、工艺品及收藏品批发	4717			5354	5354
医药及医疗器材批发	412871	371814	304181	9209	381023
西药批发	412871	371814	304181	9209	381023
矿产品、建材及化工产品批发	1042787	445361	29062	7526	452887
煤炭及制品批发	7500	500	500	1000	1500
石油及制品批发	606797	186482			186482
金属及金属矿批发	171964	131829	20593	1	131830
建材批发	11596	2036	1060	2600	4636
化肥批发	220125	120412	6264	56	120468
农药批发	2973	1263		1657	2920
其他化工产品批发	21832	2839	645	2212	5051
机械设备、五金交电及电子产品批发	310402	256158	76719	1040	257198
农业机械批发	17917	15374	4095	514	15888
汽车、摩托车及零配件批发	15171	12603	1396		12603
五金、交电批发	82921	75649	35653		75649
家用电器批发	194393	152532	35575	526	153058
贸易经纪与代理					
其他批发	42550	31059	526	3000	34059
再生物资回收与批发	42550	31059	526	3000	34059

售业法人企业财务状况表（二）

单位：千元

所有者权益合计	实收资本						
		国家资本	集体资本	法人资本	个人资本	港澳台资本	外商资本
5210281	**3944347**	**752699**	**2296532**	**62602**	**827514**	**5000**	
4431194	**2953091**	**531793**	**2143289**	**15738**	**257271**	**5000**	
2212363	2141755	76223	2029191	1	36340		
108387	82832	64532	10600		7700		
20212	11691	11691					
283972	246620		217979	1	28640		
1799792	1800612		1800612				
1338632	242248	200635	10325		31288		
48207	59214	53224			5990		
5580	5500				5500		
18003	14088		285		13803		
5175	1935	1635			300		
50014	3460	3460					
7771	4545				4545		
1192447	150876	140836	10040				
11435	2630	1480			1150		
182280	13736	1250	4231		8255		
176362	5950	1250	3000		1700		
950	1000				1000		
9761	4455				4455		
-1283	731		731				
-4049	1100				1100		
539	500		500				
14476	10500	10000		500			
15113	10000	10000					
-637	500			500			
31848	36206	4484		3000	28722		
31848	36206	4484		3000	28722		
589900	452637	238123	96911	4637	112966		
6000	6000				6000		
420315	280673	228693			51980		
40134	51037	9430		4427	37180		
6960	7140				7140		
99657	95452		95126	10	316		
53	1785		1785				
16781	10550			200	10350		
53204	52735	1078	1757	7600	37300	5000	
2029	2800			1300	1500		
2568	1800				1800		
7272	2835	1078	1757				
41335	45300			6300	34000	5000	
8491	3274		874		2400		
8491	3274		874		2400		

1-3-2-10（二） 续表

指标名称	资产总计	流动负债合计	应付账款	长期负债合计	负债合计
二、零售业	**2822261**	**1760577**	**369398**	**282597**	**2043174**
1.按零售行业小类分组					
综合零售	1041151	604049	110070	152806	756855
百货零售	438445	225290	40592	70704	295994
超级市场零售	360626	230679	47435	69048	299727
其他综合零售	242080	148080	22043	13054	161134
食品、饮料及烟草制品专门零售	116207	80199	16009	9668	89867
粮油零售	21472	15334	8073	3490	18824
肉、禽、蛋及水产品零售	38569	24861	1865	410	25271
饮料及茶叶零售	4100	2100			2100
其他食品零售	52066	37904	6071	5768	43672
纺织、服装及日用品专门零售	194009	119602	16205	28302	147904
纺织品及针织品零售	54894	43474	2079	5163	48637
服装零售	71553	29198	4866	13933	43131
鞋帽零售	2300			1300	1300
其他日用品零售	65262	46930	9260	7906	54836
文化、体育用品及器材专门零售	166024	47994	28547	10581	58575
文具用品零售	635	589	25		589
图书零售	129955	39547	26888	9846	49393
珠宝首饰零售	31629	5784	1366	615	6399
工艺美术品及收藏品零售	1200	300	260	120	420
其他文化用品零售	2605	1774	8		1774
医药及医疗器材专门零售	90039	90965	10967	5868	96833
药品零售	87705	89321	9394	5868	95189
医疗用品及器材零售	2334	1644	1573		1644
汽车、摩托车、燃料及零配件专门零售	681920	475640	136650	11572	487212
汽车零售	543635	413264	115159	2252	415516
汽车零配件零售	10087	2043	1145	2300	4343
摩托车及零配件零售	38331	15332	4859	3585	18917
机动车燃料零售	89867	45001	15487	3435	48436
家用电器及电子产品专门零售	175961	101946	31313	8453	110399
家用电器零售	136545	86845	22815	5773	92618
计算机、软件及辅助设备零售	24491	13055	7706	500	13555
通信设备零售	13791	1686	432	2130	3816
其他电子产品零售	1134	360	360	50	410
五金、家具及室内装修材料专门零售	92552	42182	5045	3038	45220
五金零售	11371	7382	820	238	7620
家具零售	81181	34800	4225	2800	37600
无店铺及其他零售	264398	198000	14592	52309	250309
生活用燃料零售	238157	184386	11499	49870	234256
花卉零售	5381	197	197		197
旧货零售	611	98	55	17	115
其他未列明的零售	20249	13319	2841	2422	15741

单位：千元

所有者权益合计	实收资本						
		国家资本	集体资本	法人资本	个人资本	港澳台资本	外商资本
779087	**991256**	**220906**	**153243**	**46864**	**570243**		
284296	315380	9828	110980	16744	177828		
142451	140631	3621	56149	1013	79848		
60899	95172	4563	5806	650	84153		
80946	79577	1644	49025	15081	13827		
26340	32992	3209	4232		25551		
2648	4197		3197		1000		
13298	14176	1316			12860		
2000	1200				1200		
8394	13419	1893	1035		10491		
46105	66454	10104	21199	7790	27361		
6257	12120	2069	5022		5029		
28422	25257	2735	2550		19972		
1000	1000				1000		
10426	28077	5300	13627	7790	1360		
107449	87769	58780	3000		25989		
46	114				114		
80562	61546	58546	3000				
25230	25155				25155		
780	720				720		
831	234	234					
-6794	26308	8596	150	300	17262		
-7484	25618	8596	150	300	16572		
690	690				690		
194708	211072	6109	7187	8930	188846		
128119	159495		5000		154495		
5744	5700		1320	80	4300		
19414	15654	609	827	50	14168		
41431	30223	5500	40	8800	15883		
65562	62642	1658	1479	8100	51405		
43927	42776	1658	1479	5500	34139		
10936	6450				6450		
9975	12692			2600	10092		
724	724				724		
47332	44526	14	500		44012		
3751	1504	14	500		990		
43581	43022				43022		
14089	144113	122608	4516	5000	11989		
3901	135013	122608	3225	5000	4180		
5184	5184				5184		
496	477		477				
4508	3439		814		2625		

1-3-2-10 限额以上按行业分批发和零

指标名称	主营业务收入	主营业务成本	主营业务税金及附加	主营业务利润
总　　计	**27763599**	**24688311**	**145304**	**2933506**
一、批发业	**20864295**	**18564114**	**84671**	**2225254**
1.按批发行业小类分组				
农畜产品批发	5319591	5137629	11399	180307
谷物、豆及薯类批发	3457751	3424535	440	32776
种子、饲料批发	96967	82246	1	14720
棉、麻批发	1423523	1311777	928	120562
其他农畜产品批发	341350	319071	10030	12249
食品、饮料及烟草制品批发	7703708	6093781	37722	1572205
米、面制品及食用油批发	926856	903587	5740	17529
糕点、糖果及糖批发	20050	18040	120	1890
果品、蔬菜批发	644445	586098	9866	48481
肉、禽、蛋及水产品批发	40125	37545	100	2480
盐及调味品批发	281600	229208	755	51637
饮料及茶叶批发	45982	31056	44	14882
烟草制品批发	5680838	4226485	20968	1433385
其他食品批发	63812	61762	129	1921
纺织、服装及日用品批发	362039	336736	271	25032
纺织品、针织品及原料批发	157880	152079	167	5634
服装批发	23737	22647	5	1085
鞋帽批发	29863	20474	39	9350
厨房、卫生间用具及日用杂货批发	56200	54532	7	1661
化妆品及卫生用品批发	72006	64990	28	6988
其他日用品批发	22353	22014	25	314
文化、体育用品及器材批发	59893	57188	32	2673
图书批发	32009	28804	25	3180
首饰、工艺品及收藏品批发	27884	28384	7	-507
医药及医疗器材批发	1368784	1297896	615	70273
西药批发	1368784	1297896	615	70273
矿产品、建材及化工产品批发	5155663	4815895	18233	321535
煤炭及制品批发	21500	17200	322	3978
石油及制品批发	3695189	3457926	3693	233570
金属及金属矿批发	591061	554359	306	36396
建材批发	65417	57288	446	7683
化肥批发	525573	502103	1589	21881
农药批发	21000	17380	132	3488
其他化工产品批发	235923	209639	11745	14539
机械设备、五金交电及电子产品批发	779492	718706	16051	44735
农业机械批发	81881	79215	54	2612
汽车、摩托车及零配件批发	135916	125817	204	9895
五金、交电批发	47458	41487	463	5508
家用电器批发	514237	472187	15330	26720
贸易经纪与代理				
其他批发	115125	106283	348	8494
再生物资回收与批发	115125	106283	348	8494

售业法人企业财务状况表（三）

单位：千元

其他业务收入	其他业务利润	营业费用	管理费用	税金	差旅费	工会经费
81483	**55744**	**751296**	**828940**	**48207**	**27795**	**11794**
40775	**23493**	**514593**	**624177**	**26145**	**14954**	**8638**
5466	5386	48905	72740	1852	2298	550
470	467	21964	33947	433	976	299
402	402	5533	5435	7	247	150
4594	4517	21168	33258	1398	1069	101
		240	100	14	6	
10547	3020	246689	442600	15900	5586	7058
220	-49	12724	15734	85	378	49
		1020	380	280		
		8307	14177	667	1277	98
		90	486		41	
		10008	23949	480	138	218
514		4106	373			9
9813	3069	210001	386690	14263	3487	6680
		433	811	125	265	4
595	595	9695	3789	200	363	45
29	29	2911	2013	72	189	5
		1008	125	20	48	
		45	119	35	20	
		614	709	24	12	8
566	566	5068	786	44	91	30
		49	37	5	3	2
3466	1873	1680	3295	32	81	8
3466	1926	1670	3275	32	71	8
	-53	10	20		10	
		18379	17333	1863	1617	31
		18379	17333	1863	1617	31
5579	3345	147769	63265	5232	4347	807
		320	640		80	90
5396	3162	101181	51279	3688	3475	583
40	40	32346	4704	383	115	37
		1949	1498	7	52	10
143	143	10829	3042	309	220	85
		275	341		116	2
		869	1761	845	289	
9702	9274	38787	16582	904	546	130
		2442	341	114	116	3
		2336	2086	2	143	19
6989	6989	956	8437	477		66
2713	2285	33053	5718	311	287	42
5420		2689	4573	162	116	9
5420		2689	4573	162	116	9

1-3-2-10（三） 续表

指标名称	主营业务收入	主营业务成本	主营业务税金及附加	主营业务利润
二、零售业	**6899304**	**6124197**	**60633**	**708252**
1.按零售行业小类分组				
综合零售	3034755	2736380	15063	283312
百货零售	1491675	1362891	8244	120540
超级市场零售	582059	501630	4358	76071
其他综合零售	961021	871859	2461	86701
食品、饮料及烟草制品专门零售	251539	217796	13231	20512
粮油零售	33957	29327	471	4159
肉、禽、蛋及水产品零售	91503	74949	10247	6307
饮料及茶叶零售	5900	2900	290	2710
其他食品零售	120179	110620	2223	7336
纺织、服装及日用品专门零售	513377	150798	16028	46551
纺织品及针织品零售	172810	148205	8876	15729
服装零售	183277	162251	1131	19895
鞋帽零售	5000	4470	30	500
其他日用品零售	152290	135872	5991	10427
文化、体育用品及器材专门零售	208537	156846	455	51236
文具用品零售	7947	7826	3	118
图书零售	162493	119616	21	42856
珠宝首饰零售	26210	18543	355	7312
工艺美术品及收藏品零售	5200	4200	50	950
其他文化用品零售	6687	6661	26	
医药及医疗器材专门零售	216955	182765	5546	28644
药品零售	202460	172023	5534	24903
医疗用品及器材零售	14495	10742	12	3741
汽车、摩托车、燃料及零配件专门零售	1843078	1639324	5766	191766
汽车零售	1203322	1099611	846	96643
汽车零配件零售	23048	19383	213	3452
摩托车及零配件零售	154850	133951	1846	19053
机动车燃料零售	461858	386379	2861	72618
家用电器及电子产品专门零售	546467	500161	2435	43871
家用电器零售	433664	401509	2018	30137
计算机、软件及辅助设备零售	51651	49316	44	2291
通信设备零售	55595	44631	325	10639
其他电子产品零售	5557	4705	48	804
五金、家具及室内装修材料专门零售	154714	124209	1474	29031
五金零售	24160	20569	114	3477
家具零售	130554	103640	1360	25554
无店铺及其他零售	129882	115918	635	13329
生活用燃料零售	105110	95488	409	9213
花卉零售	5120	4115	83	922
旧货零售	5006	4890		116
其他未列明的零售	14646	11425	143	3078

单位：千元

其他业务收入	其他业务利润	营业费用	管理费用	税金	差旅费	工会经费
40708	**32251**	**236703**	**204763**	**22062**	**12841**	**3156**
17224	13309	96002	70821	10407	5217	1152
7050	3472	24432	31214	4911	3359	322
9624	9574	52657	15547	4362	1037	200
550	263	18913	24060	1134	821	630
6098	5229	8243	9815	2138	104	72
500		290	380	122		
		2462	4506	623	61	48
		300	400	150		
5598	5229	5191	4529	1243	43	24
4747	4037	15958	18078	2526	1464	185
1987	1987	5848	10947	1168	192	88
600		6048	4502	909	393	57
		70	50	20	10	
2160	2050	3992	2579	429	869	40
3827	1806	28678	24049	1307	1717	182
			118	9		
3737	1722	27446	22778	1250	1205	172
		1182	973	18	500	10
6		50	50	30	10	
84	84		130		2	
5030	4850	12261	12128	2006	1268	898
5030	4850	11561	11825	1806	1268	898
		700	303	200		
248	107	37228	44598	2376	2312	403
40	40	26797	24812	851	1678	153
		945	1289	108	50	10
208	67	1766	1697	376	222	10
		7720	16800	1041	362	230
3430	2872	24957	12591	737	397	151
2148	1590	15083	10002	670	319	123
		684	927	31	61	21
1282	1282	9178	1648	27	17	7
		12	14	9		
		5912	3301	425	75	6
		1729	785	25	15	4
		4183	2516	400	60	2
104	41	7464	9382	140	287	107
104	41	5821	8195	59	231	85
		92	151	3	21	5
		48	68	3	2	5
		1503	968	75	33	12

1-3-2-10 限额以上按行业分批发和零

指标名称	财务费用	利息支出	营业利润	投资收益
总　　计	**255653**	**218425**	**1153361**	**-1234**
一、批发业	**221592**	**201938**	**888385**	**-1635**
1.按批发行业小类分组				
农畜产品批发	136156	125369	-72108	
谷物、豆及薯类批发	113568	112544	-136236	
种子、饲料批发	446		3708	
棉、麻批发	22142	12825	48511	
其他农畜产品批发			11909	
食品、饮料及烟草制品批发	68049	62025	817887	-1635
米、面制品及食用油批发	62920	62060	-73898	-1635
糕点、糖果及糖批发			490	
果品、蔬菜批发	4228	840	21769	
肉、禽、蛋及水产品批发	110	110	1794	
盐及调味品批发	-338	-568	18018	
饮料及茶叶批发	-117	-120	10520	
烟草制品批发	896	-339	838867	
其他食品批发	350	42	327	
纺织、服装及日用品批发	512	345	11631	
纺织品、针织品及原料批发	474	309	265	
服装批发	2		-50	
鞋帽批发			9186	
厨房、卫生间用具及日用杂货批发			338	
化妆品及卫生用品批发	2	2	1698	
其他日用品批发	34	34	194	
文化、体育用品及器材批发	-81	-89	-348	
图书批发	-89	-89	250	
首饰、工艺品及收藏品批发	8		-598	
医药及医疗器材批发	328	272	34233	
西药批发	328	272	34233	
矿产品、建材及化工产品批发	14200	12770	99646	
煤炭及制品批发	120		2898	
石油及制品批发	5715	5200	78557	
金属及金属矿批发	979	945	-1593	
建材批发	154	29	4082	
化肥批发	6223	6176	1930	
农药批发	569		2303	
其他化工产品批发	440	420	11469	
机械设备、五金交电及电子产品批发	1302	1206	-2662	
农业机械批发	3		-174	
汽车、摩托车及零配件批发		-1	5473	
五金、交电批发	15	15	3089	
家用电器批发	1284	1192	-11050	
贸易经纪与代理				
其他批发	1126	40	106	
再生物资回收与批发	1126	40	106	

售业法人企业财务状况表（四）

单位：千元

执行2006年《企业会计准则》企业的投资收益	补贴收入	营业外收入	利润总额	应交所得税	劳动、失业保险费
-1234	**316315**	**188443**	**1329151**	**220807**	**46263**
-1635	**316173**	**186173**	**1117279**	**206764**	**40205**
	160073	115386	81426	4798	464
	159971	115336	16890	559	147
	102		3708	26	120
		50	48919	3982	145
			11909	231	52
-1635	155027	69756	879210	192201	37524
-1635	88023	1549	5680	78	69
			490	15	30
			24706	2810	323
			1794	19	23
		361	18279	4319	203
			11520	139	43
	67004	67846	816414	184791	36831
			327	30	2
	2	378	12003	68	88
		40	637	41	32
			-50		
			9186	15	12
	2	338	338		
			1698	7	35
			194	5	9
		19	-383	54	13
		19	215	54	13
			-598		
	624		34508	316	112
	624		34508	316	112
	447	305	97954	7515	1391
			2898	956	3
		5	78140	767	698
	3		-3644	792	543
			4082	1035	12
	444		2406	113	86
			2303	160	
		300	11769	3692	49
		329	12463	1591	266
			-170	1	
			5521	1089	53
			3089	10	137
		329	4023	491	76
			98	221	347
			98	221	347

1-3-2-10（四） 续表

指标名称	财务费用	利息支出	营业利润	投资收益
二、零售业	**34061**	**16487**	**264976**	**401**
1.按零售行业小类分组				
综合零售	11536	5397	118262	230
百货零售	5855	3465	62511	230
超级市场零售	2510	567	14931	
其他综合零售	3171	1365	40820	
食品、饮料及烟草制品专门零售	2414	992	5269	
粮油零售	570		2919	
肉、禽、蛋及水产品零售	64	51	-725	
饮料及茶叶零售	400	100	1610	
其他食品零售	1380	841	1465	
纺织、服装及日用品专门零售	7375	3362	9177	
纺织品及针织品零售	304	296	617	
服装零售	1491	440	7854	
鞋帽零售	60		320	
其他日用品零售	5520	2626	386	
文化、体育用品及器材专门零售	334	-35	-19	
文具用品零售				
图书零售	94	-75	-5740	
珠宝首饰零售	190	40	4967	
工艺美术品及收藏品零售	50		800	
其他文化用品零售			-46	
医药及医疗器材专门零售	1791	1455	7314	
药品零售	1788	1455	4579	
医疗用品及器材零售	3		2735	
汽车、摩托车、燃料及零配件专门零售	5796	3548	104251	
汽车零售	4011	2957	41063	
汽车零配件零售	202	2	1016	
摩托车及零配件零售	1380	550	14277	
机动车燃料零售	203	39	47895	
家用电器及电子产品专门零售	1194	761	8001	11
家用电器零售	882	523	5760	
计算机、软件及辅助设备零售	267	193	413	11
通信设备零售	42	42	1053	
其他电子产品零售	3	3	775	
五金、家具及室内装修材料专门零售	538	135	19280	160
五金零售	292	52	671	160
家具零售	246	83	18609	
无店铺及其他零售	3083	872	-6559	
生活用燃料零售	2902	872	-7664	
花卉零售	46		633	
旧货零售				
其他未列明的零售	135		472	

单位：千元

执行2006年《企业会计准则》企业的投资收益	补贴收入	营业外收入	利润总额	应交所得税	劳动、失业保险费
401	**142**	**2270**	**211872**	**14043**	**6058**
230		871	101268	5241	1752
230		216	60379	2744	590
		628	16740	1766	607
		27	24149	731	555
	142	262	4061	751	453
			2221	239	123
	142	51	-655	156	147
			1810	10	2
		211	685	346	181
		99	4817	1035	803
		14	291	123	169
			4639	772	564
			320	105	30
		85	-433	35	40
		288	18	488	785
		288	-4243	263	578
			3509	210	52
			800	15	155
			-48		
		410	5976	749	253
		410	3241	731	243
			2735	18	10
		86	77029	2639	1177
		86	40710	1423	328
			1016	281	14
			14797	640	596
			20506	295	239
11		247	5427	791	313
		43	2989	648	216
11			407	8	5
		204	1256	70	67
			775	65	25
160		7	19435	1383	360
160		7	838	64	261
			18597	1319	99
			-6159	966	162
			-7242	727	129
			633	209	3
					20
			450	30	10

1-3-2-10 限额以上按行业分批发和零

指标名称	养老保险和医疗保险费	住房公积金和住房补贴	本年应付工资总额	主营业务应付工资总额
总　　计	**64568**	**22950**	**751679**	**715470**
一、批发业	**51157**	**21287**	**510993**	**481465**
1.按批发行业小类分组				
农畜产品批发	3487	284	55825	45825
谷物、豆及薯类批发	1818	159	14266	14266
种子、饲料批发	662		4289	4289
棉、麻批发	1007	125	33494	23494
其他农畜产品批发			3776	3776
食品、饮料及烟草制品批发	37915	19348	379602	362325
米、面制品及食用油批发	868	90	4672	4672
糕点、糖果及糖批发			340	340
果品、蔬菜批发	85		7405	7400
肉、禽、蛋及水产品批发	225		4304	4304
盐及调味品批发	2784	528	11004	11004
饮料及茶叶批发	8	21	456	456
烟草制品批发	33945	18620	350697	333425
其他食品批发		89	724	724
纺织、服装及日用品批发	279		7854	7854
纺织品、针织品及原料批发	93		1696	1696
服装批发			422	422
鞋帽批发			3015	3015
厨房、卫生间用具及日用杂货批发			588	588
化妆品及卫生用品批发	168		1953	1953
其他日用品批发	18		180	180
文化、体育用品及器材批发	427		2267	2267
图书批发	427		2087	2087
首饰、工艺品及收藏品批发			180	180
医药及医疗器材批发	1243		21105	20944
西药批发	1243		21105	20944
矿产品、建材及化工产品批发	5893	1252	30243	29153
煤炭及制品批发	120		410	410
石油及制品批发	3951	1065	18469	17951
金属及金属矿批发	506	90	3615	3043
建材批发	12		270	270
化肥批发	1147	97	5777	5777
农药批发			160	160
其他化工产品批发	157		1542	1542
机械设备、五金交电及电子产品批发	1370	330	12619	11619
农业机械批发	15		847	847
汽车、摩托车及零配件批发	67		1081	1081
五金、交电批发	954	330	3677	2677
家用电器批发	334		7014	7014
贸易经纪与代理				
其他批发	543	73	1478	1478
再生物资回收与批发	543	73	1478	1478

售业法人企业财务状况表（五）

单位：千元

本年应付福利费总额	主营业务应付福利费总额	本年应交增值税	全部从业人员年平均人数（人）	资产减值损失	公允价值变动收益
58266	**56761**	**404236**	**42804**	**4269**	**344**
45765	**45214**	**323167**	**19898**	**362**	
1510	1510	15146	5876		
808	808	532	1077		
139	139	755	420		
563	563	13218	4029		
		641	350		
39813	39468	279475	8367	144	
280	280	39	200		
		220	25		
83	83	6562	603		
		30	320		
60	60	7441	569		
63	63	7904	65		
39327	38982	257231	6487	120	
		48	98	24	
271	265	2733	586	186	
61	61	141	167	150	
4	4	10	20		
		2032	201		
		6	98		
203	197	284	73		
3	3	260	27	36	
		217	142		
		127	117		
		90	25		
372	349	6176	1534		
372	349	6176	1534		
2218	2145	15231	2514	32	
		640	45		
1745	1672	5814	1488		
113	113	2003	219	32	
4	4	792	19		
331	331	434	597		
		13	22		
25	25	5535	124		
1577	1473	4149	750		
64	59	61	44		
60	60	110	56		
895	796	26	185		
558	558	3952	465		
4	4	40	129		
4	4	40	129		

1-3-2-10（五） 续表

指标名称	养老保险和医疗保险费	住房公积金和住房补贴	本年应付工资总额	主营业务应付工资总额
二、零售业	**13411**	**1663**	**240686**	**234005**
1.按零售行业小类分组				
综合零售	3486	11	109386	108599
百货零售	1586		40110	39560
超级市场零售	1154	9	30720	30700
其他综合零售	746	2	38556	38339
食品、饮料及烟草制品专门零售	786		6606	6382
粮油零售			1574	1574
肉、禽、蛋及水产品零售	606		2057	2027
饮料及茶叶零售			268	268
其他食品零售	180		2707	2513
纺织、服装及日用品专门零售	1578		15049	14872
纺织品及针织品零售	1139		4643	4610
服装零售	279		6213	6141
鞋帽零售			192	192
其他日用品零售	160		4001	3929
文化、体育用品及器材专门零售	2701	1313	20488	20477
文具用品零售	127		323	323
图书零售	2565	1313	18648	18648
珠宝首饰零售	9		1286	1286
工艺美术品及收藏品零售			145	140
其他文化用品零售			86	80
医药及医疗器材专门零售	2498	3	22376	22376
药品零售	2498	3	22100	22100
医疗用品及器材零售			276	276
汽车、摩托车、燃料及零配件专门零售	552	24	22855	20969
汽车零售	327		13459	11703
汽车零配件零售	12		596	559
摩托车及零配件零售	102		2647	2554
机动车燃料零售	111	24	6153	6153
家用电器及电子产品专门零售	482	43	25628	25556
家用电器零售	266	1	19826	19826
计算机、软件及辅助设备零售	100		1017	945
通信设备零售	116	42	4723	4723
其他电子产品零售			62	62
五金、家具及室内装修材料专门零售	121		5898	5898
五金零售	26		1273	1273
家具零售	95		4625	4625
无店铺及其他零售	1207	269	12400	8876
生活用燃料零售	1169	260	11587	8063
花卉零售	11	9	186	186
旧货零售			54	54
其他未列明的零售	27		573	573

单位：千元

本年应付福利费总额	主营业务应付福利费总额	本年应交增值税	全部从业人员年平均人数（人）	资产减值损失	公允价值变动收益
12501	**11547**	**81069**	**22906**	**3907**	**344**
8183	8108	39391	11534	3136	334
4918	4843	18015	3987	3035	
2177	2177	7644	3367	101	102
1088	1088	13732	4180		232
186	176	1896	885	24	
		103	163		
96	96	275	347	24	
		60	20		
90	80	1458	355		
291	288	4057	1794	655	
108	108	1038	494	14	
56	56	2071	757		
		30	20		
127	124	918	523	641	
826	825	8162	1536	20	
17	17	10	51		
797	797	6410	1353	20	
		1463	107		
		12	12		
12	11	267	13		
613	566	3925	2701		
613	566	3108	2694		
		817	7		
1946	1140	13997	1519	32	10
1546	755	6226	771		
29	24	356	41		
56	46	1502	249	32	10
315	315	5913	458		
306	294	5837	1933	12	
87	87	3219	1717	12	
74	62	1049	81		
145	145	1458	129		
		111	6		
48	48	2475	548	28	
25	25	60	181	28	
23	23	2415	367		
102	102	1329	456		
27	27	988	357		
7	7	159	13		
2	2	1	6		
66	66	181	80		

1-3-2-11 限额以上按登记注册类型分批发

指标名称	法人企业数（个）	执行2006年《企业会计准则》企业数（个）	年初存货	流动资产合计
总计	**587**	**393**	**4305274**	**9340079**
一、批发业	**150**	**119**	**3721198**	**7648881**
2.按登记注册类型分组				
内资企业	150	119	3721198	7648881
国有企业	30	22	2921201	4953107
集体企业	19	15	478017	843373
股份合作企业	1	1	780	300
联营企业				
有限责任公司	38	36	127782	965283
国有独资公司	7	6	23262	31625
其他有限责任公司	31	30	104520	933658
股份有限公司	15	11	54344	242883
私营企业	46	33	139074	634185
私营独资企业	27	17	22087	35412
私营合伙企业	3	2	465	2263
私营有限责任公司	14	12	114675	553754
私营股份有限公司	2	2	1847	42756
其他企业	1	1		9750
港、澳、台商投资企业				
外商投资企业				
二、零售业	**437**	**274**	**584076**	**1691198**
2.按登记注册类型分组				
内资企业	437	274	584076	1691198
国有企业	48	33	81970	252797
集体企业	137	86	74417	281276
股份合作企业	16	15	6107	13388
联营企业	3		1034	15451
国有联营企业				
集体联营企业	3		1034	15451
有限责任公司	52	48	121721	475453
国有独资公司	1	1	2608	68679
其他有限责任公司	51	47	119113	406774
股份有限公司	32	9	40052	82383
私营企业	143	79	249733	536450
私营独资企业	77	32	84610	128862
私营合伙企业	17	14	23584	48593
私营有限责任公司	42	27	126680	294600
私营股份有限公司	7	6	14859	64395
其他企业	6	4	9042	34000
港、澳、台商投资企业				
外商投资企业				

和零售业法人财务状况表（一）

单位：千元

应收账款	存货	流动资产年平均余额	长期投资合计	固定资产合计	固定资产原价	累计折旧	本年折旧
918106	**5102556**	**7252272**	**197550**	**3297079**	**4499205**	**1202126**	**128961**
674328	**4464301**	**6199308**	**122355**	**2471322**	**3454545**	**983223**	**85972**
674328	4464301	6199308	122355	2471322	3454545	983223	85972
128965	3692965	4394731	39865	499917	789056	289139	37601
96150	377232	735088	4045	1419180	1954274	535094	13055
	300	300		850	1000	150	20
241660	149463	490266	44274	152622	190845	38223	6879
9479	4718	19358		28675	36093	7418	1014
232181	144745	470908	44274	123947	154752	30805	5865
47429	66948	182421	11986	300850	393670	92820	17018
160124	168893	391302	22185	91353	117000	25647	9399
9166	21457	9715		26971	30191	3220	722
755	1438	1457		1901	2758	857	670
144542	133139	373180	22185	61478	78748	17270	5867
5661	12859	6950		1003	5303	4300	2140
	8500	5200		6550	8700	2150	2000
243778	**638255**	**1052964**	**75195**	**825757**	**1044660**	**218903**	**42989**
243778	638255	1052964	75195	825757	1044660	218903	42989
38785	52320	163509	2203	94479	125447	30968	3753
22838	84152	218022	16713	161447	203883	42436	4941
5754	6691	6528		4590	6202	1612	619
287	1324	15847	534	1551	1934	383	3
287	1324	15847	534	1551	1934	383	3
103716	155899	275378	23291	242382	275980	33598	9564
6356	9968	56767	2891	112402	123155	10753	4922
97360	145931	218611	20400	129980	152825	22845	4642
11029	36327	41180	127	59444	66544	7100	1917
61285	272544	305264	31127	254763	355094	100331	20030
13820	75818	77417	1777	111852	132764	20912	6303
12732	25076	22047	8221	28325	36606	8281	3454
28150	156203	156425	19029	78770	148056	69286	9295
6583	15447	49375	2100	35816	37668	1852	978
84	28998	27236	1200	7101	9576	2475	2162

1-3-2-11 限额以上按登记注册类型分批发

指标名称	资产总计	流动负债合计	应付账款	长期负债合计	负债合计
总　　计	**14502487**	**8822436**	**1336639**	**469770**	**9292206**
一、批发业	**11680226**	**7061859**	**967241**	**187173**	**7249032**
2.按登记注册类型分组					
内资企业	11680226	7061859	967241	187173	7249032
国有企业	5617373	4206120	462449	44331	4250451
集体企业	2683089	738632	29247	33881	772513
股份合作企业	1150				
联营企业					
有限责任公司	1302453	1027339	285102	5467	1032806
国有独资公司	61840	34063	10086		34063
其他有限责任公司	1240613	993276	275016	5467	998743
股份有限公司	870722	268216	45048	3498	271714
私营企业	1189139	815552	140895	96146	911698
私营独资企业	84122	17009	4842	24760	41769
私营合伙企业	4818	2320	600	514	2834
私营有限责任公司	1056440	761365	105973	70872	832237
私营股份有限公司	43759	34858	29480		34858
其他企业	16300	6000	4500	3850	9850
港、澳、台商投资企业					
外商投资企业					
二、零售业	**2822261**	**1760577**	**369398**	**282597**	**2043174**
2.按登记注册类型分组					
内资企业	2822261	1760577	369398	282597	2043174
国有企业	373824	291092	52853	38628	329720
集体企业	506768	306029	39444	76767	382796
股份合作企业	19128	9523	5098	3149	12672
联营企业	17814	16500	483	129	16629
国有联营企业					
集体联营企业	17814	16500	483	129	16629
有限责任公司	795165	551516	129768	111152	662668
国有独资公司	211599	175118	9185	48810	223928
其他有限责任公司	583566	376398	120583	62342	438740
股份有限公司	164520	95255	17578	741	95996
私营企业	898619	468062	109536	48541	516603
私营独资企业	260415	83390	32305	32127	115517
私营合伙企业	87524	42063	22310	9774	51837
私营有限责任公司	430723	264007	43498	5902	269909
私营股份有限公司	119957	78602	11423	738	79340
其他企业	46423	22600	14638	3490	26090
港、澳、台商投资企业					
外商投资企业					

和零售业法人财务状况表（二）

单位：千元

所有者权益合计	实收资本	国家资本	集体资本	法人资本	个人资本	港澳台资本	外商资本
5210281	**3944347**	**752699**	**2296532**	**62602**	**827514**	**5000**	
4431194	**2953091**	**531793**	**2143289**	**15738**	**257271**	**5000**	
4431194	2953091	531793	2143289	15738	257271	5000	
1366922	295199	282082	10040	2927	150		
1910576	1880904		1880878	10	16		
1150	1150		1150				
269647	275612	20018	98684	9800	147110		
27777	22603	16763			5840		
241870	253009	3255	98684	9800	141270		
599008	255896	229693	17681	1700	1822	5000	
277441	238490		134856	1301	102333		
42353	34722		256		34466		
1984	2200			600	1600		
224203	196523		134600	701	61222		
8901	5045				5045		
6450	5840				5840		
779087	**991256**	**220906**	**153243**	**46864**	**570243**		
779087	991256	220906	153243	46864	570243		
44104	103372	90771	8907	3200	494		
123972	129411		121385	161	7865		
6456	5748		3934	1013	801		
1185	1856		1747		109		
1185	1856		1747		109		
132497	306231	125135	7000	12600	161496		
-12329	120000	120000					
144826	186231	5135	7000	12600	161496		
68524	64020	5000	5500	29190	24330		
382016	370618		3370	700	366548		
144898	137876		820	150	136906		
35687	33822			500	33322		
160814	150231		2550	50	147631		
40617	48689				48689		
20333	10000		1400		8600		

1-3-2-11 限额以上按登记注册类型分批发

指标名称	主营业务收入	主营业务成本	主营业务税金及附加	主营业务利润
总　　计	**27763599**	**24688311**	**145304**	**2933506**
一、批发业	**20864295**	**18564114**	**84671**	**2225254**
2.按登记注册类型分组				
内资企业	20864295	18564114	84671	2225254
国有企业	9980109	8455796	26101	1498212
集体企业	1344348	1248181	14613	81554
股份合作企业	29000	28618	15	367
联营企业				
有限责任公司	3058963	2838368	3549	226790
国有独资公司	159074	147185	38	11851
其他有限责任公司	2899889	2691183	3511	214939
股份有限公司	4226068	3952271	19035	254762
私营企业	2115827	1935157	20451	160219
私营独资企业	699337	637867	14005	47465
私营合伙企业	60940	55173	222	5545
私营有限责任公司	1289201	1191463	6167	91571
私营股份有限公司	66349	50654	57	15638
其他企业	109980	105723	907	3350
港、澳、台商投资企业				
外商投资企业				
二、零售业	**6899304**	**6124197**	**60633**	**708252**
2.按登记注册类型分组				
内资企业	6899304	6124197	60633	708252
国有企业	780317	644428	30966	104923
集体企业	1943878	1801260	6870	135748
股份合作企业	95503	86681	820	8002
联营企业	24224	23774	1	449
国有联营企业				
集体联营企业	24224	23774	1	449
有限责任公司	1161801	1044670	3026	107883
国有独资公司	55977	52142	67	3768
其他有限责任公司	1105824	992528	2959	104115
股份有限公司	659785	599507	3462	56816
私营企业	2135603	1844114	14754	276735
私营独资企业	743236	647331	8809	87096
私营合伙企业	181444	151614	2285	27545
私营有限责任公司	937110	802502	3223	131385
私营股份有限公司	273813	242667	437	30709
其他企业	98193	79763	734	17696
港、澳、台商投资企业				
外商投资企业				

和零售业法人财务状况表（三）

单位：千元

其他业务收入	其他业务利润	营业费用	管理费用	税金	差旅费	工会经费
81483	**55744**	**751296**	**828940**	**48207**	**27795**	**11794**
40775	**23493**	**514593**	**624177**	**26145**	**14954**	**8638**
40775	23493	514593	624177	26145	14954	8638
10435	3422	244633	430360	15195	5100	7035
13505	8085	16228	40200	895	1707	351
		121	151	5		
9067	7471	121024	59139	3479	5402	592
3929	2386	6765	12241	86	177	44
5138	5085	114259	46898	3393	5225	548
3606	944	98995	69839	3159	1408	462
4162	3571	33487	24263	3347	1337	198
		2082	6263	1177	674	128
		2310	1132	84	45	3
3648	3571	24443	16295	2073	607	58
514		4652	573	13	11	9
		105	225	65		
40708	**32251**	**236703**	**204763**	**22062**	**12841**	**3156**
40708	32251	236703	204763	22062	12841	3156
12436	9449	45910	45638	3507	3547	1154
511	231	21112	41185	3945	1399	453
4978	2580	3797	3830	435	1272	8
148	148	155	372	32	18	15
148	148	155	372	32	18	15
17445	16431	69014	37060	5477	1517	341
104	41	5288	6912	2	167	69
17341	16390	63726	30148	5475	1350	272
554	554	16370	8949	698	605	722
4136	2858	77471	65531	7413	4450	453
540	9	15326	18746	2978	2309	261
		7913	6536	780	473	43
3596	2849	46973	35940	3051	1415	97
		7259	4309	604	253	52
500		2874	2198	555	33	10

1-3-2-11 限额以上按登记注册类型分批发

指标名称	财务费用	利息支出	营业利润	投资收益
总　　计	**255653**	**218425**	**1153361**	**-1234**
一、批发业	**221592**	**201938**	**888385**	**-1635**
2.按登记注册类型分组				
内资企业	221592	201938	888385	-1635
国有企业	169864	167869	656777	-1635
集体企业	9274	4561	23937	
股份合作企业			95	
联营企业				
有限责任公司	13777	12485	40321	
国有独资公司	3683	3009	-8452	
其他有限责任公司	10094	9476	48773	
股份有限公司	4749	4165	82123	
私营企业	23068	12858	82972	
私营独资企业	1807	463	37313	
私营合伙企业	3	2	2100	
私营有限责任公司	21375	12513	33029	
私营股份有限公司	-117	-120	10530	
其他企业	860		2160	
港、澳、台商投资企业				
外商投资企业				
二、零售业	**34061**	**16487**	**264976**	**401**
2.按登记注册类型分组				
内资企业	34061	16487	264976	401
国有企业	7625	3934	15199	
集体企业	4500	2068	69182	230
股份合作企业	152	4	2803	11
联营企业	68	68	2	
国有联营企业				
集体联营企业	68	68	2	
有限责任公司	6288	2086	11952	
国有独资公司	2762	860	-11153	
其他有限责任公司	3526	1226	23105	
股份有限公司	1867	1321	30184	160
私营企业	12547	6747	124044	
私营独资企业	5688	3001	47345	
私营合伙企业	1454	372	11642	
私营有限责任公司	4667	3049	46654	
私营股份有限公司	738	325	18403	
其他企业	1014	259	11610	
港、澳、台商投资企业				
外商投资企业				

和零售业法人财务状况表（四）

单位：千元

执行2006年《企业会计准则》企业的投资收益	补贴收入	营业外收入	利润总额	应交所得税	劳动、失业保险费
-1234	**316315**	**188443**	**1329151**	**220807**	**46263**
-1635	**316173**	**186173**	**1117279**	**206764**	**40205**
-1635	316173	186173	1117279	206764	40205
-1635	286101	183436	842838	185320	37704
	14962	338	39182	2929	532
			95	30	5
	15110	479	48947	2891	367
	14663	225	412	74	41
	447	254	48535	2817	326
		120	97227	5032	986
		350	88170	10532	593
			37313	6048	62
			2104	7	6
		350	37223	4335	477
			11530	142	48
		1450	820	30	18
401	**142**	**2270**	**211872**	**14043**	**6058**
401	142	2270	211872	14043	6058
	142	1496	-2612	720	966
230		136	67677	2068	835
11		4	2686	250	145
			25	4	8
			25	4	8
		450	10553	640	575
			-11153		90
		450	21706	640	485
160		11	2671	883	617
		109	119882	8957	2724
		80	43124	6505	858
			11447	523	238
		2	46928	1239	1556
		27	18383	690	72
		64	10990	521	188

1-3-2-11 限额以上按登记注册类型分批发

指标名称	养老保险和医疗保险费	住房公积金和住房补贴	本年应付工资总额	主营业务应付工资总额
总　　计	**64568**	**22950**	**751679**	**715470**
一、批发业	**51157**	**21287**	**510993**	**481465**
2.按登记注册类型分组				
内资企业	51157	21287	510993	481465
国有企业	37844	19048	378397	361125
集体企业	1928	403	34048	23048
股份合作企业			740	740
联营企业				
有限责任公司	3755	97	37534	36544
国有独资公司	1218		6483	6483
其他有限责任公司	2537	97	31051	30061
股份有限公司	6907	1678	32730	32730
私营企业	723	61	27359	27093
私营独资企业	132		7182	7182
私营合伙企业	15		337	337
私营有限责任公司	568	40	19269	19003
私营股份有限公司	8	21	571	571
其他企业			185	185
港、澳、台商投资企业				
外商投资企业				
二、零售业	**13411**	**1663**	**240686**	**234005**
2.按登记注册类型分组				
内资企业	13411	1663	240686	234005
国有企业	6329	1315	42015	41883
集体企业	2208	2	47842	47338
股份合作企业	132		7444	7367
联营企业	188		911	911
国有联营企业				
集体联营企业	188		911	911
有限责任公司	2310	280	51466	46847
国有独资公司	1023	238	10573	7049
其他有限责任公司	1287	42	40893	39798
股份有限公司	236	1	22503	22431
私营企业	2008	65	65569	64292
私营独资企业	535	41	16537	16492
私营合伙企业	13		7272	7272
私营有限责任公司	1403	24	35363	34633
私营股份有限公司	57		6397	5895
其他企业			2936	2936
港、澳、台商投资企业				
外商投资企业				

和零售业法人财务状况表（五）

单位：千元

本年应付福利费总额	主营业务应付福利费总额	本年应交增值税	全部从业人员年平均人数（人）	资产减值损失	公允价值变动收益
58266	**56761**	**404236**	**42804**	**4269**	**344**
45765	**45214**	**323167**	**19898**	**362**	
45765	45214	323167	19898	362	
41025	40680	259229	8483	144	
739	640	11463	4606	36	
2	2	5	74		
1771	1675	11129	2540		
110	110	327	707		
1661	1565	10802	1833		
1822	1822	13493	2373	32	
406	395	27825	1803	150	
		9297	653	150	
20	15	54	28		
323	317	10440	1049		
63	63	8034	73		
		23	19		
12501	**11547**	**81069**	**22906**	**3907**	**344**
12501	11547	81069	22906	3907	344
1577	1566	13112	4430	58	
1472	1412	18950	5310	3647	232
103	103	785	849		
10	10	17	110		
10	10	17	110		
1658	1589	8887	3833		
		121	246		
1658	1589	8766	3587		
1555	1504	6741	2402	63	
6126	5363	30796	5747	139	112
315	300	14201	1653	115	102
481	481	3174	678	24	10
1510	1505	11034	3070		
3820	3077	2387	346		
		1781	225		

1-3-2-12 限额以下按行业分批发和零

指标代码	法人单位数(个)	年末从业人员数(人)	商品购进总额	进口额
总　计	**2785**	**32639**	**12193800**	**1010**
一、批发业	**1238**	**18189**	**7468707**	**1010**
1.按批发行业小类分组				
农畜产品批发	279	5543	1425981	
谷物、豆及薯类批发	130	2412	798090	
种子、饲料批发	55	1071	199073	
棉、麻批发	32	1349	237163	
牲畜批发	37	326	37146	
其他农畜产品批发	25	385	154509	
食品、饮料及烟草制品批发	215	3881	1669535	
米、面制品及食用油批发	72	1295	494359	
糕点、糖果及糖批发	11	104	39450	
果品、蔬菜批发	55	865	722813	
肉、禽、蛋及水产品批发	30	327	48638	
盐及调味品批发	14	755	98421	
饮料及茶叶批发	7	169	73140	
烟草制品批发	3	93	10450	
其他食品批发	23	273	182264	
纺织、服装及日用品批发	38	597	165674	
纺织品、针织品及原料批发	14	232	44878	
服装批发	4	95	17494	
鞋帽批发	1	12	10600	
厨房、卫生间用具及日用杂货批发	5	126	23165	
化妆品及卫生用品批发				
其他日用品批发	14	132	69537	
文化、体育用品及器材批发	15	142	47806	
文具用品批发	6	24	27445	
体育用品批发	2	32	6400	
图书批发	3	40	4545	
首饰、工艺品及收藏品批发	3	43	5891	
其他文化用品批发	1	3	3525	
医药及医疗器材批发	42	459	300273	
西药批发	9	152	31323	
中药材及中成药批发	21	177	222648	
医疗用品及器材批发	12	130	46302	
矿产品、建材及化工产品批发	365	4578	2154807	
煤炭及制品批发	17	254	116029	

售业法人企业商品购销存综合表

单位：千元

商品销售总额	批发额	出口额	零售额	年末商品库存总额	年末零售营业面积(平方米)
13399724	**7935939**	**234**	**5463785**	**1418200**	**552695**
8093238	**7667424**	**160**	**425814**	**1032070**	**81817**
1461921	1435999	32	25922	532219	15206
706914	701353		5561	451997	2330
245075	241400	32	3675	18980	7240
261331	256101		5230	36502	4300
64596	60490		4106	868	500
184005	176655		7350	23872	836
1875522	1745086	50	130436	192620	29701
503329	451055	50	52274	117986	6316
46986	46733		253	2852	1190
847624	794453		53171	15435	14548
59520	59112		408	1489	4667
125951	125951			27130	300
97739	89899		7840	1010	460
11658	11658			245	
182715	166225		16490	26473	2220
184271	164747		19524	19290	5140
52446	50626		1820	13883	120
17892	9255		8637	648	200
13400	9400		4000	100	1900
25990	25098		892	995	300
74543	70368		4175	3664	2620
48102	41763		6339	2488	2350
28663	26262		2401	610	150
4746	4746			1100	1100
4974	3964		1010	611	1100
6099	4791		1308	115	
3620	2000		1620	52	
322021	288025		33996	15698	40
33679	30547		3132	2136	40
237601	217648		19953	11970	
50741	39830		10911	1592	
2334460	2276198	78	58262	181258	16110
118740	114192		4548	6241	1000

1-3-2-12 续表 1

指标代码	法人单位数（个）	年末从业人员数（人）	商品购进总额	进口额
石油及制品批发	14	296	38040	
非金属矿及制品批发	10	120	56059	
金属及金属矿批发	86	886	715978	
建材批发	90	1066	487006	
化肥批发	86	1390	448008	
农药批发	20	200	69956	
其他化工产品批发	42	366	223731	
机械设备、五金交电及电子产品批发	197	1954	1239967	
农业机械批发	37	529	215669	
汽车、摩托车及零配件批发	19	150	137812	
五金、交电批发	42	357	269387	
家用电器批发	15	148	142814	
计算机、软件及辅助设备批发	4	31	12248	
通讯及广播电视设备批发	5	40	21028	
其他机械设备及电子产品批发	75	699	441009	
贸易经纪与代理	13	153	28449	
贸易经纪与代理	13	153	28449	
其他批发	74	882	436215	1010
再生物资回收与批发	59	778	360629	1010
其他未列明的批发	15	104	75586	
二、零售业	**1547**	**14450**	**4725093**	
1.按零售行业小类分组				
综合零售	264	3608	674220	
百货零售	96	1411	277617	
超级市场零售	85	1297	211963	
其他综合零售	83	900	184640	
食品、饮料及烟草制品专门零售	147	1325	408000	
粮油零售	26	359	68117	
糕点、面包零售	9	55	19762	
果品、蔬菜零售	4	44	12767	
肉、禽、蛋及水产品零售	20	158	60497	
饮料及茶叶零售	23	166	87856	
烟草制品零售	8	114	28688	
其他食品零售	57	429	130313	
纺织、服装及日用品专门零售	174	2143	525498	
纺织品及针织品零售	22	296	73681	
服装零售	69	976	217826	

单位：千元

商品销售总额	批发额	出口额	零售额	年末商品库存总额	年末零售营业面积(平方米)
39394	39394			1822	470
67897	67392		505	2602	600
757221	748186		9035	34065	1340
563289	545551		17738	68034	5645
466478	445940	78	20538	55942	6826
80102	80102			2897	69
241339	235441		5898	9655	160
1307523	1181717		125806	70555	10307
239093	223969		15124	15220	3808
161818	140612		21206	7111	2305
272375	239075		33300	11838	134
141769	103811		37958	10421	230
12500	11000		1500	470	200
21375	19966		1409	865	200
458593	443284		15309	24630	3430
33757	33526		231	610	200
33757	33526		231	610	200
525661	500363		25298	17332	2763
435774	412390		23384	15187	2413
89887	87973		1914	2145	350
5306486	**268515**	**74**	**5037971**	**386130**	**470878**
810655	22926	74	787729	78450	101882
346164	9820	74	336344	27124	33653
235257	7947		227310	34753	52643
229234	5159		224075	16573	15586
482022	15102		466920	33210	35166
82124	1160		80964	8221	7081
27719			27719	1584	707
23566			23566	574	572
65265	500		64765	2847	12498
98772	11953		86819	6518	3134
31334	680		30654	4324	1785
153242	809		152433	9142	9389
603065	33587		569478	43422	39676
84789	7080		77709	6372	3958
258733	5814		252919	18439	16766

1-3-2-12 续表 2

指标代码	法人单位数（个）	年末从业人员数（人）	商品购进总额	进口额
鞋帽零售	14	212	47948	
钟表、眼镜零售	11	100	22720	
化妆品及卫生用品零售	12	118	35323	
其他日用品零售	46	441	128000	
文化、体育用品及器材专门零售	62	482	189145	
文具用品零售	18	114	37560	
体育用品零售	3	50	15856	
图书零售	9	63	13657	
音像制品及电子出版物零售	1	4	3186	
珠宝首饰零售	21	188	70783	
工艺美术品及收藏品零售	5	37	25423	
照相器材零售	2	10	5000	
其他文化用品零售	3	16	17680	
医药及医疗器材专门零售	69	595	185047	
药品零售	59	541	146645	
医疗用品及器材零售	10	54	38402	
汽车、摩托车、燃料及零配件专门零售	388	2772	1224219	
汽车零售	31	295	167080	
汽车零配件零售	22	227	81048	
摩托车及零配件零售	113	816	374940	
机动车燃料零售	222	1434	601151	
家用电器及电子产品专门零售	233	1620	871279	
家用电器零售	101	763	358688	
计算机、软件及辅助设备零售	82	466	367976	
通信设备零售	32	281	86836	
其他电子产品零售	18	110	57779	
五金、家具及室内装修材料专门零售	127	1166	427644	
五金零售	38	243	105265	
家具零售	59	722	222927	
涂料零售	2	7	5205	
其他室内装修材料零售	28	194	94247	
无店铺及其他零售	83	739	220041	
邮购及电子销售	1	4	1319	
生活用燃料零售	39	326	101500	
花卉零售	4	82	15115	
其他未列明的零售	39	327	102107	

单位：千元

商品销售总额	批发额	出口额	零售额	年末商品库存总额	年末零售营业面积(平方米)
50013	309		49704	5566	4200
31673	2820		28853	1574	2309
36859	1500		35359	3443	1961
140998	16064		124934	8028	10482
202614	17272		185342	20767	8644
46389	5440		40949	4270	1329
17247	932		16315	2688	310
20111	2100		18011	1480	2000
3066			3066	180	40
77054	4340		72714	7946	3261
26053	2000		24053	1310	1204
4960	1460		3500	175	115
7734	1000		6734	2718	385
239206	8760		230446	15155	26203
200216	3560		196656	13593	24848
38990	5200		33790	1562	1355
1310153	32861		1277292	101299	117639
180490	2320		178170	16196	20878
84018	8165		75853	8533	7887
413032	8865		404167	31825	32223
632613	13511		619102	44745	56651
929713	97459		832254	54130	47615
378044	15131		362913	26861	26475
391356	67933		323423	17048	9257
100483	6520		93963	5777	9720
59830	7875		51955	4444	2163
483979	37672		446307	23588	65670
116859	13595		103264	7205	6301
253940	15806		238134	11816	54469
6035	1500		4535	465	170
107145	6771		100374	4102	4730
245079	2876		242203	16109	28383
1480			1480	102	16
115653	610		115043	6832	21363
13216			13216	2150	1385
114730	2266		112464	7025	5619

1-3-2-13 限额以下按登记注册类型分批发和

指标代码	法人单位数(个)	年末从业人员数(人)	商品购进总额	进口额
总　　计	**2785**	**32639**	**12193800**	**1010**
一、批发业	**1238**	**18189**	**7468707**	**1010**
2.按登记注册类型分组				
内资企业	1236	18134	7441691	1010
国有企业	214	5666	1504899	
集体企业	65	1814	366083	1010
股份合作企业	22	408	133683	
联营企业	8	99	31772	
集体联营企业	7	79	31372	
国有与集体联营企业	1	20	400	
有限责任公司	153	2215	1017124	
国有独资公司	6	118	83733	
其他有限责任公司	147	2097	933391	
股份有限公司	43	535	245915	
私营企业	674	6729	3894181	
私营独资企业	518	5157	2753304	
私营合伙企业	44	384	337253	
私营有限责任公司	70	881	545614	
私营股份有限公司	42	307	258010	
其他企业	57	668	248034	
港、澳、台商投资企业				
外商投资企业	2	55	27016	
中外合资经营企业	1	25	8456	
外商投资股份有限公司	1	30	18560	
二、零售业	**1547**	**14450**	**4725093**	
2.按登记注册类型分组				
内资企业	1545	14435	4716335	
国有企业	25	409	73317	
集体企业	67	1103	164317	
股份合作企业	16	150	38042	
联营企业	5	176	28081	
国有联营企业	1	15	6400	
集体联营企业	3	155	18058	
国有与集体联营企业	1	6	3623	
有限责任公司	92	1177	431665	
其他有限责任公司	92	1177	431665	
股份有限公司	28	524	93513	
私营企业	1236	10268	3678224	
私营独资企业	1026	8376	2977580	
私营合伙企业	69	798	191468	
私营有限责任公司	92	697	327478	
私营股份有限公司	49	397	181698	
其他企业	76	628	209176	
港、澳、台商投资企业	2	15	8758	
合资经营企业(港或澳、台资)	2	15	8758	
外商投资企业				

零售业法人企业商品购销存综合表

单位：千元

商品销售总额	批发额	出口额	零售额	年末商品库存总额	年末零售营业面积(平方米)
13399724	**7935939**	**234**	**5463785**	**1418200**	**552695**
8093238	**7667424**	**160**	**425814**	**1032070**	**81817**
8065088	7639274	160	425814	1030593	81817
1460208	1444989	82	15219	599523	11656
403026	386670		16356	42783	6689
153164	140722		12442	34288	
33175	32673		502	1045	269
32550	32048		502	925	269
625	625			120	
1115821	1028941		86880	123999	1744
95288	87296		7992	9571	
1020533	941645		78888	114428	1744
274140	274090		50	20353	150
4349948	4071691	78	278257	199767	44166
3120871	2918432	78	202439	121895	31754
363262	361902		1360	12110	4772
590099	532362		57737	48707	7320
275716	258995		16721	17055	320
275606	259498		16108	8835	17143
28150	28150			1477	
8483	8483			115	
19667	19667			1362	
5306486	**268515**	**74**	**5037971**	**386130**	**470878**
5295432	268515	74	5026917	385959	470722
83485			83485	5968	9967
191249	3624		187625	24703	15816
48861	3064		45797	4205	5350
31173	2532		28641	598	891
6900			6900	43	45
20600	2532		18068	255	636
3673			3673	300	210
477999	64589		413410	46541	34426
477999	64589		413410	46541	34426
112128	3145		108983	11349	26677
4082971	189829	74	3893142	267161	361126
3285338	98378	74	3186960	224519	313107
241501	8202		233299	16155	18785
358031	50134		307897	17929	22170
198101	33115		164986	8558	7064
267566	1732		265834	25434	16469
11054			11054	171	156
11054			11054	171	156

1-3-2-14 限额以下批发和零售业法人企业商品分类销售综合表

单位：千元

指标名称	销售额	批发额	零售额
总　　计	**13399724**	**7935939**	**5463785**
一、批发业	**8093238**	**7667424**	**425814**
1.粮油、食品、饮料烟酒类	2772310	2622005	151305
(1)粮油、食品类	2576933	2439886	138047
其中：粮油类	1112293	1085667	26626
肉禽蛋类	51352	49799	1553
水产品类	28266	24741	3325
蔬菜类	935091	868729	66362
干鲜果品类	61682	60470	1212
(2)饮料类	45529	36613	8916
(3)烟酒类	149848	145306	4342
2.服装、鞋帽、针纺织品类	94308	81205	13103
(1)服装类	40492	33091	7401
(2)鞋帽类	15927	13045	2882
(3)针、纺织品类	37889	35069	2820
3.化妆品类	4710	4570	140
4.金银珠宝类	2140	2140	
5.日用品类	133753	115207	18546
其中：洗涤用品类	46029	43308	2721
儿童玩具类	2809	2675	134
6.五金、电料类	198488	174942	23622
7.体育、娱乐用品类	1313	1300	13
8.书报杂志类	4575	3764	811
9.电子出版物及音像制品类	19111	17911	1200
10.家用电器和音像器材类	131460	101240	30220
11.中西药品类	305675	273679	32046
其中：西药类	40781	34488	6423
中草药及中成药类	221255	203563	16662
12.文化办公用品类	43025	35101	7924
13.家具类	4500	4500	
14.通讯器材类	27071	25662	1409
15.煤炭及制品类	132932	126393	6539
16.木材及制品类	55737	55737	
17.石油及制品类	30792	26792	4000
18.化工材料及制品类	743871	734679	
其中：化肥类	421892	412600	
19.金属材料类	959771	955038	
20.建筑及装潢材料类	384720	356763	27957
21.机电产品及设备类	772194	730280	41074
其中：农机类	208297	208297	
22.汽车类	143391	121448	21943
23.种子饲料类	252860	250420	
24.棉麻类	243630	237500	6030
25.其他类	630901	609148	29535

1-3-2-14 续表

单位：千元

指标名称	销售额	批发额	零售额
二、零售业	**5306486**	**268515**	**5037971**
1.粮油、食品、饮料烟酒类	838606	20677	799335
(1)粮油、食品类	409723	4086	387043
其中：粮油类	184777	1160	164897
肉禽蛋类	82473	610	81963
水产品类	8612		8612
蔬菜类	12981		12981
干鲜果品类	26080		26080
(2)饮料类	169661	4100	165561
(3)烟酒类	259222	12491	246731
2.服装、鞋帽、针纺织品类	534259	15969	518164
(1)服装类	367828	10100	357602
(2)鞋帽类	74728	1389	73339
(3)针、纺织品类	91703	4480	87223
3.化妆品类	54055	500	53555
4.金银珠宝类	95669	5340	90329
5.日用品类	324792	29572	313940
其中：洗涤用品类	78747	1124	96343
儿童玩具类	23060		23060
6.五金、电料类	144697	14257	130440
7.体育、娱乐用品类	13506	932	12574
8.书报杂志类	13775	2100	11675
9.电子出版物及音像制品类	13330	1200	12130
10.家用电器和音像器材类	499681	18573	481108
11.中西药品类	243049	8760	234489
其中：西药类	143958	5075	134864
中草药及中成药类	47281	45	47236
12.文化办公用品类	427666	79460	346406
13.家具类	250040	11306	238734
14.通讯器材类	100654	7520	92934
15.煤炭及制品类	19201		19201
16.木材及制品类			
17.石油及制品类	698590	13651	684940
18.化工材料及制品类	4185	3175	
其中：化肥类	2709	2599	
19.金属材料类			
20.建筑及装潢材料类	143309	12559	130750
21.机电产品及设备类	396693	11130	386897
其中：农机类			
22.汽车类	304050	8220	295830
23.种子饲料类	250	150	
24.棉麻类			
25.其他类	186429	3464	182995

1-3-2-15 限额以下按行业分批发和零

指标名称	法人企业数(个)	执行2006年《企业会计准则》企业数（个）	年初存货	年末存货
总　　计	**2785**	**1424**	**1169767**	**1388404**
一、批发业	**1238**	**711**	**801983**	**1010577**
1.按批发行业小类分组				
农畜产品批发	279	155	308083	542750
谷物、豆及薯类批发	130	95	221990	278024
种子、饲料批发	55	25	14299	183006
棉、麻批发	32	19	41615	43348
牲畜批发	37	2	191	220
其他农畜产品批发	25	14	29988	38152
食品、饮料及烟草制品批发	215	122	276660	237462
米、面制品及食用油批发	72	28	154020	181327
糕点、糖果及糖批发	11	5	2449	2843
果品、蔬菜批发	55	48	14841	17947
肉、禽、蛋及水产品批发	30	11	1441	1485
盐及调味品批发	14	11	8799	9588
饮料及茶叶批发	7	5	2450	1019
烟草制品批发	3	2	240	64
其他食品批发	23	12	92420	23189
纺织、服装及日用品批发	38	26	10410	10424
纺织品、针织品及原料批发	14	10	4455	4853
服装批发	4	2	625	670
鞋帽批发	1		100	100
厨房、卫生间用具及日用杂货批发	5	5	1161	1002
化妆品及卫生用品批发				
其他日用品批发	14	9	4069	3799
文化、体育用品及器材批发	15	4	2123	2469
文具用品批发	6	3	586	610
体育用品批发	2	1	800	1100
图书批发	3		584	611
首饰、工艺品及收藏品批发	3		93	96
其他文化用品批发	1		60	52
医药及医疗器材批发	42	34	14531	14942
西药批发	9	8	1182	1338
中药材及中成药批发	21	16	10816	11187
医疗用品及器材批发	12	10	2533	2417
矿产品、建材及化工产品批发	365	227	110662	116379
煤炭及制品批发	17	8	5736	8148

售业法人企业财务状况表（一）

单位：千元

固定资产原价	本年折旧	营业收入合计	主营业务收入	营业成本	主营业务成本
2914039	**145797**	**11052173**	**11039521**	**9058108**	**8965089**
1556342	**75994**	**6829127**	**6817583**	**5731327**	**5643801**
641083	27060	1191789	1184771	976320	957851
295425	19554	582739	576046	459693	444957
199445	2467	158198	157913	121297	121152
96085	936	228731	228691	207081	207081
14017	1250	56105	56105	49111	46911
36111	2853	166016	166016	139138	137750
254937	17826	1649377	1648022	1372996	1355300
103378	5794	402216	402216	339419	337260
11299	1259	40772	40772	34031	34031
69914	5598	803358	802738	692919	692199
16430	654	49646	49526	38912	38912
19222	1346	103745	103745	80175	80175
4485	368	89545	88930	69828	69212
1390	17	8686	8686	5800	5800
28819	2790	151409	151409	111912	97711
53330	1960	159964	159964	125765	125594
29572	611	46617	46617	32414	32414
1775	46	9787	9787	7977	7806
2300	715	11500	11500	6300	6300
6118	142	23635	23635	19667	19667
13565	446	68425	68425	59407	59407
9291	328	39107	39107	33446	33446
747	15	24756	24756	23273	23273
800	177	4100	4100	2310	2310
2784	68	4464	4464	2825	2825
4850	58	4197	4197	3567	3567
110	10	1590	1590	1471	1471
40289	1441	293982	293982	254838	254838
15701	232	24645	24645	18956	18956
18092	1065	226590	226590	197711	197711
6496	144	42747	42747	38171	38171
351365	17596	1945420	1943128	1627107	1612356
42165	4497	106367	105867	92453	84926

1-3-2-15（一） 续表 1

指标名称	法人企业数（个）	执行2006年《企业会计准则》企业数（个）	年初存货	年末存货
石油及制品批发	14	9	1699	2092
非金属矿及制品批发	10	10	2292	2322
金属及金属矿批发	86	61	29927	30053
建材批发	90	62	30367	33704
化肥批发	86	49	20728	18829
农药批发	20	6	1666	1917
其他化工产品批发	42	22	18247	19314
机械设备、五金交电及电子产品批发	197	88	59015	67980
农业机械批发	37	22	14298	14213
汽车、摩托车及零配件批发	19	12	7065	7022
五金、交电批发	42	16	10769	12081
家用电器批发	15	9	6996	11875
计算机、软件及辅助设备批发	4		475	470
通讯及广播电视设备批发	5	1	637	537
其他机械设备及电子产品批发	75	28	18775	21782
贸易经纪与代理	13	7	1103	1023
贸易经纪与代理	13	7	1103	1023
其他批发	74	48	19396	17148
再生物资回收与批发	59	39	17036	15055
其他未列明的批发	15	9	2360	2093
二、零售业	**1547**	**713**	**367784**	**377827**
1.按零售行业小类分组				
综合零售	264	111	79137	85149
百货零售	96	42	27527	32651
超级市场零售	85	37	34305	35338
其他综合零售	83	32	17305	17160
食品、饮料及烟草制品专门零售	147	60	26032	28270
粮油零售	26	9	7881	7212
糕点、面包零售	9	3	1000	1135
果品、蔬菜零售	4	2	365	574
肉、禽、蛋及水产品零售	20	8	3089	3165
饮料及茶叶零售	23	15	4884	6600
烟草制品零售	8	7	776	977
其他食品零售	57	16	8037	8607
纺织、服装及日用品专门零售	174	70	41396	40422
纺织品及针织品零售	22	12	4180	5037
服装零售	69	15	21436	20256

单位：千元

固定资产原价	本年折旧	营业收入合计	主营业务收入	营业成本	主营业务成本
14691	292	35916	34316	29839	25734
9890	344	65982	65982	54651	54651
71871	2571	665811	665811	595646	593646
97196	2580	464272	464095	394072	394072
77650	5073	352598	352583	251781	251773
8368	577	55932	55932	38406	38045
29534	1662	198542	198542	170259	169509
157867	5918	1053412	1052536	932424	912910
41175	1011	196681	195805	164081	159496
14204	571	132993	132993	115823	115823
21694	1323	223466	223466	202286	199986
5884	226	111635	111635	103653	103653
2890	95	7360	7360	5990	5990
23015	270	18146	18146	15652	15652
49005	2422	363131	363131	324939	312310
5722	73	26109	26109	15761	15761
5722	73	26109	26109	15761	15761
42458	3792	469967	469964	392670	375745
33310	3335	392730	392727	334457	320412
9148	457	77237	77237	58213	55333
1357697	**69803**	**4223046**	**4221938**	**3326781**	**3321288**
309786	24355	675337	675266	498281	498186
97882	7051	294649	294618	208523	208438
153718	10980	198831	198791	149702	149692
58186	6324	181857	181857	140056	140056
135533	5294	398058	397740	315101	314896
24966	684	65785	65769	49166	49090
3820	143	20308	20250	16689	16689
1400	150	17020	17016	16134	16129
32770	1596	49862	49757	39904	39850
18713	231	82451	82316	70534	70534
2255	88	28665	28665	26983	26983
51609	2402	133967	133967	95691	95621
143845	4317	457988	457928	369283	366985
11734	208	63295	63295	53206	53206
72609	2404	197287	197287	157443	157443

1-3-2-15（一） 续表 2

指标名称	法人企业数（个）	执行2006年《企业会计准则》企业数（个）	年初存货	年末存货
鞋帽零售	14	9	5267	5566
钟表、眼镜零售	11	3	1711	1763
化妆品及卫生用品零售	12	6	3737	3042
其他日用品零售	46	25	5065	4758
文化、体育用品及器材专门零售	62	32	20100	20345
文具用品零售	18	11	4336	4430
体育用品零售	3	1	919	2338
图书零售	9	4	1496	1620
音像制品及电子出版物零售	1		160	180
珠宝首饰零售	21	12	8519	8190
工艺美术品及收藏品零售	5	2	1628	694
照相器材零售	2	1	325	175
其他文化用品零售	3	1	2717	2718
医药及医疗器材专门零售	69	36	13607	14878
药品零售	59	30	12072	13329
医疗用品及器材零售	10	6	1535	1549
汽车、摩托车、燃料及零配件专门零售	388	226	94605	95323
汽车零售	31	21	19347	17059
汽车零配件零售	22	12	4738	6490
摩托车及零配件零售	113	75	29152	31350
机动车燃料零售	222	118	41368	40424
家用电器及电子产品专门零售	233	84	50484	51311
家用电器零售	101	41	26673	27104
计算机、软件及辅助设备零售	82	29	14297	13960
通信设备零售	32	7	6121	6427
其他电子产品零售	18	7	3393	3820
五金、家具及室内装修材料专门零售	127	44	25960	24499
五金零售	38	14	8202	7818
家具零售	59	18	11713	11562
涂料零售	2		238	203
其他室内装修材料零售	28	12	5807	4916
无店铺及其他零售	83	50	16463	17630
邮购及电子销售	1	1	19	24
生活用燃料零售	39	22	9179	9066
花卉零售	4	1	880	1100
其他未列明的零售	39	26	6385	7440

单位：千元

固定资产原价	本年折旧	营业收入合计	主营业务收入	营业成本	主营业务成本
17235	567	44346	44346	34617	34617
7368	384	23466	23466	18711	18711
11168	161	30410	30410	23034	23034
23731	593	99184	99124	82272	79974
42867	857	148120	148120	120251	119295
5137	286	35506	35506	29417	29277
2307	12	13807	13807	11204	11204
5311	172	15735	15735	11376	11376
220	2	3054	3054	2980	2980
25178	262	61594	61594	49528	48712
2973	80	11366	11366	9616	9616
600	30	2460	2460	2155	2155
1141	13	4598	4598	3975	3975
58219	6125	187196	187196	141506	141506
54479	5582	159602	159602	118013	118013
3740	543	27594	27594	23493	23493
328573	10803	1081346	1081320	867228	866059
22799	578	149056	149056	132324	132324
12177	441	65768	65768	55000	55000
107070	3336	339223	339223	241558	241518
186527	6448	527299	527273	438346	437217
162914	6333	710678	710531	597299	596819
91171	3686	306443	306348	248157	248157
36298	1304	279120	279068	247268	246788
28647	1086	78173	78173	60676	60676
6798	257	46942	46942	41198	41198
102581	6745	361715	361639	256190	256170
26040	2319	92087	92087	66039	66019
56472	3378	177248	177248	130285	130285
220	12	2940	2940	2645	2645
19849	1036	89440	89364	57221	57221
73379	4974	202608	202198	161642	161372
45		1265	1265	558	558
44297	806	96606	96396	77236	77066
3780	111	11548	11548	7745	7745
25257	4057	93189	92989	76103	76003

1-3-2-15 限额以下按行业分批发和零

指标名称	营业税金及附加	主营业务税金及附加	主营业务利润	其他业务利润
总　计	**173533**	**135360**	**1847284**	**35048**
一、批发业	**115424**	**79086**	**1012972**	**27739**
1.按批发行业小类分组				
农畜产品批发	20917	12814	197649	21623
谷物、豆及薯类批发	7975	4257	112043	19914
种子、饲料批发	3500	2875	35065	1186
棉、麻批发	5510	2586	18460	195
牲畜批发	647	625	6347	
其他农畜产品批发	3285	2471	25734	328
食品、饮料及烟草制品批发	28649	27022	241649	2757
米、面制品及食用油批发	12363	11051	50408	914
糕点、糖果及糖批发	265	265	5307	65
果品、蔬菜批发	11951	11829	96052	720
肉、禽、蛋及水产品批发	1367	1367	8841	680
盐及调味品批发	651	538	20935	18
饮料及茶叶批发	269	257	19449	8
烟草制品批发	226	226	2717	352
其他食品批发	1557	1489	37940	
纺织、服装及日用品批发	3007	2067	32442	75
纺织品、针织品及原料批发	1233	768	13820	25
服装批发	115	102	1695	
鞋帽批发	20	20	5180	10
厨房、卫生间用具及日用杂货批发	232	170	3736	
化妆品及卫生用品批发				
其他日用品批发	1407	1007	8011	40
文化、体育用品及器材批发	522	472	5189	118
文具用品批发	221	171	1312	
体育用品批发	212	212	1578	13
图书批发	45	45	1594	105
首饰、工艺品及收藏品批发	39	39	591	
其他文化用品批发	5	5	114	
医药及医疗器材批发	2587	2582	36488	
西药批发	214	214	5414	
中药材及中成药批发	2174	2173	26705	
医疗用品及器材批发	199	195	4369	
矿产品、建材及化工产品批发	41339	20628	302263	2181
煤炭及制品批发	2031	1281	12590	11

售业法人企业财务状况表（二）

单位：千元

营业费用、管理费用、财务费用合计	税金	利息支出	营业利润	职工工资和福利费	本年应交增值税	资产总计
774200	**48216**	**47098**	**1146501**	**352916**	**153175**	**5722569**
509025	**28973**	**32319**	**568230**	**197354**	**74969**	**3526900**
131773	9035	10144	98017	59097	15410	1124018
101360	5544	5403	40579	29901	6457	757521
11898	2431	2416	25356	7326	3720	103059
7791	550	1402	11033	13040	1118	161733
2012	181	286	4335	4013	2617	19276
8712	329	637	16714	4817	1498	82429
138369	4053	9616	126097	46861	14685	553183
34689	789	4505	19237	12584	3179	292845
2432	136	72	2939	1251	487	13255
60252	1146	3590	52338	14142	3777	107178
2628	535	270	5668	3233	1284	19895
21243	734	655	1364	9246	1916	34440
7445	59	120	12012	1493	1003	12050
1165	30		1200	819	237	1840
8515	624	404	31339	4093	2802	71680
12471	1598	1284	19874	4538	2921	96712
4981	1228	964	8729	2092	1256	33530
740	71	26	955	352	130	26334
50	3		5140	175	836	3700
2426	157	171	1311	471	176	9982
4274	139	123	3739	1448	523	23166
1827	210	85	3285	1383	729	19632
773	90	45	394	317	174	5619
234	105		1307	338	30	3200
538	10		1161	274	140	5062
186	4	40	405	424	335	5471
96	1		18	30	50	280
24830	633	291	13946	5151	736	79490
2017	106	50	3459	955	173	31337
20043	307	225	8757	2628	448	32027
2770	220	16	1730	1568	115	16126
107223	10310	6382	193349	43733	27249	951294
5685	215	310	6927	1435	1098	99099

1-3-2-15（二） 续表 1

指标名称	营业税金及附加	主营业务税金及附加	主营业务利润	其他业务利润
石油及制品批发	359	183	4879	952
非金属矿及制品批发	921	821	10510	
金属及金属矿批发	9036	5099	64664	477
建材批发	18822	5761	71217	160
化肥批发	7666	5019	95208	571
农药批发	874	874	17013	10
其他化工产品批发	1630	1590	26182	
机械设备、五金交电及电子产品批发	11513	7753	111789	806
农业机械批发	3409	2015	29929	475
汽车、摩托车及零配件批发	1023	1023	15147	30
五金、交电批发	2591	1261	19576	20
家用电器批发	1018	568	7414	
计算机、软件及辅助设备批发	92	92	1278	
通讯及广播电视设备批发	547	247	2247	
其他机械设备及电子产品批发	2833	2547	36198	281
贸易经纪与代理	501	501	9788	
贸易经纪与代理	501	501	9788	
其他批发	6389	5247	75715	179
再生物资回收与批发	5675	4534	57405	179
其他未列明的批发	714	713	18310	
二、零售业	**58109**	**56274**	**834312**	**7309**
1.按零售行业小类分组				
综合零售	11012	10687	164532	2374
百货零售	3774	3619	82506	203
超级市场零售	3924	3842	43513	1813
其他综合零售	3314	3226	38513	358
食品、饮料及烟草制品专门零售	4080	4051	77920	968
粮油零售	830	829	15800	146
糕点、面包零售	258	258	3293	
果品、蔬菜零售	31	25	862	8
肉、禽、蛋及水产品零售	488	466	9372	53
饮料及茶叶零售	407	407	10957	
烟草制品零售	81	81	1349	748
其他食品零售	1985	1985	36287	13
纺织、服装及日用品专门零售	7804	7238	81555	155
纺织品及针织品零售	754	675	9335	12
服装零售	3451	3361	36474	3

单位：千元

营业费用、管理费用、财务费用合计	税金	利息支出	营业利润	职工工资和福利费	本年应交增值税	资产总计
2138	84	50	3670	2983	632	49550
4343	386	326	6051	1905	989	12980
31859	1424	829	32811	10023	3779	265677
26389	1258	1356	41631	11038	4972	248070
13483	3038	1083	81629	9525	8910	189162
7682	3362	1672	9341	1878	2354	16392
15644	543	756	11289	4946	4515	70364
55832	1765	2810	63758	23955	6503	550247
11870	589	546	18563	7067	1284	109305
6615	355	53	8123	1983	587	42339
9552	212	125	10353	4240	761	153195
4355	16	81	3059	1724	600	59655
414	3	5	864	343	106	3730
339	7		1908	574	240	24270
22687	583	2000	20888	8024	2925	157753
2946	60	115	6841	1813	266	14135
2946	60	115	6841	1813	266	14135
33754	1309	1592	43063	10823	6470	138189
28432	1141	1310	30676	9737	5455	113536
5322	168	282	12387	1086	1015	24653
265175	**19243**	**14779**	**578271**	**155562**	**78206**	**2195669**
53103	4569	3021	115943	36391	18471	447111
23161	1114	1142	62096	14432	9034	142431
16121	2547	1277	29174	12955	5143	222561
13821	908	602	24673	9004	4294	82119
28338	1009	1205	51209	12045	8068	207986
7109	243	382	9138	2317	1439	43950
1084	63	45	2209	578	218	6470
387	18	9	483	236	4	2108
1411	125	38	8054	1475	1177	38704
6046	117	424	4847	2138	1323	29915
892	119	20	1437	1168	639	6840
11409	324	287	25041	4133	3268	79999
23154	1648	611	58439	22105	7233	290917
3812	281	37	5535	2657	751	32695
9521	751	296	26856	10534	3741	122402

1-3-2-15（二） 续表 2

指标名称	营业税金及附加	主营业务税金及附加	主营业务利润	其他业务利润
鞋帽零售	584	584	9145	
钟表、眼镜零售	634	624	4221	
化妆品及卫生用品零售	412	412	6954	
其他日用品零售	1969	1582	15426	140
文化、体育用品及器材专门零售	1925	1890	27049	
文具用品零售	487	481	6602	
体育用品零售	91	91	2512	
图书零售	166	166	4193	
音像制品及电子出版物零售	4	4	70	
珠宝首饰零售	639	610	11432	
工艺美术品及收藏品零售	301	301	1559	
照相器材零售	117	117	178	
其他文化用品零售	120	120	503	
医药及医疗器材专门零售	1687	1597	42917	165
药品零售	1464	1382	39041	165
医疗用品及器材零售	223	215	3876	
汽车、摩托车、燃料及零配件专门零售	14752	14186	198431	3126
汽车零售	856	844	15858	150
汽车零配件零售	658	655	10417	
摩托车及零配件零售	3496	3248	94086	445
机动车燃料零售	9742	9439	78070	2531
家用电器及电子产品专门零售	9146	9003	103961	282
家用电器零售	4472	4341	53625	120
计算机、软件及辅助设备零售	2559	2548	29110	-8
通信设备零售	1620	1619	15977	170
其他电子产品零售	495	495	5249	
五金、家具及室内装修材料专门零售	5086	5016	99715	149
五金零售	873	873	25257	149
家具零售	3245	3175	43716	
涂料零售	21	21	274	
其他室内装修材料零售	947	947	30468	
无店铺及其他零售	2617	2606	38232	90
邮购及电子销售	11	11	696	
生活用燃料零售	1310	1299	18040	45
花卉零售	212	212	3591	
其他未列明的零售	1084	1084	15905	45

单位：千元

营业费用、管理费用、财务费用合计	税金	利息支出	营业利润	职工工资和福利费	本年应交增值税	资产总计
1785	104	78	7360	2651	895	24367
1682	69	20	2539	1265	314	13826
1520	154	58	5534	1330	662	17364
4834	289	122	10615	3668	870	80263
9795	345	268	17396	5969	2189	77112
2559	100	39	4054	1720	668	14931
1315	42		1197	491	138	6093
948	23	32	3245	841	536	7771
18			52	53	12	320
3815	171	191	7748	2136	805	35656
686	7	3	873	413		7580
81	2		97	110		650
373		3	130	205	30	4111
10360	890	478	32845	6148	4727	78648
9019	820	445	30310	5444	4379	69284
1341	70	33	2535	704	348	9364
60151	5946	5063	138514	31659	17982	516903
7867	235	312	8135	4247	2260	93359
3392	220	322	7026	2249	438	31259
13421	2101	1899	80542	9761	9616	143445
35471	3390	2530	42811	15402	5668	248840
40155	1989	1303	64220	20160	9307	296910
15746	1172	839	37958	8724	5035	155113
16620	357	189	12663	6738	1943	93233
4850	326	162	11302	3426	2074	32600
2939	134	113	2297	1272	255	15964
24292	1707	1825	76009	13649	8559	206830
6732	331	246	18469	2752	2432	50831
11850	1013	953	31888	8583	4441	116834
208	1		66	94	17	1050
5502	362	626	25586	2220	1669	38115
15827	1140	1005	23696	7436	1670	73252
482	10		214	50	6	80
6633	701	515	12653	3251	723	41404
1733	17	65	1858	503	321	5796
6979	412	425	8971	3632	620	25972

1-3-2-15 限额以下按行业分批发和零

指标名称	所有者权益合计	实收资本	国家资本	集体资本
总　　计	**3219357**	**3009117**	**337362**	**162907**
一、批发业	**1909581**	**1745155**	**286760**	**92184**
1.按批发行业小类分组				
农畜产品批发	519940	433855	146561	24643
谷物、豆及薯类批发	287024	206980	122968	5259
种子、饲料批发	67096	73461	20923	1960
棉、麻批发	95147	88529	85	17134
牲畜批发	16575	16575		
其他农畜产品批发	54098	48310	2585	290
食品、饮料及烟草制品批发	270349	245635	69607	15867
米、面制品及食用油批发	130553	117082	55954	2000
糕点、糖果及糖批发	8066	7950	3050	
果品、蔬菜批发	58301	57452		11307
肉、禽、蛋及水产品批发	12805	12254	5504	870
盐及调味品批发	10375	6878	3809	780
饮料及茶叶批发	9950	5450		
烟草制品批发	926	726	86	
其他食品批发	39373	37843	1204	910
纺织、服装及日用品批发	45439	43957	18004	1008
纺织品、针织品及原料批发	24413	21819	10004	
服装批发	3450	2285		80
鞋帽批发	300	300		
厨房、卫生间用具及日用杂货批发	2329	2309		309
化妆品及卫生用品批发				
其他日用品批发	14947	17244	8000	619
文化、体育用品及器材批发	14887	14387	4107	1610
文具用品批发	4066	3900	500	
体育用品批发	2300	2300		
图书批发	4062	4062	362	1500
首饰、工艺品及收藏品批发	4179	3875	3245	110
其他文化用品批发	280	250		
医药及医疗器材批发	56227	55206	9200	4500
西药批发	16802	18440	9200	4500
中药材及中成药批发	28142	26366		
医疗用品及器材批发	11283	10400		
矿产品、建材及化工产品批发	578969	550186	32124	25816
煤炭及制品批发	46874	46083	5735	1450

售业法人企业财务状况表（三）

单位：千元

法人资本	个人资本	港澳台资本	外商资本	全部从业人员年平均人数(人)	资产减值损失	公允价值变动收益	投资收益
456758	**2045989**	**2530**	**3571**	**32291**	**68**		**2022**
339561	**1020791**	**2510**	**3349**	**17867**	**68**		**-8**
17834	243817	1000		5440			
3925	74828			2359			
2059	48519			935			
11600	58710	1000		1435			
	16575			327			
250	45185			384			
53442	105886		833	3965			
24250	34878			1360			
	4900			103			
	45318		827	887			
	5880			336			
1026	1263			758			
1100	4350			169			
	640			88			
27066	8657		6	264			
1250	23695			447			
500	11315			219			
	2205			42			
	300			12			
200	1800			39			
550	8075			135			
520	8150			142			
	3400			25			
	2300			32			
	2200			39			
520				43			
	250			3			
6000	35506			445			
2000	2740			137			
1800	24566			171			
2200	8200			137			
133940	355796	10	2500	4438	20		
3675	35223			248			

1-3-2-15（三） 续表 1

指标名称	所有者权益合计	实收资本	国家资本	集体资本
石油及制品批发	28474	27943	315	300
非金属矿及制品批发	9182	8442		2530
金属及金属矿批发	182282	174231	6057	1150
建材批发	127223	116066	4468	4343
化肥批发	141736	137526	13672	9130
农药批发	6393	5968	67	2883
其他化工产品批发	36805	33927	1810	4030
机械设备、五金交电及电子产品批发	326164	311406	5736	14640
农业机械批发	78342	77382	1126	2750
汽车、摩托车及零配件批发	27751	26820		8000
五金、交电批发	70370	67930	700	2000
家用电器批发	43108	42310		300
计算机、软件及辅助设备批发	2910	2800		
通讯及广播电视设备批发	22725	21968		
其他机械设备及电子产品批发	80958	72196	3910	1590
贸易经纪与代理	9389	8780		2320
贸易经纪与代理	9389	8780		2320
其他批发	88217	81743	1421	1780
再生物资回收与批发	75378	70420	1321	1180
其他未列明的批发	12839	11323	100	600
二、零售业	**1309776**	**1263962**	**50602**	**70723**
1.按零售行业小类分组				
综合零售	202619	228132	18052	11036
百货零售	104966	97573	2773	5410
超级市场零售	40409	76103	15279	812
其他综合零售	57244	54456		4814
食品、饮料及烟草制品专门零售	122001	124273	8866	4738
粮油零售	18025	20666	7907	2255
糕点、面包零售	4830	4490		
果品、蔬菜零售	1813	1806		
肉、禽、蛋及水产品零售	21654	21083	350	
饮料及茶叶零售	9980	11765	115	
烟草制品零售	2948	2887	494	663
其他食品零售	62751	61576		1820
纺织、服装及日用品专门零售	198587	185998	5600	32906
纺织品及针织品零售	23438	20126	950	2576
服装零售	73108	69479	150	

单位：千元

				全部从业人员年平均人数(人)	资产减值损失	公允价值变动收益	投资收益
法人资本	个人资本	港澳台资本	外商资本				
18962	8366			296			
100	5812			144			
78410	88614			828	3		
9910	94835	10	2500	932	16		
8419	106305			1413			
1040	1978			204			
13424	14663			373	1		
94786	194728	1500	16	1954	48		-8
29850	43640		16	544			
4000	14820			149			
28380	36850			330			
10600	31410			149			
600	2200			28			
1100	20868			41			
20256	44940	1500		713	48		-8
4690	1770			160			
4690	1770			160			
27099	51443			876			
23599	44320			779			
3500	7123			97			
117197	**1025198**	**20**	**222**	**14424**			**2030**
17436	181588	20		3616			
1828	87562			1480			
11868	48124	20		1261			
3740	45902			875			
5073	105596			1287			
1205	9299			276			
	4490			56			
	1806			35			
1163	19570			188			
500	11150			184			
80	1650			113			
2125	57631			435			
13765	133527		200	2113			2030
1690	14910			292			
9615	59514		200	973			2030

1-3-2-15（三） 续表 2

指标名称	所有者权益合计	实收资本	国家资本	集体资本
鞋帽零售	20551	18513		
钟表、眼镜零售	9506	8797		229
化妆品及卫生用品零售	8180	7846		
其他日用品零售	63804	61237	4500	30101
文化、体育用品及器材专门零售	46679	44443	300	1821
文具用品零售	10861	10126		1061
体育用品零售	3109	3100		
图书零售	5628	5130		600
音像制品及电子出版物零售	250	200		
珠宝首饰零售	23933	23219	300	
工艺美术品及收藏品零售	1608	1558		
照相器材零售	650	600		
其他文化用品零售	640	510		160
医药及医疗器材专门零售	57512	56048	8825	3700
药品零售	51740	50537	8825	3700
医疗用品及器材零售	5772	5511		
汽车、摩托车、燃料及零配件专门零售	317143	280903	1050	6925
汽车零售	49900	38707	1000	
汽车零配件零售	16041	14156		200
摩托车及零配件零售	83357	81926		4500
机动车燃料零售	167845	146114	50	2225
家用电器及电子产品专门零售	187170	173685	175	1754
家用电器零售	103212	95812	85	114
计算机、软件及辅助设备零售	48430	43711		970
通信设备零售	24522	23862		
其他电子产品零售	11006	10300	90	670
五金、家具及室内装修材料专门零售	129765	125972	7604	5413
五金零售	35693	33709	2550	4031
家具零售	71607	71003	5054	1382
涂料零售	819	800		
其他室内装修材料零售	21646	20460		
无店铺及其他零售	48300	44508	130	2430
邮购及电子销售	50	41		
生活用燃料零售	27981	25959		1830
花卉零售	4846	3580		
其他未列明的零售	15423	14928	130	600

单位：千元

法人资本	个人资本	港澳台资本	外商资本	全部从业人员年平均人数(人)	资产减值损失	公允价值变动收益	投资收益
	18513			206			
1340	7228			104			
	7846			121			
1120	25516			417			
5968	36332		22	478			
1000	8065			114			
	3100			50			
400	4130			63			
	200			4			
3557	19362			188			
1011	525		22	35			
	600			10			
	350			14			
8981	34542			588			
8181	29831			532			
800	4711			56			
32061	240867			2796			
11570	26137			304			
2775	11181			228			
3470	73956			811			
14246	129593			1453			
19461	152295			1631			
7371	88242			761			
7460	35281			473			
2100	21762			283			
2530	7010			114			
10594	102361			1185			
6454	20674			254			
2960	61607			718			
	800			7			
1180	19280			206			
3858	38090			730			
	41			4			
1658	22471			318			
	3580			82			
2200	11998			326			

1-3-2-16 限额以下按登记注册类型分批发

指标名称	法人企业数(个)	执行2006年《企业会计准则》企业数(个)	年初存货	年末存货
总　　计	**2785**	**1424**	**1169767**	**1388404**
一、批发业	**1238**	**711**	**801983**	**1010577**
2.按登记注册类型分组				
内资企业	1236	709	800265	1008065
国有企业	214	137	459108	487912
集体企业	65	42	44520	42287
股份合作企业	22	20	4886	4491
联营企业	8	5	1137	1130
集体联营企业	7	4	937	930
国有与集体联营企业	1	1	200	200
有限责任公司	153	95	78762	87357
国有独资公司	6	6	13317	15455
其他有限责任公司	147	89	65445	71902
股份有限公司	43	32	18136	19081
私营企业	674	343	183207	358364
私营独资企业	518	242	102795	276168
私营合伙企业	44	24	13003	11219
私营有限责任公司	70	43	50009	52529
私营股份有限公司	42	34	17400	18448
其他企业	57	35	10509	7443
港、澳、台商投资企业				
外商投资企业	2	2	1718	2512
中外合资经营企业	1	1	256	1150
外商投资股份有限公司	1	1	1462	1362
二、零售业	**1547**	**713**	**367784**	**377827**
2.按登记注册类型分组				
内资企业	1545	711	367458	377476
国有企业	25	16	4669	4577
集体企业	67	42	22960	22295
股份合作企业	16	11	3727	3474
联营企业	5	1	341	338
国有联营企业	1		12	15
集体联营企业	3		19	23
国有与集体联营企业	1	1	310	300
其他联营企业				
有限责任公司	92	55	41745	42730
其他有限责任公司	92	55	41745	42730
股份有限公司	28	18	12989	11707
私营企业	1236	509	257267	267254
私营独资企业	1026	405	213108	222106
私营合伙企业	69	36	19090	20327
私营有限责任公司	92	48	15931	16090
私营股份有限公司	49	20	9138	8731
其他企业	76	59	23760	25101
港、澳、台商投资企业	2	2	326	351
合资经营企业(港或澳、台资)	2	2	326	351
外商投资企业				

和零售业法人企业财务状况表（一）

单位：千元

固定资产原价	本年折旧	营业收入合计	主营业务收入	营业成本	主营业务成本
2914039	**145797**	**11052173**	**11039521**	**9058108**	**8965089**
1556342	**75994**	**6829127**	**6817583**	**5731327**	**5643801**
1552652	75915	6802210	6790666	5706748	5619222
483433	32049	1149339	1139533	927969	886324
94074	4092	293413	293413	250651	236437
15762	857	120837	120837	73989	73989
8971	864	28137	28137	24530	24530
7930	859	27912	27912	24358	24358
1041	5	225	225	172	172
164289	6415	981216	980561	852707	850062
36890	720	81422	81422	72876	72876
127399	5695	899794	899139	779831	777186
92832	1575	222966	222966	193054	193054
652391	27958	3769823	3768740	3203449	3174427
497236	17621	2756901	2756438	2314227	2304345
45276	3672	309585	309585	269501	269501
86425	5931	473464	472844	418195	399055
23454	734	229873	229873	201526	201526
40900	2105	236479	236479	180399	180399
3690	79	26917	26917	24579	24579
3560	64	7250	7250	6390	6390
130	15	19667	19667	18189	18189
1357697	**69803**	**4223046**	**4221938**	**3326781**	**3321288**
1357300	69793	4218896	4217788	3324241	3318748
43519	791	62887	62871	49647	49621
52917	3791	160901	160641	132054	129466
16320	1423	40138	40138	28972	28156
1275	88	11720	11720	9589	9589
450	23	2300	2300	1800	1800
560	44	6280	6280	4926	4926
265	21	3140	3140	2863	2863
84953	9786	376334	376179	331037	330557
84953	9786	376334	376179	331037	330557
85614	1870	80075	80075	65811	65794
1013854	49040	3261737	3261060	2540457	2538891
889969	40695	2673407	2672896	2029141	2027711
58262	4759	206361	206281	174556	174508
44907	2330	248538	248476	218451	218448
20716	1256	133431	133407	118309	118224
58848	3004	225104	225104	166674	166674
397	10	4150	4150	2540	2540
397	10	4150	4150	2540	2540

1-3-2-16 限额以下按登记注册类型分批发

指标名称	营业税金及附加	主营业务税金及附加	主营业务利润	其他业务利润
总　　计	**173533**	**135360**	**1847284**	**35048**
一、批发业	**115424**	**79086**	**1012972**	**27739**
2.按登记注册类型分组				
内资企业	115424	79086	1011964	27739
国有企业	31602	16950	196130	22141
集体企业	2649	2090	43296	384
股份合作企业	1891	780	44520	
联营企业	212	203	3395	184
集体联营企业	202	202	3352	184
国有与集体联营企业	10	1	43	
有限责任公司	8007	6639	116873	1269
国有独资公司	462	462	8084	
其他有限责任公司	7545	6177	108789	1269
股份有限公司	3942	3158	25833	25
私营企业	61578	45529	530008	1942
私营独资企业	49786	37410	406841	1219
私营合伙企业	6195	3353	35710	85
私营有限责任公司	4393	3677	60321	608
私营股份有限公司	1204	1089	27136	30
其他企业	5543	3737	51909	1794
港、澳、台商投资企业				
外商投资企业			1008	
中外合资经营企业			860	
外商投资股份有限公司			148	
二、零售业	**58109**	**56274**	**834312**	**7309**
2.按登记注册类型分组				
内资企业	58009	56174	832802	7306
国有企业	747	707	12494	66
集体企业	2230	2068	26288	226
股份合作企业	440	393	10815	62
联营企业	511	511	1620	
国有联营企业	114	114	386	
集体联营企业	367	367	987	
国有与集体联营企业	30	30	247	
其他联营企业				
有限责任公司	2410	2343	41714	1995
其他有限责任公司	2410	2343	41714	1995
股份有限公司	710	705	13313	334
私营企业	48549	47043	671215	4450
私营独资企业	41352	40009	602045	4184
私营合伙企业	2768	2721	28390	223
私营有限责任公司	2857	2789	27107	5
私营股份有限公司	1572	1524	13673	38
其他企业	2412	2404	55343	173
港、澳、台商投资企业	100	100	1510	3
合资经营企业(港或澳、台资)	100	100	1510	3
外商投资企业				

和零售业法人企业财务状况表（二）

单位：千元

营业费用、管理费用、财务费用合计	税金	利息支出	营业利润	职工工资和福利费	本年应交增值税	资产总计
774200	**48216**	**47098**	**1146501**	**352916**	**153175**	**5722569**
509025	**28973**	**32319**	**568230**	**197354**	**74969**	**3526900**
507108	28973	32291	567811	197061	74924	3512271
141284	9077	10426	88282	58870	13386	1197031
10496	1024	835	32478	12703	4324	135846
5336	1446	682	39501	3820	4916	78854
738	77	75	2651	935	342	20360
703	72	73	2643	820	329	19319
35	5	2	8	115	13	1041
78529	5651	6976	41799	26057	12712	542325
10307	176	593	-2323	1740	178	87322
68222	5475	6383	44122	24317	12534	455003
16099	942	951	9728	6779	1177	148132
243054	9643	11917	315157	81139	32637	1263508
190017	7141	9771	247980	62471	22741	831780
11345	760	1127	25941	4225	3132	137108
30169	961	985	23749	10846	5974	234912
11523	781	34	17487	3597	790	59708
11572	1113	429	38215	6758	5430	126215
1917		28	419	293	45	14629
530			330	78	45	3560
1387		28	89	215		11069
265175	**19243**	**14779**	**578271**	**155562**	**78206**	**2195669**
264901	19116	14779	577032	155390	77554	2192699
2477	452	328	9877	2849	1090	74440
8562	718	519	20078	11098	2814	105084
1460	228	118	9437	1542	1527	14646
575	114		1045	1384	30	2055
125	30		261	120	2	580
391	73		596	1200	28	675
59	11		188	64		800
22356	957	774	22859	13410	6473	248075
22356	957	774	22859	13410	6473	248075
7129	537	48	6450	7970	1156	116935
212317	15166	12093	461607	110137	57283	1548482
175008	13045	11000	427189	88518	51963	1329840
10651	1385	749	19945	7937	3983	77507
16959	548	239	10212	9432	1081	88806
9699	188	105	4261	4250	256	52329
10025	944	899	45679	7000	7181	82982
274	127		1239	172	652	2970
274	127		1239	172	652	2970

1-3-2-16 限额以下按登记注册类型分批发

指标名称	所有者权益合计	实收资本	国家资本	集体资本
总　计	**3219357**	**3009117**	**337362**	**162907**
一、批发业	**1909581**	**1745155**	**286760**	**92184**
2.按登记注册类型分组				
内资企业	1908010	1739328	284260	92184
国有企业	522413	461053	218545	5469
集体企业	64766	61216	6535	44333
股份合作企业	20829	14107		9005
联营企业	10707	10027	350	7837
集体联营企业	10107	9527		7687
国有与集体联营企业	600	500	350	150
有限责任公司	244001	182402	37245	11143
国有独资公司	46623	25265	25125	
其他有限责任公司	197378	157137	12120	11143
股份有限公司	79213	75175	11950	478
私营企业	894748	866099	9150	11868
私营独资企业	611438	596891	550	8668
私营合伙企业	102475	103709	8000	
私营有限责任公司	148047	135757	600	3200
私营股份有限公司	32788	29742		
其他企业	71333	69249	485	2051
港、澳、台商投资企业				
外商投资企业	1571	5827	2500	
中外合资经营企业	410	5000	2500	
外商投资股份有限公司	1161	827		
二、零售业	**1309776**	**1263962**	**50602**	**70723**
2.按登记注册类型分组				
内资企业	1308176	1262682	50602	70043
国有企业	18766	26851	23734	1382
集体企业	67929	61720	835	53141
股份合作企业	8628	7960	200	3670
联营企业	742	587	130	220
国有联营企业	214	130	130	
集体联营企业	285	220		220
国有与集体联营企业	243	237		
其他联营企业				
有限责任公司	79686	88802	8165	5343
其他有限责任公司	79686	88802	8165	5343
股份有限公司	16029	29887	12388	50
私营企业	1061345	998104	2600	6037
私营独资企业	931678	873287	2600	4037
私营合伙企业	50879	50194		600
私营有限责任公司	51886	49825		
私营股份有限公司	26902	24798		1400
其他企业	55051	48771	2550	200
港、澳、台商投资企业	1600	1280		680
合资经营企业(港或澳、台资)	1600	1280		680
外商投资企业				

和零售业法人企业财务状况表（三）

单位：千元

法人资本	个人资本	港澳台资本	外商资本	全部从业人员年平均人数（人）	资产减值损失	公允价值变动收益	投资收益
456758	**2045989**	**2530**	**3571**	**32291**	**68**		**2022**
339561	**1020791**	**2510**	**3349**	**17867**	**68**		**-8**
339561	1020791	2510	22	17817	68		-8
72654	164385			5440			
1170	7678	1500		1707			
2400	2702			343			
500	1340			98			
500	1340			78			
				20			
57546	75452	1000	16	2207	1		
	140			120			
57546	75312	1000	16	2087	1		
6480	56267			511			
176433	668642		6	6824	67		-8
89141	498532			5250			
46892	48817			381			
32350	99607			902	67		-8
8050	21686		6	291			
22378	44325	10		687			
			3327	50			
			2500	20			
			827	30			
117197	**1025198**	**20**	**222**	**14424**			**2030**
116797	1025198	20	22	14409			2030
400	1335			328			
2623	5121			1091			
700	3390			146			
237				266			
				15			
				245			
237				6			
28918	46376			1194			
28918	46376			1194			
5119	12330			524			
72529	916896	20	22	10228			
54144	812464	20	22	8348			
7765	41829			776			
2270	47555			716			
8350	15048			388			
6271	39750			632			2030
400			200	15			
400			200	15			

第 1 部分 南阳市卷·第三产业篇

住宿餐饮业

1-3-3-1 住宿和餐饮业法人

指标名称	法人企业数(个)	年末从业人员数(人)	营业额	客房收入
总 计	**1262**	**26421**	**3132142**	**798357**
一、住宿业	**350**	**11973**	**1069672**	**653383**
1、按住宿行业中类分组				
旅游饭店	72	5526	448537	192521
一般饭店	272	6304	611732	453590
其他住宿服务	6	143	9403	7272
2、按登记注册类型分组				
内资企业	350	11973	1069672	653383
国有企业	28	3006	221158	90092
集体企业	29	1385	98721	53895
股份合作企业	14	512	49490	36875
联营企业	4	101	8169	6800
集体联营企业	2	52	2424	1055
其他联营企业	2	49	5745	5745
有限责任公司	10	773	46954	24381
其他有限责任公司	10	773	46954	24381
股份有限公司	6	144	15890	10950
私营企业	245	5865	604496	415886
私营独资企业	205	3841	461285	328502
私营合伙企业	26	996	91281	56446
私营有限责任公司	9	686	36685	21153
私营股份有限公司	5	342	15245	9785
其他企业	14	187	24794	14504
港、澳、台商投资企业				
外商投资企业				
3、按控股情况分组				
国有控股	30	3048	226476	95410
集体控股	35	1842	129042	67630
私人控股	267	6586	671720	466953
其他	18	497	42434	23390
4、按经营形式分组				
独立门店	333	11147	1022176	627965
连锁总店(总部)	1	70	5746	4918
连锁门店	2	43	5286	2356
其他	14	713	36464	18144
5、按星级分组				
五星	1	6	1120	1120
四星	3	645	59855	35105
三星	17	2732	234900	95889
二星	13	1113	64700	23685
一星	3	52	7562	4615
其他	313	7425	701535	492969

企业经营情况表

单位：千元

餐费收入	商品销售额	其他收入	客房数(间)	床位数(个)	餐位数(位)	年末餐饮营业面积(平方米)
2230241	**64956**	**38588**	**22784**	**46246**	**149374**	**512747**
360516	**22502**	**33271**	**18848**	**38437**	**40727**	**150569**
213284	14030	28702	6440	12652	18906	76781
146581	8047	3514	12188	25325	21621	71968
651	425	1055	220	460	200	1820
360516	22502	33271	18848	38437	40727	150569
112422	8903	9741	2278	4612	7064	37602
40716	860	3250	1815	3386	3350	13844
11010	1387	218	548	1178	666	2540
689	123	557	108	231	80	350
689	123	557	50	95	80	350
			58	136		
19234	2244	1095	932	1903	2663	9051
19234	2244	1095	932	1903	2663	9051
4685	255		252	612	654	2340
163995	6905	17710	12668	25984	25602	82116
122745	4758	5280	9162	18929	18200	49675
22760	1770	10305	1737	3439	2832	21881
14175	351	1006	1026	2250	3300	5700
4315	26	1119	743	1366	1270	4860
7765	1825	700	247	531	648	2726
112422	8903	9741	2325	4724	7152	38102
54461	2642	4309	2348	4653	4980	18334
179156	7310	18301	13530	27700	26292	86622
14477	3647	920	645	1360	2303	7511
341361	20487	32363	17580	35944	37616	141864
828			248	462	30	250
2780	150		75	150	220	440
15547	1865	908	945	1881	2861	8015
			36	79		
23093	220	1437	830	1349	1974	5700
119939	9252	9820	2446	4624	8593	39789
32685	2257	6073	969	1999	3664	7535
2112	535	300	60	147	138	540
182687	10238	15641	14507	30239	26358	97005

1-3-3-1 续表

指标名称	法人企业数(个)	年末从业人员数(人)	营业额	客房收入
二、餐饮业	**912**	**14448**	**2062470**	**144974**
1、按餐饮行业中类分组				
正餐服务	802	13056	1849411	133465
快餐服务	70	822	126789	8117
饮料及冷饮服务	6	113	12406	0
其他餐饮服务	34	457	73864	3392
2、按登记注册类型分组				
内资企业	912	14448	2062470	144974
国有企业	13	445	36646	10994
集体企业	15	626	60616	14937
股份合作企业	2	112	6088	2300
联营企业	13	80	12433	
其他联营企业	13	80	12433	
有限责任公司	10	548	33796	3303
其他有限责任公司	10	548	33796	3303
股份有限公司	4	112	13205	300
私营企业	818	11896	1824266	105478
私营独资企业	747	9709	1570251	79651
私营合伙企业	46	1099	144498	15353
私营有限责任公司	15	452	47643	2400
私营股份有限公司	10	636	61874	8074
其他企业	37	629	75420	7662
港、澳、台商投资企业				
外商投资企业				
3、按控股情况分组				
国有控股	13	445	36646	10994
集体控股	16	726	64584	16236
私人控股	847	12475	1898998	108492
其他	36	802	62242	9252
4、按经营形式分组				
独立门店	888	14056	2016390	139758
连锁门店	7	123	21605	0
其他	17	269	24475	5216

单位：千元

餐费收入	商品销售额	其他收入	客房数(间)	床位数(个)	餐位数(位)	年末餐饮营业面积(平方米)
1869725	**42454**	**5317**	**3936**	**7809**	**108647**	**362178**
1674229	37458	4259	3684	7258	97875	325369
115786	2447	439	172	367	5823	21868
12063	143	200	0	0	817	3520
67647	2406	419	80	184	4132	11421
1869725	42454	5317	3936	7809	108647	362178
24382	770	500	290	560	2634	6040
44425	290	964	443	872	2365	7070
2551	1237	0	44	94	46	754
12233	200				956	3650
12233	200				956	3650
29292	1178	23	208	361	2468	8086
29292	1178	23	208	361	2468	8086
12705	200	0	8	12	553	1090
1680742	35077	2969	2704	5409	94541	323723
1455854	32210	2536	1999	4095	83664	277317
127681	1110	354	427	812	5181	20003
44305	925	13	110	220	3242	16885
52902	832	66	168	282	2454	9518
63395	3502	861	239	501	5084	11765
24382	770	500	290	560	2634	6040
45886	1498	964	468	924	2388	7424
1752059	35456	2991	2838	5641	98613	335084
47398	4730	862	340	684	5012	13630
1829846	41637	5149	3667	7239	106200	354298
21605	0	0	0	0	900	2140
18274	817	168	269	570	1547	5740

1-3-3-2 限额以上住宿和餐饮业

指标名称	法人企业数(个)	年末从业人员数(人)	营业额	客房收入
总　　计	**350**	**14092**	**1635558**	**337376**
一、住宿业	**83**	**6820**	**557958**	**244559**
1、按住宿行业中类分组				
旅游饭店	43	4781	389295	158836
一般饭店	40	2039	168663	85723
2、按登记注册类型分组				
内资企业	83	6820	557958	244559
国有企业	18	2419	196858	74726
集体企业	6	692	67780	34856
股份合作企业	3	248	18394	7153
有限责任公司	4	575	32721	14714
其他有限责任公司	4	575	32721	14714
股份有限公司	1	12	5200	3300
私营企业	49	2834	232005	108210
私营独资企业	33	1278	139282	64395
私营合伙企业	9	711	53629	22047
私营有限责任公司	3	518	24629	12483
私营股份有限公司	4	327	14465	9285
其他企业	2	40	5000	1600
港、澳、台商投资企业				
外商投资企业				
3、按控股情况分组				
国有控股	18	2419	196858	74726
集体控股	8	1015	93157	46196
私人控股	53	3242	255423	118497
其他	4	144	12520	5140
4、按经营形式分组				
独立门店	77	6386	533722	239251
连锁门店	1	18	4060	1130
其他	5	416	20176	4178
5、按星级分组				
四星	3	645	59855	35105
三星	17	2732	234900	95889
二星	12	1000	61819	22361
其他	51	2443	201384	91204

法人企业经营情况综合表

单位：千元

餐费收入	商品销售额	其他收入	客房数 (间)	床位数 (个)	餐位数 (位)	年末餐饮 营业面积 (平方米)
1215895	**50982**	**31305**	**9209**	**17507**	**68531**	**275102**
267043	**17165**	**29191**	**7071**	**13424**	**25332**	**104992**
188887	13415	28157	4668	8807	14652	70199
78156	3750	1034	2403	4617	10680	34793
267043	17165	29191	7071	13424	25332	104992
104104	8823	9205	1736	3514	5983	34725
30114	347	2463	904	1489	1898	6800
9836	1187	218	229	456	608	2240
14860	2052	1095	583	1108	2072	6321
14860	2052	1095	583	1108	2072	6321
1900			60	110	320	780
104229	3756	15810	3519	6667	14201	53726
69748	1659	3480	1527	3022	9398	26465
19557	1720	10305	775	1409	2293	19241
10889	351	906	564	1050	1400	3910
4035	26	1119	653	1186	1110	4110
2000	1000	400	40	80	250	400
104104	8823	9205	1736	3514	5983	34725
41990	2006	2965	1275	2231	2948	10300
116569	3906	16451	3798	7159	15495	58336
4380	2430	570	262	520	906	1631
250988	15150	28333	6732	12750	23297	97901
2780	150	10	10	20	220	440
13275	1865	858	329	654	1815	6651
23093	220	1437	830	1349	1974	5700
119939	9252	9820	2446	4624	8593	39789
31685	1700	6073	855	1769	3529	7335
92326	5993	11861	2940	5682	11236	52168

1-3-3-2 续表

指标名称	法人企业数(个)	年末从业人员数(人)	营业额	客房收入
二、餐饮业	**267**	**7272**	**1077600**	**92817**
1、按餐饮行业中类分组				
正餐服务	240	6685	986961	85899
快餐服务	18	328	55238	4488
饮料及冷饮服务	1	30	2880	
其他餐饮服务	8	229	32521	2430
2、按登记注册类型分组				
内资企业	267	7272	1077600	92817
国有企业	8	376	29577	10734
集体企业	9	450	46522	8791
股份合作企业	2	112	6088	2300
有限责任公司	6	456	25974	3303
其他有限责任公司	6	456	25974	3303
股份有限公司	2	70	7600	300
私营企业	229	5500	920086	64276
私营独资企业	184	3786	709814	44838
私营合伙企业	30	840	123280	14274
私营有限责任公司	9	371	39922	1520
私营股份有限公司	6	503	47070	3644
其他企业	11	308	41753	3113
港、澳、台商投资企业				
外商投资企业				
3、按控股情况分组				
国有控股	8	376	29577	10734
集体控股	10	550	50490	10090
私人控股	240	5817	968920	66990
其他	9	529	28613	5003
4、按经营形式分组				
独立门店	260	7077	1052540	90994
连锁门店	4	52	16590	
其他	3	143	8470	1823

单位：千元

餐费收入	商品销售额	其他收入	客房数(间)	床位数(个)	餐位数(位)	年末餐饮营业面积(平方米)
948852	**33817**	**2114**	**2138**	**4083**	**43199**	**170110**
868560	30762	1740	1999	3814	40362	155495
49056	1320	374	109	204	1648	10063
2880					198	900
28356	1735		30	65	991	3652
948852	33817	2114	2138	4083	43199	170110
17677	770	396	270	520	2040	4420
36697	200	834	212	410	1491	4510
2551	1237		44	94	46	754
21592	1078	1	208	361	1866	5070
21592	1078	1	208	361	1866	5070
7100	200		8	12	120	300
825695	29432	683	1260	2454	35170	150746
637400	26959	617	743	1477	27830	113095
108243	763		379	715	3277	14823
37524	878		90	180	2544	14970
42528	832	66	48	82	1519	7858
37540	900	200	136	232	2466	4310
17677	770	396	270	520	2040	4420
38158	1408	834	237	462	1514	4864
871786	29461	683	1379	2656	37455	155406
21231	2178	201	252	445	2190	5420
925863	33569	2114	2045	3896	42033	166270
16590					540	960
6399	248		93	187	626	2880

1-3-3-3 限额以下住宿和餐饮业

指标名称	法人企业数(个)	年末从业人员数(人)	营业额	客房收入
总　　计	**912**	**12329**	**1496584**	**460981**
一、住宿业	**267**	**5153**	**511714**	**408824**
1、按住宿行业中类分组				
旅游饭店	29	745	59242	33685
一般饭店	232	4265	443069	367867
其他住宿服务	6	143	9403	7272
2、按登记注册类型分组				
内资企业	267	5153	511714	408824
国有企业	10	587	24300	15366
集体企业	23	693	30941	19039
股份合作企业	11	264	31096	29722
联营企业	4	101	8169	6800
集体联营企业	2	52	2424	1055
国有与集体联营企业				
其他联营企业	2	49	5745	5745
有限责任公司	6	198	14233	9667
其他有限责任公司	6	198	14233	9667
股份有限公司	5	132	10690	7650
私营企业	196	3031	372491	307676
私营独资企业	172	2563	322003	264107
私营合伙企业	17	285	37652	34399
私营有限责任公司	6	168	12056	8670
私营股份有限公司	1	15	780	500
其他企业	12	147	19794	12904
港、澳、台商投资企业				
外商投资企业				
3、按控股情况分组				
国有控股	12	629	29618	20684
集体控股	27	827	35885	21434
私人控股	214	3344	416297	348456
其他	14	353	29914	18250
4、按经营形式分组				
独立门店	256	4761	488454	388714
连锁总店(总部)	1	70	5746	4918
连锁门店	1	25	1226	1226
其他	9	297	16288	13966
5、按星级分组				
五星	1	6	1120	1120
二星	1	113	2881	1324
一星	3	52	7562	4615
其他	262	4982	500151	401765

法人企业经营情况综合表

单位：千元

餐费收入	商品销售额	其他收入	客房数(间)	床位数(个)	餐位数(位)	年末餐饮营业面积(平方米)
1014346	**13974**	**7283**	**13575**	**28739**	**80843**	**237645**
93473	**5337**	**4080**	**11777**	**25013**	**15395**	**45577**
24397	615	545	1772	3845	4254	6582
68425	4297	2480	9785	20708	10941	37175
651	425	1055	220	460	200	1820
93473	5337	4080	11777	25013	15395	45577
8318	80	536	542	1098	1081	2877
10602	513	787	911	1897	1452	7044
1174	200		319	722	58	300
689	123	557	108	231	80	350
689	123	557	50	95	80	350
			58	136		
4374	192		349	795	591	2730
4374	192		349	795	591	2730
2785	255		192	502	334	1560
59766	3149	1900	9149	19317	11401	28390
52997	3099	1800	7635	15907	8802	23210
3203	50		962	2030	539	2640
3286		100	462	1200	1900	1790
280			90	180	160	750
5765	825	300	207	451	398	2326
8318	80	536	589	1210	1169	3377
12471	636	1344	1073	2422	2032	8034
62587	3404	1850	9732	20541	10797	28286
10097	1217	350	383	840	1397	5880
90373	5337	4030	10848	23194	14319	43963
828			248	462	30	250
			65	130		
2272		50	616	1227	1046	1364
			36	79		
1000	557		114	230	135	200
2112	535	300	60	147	138	540
90361	4245	3780	11567	24557	15122	44837

1-3-3-3 续表

指标名称	法人企业数(个)	年末从业人员数(人)	营业额	客房收入
二、餐饮业	**645**	**7176**	**984870**	**52157**
1、按餐饮行业中类分组				
正餐服务	562	6371	862450	47566
快餐服务	52	494	71551	3629
饮料及冷饮服务	5	83	9526	
其他餐饮服务	26	228	41343	962
2、按登记注册类型分组				
内资企业	645	7176	984870	52157
国有企业	5	69	7069	260
集体企业	6	176	14094	6146
股份合作企业				
联营企业	13	80	12433	
其他联营企业	13	80	12433	
有限责任公司	4	92	7822	
其他有限责任公司	4	92	7822	
股份有限公司	2	42	5605	
私营企业	589	6396	904180	41202
私营独资企业	563	5923	860437	34813
私营合伙企业	16	259	21218	1079
私营有限责任公司	6	81	7721	880
私营股份有限公司	4	133	14804	4430
其他企业	26	321	33667	4549
港、澳、台商投资企业				
外商投资企业				
3、按控股情况分组				
国有控股	5	69	7069	260
集体控股	6	176	14094	6146
私人控股	607	6658	930078	41502
其他	27	273	33629	4249
4、按经营形式分组				
独立门店	628	6979	963850	48764
连锁门店	3	71	5015	
其他	14	126	16005	3393

单位：千元

餐费收入	商品销售额	其他收入	客房数(间)	床位数(个)	餐位数(位)	年末餐饮营业面积(平方米)
920873	**8637**	**3203**	**1798**	**3726**	**65448**	**192068**
805669	6696	2519	1685	3444	57513	169874
66730	1127	65	63	163	4175	11805
9183	143	200	0	0	619	2620
39291	671	419	50	119	3141	7769
920873	8637	3203	1798	3726	65448	192068
6705		104	20	40	594	1620
7728	90	130	231	462	874	2560
12233	200				956	3650
12233	200				956	3650
7700	100	22			602	3016
7700	100	22			602	3016
5605					433	790
855047	5645	2286	1444	2955	59371	172977
818454	5251	1919	1256	2618	55834	164222
19438	347	354	48	97	1904	5180
6781	47	13	20	40	698	1915
10374	0		120	200	935	1660
25855	2602	661	103	269	2618	7455
6705		104	20	40	594	1620
7728	90	130	231	462	874	2560
880273	5995	2308	1459	2985	61158	179678
26167	2552	661	88	239	2822	8210
903983	8068	3035	1622	3343	64167	188028
5015					360	1180
11875	569	168	176	383	921	2860

1-3-3-4 限额以上住宿和餐饮业

指标名称	法人企业数（个）	执行2006年《企业会计准则》企业数（个）	年初存货
总 计	**350**	**188**	**53987**
一、住宿业	**83**	**52**	**37547**
1.按住宿行业中类分组			
旅游饭店	43	23	29642
一般饭店	40	29	7905
2.按登记注册类型分组			
内资企业	83	52	37547
国有企业	18	11	16061
集体企业	6	5	4010
股份合作企业	3	2	1290
联营企业			
有限责任公司	4	3	3284
其他有限责任公司	4	3	3284
股份有限公司	1	1	40
私营企业	49	28	12782
私营独资企业	33	16	3406
私营合伙企业	9	7	1053
私营有限责任公司	3	3	8200
私营股份有限公司	4	2	123
其他企业	2	2	80
港、澳、台商投资企业			
外商投资企业			
3.按控股情况分组			
国有控股	18	11	16061
集体控股	8	7	5758
私人控股	53	31	15180
其他	4	3	548
4.按经营形式分组			
独立门店	77	48	36450
连锁门店	1	1	20
其他	5	4	1077
5.按星级分组			
四星	3	2	3104
三星	17	10	22587
二星	12	8	3925
其他	51	32	7931

法人企业财务状况表（一）

单位：千元

流动资产合计	应收账款	存货	流动资产年平均余额	长期投资合计
510505	**159978**	**70323**	**382708**	**165216**
350599	**107120**	**37677**	**285878**	**143707**
302054	93593	29341	255967	143627
48545	13527	8336	29911	80
350599	107120	37677	285878	143707
143356	66255	15552	96025	510
82099	12335	4468	77912	91517
4857	519	1269	4319	1203
13854	7161	2537	13751	
13854	7161	2537	13751	
1750	750	50	1750	
97083	19840	13721	84521	50477
20528	6975	4366	17187	50000
23480	4660	1069	19782	
48403	7322	8099	44710	
4672	883	187	2842	477
7600	260	80	7600	
143356	66255	15552	96025	510
93305	18951	5915	89040	92720
101485	20904	15666	88463	50477
12453	1010	544	12350	
340823	106145	36112	276840	143707
550		20	1	
9226	975	1545	9037	
77933	11025	3199	71106	91500
174159	74467	22200	134521	50420
28561	3773	4379	16741	1690
69946	17855	7899	63510	97

1-3-3-4（一） 续表

指标名称	法人企业数（个）	执行2006年《企业会计准则》企业数（个）	年初存货
二、餐饮业	**267**	**136**	**16440**
1.按餐饮行业中类分组			
正餐服务	240	118	15116
快餐服务	18	13	679
饮料及冷饮服务	1		134
其他餐饮服务	8	5	511
2.按登记注册类型分组			
内资企业	267	136	16440
国有企业	8	7	638
集体企业	9	3	823
股份合作企业	2	1	208
联营企业			
有限责任公司	6	5	1298
国有独资公司			
其他有限责任公司	6	5	1298
股份有限公司	2	2	40
私营企业	229	109	13197
私营独资企业	184	88	10362
私营合伙企业	30	10	988
私营有限责任公司	9	7	752
私营股份有限公司	6	4	1095
其他企业	11	9	236
港、澳、台商投资企业			
外商投资企业			
3.按控股情况分组			
国有控股	8	7	638
集体控股	10	3	1031
私人控股	240	118	13746
其他	9	8	1025
4.按经营形式分组			
独立门店	260	132	16226
连锁门店	4	1	122
其他	3	3	92

单位：千元

流动资产合计	应收账款	存货	流动资产年平均余额	长期投资合计
159906	**52858**	**32646**	**96830**	**21509**
144742	50373	31160	84108	21379
10389	1447	794	9101	130
500	148	138	308	
4275	890	554	3313	
159906	52858	32646	96830	21509
8425	3234	960	7197	516
6664	2780	875	6551	1929
2914	1570	1210	1890	
10764	4440	1137	6839	
10764	4440	1137	6839	
1570	40	14	1555	
121158	37561	28062	64557	19064
78819	20786	19525	44282	15914
18451	8805	6793	12135	3150
5628	1289	899	3217	
18260	6681	845	4923	
8411	3233	388	8241	
8425	3234	960	7197	516
9488	4280	2075	8351	1929
127266	41869	28683	70255	19064
14727	3475	928	11027	
155381	52490	32323	95028	21509
1340		137	383	
3185	368	186	1419	

1-3-3-4 限额以上住宿和餐饮业

指标名称	固定资产合计	固定资产原价	累计折旧
总　　计	**1364113**	**1815550**	**451437**
一、住宿业	**1015630**	**1308031**	**292401**
1.按住宿行业中类分组			
旅游饭店	843650	1093697	250047
一般饭店	171980	214334	42354
2.按登记注册类型分组			
内资企业	1015630	1308031	292401
国有企业	193820	350988	157168
集体企业	387187	451619	64432
股份合作企业	24988	27596	2608
联营企业			
有限责任公司	116597	120869	4272
其他有限责任公司	116597	120869	4272
股份有限公司	1810	2020	210
私营企业	288828	352039	63211
私营独资企业	203346	234208	30862
私营合伙企业	25943	35782	9839
私营有限责任公司	48668	57918	9250
私营股份有限公司	10871	24131	13260
其他企业	2400	2900	500
港、澳、台商投资企业			
外商投资企业			
3.按控股情况分组			
国有控股	193820	350988	157168
集体控股	437408	506997	69589
私人控股	378425	442564	64139
其他	5977	7482	1505
4.按经营形式分组			
独立门店	1004155	1294417	290262
连锁门店	590	622	32
其他	10885	12992	2107
5.按星级分组			
四星	382829	444515	61686
三星	345538	505976	160438
二星	77356	96624	19268
其他	209907	260916	51009

法人企业财务状况表（二）

单位：千元

本年折旧	资产总计	流动负债合计	应付账款	长期负债合计	负债合计
125146	**2157743**	**715206**	**235154**	**353735**	**1068941**
58509	**1570425**	**524217**	**190037**	**296403**	**820620**
41284	1336159	467965	177082	263934	731899
17225	234266	56252	12955	32469	88721
58509	1570425	524217	190037	296403	820620
20871	344790	248567	126742	84594	333161
8016	576351	72343	7819	122949	195292
1312	31048	3776	226		3776
1986	145685	45161	5169	16250	61411
1986	145685	45161	5169	16250	61411
30	3560	3100	90		3100
26264	458991	142970	49821	72610	215580
13854	283421	64340	37952	8494	72834
3676	50724	8802	2128	5600	14402
2275	106245	54118	7418	55516	109634
6459	18601	15710	2323	3000	18710
30	10000	8300	170		8300
20871	344790	248567	126742	84594	333161
10421	652538	113798	11668	122949	236747
27107	553897	146228	51367	88860	235088
110	19200	15624	260		15624
57666	1546271	513480	185246	287546	801026
11	1140	160			160
832	23014	10577	4791	8857	19434
7217	566095	68686	7480	115580	184266
28763	597907	348911	163389	130728	479639
3774	109991	31804	6484	10555	42359
18755	296432	74816	12684	39540	114356

1-3-3-4（二） 续表

指标名称	固定资产合计	固定资产原价	累计折旧
二、餐饮业	**348483**	**507519**	**159036**
1.按餐饮行业中类分组			
正餐服务	327601	469494	141893
快餐服务	15123	17707	2584
饮料及冷饮服务	480	4624	4144
其他餐饮服务	5279	15694	10415
2.按登记注册类型分组			
内资企业	348483	507519	159036
国有企业	33148	48579	15431
集体企业	12532	20466	7934
股份合作企业	4376	4852	476
联营企业			
有限责任公司	27588	31514	3926
国有独资公司			
其他有限责任公司	27588	31514	3926
股份有限公司	1200	1290	90
私营企业	244763	373867	129104
私营独资企业	194073	292525	98452
私营合伙企业	22817	33916	11099
私营有限责任公司	23413	32840	9427
私营股份有限公司	4460	14586	10126
其他企业	24876	26951	2075
港、澳、台商投资企业			
外商投资企业			
3.按控股情况分组			
国有控股	33148	48579	15431
集体控股	16508	24912	8404
私人控股	257419	387041	129622
其他	41408	46987	5579
4.按经营形式分组			
独立门店	320968	478941	157973
连锁门店	4400	4600	200
其他	23115	23978	863

单位：千元

本年折旧	资产总计	流动负债合计	应付账款	长期负债合计	负债合计
66637	**587318**	**190989**	**45117**	**57332**	**248321**
57999	548914	181079	43218	56985	238064
843	27448	7892	938	172	8064
2096	982	188	188	0	188
5699	9974	1830	773	175	2005
66637	587318	190989	45117	57332	248321
2368	43515	24249	5656	3762	28011
3799	22623	10877	4541	560	11437
357	7290	2189	903	1151	3340
968	55068	18115	2030	390	18505
968	55068	18115	2030	390	18505
14	2770	1200	8	0	1200
58398	422695	125203	31115	51469	176672
43205	318474	64632	15795	40898	105530
7274	47056	12518	7208	9464	21982
3390	32902	28188	1130	805	28993
4529	24263	19865	6982	302	20167
733	33357	9156	864	0	9156
2368	43515	24249	5656	3762	28011
4154	29423	13006	5393	1681	14687
58750	453430	130862	33272	51499	182361
1365	60950	22872	796	390	23262
66538	552106	177772	44557	56672	234444
28	5740	2530	0	0	2530
71	29472	10687	560	660	11347

1-3-3-4 限额以上住宿和餐饮业

指标名称	所有者权益合计	实收资本	国家资本
总 计	**1088802**	**1109694**	**62636**
一、住宿业	**749805**	**816860**	**47027**
1.按住宿行业中类分组			
旅游饭店	604260	734496	42706
一般饭店	145545	82364	4321
2.按登记注册类型分组			
内资企业	749805	816860	47027
国有企业	11629	45774	45774
集体企业	381059	486936	300
股份合作企业	27272	22930	
联营企业			
有限责任公司	84274	14858	953
其他有限责任公司	84274	14858	953
股份有限公司	460	1000	
私营企业	243411	244362	
私营独资企业	210587	200064	
私营合伙企业	36322	14832	
私营有限责任公司	-3389	16194	
私营股份有限公司	-109	13272	
其他企业	1700	1000	
港、澳、台商投资企业			
外商投资企业			
3.按控股情况分组			
国有控股	11629	45774	45774
集体控股	415791	511586	300
私人控股	318809	256242	
其他	3576	3258	953
4.按经营形式分组			
独立门店	745245	809462	45579
连锁门店	980	980	
其他	3580	6418	1448
5.按星级分组			
四星	381829	488650	
三星	118268	165993	29651
二星	67632	58465	7212
其他	182076	103752	10164

法人企业财务状况表（三）

单位：千元

集体资本	法人资本	个人资本	港澳台资本	外商资本	主营业务收入
530511	**7695**	**508852**			**1533971**
511636	**2590**	**255607**			**532175**
511286	2090	178414			368653
350	500	77193			163522
511636	2590	255607			532175
					189329
486636					65572
21650	590	690			18453
3000		10905			30201
3000		10905			30201
	1000				5200
350		244012			218420
		200064			123096
350		14482			54220
		16194			26639
		13272			14465
	1000				5000
					189329
511286					90044
350	590	255302			240452
	2000	305			12350
510027	2000	251856			510172
	590	390			3532
1609		3361			18471
478800		9850			61865
3000		133342			221553
24259		26994			58422
5577	2590	85421			190335

1-3-3-4（三） 续表

指标名称	所有者权益合计	实收资本	
			国家资本
二、餐饮业	**338997**	**292834**	**15609**
1.按餐饮行业中类分组			
正餐服务	310850	273075	15145
快餐服务	19384	13438	464
饮料及冷饮服务	794	640	
其他餐饮服务	7969	5681	
2.按登记注册类型分组			
内资企业	338997	292834	15609
国有企业	15504	15057	13057
集体企业	11186	10017	
股份合作企业	3950	3149	
联营企业			
有限责任公司	36563	26036	2552
国有独资公司			
其他有限责任公司	36563	26036	2552
股份有限公司	1570	1000	
私营企业	246023	213827	
私营独资企业	212944	176198	
私营合伙企业	25074	21997	
私营有限责任公司	3909	11098	
私营股份有限公司	4096	4534	
其他企业	24201	23748	
港、澳、台商投资企业			
外商投资企业			
3.按控股情况分组			
国有控股	15504	15057	13057
集体控股	14736	12686	
私人控股	271069	241785	
其他	37688	23306	2552
4.按经营形式分组			
独立门店	317662	285811	13877
连锁门店	3210	3620	
其他	18125	3403	1732

单位：千元

集体资本	法人资本	个人资本	港澳台资本	外商资本	主营业务收入
18875	**5105**	**253245**			**1001796**
18875	4105	234950			914048
	1000	11974			52463
		640			2880
		5681			32405
18875	5105	253245			1001796
		2000			29431
9692		325			40607
2669		480			6021
184	1200	22100			24426
184	1200	22100			24426
	500	500			7600
6330	2405	205092			854410
600	2405	173193			663337
5730		16267			111498
		11098			35073
		4534			44502
	1000	22748			39301
		2000			29431
12361		325			44537
6330	2405	233050			900363
184	2700	17870			27465
18691	5105	248138			980166
		3620			14282
184		1487			7348

1-3-3-4 限额以上住宿和餐饮业

指标名称	主营业务成本	主营业务税金及附加	主营业务利润	其他业务收入
总　　计	**1028234**	**56493**	**449252**	**10888**
一、住宿业	**315861**	**22402**	**193912**	**8277**
1.按住宿行业中类分组				
旅游饭店	196877	16779	154997	7947
一般饭店	118984	5623	38915	330
2.按登记注册类型分组				
内资企业	315861	22402	193912	8277
国有企业	99813	10174	79342	5006
集体企业	22194	3838	39540	1617
股份合作企业	9276	835	8342	253
联营企业				
有限责任公司	13631	1375	15195	906
其他有限责任公司	13631	1375	15195	906
股份有限公司	4750	30	420	
私营企业	161897	6110	50413	495
私营独资企业	93004	3059	27033	
私营合伙企业	41474	1797	10949	479
私营有限责任公司	21268	544	4827	16
私营股份有限公司	6151	710	7604	
其他企业	4300	40	660	
港、澳、台商投资企业				
外商投资企业				
3.按控股情况分组				
国有控股	99813	10174	79342	5006
集体控股	32166	5190	52688	2776
私人控股	173425	6959	60068	495
其他	10457	79	1814	
4.按经营形式分组				
独立门店	300232	21290	188650	6782
连锁门店	3212	30	290	
其他	12417	1082	4972	1495
5.按星级分组				
四星	25029	2888	33948	
三星	121943	10150	89460	5193
二星	33584	2764	22074	2181
其他	135305	6600	48430	903

法人企业财务状况表（四）

单位：千元

其他业务利润	营业费用	管理费用	税金	差旅费	工会经费
2394	**196615**	**127029**	**20542**	**4696**	**1273**
1073	**107409**	**80567**	**8379**	**1804**	**807**
1039	94385	73107	7193	1199	695
34	13024	7460	1186	605	112
1073	107409	80567	8379	1804	807
759	61947	27362	2774	836	282
	16211	32572	1569	188	34
	4873	3071	251	40	18
298	4426	3434	282	50	407
298	4426	3434	282	50	407
	60	140	30	100	
16	19892	13888	3459	520	66
	8465	5957	2747	261	10
	5897	1138	127	127	19
16	842	4593	192	62	27
	4688	2200	393	70	10
		100	14	70	
759	61947	27362	2774	836	282
298	24034	36820	2065	227	409
16	21306	15473	3493	571	116
	122	912	47	170	
1073	105432	78485	8307	1746	787
	55	70	25		
	1922	2012	47	58	20
	13705	29443	1048	105	23
909	59750	33499	4875	721	573
158	14779	8603	873	143	92
6	19175	9022	1583	835	119

1-3-3-4（四） 续表

指标名称	主营业务成本	主营业务税金及附加	主营业务利润	其他业务收入
二、餐饮业	**712373**	**34091**	**255340**	**2611**
1.按餐饮行业中类分组				
正餐服务	648862	31353	233833	2611
快餐服务	37696	1667	13108	
饮料及冷饮服务	1588	180	1112	
其他餐饮服务	24227	891	7287	
2.按登记注册类型分组				
内资企业	712373	34091	255340	2611
国有企业	13501	1725	14205	
集体企业	27010	1281	12316	495
股份合作企业	3223	279	2519	
联营企业				
有限责任公司	16846	785	6795	12
国有独资公司				
其他有限责任公司	16846	785	6795	12
股份有限公司	4550	240	2810	
私营企业	620413	28825	205180	2104
私营独资企业	495509	21628	146208	2104
私营合伙企业	75579	3867	32052	
私营有限责任公司	21776	1293	12004	
私营股份有限公司	27549	2037	14916	
其他企业	26830	956	11515	
港、澳、台商投资企业				
外商投资企业				
3.按控股情况分组				
国有控股	13501	1725	14205	
集体控股	28765	1493	14279	495
私人控股	649004	30215	221152	2104
其他	21103	658	5704	12
4.按经营形式分组				
独立门店	695890	33686	250598	2599
连锁门店	11965	167	2150	
其他	4518	238	2592	12

单位：千元

其他业务利润	营业费用	管理费用	税金	差旅费	工会经费
1321	**89206**	**46462**	**12163**	**2892**	**466**
1321	81882	42067	11571	2612	466
	4700	3121	479	261	
	909	50	20		
	1715	1224	93	19	
1321	89206	46462	12163	2892	466
	5373	3086	741	229	21
408	5677	4586	105	28	50
	1452	538	292	70	
12	9243	1690	127	216	10
12	9243	1690	127	216	10
	1465	585	25	30	
901	60232	34377	10547	2221	383
901	32013	24466	9189	1978	328
	6501	3256	979	86	18
	9193	3372	276	45	4
	12525	3283	103	112	33
	5764	1600	326	98	2
	5373	3086	741	229	21
408	6950	4912	317	28	50
901	72494	37019	10908	2354	385
12	4389	1445	197	281	10
1309	85514	45232	12057	2862	458
	1165	592	39	10	
12	2527	638	67	20	8

1-3-3-4 限额以上住宿和餐饮业

指标名称	财务费用	利息支出	营业利润
总　　计	**27551**	**11728**	**100512**
一、住宿业	**15887**	**6538**	**-8878**
1.按住宿行业中类分组			
旅游饭店	14282	6045	-25738
一般饭店	1605	493	16860
2.按登记注册类型分组			
内资企业	15887	6538	-8878
国有企业	5870	4612	-15078
集体企业	6733	64	-15976
股份合作企业	72		326
联营企业			
有限责任公司	1022	845	6611
其他有限责任公司	1022	845	6611
股份有限公司	80	80	140
私营企业	2100	927	14549
私营独资企业	1172	665	11439
私营合伙企业	654	239	3260
私营有限责任公司	48		-640
私营股份有限公司	226	23	490
其他企业	10	10	550
港、澳、台商投资企业			
外商投资企业			
3.按控股情况分组			
国有控股	5870	4612	-15078
集体控股	7578	902	-15446
私人控股	2349	934	20956
其他	90	90	690
4.按经营形式分组			
独立门店	15774	6490	-9968
连锁门店	65		100
其他	48	48	990
5.按星级分组			
四星	6691	-8	-15891
三星	7175	5480	-10055
二星	242	167	-1392
其他	1779	899	18460

法人企业财务状况表（五）

单位：千元

投资收益	执行2006年《企业会计准则》企业的投资收益	补贴收入	营业外收入	利润总额	应交所得税
54		**29**	**3546**	**90523**	**13977**
			565	**-13214**	**2778**
			565	-26114	2029
				12900	749
			565	-13214	2778
			511	-14454	231
			47	-16572	36
			2	617	89
			5	6616	116
			5	6616	116
				140	19
				9889	2237
				7088	1430
				2956	434
				-640	20
				485	353
				550	50
			511	-14454	231
			54	-15782	176
				16332	2302
				690	69
			563	-12614	2716
				100	33
			2	-700	29
				-16535	20
			511	-9782	1277
			4	-1075	328
			50	14178	1153

1-3-3-4（五） 续表

指标名称	财务费用	利息支出	营业利润
二、餐饮业	**11664**	**5190**	**109390**
1.按餐饮行业中类分组			
正餐服务	10998	4684	100275
快餐服务	529	399	4751
饮料及冷饮服务			153
其他餐饮服务	137	107	4211
2.按登记注册类型分组			
内资企业	11664	5190	109390
国有企业	747	628	4999
集体企业	59	20	2402
股份合作企业	123	70	406
联营企业			
有限责任公司	11	1	-4137
国有独资公司			
其他有限责任公司	11	1	-4137
股份有限公司			760
私营企业	10032	4227	101501
私营独资企业	7174	3091	83517
私营合伙企业	1679	214	20616
私营有限责任公司	1039	908	-1600
私营股份有限公司	140	14	-1032
其他企业	692	244	3459
港、澳、台商投资企业			
外商投资企业			
3.按控股情况分组			
国有控股	747	628	4999
集体控股	59	20	2766
私人控股	10827	4521	101774
其他	31	21	-149
4.按经营形式分组			
独立门店	11534	5143	109688
连锁门店	57	47	336
其他	73		-634

单位：千元

投资收益	执行2006年《企业会计准则》企业的投资收益	补贴收入	营业外收入	利润总额	应交所得税
54		**29**	**2981**	**103737**	**11199**
54		29	2981	94551	10554
				4772	308
				153	50
				4261	287
54		29	2981	103737	11199
				4976	205
				2679	186
				90	12
			302	-3838	218
			302	-3838	218
				760	79
54		29	2679	96253	10275
54		29	647	80065	7295
			1968	18977	2685
			20	-1582	134
			44	-1207	161
				2817	224
				4976	205
				2679	186
54		29	2679	95728	10646
			302	354	162
54		29	2679	103732	11066
				336	122
			302	-331	11

1-3-3-4 限额以上住宿和餐饮业

指标名称	劳动、失业保险费	养老保险和医疗保险费	住房公积金和住房补贴
总　　计	**5890**	**7540**	**3598**
一、住宿业	**1020**	**6599**	**3557**
1.按住宿行业中类分组			
旅游饭店	766	6076	3542
一般饭店	254	523	15
2.按登记注册类型分组			
内资企业	1020	6599	3557
国有企业	339	4616	3144
集体企业	66	893	118
股份合作企业	33	235	33
联营企业			
有限责任公司	155	258	
其他有限责任公司	155	258	
股份有限公司	10		
私营企业	410	597	262
私营独资企业	175	312	189
私营合伙企业	115		
私营有限责任公司		78	73
私营股份有限公司	120	207	
其他企业	7		
港、澳、台商投资企业			
外商投资企业			
3.按控股情况分组			
国有控股	339	4616	3144
集体控股	211	1154	151
私人控股	445	597	262
其他	25	232	
4.按经营形式分组			
独立门店	979	6335	3557
连锁门店	20		
其他	21	264	
5.按星级分组			
四星	41	599	118
三星	524	4698	3306
二星	36	472	133
其他	419	830	

法人企业财务状况表（六）

单位：千元

本年应付工资总额	主营业务应付工资总额	本年应付福利费总额	主营业务应付福利费总额	全部从业人员年平均人数(人)	资产减值损失
167954	**157427**	**4879**	**3900**	**14225**	**700**
77472	**67595**	**3288**	**2371**	**6894**	**481**
57959	48103	3055	2150	4900	199
19513	19492	233	221	1994	282
77472	67595	3288	2371	6894	481
30923	22246	1521	758	2464	250
9920	9750	809	795	726	
3211	3211	46	46	259	
6019	5638	249	196	535	
6019	5638	249	196	535	
110	110	8	8	12	9
26799	26150	652	565	2848	215
12111	12090	21	20	1313	65
7657	7657	296	293	703	150
4224	3658	314	235	505	
2807	2745	21	17	327	
490	490	3	3	50	7
30923	22246	1521	758	2464	250
14361	13810	1100	1033	1053	
31028	30379	652	565	3245	215
1160	1160	15	15	132	16
72233	62356	3229	2312	6426	481
240	240			18	
4999	4999	59	59	450	
7354	7354	724	724	645	
33110	23762	1942	1052	2777	
11591	11253	158	154	1055	
25417	25226	464	441	2417	481

1-3-3-4（六） 续表

指标名称	劳动、失业保险费	养老保险和医疗保险费	住房公积金和住房补贴
二、餐饮业	**4870**	**941**	**41**
1.按餐饮行业中类分组			
正餐服务	4518	940	41
快餐服务	163	1	
饮料及冷饮服务	23		
其他餐饮服务	166		
2.按登记注册类型分组			
内资企业	4870	941	41
国有企业	66	198	
集体企业	132	398	24
股份合作企业	15		
联营企业			
有限责任公司	68	193	
国有独资公司			
其他有限责任公司	68	193	
股份有限公司	26		
私营企业	4398	149	17
私营独资企业	2986	129	17
私营合伙企业	1313		
私营有限责任公司	55	20	
私营股份有限公司	44		
其他企业	165	3	
港、澳、台商投资企业			
外商投资企业			
3.按控股情况分组			
国有控股	66	198	
集体控股	132	398	24
私人控股	4527	149	17
其他	145	196	
4.按经营形式分组			
独立门店	4817	748	41
连锁门店	47		
其他	6	193	

单位：千元

本年应付工资总额	主营业务应付工资总额	本年应付福利费总额	主营业务应付福利费总额	全部从业人员年平均人数(人)	资产减值损失
90482	**89832**	**1591**	**1529**	**7331**	**219**
81974	81396	1572	1510	6710	157
4802	4730	10	10	355	37
680	680			30	
3026	3026	9	9	236	25
90482	89832	1591	1529	7331	219
3710	3643	95	95	367	
5741	5741	65	65	455	
869	861	56	56	112	
6604	6604	314	314	496	
6604	6604	314	314	496	
916	916			68	3
69322	68747	1035	973	5510	199
43506	43256	766	709	3696	199
10366	10065	68	63	847	
6700	6700	10	10	421	
8750	8726	191	191	546	
3320	3320	26	26	323	17
3710	3643	95	95	367	
6449	6441	65	65	555	
73442	72867	1091	1029	5841	199
6881	6881	340	340	568	20
87569	86919	1591	1529	7102	219
938	938			62	
1975	1975			167	

1-3-3-5 限额以下住宿和餐饮业

指标名称	法人企业数(个)	执行2006年《企业会计准则》企业数(个)	年初存货	年末存货
总　　计	**912**	**386**	**26470**	**35096**
一、住宿业	**267**	**134**	**8866**	**16707**
1.按住宿行业中类分组				
旅游饭店	29	23	579	8557
一般饭店	232	107	8185	8038
其他住宿服务	6	4	102	112
2.按登记注册类型分组				
内资企业	267	134	8866	16707
国有企业	10	6	533	334
集体企业	23	16	1252	2046
股份合作企业	11	1	84	169
联营企业	4	2	20	22
集体联营企业	2	1	4	7
其他联营企业	2	1	16	15
有限责任公司	6	3	177	257
其他有限责任公司	6	3	177	257
股份有限公司	5	3	62	92
私营企业	196	96	6289	13361
私营独资企业	172	81	5485	4736
私营合伙企业	17	9	491	410
私营有限责任公司	6	6	283	8215
私营股份有限公司	1		30	
其他企业	12	7	449	426
港、澳、台商投资企业				
外商投资企业				
3.按控股情况分组				
国有控股	12	7	540	342
集体控股	27	19	1276	2068
私人控股	214	101	6679	5577
其他	14	7	371	8720
4.按经营形式分组				
独立门店	256	128	8451	8247
连锁总店(总部)	1	1	30	30
连锁门店	1			
其他	9	5	385	8430
5.按星级分组				
五星	1	1		
二星	1	1	768	543
一星	3	2	240	349
其他	262	130	7858	15815

法人企业财务状况表（一）

单位：千元

固定资产原价	本年折旧	营业收入	主营业务收入	营业成本	主营业务成本
798036	**28648**	**1305210**	**1300517**	**880662**	**846021**
290322	**8292**	**438061**	**436756**	**304734**	**290814**
32053	918	54079	53879	40291	36153
254014	7250	375736	374631	259012	249397
4255	124	8246	8246	5431	5264
290322	8292	438061	436756	304734	290814
36243	327	20626	20218	13913	13719
35216	1085	27290	27290	17833	17015
6312	345	21770	21770	16120	16120
1200	64	5497	5497	4480	4480
200	9	1667	1667	1440	1440
1000	55	3830	3830	3040	3040
5179	110	12403	12403	7709	7709
5179	110	12403	12403	7709	7709
4946	78	7832	7832	5820	5820
191596	5998	325636	324739	225773	212865
160990	5144	282296	281559	195912	183406
13596	356	31010	30850	22267	21959
16160	498	11780	11780	7214	7120
850		550	550	380	380
9630	285	17007	17007	13086	13086
37409	358	24294	23886	16171	15977
35616	1102	31357	31357	20988	20170
201476	6184	357776	356879	251367	238489
15821	648	24634	24634	16208	16178
258578	7791	416088	414783	290692	277620
800		5746	5746	3711	3711
2000	35	1095	1095	832	832
28944	466	15132	15132	9499	8651
200	8	1750	1750	1639	175
13800	1059	1921	1921	1348	1348
1412	129	6685	6685	3784	3784
274910	7096	427705	426400	297963	285507

1-3-3-5（一） 续表

指标名称	法人企业数（个）	执行2006年《企业会计准则》企业数（个）	年初存货	年末存货
二、餐饮业	**645**	**252**	**17604**	**18389**
1.按餐饮行业中类分组				
正餐服务	562	217	15366	16225
快餐服务	52	16	785	759
饮料及冷饮服务	5		77	128
其他餐饮服务	26	19	1376	1277
2.按登记注册类型分组				
内资企业	645	252	17604	18389
国有企业	5	3	131	146
集体企业	6	5	189	199
联营企业	13	5	292	360
其他联营企业	13	5	292	360
有限责任公司	4	2	191	348
其他有限责任公司	4	2	191	348
股份有限公司	2	1	8	9
私营企业	589	223	15340	16094
私营独资企业	563	207	13570	14190
私营合伙企业	16	10	786	988
私营有限责任公司	6	4	448	341
私营股份有限公司	4	2	536	575
其他企业	26	13	1453	1233
港、澳、台商投资企业				
外商投资企业				
3.按控股情况分组				
国有控股	5	3	131	146
集体控股	6	5	189	199
私人控股	607	232	16005	16868
其他	27	12	1279	1176
4.按经营形式分组				
独立门店	628	243	17182	17886
连锁门店	3	2	115	160
其他	14	7	307	343

单位：千元

固定资产原价	本年折旧	营业收入	主营业务收入	营业成本	主营业务成本
507714	**20356**	**867149**	**863761**	**575928**	**555207**
458268	17933	758078	755310	508569	488187
30105	1661	64564	63944	39690	39351
6010	202	8936	8936	6995	6995
13331	560	35571	35571	20674	20674
507714	20356	867149	863761	575928	555207
4396	71	6136	6136	4961	4961
7777	186	11674	11674	9239	9239
6254	315	10543	10543	5812	5812
6254	315	10543	10543	5812	5812
2105	128	7302	7302	4850	4850
2105	128	7302	7302	4850	4850
680	24	3737	3737	3256	3256
474995	18995	798231	795197	529710	509178
450487	17748	757841	754837	501506	481738
15992	641	18946	18916	13260	13000
3128	75	7343	7343	4220	4220
5388	531	14101	14101	10724	10220
11507	637	29526	29172	18100	17911
4396	71	6136	6136	4961	4961
7777	186	11674	11674	9239	9239
484202	19469	819562	816528	544007	523475
11339	630	29777	29423	17721	17532
496014	19450	847574	844386	562733	542636
3298	567	4644	4644	3021	2517
8402	339	14931	14731	10174	10054

1-3-3-5 限额以下住宿和餐饮业

指标名称	营业税金及附加	主营业务税金及附加	主营业务利润	其他业务利润
总　　计	**41240**	**40589**	**402613**	**5791**
一、住宿业	**16394**	**16155**	**118411**	**1372**
1.按住宿行业中类分组				
旅游饭店	2213	2213	10720	120
一般饭店	13891	13687	104721	1252
其他住宿服务	290	255	2970	
2.按登记注册类型分组				
内资企业	16394	16155	118411	1372
国有企业	1116	1044	4593	178
集体企业	1200	1190	8097	32
股份合作企业	593	593	5147	
联营企业	123	123	894	
集体联营企业	21	21	206	
其他联营企业	102	102	688	
有限责任公司	329	329	3390	
其他有限责任公司	329	329	3390	
股份有限公司	135	135	1877	
私营企业	12726	12634	89988	1122
私营独资企业	11174	11102	78932	1006
私营合伙企业	922	902	6926	96
私营有限责任公司	625	625	3965	20
私营股份有限公司	5	5	165	
其他企业	172	107	4425	40
港、澳、台商投资企业				
外商投资企业				
3.按控股情况分组				
国有控股	1157	1085	5962	178
集体控股	1336	1326	8873	32
私人控股	13246	13124	97054	1102
其他	655	620	6522	60
4.按经营形式分组				
独立门店	15382	15143	111442	1352
连锁总店(总部)	80	80	1955	
连锁门店	3	3	260	
其他	929	929	4754	20
5.按星级分组				
五星	88	88	46	
二星	169	169	204	
一星	230	195	2671	
其他	15907	15703	115490	1372

法人企业财务状况表（二）

单位：千元

营业费用、管理费用、财务费用合计	税金	利息支出	营业利润	职工工资和福利费	资产总计
114620	**21336**	**5048**	**296267**	**142942**	**1025629**
35292	**5835**	**1396**	**88143**	**58372**	**403398**
5585	627	200	7188	9786	42406
29147	5152	841	78545	47214	354831
560	56	355	2410	1372	6161
35292	5835	1396	88143	58372	403398
4106	259	25	1627	4532	46015
4387	1483	59	3842	5476	26274
2493	340		2654	2292	12550
260	90	5	634	640	2169
45	22	5	161	300	869
215	68		473	340	1300
1427	140	146	2163	2558	6599
1427	140	146	2163	2558	6599
647	87	65	1230	845	7540
21284	3364	1045	72016	40520	290193
17258	2942	993	63915	34057	249221
2480	281	22	5517	3161	21502
1534	141	30	2431	3187	18670
12			153	115	800
688	72	51	3977	1509	12058
4539	282	37	2563	4827	47965
4531	1534	77	4474	7106	29633
23016	3709	1035	77350	41737	301718
3206	310	247	3756	4702	24082
32151	5674	1366	84315	54630	362108
860	5		1095	300	1500
29			231	225	2800
2252	156	30	2502	3217	36990
			46	126	200
113	89		291	904	42807
1783	26	24	888	704	3305
33396	5720	1372	86918	56638	357086

1-3-3-5（二） 续表

指标名称	营业税金及附加	主营业务税金及附加	主营业务利润	其他业务利润
二、餐饮业	**24846**	**24434**	**284202**	**4419**
1.按餐饮行业中类分组				
正餐服务	21494	21125	246419	3821
快餐服务	2326	2289	22391	598
饮料及冷饮服务	327	327	1614	
其他餐饮服务	699	693	13778	
2.按登记注册类型分组				
内资企业	24846	24434	284202	4419
国有企业	135	135	1040	
集体企业	299	282	1783	
联营企业	231	215	4500	12
其他联营企业	231	215	4500	12
有限责任公司	577	577	1875	712
其他有限责任公司	577	577	1875	712
股份有限公司	36	36	255	
私营企业	22928	22581	264115	3578
私营独资企业	21155	20861	252144	3397
私营合伙企业	684	674	6460	181
私营有限责任公司	351	351	2872	
私营股份有限公司	738	695	2639	
其他企业	640	608	10634	117
港、澳、台商投资企业				
外商投资企业				
3.按控股情况分组				
国有控股	135	135	1040	
集体控股	299	282	1783	
私人控股	23891	23528	269996	4314
其他	521	489	11383	105
4.按经营形式分组				
独立门店	23958	23589	278790	3830
连锁门店	289	246	1334	560
其他	599	599	4078	29

单位：千元

营业费用、管理费用、财务费用合计	税金	利息支出	营业利润	职工工资和福利费	资产总计
79328	**15501**	**3652**	**208124**	**84570**	**622231**
71495	13515	3096	177277	74871	558239
5570	1545	325	17718	5835	40268
196	107	3	1418	1017	7430
2067	334	228	11711	2847	16294
79328	15501	3652	208124	84570	622231
712	46	3	328	616	5838
708	128	2	1075	1556	9303
3255	127	24	1257	745	8138
3255	127	24	1257	745	8138
2349		46	238	1778	5385
2349		46	238	1778	5385
50	30		205	316	905
71057	14901	3324	195268	75816	575674
64525	14764	3135	190276	69872	544656
2203	104	139	4393	2778	21120
1172	18		570	1203	4218
3157	15	50	29	1963	5680
1197	269	253	9753	3743	16988
712	46	3	328	616	5838
708	128	2	1075	1556	9303
75521	15085	3372	197421	79443	590102
2387	242	275	9300	2955	16988
76319	15324	3597	204585	82044	599579
2054	20		387	1046	5750
955	157	55	3152	1480	16902

1-3-3-5 限额以下住宿和餐饮业

指标名称	所有者权益合计	实收资本	国家资本	集体资本
总　　计	**632410**	**600112**	**18274**	**23044**
一、住宿业	**185330**	**175802**	**8126**	**16174**
1.按住宿行业中类分组				
旅游饭店	29187	30707	610	150
一般饭店	151528	141303	7516	15364
其他住宿服务	4615	3792		660
2.按登记注册类型分组				
内资企业	185330	175802	8126	16174
国有企业	13035	12200	8126	
集体企业	16919	13781		12679
股份合作企业	2439	2294		
联营企业	1000	965		695
集体联营企业	730	695		695
其他联营企业	270	270		
有限责任公司	2772	2483		
其他有限责任公司	2772	2483		
股份有限公司	3060	2705		1620
私营企业	137995	134421		1000
私营独资企业	117892	113522		500
私营合伙企业	7873	7019		500
私营有限责任公司	11730	13380		
私营股份有限公司	500	500		
其他企业	8110	6953		180
港、澳、台商投资企业				
外商投资企业				
3.按控股情况分组				
国有控股	13895	12960	8126	
集体控股	19849	16676		14994
私人控股	140817	136980		1000
其他	10769	9186		180
4.按经营形式分组				
独立门店	171683	162697	7487	16174
连锁总店(总部)	1500	1500		
连锁门店	1800	1500		
其他	10347	10105	639	
5.按星级分组				
五星	200	200		
二星	600	600		
一星	3150	1848		
其他	181380	173154	8126	16174

法人企业财务状况表（三）

单位：千元

法人资本	个人资本	港澳台资本	外商资本	全部从业人员年平均人数（人）	资产减值损失	公允价值变动收益
45895	**512599**	**300**		**12135**	**20**	**2**
21770	**129432**	**300**		**5006**	**8**	
7800	22147			768		
13438	104685	300		4110	8	
532	2600			128		
21770	129432	300		5006	8	
3230	844			415		
802	300			691		
	2294			275		
	270			99		
				50		
	270			49		
1000	1483			184		
1000	1483			184		
200	885			131		
15190	117931	300		3073	8	
15190	97532	300		2606	8	
	6519			287		
	13380			168		
	500			12		
1348	5425			138		
3230	1604			456		
802	880			823		
16190	119490	300		3383	8	
1548	7458			344		
20970	117766	300		4747	8	
	1500			65		
	1500			25		
800	8666			169		
	200			6		
	600			113		
1348	500			52		
20422	128132	300		4835	8	

1-3-3-5（三） 续表

指标名称	所有者权益合计	实收资本	国家资本	集体资本
二、餐饮业	**447080**	**424310**	**10148**	**6870**
1.按餐饮行业中类分组				
正餐服务	399611	380859	10148	6360
快餐服务	28376	26371		450
饮料及冷饮服务	5800	5650		
其他餐饮服务	13293	11430		60
2.按登记注册类型分组				
内资企业	447080	424310	10148	6870
国有企业	3314	2873	2273	
集体企业	6717	5970		5670
联营企业	7442	7216		
其他联营企业	7442	7216		
有限责任公司	2803	1530		
其他有限责任公司	2803	1530		
股份有限公司	243	150		
私营企业	414752	396548	7875	1200
私营独资企业	400283	384110	7875	1200
私营合伙企业	9845	8224		
私营有限责任公司	2100	1690		
私营股份有限公司	2524	2524		
其他企业	11809	10023		
港、澳、台商投资企业				
外商投资企业				
3.按控股情况分组				
国有控股	3314	2873	2273	
集体控股	6717	5970		5670
私人控股	423940	404294	7875	1200
其他	13109	11173		
4.按经营形式分组				
独立门店	438333	416633	10148	6870
连锁门店	1974	1974		
其他	6773	5703		

单位：千元

法人资本	个人资本	港澳台资本	外商资本	全部从业人员年平均人数(人)	资产减值损失	公允价值变动收益
24125	**383167**			**7129**	**12**	**2**
17889	346462			6320	12	2
1510	24411			488		
750	4900			83		
3976	7394			238		
24125	383167			7129	12	2
	600			69		
	300			146		
800	6416			82		
800	6416			82		
550	980			89		
550	980			89		
	150			42		
18207	369266			6380	12	2
17267	357768			5926	12	2
340	7884			247		
	1690			82		
600	1924			125		
4568	5455			321		
	600			69		
	300			146		
19557	375662			6641	12	2
4568	6605			273		
23089	376526			6934	12	2
300	1674			71		
736	4967			124		

1-3-3-6 住宿和餐饮业产业活动单位

指标名称	产业活动单位数(个)	年末从业人员数(人)	营业额	客房收入
总　　计	**124**	**3065**	**226967**	**83809**
一、住宿业	**44**	**1710**	**110126**	**82797**
1.按住宿行业中类分组				
旅游饭店	17	1102	86448	73499
一般饭店	25	588	23273	8893
其他住宿服务	2	20	405	405
2.按登记注册类型分组				
内资企业	44	1710	110126	82797
国有企业	17	936	62924	49592
集体企业	8	444	24643	18961
联营企业	1	34	80	80
集体联营企业	1	34	80	80
有限责任公司	9	175	9901	7075
其他有限责任公司	9	175	9901	7075
股份有限公司	1	34	4951	362
私营企业	5	75	7246	6418
私营独资企业	2	17	2684	2498
私营合伙企业	3	58	4562	3920
其他企业	3	12	381	309
港、澳、台商投资企业				
外商投资企业				
3.按经营形式分组				
独立门店	35	1559	102158	77517
连锁总店(总部)				
连锁门店	4	70	5746	4918
其他	5	81	2222	362
4.按星级分组				
四星	2	110	13755	12332
三星	8	725	59771	50079
二星	1	150	6696	5962
其他	33	725	29904	14424

附表经营情况综合表

单位：千元

餐费收入	商品销售收入	其他收入	客房数(间)	床位数(个)	餐位数(位)	年末餐饮营业面积(平方米)
123365	**12314**	**7479**	**2683**	**5314**	**13435**	**49534**
8760	**11659**	**6910**	**2543**	**5069**	**1652**	**3809**
1144	6271	5534	1641	3121	76	510
7616	5388	1376	850	1844	1576	3299
			52	104		
8760	11659	6910	2543	5069	1652	3809
4536	5649	3147	1175	2446	884	1911
3004	466	2212	468	864	530	1298
			20	40		
			20	40		
320	2052	454	468	924	212	290
320	2052	454	468	924	212	290
	3492	1097	26	78		
828			258	492	20	250
186			58	114	3	50
642			200	378	17	200
72			128	225	6	60
7672	10229	6740	2137	4291	1570	3259
828			248	462	20	250
260	1430	170	158	316	62	300
44		1379	212	300		
	6271	3421	996	1961		
		734	130	270		
8716	5388	1376	1205	2538	1652	3809

1-3-3-6 续表

指标名称	产业活动单位数(个)	年末从业人员数(人)	营业额	客房收入
二、餐饮业	**80**	**1355**	**116841**	**1012**
1.按餐饮行业中类分组				
正餐服务	57	1137	98097	1012
快餐服务	13	142	8491	
其他餐饮服务	10	76	10253	
2.按登记注册类型分组				
内资企业	80	1355	116841	1012
国有企业	11	643	57205	12
集体企业	16	184	15877	
股份合作企业	4	8	720	
联营企业				
有限责任公司	10	214	10870	1000
其他有限责任公司	10	214	10870	1000
股份有限公司	1	4	1564	
私营企业	31	232	23590	
私营独资企业	30	220	20490	
私营合伙企业	1	12	3100	
其他企业	7	70	7015	
港、澳、台商投资企业				
外商投资企业				
3.按经营形式分组				
独立门店	60	1236	104994	1000
其他	20	119	11847	12

单位：千元

餐费收入	商品销售收入	其他收入	客房数(间)	床位数(个)	餐位数(位)	年末餐饮营业面积(平方米)
114605	**655**	**569**	**140**	**245**	**11783**	**45725**
95861	655	569	140	245	8033	38095
8491					1485	4625
10253					2265	3005
114605	655	569	140	245	11783	45725
57193			2	4	2918	23195
15679	198				1679	6391
700	20				110	830
9520		350	138	241	1184	2951
9520		350	138	241	1184	2951
1564					200	476
23037	370	183			4761	10020
19937	370	183			4761	9870
3100						150
6912	67	36			931	1862
102770	655	569	138	241	10472	39715
11835			2	4	1311	6010

第 1 部分 南阳市卷·第三产业篇

房地产业

1-3-4-1 房地产开发企业

指标名称	企业数(个)	计划总投资	累计完成投资	本年完成投资额
总　　计	**325**	**1476448**	**882380**	**425226**
一、按登记注册类型分组				
内资企业	317	1333648	848130	400426
国有企业	18	182847	114008	57534
集体企业	4	34070	9886	2396
股份合作企业	1			
联营企业	1			
国有联营企业	1			
有限责任公司	148	701069	436685	206088
国有独资公司	1	13000	2000	2000
其他有限责任公司	147	688069	434685	204088
股份有限公司	64	132564	94785	57695
私营企业	81	283098	192766	76713
私营独资企业	3	6800	500	500
私营合伙企业	3	2000	1980	980
私营有限责任公司	72	274298	190286	75233
私营股份有限公司	3			
其他企业				
港、澳、台商投资企业	5	95600	17000	16000
合资经营企业(港或澳、台资)	5	95600	17000	16000
外商投资企业	3	47200	17250	8800
中外合资经营企业	2	40000	14400	7550
中外合作经营企业				
外资企业	1	7200	2850	1250
二、按控股情况分组				
国有控股	22	197687	117624	61150
集体控股	12	60870	85260	16675
私人控股	283	1075091	645246	322601
港澳台商控股	4	95600	17000	16000
外商控股	4	47200	17250	8800
三、按资质等级分组				
二级	12	456666	213317	97492
三级	45	462663	279914	120608
四级	88	320073	261685	116486
暂定	178	237046	127464	90640
其他	2			
四、按隶属关系分组				
地(区、市、州、盟)	88	386636	181000	96277
县(区、市、旗)	55	311816	221347	125788
镇	2	2979	1101	1101
其他	180	775017	478932	202060

主要指标综合表（一）

单位：千元、平方米

住宅完成投资额	90平米以下投资	140平米以上投资	别墅、高档公寓完成投资额	经济适用房完成投资额	办公楼完成投资额	商业营业用房完成投资额
327831	**79685**	**49145**	**221**	**29057**	**3108**	**76718**
303031	67775	45875	221	29057	3108	76718
54563	8883	10461		9472		2971
2286	340					30
143887	24197	14633	221	13985	2543	53433
1740	1740			1740		
142147	22457	14633	221	12245	2543	53433
42156	19194	6072				15459
60139	15161	14709		5600	565	4825
450	350					50
880						50
58809	14811	14709		5600	565	4725
16000	11800	3200				
16000	11800	3200				
8800	110	70				
7550						
1250	110	70				
57674	10693	10596		11212		3216
13727	630	753		6400		2158
231630	56452	34526	221	11445	3108	71344
16000	11800	3200				
8800	110	70				
63046	16986	10605	221	1400	253	31869
110166	13612	23838		2973	170	8562
94709	21969	2689		24684	270	19311
59910	27118	12013			2415	16976
67463	9556	1620		3340		28254
92839	33802	20716	221	9327	253	30547
1101		20				
166428	36327	26789		16390	2855	17917

1-3-4-1 房地产开发企业

指标名称	其他完成投资额	本年新增固定资产	本年完成土地开发面积	本年土地购置面积
总　计	**17569**	**162503**	**292772**	**294591**
一、按登记注册类型分组				
内资企业	17569	162503	248072	294591
国有企业		6137		18820
集体企业	80	1980		
股份合作企业				
联营企业				
国有联营企业				
有限责任公司	6225	101109	159062	144791
国有独资公司	260		26668	
其他有限责任公司	5965	101109	132394	144791
股份有限公司	80	8879	62210	29540
私营企业	11184	44398	26800	101440
私营独资企业				
私营合伙企业	50			
私营有限责任公司	11134	44398	26800	101440
私营股份有限公司				
其他企业				
港、澳、台商投资企业				
合资经营企业(港或澳、台资)				
外商投资企业			44700	
中外合资经营企业			44700	
中外合作经营企业				
外资企业				
二、按控股情况分组				
国有控股	260	7113	34551	24488
集体控股	790	7078	6658	6658
私人控股	16519	148312	206863	263445
港澳台商控股				
外商控股			44700	
三、按资质等级分组				
二级	2324	10280	83300	26600
三级	1710	65082	100557	89097
四级	2196	65413	36001	50370
暂定	11339	21728	72914	128524
其他				
四、按隶属关系分组				
地(区、市、州、盟)	560	31324	120895	55315
县(区、市、旗)	2149	17445	51698	45059
镇			1450	
其他	14860	113734	118729	194217

主要指标综合表（二）

单位：千元、平方米

资金来源小计	施工面积	本年新开工面积	竣工面积	竣工房屋价值	商品房屋销售面积合计	住宅销售面积
488828	**6132874**	**2857717**	**972179**	**107395**	**2037195**	**1876714**
473278	5817442	2745409	972179	107395	1991859	1833098
59879	505032	380243	57460	4667	168187	164103
2930	124538	75209	29800	1980	11660	11660
241181	3193032	1538415	548849	60373	1054512	933649
2000	31379	31379			22000	22000
239181	3161653	1507036	548849	60373	1032512	911649
61117	804385	505166	81044	8380	195421	194464
108171	1190455	246376	255026	31995	562079	529222
500						
980	21383				18600	18600
106691	1169072	246376	255026	31995	543479	510622
5000	204132	90408			15336	13616
5000	204132	90408			15336	13616
10550	111300	21900			30000	30000
8600	94300	13300			13000	13000
1950	17000	8600			17000	17000
66591	566392	441603	71441	5643	219568	213839
17651	268019	173830	46600	3596	91438	82782
389036	4983031	2129976	854138	98156	1680853	1536477
5000	204132	90408			13616	13616
10550	111300	21900			31720	30000
108211	1547079	732454	76369	10280	271890	243456
161087	1871267	648589	353274	42333	730747	697828
128938	1671591	823140	392250	38396	688931	598888
90592	1042937	653534	150286	16386	345627	336542
103237	1751523	856572	244390	25424	483291	425301
148086	1183118	719256	121913	11954	463346	409474
1495	25100	25100			6978	6978
236010	3173133	1256789	605876	70017	1083580	1034961

1-3-4-1 房地产开发企业

指标名称	别墅、高档公寓销售面积	经济适用房销售面积	办公楼销售面积	商业营业用房销售面积	其他销售面积
总计	**37690**	**97104**	**11570**	**145429**	**3482**
一、按登记注册类型分组					
内资企业	37690	97104	11570	143709	3482
国有企业		62600		4084	
集体企业					
股份合作企业					
联营企业					
国有联营企业					
有限责任公司	37690	28075	11570	105811	3482
国有独资公司		22000			
其他有限责任公司	37690	6075	11570	105811	3482
股份有限公司				957	
私营企业		6429		32857	
私营独资企业					
私营合伙企业					
私营有限责任公司		6429		32857	
私营股份有限公司					
其他企业					
港、澳、台商投资企业				1720	
合资经营企业(港或澳、台资)				1720	
外商投资企业					
中外合资经营企业					
中外合作经营企业					
外资企业					
二、按控股情况分组					
国有控股		84600		5729	
集体控股		6075		8656	
私人控股	37690	6429	11570	129324	3482
港澳台商控股					
外商控股				1720	
三、按资质等级分组					
二级	37690			28434	
三级		39500		32919	
四级		57604	11570	78473	
暂定				5603	3482
其他					
四、按隶属关系分组					
地(区、市、州、盟)		61500		57990	
县(区、市、旗)	37690	23100	11570	42302	
镇					
其他		12504		45137	3482

主要指标综合表（三）

单位：千元、平方米

商品房屋销售额	住宅销售额	别墅、高档公寓销售额	经济适用房销售额	办公楼销售额	商业营业用房销售额	其他销售额
415200	**325941**	**11030**	**10994**	**1157**	**87337**	**765**
403406	314901	11030	10994	1157	86583	765
23006	20963		6674		2043	
1382	1382					
233178	157922	11030	3292	1157	73334	765
2552	2552		2552			
230626	155370	11030	740	1157	73334	765
31858	31246				612	
113982	103388		1028		10594	
3560	3560					
110422	99828		1028		10594	
4254	3500				754	
4254	3500				754	
7540	7540					
3800	3800					
3740	3740					
29370	26620		9226		2750	
15101	11598		740		3503	
358935	276683	11030	1028	1157	80330	765
3500	3500					
8294	7540				754	
115126	64368	11030			50758	
120791	110273		4350		10518	
122959	98030		6644	1157	23772	
56324	53270				2289	765
84492	71852		6902		12640	
121687	62292	11030	2324	1157	58238	
663	663					
208358	191134		1768		16459	765

1-3-4-2 房地产开发企业主要

指标名称	企业数(个)	年末从业人员数(人)	资产总计	流动资产合计	存货
总　　计	**325**	**6410**	**10854115**	**9451086**	**3823685**
一、按登记注册类型分组					
内资企业	317	6091	9653278	8340866	3457506
国有企业	18	824	781037	675152	268668
集体企业	4	107	155906	111553	54917
股份合作企业	1	12	21655	11387	8036
联营企业	1	4	7886	7850	98
国有联营企业	1	4	7886	7850	98
有限责任公司	148	2962	5366174	4798373	2087575
国有独资公司	1	52	39649	27532	20619
其他有限责任公司	147	2910	5326525	4770841	2066956
股份有限公司	64	879	1064754	745866	262334
私营企业	81	1303	2255866	1990685	775878
私营独资企业	3	102	56405	30708	1593
私营合伙企业	3	28	39126	37355	7164
私营有限责任公司	72	1128	2130297	1909584	767121
私营股份有限公司	3	45	30038	13038	
其他企业					
港、澳、台商投资企业	5	174	439335	413673	115608
合资经营企业(港或澳、台资)	5	174	439335	413673	115608
外商投资企业	3	145	761502	696547	250571
中外合资经营企业	2	105	598502	537473	215644
中外合作经营企业					
外资企业	1	40	163000	159074	34927
二、按控股情况分组					
国有控股	22	984	851222	720891	289449
集体控股	12	289	369928	239174	114385
私人控股	283	4818	8432128	7380801	3053672
港澳台商控股	4	162	364252	348319	87683
外商控股	4	157	836585	761901	278496
三、按资质等级分组					
二级	12	789	3404076	3234287	1556470
三级	45	1352	2498401	2223084	862578
四级	88	1856	2229237	1996023	695560
暂定	178	2394	2704817	1987030	709075
其他	2	19	17584	10662	2
四、按隶属关系分组					
中央					
省(自治区、直辖市)					
地(区、市、州、盟)	88	1656	2821375	2248792	1112461
县(区、市、旗)	55	1380	1417741	1207454	421757
街道					
镇	2	30	38540	36812	10598
其他	180	3344	6576459	5958028	2278869

财务状况综合表（一）

单位：千元、平方米

固定资产原价	累计折旧	本年折旧	负债合计	实收资本	主营业务收入		
					合计	土地转让收入	商品房屋销售收入
689443	**132114**	**23380**	**6545293**	**3251235**	**2865707**	**2317**	**2767081**
593797	112700	20703	5743180	3061333	2614949	2317	2516323
115518	16799	2639	507071	216057	201284		137698
13051	1561	167	114188	22600	13574		13574
799	272	26	6709	10000			
36	13	3	5	7000			
36	13	3	5	7000			
233256	66928	11721	3483727	1443081	1287459	2317	1264931
4738	821	257	23451	8000	9623		9623
228518	66107	11464	3460276	1435081	1277836	2317	1255308
102313	6884	1940	299757	589702	439661		428969
128824	20243	4207	1331723	772893	672971		671151
10664	859	203	22602	25975			
2371	644	92	12047	26000	35600		35600
115789	18740	3912	1297074	697880	637371		635551
				23038			
20362	9085	533	326972	74202	28933		28933
20362	9085	533	326972	74202	28933		28933
75284	10329	2144	475141	115700	221825		221825
70496	9467	1597	328435	99500	174825		174825
4788	862	547	146706	16200	47000		47000
132655	18033	2990	548497	235367	238027		174441
18080	2724	429	223942	119752	124800		109055
443062	91943	17284	4970741	2706214	2252122	2317	2232827
10060	5212	217	290099	64202	21388		21388
85586	14202	2460	512014	125700	229370		229370
155502	39423	6094	2432973	561901	760115		757846
175554	31204	7303	1658156	635018	785011		715571
182589	28871	4892	1443370	703917	762481	2317	735564
168878	32539	5014	1010783	1333399	558100		558100
6920	77	77	11	17000			
237859	25961	5719	1490478	989698	700220		700220
136710	43220	3348	953558	408511	584411	2317	504111
2654	926	223	848	28400	6630		6630
312220	62007	14090	4100409	1824626	1574446		1556120

1-3-4-2 房地产开发企业主要

指标名称	主营业务收入		主营业务成本	主营业务税金及附加	主营业务利润
	房屋出租收入	其他收入			
总　　计	**4089**	**92220**	**2210171**	**154618**	**434470**
一、按登记注册类型分组					
内资企业	4089	92220	2053408	143728	356382
国有企业		63586	159240	13490	25288
集体企业			7600	4282	1381
股份合作企业					
联营企业					
国有联营企业					
有限责任公司	2269	17942	968396	62909	217721
国有独资公司			8216	529	167
其他有限责任公司	2269	17942	960180	62380	217554
股份有限公司		10692	379117	26269	24033
私营企业	1820		539055	36778	87959
私营独资企业					
私营合伙企业			32917	332	1996
私营有限责任公司	1820		506138	36446	85963
私营股份有限公司					
其他企业					
港、澳、台商投资企业			18221	1491	6889
合资经营企业(港或澳、台资)			18221	1491	6889
外商投资企业			138542	9399	71199
中外合资经营企业			114572	8460	49503
中外合作经营企业					
外资企业			23970	939	21696
二、按控股情况分组					
国有控股		63586	177616	15369	36015
集体控股		15745	96197	9770	15558
私人控股	4089	12889	1779595	118589	304809
港澳台商控股			13986	1076	4394
外商控股			142777	9814	73694
三、按资质等级分组					
二级	2269		538262	41510	159431
三级	1820	67620	611075	49909	108275
四级		24600	602121	36450	103550
暂定			458713	26749	63214
其他					
四、按隶属关系分组					
中央					
省(自治区、直辖市)					
地(区、市、州、盟)			582701	34125	69254
县(区、市、旗)	2167	75816	455410	39766	67118
街道					
镇			5340	358	932
其他	1922	16404	1166720	80369	297166

财务状况综合表（二）

单位：千元、平方米

其他业务利润	投资收益	利润总额	应交所得税	劳动、失业保险费	应付工资总额	应付福利费总额	全部从业人员年平均人数(人)
7112		**161929**	**38421**	**3293**	**83239**	**10482**	**6182**
7108		107546	26843	3175	80180	10109	5886
		12110	2273	606	6804	1040	547
		-1363	40		874	105	99
		-274			220	26	12
		-118			122	13	13
		-118			122	13	13
2176		63831	12105	2407	38334	4668	2811
		43	8		534	65	52
2176		63788	12097	2407	37800	4603	2759
179		-4037	1701	43	15681	1941	1201
4753		37397	10724	119	18145	2316	1203
		-780		10	992	73	102
		415	15		287	37	27
4753		38466	10709	109	16286	2152	1029
		-704			580	54	45
4		-3543	6		1629	173	163
4		-3543	6		1629	173	163
		57926	11572	118	1430	200	133
		38343	9810	35	757	106	93
		19583	1762	83	673	94	40
		18834	2481	606	7884	1171	717
3		3778	95	7	3188	617	269
7105		84934	24267	2562	69108	8321	4900
4		-3613			1456	149	151
		57996	11578	118	1603	224	145
2159		81280	20425	2361	9754	1253	745
4932		50636	11227	514	25145	2742	1568
21		38022	5803	266	21168	2715	1617
		-7965	966	152	27042	3759	2233
		-44			130	13	19
		12727	4577	740	19483	2574	1462
2063		21314	5449	1803	17558	2418	1331
		248	61		100	13	30
5049		127640	28334	750	46098	5477	3359

1-3-4-3 房地产物业管理企业

指标名称	企业个数(个)	年末从业人员数(人)	在管物业占地面(平方米)	在管房屋建筑面积(平方米)
总　　计	**60**	**1714**	**4355170**	**12819841**
一、按登记注册类型分组				
内资企业	60	1714	4355170	12819841
国有企业	1	20	30000	50000
有限责任公司	24	810	2562690	8888291
国有独资公司				
其他有限责任公司	24	810	2562690	8888291
股份有限公司	3	117	286450	316450
私营企业	32	767	1476030	3565100
私营独资企业	9	165	803090	2403120
私营合伙企业	7	225	386249	753680
私营有限责任公司	16	377	286691	408300
港、澳、台商投资企业				
外商投资企业				
二、按控股情况分组				
国有控股	1	20	30000	50000
集体控股	1	5		
私人控股	56	1649	4269165	12715138
其他	2	40	56005	54703
三、按资质等级分组				
二级	1	172	34393	95010
三级	47	1208	3869135	10904530
其他	12	334	451642	1820301
四、按隶属关系分组				
地(区、市、州、盟)	7	366	159583	319631
县(区、市、旗)	4	100	28568	60702
居委会	1	20	30000	50000
其他	48	1228	4137019	12389508

主要指标综合表（一）

单位：千元、平方米

住宅	办公用房	商业营业用房	厂房	固定资产原价	本年折旧
11075233	**765549**	**244765**	**39180**	**31367**	**1626**
11075233	765549	244765	39180	31367	1626
48000		2000		300	4
8715132	812	29026		14497	777
8715132	812	29026		14497	777
150000	40000	30000		883	50
2162101	724737	183739	39180	15687	795
1697070	645190	60860		10357	223
236341	45499	65229	39180	1347	242
228690	34048	57650		3983	330
48000		2000		300	4
				199	
10980004	765549	235291	39180	30208	1617
47229		7474		660	5
28503	190	5700		61	19
10081980	107760	170212	39180	25362	976
964750	657599	68853		5944	631
107889	40319	11375		2016	206
26611	97	4064		3783	231
48000		2000		300	4
10892733	725133	227326	39180	25268	1185

1-3-4-3 房地产物业管理企业

指标名称	实收资本	营业收入	主营业务收入
总　　计	**53261**	**38059**	**38059**
一、按登记注册类型分组			
内资企业	53261	38059	38059
国有企业	276	540	540
有限责任公司	27294	15460	15460
国有独资公司			
其他有限责任公司	27294	15460	15460
股份有限公司	1480	2217	2217
私营企业	24211	19842	19842
私营独资企业	7411	7186	7186
私营合伙企业	8020	6098	6098
私营有限责任公司	8780	6558	6558
港、澳、台商投资企业			
外商投资企业			
二、按控股情况分组			
国有控股	276	540	540
集体控股	450	27	27
私人控股	51535	37059	37059
其他	1000	433	433
三、按资质等级分组			
二级	200	1731	1731
三级	45126	27116	27116
其他	7935	9212	9212
四、按隶属关系分组			
地(区、市、州、盟)	3865	7909	7909
县(区、市、旗)	6115	2232	2232
居委会	276	540	540
其他	43005	27378	27378

主要指标综合表（二）

单位：千元、平方米

主营业务成本	主营业务税金及附加	营业费用、管理费用、财务费用合计	营业利润	职工工资和福利费	全部从业人员年平均人数(人)
22200	**3848**	**6476**	**6185**	**23060**	**1683**
22200	3848	6476	6185	23060	1683
320	14	51	155	266	22
10080	1564	1704	2395	11296	783
10080	1564	1704	2395	11296	783
878	114	875	470	1566	121
10922	2156	3846	3165	9932	757
3943	841	1205	1232	1976	161
4030	555	819	776	2835	224
2949	760	1822	1157	5121	372
320	14	51	155	266	22
22	15	32	8	49	5
21652	3794	6373	5840	22209	1616
206	25	20	182	536	40
1094	97	189	414	2630	172
15440	3160	4343	4571	16224	1215
5666	591	1944	1200	4206	296
5189	439	1555	1025	5266	366
1335	490	259	183	1444	99
320	14	51	155	266	22
15356	2905	4611	4822	16084	1196

1-3-4-4 房地产中介服务企业

指标名称	企业个数(个)	年末从业人员数(人)	房屋代理	
			成交合同面积(平方米)	成交合同数(个)
总　　计	**42**	**638**	**359160**	**3144**
一、按登记注册类型分组				
内资企业	42	638	359160	3144
国有企业	11	249	54389	393
集体企业	2	51	14640	155
有限责任公司	7	82	149132	1327
国有独资公司				
其他有限责任公司	7	82	149132	1327
股份有限公司	4	43		
私营企业	17	208	140999	1269
私营独资企业	1	24	123000	1120
私营合伙企业	2	26	2820	25
私营有限责任公司	14	158	15179	124
其他企业	1	5		
港、澳、台商投资企业				
外商投资企业				
二、按控股情况分组				
国有控股	11	249	54389	393
集体控股	4	77	14640	155
私人控股	23	268	143651	1292
其他	4	44	146480	1304
三、按隶属关系分组				
地(区、市、州、盟)	1	8	1120	8
县(区、市、旗)	16	328	70561	563
其他	25	302	287479	2573

主要指标综合表（一）

单位：千元、平方米

销售	房屋代理出租			固定资产原价	本年折旧
成交合同金额	成交合同面积(平方米)	成交合同数(个)	成交合同金额		
386767	**47495**	**747**	**215**	**10017**	**625**
386767	47495	747	215	10017	625
88046	35000	610	121	2661	149
15510	6015	65	36	280	3
169146	6480	72	58	3578	372
169146	6480	72	58	3578	372
				1720	9
114065				1378	92
74900				360	5
6441				164	4
32724				854	83
				400	
88046	35000	610	121	2661	149
15510	6015	65	36	980	3
120083				4854	368
163128	6480	72	58	1522	105
2464				111	4
107110	41015	675	157	3186	154
277193	6480	72	58	6720	467

1-3-4-4 房地产中介服务企业

指标名称	实收资本	营业收入	主营业务收入
总　　计	**12394**	**12890**	**12890**
一、按登记注册类型分组			
内资企业	12394	12890	12890
国有企业	2192	3778	3778
集体企业	195	943	943
有限责任公司	3479	1741	1741
国有独资公司			
其他有限责任公司	3479	1741	1741
股份有限公司	1670	878	878
私营企业	4400	5380	5380
私营独资企业	500	1500	1500
私营合伙企业	650	301	301
私营有限责任公司	3250	3579	3579
其他企业	458	170	170
港、澳、台商投资企业			
外商投资企业			
二、按控股情况分组			
国有控股	2192	3778	3778
集体控股	895	1502	1502
私人控股	7569	6515	6515
其他	1738	1095	1095
三、按隶属关系分组			
地(区、市、州、盟)	450	235	235
县(区、市、旗)	3036	5037	5037
其他	8908	7618	7618

主要指标综合表（二）

单位：千元、平方米

主营业务成本	主营业务税金及附加	营业费用、管理费用、财务费用合计	营业利润	职工工资和福利费	全部从业人员年平均人数（人）
5109	**832**	**2752**	**4314**	**7257**	**617**
5109	832	2752	4314	7257	617
1179	225	1460	914	2906	240
481	30	285	147	636	52
1226	62	188	300	839	83
1226	62	188	300	839	83
141	65	200	472	434	43
2017	434	554	2457	2332	190
320	75	45	1060	576	24
206	21	49	35	246	26
1491	338	460	1362	1510	140
65	16	65	24	110	9
1179	225	1460	914	2906	240
481	72	343	606	929	78
2792	483	748	2588	3057	250
657	52	201	206	365	49
180	9	28	22	65	8
1845	278	1822	1102	3908	320
3084	545	902	3190	3284	289

1-3-4-5 其他房地产企业

指标名称	企业个数(个)	年末从业人员数(人)	固定资产原价	本年折旧	实收资本
总　计	**16**	**767**	**94867**	**345**	**53095**
一、按登记注册类型分组					
内资企业	16	767	94867	345	53095
国有企业	5	352	86750		29975
集体企业					
股份合作企业	1	20	190		110
联营企业					
有限责任公司	4	189	2908	276	13400
国有独资公司					
其他有限责任公司	4	189	2908	276	13400
股份有限公司	1	94	3900	50	8000
私营企业	4	79	319	3	750
私营独资企业	1	13	20		100
私营合伙企业	1	6	9	3	200
私营有限责任公司	2	60	290		450
其他企业	1	33	800	16	860
港、澳、台商投资企业					
外商投资企业					
二、按控股情况分组					
国有控股	5	352	86750		29975
集体控股	2	76	730		6110
私人控股	7	228	6207	329	10150
其他	2	111	1180	16	6860
三、按隶属关系分组					
地(区、市、州、盟)	2	91	728	22	6400
县(区、市、旗)	5	352	86750		29975
村委会					
其他	9	324	7389	323	16720

主要指标综合表

单位：千元、平方米

营业收入	主营业务收入	主营业务成本	主营业务税金及附加	营业费用、管理费用、财务费用合计	营业利润	职工工资和福利费	全部从业人员年平均人数(人)
11241	**11081**	**6276**	**846**	**1961**	**2223**	**13528**	**817**
11241	11081	6276	846	1961	2223	13528	817
6313	6153	3589	538	1669	520	6848	415
290	290	203	30	13	54	750	22
2468	2468	1326	115	156	889	2371	186
2468	2468	1326	115	156	889	2371	186
1250	1250	620	62	38	530	1820	94
612	612	404	83	67	92	1179	67
230	230	161	30	10	40	95	13
65	65		30	26	14	72	6
317	317	243	23	31	38	1012	48
308	308	134	18	18	138	560	33
6313	6153	3589	538	1669	520	6848	415
845	845	558	60	79	174	1291	75
2445	2445	1435	164	155	727	3819	216
1638	1638	694	84	58	802	1570	111
723	723	434	41	96	170	1073	88
6313	6153	3589	538	1669	520	6848	415
4205	4205	2253	267	196	1533	5607	314

1-3-4-6 物业管理、中介服务及其他

指标名称	企业数(个)	年初存货	年末存货	固定资产原价	本年折旧
总　　计	**118**	**5469**	**4196**	**136251**	**2596**
一、按国民经济行业中类分组					
房地产业	118	5469	4196	136251	2596
房地产业	118	5469	4196	136251	2596
房地产开发经营					
物业管理	60	4387	3673	31367	1626
房地产中介服务	42	528	233	10017	625
其他房地产活动	16	554	290	94867	345
二、按登记注册类型分组					
内资企业	118	5469	4196	136251	2596
国有企业	17	376	208	89711	153
集体企业	2	4		280	3
股份合作企业	1	10	5	190	
有限责任公司	35	2996	1410	20983	1425
其他有限责任公司	35	2996	1410	20983	1425
股份有限公司	8	53	38	6503	109
私营企业	53	2030	2535	17384	890
私营独资企业	11	1344	1963	10737	228
私营合伙企业	10	118	54	1520	249
私营有限责任公司	32	568	518	5127	413
其他企业	2			1200	16
港、澳、台商投资企业					
外商投资企业					
三、按控股情况分组					
国有控股	17	376	208	89711	153
集体控股	7	52	23	1909	3
私人控股	86	5016	3943	41269	2314
其他	8	25	22	3362	126

房地产企业财务状况综合表（一）

单位：千元、平方米

营业收入	主营业务收入	营业成本	主营业务成本	营业税金及附加	主营业务税金及附加	主营业务利润	其他业务利润
62190	**62030**	**33715**	**33585**	**5538**	**5526**	**23143**	**768**
62190	62030	33715	33585	5538	5526	23143	768
62190	62030	33715	33585	5538	5526	23143	768
38059	38059	22330	22200	3851	3848	12191	470
12890	12890	5109	5109	838	832	6970	96
11241	11081	6276	6276	849	846	3982	202
62190	62030	33715	33585	5538	5526	23143	768
10631	10471	5088	5088	784	777	4629	140
943	943	481	481	32	30	432	
290	290	203	203	33	30	57	10
19669	19669	12762	12632	1741	1741	5412	220
19669	19669	12762	12632	1741	1741	5412	220
4345	4345	1639	1639	241	241	2465	120
25834	25834	13343	13343	2673	2673	9903	278
8916	8916	4424	4424	946	946	3581	11
6464	6464	4236	4236	606	606	1672	47
10454	10454	4683	4683	1121	1121	4650	220
478	478	199	199	34	34	245	
10631	10471	5088	5088	784	777	4629	140
2374	2374	1061	1061	152	147	1211	31
46019	46019	25879	25879	4441	4441	15834	597
3166	3166	1687	1557	161	161	1469	

1-3-4-6 物业管理、中介服务及其他

指标名称	营业费用、管理费用、财务费用合计	税金	利息支出	营业利润	职工工资和福利费	本年应交增值税
总　　计	**11189**	**1203**	**251**	**12722**	**43845**	**1237**
一、按国民经济行业中类分组						
房地产业	11189	1203	251	12722	43845	1237
房地产业	11189	1203	251	12722	43845	1237
房地产开发经营						
物业管理	6476	789	141	6185	23060	539
房地产中介服务	2752	277	103	4314	7257	327
其他房地产活动	1961	137	7	2223	13528	371
二、按登记注册类型分组						
内资企业	11189	1203	251	12722	43845	1237
国有企业	3180	151	41	1589	10020	470
集体企业	285	6	4	147	636	34
股份合作企业	13	10		54	750	11
有限责任公司	2048	343	48	3584	14506	343
其他有限责任公司	2048	343	48	3584	14506	343
股份有限公司	1113	78	27	1472	3820	54
私营企业	4467	602	131	5714	13443	304
私营独资企业	1260	44	43	2332	2647	59
私营合伙企业	894	338	19	825	3153	72
私营有限责任公司	2313	220	69	2557	7643	173
其他企业	83	13		162	670	21
港、澳、台商投资企业						
外商投资企业						
三、按控股情况分组						
国有控股	3180	151	41	1589	10020	470
集体控股	454	72	17	788	2269	72
私人控股	7276	926	184	9155	29085	577
其他	279	54	9	1190	2471	118

房地产企业财务状况综合表（二）

单位：千元、平方米

所有者权益合计	实收资本							全部从业人员年平均人数（人）
		国家资本	集体资本	法人资本	个人资本	港澳台资本	外商资本	
130413	**118750**	**31833**	**6760**	**19381**	**60776**			**3117**
130413	118750	31833	6760	19381	60776			3117
130413	118750	31833	6760	19381	60776			3117
60126	53261	276	300	6323	46362			1683
16075	12394	1842	895	2838	6819			617
54212	53095	29715	5565	10220	7595			817
130413	118750	31833	6760	19381	60776			3117
34146	32443	31833		610				677
220	195		195					52
120	110		110					22
46734	44173		5755	8530	29888			1052
46734	44173		5755	8530	29888			1052
11923	11150		700	3565	6885			258
35941	29361			5358	24003			1014
9134	8011			100	7911			198
9407	8870			4540	4330			256
17400	12480			718	11762			560
1329	1318			1318				42
34146	32443	31833		610				677
7550	7455		6760		695			158
79022	69254			9173	60081			2082
9695	9598			9598				200

第 1 部分 南阳市卷·第三产业篇

其他服务业

1-3-5-1 服务业企业财

指标名称	企业数(个)	年初存货	年末存货	固定资产原价	本年折旧
总　　计	**1740**	**160060**	**158004**	**9681628**	**626791**
一、按国民经济行业中类分组					
信息传输、计算机服务和软件业	281	55675	71393	7367469	490972
电信和其他信息传输服务业	25	54437	70684	7279566	483634
电信	5	51301	65171	7136224	471657
互联网信息服务	7			3168	416
广播电视传输服务	13	3136	5513	140174	11561
卫星传输服务					
计算机服务业	253	1238	709	87573	7321
计算机系统服务	9	256	159	2127	162
数据处理					
计算机维修	5	62	41	1563	69
其他计算机服务	239	920	509	83883	7090
软件业	3			330	17
公共软件服务	3			330	17
其他软件服务					
金融业	9	23	45	1597	135
银行业					
证券业					
保险业					
其他金融活动	9	23	45	1597	135
典当	9	23	45	1597	135
租赁和商务服务业	328	8449	7621	417111	11343
租赁业	42	5553	4755	25912	1518
机械设备租赁	37	5461	4693	24658	1467
文化及日用品出租	5	92	62	1254	51
商务服务业	286	2896	2866	391199	9825
企业管理服务	16	300	490	27228	1178
法律服务	24			6346	287
咨询与调查	54			140583	1833
广告业	61	856	751	19558	1209
知识产权服务	3	30	20	515	26
职业中介服务	22			7295	502
市场管理	7			131060	1732
旅行社	58	216	50	27524	1320
其他商务服务	41	1494	1555	31090	1738

务状况综合表（一）

单位：千元

营业收入	主营业务收入	营业成本	主营业务成本	营业税金及附加	主营业务税金及附加	主营业务利润	其他业务利润
4622241	**4570714**	**2189407**	**2164508**	**138507**	**138330**	**1798656**	**32849**
2626064	2583871	1091905	1074827	82367	82361	1030858	19592
2509564	2468314	1041811	1024914	77549	77549	970561	19206
2449975	2408725	1013962	997065	75654	75654	948564	19206
6227	6227	3284	3284	212	212	2230	
53362	53362	24565	24565	1683	1683	19767	
115499	114556	49546	49365	4739	4733	59933	386
7162	7162	3976	3976	248	248	2865	30
2999	2746	1614	1506	58	52	1188	96
105338	104648	43956	43883	4433	4433	55880	260
1001	1001	548	548	79	79	364	
1001	1001	548	548	79	79	364	
13136	13128	4369	4369	668	668	7668	
13136	13128	4369	4369	668	668	7668	
13136	13128	4369	4369	668	668	7668	
396226	395848	206244	204649	16030	15992	162692	1857
55106	55011	13553	13484	2871	2867	38021	60
53548	53453	12686	12617	2843	2839	37358	60
1558	1558	867	867	28	28	663	
341120	340837	192691	191165	13159	13125	124671	1797
33728	33728	20389	19389	2459	2459	11539	500
12026	12004	4915	4915	595	595	6236	30
53784	53730	28964	28964	2328	2298	19754	161
43350	43150	22848	22828	1813	1809	16125	108
874	874	411	411	45	45	418	
15687	15687	8491	8416	636	636	6210	65
13075	13075	6964	6964	1585	1585	4526	
58298	58291	32742	32442	2083	2083	19720	58
110298	110298	66967	66836	1615	1615	40143	875

1-3-5-1（一） 续表 1

指标名称	企业数(个)	年初存货	年末存货	固定资产原价	本年折旧
科学研究、技术服务和地质勘查业	95	2431	3760	138022	14136
研究与试验发展	6	30	25	837	278
农业科学研究与试验发展	5	30	10	563	28
医学研究与试验发展	1		15	274	250
专业技术服务业	74	895	1201	126596	13201
测绘服务	13	27	87	17413	894
技术检测	17			38588	3159
工程技术与规划管理	36	157	133	66897	9013
其他专业技术服务	8	711	981	3698	135
科技文流和推广服务业	14	1506	2534	10389	655
技术推广服务	5	1103	2107	2480	124
科技中介服务	7	403	427	2029	127
其他科技服务	2			5880	404
地质勘查业	1			200	2
矿产地质勘查	1			200	2
水利、环境和公共设施管理业	75	43444	13745	661044	28049
水利管理业	8	11065	82	180997	7328
防洪管理	1	11000		11978	479
水资源管理	6	65	82	166219	6681
其他水利管理	1			2800	168
环境管理业	10	109	124	42291	2311
自然保护	2	108	123	2075	255
环境治理	8	1	1	40216	2056
公共设施管理业	57	32270	13539	437756	18410
市政公共设施管理	5	12738	12928	57235	1337
城市绿化管理	5			7976	359
游览景区管理	47	19532	611	372545	16714
居民服务和其他服务业	288	13866	16270	222476	13177
居民服务业	205	4521	5968	159885	8806
家庭服务	6			2344	90
托儿所	4			255	13
洗染服务	5	5		1077	55
理发及美容保健服务	55	1031	814	16299	793
洗浴服务	45	922	1647	73279	4677
婚姻服务	15	10	8	3509	180
殡葬服务	7	462	443	25658	1134

单位：千元

营业收入	主营业务收入	营业成本	主营业务成本	营业税金及附加	主营业务税金及附加	主营业务利润	其他业务利润
255487	254694	133695	133268	10032	10028	82660	101
6409	6409	4300	4173	183	179	1750	
3645	3645	2265	2138	183	179	1021	
2764	2764	2035	2035			729	
232453	231660	120138	119838	9352	9352	74239	95
18646	17903	7653	7653	843	843	2448	
33442	33442	15172	14872	1574	1574	11066	35
171113	171063	92904	92904	6614	6614	56208	60
9252	9252	4409	4409	321	321	4517	
16292	16292	9082	9082	477	477	6533	6
4050	4050	2597	2597	46	46	1407	6
7067	7067	3327	3327	227	227	3513	
5175	5175	3158	3158	204	204	1613	
333	333	175	175	20	20	138	
333	333	175	175	20	20	138	
285701	284735	155539	154077	5150	5147	119045	857
25244	25244	12692	12692	510	510	11838	95
1859	1859	1600	1600			259	
14625	14625	7416	7416	28	28	6977	95
8760	8760	3676	3676	482	482	4602	
21016	21016	9707	9707	269	269	10990	1
3899	3899	2087	2087	12	12	1800	
17117	17117	7620	7620	257	257	9190	1
239441	238475	133140	131678	4371	4368	96217	761
14741	14741	8609	8609	297	297	2776	
10683	10683	7583	7583	180	180	2860	
214017	213051	116948	115486	3894	3891	90581	761
328773	326668	166705	164614	11379	11367	144530	325
233243	231158	114307	112230	8657	8645	104824	308
3836	3803	3131	3127	13	13	643	70
606	606	377	377	13	13	216	
2453	2399	1412	1412	55	55	932	5
41665	41665	21185	19429	1224	1223	18626	
93168	93114	41063	41034	3318	3315	46769	38
6982	6982	3880	3880	137	137	2863	
13502	12116	6648	6648	240	240	5228	130

1-3-5-1（一） 续表 2

指标名称	企业数(个)	年初存货	年末存货	固定资产原价	本年折旧
摄影扩印服务	51	486	589	25245	1097
其他居民服务	17	1605	2467	12219	767
其他服务业	83	9345	10302	62591	4371
修理与维护	56	4196	4780	39231	2472
清洁服务	6	121	88	3037	189
其他未列明的服务	21	5028	5434	20323	1710
教育	251	901	1059	183107	9070
教育	251	901	1059	183107	9070
学前教育	178	108	116	69531	3018
初等教育	10	2	1	15313	695
中等教育	20	613	665	50610	1215
高等教育					
其他教育	43	178	277	47653	4142
卫生、社会保障和社会福利业	357	34472	43128	565614	54181
卫生	353	34472	43128	482774	53910
医院	17	23422	30497	390238	49031
卫生院及社区医疗活动	14	2154	2278	24238	893
门诊部医疗活动	321	8757	10117	62963	3719
计划生育技术服务活动					
妇幼保健活动	1	139	236	5335	267
社会保障业	2			4160	202
社会保障业	2			4160	202
社会福利业	2			78680	69
提供住宿的社会福利	2			78680	69
文化、体育和娱乐业	56	799	983	125188	5728
新闻出版业					
广播、电视、电影和音像业	16	441	377	27255	855
广播					
电视	1			100	4
电影	15	441	377	27155	851
文化艺术业	10	22	25	1926	105
文艺创作与表演	3			46	2
艺术表演场馆	1	22	25	45	6
群众文化活动	2			371	17
文化艺术经纪代理	3			1383	76
其他文化艺术	1			81	4

单位：千元

营业收入	主营业务收入	营业成本	主营业务成本	营业税金及附加	主营业务税金及附加	主营业务利润	其他业务利润
41939	41781	19823	19735	2663	2655	19263	65
29092	28692	16788	16588	994	994	10284	
95530	95510	52398	52384	2722	2722	39706	17
57414	57394	31469	31455	1643	1643	23883	17
10141	10141	5866	5866	243	243	4032	
27975	27975	15063	15063	836	836	11791	
178922	178151	97798	97458	5835	5833	73629	578
178922	178151	97798	97458	5835	5833	73629	578
60897	60897	33915	33915	2149	2149	24683	196
21796	21060	11759	11759	581	581	8720	
26104	26104	15921	15921	572	572	9022	52
70125	70090	36203	35863	2533	2531	31204	330
473002	471794	304470	303658	3949	3949	146728	8035
470532	469324	303080	302268	3877	3877	145736	8035
350872	350872	232657	232657	1061	1061	101571	7911
39334	39306	23703	23703	769	769	13150	
71869	70689	42108	41908	1847	1847	26758	124
8457	8457	4612	4000	200	200	4257	
450	450	190	190	16	16	228	
450	450	190	190	16	16	228	
2020	2020	1200	1200	56	56	764	
2020	2020	1200	1200	56	56	764	
64930	61825	28682	27588	3097	2985	30846	1504
15747	12662	7923	6829	694	582	5125	1484
180	180	80	80	2	2	98	
15567	12482	7843	6749	692	580	5027	1484
4141	4141	1936	1936	118	118	2087	
955	955	540	540	15	15	400	
150	150	80	80	2	2	68	
1049	1049	106	106	20	20	923	
1647	1647	880	880	63	63	704	
340	340	330	330	18	18	-8	

1-3-5-1（一） 续表 3

指标名称	企业数(个)	年初存货	年末存货	固定资产原价	本年折旧
体育	2			893	5
其他体育	2			893	5
娱乐业	28	336	581	95114	4763
室内娱乐活动	16	67	92	65684	3169
游乐园	5	69	74	12840	637
休闲健身娱乐活动	5		15	13790	807
其他娱乐活动	2	200	400	2800	150
二、按登记注册类型分组					
内资企业	1989	2715284	2557023	20382722	1259755
国有企业	134	2604703	2448705	9962303	634164
集体企业	182	15935	16107	511620	38509
股份合作企业	32	10762	14788	171478	39017
联营企业	13	569	371	36136	3241
国有联营企业	1			800	40
集体联营企业	1			150	2
其他联营企业	11	569	371	35186	3199
有限责任公司	128	17719	21446	1368096	111991
国有独资公司	6	2488	1212	135049	7098
其他有限责任公司	122	15231	20234	1233047	104893
股份有限公司	44	392	654	6688841	350387
私营企业	1121	45941	31355	1258997	62463
私营独资企业	920	40367	23120	692995	34630
私营合伙企业	110	3430	5456	327514	15342
私营有限责任公司	79	2099	2759	188760	10880
私营股份有限公司	12	45	20	49728	1611
其他企业	335	19263	23597	385251	19983
港、澳、台商投资企业					
外商投资企业	3	3186	8697	131852	4027
外资企业	2			34500	1725
外商投资股份有限公司	1	3186	8697	97352	2302
三、按控股情况分组					
国有控股	152	2611361	2455876	10236403	652653
集体控股	207	28379	35471	803717	85440
私人控股	1238	55464	41287	8741636	495623
港澳台商控股	1			18	1
外商控股	3	3186	8697	131852	4027
其他	391	20080	24389	600948	26038

单位：千元

营业收入	主营业务收入	营业成本	主营业务成本	营业税金及附加	主营业务税金及附加	主营业务利润	其他业务利润
910	910	490	490	13	13	407	
910	910	490	490	13	13	407	
44132	44112	18333	18333	2272	2272	23227	20
24132	24132	9821	9821	1865	1865	12386	
7230	7210	3692	3692	129	129	3389	20
7410	7410	2120	2120	161	161	4909	
5360	5360	2700	2700	117	117	2543	
11265502	10927098	6098669	5873771	278926	278651	4113183	186439
5927875	5764488	3400609	3379234	124621	124432	1722297	141827
963201	956599	518148	513485	15908	15886	410711	3282
190641	190641	124247	124247	2060	2060	46286	8036
49310	49310	30110	30110	2791	2791	16349	
800	800	120	120	30	30	650	
90	90	41	41	1	1	48	
48420	48420	29949	29949	2760	2760	15651	
1634966	1488120	1013188	832416	57704	57671	528524	21506
41518	41458	28400	28392	1590	1590	2490	51
1593448	1446662	984788	804024	56114	56081	526034	21455
779556	777730	91634	90089	25064	25061	659343	8256
1387467	1371000	726175	710129	44149	44132	603253	2804
880761	873125	456910	448712	25218	25212	394325	2264
273985	272012	144558	142721	11698	11688	113180	563
216430	209582	114710	108739	6718	6717	90019	-118
16291	16281	9997	9957	515	515	5729	95
332486	329210	194558	194061	6629	6618	126420	728
10608	10608	23530	18889	174	174	-23029	-1507
7300	7300	2890	2890			4410	
3308	3308	20640	15999	174	174	-27439	-1507
6035116	5871669	3456629	3435246	128477	128288	1751823	141878
1411582	1279028	887576	728621	21023	21001	493592	18460
3400083	3363255	1507260	1466297	119452	119399	1712317	24813
168	114	28	28	3	3	83	
10608	10608	23530	18889	174	174	-23029	-1507
418553	413032	247176	243579	9971	9960	155368	1288

1-3-5-1 服务业企业财

指标名称	营业费用、管理费用、财务费用合计	税金	利息支出	营业利润	职工工资和福利费	本年应交增值税
总计	**757370**	**17986**	**36577**	**1515969**	**648050**	**24462**
一、按国民经济行业中类分组						
信息传输、计算机服务和软件业	547320	6203	29136	883379	179914	612
电信和其他信息传输服务业	535770	5299	28907	833716	163278	305
电信	525164	4839	27776	814477	152512	
互联网信息服务	669	154	6	2062	1214	4
广播电视传输服务	9937	306	1125	17177	9552	301
卫星传输服务						
计算机服务业	11363	893	189	49476	16440	307
计算机系统服务	1573	7	25	1365	626	36
数据处理						
计算机维修	272	28	39	1012	327	
其他计算机服务	9518	858	125	47099	15487	271
软件业	187	11	40	187	196	
公共软件服务	187	11	40	187	196	
其他软件服务						
金融业	1556	21	112	6543	1651	10
银行业						
证券业						
保险业						
其他金融活动	1556	21	112	6543	1651	10
典当	1556	21	112	6543	1651	10
租赁和商务服务业	64862	3442	2296	111600	84431	1738
租赁业	3815	737	878	34905	4442	108
机械设备租赁	3630	724	851	34427	4188	108
文化及日用品出租	185	13	27	478	254	
商务服务业	61047	2705	1418	76695	79989	1630
企业管理服务	2797	500	10	9513	3952	384
法律服务	2033	122	5	4494	3400	3
咨询与调查	7497	684	67	15086	13008	399
广告业	7860	462	255	10637	8600	74
知识产权服务	252		2	166	178	2
职业中介服务	1546	112	34	5079	3727	116
市场管理	1190	129	320	3336	1788	
旅行社	6491	255	192	17043	12300	212
其他商务服务	31381	441	533	11341	33036	440

务状况综合表（二）

单位：千元

所有者权益合计	实收资本	国家资本	集体资本	法人资本	个人资本	港澳台资本	外商资本	全部从业人员年平均人数（人）
3175332	**2051507**	**627648**	**214893**	**491395**	**705998**		**11573**	**32922**
1359351	508752	417029	500	11810	79413			7009
1265537	425695	417029		4730	3936			5744
1043482	412270	412019			251			5090
3434	3410			2900	510			77
218621	10015	5010		1830	3175			577
93546	82837		500	6860	75477			1249
6039	5819			3600	2219			54
1077	894				894			31
86430	76124		500	3260	72364			1164
268	220			220				16
268	220			220				16
22749	20521			14061	6460			69
22749	20521			14061	6460			69
22749	20521			14061	6460			69
292826	274219	26973	62848	122607	61791			6133
28374	25330	620	787	14950	8973			341
27554	24671	620	787	14950	8314			317
820	659				659			24
264452	248889	26353	62061	107657	52818			5792
25917	25545	977	500	22118	1950			228
5645	5600		360	2242	2998			241
78697	75779	3321	56780	4570	11108			743
16412	15690	987	600	3873	10230			629
393	377				377			17
7692	7640	2730	290	1677	2943			306
65954	64835	4838	1367	55550	3080			121
34773	30329	11400	1611	6907	10411			590
28969	23094	2100	553	10720	9721			2917

1-3-5-1（二） 续表 1

指标名称	营业费用、管理费用、财务费用合计	税金	利息支出	营业利润	职工工资和福利费	本年应交增值税
科学研究、技术服务和地质勘查业	42326	1217	259	68863	56825	14164
研究与试验发展	919	108	10	1138	1291	104
农业科学研究与试验发展	709	108	10	619	481	104
医学研究与试验发展	210			519	810	
专业技术服务业	40238	1067	221	62017	53517	13933
测绘服务	10146	416	49	-739	8270	25
技术检测	11448	341	60	5283	9212	41
工程技术与规划管理	18278	302	104	53317	34440	13867
其他专业技术服务	366	8	8	4156	1595	
科技交流和推广服务业	1124	42	23	5615	1955	127
技术推广服务	250	34	20	1163	1065	
科技中介服务	673	8	3	2840	420	122
其他科技服务	201			1612	470	5
地质勘查业	45		5	93	62	
矿产地质勘查	45		5	93	62	
水利、环境和公共设施管理业	13685	1586	723	111427	73879	276
水利管理业	3547	58	94	8590	5749	10
防洪管理	9			250	890	
水资源管理	3433	34	14	3843	4491	10
其他水利管理	105	24	80	4497	368	
环境管理业	1191	78	41	9850	2972	128
自然保护	456			1344	661	126
环境治理	735	78	41	8506	2311	2
公共设施管理业	8947	1450	588	92987	65158	138
市政公共设施管理	3290	120		2545	3518	
城市绿化管理	230	55		2690	2630	
游览景区管理	5427	1275	588	87752	59010	138
居民服务和其他服务业	27134	3493	1240	122251	68716	2850
居民服务业	20386	2088	743	88579	53512	1050
家庭服务	247		6	416	3170	
托儿所	7			209	177	5
洗染服务	378	27	16	559	748	
理发及美容保健服务	2480	177	169	16777	10435	104
洗浴服务	9442	792	238	39361	19691	525
婚姻服务	490	178	25	2475	1847	
殡葬服务	3134	23	75	2224	4138	108

单位：千元

所有者权益合计	实收资本	国家资本	集体资本	法人资本	个人资本	港澳台资本	外商资本	全部从业人员年平均人数（人）
158956	95419	37557	16580	18353	22929			2495
1973	900		30		870			79
976	900		30		870			34
997								45
146664	84390	32057	15050	18283	19000			2261
5364	5353	2943		1400	1010			455
39526	31540	17709	10050	1160	2621			580
98051	43876	11405	5000	14223	13248			1116
3723	3621			1500	2121			110
10069	9929	5500	1500	70	2859			150
3875	3788	500	1500		1788			92
1144	1091			20	1071			35
5050	5050	5000		50				23
250	200				200			5
250	200				200			5
477324	450432	120622	39828	142004	137978		10000	3089
101790	93417	90297	120	2000	1000			400
7208	7208	7208						82
90791	83209	83089	120					313
3791	3000			2000	1000			5
41623	41171	4000	48	23250	3873		10000	197
1523	1521		48		1473			50
40100	39650	4000		23250	2400		10000	147
333911	315844	26325	39660	116754	133105			2492
19502	20161	18505	1300	356				266
8870	8870			2500	6370			225
305539	286813	7820	38360	113898	126735			2001
196426	179783	3036	18700	23981	133993		73	4399
141488	127851	1780	7560	19806	98703		2	3473
1420	1350				1350			91
519	509				509			16
723	659				659			39
16650	15544	1280		3280	10982		2	567
65012	57850		5000	9029	43821			1543
3785	3511	500		1320	1691			135
16188	13495		320	500	12675			276

1-3-5-1（二） 续表 2

指标名称	营业费用、管理费用、财务费用合计	税金	利息支出	营业利润	职工工资和福利费	本年应交增值税
摄影扩印服务	2847	839	177	16609	6367	278
其他居民服务	1361	52	37	9949	6939	30
其他服务业	6748	1405	497	33672	15204	1800
修理与维护	3110	1190	173	21202	7977	877
清洁服务	845	33	55	3187	1389	599
其他未列明的服务	2793	182	269	9283	5838	324
教育	12163	710	845	63262	47637	241
教育	12163	710	845	63262	47637	241
学前教育	4581	322	118	20435	19048	63
初等教育	492	46	30	8228	6094	
中等教育	3349	139	429	6314	9626	
高等教育						
其他教育	3741	203	268	28285	12869	178
卫生、社会保障和社会福利业	41133	808	1703	123129	117216	3100
卫生	41046	736	1703	122208	116556	3100
医院	32056	50	595	85098	90201	
卫生院及社区医疗活动	2985	279	36	11829	9484	255
门诊部医疗活动	5005	407	1072	22024	13871	845
计划生育技术服务活动						
妇幼保健活动	1000			3257	3000	2000
社会保障业	17	16		227	270	
社会保障业	17	16		227	270	
社会福利业	70	56		694	390	
提供住宿的社会福利	70	56		694	390	
文化、体育和娱乐业	7191	506	263	25515	17781	1471
新闻出版业						
广播、电视、电影和音像业	3934	285	76	2801	5479	984
广播						
电视	10	2		88	60	
电影	3924	283	76	2713	5419	984
文化艺术业	456	25	5	1631	1556	4
文艺创作与表演	90	9		310	273	4
艺术表演场馆	3			65	50	
群众文化活动	22			901	588	
文化艺术经纪代理	340	16	5	364	548	
其他文化艺术	1			-9	97	

单位：千元

所有者权益合计	实收资本							全部从业人员年平均人数（人）
		国家资本	集体资本	法人资本	个人资本	港澳台资本	外商资本	
22940	21596			1790	19806			478
14251	13337		2240	3887	7210			328
54938	51932	1256	11140	4175	35290		71	926
27763	26260	1256	10000	1295	13638		71	531
3238	2855			1900	955			127
23937	22817		1140	980	20697			268
132495	121395	6090	3045	31421	80839			3897
132495	121395	6090	3045	31421	80839			3897
51553	44593		1065	8495	35033			1685
14008	13758			4800	8958			445
30568	28053	3890	1300	15720	7143			799
36366	34991	2200	680	2406	29705			968
417571	286339	4000	69575	112488	98776		1500	4642
334611	203379	4000	69575	33528	94776		1500	4583
238030	118715	2000	62568	12503	41644			2880
29831	29831	2000	1107	6594	20130			555
60588	54833		5900	14431	33002		1500	1009
6162								139
4280	4280			280	4000			21
4280	4280			280	4000			21
78680	78680			78680				38
78680	78680			78680				38
117634	114647	12341	3817	14670	83819			1189
20039	19086	11089	3817	230	3950			417
100	100				100			4
19939	18986	11089	3817	230	3850			413
1672	1632	1052			580			98
150	130				130			27
65	65				65			5
64	49				49			24
1183	1178	1052			126			34
210	210				210			8

1-3-5-1（二） 续表 3

指标名称	营业费用、管理费用、财务费用合计	税金	利息支出	营业利润	职工工资和福利费	本年应交增值税
体育	40	12		367	180	
其他体育	40	12		367	180	
娱乐业	2761	184	182	20716	10566	483
室内娱乐活动	2091	133	153	10355	7903	200
游乐园	318	13	28	3091	742	120
休闲健身娱乐活动	219	30	1	4860	1639	
其他娱乐活动	133	8		2410	282	163
二、按登记注册类型分组						
内资企业	2126916	30372	967986	2783372	1161877	101116
国有企业	998449	13193	227233	1385107	444059	36098
集体企业	39080	2115	6732	387469	86934	28925
股份合作企业	24107	286	-951	40282	43537	88
联营企业	2446	94	1564	13963	5586	
国有联营企业	130			520	70	
集体联营企业	2			46	40	
其他联营企业	2314	94	1564	13397	5476	
有限责任公司	117438	2638	31280	484646	183631	24034
国有独资公司	11487	300	5874	41	8302	
其他有限责任公司	105951	2338	25406	484605	175329	24034
股份有限公司	797555	661	683709	-126798	44126	69
私营企业	119983	10056	15157	497287	264502	11083
私营独资企业	44652	7272	2489	354790	179428	7041
私营合伙企业	36480	2162	11336	81355	52383	1837
私营有限责任公司	37061	511	1330	57058	28912	2193
私营股份有限公司	1790	111	2	4084	3779	12
其他企业	27858	1329	3262	101416	89502	819
港、澳、台商投资企业						
外商投资企业	10283	1063	11	-23379	14169	
外资企业	350			4060	650	
外商投资股份有限公司	9933	1063	11	-27439	13519	
三、按控股情况分组						
国有控股	1022927	13732	233562	1407994	467389	36266
集体控股	79280	2892	5966	456609	162508	43434
私人控股	985046	11846	724770	798591	424459	20089
港澳台商控股	43			40	61	
外商控股	10283	1063	11	-23379	14169	
其他	39620	1902	3688	120138	107460	1327

单位：千元

所有者权益合计	实收资本							全部从业人员年平均人数（人）
		国家资本	集体资本	法人资本	个人资本	港澳台资本	外商资本	
910	910			890	20			15
910	910			890	20			15
95013	93019	200		13550	79269			659
66954	66619			9730	56889			482
14559	12900	200		420	12280			52
10350	10350			3400	6950			100
3150	3150				3150			25
4336578	3209991	1056768	312561	750894	1089695		73	59216
1844372	1049430	983833	6528	54600	4469			21415
332053	311585	32338	143010	67482	68755			5422
160911	142416	765	47580	40723	53348			1541
14324	13139	5000	1000	1980	5159			367
900	900				900			6
60	60				60			4
13364	12179	5000	1000	1980	4199			357
575639	357993	16551	68375	127627	145440			8817
-29584	4736	1976			2760			356
605223	353257	14575	68375	127627	142680			8461
102107	211349	4011	13500	178488	15350			1751
1063930	1001986	8620	7119	246976	739198		73	15560
635770	601243	1905	2540	69328	527399		71	10274
231016	225281	215	579	105158	119329			3489
148554	127824	6500	2000	72240	47082		2	1496
48590	47638		2000	250	45388			301
243242	122093	5650	25449	33018	57976			4343
146609	146609	135109					11500	260
11500	11500						11500	40
135109	135109	135109						220
2069358	1100111	998528	10695	77300	13588			22584
512121	463508	37098	194270	87532	144608			7547
1384238	1406465	14325	77747	458034	856286		73	23547
30	30				30			6
146609	146609	135109					11500	260
370831	239877	6817	29849	128028	75183			5532

1-3-5-2 按行业分行政事业单位

指标名称	行政事业单位合计(个)	机关	事业单位	固定资产原价
总　　计	**7877**	**1022**	**5680**	**19939030**
按国民经济行业中类分组				
交通运输、仓储和邮政业	13		12	44444
铁路运输业				
道路运输业	3		3	5540
公路旅客运输				
道路货物运输				
道路运输辅助活动	3		3	5540
城市公共交通业	1			1389
出租车客运	1			1389
城市轮渡				
水上运输业				
航空运输业				
管道运输业				
管道运输业				
装卸搬运和其他运输服务业	1		1	4000
装卸搬运	1		1	4000
仓储业	8		8	33515
谷物、棉花等农产品仓储	7		7	28725
其他仓储	1		1	4790
邮政业				
信息传输、计算机服务和软件业	16		14	22910
电信和其他信息传输服务业	14		13	22474
电信				
互联网信息服务	3		3	1380
广播电视传输服务	10		9	20994
卫星传输服务	1		1	100
计算机服务业	1			300
其他计算机服务	1			300
软件业	1		1	136
公共软件服务	1		1	136
其他软件服务				
租赁和商务服务业	135		128	99936
租赁业				
商务服务业	135		128	99936
企业管理服务	50		49	49050

财务状况综合表（一）

单位：千元

本年收入合计	财政拨款	事业收入	经营收入	本年支出合计	工资福利支出	商品和服务支出	取暖费(降温费)	劳务费
16458039	**9467513**	**4669432**	**1158593**	**15362506**	**7789145**	**3523583**	**61882**	**185757**
49994	20161	10510	4000	44974	22959	7496	260	1030
9410		9410		9410	3480	5050	157	860
9410		9410		9410	3480	5050	157	860
2440				879	479			
2440				879	479			
10000			4000	8000	120	200		50
10000			4000	8000	120	200		50
28144	20161	1100		26685	18880	2246	103	120
23731	20161	1100		23215	16624	2090	103	120
4413				3470	2256	156		
44233	4378	33234	4452	24554	11861	9546	166	4127
43937	4326	33234	4452	24412	11791	9525	164	4125
1410	960			1410	690	110	30	20
42227	3066	33234	4452	22702	10905	9411	133	4104
300	300			300	196	4	1	1
216				64	30	20	2	2
216				64	30	20	2	2
80	52			78	40	1		
80	52			78	40	1		
103566	36689	27768	10400	93371	58247	14497	384	1009
103566	36689	27768	10400	93371	58247	14497	384	1009
35417	17539	8964	7997	32847	19400	5872	97	365

1-3-5-2（一） 续表 1

指标名称	行政事业单位合计(个)	机关	事业单位	固定资产原价
法律服务	22		19	8032
咨询与调查	29		29	6073
广告业	2		2	1556
职业中介服务	14		13	11267
市场管理	13		12	20918
旅行社	4		3	2575
其他商务服务	1		1	465
科学研究、技术服务和地质勘查业	307		298	449112
研究与试验发展	34		34	90562
自然科学研究与试验发展	3		3	60883
工程和技术研究与试验发展				
农业科学研究与试验发展	19		19	18689
医学研究与试验发展	2		2	3350
社会人文科学研究与试验发展	10		10	7640
专业技术服务业	169		166	197354
气象服务	11		10	11809
地震服务	9		9	3950
测绘服务	5		5	4585
技术检测	56		56	73440
环境监测	10		10	7023
工程技术与规划管理	77		75	96047
其他专业技术服务	1		1	500
科技交流和推广服务业	98		92	87043
技术推广服务	85		80	83485
科技中介服务	11		10	2758
其他科技服务	2		2	800
地质勘查业	6		6	74153
矿产地质勘查	4		4	57640
基础地质勘查	2		2	16513
水利、环境和公共设施管理业	188		184	1889659
水利管理业	97		96	1677482
防洪管理	12		11	37849
水资源管理	65		65	1633184
其他水利管理	20		20	6449
环境管理业	44		44	154916
自然保护	14		14	28178
环境治理	30		30	126738

单位：千元

本年收入合计	财政拨款	事业收入	经营收入	本年支出合计	工资福利支出	商品和服务支出		
							取暖费(降温费)	劳务费
12201	3226	7825	910	11071	7120	2737	98	75
8598	4584	4014		8284	5283	1623	111	9
26795			1163	21716	12796	650		
4823	2306	2197	320	4257	2630	1177	4	380
11308	7442	2856	10	10872	7514	1918	54	160
2904	1592	392		2804	2384	320	20	20
1520		1520		1520	1120	200		
404054	199550	124057	69776	355669	182169	80285	962	3580
36494	20158	11885	118	36842	22867	6519	128	1284
6970	6489	411	50	6970	3416	491	6	
15616	7515	6732	68	16523	11804	1691	15	125
979	979			979	625	244		
12929	5175	4742		12370	7022	4093	107	1159
159461	87659	48411	20007	151242	91006	37336	530	1518
4722	4283	81	23	4685	2580	1290	32	51
3127	2616		436	2051	1153	480		10
7894	1050	250	6594	7531	3200	634	8	1
63589	52928	8153	142	62567	43012	10093	104	621
6776	3325	3331	120	6758	3872	1782	94	280
72953	23057	36596	12692	67250	36889	22957	272	535
400	400			400	300	100	20	20
86836	51260	7646	24976	84998	34552	15743	237	696
73823	44197	7331	20776	72313	28825	14705	214	695
12393	6443	315	4200	12065	5435	843	13	1
620	620			620	292	195	10	
121263	40473	56115	24675	82587	33744	20687	67	82
105996	39316	42120	24560	67394	22559	20268	46	82
15267	1157	13995	115	15193	11185	419	21	
391984	207875	58920	57132	342219	156215	54391	1456	7257
169814	71281	15975	50300	152300	45871	15004	446	772
5881	3050	1044	1787	6351	4173	813	1	7
151138	59363	12843	46746	132632	33019	10760	280	760
12795	8868	2088	1767	13317	8679	3431	165	5
139054	92347	31390	2809	111005	55818	27181	845	5233
39686	24830	11381	1996	30845	11216	6588	588	1314
99368	67517	20009	813	80160	44602	20593	257	3919

1-3-5-2（一） 续表 2

指标名称	行政事业单位合计(个)	机关	事业单位	固定资产原价
公共设施管理业	47		44	57261
市政公共设施管理	19		19	11944
城市绿化管理	10		10	19674
游览景区管理	18		15	25643
居民服务和其他服务业	22		20	55617
居民服务业	21		19	54381
婚姻服务	1		1	5
殡葬服务	16		16	31996
摄影扩印服务				
其他居民服务	4		2	22380
其他服务业	1		1	1236
其他未列明的服务	1		1	1236
教育	2611		2529	8212360
教育	2611		2529	8212360
学前教育	82		51	156120
初等教育	1828		1803	2180182
中等教育	536		525	3859209
高等教育	21		21	1778524
其他教育	144		129	238325
卫生、社会保障和社会福利业	1576		699	3078111
卫生	1456		607	2966599
医院	81		78	2051526
卫生院及社区医疗活动	213		205	515923
门诊部医疗活动	1079		241	160116
计划生育技术服务活动	34		34	51015
妇幼保健活动	10		10	47981
专科疾病防治活动	7		7	38998
疾病预防控制及防疫活动	20		20	64361
其他卫生活动	12		12	36679
社会保障业	43		43	28604
社会保障业	43		43	28604
社会福利业	77		49	82908
提供住宿的社会福利	66		40	70834
不提供住宿的社会福利	11		9	12074
文化、体育和娱乐业	299		288	256727
新闻出版业	9		9	6176
新闻业	1		1	800
出版业	8		8	5376

单位：千元

本年收入合计	财政拨款	事业收入	经营收入	本年支出合计	工资福利支出	商品和服务支出	取暖费(降温费)	劳务费
83116	44247	11555	4023	78914	54526	12206	165	1252
46086	32055	6007	100	45414	35801	7410	97	152
23744	4007	2529	2340	20991	11640	2453	21	1037
13286	8185	3019	1583	12509	7085	2343	47	63
47520	8556	13821	2388	37302	23044	9816	153	538
47420	8456	13821	2388	37212	22954	9816	153	538
150	150			150	60	10	5	5
45350	8006	13821	1888	35387	21494	9793	148	521
1920	300		500	1675	1400	13		12
100	100			90	90			
100	100			90	90			
4734328	3222862	1216175	73592	4620797	2895618	712734	16970	39606
4734328	3222862	1216175	73592	4620797	2895618	712734	16970	39606
68617	27295	28241	7888	65650	37277	13936	675	554
1430689	1276775	105959	7470	1434610	996913	229486	8783	11011
2321614	1488198	696005	24275	2275800	1345351	393368	7038	20182
734226	347101	344412	100	665006	409081	38090	18	1181
179182	83493	41558	33859	179731	106996	37854	456	6678
3601612	283147	2387376	747899	3240277	1580546	1036491	9290	28182
3535212	232735	2381833	747582	3178031	1553113	1018889	8757	26870
2359478	102779	1752459	430344	2124861	1051702	684549	5802	10651
696214	39109	399188	179112	657445	293077	221645	2042	10764
140967	11005	7635	108342	89888	39473	25270	186	1432
39924	18519	16796	2645	37039	18294	11479	100	245
76855	7041	55542	13784	62357	27216	26496	288	1159
59226	11714	43669	2578	56861	40741	7618	146	1193
121225	37361	72244	10477	115349	58530	39116	144	1067
41323	5207	34300	300	34231	24080	2716	49	359
25224	21270	3207		23610	13119	7110	72	253
25224	21270	3207		23610	13119	7110	72	253
41176	29142	2336	317	38636	14314	10492	461	1059
34410	23233	1694	317	33130	11219	8421	461	1059
6766	5909	642		5506	3095	2071		
158920	88592	30458	6574	154795	88998	28622	557	3413
7822	7772	50		7817	3714	2047	52	54
800	800			800	570	230	50	30
7022	6972	50		7017	3144	1817	2	24

1-3-5-2（一） 续表 3

指标名称	行政事业单位合计（个）	机关	事业单位	固定资产原价
广播、电视、电影和音像业	35		32	89994
广播	15		14	21728
电视	15		13	48373
电影	5		5	19893
文化艺术业	242		237	152803
文艺创作与表演	18		17	10575
艺术表演场馆	2		2	2443
图书馆与档案馆	18		18	19568
文物及文化保护	12		12	46587
博物馆	10		9	17940
烈士陵园、纪念馆	8		7	7826
群众文化活动	169		167	46140
文化艺术经纪代理	2		2	1617
其他文化艺术	3		3	107
体育	8		7	5454
体育组织	5		4	1950
体育场馆	3		3	3504
娱乐业	5		3	2300
室内娱乐活动	3		1	1600
游乐园				
休闲健身娱乐活动	2		2	700
公共管理和社会组织	2710	1022	1508	5830154
中国共产党机关	121	105	16	227794
中国共产党机关	121	105	16	227794
国家机构	2394	903	1491	5471020
国家权力机构	13	12	1	32351
国家行政机构	2346	858	1488	5170315
人民法院和人民检察院	30	29	1	261069
其他国家机构	5	4	1	7285
人民政协和民主党派	14	14		35242
人民政协	14	14		35242
群众团体、社会团体和宗教组织	181		1	96098
群众团体	71			52118
社会团体	92		1	38570
宗教组织	18			5410

单位：千元

本年收入合计	财政拨款	事业收入	经营收入	本年支出合计	工资福利支出	商品和服务支出		
							取暖费(降温费)	劳务费
59484	21530	10288	5736	59348	32374	9734	114	1438
20218	5858	2192		20278	11082	1255	11	218
25467	13684	7303	4360	25406	13056	6741	33	1170
13799	1988	793	1376	13664	8236	1738	70	50
84971	54050	19017	838	81666	49372	15447	291	1838
14504	5845	4635	347	13289	10377	1305	56	127
559	358	133	47	552	316	125		
10453	9974	296		10231	5500	1822	37	23
6794	4866	699	14	5900	2425	2922	15	248
19111	5772	8769	290	17295	9985	2881	21	165
3478	3295			3558	1906	306		41
29006	23211	4175	140	29758	18178	6024	161	1234
850	540	310		850	526	5		
216	189			233	159	57	1	
3933	3080	753		3504	2043	1174	70	53
2076	1531	445		1703	1027	523	5	49
1857	1549	308		1801	1016	651	65	4
2710	2160	350		2460	1495	220	30	30
2100	1900			1900	1105	90	20	20
610	260	350		560	390	130	10	10
6921828	5395703	767113	182380	6448548	2769488	1569705	31684	97015
230188	221288	175		212191	109045	54072	2080	3135
230188	221288	175		212191	109045	54072	2080	3135
6501033	5042009	735778	159823	6038017	2557495	1476825	28607	86063
38799	36556			37572	20338	9583	510	444
6161247	4722000	718778	159823	5733009	2389492	1410054	26360	83304
290949	273415	17000		260916	144588	55131	1667	1785
10038	10038			6520	3077	2057	70	530
34742	33101			28521	11911	11410	101	2806
34742	33101			28521	11911	11410	101	2806
155865	99305	31160	22557	169819	91037	27398	896	5011
51564	38865	10663	974	54138	24094	16424	661	2864
100618	59702	20297	19367	109648	64595	10644	199	2128
3683	738	200	2216	6033	2348	330	36	19

1-3-5-2 按行业分行政事业单位

指标名称	本年			
	商品和服务支出			
	差旅费	出国费	工会经费	福利费
总　　计	**213877**	**2570**	**68452**	**149014**
按国民经济行业中类分组				
交通运输、仓储和邮政业	1220		101	2430
铁路运输业				
道路运输业	1030			2310
公路旅客运输				
道路货物运输				
道路运输辅助活动	1030			2310
城市公共交通业				
出租车客运				
城市轮渡				
水上运输业				
航空运输业				
管道运输业				
管道运输业				
装卸搬运和其他运输服务业	50			
装卸搬运	50			
仓储业	140		101	120
谷物、棉花等农产品仓储	140		101	120
其他仓储				
邮政业				
信息传输、计算机服务和软件业	686		112	1010
电信和其他信息传输服务业	686		112	1010
电信				
互联网信息服务	20		20	20
广播电视传输服务	665		92	989
卫星传输服务	1			1
计算机服务业				
其他计算机服务				
软件业				
公共软件服务				
其他软件服务				
租赁和商务服务业	2128	1	240	1119
租赁业				
商务服务业	2128	1	240	1119
企业管理服务	706		54	258

财务状况综合表（二）

单位：千元

支出合计						经营支出	经营税金	全部从业人员年平均人数
对个人和家庭的补助	抚恤金	生活补助	救济费	助学金	退职(役)费			
1276984	**59683**	**167883**	**33403**	**179555**	**48078**	**427687**	**16639**	**284671**
1670	15	715	200		300	50	200	501
675	15	660						218
675	15	660						218
								10
								10
50		50				50	200	12
50		50				50	200	12
945		5	200		300			261
945		5	200		300			241
								20
368		111			50	4761	318	695
357		111			50	4761	317	686
100		50			50			29
257		61				4761	317	637
								20
							1	4
							1	4
11								5
11								5
3201	145	242	276	3	93	4947	488	2887
3201	145	242	276	3	93	4947	488	2887
2085	54	48	55		3	4393	353	954

1-3-5-2（二） 续表 1

指标名称	本年			
	商品和服务支出			
	差旅费	出国费	工会经费	福利费
法律服务	762		35	503
咨询与调查	178		24	129
广告业				
职业中介服务	227	1	4	135
市场管理	235		83	74
旅行社	20		40	20
其他商务服务				
科学研究、技术服务和地质勘查业	6028	40	1294	4504
研究与试验发展	492	6	53	251
自然科学研究与试验发展	108		8	91
工程和技术研究与试验发展				
农业科学研究与试验发展	136	6	8	13
医学研究与试验发展				
社会人文科学研究与试验发展	248		37	147
专业技术服务业	4002	30	623	2717
气象服务	173		13	130
地震服务	28		8	20
测绘服务	108		37	279
技术检测	1433	30	189	317
环境监测	344		22	241
工程技术与规划管理	1896		334	1710
其他专业技术服务	20		20	20
科技交流和推广服务业	1126	4	301	1078
技术推广服务	1017	4	230	1043
科技中介服务	77		71	27
其他科技服务	32			8
地质勘查业	408		317	458
矿产地质勘查	376		218	357
基础地质勘查	32		99	101
水利、环境和公共设施管理业	4374	5	4259	3171
水利管理业	2032		517	535
防洪管理	26		308	30
水资源管理	1714		138	334
其他水利管理	292		71	171
环境管理业	1685		3393	2065
自然保护	1060		645	703
环境治理	625		2748	1362

单位：千元

支出合计						经营支出	经营税金	全部从业人员年平均数
对个人和家庭的补助	抚恤金	生活补助	救济费	助学金	退职(役)费			
295	20	130	20		40	179	5	286
54	4	2		1				369
15						87	130	33
231		5	200	2		280		134
421	67	7	1			8		941
100		50			50			70
								100
38116	871	2001	167	57	1129	39572	3397	8869
2914	98	103	7		968	88		1281
828	34				794	20		119
860	52	89	7		65	68		852
110								53
1116	12	14			109			257
5341	73	347	21	1	20	10147	1063	4001
199	16	79				17		115
159		10				413	35	54
13	13					3500	363	134
3639	34	41				17		1718
90		70	20			111	9	230
1241	10	147	1	1	20	6089	656	1739
								11
5404	148	351	139	56	141	10642	2	2682
4678	148	321	139	56	141	7242	2	2071
593						3400		595
133		30						16
24457	552	1200				18695	2332	905
24312	422	1185				18650	1602	699
145	130	15				45	730	206
12531	579	1914	63	112	2016	57411	1454	7550
1427	231	168	20	82	516	52693	1198	2736
13	3					1787		260
1157	54	139		82	516	50736	1179	2222
257	174	29	20			170	19	254
9940	163	1638	32	30	1500	1177	93	2893
3096	2	1500			1500	595	91	659
6844	161	138	32	30		582	2	2234

1-3-5-2（二） 续表 2

指标名称	本年			
	商品和服务支出			
	差旅费	出国费	工会经费	福利费
公共设施管理业	657	5	349	571
市政公共设施管理	475	5	253	339
城市绿化管理	8		28	43
游览景区管理	174		68	189
居民服务和其他服务业	221	12	141	268
居民服务业	221	12	141	268
婚姻服务				
殡葬服务	221	11	141	268
摄影扩印服务				
其他居民服务		1		
其他服务业				
其他未列明的服务				
教育	47434	470	21428	42524
教育	47434	470	21428	42524
学前教育	1011		174	858
初等教育	15107	208	5573	15987
中等教育	23669	262	7438	21276
高等教育	5575		7903	3107
其他教育	2072		340	1296
卫生、社会保障和社会福利业	14121	128	13476	26752
卫生	13306	128	13122	25077
医院	6288		4834	14284
卫生院及社区医疗活动	4259	109	2364	7444
门诊部医疗活动	973	1	62	952
计划生育技术服务活动	533		149	719
妇幼保健活动	339		304	683
专科疾病防治活动	293		121	184
疾病预防控制及防疫活动	497	18	5216	659
其他卫生活动	124		72	152
社会保障业	406		165	229
社会保障业	406		165	229
社会福利业	409		189	1446
提供住宿的社会福利	366		166	1431
不提供住宿的社会福利	43		23	15
文化、体育和娱乐业	2226	1	512	1692
新闻出版业	496		36	80
新闻业	50		30	70
出版业	446		6	10

单位：千元

支出合计						经营支出	经营税金	全部从业人员年平均人数
对个人和家庭的补助	抚恤金	生活补助	救济费	助学金	退职(役)费			
1164	185	108	11			3541	163	1921
356	116	44	11			20		969
568	3	64				2190		448
240	66					1331	163	504
1519	203	187	151		665	858	20	691
1519	203	187	151		665	858	20	685
5		5						5
1494	183	182	151		665	558		621
20	20					300	20	59
								6
								6
464992	13317	40418	1450	176478	16556	34221	718	120774
464992	13317	40418	1450	176478	16556	34221	718	120774
3178	49	56	69	71	479	3194	40	1847
92714	5909	15585	541	12314	6253	1395	149	54466
218197	5609	22261	836	61646	9616	12113	196	56917
136882	1490	82		101814		80		2934
14021	260	2434	4	633	208	17439	333	4610
113817	5812	6754	1970	275	2184	244559	1555	37285
101881	5262	5408	1803	225	1830	244406	1555	35846
64655	2956	1336	831	135	616	68202	32	18684
21633	1709	2651	720	31	912	98071	545	9463
2050	101	1007	171	39	90	56778	978	3153
1771	151	177	58		50	3338		884
2150	19	82				8915		1010
3309	131	59	17	20	89	2329		695
5426	195	82	4		73	6771		1671
887		14	2			2		286
901	27	72	56	50	50			732
901	27	72	56	50	50			732
11035	523	1274	111		304	153		707
10933	523	1274	68		304	153		535
102			43					172
8101	262	575	100	100	221	1589	390	5105
20							174	546
								30
20							174	516

1-3-5-2（二） 续表 3

指标名称	本年			
	商品和服务支出			
	差旅费	出国费	工会经费	福利费
广播、电视、电影和音像业	751		146	1077
广播	175		14	74
电视	553		77	931
电影	23		55	72
文化艺术业	720	1	298	456
文艺创作与表演	87			40
艺术表演场馆	6			
图书馆与档案馆	111		150	42
文物及文化保护	57		10	57
博物馆	55		64	88
烈士陵园、纪念馆			5	5
群众文化活动	401	1	69	219
文化艺术经纪代理				5
其他文化艺术	3			
体育	249		22	69
体育组织	35		8	12
体育场馆	214		14	57
娱乐业	10		10	10
室内娱乐活动	10			
游乐园				
休闲健身娱乐活动			10	10
公共管理和社会组织	135439	1913	26889	65544
中国共产党机关	9404	170	994	3083
中国共产党机关	9404	170	994	3083
国家机构	122575	1734	24856	59891
国家权力机构	1571		200	740
国家行政机构	109629	1734	23974	56864
人民法院和人民检察院	10900		676	2108
其他国家机构	475		6	179
人民政协和民主党派	888		176	517
人民政协	888		176	517
群众团体、社会团体和宗教组织	2572	9	863	2053
群众团体	1629		508	911
社会团体	913	9	355	1077
宗教组织	30			65

单位：千元

支出合计						经营支出	经营税金	全部从业人员年平均人数
对个人和家庭的补助	抚恤金	生活补助	救济费	助学金	退职(役)费			
2189	61	122			110	1275	178	1745
25	6				10			390
1964	55	22				317	135	998
200		100			100	958	43	357
5754	200	403	100	34	111	314	38	2655
544	24	162	7			150	27	606
18	2		1			20		32
1127	27	8	2		1			278
310	10	34		12		14		150
986	63	4				50	11	476
218		1						54
2551	74	194	90	22	110	80		986
								54
								19
138	1	50		66				105
20	1							50
118		50		66				55
								54
								26
								28
632669	38479	114966	29026	2530	24864	39719	8099	100314
17741	1077	1216	481	261	637			3038
17741	1077	1216	481	261	637			3038
597747	37122	112967	28121	2169	23777	37368	8099	94210
3568	144	271	20					521
574751	36225	111642	28031	2169	22940	37368	8099	89446
19123	703	899	20		787			4120
305	50	155	50		50			123
3222	168	165	63	10				530
3222	168	165	63	10				530
13959	112	618	361	90	450	2351		2536
6916	59	434	248	36	450	794		852
6998	33	178	104	54		1226		1556
45	20	6	9			331		128

1-3-5-3 按登记注册类型分行政事

指标名称	行政事业单位合计(个)	机关	事业单位	固定资产原价
总　　计	**7877**	**1022**	**5680**	**19939030**
按登记注册类型分组				
内资企业	7877	1022	5680	19939030
国有企业	6069	1022	4861	18676910
集体企业	565		301	440291
股份合作企业	1		1	208
联营企业	2		2	2300
国有联营企业	1		1	500
集体联营企业				
国有与集体联营企业	1		1	1800
其他联营企业				
有限责任公司	2			2062
国有独资公司				
其他有限责任公司	2			2062
股份有限公司	1			560
私营企业	63			101711
私营独资企业	60			94012
私营合伙企业	2			7399
私营有限责任公司				
私营股份有限公司	1			300
其他企业	1174		515	714988
港、澳、台商投资企业				
外商投资企业				

业单位财务状况综合表（一）

单位：千元

本年收入合计	财政拨款	事业收入	经营收入	本年支出合计	工资福利支出	商品和服务支出		
							取暖费(降温费)	劳务费
16458039	**9467513**	**4669432**	**1158593**	**15362506**	**7789145**	**3523583**	**61882**	**185757**
16458039	9467513	4669432	1158593	15362506	7789145	3523583	61882	185757
15614173	9015950	4545833	968553	14600163	7321760	3386974	56424	178006
322927	204524	39516	43100	300447	179851	58849	2116	3712
150	148	2		149	140	7	1	
441	241	200		412	241	71	1	3
200		200		171	100	71	1	3
241	241			241	141			
3232		787		1812	856	556		
3232		787		1812	856	556		
1220	300			1220	1200	20		
45569	9970	11959	17067	40834	25030	5034	16	137
42528	9940	9200	16857	37792	23411	4979	16	92
2831	30	2759		2832	1619	55		45
210			210	210				
470327	236380	71135	129873	417469	260067	72072	3324	3899

1-3-5-3 按登记注册类型分行政事

指标名称	本年			
	商品和服务支出			
	差旅费	出国费	工会经费	福利费
总　　计	**213877**	**2570**	**68452**	**149014**
按登记注册类型分组				
内资企业	213877	2570	68452	149014
国有企业	205307	2499	66224	138437
集体企业	3358	70	956	5477
股份合作企业				1
联营企业	35		2	3
国有联营企业	35		2	3
集体联营企业				
国有与集体联营企业				
其他联营企业				
有限责任公司	23			77
国有独资公司				
其他有限责任公司	23			77
股份有限公司			20	
私营企业	355		4	37
私营独资企业	345		4	37
私营合伙企业	10			
私营有限责任公司				
私营股份有限公司				
其他企业	4799	1	1246	4982
港、澳、台商投资企业				
外商投资企业				

业单位财务状况综合表（二）

单位：千元

支出合计						经营支出	经营税金	全部从业人员年平均人数
对个人和家庭的补助	抚恤金	生活补助	救济费	助学金	退职(役)费			
1276984	**59683**	**167883**	**33403**	**179555**	**48078**	**427687**	**16639**	**284671**
1276984	59683	167883	33403	179555	48078	427687	16639	284671
1256099	57762	162083	31959	177578	46051	349595	14518	256764
8987	565	2219	1072	852	270	24997	374	13303
								8
								17
								10
								7
								27
								27
								40
238		42		196		4371		1321
196				196		4161		1208
42		42						86
						210		27
11660	1356	3539	372	929	1757	48724	1747	13191

1-3-5-4 按行业分社团及其他

指标名称	单位合计(个)	固定资产原价	本年收入合计	捐赠收入
总　计	**7875**	**3140302**	**975929**	**50082**
按国民经济行业中类分组				
交通运输、仓储和邮政业	1	100	55	
铁路运输业				
道路运输业	1	100	55	
道路运输辅助活动	1	100	55	
城市公共交通业				
水上运输业				
航空运输业				
管道运输业				
装卸搬运和其他运输服务业				
仓储业				
邮政业				
信息传输、计算机服务和软件业				
电信和其他信息传输服务业				
计算机服务业				
软件业				
租赁和商务服务业	26	39879	14462	
租赁业				
商务服务业	26	39879	14462	
企业管理服务	1	34123	1200	
法律服务	18	4446	6676	
咨询与调查	3	355	2332	
职业中介服务	3	880	4174	
市场管理	1	75	80	
其他商务服务				
科学研究、技术服务和地质勘查业	14	20695	6691	
研究与试验发展				
专业技术服务业	1	3000	2000	
其他专业技术服务	1	3000	2000	
科技交流和推广服务业	13	17695	4691	
技术推广服务	8	14687	3172	
科技中介服务	5	3008	1519	

单位财务状况综合表（一）

单位：千元

会费收入	提供服务收入	政府补助收入	本年费用合计	业务活动成本	人员费用
18577	**510231**	**318923**	**859460**	**548288**	**355055**
5	50		53	32	18
5	50		53	32	18
5	50		53	32	18
	13312	1150	12062	9458	7631
	13312	1150	12062	9458	7631
	1200		436		
	6676		5773	4149	2848
	2332		2333	2203	1997
	3074	1100	3440	3036	2736
	30	50	80	70	50
862	3288	181	4266	3262	2141
	2000		2000	1900	1750
	2000		2000	1900	1750
862	1288	181	2266	1362	391
631	80	101	1619	833	92
231	1208	80	647	529	299

1-3-5-4（一） 续表 1

指标名称	单位合计（个）	固定资产原价	本年收入合计	捐赠收入
地质勘查业				
水利、环境和公共设施管理业	5	4361	964	
水利管理业	4	3861	764	
防洪管理				
水资源管理	2	3700	700	
其他水利管理	2	161	64	
环境管理业	1	500	200	
环境治理	1	500	200	
公共设施管理业				
居民服务和其他服务业	8	4105	11232	
居民服务业	7	3980	9241	
家庭服务				
托儿所	1	200	200	
理发及美容保健服务	1	120	2568	
婚姻服务	1	10	28	
殡葬服务	3	3600	6230	
其他居民服务	1	50	215	
其他服务业	1	125	1991	
修理与维护	1	125	1991	
教育	270	233286	170590	1029
教育	270	233286	170590	1029
学前教育	172	54778	35391	6
初等教育	31	49699	27602	
中等教育	39	117734	89369	
高等教育	2	225	231	
其他教育	26	10850	17997	1023
卫生、社会保障和社会福利业	2112	272450	215721	1052
卫生	2067	249298	207848	392
医院	5	6406	11382	
卫生院及社区医疗活动	16	13594	13692	40
门诊部医疗活动	2042	228701	182313	347
计划生育技术服务活动	2	140	105	5
疾病预防控制及防疫活动	2	457	356	

单位：千元

会费收入	提供服务收入	政府补助收入	本年费用合计	业务活动成本	
					人员费用
	749	15	904	349	256
	549	15	764	214	121
	500		700	150	100
	49	15	64	64	21
	200		140	135	135
	200		140	135	135
215	10117	800	10626	9763	8715
215	8126	800	8635	7772	7065
	200		140	140	120
	2568		2256	2125	2025
	28		12	12	8
	5330	800	6012	5350	4832
215			215	145	80
	1991		1991	1991	1650
	1991		1991	1991	1650
191	161893	4310	155196	131058	111539
191	161893	4310	155196	131058	111539
108	33377	501	29727	22752	17062
43	24072	2457	26241	23085	20359
	87957	812	82224	70254	61520
	81	150	211	211	120
40	16406	390	16793	14756	12478
328	195286	7099	172065	139530	85613
328	191481	4046	165450	135483	83364
	11382		10641	9782	8026
	13427	5	12419	10538	7937
328	166286	3971	142105	114957	67285
	30	70	105	55	35
	356		180	151	81

1-3-5-4（一） 续表 2

指标名称	单位合计(个)	固定资产原价	本年收入合计	捐赠收入
其他卫生活动				
社会保障业				
社会福利业	45	23152	7873	660
提供住宿的社会福利	41	22861	7469	618
不提供住宿的社会福利	4	291	404	42
文化、体育和娱乐业	20	14202	2752	
新闻出版业				
广播、电视、电影和音像业	2	22	32	
电影	2	22	32	
音像制作				
文化艺术业	15	14098	2397	
文艺创作与表演	4	442	950	
烈士陵园、纪念馆	3	11161	210	
群众文化活动	8	2495	1237	
文化艺术经纪代理				
其他文化艺术				
体育	2	47	313	
体育组织	1	12	217	
其他体育	1	35	96	
娱乐业	1	35	10	
游乐园	1	35	10	
公共管理和社会组织	5419	2551224	553462	48001
中国共产党机关				
国家机构				
人民政协和民主党派				
群众团体、社会团体和宗教组织	580	384281	91199	31910
群众团体				
社会团体	292	78142	54388	5246
宗教组织	288	306139	36811	26664
基层群众自治组织	4839	2166943	462263	16091
社区自治组织	316	372649	68386	347
村民自治组织	4523	1794294	393877	15744
国际组织				

单位：千元

会费收入	提供服务收入	政府补助收入	本年费用合计	业务活动成本	人员费用
	3805	3053	6615	4047	2249
	3518	2978	6216	3683	1979
	287	75	399	364	270
1161	1031	410	2596	1903	981
	32		32	27	16
	32		32	27	16
1020	907	320	2357	1711	866
450	500		950	810	200
	20	40	210	194	122
570	387	280	1197	707	544
141	92	80	197	157	92
45	92	80	101	86	31
96			96	71	61
		10	10	8	7
		10	10	8	7
15815	124505	304958	501692	252933	138161
9423	17383	15803	83612	59959	32027
7892	15830	15337	48034	35559	23046
1531	1553	466	35578	24400	8981
6392	107122	289155	418080	192974	106134
458	25455	29730	58898	32581	19149
5934	81667	259425	359182	160393	86985

1-3-5-4 按行业分社团及其他

指标名称	本年费			
	业务活动成本			管理费用
	日常费用	固定资产折旧	税费	
总　　计	**107894**	**24394**	**6098**	**261892**
按国民经济行业中类分组				
交通运输、仓储和邮政业	14			21
铁路运输业				
道路运输业	14			21
道路运输辅助活动	14			21
城市公共交通业				
水上运输业				
航空运输业				
管道运输业				
装卸搬运和其他运输服务业				
仓储业				
邮政业				
信息传输、计算机服务和软件业				
电信和其他信息传输服务业				
计算机服务业				
软件业				
租赁和商务服务业	1224	93	174	2038
租赁业				
商务服务业	1224	93	174	2038
企业管理服务				436
法律服务	1030	27	108	1248
咨询与调查	86	54	66	130
职业中介服务	88	12		214
市场管理	20			10
其他商务服务				
科学研究、技术服务和地质勘查业	378	73		303
研究与试验发展				
专业技术服务业	130	20		100
其他专业技术服务	130	20		100
科技交流和推广服务业	248	53		203
技术推广服务	108			151
科技中介服务	140	53		52

单位财务状况综合表（二）

单位：千元

用合计				净资产变动额	全部从业人员年平均人数
人员费用	日常费用	固定资产折旧	税费		
142679	**77380**	**14417**	**5727**	**29007**	**48204**
					28
					28
					28
1231	466	160	60	27	273
1231	466	160	60	27	273
250	50	136			10
817	257	10	53	-72	198
74	50	6		99	38
80	109	8	7		23
10					4
24	139	41	7		480
	100				17
	100				17
24	39	41	7		463
7	12	41			341
17	27		7		122

1-3-5-4（二） 续表 1

指标名称	本年费			
	业务活动成本			管理费用
	日常费用	固定资产折旧	税费	
地质勘查业				
水利、环境和公共设施管理业	93			555
水利管理业	93			550
防洪管理				
水资源管理	50			550
其他水利管理	43			
环境管理业				5
环境治理				5
公共设施管理业				
居民服务和其他服务业	926	68		662
居民服务业	639	68		662
家庭服务				
托儿所	20			
理发及美容保健服务	100			
婚姻服务	4			
殡葬服务	450	68		662
其他居民服务	65			
其他服务业	287			
修理与维护	287			
教育	11263	2441	110	19689
教育	11263	2441	110	19689
学前教育	3277	769	8	4934
初等教育	1565	270		2895
中等教育	5426	1161	99	10301
高等教育	85			
其他教育	910	241	3	1559
卫生、社会保障和社会福利业	27471	3487	1066	22630
卫生	26471	3441	1061	20383
医院	410	210	20	555
卫生院及社区医疗活动	1588	191	151	605
门诊部医疗活动	24438	3021	890	19169
计划生育技术服务活动	10	5		25
疾病预防控制及防疫活动	25	14		29

单位：千元

用合计				净资产变动额	全部从业人员年平均人数
人员费用	日常费用	固定资产折旧	税费		
325	225				144
325	225				137
325	225				81
					56
					7
					7
360	290	12		200	264
360	290	12		200	243
					10
					150
					2
360	290	12		200	61
					20
					21
					21
10227	5648	2471	124	2584	5137
10227	5648	2471	124	2584	5137
3214	943	294	5	510	1496
940	1448	405			1090
5175	2989	1658	117	1910	1593
					18
898	268	114	2	164	940
10564	9331	662	188	5737	6748
9211	8671	534	188	5713	6437
214	15	56	20	20	161
439	137	25		108	864
8542	8492	451	168	5575	5382
5	20			10	17
11	7	2			13

1-3-5-4（二） 续表 2

指标名称	本年费			
	业务活动成本			管理费用
	日常费用	固定资产折旧	税费	
其他卫生活动				
社会保障业				
社会福利业	1000	46	5	2247
提供住宿的社会福利	964	36		2212
不提供住宿的社会福利	36	10	5	35
文化、体育和娱乐业	283	21	12	329
新闻出版业				
广播、电视、电影和音像业	7	4		5
电影	7	4		5
音像制作				
文化艺术业	216	16	7	284
文艺创作与表演	10			11
烈士陵园、纪念馆	72			16
群众文化活动	134	16	7	257
文化艺术经纪代理				
其他文化艺术				
体育	59	1	5	40
体育组织	49	1	5	15
其他体育	10			25
娱乐业	1			
游乐园	1			
公共管理和社会组织	66242	18211	4736	215665
中国共产党机关				
国家机构				
人民政协和民主党派				
群众团体、社会团体和宗教组织	19063	3296	239	14775
群众团体				
社会团体	5234	2566	232	8126
宗教组织	13829	730	7	6649
基层群众自治组织	47179	14915	4497	200890
社区自治组织	6670	2843	195	20950
村民自治组织	40509	12072	4302	179940
国际组织				

单位：千元

用合计				净资产变动额	全部从业人员年平均人数
人员费用	日常费用	固定资产折旧	税费		
1353	660	128		24	311
1350	628	128		24	282
3	32				29
198	68	13	7	0	188
	5				2
	5				2
163	58	13	7	0	156
5	6				63
13	2	1			12
145	50	12	7	0	81
35	5				28
15					4
20	5				24
					2
					2
119750	61213	11058	5341	20459	34942
8491	3800	1100	100	764	8762
4995	1853	275	95	91	4222
3496	1947	825	5	673	4540
111259	57413	9958	5241	19695	26180
12015	4844	1691	201	9463	2083
99244	52569	8267	5040	10232	24097

1-3-5-5 按登记注册类型分社团及

指标名称	单位合计(个)	固定资产原价	本年收入合计	捐赠收入
总　　计	**7875**	**3140302**	**975929**	**50082**
按登记注册类型分组				
内资企业	7875	3140302	975929	50082
国有企业	135	66142	62229	4001
集体企业	280	161258	54141	10053
股份合作企业	10	28690	26754	
联营企业	4	3042	6666	31
国有联营企业				
集体联营企业	3	2942	6556	31
国有与集体联营企业	1	100	110	
其他联营企业				
有限责任公司	1	225	1827	
国有独资公司				
其他有限责任公司	1	225	1827	
股份有限公司	2	130	262	2
私营企业	181	115759	81888	50
私营独资企业	172	109374	72100	
私营合伙企业	8	6265	7164	50
私营有限责任公司	1	120	2624	
私营股份有限公司				
其他企业	7262	2765056	742162	35945
港、澳、台商投资企业				
外商投资企业				

其他单位财务状况综合表（一）

单位：千元

会费收入	提供服务收入	政府补助收入	本年费用合计	业务活动成本	人员费用
18577	**510231**	**318923**	**859460**	**548288**	**355055**
18577	510231	318923	859460	548288	355055
3101	39456	10212	58660	49504	38247
1950	33316	2042	43171	34698	12668
	26682	72	25757	22897	19710
12	6613	10	6294	5799	5396
12	6513		6214	5749	5356
	100	10	80	50	40
	1827		1827	1827	1749
	1827		1827	1827	1749
	260		263	242	222
128	78118	1512	72406	60363	50615
108	69555	412	63721	52673	44194
20	7039		6185	5240	4041
	1524	1100	2500	2450	2380
13386	323959	305075	651082	372958	226448

1-3-5-5 按登记注册类型分社团及

指标名称	本年费			
	业务活动成本			管理费用
	日常费用	固定资产折旧	税费	
总　　计	**107894**	**24394**	**6098**	**261892**
按登记注册类型分组				
内资企业	107894	24394	6098	261892
国有企业	4034	2447	198	7624
集体企业	15490	895	396	5951
股份合作企业	1617	640		2860
联营企业	203	200		495
国有联营企业				
集体联营企业	193	200		465
国有与集体联营企业	10			30
其他联营企业				
有限责任公司		50	28	
国有独资公司				
其他有限责任公司		50	28	
股份有限公司	20			20
私营企业	5028	879	29	10398
私营独资企业	4654	827	29	9545
私营合伙企业	316	40		803
私营有限责任公司	58	12		50
私营股份有限公司				
其他企业	81472	19283	5447	234544
港、澳、台商投资企业				
外商投资企业				

其他单位财务状况综合表（二）

单位：千元

用合计				净资产变动额	全部从业人员年平均人数
人员费用	日常费用	固定资产折旧	税费		
142679	**77380**	**14417**	**5727**	**29007**	**48204**
142679	77380	14417	5727	29007	48204
3773	2375	1064	42	339	2271
2909	2133	303	37	12	1926
1800	662	360		1800	473
200	14	56		30	87
180	4	56			81
20	10			30	6
					25
					25
10	10				7
5022	4101	450	84	564	2287
4507	3863	428	59	564	2036
515	188	22	25		246
	50				5
128965	68085	12184	5564	26262	41128

第2部分 县（市、区）卷

综合篇

2-1-1 宛城区按行业分个体经营户情况表个体经营户

行业名称	普查清查个体经营户户数	从业人员数	办证数	人员数
总　　计	**26519**	**96777**	**14868**	**54968**
按国民经济行业分类分组				
农、林、牧、渔业				
采矿业	17	91	17	91
非金属矿采选业	17	91	17	91
制造业	2702	11248	2702	11248
农副食品加工业	836	3227	836	3227
食品制造业	199	796	199	796
饮料制造业	25	102	25	102
纺织业	95	400	95	400
纺织服装、鞋、帽制造业	121	500	121	500
皮革、毛皮、羽毛(绒)及其制品业	49	198	49	198
木材加工及木、竹、藤、棕、草制品	157	761	157	761
家具制造业	188	1002	188	1002
造纸及纸制品业	3	15	3	15
印刷业和记录媒介的复制	5	17	5	17
文教体育用品制造业	1	2	1	2
化学原料及化学制品制造业	9	42	9	42
医药制造业	3	12	3	12
橡胶制品业	29	106	29	106
塑料制品业	5	18	5	18
非金属矿物制品业	62	433	62	433
黑色金属冶炼及压延加工业	8	33	8	33
金属制品业	218	856	218	856
通用设备制造业	51	197	51	197
专用设备制造业	371	1459	371	1459
交通运输设备制造业	144	581	144	581
电气机械及器材制造业	3	8	3	8
工艺品及其他制造业	103	428	103	428
废弃资源和废旧材料回收加工业	17	55	17	55
电力、燃气及水的生产和供应业	231	3079	231	3079
建筑业	12149	43629	12149	43629
房屋和土木工程建筑业	200	2947	200	2947
建筑安装业	14	59	14	59
建筑装饰业	12	60	12	60
其他建筑业	5	13	5	13
交通运输、仓储和邮政业	934	2566	934	2566
铁路运输业				
道路运输业	816	2291	816	2291
城市公共交通业	28	67	28	67

2-1-2 卧龙区按行业分个体经营户情况表个体经营户

行业名称	普查清查个体经营户户数	从业人员数	办证数	人员数
总　　计	**28493**	**75567**	**14908**	**39351**
按国民经济行业分类分组				
农、林、牧、渔业				
采矿业	6	34	6	34
非金属矿采选业	6	34	6	34
其他采矿业				
制造业	2202	8660	2202	8660
农副食品加工业	477	1586	477	1586
食品制造业	263	920	263	920
饮料制造业	3	8	3	8
纺织业	31	291	31	291
纺织服装、鞋、帽制造业	83	283	83	283
皮革、毛皮、羽毛(绒)及其制品业	23	79	23	79
木材加工及木、竹、藤、棕、草制品	50	291	50	291
家具制造业	64	237	64	237
造纸及纸制品业	2	17	2	17
印刷业和记录媒介的复制	167	687	167	687
化学原料及化学制品制造业	12	58	12	58
橡胶制品业	1	3	1	3
塑料制品业	14	89	14	89
非金属矿物制品业	68	502	68	502
金属制品业	340	1357	340	1357
通用设备制造业	159	601	159	601
专用设备制造业	32	116	32	116
交通运输设备制造业	134	570	134	570
电气机械及器材制造业	4	14	4	14
工艺品及其他制造业	260	887	260	887
废弃资源和废旧材料回收加工业	15	64	15	64
电力、燃气及水的生产和供应业	53	285	53	285
建筑业	12700	30657	12700	30657
房屋和土木工程建筑业	14	198	14	198
建筑安装业	4	5	4	5
建筑装饰业	27	74	27	74
其他建筑业	8	8	8	8
交通运输、仓储和邮政业	585	862	585	862
道路运输业	569	830	569	830
城市公共交通业	6	9	6	9

2-1-3 南召县按行业分个体经营户情况表个体经营户

行业名称	普查清查个体经营户户数	从业人员数	办证数	人员数
总　　计	**25719**	**51303**	**12625**	**24722**
按国民经济行业分类分组				
农、林、牧、渔业				
采矿业	41	392	41	392
黑色金属矿采选业	13	139	13	139
有色金属矿采选业	9	105	9	105
非金属矿采选业	18	142	18	142
其他采矿业	1	6	1	6
制造业	1522	4783	1522	4783
农副食品加工业	524	1149	524	1149
食品制造业	117	253	117	253
饮料制造业	13	50	13	50
纺织业	17	26	17	26
纺织服装、鞋、帽制造业	74	178	74	178
皮革、毛皮、羽毛(绒)及其制品业	5	22	5	22
木材加工及木、竹、藤、棕、草制品	92	216	92	216
家具制造业	90	331	90	331
化学原料及化学制品制造业	1	1	1	1
橡胶制品业	3	4	3	4
塑料制品业	3	62	3	62
非金属矿物制品业	312	1847	312	1847
金属制品业	79	166	79	166
通用设备制造业	4	18	4	18
专用设备制造业	1	7	1	7
交通运输设备制造业	2	4	2	4
电气机械及器材制造业	5	66	5	66
工艺品及其他制造业	180	383	180	383
电力、燃气及水的生产和供应业	196	1350	196	1350
建筑业	11062	19547	11062	19547
房屋和土木工程建筑业	162	1258	162	1258
建筑安装业	4	4	4	4
建筑装饰业	29	86	29	86
其他建筑业	1	2	1	2
交通运输、仓储和邮政业	1640	2498	1640	2498
道路运输业	1020	1309	1020	1309
城市公共交通业	615	1181	615	1181

2-1-4 方城县按行业分个体经营户情况表个体经营户

行业名称	普查清查个体经营户户数	从业人员数	办证数	人员数
总　　计	**29101**	**74595**	**27037**	**65340**
按国民经济行业分类分组				
农、林、牧、渔业				
采矿业	117	539	117	539
黑色金属矿采选业	6	31	6	31
有色金属矿采选业	1	5	1	5
非金属矿采选业	110	503	110	503
制造业	7531	19251	7531	19251
农副食品加工业	4090	10347	4090	10347
食品制造业	730	1737	730	1737
饮料制造业	12	25	12	25
纺织业	88	183	88	183
纺织服装、鞋、帽制造业	156	333	156	333
皮革、毛皮、羽毛(绒)及其制品业	29	77	29	77
木材加工及木、竹、藤、棕、草制品	460	1152	460	1152
家具制造业	286	752	286	752
造纸及纸制品业	4	6	4	6
印刷业和记录媒介的复制	2	5	2	5
文教体育用品制造业	7	15	7	15
化学原料及化学制品制造业	5	12	5	12
医药制造业	4	23	4	23
橡胶制品业	5	5	5	5
塑料制品业	11	42	11	42
非金属矿物制品业	253	1381	253	1381
黑色金属冶炼及压延加工业	6	14	6	14
有色金属冶炼及压延加工业	1	2	1	2
金属制品业	416	960	416	960
通用设备制造业	76	139	76	139
专用设备制造业	87	167	87	167
交通运输设备制造业	315	640	315	640
电气机械及器材制造业	3	13	3	13
仪器仪表及文化、办公用机械制造业	5	10	5	10
工艺品及其他制造业	432	1108	432	1108
废弃资源和废旧材料回收加工业	48	103	48	103
电力、燃气及水的生产和供应业	766	8164	766	8164
水的生产和供应业	3	4	3	4
建筑业	19386	45546	19386	45546
房屋和土木工程建筑业	599	7650	599	7650
建筑安装业	45	125	45	125
建筑装饰业	87	295	87	295
其他建筑业	32	90	32	90
交通运输、仓储和邮政业	3865	6723	3865	6723
道路运输业	3517	6128	3517	6128
城市公共交通业	329	517	329	517
水上运输业	1	4	1	4

2-1-5 西峡县按行业分个体经营户情况表个体经营户

行业名称	普查清查个体经营户户数	从业人员数	办证数	人员数
总　计	**21855**	**66611**	**11402**	**27900**
按国民经济行业分类分组				
农、林、牧、渔业				
采矿业	7	37	7	37
黑色金属矿采选业	1	5	1	5
非金属矿采选业	1	6	1	6
其他采矿业	5	26	5	26
制造业	1463	8445	1463	8445
农副食品加工业	1057	6107	1057	6107
食品制造业	47	261	47	261
纺织业	56	291	56	291
纺织服装、鞋、帽制造业	17	98	17	98
皮革、毛皮、羽毛(绒)及其制品业	2	12	2	12
木材加工及木、竹、藤、棕、草制品	84	498	84	498
家具制造业	54	294	54	294
造纸及纸制品业	1	5	1	5
印刷业和记录媒介的复制	5	29	5	29
化学原料及化学制品制造业	1	6	1	6
医药制造业	4	22	4	22
塑料制品业	2	11	2	11
非金属矿物制品业	41	284	41	284
黑色金属冶炼及压延加工业	1	6	1	6
有色金属冶炼及压延加工业	1	6	1	6
金属制品业	40	228	40	228
通用设备制造业	1	5	1	5
专用设备制造业	2	15	2	15
交通运输设备制造业	36	203	36	203
工艺品及其他制造业	5	30	5	30
废弃资源和废旧材料回收加工业	6	34	6	34
电力、燃气及水的生产和供应业	161	1135	161	1135
建筑业	9932	19418	9932	19418
房屋和土木工程建筑业	124	937	124	937
建筑安装业	5	13	5	13
建筑装饰业	4	18	4	18
其他建筑业	28	167	28	167
交通运输、仓储和邮政业	2109	3081	2109	3081
道路运输业	2066	2977	2066	2977
城市公共交通业	28	83	28	83

2-1-6 镇平县按行业分个体经营户情况表个体经营户

行业名称	普查清查个体经营户户数	从业人员数	办证数	人员数
总　计	**42559**	**93960**	**17604**	**39004**
按国民经济行业分类分组				
农、林、牧、渔业				
采矿业	2	8	2	8
非金属矿采选业	2	8	2	8
制造业	5066	15935	5066	15935
农副食品加工业	1216	4000	1216	4000
食品制造业	179	566	179	566
饮料制造业	20	58	20	58
烟草制品业	9	28	9	28
纺织业	91	612	91	612
纺织服装、鞋、帽制造业	55	163	55	163
皮革、毛皮、羽毛(绒)及其制品业	12	24	12	24
木材加工及木、竹、藤、棕、草制品	150	539	150	539
家具制造业	173	541	173	541
造纸及纸制品业	2	6	2	6
印刷业和记录媒介的复制	16	38	16	38
文教体育用品制造业	4	13	4	13
医药制造业	1	1	1	1
塑料制品业	15	76	15	76
非金属矿物制品业	143	1118	143	1118
金属制品业	274	740	274	740
通用设备制造业	2	4	2	4
专用设备制造业	3	10	3	10
交通运输设备制造业	43	102	43	102
仪器仪表及文化、办公用机械制造业	2	3	2	3
工艺品及其他制造业	2636	7260	2636	7260
废弃资源和废旧材料回收加工业	20	33	20	33
电力、燃气及水的生产和供应业	152	1229	152	1229
水的生产和供应业	4	5	4	5
建筑业	12532	23056	12532	23056
房屋和土木工程建筑业	104	1097	104	1097
建筑安装业	22	72	22	72
建筑装饰业	19	52	19	52
其他建筑业	3	3	3	3
交通运输、仓储和邮政业	1939	2342	1939	2342
道路运输业	1047	1385	1047	1385
城市公共交通业	801	824	801	824

2-1-7 内乡县按行业分个体经营户情况表个体经营户

行业名称	普查清查个体经营户户数	从业人员数	办证数	人员数
总　　计	**19974**	**42412**	**12575**	**26670**
按国民经济行业分类分组				
农、林、牧、渔业				
采矿业	210	1486	210	1486
有色金属矿采选业	1	7	1	7
非金属矿采选业	207	1476	207	1476
其他采矿业	2	3	2	3
制造业	1758	5214	1758	5214
农副食品加工业	612	1384	612	1384
食品制造业	201	415	201	415
纺织业	36	124	36	124
纺织服装、鞋、帽制造业	52	113	52	113
皮革、毛皮、羽毛(绒)及其制品业	20	53	20	53
木材加工及木、竹、藤、棕、草制品	49	222	49	222
家具制造业	191	550	191	550
造纸及纸制品业	1	6	1	6
印刷业和记录媒介的复制	3	8	3	8
橡胶制品业	2	75	2	75
塑料制品业	8	75	8	75
非金属矿物制品业	219	1167	219	1167
黑色金属冶炼及压延加工业	4	8	4	8
有色金属冶炼及压延加工业				
金属制品业	80	182	80	182
通用设备制造业	33	95	33	95
专用设备制造业	18	46	18	46
交通运输设备制造业	84	239	84	239
仪器仪表及文化、办公用机械制造业	9	23	9	23
工艺品及其他制造业	134	425	134	425
废弃资源和废旧材料回收加工业	2	4	2	4
电力、燃气及水的生产和供应业	364	3412	364	3412
建筑业	10607	19970	10607	19970
房屋和土木工程建筑业	291	3127	291	3127
建筑安装业	4	7	4	7
建筑装饰业	59	253	59	253
其他建筑业	10	25	10	25
交通运输、仓储和邮政业	1962	2463	1962	2463
道路运输业	1411	1814	1411	1814
城市公共交通业	303	391	303	391

2-1-8 淅川县按行业分个体经营户情况表个体经营户

行业名称	普查清查个体经营户户数	从业人员数	办证数	人员数
总　计	**25650**	**80216**	**11451**	**25018**
按国民经济行业分类分组				
农、林、牧、渔业				
采矿业	19	129	19	129
有色金属矿采选业	1	8	1	8
非金属矿采选业	17	117	17	117
其他采矿业	1	4	1	4
制造业	1391	7847	1391	7847
农副食品加工业	525	2251	525	2251
食品制造业	57	251	57	251
饮料制造业	15	81	15	81
纺织业	19	104	19	104
纺织服装、鞋、帽制造业	38	196	38	196
皮革、毛皮、羽毛(绒)及其制品业	7	35	7	35
木材加工及木、竹、藤、棕、草制品	62	262	62	262
家具制造业	115	564	115	564
印刷业和记录媒介的复制	2	9	2	9
文教体育用品制造业	1	4	1	4
化学原料及化学制品制造业	10	53	10	53
非金属矿物制品业	152	1757	152	1757
黑色金属冶炼及压延加工业	3	46	3	46
金属制品业	53	229	53	229
通用设备制造业	4	56	4	56
交通运输设备制造业	9	40	9	40
电气机械及器材制造业	1	5	1	5
仪器仪表及文化、办公用机械制造业	1	4	1	4
工艺品及其他制造业	317	1900	317	1900
电力、燃气及水的生产和供应业	83	628	83	628
建筑业	10041	17042	10041	17042
房屋和土木工程建筑业	53	566	53	566
建筑安装业	2	4	2	4
建筑装饰业	27	57	27	57
其他建筑业	1	1	1	1
交通运输、仓储和邮政业	2034	2348	2034	2348
道路运输业	1919	2164	1919	2164
城市公共交通业	37	43	37	43
水上运输业	77	140	77	140

2-1-9 社旗县按行业分个体经营户情况表个体经营户

行业名称	普查清查个体经营户户数	从业人员数	办证数	人员数
总　计	**23168**	**69621**	**17441**	**51914**
按国民经济行业分类分组				
农、林、牧、渔业				
采矿业	6	21	6	21
非金属矿采选业	5	16	5	16
其他采矿业	1	5	1	5
制造业	3299	15805	3299	15805
农副食品加工业	1961	9369	1961	9369
食品制造业	238	908	238	908
饮料制造业	7	48	7	48
纺织业	47	199	47	199
纺织服装、鞋、帽制造业	57	260	57	260
皮革、毛皮、羽毛(绒)及其制品业	16	62	16	62
木材加工及木、竹、藤、棕、草制品	356	2040	356	2040
家具制造业	162	895	162	895
造纸及纸制品业	1	5	1	5
印刷业和记录媒介的复制	2	8	2	8
文教体育用品制造业	1	12	1	12
化学原料及化学制品制造业	3	6	3	6
塑料制品业	8	24	8	24
非金属矿物制品业	70	584	70	584
有色金属冶炼及压延加工业	3	6	3	6
金属制品业	195	817	195	817
通用设备制造业	15	44	15	44
专用设备制造业	56	118	56	118
交通运输设备制造业	2	2	2	2
仪器仪表及文化、办公用机械制造业	1	4	1	4
工艺品及其他制造业	94	381	94	381
废弃资源和废旧材料回收加工业	4	13	4	13
电力、燃气及水的生产和供应业	1208	13437	1208	13437
水的生产和供应业	5	5	5	5
建筑业	14131	36083	14131	36083
房屋和土木工程建筑业	1055	12651	1055	12651
建筑安装业	28	199	28	199
建筑装饰业	108	545	108	545
其他建筑业	12	37	12	37
交通运输、仓储和邮政业	2096	3250	2096	3250
道路运输业	1811	2856	1811	2856
城市公共交通业	261	320	261	320

2-1-10 唐河县按行业分个体经营户情况表个体经营户

行业名称	普查清查个体经营户户数	从业人员数	办证数	人员数
总　计	**51380**	**164810**	**32525**	**99925**
按国民经济行业分类分组				
农、林、牧、渔业				
采矿业	74	548	74	548
非金属矿采选业	67	519	67	519
其他采矿业	7	29	7	29
制造业	7746	28500	7746	28500
农副食品加工业	3912	12951	3912	12951
食品制造业	475	1462	475	1462
饮料制造业	114	483	114	483
烟草制品业	1	4	1	4
纺织业	118	516	118	516
纺织服装、鞋、帽制造业	164	492	164	492
皮革、毛皮、羽毛(绒)及其制品业	20	70	20	70
木材加工及木、竹、藤、棕、草制品	544	2491	544	2491
家具制造业	367	1451	367	1451
造纸及纸制品业	2	12	2	12
印刷业和记录媒介的复制	14	50	14	50
文教体育用品制造业	2	4	2	4
化学原料及化学制品制造业	2	9	2	9
橡胶制品业	1	5	1	5
塑料制品业	13	85	13	85
非金属矿物制品业	317	2701	317	2701
金属制品业	293	1123	293	1123
通用设备制造业	576	1749	576	1749
专用设备制造业	483	1641	483	1641
交通运输设备制造业	138	378	138	378
电气机械及器材制造业	1	6	1	6
工艺品及其他制造业	189	817	189	817
电力、燃气及水的生产和供应业	893	11012	893	11012
水的生产和供应业	4	8	4	8
建筑业	24701	70869	24701	70869
房屋和土木工程建筑业	697	9597	697	9597
建筑安装业	52	568	52	568
建筑装饰业	132	815	132	815
其他建筑业	8	24	8	24
交通运输、仓储和邮政业	5033	11145	5033	11145
道路运输业	4083	9024	4083	9024
城市公共交通业	867	1821	867	1821
水上运输业	1	3	1	3

2-1-11 新野县按行业分个体经营户情况表个体经营户

行业名称	普查清查个体经营户户数	从业人员数	办证数	人员数
总　计	**20207**	**51691**	**10018**	**25612**
按国民经济行业分类分组				
农、林、牧、渔业				
采矿业	3	17	3	17
非金属矿采选业	3	17	3	17
制造业	1864	5437	1864	5437
农副食品加工业	820	1934	820	1934
食品制造业	176	364	176	364
饮料制造业	21	48	21	48
纺织业	58	376	58	376
纺织服装、鞋、帽制造业	60	173	60	173
皮革、毛皮、羽毛(绒)及其制品业	20	38	20	38
木材加工及木、竹、藤、棕、草制品	103	346	103	346
家具制造业	74	373	74	373
造纸及纸制品业	1	2	1	2
化学原料及化学制品制造业	12	44	12	44
塑料制品业	11	56	11	56
非金属矿物制品业	88	709	88	709
金属制品业	156	379	156	379
通用设备制造业	8	11	8	11
专用设备制造业	106	181	106	181
交通运输设备制造业	46	125	46	125
工艺品及其他制造业	100	267	100	267
废弃资源和废旧材料回收加工业	4	11	4	11
电力、燃气及水的生产和供应业	419	5541	419	5541
建筑业	8151	20158	8151	20158
房屋和土木工程建筑业	385	5437	385	5437
建筑安装业	16	44	16	44
建筑装饰业	15	56	15	56
其他建筑业	3	4	3	4
交通运输、仓储和邮政业	723	1044	723	1044
道路运输业	679	991	679	991

2-1-12 桐柏县按行业分个体经营户情况表个体经营户

行业名称	普查清查个体经营户户数	从业人员数	办证数	人员数
总　　计	**13656**	**60004**	**13274**	**59220**
按国民经济行业分类分组				
农、林、牧、渔业				
采矿业	263	4275	263	4275
黑色金属矿采选业	94	1610	94	1610
有色金属矿采选业	3	60	3	60
非金属矿采选业	165	2595	165	2595
其他采矿业	1	10	1	10
制造业	4014	32454	4014	32454
农副食品加工业	1809	11422	1809	11422
食品制造业	336	2259	336	2259
饮料制造业	191	1797	191	1797
纺织业	92	674	92	674
纺织服装、鞋、帽制造业	101	632	101	632
皮革、毛皮、羽毛(绒)及其制品业	22	142	22	142
木材加工及木、竹、藤、棕、草制品	235	2913	235	2913
家具制造业	151	1341	151	1341
造纸及纸制品业	1	5	1	5
印刷业和记录媒介的复制	4	36	4	36
化学原料及化学制品制造业	30	389	30	389
医药制造业	2	33	2	33
塑料制品业	18	214	18	214
非金属矿物制品业	333	4987	333	4987
金属制品业	227	1889	227	1889
通用设备制造业	59	402	59	402
专用设备制造业	122	791	122	791
交通运输设备制造业	141	915	141	915
电气机械及器材制造业	3	63	3	63
工艺品及其他制造业	134	1506	134	1506
废弃资源和废旧材料回收加工业	3	44	3	44
电力、燃气及水的生产和供应业	364	2615	364	2615
建筑业	8997	22491	8997	22491
房屋和土木工程建筑业	311	2403	311	2403
建筑安装业	9	32	9	32
建筑装饰业	37	152	37	152
其他建筑业	7	28	7	28
交通运输、仓储和邮政业	1607	2818	1607	2818
道路运输业	1356	2413	1356	2413
城市公共交通业	209	333	209	333
水上运输业	5	18	5	18

2-1-13 邓州市按行业分个体经营户情况表

行业名称	普查清查个体经营户户数	从业人员数	办证数	人员数
总　　计	**53528**	**148804**	**32005**	**90041**
按国民经济行业分类分组				
农、林、牧、渔业				
采矿业	46	283	46	283
非金属矿采选业	46	283	46	283
制造业	7564	29407	7564	29407
农副食品加工业	3010	10192	3010	10192
食品制造业	771	2447	771	2447
饮料制造业	155	494	155	494
纺织业	226	1333	226	1333
纺织服装、鞋、帽制造业	447	1905	447	1905
皮革、毛皮、羽毛(绒)及其制品业	83	305	83	305
木材加工及木、竹、藤、棕、草制品	299	1715	299	1715
家具制造业	394	1945	394	1945
造纸及纸制品业	10	37	10	37
印刷业和记录媒介的复制	35	145	35	145
文教体育用品制造业	2	3	2	3
化学原料及化学制品制造业	24	102	24	102
塑料制品业	34	177	34	177
非金属矿物制品业	286	2038	286	2038
金属制品业	844	3238	844	3238
通用设备制造业	206	643	206	643
专用设备制造业	166	447	166	447
交通运输设备制造业	349	1233	349	1233
仪器仪表及文化、办公用机械制造业	10	27	10	27
工艺品及其他制造业	151	740	151	740
废弃资源和废旧材料回收加工业	62	241	62	241
电力、燃气及水的生产和供应业	1140	10489	1140	10489
水的生产和供应业	8	24	8	24
建筑业	24387	60327	24387	60327
房屋和土木工程建筑业	845	9306	845	9306
建筑安装业	86	298	86	298
建筑装饰业	184	783	184	783
其他建筑业	17	78	17	78
交通运输、仓储和邮政业	3399	6030	3399	6030
道路运输业	2443	4068	2443	4068
城市公共交通业	527	808	527	808

2-1-14 宛城区按行业分组法人单位和产业活动单位

指标名称	法人单位数（个）	单产业法人单位	多产业法人单位	产业活动单位数（个）	多产业法人所属的产业活动单位
总　　计	**2997**	**2965**	**32**	**3367**	**402**
按国民经济行业在类分组	-	-	-	-	-
农、林、牧、渔业				1	1
农业				1	1
采矿业	31	30	1	34	4
石油和天然气开采业	3	2	1	6	4
非金属矿采选业	28	28		28	
制造业	1018	1016	2	1021	5
农副食品加工业	129	129		129	
食品制造业	24	24		24	
饮料制造业	7	6	1	8	2
纺织业	67	67		67	
纺织服装、鞋、帽制造业	10	9	1	10	1
皮革、毛皮、羽毛(绒)及其制品业	3	3		3	
木材加工及木、竹、藤、棕、草制品业	78	78		78	
家具制造业	136	136		136	
造纸及纸制品业	6	6		6	
印刷业和记录媒介的复制	23	23		23	
石油加工、炼焦及核燃料加工业	11	11		11	
化学原料及化学制品制造业	35	35		36	1
医药制造业	10	10		10	
橡胶制品业	3	3		3	
塑料制品业	17	17		17	
非金属矿物制品业	257	257		257	
黑色金属冶炼及压延加工业	1	1		1	
有色金属冶炼及压延加工业	3	3		3	
金属制品业	42	42		43	1
通用设备制造业	12	12		12	
专用设备制造业	23	23		23	
交通运输设备制造业	37	37		37	
电气机械及器材制造业	21	21		21	
通信设备、计算机及其他电子设备制造业	4	4		4	
仪器仪表及文化、办公用机械制造业	10	10		10	
工艺品及其他制造业	44	44		44	
废弃资源和废旧材料回收加工业	5	5		5	
电力、燃气及水的生产和供应业	8	8		9	1
电力、热力的生产和供应业	2	2		2	
燃气生产和供应业	2	2		2	
水的生产和供应业	4	4		5	1
建筑业	75	74	1	75	1
房屋和土木工程建筑业	41	40	1	41	1
建筑安装业	8	8		8	
建筑装饰业	20	20		20	
其他建筑业	6	6		6	
交通运输、仓储和邮政业	25	23	2	43	20
道路运输业	14	12	2	32	20
航空运输业	2	2		2	
仓储业	8	8		8	
邮政业	1	1		1	

2-2-14 续表

指标名称	法人单位数（个）	单产业法人单位	多产业法人单位	产业活动单位数（个）	多产业法人所属的产业活动单位
信息传输、计算机服务和软件业	5	4	1	19	15
电信和其他信息传输服务业	2	1	1	16	15
计算机服务业	2	2		2	
软件业	1	1		1	
批发和零售业	223	220	3	292	72
批发业	84	83	1	99	16
零售业	139	137	2	193	56
住宿和餐饮业	106	106		112	6
住宿业	38	38		42	4
餐饮业	68	68		70	2
金融业	9	1	8	178	177
银行业	2		2	137	137
保险业	5		5	40	40
其他金融活动	2	1	1	1	
房地产业	132	132		133	1
房地产业	132	132		133	1
租赁和商务服务业	57	57		59	2
租赁业	14	14		14	
商务服务业	43	43		45	2
科学研究、技术服务和地质勘查业	44	44		45	1
研究与试验发展	3	3		3	
专业技术服务业	18	18		18	
科技交流和推广服务业	23	23		23	
地质勘查业				1	1
水利、环境和公共设施管理业	17	16	1	22	6
水利管理业	8	7	1	9	2
环境管理业	3	3		3	
公共设施管理业	6	6		10	4
居民服务和其他服务业	48	48		50	2
居民服务业	34	34		35	1
其他服务业	14	14		15	1
教育	348	348		350	2
教育	348	348		350	2
卫生、社会保障和社会福利业	278	275	3	286	11
卫生	264	261	3	272	11
社会保障业	6	6		6	
社会福利业	8	8		8	
文化、体育和娱乐业	29	29		30	1
新闻出版业	1	1		1	
广播、电视、电影和音像业	9	9		10	1
文化艺术业	9	9		9	
体育	1	1		1	
娱乐业	9	9		9	
公共管理和社会组织	544	534	10	608	74
中国共产党机关	1	1		1	
国家机构	183	173	10	247	74
人民政协和民主党派	1	1		1	
群众团体、社会团体和宗教组织	68	68		68	
基层群众自治组织	291	291		291	

2-1-15 卧龙区按行业分组法人单位和产业活动单位

指标名称	法人单位数（个）	单产业法人单位	多产业法人单位	产业活动单位数（个）	多产业法人所属的产业活动单位
总　计	**3919**	**3784**	**135**	**5526**	**1742**
按国民经济行业大类分组	-	-	-	-	-
采矿业	33	33		33	
黑色金属矿采选业	2	2		2	
有色金属矿采选业	1	1		1	
非金属矿采选业	29	29		29	
其他采矿业	1	1		1	
制造业	975	971	4	983	12
农副食品加工业	59	59		59	
食品制造业	31	31		31	
饮料制造业	14	14		14	
纺织业	31	31		31	
纺织服装、鞋、帽制造业	10	10		10	
皮革、毛皮、羽毛(绒)及其制品业	6	6		6	
木材加工及木、竹、藤、棕、草制品业	32	32		32	
家具制造业	8	7	1	8	1
造纸及纸制品业	11	11		11	
印刷业和记录媒介的复制	33	33		33	
文教体育用品制造业	2	2		2	
化学原料及化学制品制造业	47	46	1	47	1
医药制造业	15	15		15	
化学纤维制造业	1	1		1	
橡胶制品业	6	6		6	
塑料制品业	17	17		17	
非金属矿物制品业	306	306		309	3
黑色金属冶炼及压延加工业	10	10		11	1
有色金属冶炼及压延加工业	9	9		9	
金属制品业	60	60		62	2
通用设备制造业	62	61	1	62	1
专用设备制造业	52	52		53	1
交通运输设备制造业	29	28	1	30	2
电气机械及器材制造业	40	40		40	
通信设备、计算机及其他电子设备制造业	9	9		9	
仪器仪表及文化、办公用机械制造业	39	39		39	
工艺品及其他制造业	34	34		34	
废弃资源和废旧材料回收加工业	2	2		2	
电力、燃气及水的生产和供应业	11	11		11	
电力、热力的生产和供应业	4	4		4	
燃气生产和供应业	3	3		3	
水的生产和供应业	4	4		4	
建筑业	170	168	2	183	15
房屋和土木工程建筑业	57	55	2	63	8
建筑安装业	20	20		24	4
建筑装饰业	80	80		80	
其他建筑业	13	13		16	3
交通运输、仓储和邮政业	73	71	2	289	218
道路运输业	32	31	1	34	3
城市公共交通业	10	10		10	
装卸搬运和其他运输服务业	12	12		12	
仓储业	17	17		18	1

2-2-15 续表

指标名称	法人单位数（个）	单产业法人单位	多产业法人单位	产业活动单位数（个）	多产业法人所属的产业活动单位
邮政业	2	1	1	215	214
信息传输、计算机服务和软件业	32	29	3	180	151
电信和其他信息传输服务业	12	9	3	160	151
计算机服务业	17	17		17	
软件业	3	3		3	
批发和零售业	835	812	23	993	181
批发业	433	427	6	469	42
零售业	402	385	17	524	139
住宿和餐饮业	107	100	7	124	24
住宿业	49	44	5	60	16
餐饮业	58	56	2	64	8
金融业	36	11	25	791	780
银行业	9	2	7	246	244
保险业	18		18	510	510
其他金融活动	9	9		35	26
房地产业	198	198		198	
房地产业	198	198		198	
租赁和商务服务业	189	189		199	10
租赁业	22	22		22	
商务服务业	167	167		177	10
科学研究、技术服务和地质勘查业	101	99	2	106	7
研究与试验发展	13	13		14	1
专业技术服务业	60	59	1	63	4
科技交流和推广服务业	24	24		24	
地质勘查业	4	3	1	5	2
水利、环境和公共设施管理业	36	34	2	40	6
水利管理业	17	17		17	
环境管理业	8	7	1	11	4
公共设施管理业	11	10	1	12	2
居民服务和其他服务业	63	61	2	70	9
居民服务业	48	46	2	55	9
其他服务业	15	15		15	
教育	307	298	9	372	74
教育	307	298	9	372	74
卫生、社会保障和社会福利业	70	65	5	89	24
卫生	55	50	5	67	17
社会保障业	6	6		7	1
社会福利业	9	9		15	6
文化、体育和娱乐业	37	34	3	64	30
新闻出版业	4	3	1	5	2
广播、电视、电影和音像业	8	6	2	21	15
文化艺术业	18	18		31	13
体育	2	2		2	
娱乐业	5	5		5	
公共管理和社会组织	646	600	46	801	201
中国共产党机关	19	19		19	
国家机构	246	204	42	400	196
人民政协和民主党派	2	1	1	3	2
群众团体、社会团体和宗教组织	84	82	2	84	2
基层群众自治组织	295	294	1	295	1

2-1-16 南召县按行业分组法人单位和产业活动单位

指标名称	法人单位数（个）	单产业法人单位	多产业法人单位	产业活动单位数（个）	多产业法人所属的产业活动单位
总　　计	**1824**	**1710**	**114**	**2408**	**698**
按国民经济行业大类分组	-	-	-	-	-
农、林、牧、渔业				2	2
林业				1	1
农、林、牧、渔服务业				1	1
采矿业	105	105		105	
黑色金属矿采选业	34	34		34	
有色金属矿采选业	25	25		25	
非金属矿采选业	46	46		46	
制造业	256	256		256	
农副食品加工业	24	24		24	
食品制造业	5	5		5	
纺织业	6	6		6	
纺织服装、鞋、帽制造业	3	3		3	
木材加工及木、竹、藤、棕、草制品业	17	17		17	
家具制造业	3	3		3	
印刷业和记录媒介的复制	2	2		2	
化学原料及化学制品制造业	8	8		8	
医药制造业	1	1		1	
塑料制品业	1	1		1	
非金属矿物制品业	131	131		131	
黑色金属冶炼及压延加工业	5	5		5	
有色金属冶炼及压延加工业	2	2		2	
金属制品业	16	16		16	
通用设备制造业	10	10		10	
专用设备制造业	5	5		5	
交通运输设备制造业	4	4		4	
电气机械及器材制造业	4	4		4	
工艺品及其他制造业	9	9		9	
电力、燃气及水的生产和供应业	11	10	1	27	17
电力、热力的生产和供应业	7	6	1	23	17
水的生产和供应业	4	4		4	
建筑业	12	10	2	15	5
房屋和土木工程建筑业	12	10	2	15	5
交通运输、仓储和邮政业	12	12		17	5
道路运输业	7	7		7	
城市公共交通业	2	2		2	
水上运输业	2	2		2	
仓储业	1	1		1	
邮政业				5	5
信息传输、计算机服务和软件业	37	37		38	1

2-2-16 续表

指标名称	法人单位数（个）	单产业法人单位	多产业法人单位	产业活动单位数（个）	多产业法人所属的产业活动单位
电信和其他信息传输服务业	1	1		2	1
计算机服务业	36	36		36	
批发和零售业	161	152	9	236	84
批发业	87	85	2	121	36
零售业	74	67	7	115	48
住宿和餐饮业	76	75	1	80	5
住宿业	26	25	1	28	3
餐饮业	50	50		52	2
金融业	1		1	18	18
银行业	1		1	18	18
房地产业	10	10		10	
房地产业	10	10		10	
租赁和商务服务业	12	12		19	7
商务服务业	12	12		19	7
科学研究、技术服务和地质勘查业	17	15	2	28	13
研究与试验发展	2	2		2	
专业技术服务业	8	7	1	12	5
科技交流和推广服务业	7	6	1	14	8
水利、环境和公共设施管理业	34	34		41	7
水利管理业	8	8		11	3
环境管理业	8	8		12	4
公共设施管理业	18	18		18	
居民服务和其他服务业	6	6		7	1
居民服务业	3	3		4	1
其他服务业	3	3		3	
教育	216	204	12	423	219
教育	216	204	12	423	219
卫生、社会保障和社会福利业	306	306		357	51
卫生	295	295		342	47
社会保障业	4	4		5	1
社会福利业	7	7		10	3
文化、体育和娱乐业	19	19		28	9
广播、电视、电影和音像业	1	1		3	2
文化艺术业	17	17		24	7
体育	1	1		1	
公共管理和社会组织	533	447	86	701	254
中国共产党机关	10	8	2	12	4
国家机构	153	120	33	315	195
人民政协和民主党派	1	1		1	
群众团体、社会团体和宗教组织	29	25	4	33	8
基层群众自治组织	340	293	47	340	47

2-1-17 方城县按行业分组法人单位和产业活动单位

指标名称	法人单位数（个）	单产业法人单位	多产业法人单位	产业活动单位数（个）	多产业法人所属的产业活动单位
总　　计	**3395**	**3299**	**96**	**4108**	**809**
按国民经济行业大类分组	-	-	-	-	-
农、林、牧、渔业				10	10
林业				6	6
渔业				3	3
农、林、牧、渔服务业				1	1
采矿业	259	259		260	1
黑色金属矿采选业	16	16		16	
有色金属矿采选业	15	15		15	
非金属矿采选业	227	227		228	1
其他采矿业	1	1		1	
制造业	750	749	1	752	3
农副食品加工业	159	159		160	1
食品制造业	20	20		20	
饮料制造业	7	7		7	
纺织业	16	16		16	
纺织服装、鞋、帽制造业	4	4		4	
皮革、毛皮、羽毛(绒)及其制品业	4	4		4	
木材加工及木、竹、藤、棕、草制品业	38	38		38	
家具制造业	29	29		29	
造纸及纸制品业	7	7		7	
印刷业和记录媒介的复制	6	6		6	
文教体育用品制造业	1	1		1	
石油加工、炼焦及核燃料加工业	1	1		1	
化学原料及化学制品制造业	25	25		25	
医药制造业	8	8		8	
化学纤维制造业	4	4		4	
橡胶制品业	2	2		2	
塑料制品业	18	18		18	
非金属矿物制品业	308	308		308	
黑色金属冶炼及压延加工业	1	1		1	
有色金属冶炼及压延加工业	7	7		7	
金属制品业	27	27		27	
通用设备制造业	15	15		15	
专用设备制造业	12	12		12	
交通运输设备制造业	6	6		6	
电气机械及器材制造业	6	5	1	7	2
通信设备、计算机及其他电子设备制造业	5	5		5	
工艺品及其他制造业	14	14		14	
电力、燃气及水的生产和供应业	9	8	1	26	18
电力、热力的生产和供应业	2	1	1	19	18
燃气生产和供应业	2	2		2	
水的生产和供应业	5	5		5	
建筑业	30	29	1	34	5
房屋和土木工程建筑业	22	21	1	26	5
建筑安装业	1	1		1	
建筑装饰业	3	3		3	
其他建筑业	4	4		4	
交通运输、仓储和邮政业	19	18	1	33	15

2-2-17 续表

指标名称	法人单位数（个）	单产业法人单位	多产业法人单位	产业活动单位数（个）	多产业法人所属的产业活动单位
道路运输业	8	7	1	13	6
城市公共交通业	2	2		5	3
装卸搬运和其他运输服务业	3	3		3	
仓储业	6	6		7	1
邮政业				5	5
信息传输、计算机服务和软件业	21	20	1	22	2
电信和其他信息传输服务业	6	5	1	7	2
计算机服务业	15	15		15	
批发和零售业	283	261	22	509	248
批发业	90	72	18	221	149
零售业	193	189	4	288	99
住宿和餐饮业	94	94		102	8
住宿业	9	9		9	
餐饮业	85	85		93	8
金融业	1		1	43	43
银行业	1		1	43	43
房地产业	12	12		12	
房地产业	12	12		12	
租赁和商务服务业	15	15		18	3
商务服务业	15	15		18	3
科学研究、技术服务和地质勘查业	21	21		25	4
专业技术服务业	14	14		16	2
科技交流和推广服务业	7	7		9	2
水利、环境和公共设施管理业	13	13		16	3
水利管理业	4	4		6	2
环境管理业	3	3		3	
公共设施管理业	6	6		7	1
居民服务和其他服务业	15	15		17	2
居民服务业	9	9		11	2
其他服务业	6	6		6	
教育	451	438	13	564	126
教育	451	438	13	564	126
卫生、社会保障和社会福利业	567	563	4	610	47
卫生	556	553	3	592	39
社会保障业	4	4		7	3
社会福利业	7	6	1	11	5
文化、体育和娱乐业	28	27	1	49	22
新闻出版业	3	3		3	
广播、电视、电影和音像业	9	8	1	14	6
文化艺术业	15	15		30	15
体育	1	1		1	
娱乐业				1	1
公共管理和社会组织	807	757	50	1006	249
中国共产党机关	13	12	1	13	1
国家机构	146	108	38	340	232
人民政协和民主党派	1	1		1	
群众团体、社会团体和宗教组织	85	81	4	90	9
基层群众自治组织	562	555	7	562	7

2-1-18 西峡县按行业分组法人单位和产业活动单位

指标名称	法人单位数（个）			产业活动单位数（个）	
		单产业法人单位	多产业法人单位		多产业法人所属的产业活动单位
总　　计	**1975**	**1900**	**75**	**2707**	**807**
按国民经济行业大类分组	-	-	-	-	-
采矿业	80	80		80	
黑色金属矿采选业	18	18		18	
有色金属矿采选业	14	14		14	
非金属矿采选业	48	48		48	
制造业	595	593	2	599	6
农副食品加工业	124	124		124	
食品制造业	15	15		15	
饮料制造业	17	17		17	
纺织服装、鞋、帽制造业	1	1		1	
皮革、毛皮、羽毛(绒)及其制品业	2	2		2	
木材加工及木、竹、藤、棕、草制品业	17	17		17	
家具制造业	10	10		10	
造纸及纸制品业	4	4		4	
印刷业和记录媒介的复制	4	4		4	
文教体育用品制造业	3	3		3	
石油加工、炼焦及核燃料加工业	1	1		1	
化学原料及化学制品制造业	21	21		21	
医药制造业	6	5	1	6	1
塑料制品业	16	16		16	
非金属矿物制品业	259	259		261	2
黑色金属冶炼及压延加工业	1		1	1	1
有色金属冶炼及压延加工业	1	1		1	
金属制品业	16	16		16	
通用设备制造业	20	20		20	
专用设备制造业	10	10		10	
交通运输设备制造业	23	23		23	
电气机械及器材制造业	8	8		9	1
仪器仪表及文化、办公用机械制造业	1	1		2	1
工艺品及其他制造业	13	13		13	
废弃资源和废旧材料回收加工业	2	2		2	
电力、燃气及水的生产和供应业	23	22	1	41	19
电力、热力的生产和供应业	22	21	1	40	19
水的生产和供应业	1	1		1	
建筑业	17	16	1	17	1
房屋和土木工程建筑业	14	13	1	14	1
建筑安装业	1	1		1	
建筑装饰业	1	1		1	
其他建筑业	1	1		1	
交通运输、仓储和邮政业	7	7		14	7
道路运输业	4	4		5	1
城市公共交通业	1	1		1	

2-2-18 续表

指标名称	法人单位数（个）	单产业法人单位	多产业法人单位	产业活动单位数（个）	多产业法人所属的产业活动单位
水上运输业	1	1		1	
仓储业	1	1		1	
邮政业				6	6
信息传输、计算机服务和软件业	34	33	1	49	16
电信和其他信息传输服务业	2	1	1	17	16
计算机服务业	32	32		32	
批发和零售业	232	221	11	390	169
批发业	129	126	3	142	16
零售业	103	95	8	248	153
住宿和餐饮业	111	111		115	4
住宿业	72	72		76	4
餐饮业	39	39		39	
金融业	1		1	36	36
银行业	1		1	36	36
房地产业	10	10		10	
房地产业	10	10		10	
租赁和商务服务业	25	25		48	23
商务服务业	25	25		48	23
科学研究、技术服务和地质勘查业	37	37		37	
研究与试验发展	5	5		5	
专业技术服务业	14	14		14	
科技交流和推广服务业	18	18		18	
水利、环境和公共设施管理业	31	31		31	
水利管理业	5	5		5	
环境管理业	5	5		5	
公共设施管理业	21	21		21	
居民服务和其他服务业				2	2
居民服务业				2	2
教育	63	33	30	158	125
教育	63	33	30	158	125
卫生、社会保障和社会福利业	48	31	17	328	297
卫生	31	14	17	311	297
社会保障业	2	2		2	
社会福利业	15	15		15	
文化、体育和娱乐业	30	30		30	
广播、电视、电影和音像业	1	1		1	
文化艺术业	28	28		28	
体育	1	1		1	
公共管理和社会组织	631	620	11	722	102
国家机构	248	237	11	339	102
人民政协和民主党派	1	1		1	
群众团体、社会团体和宗教组织	83	83		83	
基层群众自治组织	299	299		299	

2-1-19 镇平县按行业分组法人单位和产业活动单位

指标名称	法人单位数（个）	单产业法人单位	多产业法人单位	产业活动单位数（个）	多产业法人所属的产业活动单位
总　　计	**2479**	**2389**	**90**	**3569**	**1180**
按国民经济行业大类分组	-	-	-	-	-
农、林、牧、渔业				4	4
林业				1	1
农、林、牧、渔服务业				3	3
采矿业	55	55		55	
黑色金属矿采选业	3	3		3	
有色金属矿采选业	19	19		19	
非金属矿采选业	29	29		29	
其他采矿业	4	4		4	
制造业	875	874	1	883	9
农副食品加工业	51	51		51	
食品制造业	14	14		14	
饮料制造业	8	8		8	
纺织业	82	82		82	
纺织服装、鞋、帽制造业	5	5		5	
皮革、毛皮、羽毛(绒)及其制品业	5	5		5	
木材加工及木、竹、藤、棕、草制品业	29	29		29	
家具制造业	14	14		14	
造纸及纸制品业	3	3		3	
印刷业和记录媒介的复制	12	12		12	
文教体育用品制造业	2	2		2	
石油加工、炼焦及核燃料加工业	2	2		2	
化学原料及化学制品制造业	14	14		14	
医药制造业	12	12		12	
塑料制品业	21	21		21	
非金属矿物制品业	202	202		202	
黑色金属冶炼及压延加工业	1	1		1	
有色金属冶炼及压延加工业	2	2		2	
金属制品业	20	20		20	
通用设备制造业	11	11		11	
专用设备制造业	8	8		8	
交通运输设备制造业	9	9		9	
电气机械及器材制造业	2	2		2	
仪器仪表及文化、办公用机械制造业	5	5		5	
工艺品及其他制造业	341	340	1	349	9
电力、燃气及水的生产和供应业	3	3		4	1
电力、热力的生产和供应业	1	1		1	
水的生产和供应业	2	2		3	1
建筑业	12	12		12	
房屋和土木工程建筑业	10	10		10	
建筑装饰业	2	2		2	
交通运输、仓储和邮政业	19	19		22	3
道路运输业	15	15		15	
城市公共交通业	2	2		2	

2-2-19 续表

指标名称	法人单位数（个）	单产业法人单位	多产业法人单位	产业活动单位数（个）	多产业法人所属的产业活动单位
装卸搬运和其他运输服务业	1	1		1	
仓储业	1	1		1	
邮政业				3	3
信息传输、计算机服务和软件业	1	1		1	
电信和其他信息传输服务业	1	1		1	
批发和零售业	148	126	22	521	395
批发业	52	49	3	91	42
零售业	96	77	19	430	353
住宿和餐饮业	88	88		90	2
住宿业	59	59		59	
餐饮业	29	29		31	2
金融业	1		1	36	36
银行业	1		1	36	36
房地产业	4	4		4	
房地产业	4	4		4	
租赁和商务服务业	15	15		30	15
商务服务业	15	15		30	15
科学研究、技术服务和地质勘查业	16	16		17	1
研究与试验发展	1	1		2	1
专业技术服务业	11	11		11	
科技交流和推广服务业	3	3		3	
地质勘查业	1	1		1	
水利、环境和公共设施管理业	7	7		10	3
水利管理业	2	2		4	2
环境管理业	2	2		2	
公共设施管理业	3	3		4	1
居民服务和其他服务业	11	11		12	1
居民服务业	5	5		6	1
其他服务业	6	6		6	
教育	199	170	29	539	369
教育	199	170	29	539	369
卫生、社会保障和社会福利业	382	380	2	448	68
卫生	364	362	2	422	60
社会保障业	1	1		2	1
社会福利业	17	17		24	7
文化、体育和娱乐业	5	5		30	25
广播、电视、电影和音像业				1	1
文化艺术业	4	4		28	24
体育	1	1		1	
公共管理和社会组织	638	603	35	851	248
中国共产党机关	12	12		13	1
国家机构	128	93	35	326	233
人民政协和民主党派	1	1		1	
群众团体、社会团体和宗教组织	73	73		87	14
基层群众自治组织	424	424		424	

2-1-20 内乡县按行业分组法人单位和产业活动单位

指标名称	法人单位数（个）	单产业法人单位	多产业法人单位	产业活动单位数（个）	多产业法人所属的产业活动单位
总　　计	**2404**	**2349**	**55**	**2820**	**471**
按国民经济行业大类分组	-	-	-	-	-
采矿业	117	117		117	
黑色金属矿采选业	1	1		1	
有色金属矿采选业	14	14		14	
非金属矿采选业	101	101		101	
其他采矿业	1	1		1	
制造业	909	909		909	
农副食品加工业	75	75		75	
食品制造业	12	12		12	
饮料制造业	5	5		5	
纺织业	5	5		5	
纺织服装、鞋、帽制造业	7	7		7	
皮革、毛皮、羽毛(绒)及其制品业	1	1		1	
木材加工及木、竹、藤、棕、草制品业	47	47		47	
家具制造业	53	53		53	
造纸及纸制品业	14	14		14	
印刷业和记录媒介的复制	4	4		4	
文教体育用品制造业	2	2		2	
化学原料及化学制品制造业	25	25		25	
医药制造业	7	7		7	
橡胶制品业	12	12		12	
塑料制品业	26	26		26	
非金属矿物制品业	434	434		434	
黑色金属冶炼及压延加工业	4	4		4	
金属制品业	19	19		19	
通用设备制造业	25	25		25	
专用设备制造业	17	17		17	
交通运输设备制造业	25	25		25	
电气机械及器材制造业	6	6		6	
仪器仪表及文化、办公用机械制造业	4	4		4	
工艺品及其他制造业	80	80		80	
电力、燃气及水的生产和供应业	12	11	1	28	17
电力、热力的生产和供应业	10	9	1	26	17
水的生产和供应业	2	2		2	
建筑业	21	21		21	
房屋和土木工程建筑业	17	17		17	
建筑安装业	2	2		2	
建筑装饰业	2	2		2	
交通运输、仓储和邮政业	18	18		18	
道路运输业	14	14		14	
城市公共交通业	2	2		2	
装卸搬运和其他运输服务业	1	1		1	

2-2-20 续表

指标名称	法人单位数（个）	单产业法人单位	多产业法人单位	产业活动单位数（个）	多产业法人所属的产业活动单位
仓储业	1	1		1	
信息传输、计算机服务和软件业	39	39		39	
电信和其他信息传输服务业	3	3		3	
计算机服务业	36	36		36	
批发和零售业	181	173	8	257	84
批发业	68	65	3	88	23
零售业	113	108	5	169	61
住宿和餐饮业	33	33		33	
住宿业	11	11		11	
餐饮业	22	22		22	
金融业	1		1	37	37
银行业	1		1	37	37
房地产业	3	3		3	
房地产业	3	3		3	
租赁和商务服务业	24	24		24	
商务服务业	24	24		24	
科学研究、技术服务和地质勘查业	28	28		36	8
研究与试验发展	1	1		1	
专业技术服务业	22	22		29	7
科技交流和推广服务业	5	5		6	1
水利、环境和公共设施管理业	25	25		25	
水利管理业	14	14		14	
环境管理业	3	3		3	
公共设施管理业	8	8		8	
居民服务和其他服务业	4	4		4	
居民服务业	4	4		4	
教育	101	71	30	291	220
教育	101	71	30	291	220
卫生、社会保障和社会福利业	388	388		401	13
卫生	379	379		390	11
社会保障业	8	8		10	2
社会福利业	1	1		1	
文化、体育和娱乐业	17	17		24	7
广播、电视、电影和音像业	5	5		5	
文化艺术业	11	11		18	7
娱乐业	1	1		1	
公共管理和社会组织	483	468	15	553	85
中国共产党机关	13	13		13	
国家机构	154	139	15	224	85
人民政协和民主党派	1	1		1	
群众团体、社会团体和宗教组织	19	19		19	
基层群众自治组织	296	296		296	

2-1-21 淅川县按行业分组法人单位和产业活动单位

指标名称	法人单位数（个）	单产业法人单位	多产业法人单位	产业活动单位数（个）	多产业法人所属的产业活动单位
总　　计	**2483**	**2443**	**40**	**3077**	**634**
按国民经济行业大类分组	-	-	-	-	-
采矿业	62	62		62	
黑色金属矿采选业	10	10		10	
有色金属矿采选业	3	3		3	
非金属矿采选业	49	49		49	
制造业	659	657	2	665	8
农副食品加工业	48	48		48	
食品制造业	25	25		25	
饮料制造业	8	8		8	
纺织业	9	9		9	
纺织服装、鞋、帽制造业	4	4		4	
皮革、毛皮、羽毛(绒)及其制品业	3	3		3	
木材加工及木、竹、藤、棕、草制品业	34	34		34	
家具制造业	13	13		13	
造纸及纸制品业	7	7		7	
印刷业和记录媒介的复制	9	9		9	
石油加工、炼焦及核燃料加工业	1	1		1	
化学原料及化学制品制造业	26	26		26	
医药制造业	7	6	1	7	1
橡胶制品业	1	1		1	
塑料制品业	8	8		8	
非金属矿物制品业	305	305		307	2
黑色金属冶炼及压延加工业	20	20		21	1
有色金属冶炼及压延加工业	18	17	1	21	4
金属制品业	11	11		11	
通用设备制造业	12	12		12	
专用设备制造业	3	3		3	
交通运输设备制造业	16	16		16	
电气机械及器材制造业	3	3		3	
仪器仪表及文化、办公用机械制造业	1	1		1	
工艺品及其他制造业	64	64		64	
废弃资源和废旧材料回收加工业	3	3		3	
电力、燃气及水的生产和供应业	22	21	1	39	18
电力、热力的生产和供应业	17	16	1	34	18
水的生产和供应业	5	5		5	
建筑业	15	15		15	
房屋和土木工程建筑业	11	11		11	
建筑安装业	3	3		3	
建筑装饰业	1	1		1	
交通运输、仓储和邮政业	7	7		7	
道路运输业	2	2		2	
城市公共交通业	1	1		1	
水上运输业	4	4		4	

2-2-21 续表

指标名称	法人单位数（个）	单产业法人单位	多产业法人单位	产业活动单位数（个）	多产业法人所属的产业活动单位
信息传输、计算机服务和软件业	1	1		1	
电信和其他信息传输服务业	1	1		1	
批发和零售业	168	162	6	218	56
批发业	48	47	1	49	2
零售业	120	115	5	169	54
住宿和餐饮业	140	138	2	146	8
住宿业	21	19	2	23	4
餐饮业	119	119		123	4
金融业	1		1	30	30
银行业	1		1	30	30
房地产业	8	8		8	
房地产业	8	8		8	
租赁和商务服务业	18	18		34	16
商务服务业	18	18		34	16
科学研究、技术服务和地质勘查业	15	15		15	
研究与试验发展	5	5		5	
专业技术服务业	7	7		7	
科技交流和推广服务业	2	2		2	
地质勘查业	1	1		1	
水利、环境和公共设施管理业	22	22		22	
水利管理业	4	4		4	
环境管理业	4	4		4	
公共设施管理业	14	14		14	
居民服务和其他服务业	7	6	1	10	4
居民服务业	6	5	1	9	4
其他服务业	1	1		1	
教育	66	51	15	442	391
教育	66	51	15	442	391
卫生、社会保障和社会福利业	527	527		527	
卫生	523	523		523	
社会保障业	3	3		3	
社会福利业	1	1		1	
文化、体育和娱乐业	26	26		26	
广播、电视、电影和音像业	4	4		4	
文化艺术业	19	19		19	
体育	1	1		1	
娱乐业	2	2		2	
公共管理和社会组织	719	707	12	810	103
中国共产党机关	6	5	1	6	1
国家机构	144	133	11	235	102
人民政协和民主党派	1	1		1	
群众团体、社会团体和宗教组织	48	48		48	
基层群众自治组织	520	520		520	

2-1-22 社旗县按行业分组法人单位和产业活动单位

指标名称	法人单位数（个）	单产业法人单位	多产业法人单位	产业活动单位数（个）	多产业法人所属的产业活动单位
总　　计	**2131**	**1991**	**140**	**2721**	**730**
按国民经济行业大类分组	-	-	-	-	-
采矿业	7	7		7	
非金属矿采选业	7	7		7	
制造业	701	700	1	704	4
农副食品加工业	205	205		205	
食品制造业	10	10		10	
饮料制造业	10	10		10	
纺织业	17	17		17	
纺织服装、鞋、帽制造业	5	5		5	
皮革、毛皮、羽毛(绒)及其制品业	3	3		3	
木材加工及木、竹、藤、棕、草制品业	58	58		58	
家具制造业	28	28		28	
造纸及纸制品业	4	4		4	
印刷业和记录媒介的复制	10	10		10	
文教体育用品制造业	1	1		3	2
石油加工、炼焦及核燃料加工业	1	1		1	
化学原料及化学制品制造业	12	12		12	
医药制造业	2	2		2	
塑料制品业	12	11	1	12	1
非金属矿物制品业	253	253		253	
黑色金属冶炼及压延加工业	1	1		1	
金属制品业	21	21		22	1
专用设备制造业	10	10		10	
交通运输设备制造业	5	5		5	
电气机械及器材制造业	2	2		2	
仪器仪表及文化、办公用机械制造业	2	2		2	
工艺品及其他制造业	23	23		23	
废弃资源和废旧材料回收加工业	6	6		6	
电力、燃气及水的生产和供应业	3	2	1	21	19
电力、热力的生产和供应业	1		1	19	19
水的生产和供应业	2	2		2	
建筑业	23	23		23	
房屋和土木工程建筑业	18	18		18	
建筑安装业	1	1		1	
建筑装饰业	3	3		3	
其他建筑业	1	1		1	
交通运输、仓储和邮政业	17	17		19	2
道路运输业	9	9		9	
城市公共交通业	4	4		4	
装卸搬运和其他运输服务业	4	4		4	
邮政业				2	2

2-2-22 续表

指标名称	法人单位数（个）	单产业法人单位	多产业法人单位	产业活动单位数（个）	多产业法人所属的产业活动单位
信息传输、计算机服务和软件业	44	44		44	
电信和其他信息传输服务业	2	2		2	
计算机服务业	42	42		42	
批发和零售业	243	236	7	352	116
批发业	119	116	3	154	38
零售业	124	120	4	198	78
住宿和餐饮业	83	83		84	1
住宿业	5	5		5	
餐饮业	78	78		79	1
金融业	1		1	30	30
银行业	1		1	30	30
房地产业	12	12		14	2
房地产业	12	12		14	2
租赁和商务服务业	37	37		61	24
租赁业	6	6		6	
商务服务业	31	31		55	24
科学研究、技术服务和地质勘查业	15	15		17	2
专业技术服务业	10	10		12	2
科技交流和推广服务业	5	5		5	
水利、环境和公共设施管理业	5	4	1	8	4
水利管理业	3	2	1	6	4
环境管理业	1	1		1	
公共设施管理业	1	1		1	
居民服务和其他服务业	86	86		86	
居民服务业	60	60		60	
其他服务业	26	26		26	
教育	97	78	19	296	218
教育	97	78	19	296	218
卫生、社会保障和社会福利业	234	234		332	98
卫生	221	221		319	98
社会福利业	13	13		13	
文化、体育和娱乐业	36	36		37	1
广播、电视、电影和音像业	2	2		2	
文化艺术业	29	29		30	1
娱乐业	5	5		5	
公共管理和社会组织	487	377	110	586	209
中国共产党机关	10	10		10	
国家机构	167	155	12	266	111
人民政协和民主党派	1	1		1	
群众团体、社会团体和宗教组织	63	62	1	63	1
基层群众自治组织	246	149	97	246	97

2-1-23 唐河县按行业分组法人单位和产业活动单位

指标名称	法人单位数（个）	单产业法人单位	多产业法人单位	产业活动单位数（个）	多产业法人所属的产业活动单位
总　　计	**3478**	**3404**	**74**	**3940**	**536**
按国民经济行业大类分组	-	-	-	-	-
采矿业	56	55	1	56	1
石油和天然气开采业	1		1	1	1
黑色金属矿采选业	2	2		2	
有色金属矿采选业	1	1		1	
非金属矿采选业	52	52		52	
制造业	1319	1318	1	1329	11
农副食品加工业	185	185		185	
食品制造业	41	41		41	
饮料制造业	52	52		52	
纺织业	31	31		31	
纺织服装、鞋、帽制造业	5	5		5	
皮革、毛皮、羽毛(绒)及其制品业	8	8		9	1
木材加工及木、竹、藤、棕、草制品业	86	86		86	
家具制造业	38	38		38	
造纸及纸制品业	5	5		5	
印刷业和记录媒介的复制	14	14		15	1
文教体育用品制造业	3	3		3	
石油加工、炼焦及核燃料加工业	4	4		4	
化学原料及化学制品制造业	33	33		34	1
医药制造业	11	11		11	
橡胶制品业	2	2		2	
塑料制品业	87	87		87	
非金属矿物制品业	578	578		578	
黑色金属冶炼及压延加工业	4	4		4	
金属制品业	34	34		34	
通用设备制造业	7	7		7	
专用设备制造业	20	19	1	25	6
交通运输设备制造业	14	14		15	1
电气机械及器材制造业	7	7		7	
通信设备、计算机及其他电子设备制造业	9	9		10	1
仪器仪表及文化、办公用机械制造业	4	4		4	
工艺品及其他制造业	37	37		37	
电力、燃气及水的生产和供应业	4	3	1	24	21
电力、热力的生产和供应业	1		1	21	21
水的生产和供应业	3	3		3	
建筑业	30	29	1	33	4
房屋和土木工程建筑业	23	23		27	4
建筑安装业	5	4	1	4	
建筑装饰业	2	2		2	
交通运输、仓储和邮政业	21	21		22	1
道路运输业	6	6		6	
城市公共交通业	1	1		1	
水上运输业	5	5		5	

2-2-23 续表

指标名称	法人单位数（个）	单产业法人单位	多产业法人单位	产业活动单位数（个）	多产业法人所属的产业活动单位
装卸搬运和其他运输服务业	9	9		9	
邮政业				1	1
信息传输、计算机服务和软件业	30	30		30	
电信和其他信息传输服务业	5	5		5	
计算机服务业	25	25		25	
批发和零售业	288	281	7	377	96
批发业	90	88	2	98	10
零售业	198	193	5	279	86
住宿和餐饮业	143	142	1	184	42
住宿业	17	17		19	2
餐饮业	126	125	1	165	40
金融业	1		1	54	54
银行业	1		1	54	54
房地产业	15	15		15	
房地产业	15	15		15	
租赁和商务服务业	24	23	1	50	27
商务服务业	24	23	1	50	27
科学研究、技术服务和地质勘查业	41	41		41	
研究与试验发展	2	2		2	
专业技术服务业	37	37		37	
科技交流和推广服务业	2	2		2	
水利、环境和公共设施管理业	17	17		17	
水利管理业	7	7		7	
环境管理业	5	5		5	
公共设施管理业	5	5		5	
居民服务和其他服务业	39	39		39	
居民服务业	37	37		37	
其他服务业	2	2		2	
教育	513	492	21	558	66
教育	513	492	21	558	66
卫生、社会保障和社会福利业	126	124	2	224	100
卫生	116	114	2	214	100
社会保障业	3	3		3	
社会福利业	7	7		7	
文化、体育和娱乐业	37	37		37	
广播、电视、电影和音像业	2	2		2	
文化艺术业	31	31		31	
娱乐业	4	4		4	
公共管理和社会组织	774	737	37	850	113
中国共产党机关	10	10		10	
国家机构	208	187	21	284	97
人民政协和民主党派	1	1		1	
群众团体、社会团体和宗教组织	45	45		45	
基层群众自治组织	510	494	16	510	16

2-1-24 新野县按行业分组法人单位和产业活动单位

指标名称	法人单位数（个）	单产业法人单位	多产业法人单位	产业活动单位数（个）	多产业法人所属的产业活动单位
总　　计	**2784**	**2722**	**62**	**3969**	**1247**
按国民经济行业大类分组	-	-	-	-	-
采矿业	7	7		7	
黑色金属矿采选业	5	5		5	
非金属矿采选业	2	2		2	
制造业	1408	1405	3	1425	20
农副食品加工业	280	279	1	293	14
食品制造业	30	30		31	1
饮料制造业	27	27		27	
纺织业	261	261		261	
纺织服装、鞋、帽制造业	3	3		3	
皮革、毛皮、羽毛(绒)及其制品业	9	9		9	
木材加工及木、竹、藤、棕、草制品业	119	119		119	
家具制造业	88	88		88	
造纸及纸制品业	12	12		12	
印刷业和记录媒介的复制	21	21		21	
石油加工、炼焦及核燃料加工业	2	2		2	
化学原料及化学制品制造业	27	27		27	
医药制造业	7	7		7	
橡胶制品业	3	3		4	1
塑料制品业	34	33	1	34	1
非金属矿物制品业	354	354		354	
黑色金属冶炼及压延加工业	3	3		3	
金属制品业	32	31	1	32	1
通用设备制造业	15	15		15	
专用设备制造业	34	34		34	
交通运输设备制造业	18	18		18	
电气机械及器材制造业	10	10		11	1
通信设备、计算机及其他电子设备制造业	2	2		2	
仪器仪表及文化、办公用机械制造业	4	4		4	
工艺品及其他制造业	13	13		14	1
电力、燃气及水的生产和供应业	10	9	1	24	15
电力、热力的生产和供应业	1		1	15	15
水的生产和供应业	9	9		9	
建筑业	15	15		16	1
房屋和土木工程建筑业	14	14		15	1
建筑安装业	1	1		1	
交通运输、仓储和邮政业	13	13		29	16
道路运输业	4	4		4	
城市公共交通业	2	2		3	1
水上运输业	3	3		3	
装卸搬运和其他运输服务业	2	2		2	

2-2-24 续表

指标名称	法人单位数（个）	单产业法人单位	多产业法人单位	产业活动单位数（个）	多产业法人所属的产业活动单位
仓储业	2	2		2	
邮政业				15	15
信息传输、计算机服务和软件业	36	36		36	
电信和其他信息传输服务业	1	1		1	
计算机服务业	35	35		35	
批发和零售业	168	140	28	875	735
批发业	44	37	7	256	219
零售业	124	103	21	619	516
住宿和餐饮业	121	120	1	133	13
住宿业	15	14	1	20	6
餐饮业	106	106		113	7
金融业	1		1	36	36
银行业	1		1	36	36
房地产业	12	12		12	
房地产业	12	12		12	
租赁和商务服务业	21	20	1	42	22
商务服务业	21	20	1	42	22
科学研究、技术服务和地质勘查业	25	24	1	25	1
专业技术服务业	17	17		17	
科技交流和推广服务业	8	7	1	8	1
水利、环境和公共设施管理业	11	11		11	
水利管理业	9	9		9	
环境管理业	1	1		1	
公共设施管理业	1	1		1	
居民服务和其他服务业	13	13		19	6
居民服务业	9	9		13	4
其他服务业	4	4		6	2
教育	137	123	14	377	254
教育	137	123	14	377	254
卫生、社会保障和社会福利业	296	294	2	300	6
卫生	280	278	2	284	6
社会保障业	2	2		2	
社会福利业	14	14		14	
文化、体育和娱乐业	24	24		37	13
广播、电视、电影和音像业	3	3		3	
文化艺术业	21	21		34	13
公共管理和社会组织	466	456	10	565	109
中国共产党机关	9	9		9	
国家机构	162	152	10	261	109
人民政协和民主党派	1	1		1	
群众团体、社会团体和宗教组织	30	30		30	
基层群众自治组织	264	264		264	

2-1-25 桐柏县按行业分组法人单位和产业活动单位

指标名称	法人单位数（个）	单产业法人单位	多产业法人单位	产业活动单位数（个）	多产业法人所属的产业活动单位
总　　计	**2258**	**2224**	**34**	**2750**	**526**
按国民经济行业中类分组	-	-	-	-	-
采矿业	286	286		286	
黑色金属矿采选业	137	137		137	
有色金属矿采选业	26	26		26	
非金属矿采选业	123	123		123	
制造业	468	468		468	
农副食品加工业	69	69		69	
食品制造业	17	17		17	
饮料制造业	22	22		22	
纺织业	4	4		4	
皮革、毛皮、羽毛(绒)及其制品业	2	2		2	
木材加工及木、竹、藤、棕、草制品业	36	36		36	
家具制造业	31	31		31	
造纸及纸制品业	1	1		1	
印刷业和记录媒介的复制	3	3		3	
文教体育用品制造业	1	1		1	
化学原料及化学制品制造业	29	29		29	
医药制造业	7	7		7	
橡胶制品业	2	2		2	
塑料制品业	22	22		22	
非金属矿物制品业	149	149		149	
黑色金属冶炼及压延加工业	2	2		2	
金属制品业	23	23		23	
通用设备制造业	7	7		7	
专用设备制造业	2	2		2	
交通运输设备制造业	12	12		12	
通信设备、计算机及其他电子设备制造业	1	1		1	
仪器仪表及文化、办公用机械制造业	2	2		2	
工艺品及其他制造业	19	19		19	
废弃资源和废旧材料回收加工业	5	5		5	
电力、燃气及水的生产和供应业	3	2	1	18	16
电力、热力的生产和供应业	1		1	16	16
水的生产和供应业	2	2		2	
建筑业	157	157		157	
房屋和土木工程建筑业	145	145		145	
建筑安装业	7	7		7	
建筑装饰业	4	4		4	
其他建筑业	1	1		1	
交通运输、仓储和邮政业	24	24		30	6
道路运输业	20	20		20	
城市公共交通业	1	1		1	
装卸搬运和其他运输服务业	3	3		3	
邮政业				6	6
信息传输、计算机服务和软件业	16	16		16	

2-2-25 续表

指标名称	法人单位数（个）	单产业法人单位	多产业法人单位	产业活动单位数（个）	多产业法人所属的产业活动单位
电信和其他信息传输服务业	2	2		2	
计算机服务业	14	14		14	
批发和零售业	222	215	7	352	137
批发业	71	66	5	171	105
零售业	151	149	2	181	32
住宿和餐饮业	109	109		109	
住宿业	13	13		13	
餐饮业	96	96		96	
金融业	1		1	37	37
银行业	1		1	37	37
房地产业	7	7		7	
房地产业	7	7		7	
租赁和商务服务业	27	27		27	
租赁业	1	1		1	
商务服务业	26	26		26	
科学研究、技术服务和地质勘查业	32	31	1	33	2
研究与试验发展	5	5		5	
专业技术服务业	13	13		13	
科技交流和推广服务业	14	13	1	15	2
水利、环境和公共设施管理业	21	21		21	
水利管理业	12	12		12	
环境管理业	6	6		6	
公共设施管理业	3	3		3	
居民服务和其他服务业	9	9		9	
居民服务业	6	6		6	
其他服务业	3	3		3	
教育	70	54	16	277	223
教育	70	54	16	277	223
卫生、社会保障和社会福利业	254	254		254	
卫生	247	247		247	
社会保障业	2	2		2	
社会福利业	5	5		5	
文化、体育和娱乐业	36	36		36	
新闻出版业	1	1		1	
广播、电视、电影和音像业	4	4		4	
文化艺术业	26	26		26	
体育	1	1		1	
娱乐业	4	4		4	
公共管理和社会组织	516	508	8	613	105
中国共产党机关	12	12		12	
国家机构	217	209	8	314	105
人民政协和民主党派	1	1		1	
群众团体、社会团体和宗教组织	71	71		71	
基层群众自治组织	215	215		215	

2-1-26 邓州市按行业分组法人单位和产业活动单位

指标名称	法人单位数（个）	单产业法人单位	多产业法人单位	产业活动单位数（个）	多产业法人所属的产业活动单位
总　　计	**4046**	**3954**	**92**	**4975**	**1021**
一、按国民经济行业中类分组	-	-	-	-	-
农、林、牧、渔业				1	1
农、林、牧、渔服务业				1	1
采矿业	28	28		28	
非金属矿采选业	28	28		28	
制造业	1469	1468	1	1495	27
农副食品加工业	273	272	1	299	27
食品制造业	32	32		32	
饮料制造业	12	12		12	
烟草制品业	1	1		1	
纺织业	127	127		127	
纺织服装、鞋、帽制造业	55	55		55	
皮革、毛皮、羽毛(绒)及其制品业	8	8		8	
木材加工及木、竹、藤、棕、草制品业	186	186		186	
家具制造业	38	38		38	
造纸及纸制品业	12	12		12	
印刷业和记录媒介的复制	15	15		15	
文教体育用品制造业	5	5		5	
石油加工、炼焦及核燃料加工业	2	2		2	
化学原料及化学制品制造业	17	17		17	
医药制造业	6	6		6	
橡胶制品业	2	2		2	
塑料制品业	37	37		37	
非金属矿物制品业	478	478		478	
黑色金属冶炼及压延加工业	1	1		1	
有色金属冶炼及压延加工业	3	3		3	
金属制品业	29	29		29	
通用设备制造业	7	7		7	
专用设备制造业	10	10		10	
交通运输设备制造业	15	15		15	
电气机械及器材制造业	5	5		5	
通信设备、计算机及其他电子设备制造业	2	2		2	
仪器仪表及文化、办公用机械制造业	1	1		1	
工艺品及其他制造业	88	88		88	
废弃资源和废旧材料回收加工业	2	2		2	
电力、燃气及水的生产和供应业	41	40	1	68	28
电力、热力的生产和供应业	2	1	1	29	28
燃气生产和供应业	1	1		1	
水的生产和供应业	38	38		38	
建筑业	19	19		19	
房屋和土木工程建筑业	11	11		11	
建筑安装业	3	3		3	
建筑装饰业	5	5		5	
交通运输、仓储和邮政业	13	13		14	1

2-2-26 续表

指标名称	法人单位数（个）	单产业法人单位	多产业法人单位	产业活动单位数（个）	多产业法人所属的产业活动单位
道路运输业	8	8		9	1
城市公共交通业	3	3		3	
仓储业	2	2		2	
信息传输、计算机服务和软件业	1	1		1	
电信和其他信息传输服务业	1	1		1	
批发和零售业	224	191	33	582	391
批发业	75	67	8	156	89
零售业	149	124	25	426	302
住宿和餐饮业	51	51		62	11
住宿业	15	15		20	5
餐饮业	36	36		42	6
金融业	1		1	43	43
银行业	1		1	43	43
房地产业	20	20		20	
房地产业	20	20		20	
租赁和商务服务业	26	26		27	1
商务服务业	26	26		27	1
科学研究、技术服务和地质勘查业	25	24	1	28	4
研究与试验发展	3	3		4	1
专业技术服务业	13	12	1	15	3
科技交流和推广服务业	7	7		7	
地质勘查业	2	2		2	
水利、环境和公共设施管理业	29	29		30	1
水利管理业	16	16		16	
环境管理业	6	6		7	1
公共设施管理业	7	7		7	
居民服务和其他服务业	17	17		22	5
居民服务业	12	12		17	5
其他服务业	5	5		5	
教育	569	546	23	737	191
教育	569	546	23	737	191
卫生、社会保障和社会福利业	571	571		579	8
卫生	547	547		554	7
社会保障业	4	4		4	
社会福利业	20	20		21	1
文化、体育和娱乐业	51	51		57	6
广播、电视、电影和音像业	5	5		5	
文化艺术业	39	39		45	6
体育	3	3		3	
娱乐业	4	4		4	
公共管理和社会组织	891	859	32	1162	303
中国共产党机关	6	6		6	
国家机构	240	225	15	412	187
人民政协和民主党派	1	1		1	
群众团体、社会团体和宗教组织	66	49	17	165	116
基层群众自治组织	578	578		578	

第2部分 县(市、区)卷·第二产业篇

工业

2-2-1-1 按县市区分组规模以上

	企业单位数（个）	亏损企业	工业总产值（当年价格）	工业销售产值（当年价格）	出口交货值	资产总计
南阳市	1347	53	15643684.90	15374398.40	602391.50	10137976.10
市　直	29	8	1257318.80	1241480.80	69466.10	1306682.80
宛城区	75	1	385412.20	376128.40	21514.20	218857.30
卧龙区	72		419639.40	412857.40	8171.70	180515.10
高新区	76	1	508259.90	495968.10	55123.30	683378.90
南召县	68	7	479424.80	468936.80	52182.20	134541.90
方城县	97		510876.90	500308.10		223153.20
西峡县	87	19	1902582.10	1891969.40	222871.20	1157278.40
镇平县	93	2	1123738.20	1097707.70	1282.50	466233.30
内乡县	60	2	535527.20	534124.40	11434.50	172636.10
淅川县	45		1012514.20	996099.80	24512.90	563120.40
社旗县	85	1	419586.00	413910.70	800.00	97480.70
唐河县	147		837651.40	824319.00	43661.40	326788.40
新野县	168	2	1657104.40	1644221.30	1943.90	809572.70
桐柏县	60	3	593592.80	540240.20		480628.50
邓州市	163	2	1543816.80	1495405.50		517950.50
两　属	22	5	2456639.80	2440720.80	89427.60	2799157.90

	资产总计			负债合计		
	累计折旧	固定资产净值	固定资产净值年平均余额		流动负债合计	应付账款
南阳市	1739787.40	4001757.20	3688590.80	5752863.80	4245246.40	1317942.20
市　直	282608.10	553230.90	539954.40	958597.50	748612.50	174413.60
宛城区	25298.00	113878.90	106260.70	99486.30	90786.90	26210.80
卧龙区	17153.80	70902.80	71033.90	74346.60	62682.90	21319.70
高新区	43126.00	141593.00	131634.30	458340.10	397415.90	130799.50
南召县	10043.30	55703.00	48437.50	83814.50	58001.40	23783.10
方城县	9525.30	89797.20	86770.70	123612.30	88081.40	11260.30
西峡县	128363.80	372739.40	368669.00	681748.50	642513.20	182741.70
镇平县	38438.60	183922.80	159129.90	289951.60	100147.90	32190.00
内乡县	25717.60	93149.10	88265.60	106089.80	90782.30	23332.30
淅川县	82158.80	163877.20	149625.30	432151.00	387619.00	118567.40
社旗县	9433.00	60584.40	60037.40	36266.10	22830.50	2730.60
唐河县	33746.50	150158.60	150521.80	179424.40	131674.40	16851.80
新野县	84311.70	357447.10	344591.20	310249.90	231216.80	33713.60
桐柏县	62949.70	203959.20	200622.20	255693.80	162930.30	62024.60
邓州市	56929.40	256196.90	250607.50	256827.10	150185.80	27885.80
两　属	829983.80	1134616.70	932429.40	1406264.30	879765.20	430117.40

工业企业主要经济指标（一）

单位：万元

流动资产合计	应收帐款	存货	产成品	流动资产年平均余额	固定资产合计	固定资产原价
4156636.10	875645.60	1214405.10	515096.80	4012944.30	5084513.80	5741544.60
540273.00	34098.70	167066.80	55947.10	476502.30	659691.80	835839.00
88276.20	22266.90	33489.40	17831.60	86191.00	114195.00	139176.90
77825.00	13711.90	23337.70	11224.80	76366.70	75478.30	88056.60
325815.40	105874.00	121910.90	44212.40	377300.50	156512.60	184719.00
60486.20	9500.60	13024.50	6594.70	59934.60	64322.30	65746.30
101916.60	26077.10	14197.80	8631.30	94633.50	95694.10	99322.50
646736.50	165966.30	249648.80	178777.30	588169.50	402183.70	501103.20
161079.20	16784.20	35395.50	16868.00	154780.90	189079.70	222361.40
59107.10	16277.20	26489.70	15522.10	52196.40	100563.60	118866.70
339860.90	105198.10	75174.50	39325.50	310092.60	184910.00	246036.00
34446.70	6896.20	7108.90	4448.40	33862.30	61126.20	70017.40
168517.70	12068.90	34357.70	7164.20	166278.20	155228.90	183905.10
385098.50	74001.90	117932.00	24324.90	376031.50	399063.50	441758.80
114062.40	6459.90	17573.60	8934.80	108592.20	245031.20	266908.90
208918.50	22895.70	60059.00	17686.70	207652.70	275265.50	313126.30
844216.20	237568.00	217638.30	57603.00	844359.40	1906167.40	1964600.50

长期负债合计	所有者权益合计	实收资本	国家资本	集体资本	法人资本	个人资本
829167.50	4373002.70	2264583.20	484567.60	49225.80	627803.20	1000048.40
198723.70	348085.30	173792.10	65742.20	3714.60	40443.30	43300.20
5539.30	119371.00	81933.50	2618.90	6194.00	18181.20	36479.40
4837.70	106168.50	79915.70	20041.30	4161.40	15480.00	39510.60
26534.50	225038.80	167933.10	34312.70	8867.00	74047.00	35397.40
25431.10	50727.40	36462.00	2839.70	350.00	8985.20	24187.10
34545.10	99540.90	85350.50	11038.00	324.40	36708.20	37228.90
35142.80	463420.40	102858.30	4157.90	230.20	10968.90	85965.90
67465.90	176281.70	156561.50	69662.00	5022.40	40609.50	41210.60
14605.40	66546.30	34197.20	1176.70	91.90	8228.00	23125.60
44512.40	130969.40	57622.70	8045.70	1666.90	9226.10	38058.10
12717.80	61214.60	43790.30	2109.90		18482.40	21798.00
45021.80	147364.00	102774.40	4409.00	2213.70	2409.30	91444.00
67808.60	499322.80	307681.90	19557.50	13313.20	1170.00	273641.20
26150.80	224934.70	112621.10	1404.50		73550.50	34214.70
106541.30	261123.40	166870.90	5102.90	801.50	6859.40	152238.10
113589.30	1392893.50	554218.00	232348.70	2274.60	262454.20	22248.60

2-2-1-1 按县市区分组规模以上工业

	所有者权益合计		主营业务收入			其他业务收入
	港澳台资本	外商资本		主营业务成本	主营业务税金及附加	
南阳市	18508.30	84429.90	14411996.60	11831930.60	331362.10	111320.10
市　直	2486.40	18105.40	1227565.70	1076473.00	4271.60	25868.60
宛城区		18460.00	373873.60	321796.50	1205.30	2028.50
卧龙区	372.40	350.00	398464.10	333119.30	2413.20	45.10
高新区	6240.00	9069.00	495828.60	427867.60	972.20	12843.80
南召县		100.00	464449.30	423851.20	2614.60	1953.00
方城县	51.00		438554.20	362440.00	2144.90	84.70
西峡县	690.20	845.20	1377367.10	1090307.40	10084.40	17932.70
镇平县		57.00	1034591.60	847827.60	2428.90	1.40
内乡县	1575.00		467807.30	443420.20	758.80	361.00
淅川县	625.90		886026.30	787085.90	1723.00	6129.80
社旗县	1400.00		412345.20	359424.80	4206.20	15.80
唐河县	2298.40		824231.40	694117.50	4959.30	227.10
新野县			1686173.70	1328657.10	19329.90	1280.70
桐柏县	1900.00	1551.40	528088.10	367725.50	8293.50	12155.70
邓州市	869.00	1000.00	1381173.10	1232798.10	6848.40	1871.20
两　属		34891.90	2415457.30	1735018.90	259107.90	28521.00

	补贴收入	营业外收入	营业外支出	利润总额	应交所得税	亏损企业亏损总额
南阳市	24013.00	40076.10	225080.60	1056422.60	182506.70	94773.20
市　直	1814.30	3928.20	2179.40	39623.20	7652.50	3012.00
宛城区	18.20	62.80	26.90	28445.50	5601.20	2.50
卧龙区	1262.10	255.10	171.00	21222.00	2630.30	
高新区	2352.40	2314.00	525.00	26758.10	3834.80	948.50
南召县	130.60	121.50	154.50	19510.20	391.80	4081.00
方城县	422.50	207.60	560.00	33105.40	954.30	
西峡县	3744.30	7070.60	198227.50	129515.50	16016.60	388.40
镇平县	2754.30	297.30	247.10	90393.60	1012.60	294.40
内乡县	1134.60	174.90	129.60	9966.00	367.50	73.10
淅川县	1066.10	1727.10	1094.40	59663.20	6300.70	
社旗县	300.00	263.50	1799.40	22638.30	4499.90	1432.20
唐河县		141.00	187.90	78714.30	4561.80	
新野县	18.00	647.30	842.60	174763.30	37890.00	656.80
桐柏县	924.80	1614.50	2774.40	75410.90	14136.50	262.00
邓州市	22.00	553.30	353.70	85547.40	21202.00	180.90
两　属	8048.80	20697.40	15807.20	161145.70	55454.20	83441.40

企业主要经济指标（二）

单位：万元

其他业务利润	营业费用	管理费用	税金	财务费用	利息支出	营业利润	投资收益
28414.10	473586.70	539660.00	43522.60	212521.20	186809.90	1227279.30	10021.90
3608.80	32630.10	43831.60	2189.90	38544.70	37955.80	36841.80	71.10
1762.30	8842.80	12589.50	464.50	2055.70	1876.40	28321.50	69.90
38.40	12989.00	15055.40	1014.80	2780.30	1609.90	18305.80	1570.00
6606.50	17027.20	28174.90	868.10	6430.50	5754.50	24768.60	618.50
1238.50	9409.70	9418.10	339.40	3056.60	1904.70	19516.20	
77.00	19566.50	7881.40	148.10	3789.90	2135.00	33035.30	
3243.40	101571.00	50575.40	4768.20	29018.30	21768.60	320159.00	2223.60
-24.90	32303.50	17232.80	333.30	8056.30	8134.00	90343.40	
310.50	4735.90	7091.60	145.70	1983.90	1820.30	9347.50	561.60
3160.90	15718.80	17258.00	1465.70	17900.90	14392.70	57904.20	60.20
3.00	13504.40	12308.30	563.70	2721.40	1131.50	23872.00	2.20
186.40	22276.90	14243.40	864.80	5695.30	4247.00	78711.20	53.20
343.30	89245.40	57990.10	21146.40	32083.30	30911.30	174942.10	41.60
2244.90	18617.40	37029.40	768.40	9233.70	5786.80	75646.00	3091.50
1098.90	49467.70	20084.20	554.90	11280.10	10369.30	85307.20	18.60
4516.20	25680.40	188895.90	7886.70	37890.30	37012.10	150257.50	1639.90

利税总额	本年应付工资总额	本年应付福利费总额	本年应交增值税	本年进项税额	本年销项税额	全部从业人员年平均人数（万人）
2079299.10	538739.50	46016.20	691514.40	1342243.40	1932032.80	287116.00
75316.80	55646.00	3472.20	31422.00	217120.00	240240.30	23899.00
44114.80	13953.60	1493.60	14464.00	27270.60	40486.40	11070.00
33660.30	12426.30	1628.90	10025.10	23380.80	32893.90	7361.00
39906.50	26313.30	2378.10	12176.20	64541.50	69642.40	14581.00
35803.80	9884.00	494.40	13679.00	21761.90	29748.50	7142.00
51914.30	12298.00	417.80	16664.00	9650.80	16197.00	11212.00
211932.70	51630.60	4133.50	72332.80	165167.60	211579.00	27757.00
159701.80	44790.00	5989.50	66879.30	45543.20	111292.20	23870.00
18822.20	10735.20	1255.90	8097.40	28551.60	40394.60	10111.00
115429.40	18829.30	2157.30	54043.20	95985.40	146960.40	14169.00
48947.10	8279.60	1138.50	22102.60	24509.50	43972.80	8076.00
130938.60	18991.90	1478.70	47265.00	28461.40	67973.90	15440.00
258605.70	38470.30	3671.00	64512.50	223066.90	274035.30	29419.00
116499.40	16217.80	1846.30	32795.00	38666.00	63114.10	9983.00
149798.00	46068.30	6939.20	57402.20	66327.10	122751.00	29396.00
587907.70	154205.30	7521.30	167654.10	262239.10	420751.00	43630.00

2-2-1-2 按县市区分组规模以下

	企业单位数（个）	年初存货	年末存货	固定资产原价	本年折旧	营业收入
南阳市	11343	1437435	2249986	13928005	798585	33858662
宛城区	958	80839	91105	988029	41519	2409144
卧龙区	859	139486	830790	722465	39374	2575627
南召县	299	20184	23039	361604	18442	718151
方城县	920	52659	71580	696943	40827	2418008
西峡县	611	91757	90128	853774	20326	2050364
镇平县	840	102159	106109	893392	18551	2281609
内乡县	978	367884	399878	2155814	249170	4375871
淅川县	698	61054	63536	834910	39608	2335544
社旗县	626	34593	42455	559424	32617	1519528
唐河县	1228	145161	153656	724774	57787	2826325
新野县	1256	3868	3179	3363873	164146	4917707
桐柏县	696	105899	104865	581316	31676	2274079
邓州市	1374	231892	269666	1191687	44542	3156705

	税金	利息支出	营业利润	职工工资和福利费	本年应交增值税	所有者权益合计
南阳市	69919	235175	4698742	3158890	1620524	14356827
宛城区	8018	5914	302428	201808	139522	801241
卧龙区	7634	13525	396053	223313	94100	816453
南召县	1124	2998	105635	60746	36948	328571
方城县	8028	25326	338504	201951	134827	775706
西峡县	1319	1254	422012	159794	59549	778178
镇平县	1193	15954	212221	394250	95016	819653
内乡县	8578	55130	433545	362341	252625	2008831
淅川县	9302	6951	376695	318075	92731	1493971
社旗县	3657	16962	214789	106089	90666	617257
唐河县	9178	25227	373436	241935	163190	668777
新野县	6117	33386	620135	408224	241992	3100471
桐柏县	1417	18404	391532	169141	99330	1049753
邓州市	4354	14144	511757	311223	120028	1097965

工业企业主要经济指标

单位：千元

主营业务收入	营业成本	主营业务成本	营业税金及附加	主营业务税金及附加	主营业务利润	其他业务利润	营业费用、管理费用、财务费用合计
33842086	26733389	26640215	198690	191023	7017495	11155	2329908
2409144	1874214	1874214	47859	47859	487071		184643
2572101	2021642	2021147	15206	14790	536164	6947	147058
717901	594862	592775	3439	3401	122244	200	16809
2418008	2033985	1997667	15945	12395	408350		69846
2050364	1554615	1554615	5862	5862	489887		67875
2281609	1758257	1758157	6835	6771	522387	225	310391
4369100	3740899	3719463	24435	21495	628144	2716	197315
2335544	1601848	1601848	11320	11319	722377		345682
1518932	1166410	1165845	8508	8208	344879	323	130413
2826325	2269668	2269668	14980	14980	541677	485	168726
4912412	3953694	3923691	23789	23603	965118	162	345145
2273941	1686582	1684448	9512	9411	580082	23	188573
3156705	2476713	2476677	11000	10929	669115	74	157432

实收资本							工业总产值(当年价格)	全部从业人员年平均人数（人）
	国家资本	集体资本	法人资本	个人资本	港澳台资本	外商资本		
12048532	62014	208437	205329	11552877	6308	13567	34627859	310461
786320	5600	16389	3226	761078		27	2452657	21025
672069	11902	53329	17590	574314	1830	13104	2581614	19954
293257	2497	3370	26310	259280	1800		734592	5976
759779		1500	89192	669087			2490632	18214
702133	2300			699833			2108517	22332
755439	821	73395	22244	656297	2678	4	2305777	55194
1194047	5000		1500	1187535		12	4372697	26330
1234324	11700	42639	19230	1160633		122	2693690	25017
525527	20714	1882	23177	479456		298	1546443	10231
645752		510	170	645072			2850032	24851
2907687	320	2078		2905289			4916863	35094
799884		3830		796054			2309991	16331
772314	1160	9515	2690	758949			3264354	29912

第2部分 县(市、区)卷·第二产业篇

规模以上工业科技

2-2-2-1 分县市区工业规模以

	企业数(个)	有科技活动	有研发活动	科技活动人员(人)
南阳市	1341	137	27	12650
宛城区	98	7	3	3543
卧龙区	159	32	8	3170
南召县	72	4	2	420
方城县	98	3	2	450
西峡县	87	9	3	2459
镇平县	93	1		36
内乡县	60	3		33
淅川县	44	6	1	210
社旗县	85	12		84
唐河县	151	52	5	582
新野县	169	1	1	1378
桐柏县	61	4	1	22
邓州市	164	3	1	263

	R&D经费	新产品开发经费	企业办科技机构数(个)	科技项目数(项)
南阳市	911834	1073563	83	554
宛城区	320618	150395	14	188
卧龙区	189015	291986	25	144
南召县	40433	56790	6	36
方城县	55878	64372	4	12
西峡县	281131	380523	15	48
镇平县		1589		1
内乡县		1160	2	4
淅川县	1000	38740	5	25
社旗县		7080	1	13
唐河县	11512	38526	2	61
新野县	3692	20500	8	7
桐柏县	910	910		2
邓州市	7645	20992	1	13

上企业科技综合表

单位：千元

科学家和工程师	R&D人员	机构人员	科技活动经费筹集总额	科技活动经费内部支出
7797	6156	6076	1366030	1561820
2606	2639	1856	358999	353000
1849	1645	1598	335972	342484
295	230	321	66343	68253
260	208	110	73333	73333
1665	972	1258	369208	494878
36			1589	1589
28		30	5500	5196
105	26	123	31302	62534
37		60	7085	9073
328	101	83	57479	51217
333	181	469	36250	76500
12	18		1110	2201
243	136	168	21860	21562

新产品项目数	新产品销售收入	专利申请数(件)	发明专利
358	13891266	382	116
55	4830828	55	23
124	3047920	181	44
26	192360		
11	70950	18	9
42	2271004	68	24
1			
1	2142		
24	2920741	41	10
13	166511	1	1
41	230800		
7	85000	6	4
1		2	
12	73010	10	1

第2部分 县(市、区)卷·第二产业篇

建筑业

2-2-3-1分县区总专包

指标名称	企业个数	合同情况(千元)	建筑业总产值(千元)		竣工产值	房屋建筑施工面积(平方米)
	建筑业企业个数(个)	签订的合同额	三、建筑业总产值(千元)	其中：在外省完成的产值		四、房屋建筑施工面积
南阳市	285	17580445	14546361	701315	11164013	11413585
宛城区	51	4288124	3449137	68547	2853818	2938384
卧龙区	123	4134259	2905339	41408	2100708	3678248
南召县	9	311240	252391		246155	376928
方城县	5	353013	321942		214942	421530
西峡县	10	1038915	913543	7400	369350	468370
镇平县	9	206812	175501		173731	164980
内乡县	10	525291	518625		203600	308885
淅川县	9	789790	783671		631542	645300
社旗县	10	439799	426660		408754	190975
唐河县	14	2908353	2475634	583960	2354776	1099097
新野县	9	553316	485781		343264	398277
桐柏县	9	482646	489625		68964	246941
邓州市	17	1548887	1348512		1194409	475670

企业生产汇总表

施工机械设备			年末从业人数	补充资料(千元)	竣工面积	竣工房屋价值(千元)
年末自有施工机械设备(净值)(千元)	年末自有施工机械设备(总台数)(台)	年末自有施工机械设备(总功率)(千瓦)		企业总产值		竣工价值
879272	35941	518849	143301	14728312	4915923	3869840
218568	6059	102543	41565	3490541	1814044	1537199
157649	8294	100694	36497	2932145	1269588	1085095
14764	1616	16936	3013	252391	298387	157972
6897	862	5495	2400	321942	262107	169500
73038	1822	35470	9320	993974	305575	203428
12948	1036	17580	3001	175501	129902	85700
37105	1888	30402	3023	518625	108909	66387
19031	947	14379	3917	783671	108000	65000
52589	1373	19582	4660	426660	169648	133278
146655	3434	67379	15725	2508944	282469	214161
53833	3098	37358	5897	485781	88137	88024
57141	793	22553	2778	489625	79157	64096
29054	4719	48478	11505	1348512		

2-2-3-2 按县区分组总承专业

二、年末资产

指标名称	流动资产合计	长期投资	固定资产合计	固定资产原价	累计折旧	资产合计	流动负债合计
南阳市	5051488	146484	2241545	2690715	776685	7774903	3884430
宛城区	1435651	21308	573268	695277	227748	2090839	1073269
卧龙区	1260899	47422	452019	564068	151734	1910778	858009
南召县	106795	12284	55090	49621	15801	174349	78409
方城县	26547	3000	25828	30104	4684	61693	21704
西峡县	283209	32680	144859	156871	40516	489738	188183
镇平县	101486		54667	60172	17211	162258	86685
内乡县	87585	7023	68947	70404	19685	174943	53693
淅川县	165353		136601	121327	35679	330085	142413
社旗县	93782		66394	93376	29971	174817	67105
唐河县	836258	10336	215478	277876	84747	1079637	777939
新野县	96798		150142	179186	35400	249518	74307
桐柏县	99894	907	84270	96523	16807	186394	53539
邓州市	457231	11524	213982	295910	96702	689854	409175

承包企业财务情况

负债（千元）			三、损益及分配 (千元)					
长期负债合计	负债合计	所有者权益合计	工程结算收入	其他业务收入	管理费用	财务费用	营业利润	利润总额
134569	4018999	3755904	14448266	152444	519046	48165	1164803	569675
9947	1083216	1007623	3463882	53833	205100	9432	73022	73053
26336	884345	1026433	2738943	41172	77103	12673	78196	77681
8349	86758	87591	239778	320	12185	1959	32051	31742
2661	24365	37328	312458	4219	4745	534	24200	16403
17905	206088	283650	895242	5532	16427	807	517603	18686
4199	90884	71374	168750	247	6242	1575	4880	3533
12205	65898	109045	499533	58	13024	1151	32280	33531
824	143237	186848	697511	30472	43550	2464	26876	8031
10	67115	107702	419639	10000	33285	1583	16132	11043
7154	785093	294544	2750326	6260	16236	1710	234392	171231
15538	89845	159673	505021		24102	1521	19255	18991
12959	66498	119896	481543	186	6617	499	65728	65708
16482	425657	264197	1275640	145	60430	12257	40188	40042

2-2-3-3 按县区分组劳务分包建筑

指标名称	建筑业企业个数(有工作量企业)	建筑业总产值(千元)	其中：装饰装修产值(千元)	年末从业人数	固定资产原价
南阳市	84	187363	2352	10310	39448
宛城区	12	8499	100	892	2545
卧龙区	30	67660	90	4928	13612
南召县	3	12060		278	1790
方城县	3	8785		435	1840
西峡县	3	8974	2162	444	3502
镇平县	3	6939		367	963
内乡县	5	1028		277	1430
淅川县	2	3296		34	1854
社旗县	6	23700		854	2450
唐河县	7	11907		1126	4874
新野县	6	4928		315	1903
桐柏县	4	29587		360	2685
邓州市					

企业汇总表（有工作量）

资产负债(千元)			损益及分配(千元)			
资产总计	负债合计	实收资本	营业收入合计	其中：主营业务收入(工程结算收入)	营业利润	利润总额
87285	31914	43315	157095	156579	6975	6290
14694	5449	7700	8499	8230	418	418
24641	7285	16404	67637	67634	2447	2383
10228	7818	2200	12060	11830	1177	1177
2702	542	1200	5968	5968	176	116
6312	3800	1550	3715	3715	141	141
2305	1046	1100	6839	6839	107	103
6213	85	4986	942	928	59	59
3059	1513	1538	3296	3296	132	51
5612	2562	2350	20201	20201	464	462
6967	1327	2300	11887	11887	801	440
1741	332	1152	4928	4928	512	512
2811	155	835	11123	11123	541	428

2-2-3-4 按县区分资质外建筑业

指标名称	企业个数（个）	年末从业人员数(人)	建筑业劳动生产率的平均人数(人)	建筑业总产值(千元)	房屋建筑施工面积(平方米)	房屋建筑竣工面积(平方米)	固定资产原价(千元)
南阳市	226	6088	5639	631349	273686	248460	161124
宛城区	11	366	304	20645	7460		2661
卧龙区	18	1636	1582	19393	1452	1452	6290
南召县							
方城县	22	645	480	60847	44160	40400	15535
西峡县	4	62	40	6700			2400
镇平县							
内乡县	6	191	198	29080	44289	43989	12400
淅川县	4	205	173	27660			4230
社旗县	7	239	226	21434	27578	27178	4044
唐河县	9	358	338	25362	61645	56562	9986
新野县							
桐柏县	144	2379	2292	419997	87102	78879	103078
邓州市	1	7	6	231			500

企业主要指标情况

本年折旧(千元)	实收资本(千元)	营业收入	主营业务收入(千元)	主营业务利润(千元)	三项费用合计(千元)	营业利润(千元)	全部从业人员年平均人数(人)
7138	175565	631686	619622	148445	49984	111710	6311
243	5310	19858	19778	8595	5862	4488	361
792	12430	26377	19393	7254	3091	5377	1636
686	31065	57425	54070	16724	2234	20582	611
8	400	2000	800	380	200	420	80
770	8400	28780	28750	4330	833	3497	204
	8186	27420	27415	2876	2617	3249	183
319	4553	21434	21024	3508	988	2651	239
515	10415	27982	27982	6079	1478	5092	359
3765	94006	418810	418810	98639	32641	66294	2631
40	800	1600	1600	60	40	60	7

第2部分 县(市、区)卷·第三产业篇

交通运输业

2-3-1-1 按县市区分交通运输、仓

指标名称	企业数(个)	年初存货	年末存货	固定资产原价	本年折旧	营业收入
总计	**252**	**2558410**	**2407716**	**10832946**	**636991**	**6653869**
宛城区	22	193760	302610	2136878	158634	857965
卧龙区	68	266737	421425	5517425	284876	1432155
南召县	12	880295	346	1643177	84498	717313
方城县	19	248	278	127753	5716	69687
西峡县	7	3295	3161	15905	520	80828
镇平县	15			331460	27783	916132
内乡县	15			102593	3771	51983
淅川县	7	261	275	50349	2171	146342
社旗县	17			57620	2176	32706
唐河县	21	537	454	197255	9196	272841
新野县	12	258	260	223208	29502	907492
桐柏县	24	4736	6207	235475	21568	153865
邓州市	13	1208283	1672700	193848	6580	1014560

指标名称	营业费用、管理费用、财务费用合计		营业利润	职工工资和福利费	本年应交增值税	所有者权益合计
	税金	利息支出				
总计	**13449**	**931420**	**1244024**	**527996**	**76654**	**1307855**
宛城区	2405	266336	-59738	131395	14544	345785
卧龙区	4596	449653	180788	178395	3298	139410
南召县	160	74402	115066	13527	7360	59189
方城县	1569	30	34679	7566	1553	60295
西峡县	50	125	33903	17832	550	14668
镇平县	1353	7698	357946	41007	47229	84300
内乡县	100	2700	2130	11700		88700
淅川县	234	401	32411	12555		44098
社旗县	402	100	6596	7162	443	53549
唐河县	193	204	100503	25466	223	95358
新野县	155	16973	339854	31020	43	64494
桐柏县	911	22547	23903	15698	0	56370
邓州市	1321	90251	75983	34673	1411	201639

储和邮政业财务综合表

单位：千元

主营业务收入	营业成本	主营业务成本	营业税金及附加	主营业务税金及附加	主营业务利润	其他业务利润	营业费用、管理费用、财务费用合计
6366992	**3932792**	**3728152**	**140593**	**140495**	**2291498**	**152083**	**1379829**
732313	508006	349073	17206	17206	319990	9147	428518
1402306	644119	617283	32416	32403	638146	10785	583047
709146	504573	488482	8821	8821	196702	8548	88715
69386	29520	29280	2265	2245	34862	1246	3233
80828	44723	44723	575	575	34503		1627
916132	536485	536385	3525	3525	373322		18176
51983	43030	41680	4023	4023	2130		2800
145942	77638	77542	5849	5793	62538	32	30228
32686	21988	21828	1406	1406	9452		2856
272841	119688	119462	21838	21838	131541	223	31261
900104	505115	504507	30279	30270	345284	7031	31155
153865	81052	81052	10458	10458	62355	-29	38423
899460	816855	816855	1932	1932	80673	115100	119790

实收资本							全部从业人员年平均人数（人）
	国家资本	集体资本	法人资本	个人资本	港澳台资本	外商资本	
1305093	**564229**	**97668**	**259499**	**383697**			**26554**
300995	151972	6400	54081	88542			6178
271057	115506	18927	104515	32109			7110
48345	43037		4978	330			788
60295	50000	904	7015	2376			546
12390	1000	620		10770			669
83500	48400	9000		26100			2903
88700	10000	47900	6000	24800			697
28752	2194	1026	11450	14082			649
53360	200		1610	51550			551
84096	1800	8705	2408	71183			1934
57070	1472	4186	48962	2450			1623
40571	9486		18480	12605			864
175962	129162			46800			2042

第2部分 县(市、区)卷·第三产业篇

批发零售业

2-3-2-1 按县市区分零售业法人

	法人单位数(个)	年末从业人员数(人)	商品购进总额	进口额
南阳市	1984	37901	12223033	
宛城区	139	3634	868651	
卧龙区	400	7154	3355696	
南召县	74	1350	509625	
方城县	193	2714	689169	
西峡县	103	2114	711481	
镇平县	96	3174	1111756	
内乡县	113	2014	863532	
淅川县	120	1989	604592	
社旗县	124	1475	707272	
唐河县	198	3377	888827	
新野县	124	3281	487416	
桐柏县	151	1595	604404	
邓州市	149	4030	820612	

企业商品购销存综合表

计量单位：千元

商品销售总额	批发额	出口额	零售额	年末商品库存总额	年末零售营业面积(平方米)
13777545	901462	74	12876083	1301185	1609231
1394423	41625		1352798	101677	190881
3498753	284740		3214013	382426	269649
546684	10160		536524	27638	39211
977761	26263		951498	96729	57587
782191	30344		751847	95188	376957
1172698	46628		1126070	34184	52547
867309	117633		749676	59403	90576
638990	66429		572561	82644	84200
766064	35795	74	730269	70434	45228
956213	91742		864471	90147	191914
612370	36327		576043	69883	98915
683188	21869		661319	64160	22554
880901	91907		788994	126672	89012

2-3-2-2 按县市区分批发业法人

	法人单位数（个）	年末从业人员数（人）	商品购进总额	进口额
南阳市	1388	38598	26425848	1010
宛城区	84	6488	6298572	
卧龙区	432	8531	8369445	
南召县	87	1130	1157539	
方城县	90	2554	898558	
西峡县	129	1777	2260374	
镇平县	52	1658	895276	
内乡县	68	1368	528831	
淅川县	48	1169	497481	
社旗县	119	1764	419952	
唐河县	90	4806	1019517	1010
新野县	44	2066	783538	
桐柏县	71	1353	613432	
邓州市	74	3934	2683333	

企业商品购销存综合表

计量单位：千元

商品销售总额	批发额	出口额	零售额	年末商品库存总额	年末零售营业面积(平方米)
31746433	27616101	94508	4130332	4127396	231662
7841470	7741570	78	99900	814617	33437
10899503	7552073	60101	3347430	1515604	122949
1177605	1150323		27282	23822	8020
1106183	1093003		13180	111642	5320
2625483	2433805		191678	73334	32000
925418	815449		109969	18575	2349
708975	708915		60	85055	
432902	393274		39628	186691	
560224	545273	50	14951	73888	4698
1315705	1281607	12279	34098	460494	19384
888859	884268	22000	4591	27054	
886783	778162		108621	37280	190
2377323	2238379		138944	699340	3315

2-3-2-3 按县市区分批发业零售法

	法人单位数(个)	年末从业人员数(人)	商品购进总额	进口额
南阳市	3372	76499	38648881	1010
宛城区	223	10122	7167223	
卧龙区	832	15685	11725141	
南召县	161	2480	1667164	
方城县	283	5268	1587727	
西峡县	232	3891	2971855	
镇平县	148	4832	2007032	
内乡县	181	3382	1392363	
淅川县	168	3158	1102073	
社旗县	243	3239	1127224	
唐河县	288	8183	1908344	1010
新野县	168	5347	1270954	
桐柏县	222	2948	1217836	
邓州市	223	7964	3503945	

人企业商品购销存综合表

计量单位：千元

商品销售总额	批发额	出口额	零售额	年末商品库存总额	年末零售营业面积(平方米)
45523978	28517563	94582	17006415	5428581	1840893
9235893	7783195	78	1452698	916294	224318
14398256	7836813	60101	6561443	1898030	392598
1724289	1160483		563806	51460	47231
2083944	1119266		964678	208371	62907
3407674	2464149		943525	168522	408957
2098116	862077		1236039	52759	54896
1576284	826548		749736	144458	90576
1071892	459703		612189	269335	84200
1326288	581068	124	745220	144322	49926
2271918	1373349	12279	898569	550641	211298
1501229	920595	22000	580634	96937	98915
1569971	800031		769940	101440	22744
3258224	2330286		927938	826012	92327

2-3-2-4 按县市区分限额以上

	法人单位数(个)	年末从业人员数(人)	商品购进总额	进口额
南阳市	587	43860	26455081	
宛城区	53	7533	6650039	
卧龙区	107	9271	8242196	
南召县	26	980	671317	
方城县	25	1608	791813	
西峡县	52	2079	955122	
镇平县	43	2815	1278596	
内乡县	37	1886	1041113	
淅川县	37	2187	683028	
社旗县	29	1079	558232	
唐河县	56	5575	1302647	
新野县	46	3597	863539	
桐柏县	37	952	655753	
邓州市	39	4298	2761686	

批发零售商品购销存

计量单位：千元

商品销售总额	批发额	零售额	出口额	年末商品库存总额
32124254	20581624	11542630	94348	4010381
8356103	7420693	935410		874984
10694350	5429782	5264568	60069	1610988
711964	343408	368556		42007
1106376	715386	390990		89920
1107062	632196	474866		109078
1331845	364146	967699		29962
1240350	686415	553935		104900
811923	355101	456822		69332
673585	278779	394806		73106
1707201	1073845	633356	12279	270771
997378	721327	276051	22000	59051
928285	571363	356922		45222
2457832	1989183	468649		631060

2-3-2-5 按县市区分限额以上批发商品购销存

计量单位：千元

	法人单位数(个)	年末从业人员数(人)	商品购进总额	商品销售总额	批发额	年末商品库存总额
南阳市	150	20409	18957141	23653195	19948677	3095326
宛城区	15	5361	6008064	7447703	7388949	789573
卧龙区	47	4511	6178248	8544107	5375311	1312901
南召县	7	289	336914	348630	333848	17222
方城县	5	595	584467	700587	692087	39360
西峡县	20	611	537407	646047	601852	31613
镇平县	3	364	414192	421950	320090	7956
内乡县	9	719	384139	569302	569242	68478
淅川县	8	702	256260	328298	288672	8386
社旗县	3	307	175521	245765	245765	19418
唐河县	6	3531	670318	1021183	991183	215788
新野县	11	1404	638872	689667	685076	14521
桐柏县	10	281	399071	654944	551301	10401
邓州市	6	1734	2373668	2035012	1905301	559709

2-3-2-6 分县市区限额以上零售商品购销存表

计量单位：千元

	法人单位数(个)	年末从业人员数(人)	商品购进总额	商品销售总额	零售额	年末商品库存总额
南阳市	437	23451	7497940	8471059	7838112	915055
宛城区	39	2187	649290	915725	883981	85513
卧龙区	60	4760	2063948	2150243	2095772	298087
南召县	19	691	334403	363334	353774	24785
方城县	20	1013	207346	405789	382490	50560
西峡县	32	1468	417715	461015	430671	77465
镇平县	40	2451	864404	909895	865839	22006
内乡县	28	1167	656974	671048	553875	36422
淅川县	29	1485	426768	483625	417196	60946
社旗县	26	772	382711	427820	394806	53688
唐河县	50	2044	632329	686018	603356	54983
新野县	35	2193	224667	307711	271460	44530
桐柏县	27	671	256682	273341	253279	34821
邓州市	32	2549	380703	415495	331613	71249

2-3-2-7 分县市区限额以下批

	法人单位数（个）	年末从业人员数（人）	商品购进总额	进口额
南阳市	2785	32639	12193800	1010
宛城区	170	2589	517184	
卧龙区	725	6414	3482945	
南召县	135	1500	995047	
方城县	258	3660	795914	
西峡县	180	1812	2016733	
镇平县	105	2017	728436	
内乡县	144	1496	351250	
淅川县	131	971	419045	
社旗县	214	2160	568992	
唐河县	232	2608	605697	1010
新野县	122	1750	407415	
桐柏县	185	1996	562083	
邓州市	184	3666	742259	

发零售商品购销表

计量单位：千元

商品销售总额	批发额	零售额	年末商品库存总额	年末零售营业面积(平方米)
13399724	7935939	5463785	1418200	552695
879790	362502	517288	41310	109825
3703906	2407031	1296875	287042	85066
1012325	817075	195250	9453	29310
977568	403880	573688	118451	54290
2300612	1831953	468659	59444	13664
766271	497931	268340	22797	16861
335934	140133	195801	39558	13486
259969	104602	155367	200003	32780
652703	302289	350414	71216	33599
564717	299504	265213	279870	79383
503851	199268	304583	37886	36021
641686	228668	413018	56218	14524
800392	341103	459289	194952	33886

2-3-2-8 分县市区限额以下

	法人单位数(个)	年末从业人员数(人)	商品购进总额	进口额
南阳市	1238	18189	7468707	1010
宛城区	69	1127	290508	
卧龙区	385	4020	2191197	
南召县	80	841	820625	
方城县	85	1959	314091	
西峡县	109	1166	1722967	
镇平县	49	1294	481084	
内乡县	59	649	144692	
淅川县	40	467	241221	
社旗县	116	1457	244431	
唐河县	84	1275	349199	1010
新野县	33	662	144666	
桐柏县	61	1072	214361	
邓州市	68	2200	309665	

批发商品购销存表

计量单位：千元

商品销售总额	批发额	出口额	年末商品库存总额	年末零售营业面积(平方米)
8093238	7667424	160	1032070	81817
393767	352621	78	25044	33052
2355396	2176762	32	202703	7249
828975	816475		6600	6680
405596	400916		72282	5320
1979436	1831953		41721	
503468	495359		10619	2349
139673	139673		16577	
104604	104602		178305	
314459	299508	50	54470	4278
294522	290424		244706	19384
199192	199192		12533	
231839	226861		26879	190
342311	333078		139631	3315

2-3-2-9 分县市区限额以下零

	法人单位数(个)	年末从业人员数(人)	商品购进总额	进口额
南阳市	1547	14450	4725093	
宛城区	101	1462	226676	
卧龙区	340	2394	1291748	
南召县	55	659	175222	
方城县	173	1701	481823	
西峡县	71	646	293766	
镇平县	56	723	247352	
内乡县	85	847	206558	
淅川县	91	504	177824	
社旗县	98	703	324561	
唐河县	148	1333	256498	
新野县	89	1088	262749	
桐柏县	124	924	347722	
邓州市	116	1466	432594	

售商品购销存表

计量单位：千元

商品销售总额	批发额;出口额	零售额	年末商品库存总额	年末零售营业面积(平方米)
5306486	74	5037971	386130	470878
486023		476142	16266	76773
1348510		1118241	84339	77817
183350		182750	2853	22630
571972		569008	46169	48970
321176		321176	17723	13664
262803		260231	12178	14512
196261		195801	22981	13486
155365		155365	21698	32780
338244	74	335463	16746	29321
270195		261115	35164	59999
304659		304583	25353	36021
409847		408040	29339	14334
458081		450056	55321	30571

2-3-2-10 分县市区限额以上批发零售企业法人主要财务状况表

计量单位：千元

	法人企业数(个)	资产总计	所有者权益合计	主营业务收入	主营业务成本	主营业务税金及附加	营业利润
南阳市	587	14502487	5210281	27763599	24688311	145304	1153361
宛城区	53	3194140	1026875	7209416	5972401	20932	609341
卧龙区	107	4017273	922995	9203196	8628522	25118	7569
南召县	26	113351	38580	681439	638837	1299	30193
方城县	25	201733	50532	965242	763860	35419	112550
西峡县	52	201515	69344	1029600	933490	3387	40874
镇平县	43	390961	185042	620562	563791	909	39201
内乡县	37	364134	173599	1153806	1049377	1798	43432
淅川县	37	230518	77272	740355	679016	1427	15105
社旗县	29	203131	125339	668412	506296	7401	126165
唐河县	56	2255402	2022157	1472630	1312952	21732	62942
新野县	46	393360	145863	904125	808027	1681	39786
桐柏县	37	184945	134676	795662	681962	19240	61265
邓州市	39	2752024	238007	2319154	2149780	4961	-35062

2-3-2-11 分县市区限额以上批发企业法人主要财务状况表

计量单位：千元

	法人企业数(个)	资产总计	所有者权益合计	主营业务收入	主营业务成本	主营业务税金及附加	营业利润
南阳市	150	11680226	4431194	20864295	18564114	84671	888385
宛城区	15	2795396	879291	6418158	5411549	14865	471640
卧龙区	47	2952657	715405	7418184	6978387	21953	29718
南召县	7	31145	13935	340685	307066	476	29768
方城县	5	93546	27587	647721	520776	12038	80735
西峡县	20	92477	45199	590794	524916	2134	35025
镇平县	3	248777	177279	269320	220890	730	38287
内乡县	9	251185	126971	516057	431212	1156	42648
淅川县	8	68624	35525	325651	290185	694	12595
社旗县	3	98140	75798	245716	180100	839	49383
唐河县	6	2051848	1941952	913219	816898	11020	50424
新野县	11	308538	114356	675738	605242	765	35763
桐柏县	10	70460	57408	559785	473425	15880	50441
邓州市	6	2617433	220488	1943267	1803468	2121	-38042

2-3-2-12 分县市区限额以上零售

	法人企业数（个）	资产总计	所有者权益合计
南阳市	437	2822261	779087
宛城区	38	398744	147584
卧龙区	60	1064616	207590
南召县	19	82206	24645
方城县	20	108187	22945
西峡县	32	109038	24145
镇平县	40	142184	7763
内乡县	28	112949	46628
淅川县	29	161894	41747
社旗县	26	104991	49541
唐河县	50	203554	80205
新野县	35	84822	31507
桐柏县	27	114485	77268
邓州市	33	134591	17519

企业法人主要财务状况表

计量单位：千元

主营业务收入	主营业务成本	主营业务税金及附加	营业利润
6899304	6124197	60633	264976
791258	560852	6067	137701
1785012	1650135	3165	-22149
340754	331771	823	425
317521	243084	23381	31815
438806	408574	1253	5849
351242	342901	179	914
637749	618165	642	784
414704	388831	733	2510
422696	326196	6562	76782
559411	496054	10712	12518
228387	202785	916	4023
235877	208537	3360	10824
375887	346312	2840	2980

2-3-2-13 分县市区限额以下批发零售

	法人企业数(个)	资产总计	所有者权益合计	营业收入合计;主营业务收入
南阳市	2785	5722569	3219357	11039521
宛城区	170	389917	193820	590429
卧龙区	725	1513143	588609	2892982
南召县	135	853353	753866	872524
方城县	258	425453	254472	838379
西峡县	180	218403	131279	2240065
镇平县	105	112053	49090	255631
内乡县	144	132789	90834	325430
淅川县	131	416662	130944	241028
社旗县	214	217591	121089	581323
唐河县	232	409283	253756	524104
新野县	122	283116	195611	319303
桐柏县	185	308642	295115	572685
邓州市	184	442164	160872	785638

企业法人主要财务状况表

计量单位：千元

营业成本;主营业务成本	营业税金及附加;主营业务税金及附加	营业利润	营业成本	营业税金及附加	主营业务利润
8965089	135360	1146501	9058108	173533	1847284
398787	9213	137031	417432	9428	155936
2570633	18952	91905	2590045	19753	287031
685480	14941	155472	685580	39045	172041
445442	4185	342331	447642	9433	379649
1970395	24952	102186	1970395	24957	244718
202994	8882	26547	202994	9001	37758
291024	5002	10248	292114	5005	27461
203318	4439	25688	203425	4439	33271
492465	13090	51651	496383	13131	75720
398757	14595	49638	427331	21454	97442
252070	6735	15787	255793	6747	57088
373841	7576	107484	377377	7576	188661
679883	2798	30533	691597	3564	90508

2-3-2-14 分县市区限额以下批发

	法人企业数(个)	资产总计	所有者权益合计	营业收入合计;主营业务收入
南阳市	1238	3526900	1909581	6817583
宛城区	69	225665	116111	275880
卧龙区	385	979630	400920	1945352
南召县	80	709383	655901	714758
方城县	85	191541	121083	346247
西峡县	109	170963	94160	1931961
镇平县	49	70578	37639	169649
内乡县	59	69044	47661	135040
淅川县	40	289579	53260	99651
社旗县	116	126192	63175	285986
唐河县	84	218349	112480	276101
新野县	33	132945	80981	89175
桐柏县	61	80782	74339	210199
邓州市	68	262249	51871	337584

企业法人主要财务状况表

计量单位：千元

营业成本;主营业务成本	营业税金及附加;主营业务税金及附加	营业利润	营业成本	营业税金及附加	主营业务利润
5643801	79086	568230	5731327	115424	1012972
166375	4322	70162	184850	4531	77750
1723610	9767	67814	1742092	10445	197953
592442	12537	96787	592442	36227	109766
169022	1852	143940	171222	6417	168722
1699167	24302	86296	1699167	24302	208492
137459	3983	16495	137459	4102	22290
119263	1896	1823	119263	1896	12861
93183	710	4317	93290	710	5758
231687	10584	29961	235595	10606	43715
230773	3923	-4885	259347	10758	27763
67134	1629	5807	70734	1629	17642
137235	2755	41745	140771	2755	67458
276451	826	7968	285095	1046	52802

2-3-2-15 分县市区限额以下零售

	法人企业数(个)	资产总计	所有者权益合计	营业收入合计;主营业务收入
南阳市	1547	2195669	1309776	4221938
宛城区	101	164252	77709	314549
卧龙区	340	533513	187689	947630
南召县	55	143970	97965	157766
方城县	173	233912	133389	492132
西峡县	71	47440	37119	308104
镇平县	56	41475	11451	85982
内乡县	85	63745	43173	190390
淅川县	91	127083	77684	141377
社旗县	98	91399	57914	295337
唐河县	148	190934	141276	248003
新野县	89	150171	114630	230128
桐柏县	124	227860	220776	362486
邓州市	116	179915	109001	448054

企业法人主要财务状况表

计量单位：千元

营业成本; 主营业务成本	营业税金及附加;主营业务税金及附加	营业利润	营业成本	营业税金及附加	主营业务利润
3321288	56274	578271	3326781	58109	834312
232412	4891	66869	232582	4897	78186
847023	9185	24091	847953	9308	89078
93038	2404	58685	93138	2818	62275
276420	2333	198391	276420	3016	210927
271228	650	15890	271228	655	36226
65535	4899	10052	65535	4899	15468
171761	3106	8425	172851	3109	14600
110135	3729	21371	110135	3729	27513
260778	2506	21690	260788	2525	32005
167984	10672	54523	167984	10696	69679
184936	5106	9980	185059	5118	39446
236606	4821	65739	236606	4821	121203
403432	1972	22565	406502	2518	37706

第2部分 县(市、区)卷·第三产业篇

住宿餐饮业

2-3-3-1 按县市区分住宿和餐饮业

	法人企业数(个)	年末从业人员数(人)	营业额	客房收入	餐费收入
南阳市	1262	26421	3132142	798357	2230241
宛城区	106	3835	360912	80334	267374
卧龙区	107	5812	550558	184719	332628
南召县	76	1448	125395	30280	90695
方城县	94	1665	241165	43020	190828
西峡县	111	2049	335370	148392	179412
镇平县	88	2445	250814	144354	101141
内乡县	33	534	37582	10869	24804
淅川县	140	1626	360025	57101	297293
社旗县	83	960	133735	12891	109486
唐河县	143	1840	224710	25488	198516
新野县	121	1618	133869	16624	114013
桐柏县	109	1421	255746	25735	223038
邓州市	51	1168	122261	18550	101013

法人企业经营情况综合表

单位：千元

商品销售额	其他收入	客房数 (间)	床位数 (个)	餐位数 (位)	年末餐饮营业面积 (平方米)
64956	38588	22784	46246	149374	512747
8993	4211	2044	3949	12441	65571
10353	22858	6151	11782	22685	89980
3620	800	1339	2651	6813	34916
5436	1881	850	1827	5290	25557
7435	131	4798	9671	22154	50625
3537	1782	2146	4948	4873	17187
1328	581	601	1254	2728	7766
5347	284	895	1927	18504	51870
10814	544	450	1032	7872	25448
561	145	939	2063	14744	59322
2739	493	1012	1998	12841	34201
2736	4237	708	1544	10891	32994
2057	641	851	1600	7538	17310

2-3-3-2 按县市区分住宿业法人

	法人企业数(个)	年末从业人员数(人)	营业额	客房收入	餐费收入
南阳市	350	11973	1069672	653383	360516
宛城区	38	1441	94296	56063	33917
卧龙区	49	3628	310677	157708	123190
南召县	26	736	52740	20321	29499
方城县	9	163	25399	15771	7004
西峡县	72	1274	182726	133070	47915
镇平县	59	1874	166539	142854	18466
内乡县	11	220	18170	8363	8437
淅川县	21	483	64543	45539	17948
社旗县	5	82	5699	4328	1244
唐河县	17	381	33299	15398	17823
新野县	15	557	25642	15794	7436
桐柏县	13	622	56754	22975	30299
邓州市	15	512	33188	15199	17338

企业经营情况综合表

单位：千元

商品销售额	其他收入	客房数(间)	床位数(个)	餐位数(位)	年末餐饮营业面积(平方米)
22502	33271	18848	38437	40727	150569
510	3806	1714	3297	3219	19291
8014	21765	5348	10270	9416	36739
2520	400	1089	2154	2507	24606
2132	492	210	485	350	2446
1691	50	4302	8761	8778	18570
3537	1682	2136	4933	1953	8407
1027	343	409	858	919	1991
772	284	673	1455	2022	10040
	127	111	222	540	360
50	28	656	1549	2432	12568
2239	173	872	1742	1856	2771
	3480	629	1366	4931	7950
10	641	699	1345	1804	4830

2-3-3-3 按县市区分餐饮业法人

	法人企业数（个）	年末从业人员数（人）	营业额	客房收入	餐费收入
南阳市	912	14448	2062470	144974	1869725
宛城区	68	2394	266616	24271	233457
卧龙区	58	2184	239881	27011	209438
南召县	50	712	72655	9959	61196
方城县	85	1502	215766	27249	183824
西峡县	39	775	152644	15322	131497
镇平县	29	571	84275	1500	82675
内乡县	22	314	19412	2506	16367
淅川县	119	1143	295482	11562	279345
社旗县	78	878	128036	8563	108242
唐河县	126	1459	191411	10090	180693
新野县	106	1061	108227	830	106577
桐柏县	96	799	198992	2760	192739
邓州市	36	656	89073	3351	83675

企业经营情况综合表

单位：千元

商品销售额	其他收入	客房数(间)	床位数(个)	餐位数(位)	年末餐饮营业面积(平方米)
42454	5317	3936	7809	108647	362178
8483	405	330	652	9222	46280
2339	1093	803	1512	13269	53241
1100	400	250	497	4306	10310
3304	1389	640	1342	4940	23111
5744	81	496	910	13376	32055
	100	10	15	2920	8780
301	238	192	396	1809	5775
4575		222	472	16482	41830
10814	417	339	810	7332	25088
511	117	283	514	12312	46754
500	320	140	256	10985	31430
2736	757	79	178	5960	25044
2047		152	255	5734	12480

2-3-3-4 按县市区分限额以上住宿和

	法人企业数（个）	年末从业人员数（人）	营业额	客房收入	餐费收入
南阳市	350	14092	1635558	337376	1215895
宛城区	50	2560	269433	45848	212719
卧龙区	39	4045	383537	107675	244427
南召县	16	566	70247	21340	46207
方城县	37	1077	121070	21315	94992
西峡县	31	1037	189436	51812	130260
镇平县	14	503	45850	11560	32685
内乡县	1	35	5578	2503	2688
淅川县	31	687	136916	19439	111846
社旗县	23	437	72963	7242	59678
唐河县	39	851	97525	10183	87075
新野县	8	568	20602	5413	12262
桐柏县	29	794	120955	21773	93581
邓州市	32	932	101446	11273	87475

餐饮业法人企业经营情况表

单位：千元

商品销售额	其他收入	客房数(间)	床位数(个)	餐位数(位)	年末餐饮营业面积(平方米)
50982	31305	9209	17507	68531	275102
8533	2333	1289	2374	9755	49414
8986	22449	2441	4541	12640	65069
2100	600	739	1317	2676	22076
3980	783	508	1036	1367	11284
7283	81	1345	2457	11008	25849
1505	100	285	663	1092	3830
319	68	125	230	35	260
5347	284	426	842	5716	18610
6043		187	400	2714	14251
219	48	374	770	6582	29090
2489	438	500	996	2676	5416
2121	3480	588	1190	5984	16143
2057	641	402	691	6286	13810

2-3-3-5 按县市区分限额以上住宿

	法人企业数(个)	年末从业人员数(人)	营业额	客房收入	餐费收入
南阳市	83	6820	557958	244559	267043
宛城区	11	807	53387	24737	26212
卧龙区	16	2655	228869	95182	104188
南召县	8	394	35857	12650	21807
方城县	2	99	10700	5593	3118
西峡县	9	512	66460	37610	27311
镇平县	7	300	22470	11560	9405
内乡县	1	35	5578	2503	2688
淅川县	3	332	27793	13538	13199
社旗县	1	45	2400	2100	300
唐河县	5	246	15735	4483	11252
新野县	5	428	13940	4738	6790
桐柏县	10	588	52719	21359	27880
邓州市	5	379	22050	8506	12893

业法人企业经营情况表

单位：千元

商品销售额	其他收入	客房数(间)	床位数(个)	餐位数(位)	年末餐饮营业面积(平方米)
17165	29191	7071	13424	25332	104992
200	2238	1025	1854	2509	11590
7784	21715	2120	3922	5619	27839
1000	400	604	1068	1746	20466
1797	192	108	232	45	806
1539		915	1682	3516	7830
1505		285	663	510	2030
319	68	125	230	35	260
772	284	343	687	1342	9280
		30	60	210	
		260	560	2040	11100
2239	173	400	810	1676	2561
	3480	570	1150	4800	7400
10	641	286	506	1284	3830

2-3-3-6 按县市区分限额以上餐饮

	法人企业数(个)	年末从业人员数(人)	营业额	客房收入	餐费收入
南阳市	267	7272	1077600	92817	948852
宛城区	39	1753	216046	21111	186507
卧龙区	23	1390	154668	12493	140239
南召县	8	172	34390	8690	24400
方城县	35	978	110370	15722	91874
西峡县	22	525	122976	14202	102949
镇平县	7	203	23380		23280
内乡县					
淅川县	28	355	109123	5901	98647
社旗县	22	392	70563	5142	59378
唐河县	34	605	81790	5700	75823
新野县	3	140	6662	675	5472
桐柏县	19	206	68236	414	65701
邓州市	27	553	79396	2767	74582

业法人企业经营情况表

单位：千元

商品销售额	其他收入	客房数(间)	床位数(个)	餐位数(位)	年末餐饮营业面积(平方米)
33817	2114	2138	4083	43199	170110
8333	95	264	520	7246	37824
1202	734	321	619	7021	37230
1100	200	135	249	930	1610
2183	591	400	804	1322	10478
5744	81	430	775	7492	18019
	100			582	1800
4575		83	155	4374	9330
6043		157	340	2504	14251
219	48	114	210	4542	17990
250	265	100	186	1000	2855
2121		18	40	1184	8743
2047		116	185	5002	9980

2-3-3-7 按县市区分限额以下住宿和

	法人企业数（个）	年末从业人员数（人）	营业额	客房收入	餐费收入
南阳市	912	12329	1496584	460981	1014346
宛城区	56	1275	91479	34486	54655
卧龙区	68	1767	167021	77044	88201
南召县	60	882	55148	8940	44488
方城县	57	588	120095	21705	95836
西峡县	80	1012	145934	96580	49152
镇平县	74	1942	204964	132794	68456
内乡县	32	499	32004	8366	22116
淅川县	109	939	223109	37662	185447
社旗县	60	523	60772	5649	49808
唐河县	104	989	127185	15305	111441
新野县	113	1050	113267	11211	101751
桐柏县	80	627	134791	3962	129457
邓州市	19	236	20815	7277	13538

餐饮业法人企业经营情况表

单位：千元

商品销售额	其他收入	客房数(间)	床位数(个)	餐位数(位)	年末餐饮营业面积(平方米)
13974	7283	13575	28739	80843	237645
460	1878	755	1575	2686	16157
1367	409	3710	7241	10045	24911
1520	200	600	1334	4137	12840
1456	1098	342	791	3923	14273
152	50	3453	7214	11146	24776
2032	1682	1861	4285	3781	13357
1009	513	476	1024	2693	7506
		469	1085	12788	33260
4771	544	263	632	5158	11197
342	97	565	1293	8162	30232
250	55	512	1002	10165	28785
615	757	120	354	4907	16851
		449	909	1252	3500

2-3-3-8 按县市区分限额以下住宿业

	法人企业数(个)	年末从业人员数(人)	营业额	客房收入	餐费收入
南阳市	267	5153	511714	408824	93473
宛城区	27	634	40909	31326	7705
卧龙区	33	973	81808	62526	19002
南召县	18	342	16883	7671	7692
方城县	7	64	14699	10178	3886
西峡县	63	762	116266	95460	20604
镇平县	52	1574	144069	131294	9061
内乡县	10	185	12592	5860	5749
淅川县	18	151	36750	32001	4749
社旗县	4	37	3299	2228	944
唐河县	12	135	17564	10915	6571
新野县	10	129	11702	11056	646
桐柏县	3	34	4035	1616	2419
邓州市	10	133	11138	6693	4445

法人企业经营情况表

单位：千元

商品销售额	其他收入	客房数(间)	床位数(个)	餐位数(位)	年末餐饮营业面积(平方米)
5337	4080	11777	25013	15395	45577
310	1568	689	1443	710	7701
230	50	3228	6348	3797	8900
1520		485	1086	761	4140
335	300	102	253	305	1640
152	50	3387	7079	5262	10740
2032	1682	1851	4270	1443	6377
708	275	284	628	884	1731
		330	768	680	760
	127	81	162	330	360
50	28	396	989	392	1468
		472	932	180	210
		59	216	131	550
		413	839	520	1000

2-3-3-9 按县市区分限额以下餐

	法人企业数（个）	年末从业人员数（人）	营业额	客房收入	餐费收入
南阳市	645	7176	984870	52157	920873
宛城区	29	641	50570	3160	46950
卧龙区	35	794	85213	14518	69199
南召县	42	540	38265	1269	36796
方城县	50	524	105396	11527	91950
西峡县	17	250	29668	1120	28548
镇平县	22	368	60895	1500	59395
内乡县	22	314	19412	2506	16367
淅川县	91	788	186359	5661	180698
社旗县	56	486	57473	3421	48864
唐河县	92	854	109621	4390	104870
新野县	103	921	101565	155	101105
桐柏县	77	593	130756	2346	127038
邓州市	9	103	9677	584	9093

饮业法人企业经营情况表

单位：千元

商品销售额	其他收入	客房数(间)	床位数(个)	餐位数(位)	年末餐饮营业面积(平方米)
8637	3203	1798	3726	65448	192068
150	310	66	132	1976	8456
1137	359	482	893	6248	16011
	200	115	248	3376	8700
1121	798	240	538	3618	12633
		66	135	5884	14036
		10	15	2338	6980
301	238	192	396	1809	5775
		139	317	12108	32500
4771	417	182	470	4828	10837
292	69	169	304	7770	28764
250	55	40	70	9985	28575
615	757	61	138	4776	16301
		36	70	732	2500

2-3-3-10 按县市区分限额以上住宿和餐饮

	法人企业数(个)	资产总计	负债合计	所有者权益合计
南阳市	350	2157743	1068941	1088802
宛城区	50	197331	98555	98776
卧龙区	39	1043276	587549	455727
南召县	16	76529	37538	38991
方城县	37	81574	43183	38391
西峡县	31	55775	25899	29876
镇平县	14	25696	23281	2415
内乡县	1	10130	10201	-71
淅川县	31	120869	86255	34614
社旗县	23	29903	5503	24400
唐河县	39	66905	30819	36086
新野县	8	44518	29338	15180
桐柏县	29	264755	62612	202143
邓州市	32	140482	28208	112274

业法人企业主要财务状况综合表

单位：千元

主营业务收入	主营业务成本	主营业务税金及附加	主营业务利润	其他业务收入	利润总额
1533971	1028234	56493	449252	10888	90523
258026	165462	13968	78596	60	23365
363623	179696	17929	165998	3125	-34657
67972	59730	1090	7152		1991
110926	65629	6359	38938	220	19639
179500	162549	1404	15547		10000
35612	33964	33	1615		777
5193	1442	304	3447		552
116848	101390	2291	13167	5991	3907
71382	47461	2920	21001	1326	14672
98337	51991	4506	41848	122	26844
21259	14842	695	5722	44	-1366
102627	78470	1029	23128		10305
102666	65608	3965	33093		14494

2-3-3-11 按县市区分限额以上住宿业法

	法人企业数（个）	资产总计	负债合计	所有者权益合计
南阳市	83	1570425	820620	749805
宛城区	11	58646	52634	6012
卧龙区	16	930502	520148	410354
南召县	8	55479	26513	28966
方城县	2	22579	14101	8478
西峡县	9	26210	14652	11558
镇平县	7	13997	12441	1556
内乡县	1	10130	10201	-71
淅川县	3	66289	64266	2023
社旗县	1	3753	980	2773
唐河县	5	18491	3602	14889
新野县	5	35115	26607	8508
桐柏县	10	226991	52897	174094
邓州市	5	102243	21578	80665

人企业主要财务状况综合表

单位：千元

主营业务收入	主营业务成本	主营业务税金及附加	主营业务利润	其他业务收入	利润总额
532175	315861	22402	193912	8277	-13214
52988	32217	3456	17315		-1260
222333	94075	12469	115789	2618	-28289
33682	28120	806	4756		1106
10070	4763	738	4569		-82
65640	60052	584	5004		2929
19820	18947	23	850		399
5193	1442	304	3447		552
21465	13535	1262	6668	5191	207
2100	1800	9	291	302	297
15695	7127	739	7829	122	601
14659	10049	593	4017	44	-1541
46123	32528	214	13381		4511
22407	11206	1205	9996		7356

2-3-3-12 按县市区分限额以上餐饮业

	法人企业数(个)	资产总计	负债合计	所有者权益合计
南阳市	267	587318	248321	338997
宛城区	39	138685	45921	92764
卧龙区	23	112774	67401	45373
南召县	8	21050	11025	10025
方城县	35	58995	29082	29913
西峡县	22	29565	11247	18318
镇平县	7	11699	10840	859
内乡县				
淅川县	28	54580	21989	32591
社旗县	22	26150	4523	21627
唐河县	34	48414	27217	21197
新野县	3	9403	2731	6672
桐柏县	19	37764	9715	28049
邓州市	27	38239	6630	31609

法人企业主要财务状况综合表

单位：千元

主营业务收入	主营业务成本	主营业务税金及附加	主营业务利润	其他业务收入	利润总额
1001796	712373	34091	255340	2611	103737
205038	133245	10512	61281	60	24625
141290	85621	5460	50209	507	-6368
34290	31610	284	2396		885
100856	60866	5621	34369	220	19721
113860	102497	820	10543		7071
15792	15017	10	765		378
95383	87855	1029	6499	800	3700
69282	45661	2911	20710	1024	14375
82642	44864	3767	34019		26243
6600	4793	102	1705		175
56504	45942	815	9747		5794
80259	54402	2760	23097		7138

2-3-3-13 按县市区分限额以下住宿和餐饮

	单位数（个）	年末从业人员数（人）	营业额	客房收入	餐费收入
南阳市	910	12131	1489711	455686	1012768
宛城区	56	1275	91479	34486	54655
卧龙区	67	1697	161275	72126	87373
南召县	59	754	54021	8563	43738
方城县	57	588	120095	21705	95836
西峡县	80	1012	145934	96580	49152
镇平县	74	1942	204964	132794	68456
内乡县	32	499	32004	8366	22116
淅川县	109	939	223109	37662	185447
社旗县	60	523	60772	5649	49808
唐河县	104	989	127185	15305	111441
新野县	113	1050	113267	11211	101751
桐柏县	80	627	134791	3962	129457
邓州市	19	236	20815	7277	13538

业法人企业主要财务状况综合表

单位：千元

商品销售额	其他收入	客房数(间)	床位数(个)	餐位数(位)	年末餐饮营业面积(平方米)
13974	7283	13277	28127	80663	237055
460	1878	755	1575	2686	16157
1367	409	3462	6779	10015	24661
1520	200	550	1184	3987	12500
1456	1098	342	791	3923	14273
152	50	3453	7214	11146	24776
2032	1682	1861	4285	3781	13357
1009	513	476	1024	2693	7506
		469	1085	12788	33260
4771	544	263	632	5158	11197
342	97	565	1293	8162	30232
250	55	512	1002	10165	28785
615	757	120	354	4907	16851
		449	909	1252	3500

2-3-3-14 按县市区分限额以下住宿业

	单位数（个）	年末从业人员数（人）	营业额	客房收入	餐费收入
南阳市	265	4955	504841	403529	91895
宛城区	27	634	40909	31326	7705
卧龙区	32	903	76062	57608	18174
南召县	17	214	15756	7294	6942
方城县	7	64	14699	10178	3886
西峡县	63	762	116266	95460	20604
镇平县	52	1574	144069	131294	9061
内乡县	10	185	12592	5860	5749
淅川县	18	151	36750	32001	4749
社旗县	4	37	3299	2228	944
唐河县	12	135	17564	10915	6571
新野县	10	129	11702	11056	646
桐柏县	3	34	4035	1616	2419
邓州市	10	133	11138	6693	4445

法人企业主要财务状况综合表

单位：千元

商品销售额	其他收入	客房数(间)	床位数(个)	餐位数(位)	年末餐饮营业面积(平方米)
5337	4080	11479	24401	15215	44987
310	1568	689	1443	710	7701
230	50	2980	5886	3767	8650
1520		435	936	611	3800
335	300	102	253	305	1640
152	50	3387	7079	5262	10740
2032	1682	1851	4270	1443	6377
708	275	284	628	884	1731
		330	768	680	760
	127	81	162	330	360
50	28	396	989	392	1468
		472	932	180	210
		59	216	131	550
		413	839	520	1000

2-3-3-15 按县市区分限额以下餐饮业法

	单位数（个）	年末从业人员数（人）	营业额	客房收入	餐费收入
南阳市	645	7176	984870	52157	920873
宛城区	29	641	50570	3160	46950
卧龙区	35	794	85213	14518	69199
南召县	42	540	38265	1269	36796
方城县	50	524	105396	11527	91950
西峡县	17	250	29668	1120	28548
镇平县	22	368	60895	1500	59395
内乡县	22	314	19412	2506	16367
淅川县	91	788	186359	5661	180698
社旗县	56	486	57473	3421	48864
唐河县	92	854	109621	4390	104870
新野县	103	921	101565	155	101105
桐柏县	77	593	130756	2346	127038
邓州市	9	103	9677	584	9093

人企业主要财务状况综合表

单位：千元

商品销售额	其他收入	客房数 (间)	床位数 (个)	餐位数 (位)	年末餐饮营业面积 (平方米)
8637	3203	1798	3726	65448	192068
150	310	66	132	1976	8456
1137	359	482	893	6248	16011
	200	115	248	3376	8700
1121	798	240	538	3618	12633
		66	135	5884	14036
		10	15	2338	6980
301	238	192	396	1809	5775
		139	317	12108	32500
4771	417	182	470	4828	10837
292	69	169	304	7770	28764
250	55	40	70	9985	28575
615	757	61	138	4776	16301
		36	70	732	2500

第2部分 县(市、区)卷·第三产业篇

房地产业

2-3-4-1 按县市区分房地产开发

	企业数（个）	计划总投资	累计完成投资	本年完成投资额	住宅完成投资额	90平米以下投资	140平米以上投资	别墅、高档公寓完成投资额
南阳市	325	1476448	882380	425226	327831	79685	49145	221
宛城区	113	337046	181996	97532	91366	8110	7160	
卧龙区	145	731393	377983	169885	100000	27505	21164	221
南召县	7	19409	6263	6263	1263	162	20	
方城县	7	80990	41647	20612	16550	1070	905	
西峡县	9	22610	17384	10679	9696	290	753	
镇平县	4	3160	3038	2680	2680	98	118	
内乡县	2	12070	10690	2225	2115	1365		
淅川县	3	22000	74055	18000	18000			
社旗县	6	33980	13670	8875	4718			
唐河县	6	112220	65259	25898	24313	17234	7079	
新野县	4	26744	24714	16934	16934	6744	10190	
桐柏县	4	11842	10174	10174	5127	2550	1238	
邓州市	15	62984	55507	35469	35069	14557	518	

	本年新开工面积	竣工面积	竣工房屋价值	商品房屋销售面积合计	住宅销售面积	别墅、高档公寓销售面积	经济适用房销售面积	办公楼销售面积
南阳市	2857717	972179	107395	2037195	1876714	37690	97104	11570
宛城区	788720	47666	4079	476077	469018			
卧龙区	1082144	472206	52872	735629	644918	37690	61500	
南召县	25100			6978	6978			
方城县	238037	198098	27100	294397	262940			
西峡县	182626			171941	169072			
镇平县								
内乡县	10800	29800	1980	26104	26104			
淅川县	99928	49456	4620	50628	50628		35604	
社旗县	37800			12587	12317			
唐河县	14348			109944	90914			11570
新野县	154800	30100	2694	18430	18430			
桐柏县	36905			25870	16785			
邓州市	186509	144853	14050	108610	108610			

企业主要指标综合表

单位：千元、平方米

经济适用房完成投资额	办公楼完成投资额	商业营业用房完成投资额	其他完成投资额	本年新增固定资产	本年完成土地开发面积	本年土地购置面积	资金来源小计	施工面积
29057	3108	76718	17569	162503	292772	294591	488828	6132874
4390	50	4825	1291	22030	121680	40840	107519	1854451
4740	3058	61214	5613	80716	83410	47015	192540	2555523
			5000		1450	68900	6657	25100
55		4062		27219	51698	68730	51021	428828
		273	710	3482		2335	11123	286831
							2680	48500
		30	80	1980			2300	50800
18000				4620			18000	99928
		47	4110	22		12487	8875	70500
1373		1585					25698	223044
				4164			16934	154800
499		4282	765	3800	6658	6658	10202	76680
		400		14470	27876	47626	35279	257889

商业营业用房销售面积	其他销售面积	商品房屋销售额	住宅销售额	别墅、高档公寓销售额	经济适用房销售额	办公楼销售额	商业营业用房销售额	其他销售额
145429	3482	415200	325941	11030	10994	1157	87337	765
7059		98439	95882				2557	
90711		197668	129890	11030	6902		67778	
		663	663					
31457		40319	32588				7731	
2869		23988	22768				1220	
		3115	3115					
		5899	5899		4092			
270		1471	1409				62	
7460		22483	15626			1157	5700	
		2274	2274					
5603	3482	5277	2223				2289	765
		13604	13604					

2-3-4-2 按县市区分房地产开发

	企业数（个）	年末从业人员数（人）	资产总计	流动资产合计	存货	固定资产原价
南阳市	325	6410	10854115	9451086	3823685	689443
宛城区	113	1821	3424240	2758273	1282497	131335
卧龙区	145	2819	6007211	5494650	2058660	434081
南召县	7	109	85540	81087	28768	5615
方城县	7	153	392144	355629	36886	17435
西峡县	9	221	211192	185458	115148	7528
镇平县	4	226	39101	14661	10910	24511
内乡县	2	84	43600	39710	8400	3100
淅川县	3	122	81287	76170	53093	1941
社旗县	6	112	163612	145728	80319	4084
唐河县	6	164	211247	182116	104954	30926
新野县	4	146	15780	8029	298	6459
桐柏县	4	85	58479	2546		7378
邓州市	15	348	120682	107029	43752	15050

	房屋出租收入	其他收入	主营业务成本	主营业务税金及附加	主营业务利润	其他业务利润
南阳市	4089	92220	2210171	154618	434470	7112
宛城区			680971	39811	111898	107
卧龙区	4089	659	939437	71577	227756	2237
南召县		110	5341	363	1036	
方城县		1800	83065	5988	18721	4753
西峡县		10	77171	6240	8026	15
镇平县		51895	43269	4678	3615	
内乡县			16679	4819	1467	
淅川县		15363	27301	4741	5943	
社旗县		382	13057	520	2460	
唐河县			149598	9198	4411	
新野县		14800	32290	1231	3036	
桐柏县		6640	37452	1365	6356	
邓州市		561	104540	4087	39745	

企业主要财务状况综合表

单位：千元、平方米

累计折旧	本年折旧	负债合计	实收资本	主营业务收入	土地转让收入	商品房屋销售收入
132114	23380	6545293	3251235	2865707	2317	2767081
26413	6273	2000728	1126188	848578		848578
65638	13380	3680699	1634190	1269685		1264937
1455	385	28053	41431	6740		6630
689	293	305946	73886	114972		113172
20894	295	132978	67009	92464	2317	90137
2485	761	12028	23741	51895		
500	30	32000	11600	23185		23185
123	34	73900	5600	39175		23812
992	777	65689	97866	18299		17917
8147	189	156386	38810	165539		165539
1111	295	3350	10430	37540		22740
956	392	3270	54990	45644		39004
2711	276	50266	65494	151991		151430

投资收益	利润总额	应交所得税	劳动、失业保险费	应付工资总额	应付福利费总额	全部从业人员年平均人数(人)
	161929	38421	3293	83239	10482	6182
	31748	11635	698	24358	2993	1690
	87879	23599	2420	33666	4309	2551
	-180	68	25	858	113	109
	9740	309	38	1522	226	152
	-502	299	78	3009	469	243
	2727	713		1402	165	127
	180	50		743	88	84
	3429	717	34	1049	116	58
	47			7076	601	555
	-643	406		4567	639	160
	1871	610		878	92	152
	5891			1210	169	85
	19742	15		2901	502	216

2-3-4-3 按县市分物业管理企

	企业个数(个)	年末从业人员数(人)	在管物业占地面(平方米)	在管房屋建筑面积(平方米)
南阳市	60	1714	4355170	12819841
宛城区	13	363	2647034	9237417
卧龙区	30	1019	767266	1425854
南召县	1	18		
方城县	3	91	59000	59000
内乡县	1	10	4500	11200
社旗县	3	52	315760	1578800
唐河县	4	81	313650	257070
新野县	1	20	30000	50000
桐柏县	1	13	1000	800
邓州市	3	47	216960	199700

	实收资本	营业收入	主营业务收入	主营业务成本
南阳市	53261	38059	38059	22200
宛城区	20230	7148	7148	4122
卧龙区	19900	20133	20133	12373
南召县	800			
方城县	3160	2254	2254	807
内乡县	3500	2000	2000	980
社旗县	1210	3589	3589	2197
唐河县	2001	1215	1215	614
新野县	276	540	540	320
桐柏县	1600	415	415	332
邓州市	584	765	765	455

业主要指标综合表

单位：千元、平方米

住宅	办公用房	商业营业用房	厂房	固定资产原价	本年折旧
11075233	765549	244765	39180	31367	1626
9229593		7824		8567	238
498480	89319	140261	39180	7910	889
				100	
24600	30940	3460		989	5
11200				8400	180
872800	645140	60860		1072	30
220570	50			869	10
48000		2000		300	4
290	100	360		2600	261
169700		30000		560	9

主营业务税金及附加	营业费用、管理费用、财务费用合计	营业利润	职工工资和福利费	全部从业人员年平均人数(人)
3848	6476	6185	23060	1683
925	975	1201	5246	368
1710	4046	2569	13762	998
	18	-18	96	8
329	320	798	1314	88
560	120	340	150	9
89	759	544	539	51
90	81	440	929	79
14	51	155	266	22
8	10	65	187	13
123	96	91	571	47

2-3-4-4 按县市分中介服务企

	企业个数 (个)	年末从业人员数 (人)	房屋代理	
			成交合同面积 (平方米)	成交合同数 (个)
南阳市	42	638	359160	3144
宛城区	4	53	233000	2040
卧龙区	18	201	20651	172
南召县	2	50	31000	163
方城县	2	26		
淅川县	1	13		
社旗县	2	13		
唐河县	3	104		
新野县	7	104	70709	729
桐柏县	1	15		
邓州市	2	59	3800	40

	实收资本	营业收入		主营业务成本
			主营业务收入	
南阳市	12394	12890	12890	5109
宛城区	1700	3055	3055	709
卧龙区	4099	3375	3375	2062
南召县	966	725	725	78
方城县	700	559	559	
淅川县				
社旗县	958	320	320	128
唐河县	986	1087	1087	170
新野县	1170	1819	1819	947
桐柏县	1600	415	415	332
邓州市	215	1535	1535	683

业主要指标综合表

单位：千元、平方米

销售	房屋代理出租			固定资产原价	本年折旧
成交合同金额	成交合同面积(平方米)	成交合同数(个)	成交合同金额		
386767	47495	747	215	10017	625
197900				785	90
45183				1011	25
64150	18000	40	63	1020	151
				700	
				900	
	17000	570	58	1325	
75434	12495	137	94	1554	92
				2600	261
4100				122	6

主营业务税金及附加	营业费用、管理费用、财务费用合计	营业利润	职工工资和福利费	全部从业人员年平均人数(人)
832	2752	4314	7257	617
152	110	2090	894	53
321	562	526	1954	183
39	509	99	614	50
42	58	459	293	26
30	128	34	173	17
53	792	72	1234	104
63	386	438	1031	110
8	10	65	216	15
124	197	531	848	59

2-3-4-5 按县市区分其他房地产

	企业个数（个）	年末从业人员数（人）	固定资产原价
南阳市	16	767	94867
宛城区	2	172	4280
卧龙区	5	157	1027
西峡县	1	42	776
淅川县	4	233	80234
社旗县	1	33	800
唐河县	2	110	5950
桐柏县	1	20	1800

	主营业务成本	主营业务税金及附加	营业费用、管理费用、财务费用合计
南阳市	6276	846	1961
宛城区	1180	128	78
卧龙区	677	94	153
西峡县	1080	30	10
淅川县	1601	313	272
社旗县	134	18	18
唐河县	1272	255	1410
桐柏县	332	8	20

企业主要指标综合表

单位：千元、平方米

本年折旧	实收资本	营业收入	主营业务收入
345	53095	11241	11081
50	14000	2580	2580
25	7050	1105	1105
	450	1180	1100
	29160	2553	2473
16	860	308	308
	575	3100	3100
254	1000	415	415

营业利润	职工工资和福利费	全部从业人员年平均人数(人)
2223	13528	817
1194	2830	172
222	2157	142
3	440	40
448	6005	300
138	560	33
163	1248	110
55	288	20

2-3-4-6 按县市区分物业管理、中介服务及

	企业数(个)	年初存货	年末存货	固定资产原价	本年折旧	营业收入
南阳市	118	5469	4196	136251	2596	62190
宛城区	19	2058	1056	13632	378	12783
卧龙区	53	722	347	9948	939	24613
南召县	3	40	40	1120	151	725
方城县	5	241	365	1689	5	2813
西峡县	1	10	5	776		1180
内乡县	1	1000	1500	8400	180	2000
淅川县	5	230	120	80234		2553
社旗县	6	321	440	2772	46	4217
唐河县	9	9	9	8144	10	5402
新野县	8	42	2	1854	96	2359
桐柏县	3	580	196	7000	776	1245
邓州市	5	216	116	682	15	2300

	税金	利息支出	营业利润	职工工资和福利费	本年应交增值税	所有者权益合计
南阳市	1203	251	12722	43845	1237	130413
宛城区	107		4485	8970	108	37808
卧龙区	670	125	3317	17873	359	37116
南召县	24		81	710	15	1800
方城县	174	10	1257	1607	66	3860
西峡县	3		3	440	10	460
内乡县	10		340	150	1	4516
淅川县	45		448	6005	224	29290
社旗县	22	43	716	1272	49	3140
唐河县	54		675	3411	52	5056
新野县	24	17	593	1297	256	1552
桐柏县	4		185	691	49	4900
邓州市	66	56	622	1419	48	915

其他房地产企业财务状况综合表

单位：千元、平方米

主营业务收入	营业成本	主营业务成本	营业税金及附加	主营业务税金及附加	主营业务利润	其他业务利润	营业费用、管理费用、财务费用合计
62030	33715	33585	5538	5526	23143	768	11189
12783	6011	6011	1205	1205	5648		1163
24613	15112	15112	2125	2125	7471	607	4761
725	78	78	39	39	608		527
2813	937	807	371	371	1635		378
1100	1080	1080	30	30	13		10
2000	980	980	560	560	460		120
2473	1601	1601	316	313	559	161	272
4217	2459	2459	137	137	1621		905
5402	2056	2056	398	398	2958		2283
2359	1267	1267	86	77	1030		437
1245	996	996	24	24	225		40
2300	1138	1138	247	247	915		293

实收资本	国家资本	集体资本	法人资本	个人资本	港澳台资本	外商资本	全部从业人员年平均人数（人）
118750	31833	6760	19381	60776			3117
35930			10280	25650			593
31049		5755	4528	20766			1323
1766	496			1270			58
3860		700	1500	1660			114
450	450						40
3500				3500			9
29160	28950	110	100				300
3028			1818	1210			101
3562	951		610	2001			293
1446	771	195	480				132
4200				4200			48
799	215		65	519			106

第2部分 县(市、区)卷·第三产业篇

其他服务业

2-3-5-1 按县市区分组其他服务业

	企业数(个)	年初存货	年末存货	固定资产原价	本年折旧	营业收入
南阳市	1992	2718470	2565720	20514574	1263782	11276110
宛城区	263	234217	347310	7367316	475667	2134212
卧龙区	434	327439	503578	8855596	537764	3801907
南召县	202	882043	2604	1800959	91248	762071
方城县	87	613	643	165084	7596	129422
西峡县	70	5374	3892	145023	5826	308246
镇平县	196	3249	3576	394068	30464	989708
内乡县	75	18200	340	207030	10866	141155
淅川县	26	823	1102	148235	6802	171433
社旗县	192	636	445	119809	6017	122146
唐河县	243	29123	19609	515285	25369	493153
新野县	72	923	890	262670	32777	936962
桐柏县	69	6977	8531	263463	23012	215270
邓州市	63	1208853	1673200	270036	10374	1070425

	税金	利息支出	营业利润	职工工资和福利费	本年应交增值税	所有者权益合计
南阳市	31435	967997	2759993	1176046	101116	4483187
宛城区	9406	289165	158813	327488	31184	1317252
卧龙区	6960	459547	1104184	426149	5714	1455378
南召县	585	74897	121377	31163	8333	120061
方城县	2184	70	61917	21958	2280	106510
西峡县	1802	407	137250	74550	550	152357
镇平县	2979	7861	382751	57072	47627	113621
内乡县	310	2811	29089	24912	166	221876
淅川县	302	753	42871	17398		166749
社旗县	970	727	38300	22401	1303	105694
唐河县	2111	1260	184439	71349	923	310558
新野县	485	16973	346747	38062	846	86708
桐柏县	1624	22599	53796	19923	765	83475
邓州市	1717	90927	98459	43621	1425	242948

企业财务状况综合表

单位：千元

主营业务收入	营业成本	主营业务成本	营业税金及附加	主营业务税金及附加	主营业务利润	其他业务利润	营业费用、管理费用、财务费用合计
10937706	6122199	5892660	279100	278825	4090154	184932	2137199
1976734	1337230	1169899	45122	45091	687414	36892	625251
3760909	1499590	1460574	110775	110755	1643204	11655	1079934
747483	530991	512289	11573	11461	205785	9741	94300
129121	57759	57519	4582	4562	63630	1246	5174
307489	161054	160414	3741	3739	142079	770	6736
989708	579542	579442	4989	4989	401457	503	22932
141063	95936	94136	8375	8375	30197	92	7841
170657	89574	89258	6970	6910	74420	32	31650
121661	70292	69907	2796	2779	48520	161	10836
493153	228136	227783	34131	34127	231243	1293	48097
929533	521646	521002	31270	31261	357223	7115	36289
215201	106163	106151	11919	11919	97131	1	43336
954994	844286	844286	2857	2857	107851	115431	124823

实收资本	国家资本	集体资	法人资本	个人资本	港澳台资本	外商资本	全部从业人员年平均人数（人）
3356600	1191877	312561	750894	1089695		11573	59476
1107657	584890	30267	220224	272276			13723
697359	152417	150664	280784	113492		2	19467
108545	51827	253	23343	33122			2220
106510	52000	1034	35535	17941			1483
147448	1250	1620	5980	138598			2309
103603	50530	10140	1422	41511			4265
216566	48011	53790	41647	73118			1634
131677	11350	37586	58289	24452			1052
96498	1382	79	3660	91306		71	1866
288801	93368	18875	8768	167790			5188
70743	2882	4186	49312	14363			2179
65704	9738		18510	37456			1275
215489	132232	4067	3420	64270		11500	2815

2-3-5-2 按县市区分组行政事业

	行政事业单位合计（个）	机关	事业单位	固定资产原价	本年收入合计	财政拨款
南阳市	7877	1022	5680	19939030	16458039	9467513
宛城区	672	95	476	4263495	2514951	1297593
卧龙区	745	132	558	3333854	3343490	1946434
南召县	505	72	394	1961530	758745	421401
方城县	961	92	750	959769	956839	603465
西峡县	448	60	359	950593	1349638	892176
镇平县	302	97	173	1049220	1296621	656506
内乡县	740	63	322	1407040	817165	507190
淅川县	312	51	245	888230	562054	327982
社旗县	440	67	237	654877	521373	332088
唐河县	832	69	749	968192	1078410	692661
新野县	345	67	267	883048	691119	476197
桐柏县	654	73	339	875205	650487	407385
邓州市	921	84	811	1743977	1917147	906435

	差旅费	出国费	工会经费	福利费	对个人和家庭的补助	抚恤金
南阳市	213877	2570	68452	149014	1276984	59683
宛城区	19743	133	11750	11760	208337	5093
卧龙区	31183	545	14122	15860	298073	12597
南召县	8330		1502	3291	37945	2409
方城县	10419	68	4219	11310	84015	3172
西峡县	12306	37	6229	10237	34104	2481
镇平县	38674	1426	6216	38687	32198	5269
内乡县	13919	135	9690	10653	66279	4821
淅川县	14585	24	1649	5218	11285	787
社旗县	11513	4	793	8333	42151	4633
唐河县	13171	35	2931	11876	63049	6298
新野县	11399	98	1851	2823	159094	906
桐柏县	11429		2672	7410	163521	2311
邓州市	17206	65	4828	11556	76933	8906

单位财务状况综合表

单位：千元

主营业务收入	经营收入	本年支出合计	工资福利支出	商品和服务支出	取暖费(降温费)	劳务费
4669432	1158593	15362506	7789145	3523583	61882	185757
1078314	58942	2358643	1404376	253308	6363	11715
758380	301875	3098838	1622214	705163	3822	54235
183315	61289	686106	337543	145348	3317	9999
255837	55483	756829	349351	209008	7649	5536
198984	62530	1236226	612682	167501	6614	7565
357551	151545	1207762	528585	314653	12791	28007
213727	49216	787839	324076	229002	5411	13813
210237	12211	545425	348761	147461	2232	3303
139831	28656	503196	225908	171377	1496	6421
195494	126942	1030664	501783	379792	2947	6537
192736	8173	663360	238204	196611	1088	2997
162648	66655	632984	231480	131362	1979	23008
722378	175076	1854634	1064182	472997	6173	12621

生活补助	救济费	助学金	退职(役)费	经营支出	经营税金	全部从业人员年平均人数
167883	33403	179555	48078	427687	16639	284671
5975	809	97638	3632	21524	283	28977
17314	4309	41129	8058	81210	5552	44194
3080	2109	2611	3265	65830	1237	16111
51072	1898	1731	4051	30686	623	23389
5152	410	4031	5343	53545	236	14869
13615	1401	1732	1455	41042	4416	31423
12721	2187	5956	10298	15746	1483	14658
1250	811	2987	188	11478	295	15843
11710	3728	3174	3127	15608	683	13391
14756	647	3508	2013	35227	843	23453
6048	629	5946	647	5339	6	13924
6175	3780	1894	3410	41510	106	14694
19015	10685	7218	2591	8942	876	29745

2-3-5-3 按县市区分组社会团体及

	单位合计(个)	固定资产原价	本年收入合计	捐赠收入
南阳市	7875	3140302	975929	50082
宛城区	460	261622	79595	655
卧龙区	378	281343	71392	1724
南召县	485	106647	36697	9819
方城县	903	310078	93449	1808
西峡县	388	110093	34217	2456
镇平县	795	366870	179831	14558
内乡县	312	172536	31377	93
淅川县	1066	317799	58859	222
社旗县	425	152958	48058	8
唐河县	547	195905	40437	3064
新野县	625	147084	86300	1515
桐柏县	282	95220	19596	1588
邓州市	1209	622147	196121	12572

	日常费用	固定资产折	税费	管理费用
南阳市	107894	24394	6098	261892
宛城区	5199	1188	183	5836
卧龙区	6409	6460	95	11035
南召县	10339	2076	137	4307
方城县	6718	4043	348	24891
西峡县	1256	210	35	9776
镇平县	18044	3020	2419	72530
内乡县	5483	24	123	6624
淅川县	2311	320	375	7951
社旗县	8495	1757	2	10163
唐河县	876	349	78	25452
新野县	5264	470	30	33372
桐柏县	2129	1447	85	4713
邓州市	35371	3030	2188	45242

其他单位财务状况综合表

单位：千元

会费收入	提供服务收入	主营业务收入	本年费用合计	业务活动成本	
					人员费用
18577	510231	318923	859460	548288	355055
1096	55498	16880	67008	56390	38891
1188	32072	24563	62478	48128	30530
1	7509	6763	34847	25154	11869
2615	63366	20926	84670	58263	43635
1583	15951	10600	26746	13461	11635
6654	67486	85150	152676	77074	46074
	8203	22271	28317	20130	12606
101	32712	19277	54241	42254	32232
220	39924	7220	40948	30407	19026
173	5734	21177	36335	4620	2676
634	55126	28047	72737	37774	26195
830	3174	13904	19564	12555	8594
3482	123476	42145	178893	122078	71092

人员费用	日常费用	固定资产折旧	税费	净资产变动额	全部从业人员年平均人数
142679	77380	14417	5727	29007	48204
3734	1382	209	137	132	4262
4510	1851	2024	53	265	4311
3166	495	13		99	2343
6895	14642	858	1	726	4248
6896	1706	1076	72	10391	1841
35747	22362	6277	361	799	5677
3181	2581	90	162		1547
6408	217	66	48		4173
4439	3398	1716	3	1414	3215
19788	5123	331	4	12	3243
21648	9592	387	36	1800	2809
4314	319	16	9	30	2065
21953	13712	1354	4841	13339	8470